Frank Bätge **Kommunalrecht Nordrhein-Westfalen**

JURIQ Erfolgstraining

Herausgegeben von JURIQ® Juristisches Repetitorium, Köln

Kommunalrecht Nordrhein-Westfalen

von
Dr. Frank Bätge
Professor an der Fachhochschule für öffentliche Verwaltung NRW

5., neu bearbeitete Auflage

C.F. Müller

Bibliografische Information der Deutschen Nationalbibliothek
Die Deutsche Nationalbibliothek verzeichnet diese Publikation in der Deutschen Nationalbibliografie; detaillierte bibliografische Daten sind im Internet über <http://dnb.d-nb.de> abrufbar.

ISBN 978-3-8114-4738-7

E-Mail: kundenservice@cfmueller.de
Telefon: +49 89/2183-7923
Telefax: +49 89/2183-7620

www.cfmueller.de
www.cfmueller-campus.de

Satz: TypoScript, München
Illustrationen: Mattfeldt & Sänger, München
Druck: Westermann Druck, Zwickau

Liebe Leserinnen und Leser,

die Reihe „JURIQ Erfolgstraining" zur Klausur- und Prüfungsvorbereitung verbindet sowohl für Studienanfänger als auch für höhere Semester die Vorzüge des klassischen Lehrbuchs mit meiner Unterrichtserfahrung zu einem umfassenden Lernkonzept aus Skript und Online-Training.

In einem ersten Schritt geht es um das **Erlernen** der nach Prüfungsrelevanz ausgewählten und gewichteten Inhalte und Themenstellungen. Einleitende Prüfungsschemata sorgen für eine klare Struktur und weisen auf die typischen Problemkreise hin, die Sie in einer Klausur kennen und beherrschen müssen. Neu ist die **visuelle Lernunterstützung** durch

- ein nach didaktischen Gesichtspunkten ausgewähltes Farblayout
- optische Verstärkung durch einprägsame Graphiken und
- wiederkehrende Symbole am Rand

= Definition zum Auswendiglernen und Wiederholen

= Problempunkt

= Online-Wissens-Check

Illustrationen als „Lernanker" für schwierige Beispiele und Fallkonstellationen steigern die Merk- und Erinnerungsleistung Ihres Langzeitgedächtnisses.

Auf die Phase des Lernens folgt das **Wiederholen und Überprüfen** des Erlernten im **Online-Wissens-Check**: Wenn Sie im Internet unter **www.juracademy.de/skripte/login** das speziell auf das Skript abgestimmte Wissens-, Definitions- und Aufbautraining absolvieren, erhalten Sie ein direktes Feedback zum eigenen Wissensstand und kontrollieren Ihren individuellen Lernfortschritt. Durch dieses aktive Lernen vertiefen Sie zudem nachhaltig und damit erfolgreich Ihre kommunalrechtlichen Kenntnisse!

Frage 1 (Punkte: 1)

Welche Belange können ein öffentliches Bedürfnis darstellen, das einen Anschluss- und Benutzungszwang einer öffentlichen Einrichtung rechtfertigt?

Antwort

Aussagen	Antwort	Aussagerichtigkeit und Kommentar
a) Schutz vor Krankheiten und Seuchen.	☑ ✓	Richtig.
b) Sicherstellung der Auslastung einer kommunalen Einrichtung.	☐ ✓	Falsch, dies allein rechtfertigt einen Anschluss- und Benutzungszwang nicht.
c) Interesse der Gemeinde an Gebührenerhebung zur Sicherung der kommunalen Finanzen.	☐ ✓	Falsch.
d) Verbesserung der örtlichen Umweltbedingungen.	☑ ✓	Richtig.

→ **Richtig**
Punkte für diese Antwort: 1/1.

Schließlich geht es um das **Anwenden und Einüben** des Lernstoffes anhand von Übungsfällen verschiedener Schwierigkeitsstufen, die im Gutachtenstil gelöst werden. Die JURIQ **Klausurtipps** zu gängigen Fallkonstellationen und häufigen Fehlerquellen weisen Ihnen dabei den Weg durch den Problemdschungel in der Prüfungssituation.

Das **Lerncoaching** jenseits der rein juristischen Inhalte ist als zusätzlicher Service zum Informieren und Sammeln gedacht: Ein erfahrener Psychologe stellt u.a. Themen wie Motivation, Leistungsfähigkeit und Zeitmanagement anschaulich dar, zeigt Wege zur Analyse und Verbesserung des eigenen Lernstils auf und gibt Tipps für eine optimale Nutzung der Lernzeit und zur Überwindung evtl. Lernblockaden.

Inhaltlich behandelt das Buch die prüfungs- und examensrelevanten Fragestellungen aus dem Bereich des Kommunalrechts. Aufgrund des – gerade im Kommunalrecht – sehr engen Zusammenhanges mit prozessualen Fragestellungen, werden diese vertieft mit behandelt. Nicht nur in den Übungs- und Beispielsfällen, sondern auch in vielen Aufbauhilfen, Prüfschemata, Klausurtipps und Hinweisen zur Falltechnik wird großer Wert auf die Technik der Fallbearbeitung in den typischen kommunalrechtlichen Fallkonstellationen gelegt.

Das Buch wendet sich in erster Linie an die Studentinnen und Studenten, die kommunalrechtliche Leistungsnachweise von Anfänger- und Fortgeschrittenenklausuren über Haus-, Seminar- und Thesisarbeiten bis hin zu den Examina zu absolvieren haben. Ich würde mich freuen, wenn Sie zur Vertiefung und Abrundung den mit Bedacht ausgewählten Rechtsprechungs- und Literaturhinweisen nachgehen würden. Die zitierten Entscheidungen der nordrhein-westfälischen Verwaltungsgerichte können kostenlos unter www.nrwe.de abgerufen werden.

Auf geht's – ich wünsche Ihnen viel Freude und Erfolg beim Erarbeiten des Stoffs!

Und noch etwas: Das Examen kann jeder schaffen, der sein juristisches Handwerkszeug beherrscht und kontinuierlich anwendet. Jura ist kein „Hexenwerk". Setzen Sie nie ausschließlich auf auswendig gelerntes Wissen, sondern auf Ihr Systemverständnis und ein solides methodisches Handwerk. Wenn Sie Hilfe brauchen, Anregungen haben oder sonst etwas loswerden möchten, sind wir für Sie da. Wenden Sie sich gerne an C.F. Müller GmbH, Waldhofer Straße 100, 69123 Heidelberg, E-Mail: kundenservice@cfmueller.de. Dort werden auch Hinweise auf Druckfehler sehr dankbar entgegen genommen, die sich leider nie ganz ausschließen lassen. Oder Sie wenden sich direkt an den Verfasser unter baetge@kommunalrecht-nrw.de.

Köln, im Februar 2019 *Ihr Frank Bätge*

JURIQ Erfolgstraining – die Skriptenreihe von C.F. Müller mit Online-Wissens-Check

Mit dem Kauf dieses Skripts aus der Reihe **„JURIQ Erfolgstraining"** haben Sie gleichzeitig eine Zugangsberechtigung für den Online-Wissens-Check erworben – ohne weiteres Entgelt. Die Nutzung ist freiwillig und unverbindlich.

Was bieten wir Ihnen im Online-Wissens-Check an?

- Sie erhalten einen individuellen Zugriff auf **Testfragen zur Wiederholung und Überprüfung des vermittelten Stoffs**, passend zu jedem Kapitel Ihres Skripts.
- Eine individuelle **Lernfortschrittskontrolle** zeigt Ihren eigenen Wissensstand durch Auswertung Ihrer persönlichen Testergebnisse.

Wie nutzen Sie diese Möglichkeit?

Online-Wissens-Check

Registrieren Sie sich einfach für Ihren kostenfreien Zugang auf **www.juracademy.de/skripte/login** und schalten sich dann mit Hilfe des Codes für Ihren persönlichen Online-Wissens-Check frei.

Ihr persönlicher User-Code: 513418756

Der Online-Wissens-Check und die Lernfortschrittskontrolle stehen Ihnen für die **Dauer von 24 Monaten** zur Verfügung. Die Frist beginnt erst, wenn Sie sich mit Hilfe des Zugangscodes in den Online-Wissens-Check zu diesem Skript eingeloggt haben. Den Starttermin haben Sie also selbst in der Hand.

Für den technischen Betrieb des Online-Wissens-Checks ist die JURIQ GmbH, Unter den Ulmen 31, 50968 Köln zuständig. Bei Fragen oder Problemen können Sie sich jederzeit an das JURIQ-Team wenden, und zwar per E-Mail an: info@juriq.de.

Inhaltsverzeichnis

	Rn.	Seite
Vorwort		V
Codeseite		VII
Literaturverzeichnis		XV
1. Teil		
Rechtsnatur und Rechtsstellung der Kommunen	1	1
A. Einführung	2	1
B. Stellung der Kommunen in der Verwaltungsorganisation Nordrhein-Westfalens	7	2
I. Abgrenzung der kommunalen von der staatlichen Ebene	8	3
II. Einteilung der Kommunen	10	4
1. Kreisangehörige Gemeinden	11	4
2. Kreisfreie Städte	13	5
3. Kreise	14	5
4. Landschaftsverbände	15	6
5. Regionalverband Ruhr	16	6
6. Städteregion Aachen	17	6
7. Interkommunale Zusammenarbeit	19	7
C. Recht der kommunalen Selbstverwaltungsgarantie	20	8
I. Einführung	21	9
II. Schutzbereich der kommunalen Selbstverwaltungsgarantie	26	11
1. Normativer Maßstab	27	11
2. Überblick über den Schutzbereich	30	15
3. Institutionelle Garantie	31	16
4. Geschützter Kompetenzbereich	33	16
5. Eigenverantwortlichkeit	37	18
6. Regelkompetenz der Gemeinde	40	21
III. Eingriff in den Schutzbereich	43	22
IV. Verfassungsrechtliche Rechtfertigung des Eingriffes	45	23
1. Vorbehalt des Gesetzes	46	24
2. Verhältnismäßigkeitsgrundsatz (Übermaßverbot)	47	24
3. Wesensgehaltsgarantie	54	26
4. Übungsfall Nr. 1	58	28
D. Verfassungsprozessuale Durchsetzung der kommunalen Selbstverwaltungsgarantie	60	31
I. (Landes-)Kommunalverfassungsbeschwerde vor dem VerfGH NRW	63	32
II. (Bundes-)Kommunalverfassungsbeschwerde vor dem BVerfG	64	33
E. Aufgaben der Kommunen	65	36
I. Selbstverwaltungsaufgaben	66	36
1. Freiwillige Selbstverwaltungsaufgaben	67	36
2. Pflichtige Selbstverwaltungsaufgaben	68	37

	Rn.	Seite
II. Pflichtaufgaben zur Erfüllung nach Weisung	69	37
III. Staatliche Auftragsangelegenheiten	71	39
IV. Organleihe	73	40
F. Stellung der Kommunen im allgemeinen Rechtsverkehr	74	41
G. Regelung kommunaler Angelegenheiten durch Satzung	78	45
I. Rechtsnatur von Satzungen	79	45
II. Arten von Satzungen	81	46
III. Stellung in der Normenhierarchie	82	47
IV. Ordnungsgemäßer Ratsbeschluss	83	48
V. Bekanntmachung und Inkrafttreten der Satzung	84	49
1. Bekanntmachung der Satzung	85	49
2. Inkrafttreten der Satzung	86	50
VI. Durchsetzung von Satzungen	88	53
VII. Rechtsschutz gegen Satzungen	89	54
1. Inzidente Kontrolle der Satzung im verwaltungsgerichtlichen Verfahren	90	54
2. Abstrakte Normenkontrolle (§ 47 VwGO i.V.m. § 109a JustG NRW)	91	55
VIII. Rechtmäßigkeit einer Satzung	93	57
1. Ermächtigungsgrundlage (Satzungsbefugnis)	94	57
2. Formelle Rechtmäßigkeit	96	59
a) Zuständigkeit	97	59
b) Verfahren	100	60
c) Form	101	61
3. Materielle Rechtmäßigkeit	102	61
a) Voraussetzungen der Ermächtigungsgrundlage	103	61
b) Kein Verstoß gegen höherrangiges Recht	104	62
c) Ordnungsgemäße Ausübung des Satzungsermessens	106	63
4. Rechtsfolge bei Rechtsverstößen	107	63
5. Übungsfall Nr. 2	109	65
2. Teil		
Einwohner und Bürger	111	68
A. Kommunales Wahlrecht	113	68
I. Kommunales Wahlsystem	114	69
II. Verfahren nach der Kommunalwahl	120	74
B. Kommunale Abstimmungen	123	75
I. Einwohnerantrag	125	76
II. Bürgerbegehren und Bürgerentscheid	127	76
1. Überblick über das Verfahren des Bürgerbegehrens mit nachfolgendem Bürgerentscheid	128	77
2. Voraussetzungen eines zulässigen Bürgerbegehrens und Rechtsschutz	130	78
a) Zulässigkeit der Klage auf Feststellung der Zulässigkeit eines Bürgerbegehrens	131	81
b) Begründetheit der Klage	139	83

	Rn.	Seite
3. Sperrwirkung des zulässigen Bürgerbegehrens	153	94
4. Ratsbürgerentscheid	154	96
5. Bürgerentscheid	155	96
6. Übungsfall Nr. 3	156	98
C. Nutzung öffentlicher Einrichtungen	158	102
I. Benutzung öffentlicher Einrichtungen	159	103
1. Benutzungsanspruch	160	103
a) Überblick	160	103
b) Prüfung im Einzelnen	161	104
2. Prozessuale Durchsetzung des Benutzungsanspruchs	172	112
II. Anschluss- und Benutzungszwang	182	115
1. Überblick	183	115
2. Rechtmäßigkeit des Anschluss- und Benutzungszwangs	184	116
a) Einrichtung im Sinne des § 9 S. 1 GO	185	116
b) Öffentliches Bedürfnis	186	116
c) Rechtmäßige Satzung	187	117
d) Rechtsfolge: Ermessen	188	117
e) Übungsfall Nr. 4	189	118
3. Teil Innere Kommunalverfassung	191	122
A. Einleitung	191	122
B. Gemeindeorgane	192	122
I. Überblick	193	122
II. Der Rat und seine Mitglieder	201	125
1. Zusammensetzung des Rates	202	125
2. Zuständigkeit des Rates	203	126
a) Gesetzliche Spezialzuständigkeit des Rates	204	127
b) Keine gesetzliche Spezialzuständigkeit des Bürgermeisters	205	127
c) Geschäfte der laufenden Verwaltung	206	128
d) Keine bezirkliche Angelegenheit in kreisfreien Städten	208	130
e) Allzuständigkeit des Rates	210	131
f) Dringliche Entscheidungen, § 60 GO	211	131
3. Rechtsstellung des Ratsvorsitzenden	212	134
a) Leitung der Ratssitzungen und Handhabung der Ordnung, § 51 Abs. 1 GO	213	134
b) Widerspruch und Beanstandung, § 54 GO	214	137
4. Rechte und Pflichten der Ratsmitglieder	217	140
a) Rechte	218	141
b) Pflichten	225	150
5. Rechtmäßigkeit von Ratsbeschlüssen	251	165
a) Überblick	252	165
b) Prüfung der Rechtmäßigkeit eines Ratsbeschlusses	253	166
c) Zuständigkeit	258	169
d) Verfahren	262	170

	Rn.	Seite
e) Rechtsfolge formell fehlerhafter Ratsbeschlüsse	293	188
f) Materielle Rechtmäßigkeit	294	189
III. Fraktionen und Gruppen	295	190
1. Begriffe	296	190
a) Fraktionen	297	190
b) Gruppen	298	193
2. Rechte der Fraktionen	299	193
3. Fraktionsausschluss	302	195
IV. Ausschüsse	303	197
1. Arten	304	197
2. Bildung und Zusammensetzung	306	198
3. Verfahren	314	202
V. Bezirksvertretungen in kreisfreien Städten	316	202
1. Bezirksverfassung	317	202
2. Bezirksvertretung	318	203
VI. Bürgermeister	319	204
1. Rechtsstellung	320	204
a) Beamtenrechtliche Rechtsstellung	321	204
b) Kommunalrechtliche Rechtsstellung	322	205
2. Vertretung des Bürgermeisters	325	205
3. Chef der Verwaltung	326	206
4. Vertretung der Gemeinde	327	207
a) Gesetzliche Vertretung (§ 63 Abs. 1 S. 1 GO)	328	207
b) Vertretung bei Verpflichtungserklärungen (§ 64 GO)	329	207
VII. Beigeordnete	330	210
1. Wahl und fachliche Voraussetzungen	331	210
2. Abberufung	332	210
3. Bestellung zum allgemeinen Vertreter und Rückgängigmachung	333	211
4. Besondere Kompetenzen	334	211
C. Organe des Kreises	335	212
I. Kreistag	336	212
II. Kreisausschuss	337	212
III. Landrat	338	213
D. Kommunalverfassungsstreit	339	213
I. Überblick	340	214
II. Prüfungsaufbau beim Kommunalverfassungsstreit	343	215
III. Zulässigkeit einer Klage beim Kommunalverfassungsstreit im Einzelnen	344	217
1. Verwaltungsrechtsweg	345	217
2. Statthafte Klageart	346	217
3. Klagebefugnis	347	218
4. Richtiger Klagegegner	348	218
5. Beteiligtenfähigkeit	349	219
6. Allgemeines Rechtsschutzbedürfnis	350	219
IV. Begründetheit einer Klage im Kommunalverfassungsstreit	351	219
V. Übungsfall Nr. 5	352	221

	Rn.	Seite
4. Teil		
Kommunalaufsicht	354	225
A. Aufsichtsarten und Aufsichtsbehörden	355	225
I. Aufsichtsarten	356	225
II. Aufsichtsbehörden	359	227
B. Aufsichtsmittel der allgemeinen Aufsicht	360	227
I. Präventive Aufsicht	361	228
II. Repressive Aufsicht	362	228
1. Beanstandung und Aufhebung von Ratsbeschlüssen	363	229
a) Ermächtigungsgrundlage, § 122 Abs. 1 GO	364	229
b) Rechtsschutz der Gemeinde	372	234
2. Beanstandung und Aufhebung von Anordnungen des Bürgermeisters, § 122 Abs. 2 GO	377	237
3. Anordnungsrecht und Ersatzvornahme, § 123 GO	378	238
4. Bestellung eines Beauftragten und Auflösung des Rates	379	239
a) Bestellung eines Beauftragten, § 124 GO	380	239
b) Auflösung des Rates, § 125 GO	381	239
5. Übungsfall Nr. 6	382	241
5. Teil		
Wirtschaftliche und nicht wirtschaftliche Betätigung	384	245
A. Überblick	385	245
I. Gegenstände kommunaler Betätigung auf Wirtschaftsmärkten	386	245
II. Allgemeine Qualifizierungskriterien	387	246
1. Ausschluss hoheitlicher Betätigung	388	247
2. Maßgeblichkeit der Haupttätigkeit und Qualifizierung von Annextätigkeiten	389	248
III. Unmittelbare oder mittelbare Betätigung	390	249
B. Zulässigkeit wirtschaftlicher und energiewirtschaftlicher Betätigung	391	250
I. Gesetzliche Anforderungen bei wirtschaftlicher Betätigung	392	250
1. Definition und Kontrollmaßstab	393	250
2. Zulässigkeitsvoraussetzungen	394	251
a) Öffentlicher Zweck	395	252
b) Angemessenes Verhältnis zur Leistungsfähigkeit der Gemeinde	396	253
c) Sperrwirkung der Subsidiaritätsklausel, § 107 Abs. 1 S. 1 Nr. 3 GO	397	253
d) Marktanalyse, § 107 Abs. 5 S. 1 GO	398	253
e) Branchendialog, § 107 Abs. 5 S. 2 GO	399	253
f) Besonderheiten bei überörtlicher Betätigung, § 107 Abs. 3 GO	400	254
II. Spezialregelung für die energiewirtschaftliche Betätigung, § 107a GO	401	254
C. Zulässigkeit nichtwirtschaftlicher Betätigung	402	256
I. Die gesetzliche Fiktion der nichtwirtschaftlichen Betätigung	403	256
1. Erfüllung gesetzlicher Verpflichtungen	404	256
2. Einrichtungen der Daseinsvorsorge	405	257
3. Einrichtungen der Straßenreinigung, Wirtschaftsförderung, Fremdenverkehrsförderung und Wohnraumversorgung	406	257

	Rn.	Seite
4. Einrichtungen des Umweltschutzes sowie Messe- und Ausstellungswesens	407	258
5. Kommunale Hilfsbetriebe	408	258
II. Zulässigkeitsvoraussetzungen, § 107 Abs. 2, 4 GO	409	258
D. Rechtsschutz privater Konkurrenz	410	259
E. Führungsgrundsätze von Unternehmen und Einrichtungen	412	261
F. Beteiligung an privaten Gesellschaften	413	262
G. Errichtung öffentlich-rechtlicher Organisationsformen	414	263
I. Eigenbetrieb und Eigenbetriebsähnliche Einrichtung	415	263
II. Anstalt des öffentlichen Rechts, § 114a GO	416	264
III. Übungsfall Nr. 7	417	266
Sachverzeichnis		271

Literaturverzeichnis

Articus/Schneider	Gemeindeordnung für das Land Nordrhein-Westfalen, 5. Aufl. 2018
Bätge	Wahlen und Abstimmungen in Nordrhein-Westfalen, Loseblatt-Kommentar, Stand 2019
Bätge	Recht der kommunalen Fraktionen, SGK-Schriftenreihe, Band 33, 2015
Bätge	Arbeit in Aufsichts- und Verwaltungsräten in kommunalen Unternehmen und Einrichtungen in Nordrhein-Westfalen, SGK Schriftenreihe, Band 36, 2. Aufl. 2016
Bätge/Drysch/Osing/Psczolla/Reutzel/Schäfer/Söhngen/Winkel/Ziertmann	Handbuch für Bürgermeister, 2. Aufl. 2017
Berning/Flüshöh	Gemeindewirtschaftsrecht Nordrhein-Westfalen, 2012
Bösche	Kommunalverfassungsrecht in Nordrhein-Westfalen, 3. Aufl. 2013
Bösche	Praktische Fälle zum Kommunalrecht Nordrhein-Westfalen, 2014
Bogner	Beratungs- und Beschlussfassungsverfahren in der Gemeindevertretung, 4. Aufl. 2013
Brüning/Vogelsang	Die Kommunalaufsicht, 2. Aufl. 2009
Burgi	Kommunalrecht, 5. Aufl. 2015
Dietlein/Hellermann	Öffentliches Recht in Nordrhein-Westfalen, 6. Aufl. 2016
Dietlein/Heusch (Hrsg)	Beck Online-Kommentar Kommunalrecht Nordrhein-Westfalen, 5. Edition (Stand: 1.9.2018)
Ehlers/Glock/Sundermann	Kommunales Verfassungsrecht NRW, 2018
Erbguth/Mann/Schubert	Besonderes Verwaltungsrecht, 12. Aufl. 2015
Erichsen	Kommunalrecht des Landes Nordrhein-Westfalen, 2. Aufl. 1997
Held/Winkel/Wansleben (Hrsg)	Kommunalverfassungsrecht Nordrhein-Westfalen, Loseblatt-Kommentar, Stand 2018
Held/Winkel	Gemeindeordnung Nordrhein-Westfalen, 4. Aufl. 2018

Hofmann/Beckmann	Praktische Fälle aus dem Kommunalrecht, 12. Aufl. 2018
Hofmann/Gerke/Hildebrandt	Allgemeines Verwaltungsrecht, 11. Aufl. 2016
Hofmann/Theisen/Bätge	Kommunalrecht in Nordrhein-Westfalen, 17. Aufl. 2017
Hoppe/Uechtritz/Reck	Handbuch kommunale Unternehmen, 3. Aufl. 2012
Gern/Brüning	Deutsches Kommunalrecht, 4. Aufl. 2018
Geis	Kommunalrecht, 4. Aufl. 2016
Kallerhoff/von Lennep/Bätge/Becker/Schneider/Schnell	Handbuch zum Kommunalwahlrecht in Nordrhein-Westfalen, 2008
Kleerbaum/Palmen	Gemeindeordnung Nordrhein-Westfalen, Kommentar für die kommunale Praxis, 3. Aufl. 2017
Kopp/Schenke	Verwaltungsgerichtsordnung, 24. Aufl. 2018
Lange	Kommunalrecht, 2013
Meyer	Recht der Ratsfraktionen, 9. Aufl. 2017
Mann/Püttner	Handbuch der kommunalen Wissenschaft und Praxis, 3. Aufl. 2007
Rehn/Cronauge/von Lennep/Knirsch	Gemeindeordnung für das Land Nordrhein-Westfalen, Kommentar, Loseblatt-Kommentar, Stand 2018
Schlacke/Wittek	Landesrecht Nordrhein-Westfalen, 2017
Schmidt	Kommunalrecht, 2. Aufl. 2014
Schmidt	Prüfe dein Wissen, Kommunalrecht, 2013
Schneider	Handbuch Interkommunale Zusammenarbeit Nordrhein-Westfalen, 2. Aufl. 2012
Schwabe/Sundermann	Kommunalverfassung in Nordrhein-Westfalen, 7. Aufl. 2009
Smith/Bender (Hrsg)	Recht der kommunalen Wahlbeamten, 2016
Rohde/Lustig/Wöhler	Allgemeines Verwaltungsrecht, 15. Aufl. 2018
Vogelsang/Lübking/Ulbrich	Kommunale Selbstverwaltung, 3. Aufl. 2005
Wienbracke	Allgemeines Verwaltungsrecht, 4. Aufl. 2015
Wüstenbecker	Kommunalrecht NRW, 11. Aufl. 2014
Zacharias	Nordrhein-Westfälisches Kommunalrecht, 2004

Tipps vom Lerncoach

Warum Lerntipps in einem Jura-Skript?

Es gibt in Deutschland ca. 1,6 Millionen Studierende, deren tägliche Beschäftigung das Lernen ist. Lernende, die stets ohne Anstrengung erfolgreich sind, die nie kleinere oder größere Lernprobleme hatten, sind eher selten. Besonders juristische Lerninhalte sind komplex und anspruchsvoll. Unsere Skripte sind deshalb fachlich und didaktisch sinnvoll aufgebaut, um das Lernen zu erleichtern.

Über fundierte Lerntipps wollen wir darüber hinaus all diejenigen ansprechen, die ihr Lern- und Arbeitsverhalten verbessern und unangenehme Lernphasen schneller überwinden wollen.

Diese Tipps stammen von *Frank Wenderoth,* der als Diplom-Psychologe seit vielen Jahren in der Personal- und Organisationsentwicklung als Berater und Personal Coach tätig ist und außerdem Jurastudierende in der Prüfungsvorbereitung und bei beruflichen Weichenstellungen berät.

Wie lernen Menschen?

Die Wunschvorstellung ist häufig, ohne Anstrengung oder ohne eigene Aktivität „à la Nürnberger Trichter" lernen zu können. Die modernen Neurowissenschaften und auch die Psychologie zeigen jedoch, dass Lernen ein aktiver Aufnahme- und Verarbeitungsprozess ist, der auch nur durch aktive Methoden verbessert werden kann. Sie müssen sich also für sich selbst einsetzen, um Ihre Lernprozesse zu fördern. Sie verbuchen die Erfolge dann auch stets für sich.

Gibt es wichtigere und weniger wichtige Lerntipps?

Auch das bestimmen Sie selbst. Die Lerntipps sind als Anregungen zu verstehen, die Sie aktiv einsetzen, erproben und ganz individuell auf Ihre Lernsituation anpassen können. Die Tipps sind pro Rechtsgebiet thematisch aufeinander abgestimmt und ergänzen sich von Skript zu Skript, können aber auch unabhängig voneinander genutzt werden.

Verstehen Sie die Lerntipps „à la carte"! Sie wählen das aus, was Ihnen nützlich erscheint, um Ihre Lernprozesse noch effektiver und ökonomischer gestalten zu können!

Lernthema 3
Leistungsfähigkeit, Ernährung und individueller Tagesrhythmus

Jura Lernen ist Kopfarbeit, die mit emotionalen und motivationalen Zuständen verbunden ist. Diese mentalen Prozesse sind physiologisch betrachtet elektrische Aktivität der Hirnzellen - also Körperarbeit. Und Körperarbeit erfordert und verbraucht Energie. Sie brauchen für eine erfolgreiche Lernarbeit eine angemessene Energiezufuhr durch passende Ernährung. Und weil es Tagesschwankungen in der Leistungsfähigkeit gibt, ist es für Sie wichtig, Ihre Lern- und Pausenplanung an einem individuell passenden Rhythmus auszurichten.

Lerntipps

Optimieren Sie Ihre Ernährung!

Zum Lernen ist es günstig, sich gut zu fühlen und geistig konzentriert zu sein. Nudeln zum Beispiel kurbeln das „Glückshormon" Serotonin an und sind eine Langzeitenergiequelle, da der Körper die Kohlehydrate aus dem Mehl nur langsam abbaut. Aufmunternd wirken Brot, Fisch und Kartoffeln. Bananen wirken leicht beruhigend durch ihren Magnesiumgehalt. Durch zu wenig Nahrung sinkt der Blutzuckerspiegel ab, bewirkt eine Konzentrations- und damit Leistungsabnahme. Für das Gehirn sind daher kleinere Mahlzeiten (am besten fünf) optimal. Nicht umsonst wird von Ernährungsexperten nach wie vor das Schulbrot und ein Apfel empfohlen, auch wenn das bei vielen Schülern als uncool gilt. Denken Sie auch an Vitamine, besonders C, E und B und Mineralien wie Eisen und Calcium. Obst und Gemüse sind hier ideal.

Also starten Sie mit einem stressfreien, gemütlichen Frühstück mit Zeitung, stehen Sie lieber früher auf. Nach jeder Mahlzeit sollte eine kurze Pause eingelegt werden, da die Energie (Sauerstoff) erst einmal für die Verdauung verbraucht wird und dem Gehirn nicht direkt zur Verfügung steht.

Falsches Essen und Trinken kann das Lernen ausbremsen!

Vermeiden Sie den Geschmacksverstärker Glutamat, der sich z.B. in vielen Fertiggerichten und dem allgemeinen Fast Food wie Hamburger, Würstchen und Chips befindet. Er kann zu Hitzewallungen, Kopfschmerzen und Herzklopfen führen. Und das brauchen Sie in anstrengenden Lernphasen nun wirklich nicht! Kaffee entzieht zwar keine Flüssigkeit wie Tee, wirkt wie Cola kurzzeitig aufputschend, dann aber ermüdend. Wenn Sie gerne Tee trinken – der wirkt positiv anregend – gleichen Sie das unbedingt durch die entsprechende Menge Wasser aus, denn …

… die geistige Leistung wird durch Wasser verbessert!

Wasser ist ein wichtiges Transportmittel zur Stoffverschiebung und für die Zellaktivität. Flüssigkeitsmangel reduziert die Informationsaufnahme, -verarbeitung und den Wissenserwerb, durch vermehrte Wasseraufnahme verbessern sich geistige Leistungen, z.B. erkennbar an besseren Noten. Trinken während einer Lehrveranstaltung erhöht die Aufmerksamkeit für den Lehrstoff (Ergebnisse aus der Rosbacher Studie). Im normalen Alltagsgeschehen sollten wir 1,5 bis 2 Liter Flüssigkeit zu uns nehmen. Bei größerer Beanspruchung und Hitze entsprechend mehr. Wasser ist ideal auch wegen der Spurenelemente, stilles Wasser durchspült den Körper besser als Wasser mit Kohlensäure. Fruchtsaft kann natürlich dazugemischt werden.

Es gibt erhebliche individuelle Unterschiede in den Tagesleistungskurven!

Die gegenwärtige Forschung relativiert einige Annahmen über „den Bio-Rhythmus":

- Tagesrhythmische Schwankungen beziehen sich auf unterschiedliche Leistungsfähigkeiten (körperliche vs. geistige).
- Die Schwankungen hängen stark von den Rahmenbedingungen wie z.B. der Intensität der Anforderungen ab (z.B. 12 Uhr Leistungsfähigkeit für Prüfungsfach A gering, aber für Sport nicht unbedingt; 3 Uhr Discobesuch hellwach etc.)
- Die Leistungsfähigkeit hängt stark mit der Motivation zusammen (z.B. Lesen eines Buches über ein Hobby oder über ein kompliziertes Prüfungsthema).
- Es gibt erhebliche Unterschiede in den tagesablaufbedingten Leistungsschwankungen verschiedener Menschen (u.a. Eulen und Lerchen …), d.h. kein allgemeiner Stundenplan kann diese aus rein organisatorischen Gründen berücksichtigen.

Fazit:

Sie müssen sich auf vorgegebene Rhythmen in Stundenplänen und Vorlesungszeiten einerseits einstellen. Der Körper stellt sich bei Regelmäßigkeit auch um. Das können Sie nutzen. Wenn Sie viele Freiräume zur Gestaltung Ihres Tagesrhythmus besitzen, sollten Sie regelmäßige und feststehende Lern- und Pausenzeiten festlegen. Sie bestimmen Ihren Rhythmus selbst und nicht der Rhythmus Sie. So schöpfen Sie Ihre Leistungsmöglichkeiten besser aus.

Pausen fest einplanen und einhalten!

Nach schwerer Arbeit brauchen Sie generell angemessene Pausen. Viele Studenten lernen täglich zehn oder mehr Stunden und erzielen in Relation dazu minimale Lerngewinne. Unsere „Lernmaschine" Gehirn benötigt Speicher- und Verarbeitungszeiten und Wartungspausen. Pausen haben arbeitsphysiologische Wirkungen.

- Häufige Pausen von weniger als 20 Minuten sind besonders effektiv, erfrischend und besser als wenige lange Pausen.
- Gerade zu Beginn einer Pause ist der Erholungswert am größten.
- Pausen sollten nicht mit Nebentätigkeiten ausgefüllt werden.
- Die Freude auf die Pause kann einen positiven Arbeitseffekt bewirken, der bereits vor der Pause eintritt.
- In den Pausen arbeitet unser Gehirn weiter, es knüpft Verbindungen, startet unbewusste Suchprozesse (deshalb fällt uns nach der Pause häufig plötzlich eine Lösung ein, die wir vorher nicht finden konnten).
- Pausen werden meist als Belohnung erlebt. Dadurch wirken sie verstärkend auf unser weiteres Lernverhalten.

Nicht von ungefähr haben Arbeitnehmer einen gesetzlichen Anspruch auf Pausen von gewisser Dauer. Und der Arbeitgeber die Fürsorgepflicht für deren Einhaltung. Sie haben ein Recht auf Pausen und die Pflicht sie einzuplanen und einzuhalten, unabhängig vom Lernerfolg. Wahrscheinlich werden Pausen so selten fest eingehalten, weil man meint, sie sind vergeudete Zeit. Also, keine Angst vor Zeitverlust.

Nutzen Sie die verschiedenen Pausenarten im Verlaufe eines Arbeitstages!

Zur Unterstützung einer gesunden und effektiven „Pausenmoral" können Sie verschiedene Arten von Pausen unterscheiden. Alle wollen mit gutem Gefühl ausprobiert und genossen werden. Entwickeln Sie Ihre persönliche, vielleicht „etwas andere" Pausenstrategie. Sie werden feststellen, dass Sie konzentrierter und effektiver arbeiten können. Allerdings ist ein wenig Vorsicht geboten, wenn Sie Pausen zur „Lernvermeidung" nutzen.

- Die Abspeicherpause (Augen zu) von 10 bis 20 Sekunden nach Definitionen, Begriffen und komplexen Lerninhalten zum sicheren Abspeichern und zur Konzentration.
- Die Umschaltpause von 3 bis 5 Minuten nach ca. 20 bis 40 Minuten Arbeit, um Abstand zum vorher Gelernten zu bekommen und dadurch Neues besser aufzunehmen.
- Die Zwischenpause von 15 bis 20 Minuten nach 90 Minuten intensiver Arbeit, also nach zwei Arbeitsphasen dient dem Erholen und Abschalten.
- Die lange Erholungspause von 1 bis 3 Stunden, z.B. mittags oder zum Feierabend nach 3 Stunden Arbeit ebenfalls zum richtigen Abschalten, Regenerieren, Sich-Belohnen etc.

Ihre Mittagspause hat für Ihren Tagesrhythmus eine besondere Bedeutung!

Vor und nach dem Mittagessen sollte eine längere Erholungspause von mindestens 30 Minuten eingeplant werden, d.h. insgesamt mindestens 60 Minuten lernfreie Zeit. Ein Power Napping von ca. 20 Minuten nach dem Mittagsessen reicht oft aus. Dann ist man besonders fit. Von Arbeitsphysiologen wird der kurze und tiefe Mittagsschlaf empfohlen, womit dem Leistungstief von 13 bis 14 Uhr entgegengewirkt werden kann. Der Magen wird nach dem Mittagessen mit viel sauerstoffreichem Blut versorgt. Das fehlt ihrem Gehirn in dieser Phase also so oder so. Und durch das Nickerchen werden Aufmerksamkeit und Konzentration wieder gesteigert. Aber es sind alle Tätigkeiten erlaubt, die entspannen, schön sind, das Gehirn nicht belasten und fristgerecht beendet werden können.

Lernen am Abend ist weniger effektiv!

Das Lernen am späten Abend – also nach 22 Uhr ist wenig effektiv, da gemessen am Arbeitsaufwand weniger behalten wird. Vermeiden Sie also die Nachmittage mit Fernsehen, Verabredungen, Freizeit zu verbringen und hier viel Freizeitenergie zu investieren. Danach geistige Energie für Lernleistungen aufzubringen, fällt umso schwerer. Bei spätem Lernen schläft man erfahrungsgemäß auch schlechter und das, obwohl der nächste Tag wiederum Ihren vollen Einsatz erfordert. Seien Sie ehrlich zu sich und schauen Sie einmal, von welcher abendlichen Uhrzeit an die Lerneffektivität nachlässt.

Am Abend gut abschalten!

Planen Sie mindestens 60 Minuten vor dem Schlafengehen vollkommen zum Entspannen ein. Sie können so mehr Abstand zum Lernen gewinnen und der Schlaf wird umso erholsamer sein. Andernfalls grübeln Sie weiter über Ihren Lernstoff, und Sie stehen am nächsten Morgen mit einem „Lernkater" auf. Alkohol oder Schlafmittel beeinträchtigen die Lernarbeit im Schlaf erheblich. Nur im erholsamen Schlaf arbeitet das Gehirn gerne für Sie eigenverantwortlich weiter.

Den Schlaf als Lernorganisator nutzen!

Es ist nachgewiesen, dass sich unser Gehirn während des Schlafens nicht ausruht, der Arbeitsmodus schaltet um und das Gehirn wird zum Verwalter und Organisator des Gelernten. Das Gehirn bzw. die neuronale Aktivität sichtet, sortiert und ordnet zu, schafft Verbindungen (Synapsen) zu bereits bestehenden Wissensinhalten und verankert Gelerntes – ohne dass wir bewusst und aktiv etwas tun müssen. Diese Erkenntnisse erklären wahrscheinlich auch die lernförderlichen Wirkungen des Kurzschlafes (Power Napping) und der kurzen und tiefen Entspannung mit Hypnose.

1. Teil
Rechtsnatur und Rechtsstellung der Kommunen

Das Kommunalrecht ist Teil des **öffentlichen Rechts**. Es regelt die Organisation der verschiedenen Arten der kommunalen Gebietskörperschaften in entsprechenden Einzelgesetzen wie der Gemeindeordnung (GO), der Kreisordnung (KrO), der Landschaftsverbandsordnung (LVerbO) und dem Gesetz über den Regionalverband Ruhr (RVRG).[1] 1

A. Einführung

Zu den **Kommunen** zählt man die Gemeinden und Gemeindeverbände. Der Begriff **Gemeinde** umfasst die kreisfreien Städte und die kreisangehörigen Städte und Gemeinden. **Gemeindeverbände** sind in Nordrhein-Westfalen insbesondere die Kreise, die beiden Landschaftsverbände, der Regionalverband Ruhr und die Städteregion Aachen. Gemeinden und Gemeindeverbände haben das verfassungsrechtlich verbürgte Recht auf Selbstverwaltung (Art. 28 Abs. 2 GG und Art. 78 Abs. 1 LVerf NRW). Sie sind als **Gebietskörperschaften** für ein bestimmtes Gebiet zuständig und haben bestimmte Mitglieder. **Mitglieder** der Gemeinden und Kreise sind die jeweiligen Einwohner der Gemeinde bzw. des Kreises. Die Mitglieder der Landschaftsverbände und des Regionalverbandes Ruhr sind nicht unmittelbar die Einwohner, sondern die im jeweiligen Gebiet gelegenen kreisfreien Städte und Kreise. 2

Das in der kommunalen Praxis und für die Prüfung grundlegende Gesetz ist die **Gemeindeordnung**, auf die die anderen Kommunalgesetze weitgehend verweisen. Regelungsgegenstände sind darin insbesondere die jeweiligen Grundlagen (Wesen, Aufgaben, Gebiet, Besonderheiten in kreisfreien Städten etc.), die Rechtsstellung der Mitglieder (Einwohner und Bürger), die Gemeindeorgane (Rat, Bürgermeister, Bezirksvertretungen in kreisfreien Städten mit Untergliederungen), die Haushaltswirtschaft, die wirtschaftliche Betätigung und die Kommunalaufsicht. Aufgrund der Bedeutung der Gemeindeordnung steht diese bei der Darstellung des Stoffes und der Fallbeispiele im Vordergrund. Auf Besonderheiten der Gemeindeverbände wird allerdings im Einzelfall eingegangen. 3

Neben den genannten nach der Art der Kommune differenzierenden Einzelgesetzen bestehen kommunalrechtliche **Nebengesetze**, die grundsätzlich für **alle** Kommunen gelten. 4

Beispiel Die Einzelheiten zur Vorbereitung und Durchführung der Wahl der Mitglieder der kommunalen Vertretungen (Rat, Kreistag und Verbandsversammlung des Regionalverbandes Ruhr) und der Wahl der Bürgermeister und Landräte richten sich einheitlich nach dem Kommunalwahlgesetz (KWahlG NRW).

Wesentliche Anforderungen an die ordnungsgemäße Erhebung von kommunalen Abgaben (Gebühren, Steuern und Beiträgen) ergeben sich aus dem Kommunalabgabengesetz (KAG NRW). Diese Anforderungen gelten unabhängig davon, ob eine Gemeinde, ein Kreis, ein Landschaftsverband oder der Regionalverband Ruhr eine Abgabe erhebt. ■

1 Diese maßgeblichen Landesgesetze werden im Folgenden ohne den Landeszusatz NRW zitiert.

5 Das Kommunalrecht gehört zum **Pflichtfachbereich** in der staatlichen Pflichtfachprüfung und in der zweiten juristischen Staatsprüfung. Auch in vielen Bachelor- und Masterstudiengängen der Fachhochschulen und Universitäten sowie in Ausbildungs- und Qualifizierungsgängen der öffentlichen Verwaltung ist das Kommunalrecht als wichtiges Teilgebiet des öffentlichen Rechts zu beherrschen. Neben der Kenntnis der maßgeblichen organisationsrechtlichen Grundlagen der Tätigkeit der Gemeinde und der Gemeindeverbände ist dafür auch die Beherrschung der **prozessualen** Durchsetzbarkeit von entscheidender Bedeutung.

Beispiele In der Klausur begehrt der Ortsverband einer politischen Partei den Zugang zu einer gemeindlichen Stadthalle. Dieser wird ihm vom Bürgermeister der Gemeinde verweigert. Die Klausurfrage ist nicht reduziert auf die Frage, ob ein Zulassungsanspruch besteht, sondern umfasst in aller Regel auch die Frage der prozessualen Durchsetzbarkeit eines solchen Anspruches.

Der Rat verweigert die Feststellung der Zulässigkeit eines Bürgerbegehrens. In der Prüfung wird nicht (nur) gefragt, ob das Bürgerbegehren zulässig ist, sondern auch danach, ob eine Klage der Vertreter des Bürgerbegehrens gegen den ablehnenden Bescheid des Rates Aussicht auf Erfolg hat.

Wenn eine Gemeinde sich am Markt wirtschaftlich betätigt, so stellt sich neben der Frage der Zulässigkeit einer solchen Tätigkeit auch die Frage, welche Klagemöglichkeiten dem privaten Wettbewerber dagegen zur Verfügung stehen.

Streiten sich eine Fraktion und der Rat um die Höhe der finanziellen Zuwendung, die der Fraktion aus dem Gemeindehaushalt gewährt werden soll, so ist die angemessene Höhe der Zuwendung die eine Frage. Die andere Frage ist die, welche Klageart der Fraktion gegen den Rat zur Verfügung steht, um dies auch durchzusetzen. ■

Aufgrund des engen Zusammenhanges zwischen materiellen und prozessualen Aspekten des Kommunalrechts erfolgt an vielen Stellen dieses Buches eine kombinierte Behandlung.

6 Bestimmte Aspekte des Kommunalrechts, wie das kommunale Haushalts- und Abgabenrecht, sind nicht Prüfungsgebiete in der staatlichen Pflichtfachprüfung und im Zweiten juristischen Staatsexamen und werden deshalb allenfalls am Rande behandelt. Dies gilt grundsätzlich auch für das Kommunalwahlrecht. Dieses enthält aber auch Bezüge zum Pflichtfach Staatsrecht (Wahlrechtsgrundsätze) und ist wichtig für das Verständnis der Bürgereigenschaft sowie für die Entstehung der Gemeindeorgane. Deshalb wird darauf in Grundzügen eingegangen.

B. Stellung der Kommunen in der Verwaltungsorganisation Nordrhein-Westfalens

7 Von erheblicher Bedeutung für Prüfung und Praxis ist zunächst einmal ein organisatorisches Grundlagenwissen. Dazu gehört die Kenntnis über die Abgrenzung der staatlichen von der kommunalen Ebene und ein Grundverständnis über die Rechtsstellung der im Rahmen des Kommunalrechts beteiligten staatlichen Behörden und kommunalen Körperschaften.

I. Abgrenzung der kommunalen von der staatlichen Ebene

Die Kommunen (Gemeinden und Gemeindeverbände) sind von den staatlichen Behörden des Landes Nordrhein-Westfalen abzugrenzen. Die **Abgrenzung** ist wichtig, um die zuständigen staatlichen Aufsichtsbehörden über die jeweilige Kommune zu bestimmen und Aspekte des Rechtsschutzes zwischen Kommunen und staatlichen Aufsichtsbehörden besser beurteilen zu können. 8

Beispiel Die Bezirksregierung ist eine staatliche Behörde des Landes Nordrhein-Westfalen. Nach der Gemeindeordnung ist sie die zuständige Behörde für die staatliche Aufsicht über die kreisfreien Städte und Kreise. Ist ein Kreis mit einer kommunalaufsichtsrechtlichen Maßnahme der Bezirksregierung nicht einverstanden, so stellt sich die Frage der richtigen Klageart dagegen. Dies hängt von der Rechtsnatur der Maßnahme ab. Anders als bei Maßnahmen innerhalb der staatlichen Landesverwaltung, etwa einer Weisung des für Kommunales zuständigen Ministeriums an die untergeordnete Bezirksregierung, handelt es sich bei einer Maßnahme einer staatlichen Behörde (Bezirksregierung) gegenüber einer Kommune (Kreis) um eine solche mit Außenwirkung. Je nach Art der kommunalaufsichtsrechtlichen Maßnahme kann daher ein Verwaltungsakt vorliegen, der mittels einer Anfechtungsklage angefochten werden kann (vgl. im Einzelnen unter Rn. 373 f.). ■

Während sich die kommunalen Organe aus den Kommunalwahlen legitimieren und den Kommunen das Recht der Selbstverwaltung zusteht, leiten die **staatlichen** Behörden des Landes Nordrhein-Westfalen ihre demokratische Legitimation aus der Landtagswahl ab. Bei der Landtagswahl wird der Landtag gewählt. Dieser wählt den Ministerpräsidenten, der die Minister einsetzt. Die Landesregierung ist wiederum zuständig für die Bestellung der Regierungspräsidenten, die die staatlichen Bezirksregierungen leiten. Letztere erfüllen staatliche Aufgaben und unterliegen dabei der vollen Dienst- und Fachaufsicht der übergeordneten staatlichen Behörde (vgl. §§ 12, 13 LOG NRW).

Das wichtigste Ministerium für das Kommunalrecht und die Kommunalpolitik des Landes ist das **für Kommunales zuständige Ministerium**. Es ist insbesondere oberste staatliche Kommunalaufsichtsbehörde (§ 120 Abs. 4 GO). Dieses übt die unmittelbare staatliche Aufsicht über die Landschaftsverbände und den Regionalverband Ruhr aus. Zudem ist das für Kommunales zuständige Ministerium die vorgesetzte und weisungsberechtigte Behörde über die fünf Bezirksregierungen. Die **Bezirksregierung** ist einerseits unmittelbare Aufsichtsbehörde über die Kreise und kreisfreie Städte ihres Regierungsbezirkes und andererseits im staatlichen Bereich die vorgesetzte und weisungsberechtigte Behörde über den Landrat als untere staatliche Verwaltungsbehörde (§ 120 Abs. 2 GO, § 57 Abs. 1 S. 1 KrO). Die **Landräte** haben eine Sonderstellung. Als Landräte sind sie grundsätzlich kommunale Organe des Kreises, die bei der Kommunalwahl gewählt werden. Das Land leiht sie sich aber für die Wahrnehmung bestimmter staatlicher Aufgaben aus und bindet sie damit unmittelbar in die staatliche Aufgabenerledigung ein. In der letztgenannten Funktion werden sie deshalb als **untere staatliche Verwaltungsbehörde** tätig. Dies ist aber nur zulässig, wenn es ausdrücklich gesetzlich angeordnet ist. 9

Beispiel Gemäß § 60 Abs. 1 Nr. 2 BauO NRW üben die Landräte die Funktion als Obere Bauaufsichtsbehörde für die kreisangehörigen Gemeinden als untere staatliche Verwaltungsbehörde aus. ■

Es wird dadurch die **Doppelstellung** des Landrates deutlich, da dieser einerseits Organ der Kommune „Kreis" ist und andererseits untere staatliche Verwaltungsbehörde sein kann.[2] In ihrer Funktion als untere staatliche Verwaltungsbehörden üben die Landräte insbesondere die allgemeine Aufsicht über die kreisangehörigen Gemeinden aus (§ 120 Abs. 1 GO). Sie unterliegen als untere staatliche Verwaltungsbehörde der Dienst- und Fachaufsicht der zuständigen Bezirksregierung (§§ 12, 13 LOG NRW).

II. Einteilung der Kommunen

10 Innerhalb der **Kommunen** sind rechtlich folgende **Arten** zu unterscheiden.

1. Kreisangehörige Gemeinden

11 Kreisangehörige Gemeinden sind einem Kreis zugeordnet. Der Kreis erfüllt für seine kreisangehörige Gemeinden Ausgleichs- und Ergänzungsaufgaben (§ 2 Abs. 1 S. 1 KrO) und ist für bestimmte Angelegenheiten kraft Gesetzes unmittelbar zuständig (§ 2 Abs. 2 KrO). So ist der Kreis für das gesamte Kreisgebiet beispielsweise für die Landschaftsplanung zuständig, während die Gemeinden für ihr jeweiliges Gemeindegebiet zuständig für die Bauleitplanung sind. Das Kreisorgan Landrat wird im Wege der gesetzlichen Organleihe insbesondere in Angelegenheiten der Kommunalaufsicht als untere staatliche Verwaltungsbehörde tätig und nimmt dann gegenüber den kreisangehörigen Gemeinden staatliche Aufgaben wahr.

12 Innerhalb der kreisangehörigen Gemeinden unterscheidet man Große und Mittlere kreisangehörige Städte[3] und die sonstigen kreisangehörigen Gemeinden (§ 4 GO). Die Einstufung richtet sich nach der Einwohnerzahl. Mit dem Erreichen sogenannter Schwellenwerte erwirbt die kreisangehörige Gemeinde neben einem Aufgabenzuwachs auch die Rechtsbezeichnung „Stadt", d.h. ab einer Qualifikation als Mittlere kreisangehörige Stadt sind die entsprechenden Gemeinden als Städte zu bezeichnen. Aus historischen Gründen tragen allerdings auch einige kleinere Gemeinden die Bezeichnung Stadt.[4] Von Amts wegen ist eine Gemeinde als **Große kreisangehörige Stadt** einzustufen, wenn ihre Einwohnerzahl an fünf aufeinanderfolgenden Stichtagen mehr als 60 000 beträgt. **Mittlere kreisangehörige Stadt** ist eine Gemeinde von Amts wegen bei einer Einwohnerzahl von mehr als 25 000 an fünf aufeinanderfolgenden Stichtagen. Innerhalb reduzierter Schwellenwerte ist eine Einstufung auf Antrag möglich. Die Einstufung ist wichtig für die Zuständigkeit für bestimmte „zusätzliche Aufgaben für kreisangehörige Gemeinden" im Sinne des § 4 GO. Der Landesgesetzgeber hat nämlich in einzelnen Gesetzen oder Rechtsverordnungen geregelt, dass zusätzlich zu den Aufgaben, die alle Gemeinden wahrzunehmen haben, bestimmte Aufgaben von Mittleren bzw. Großen kreisangehörigen Städten wahrzunehmen sind.

Beispiel Gemäß § 57 Abs. 1 Nr. 3 Buchstabe a BauO NRW sind die Großen und die Mittleren kreisangehörigen Städte untere Bauaufsichtsbehörden. Diese Aufgabe übernehmen die Kreise für die übrigen kreisangehörigen Gemeinden, die den Status einer Großen oder Mittleren kreisangehörigen Stadt nicht haben. ■

2 *Geis* § 18 Rn. 3; *Mann* in Erbguth/Mann/Schubert, Rn. 211.
3 Da es sich bei den Adjektiven „Große" und „Mittlere" um Teile einer Statusbezeichnung handelt, werden diese groß geschrieben, vgl. Gesetzeswortlaut in § 4 GO.
4 Vgl. hierzu § 13 Abs. 2 GO.

2. Kreisfreie Städte

13 Kreisfreie Städte sind gleichfalls Gemeinden. Sie sind keinem Kreis zugeordnet und haben deshalb auf ihrem Gebiet auch bestimmte Aufgaben wahrzunehmen, die im kreisangehörigen Raum von den Kreisen wahrgenommen werden.

Beispiel Gemäß § 114 Abs. 3 LWG NRW sind die Kreise im kreisangehörigen Raum und die kreisfreien Städte im kreisfreien Raum untere Wasserbehörden. ■

Zuständige staatliche Aufsichtsbehörde über die kreisfreien Städte ist die Bezirksregierung (§ 120 Abs. 2 GO).

3. Kreise

14 Bei den Kreisen handelt es sich um Gemeindeverbände und Gebietskörperschaften (§ 1 Abs. 2 KrO). Der **Verbandscharakter** zeigt sich zum Beispiel bei der Kreisumlage, die von den kreisangehörigen Gemeinden zu zahlen ist (§ 56 KrO). Mitglieder der **Gebietskörperschaft** sind die Kreiseinwohner, die gleichzeitig Einwohner der kreisangehörigen Gemeinden sind (§ 20 KrO).

§ 2 KrO weist den Kreisen die ausschließliche und eigenverantwortliche Wahrnehmung der **überörtlichen** Aufgaben in ihrem Gebiet zu. Weitere Aufgaben können aufgrund gesetzlicher Vorschriften übertragen werden.

Bei der Aufgabenzuweisung ist der Kreis auf **überörtliche** Aufgaben beschränkt. Insoweit besteht hinsichtlich der Aufgabenverteilung zwischen Kreisen und Gemeinden grundsätzlich ein Vorrang der Gemeindeebene, den auch der Aufgaben verteilende Gesetzgeber zu beachten hat.[5]

Beispiele für typische Kreisaufgaben:

- Übergemeindliche Planungsaufgaben (z.B. Bau und Unterhaltung von Kreisstraßen, ÖPNV im Kreisgebiet, Landschaftsplanung, Tourismusförderung etc.);
- Pflichtaufgaben zur Erfüllung nach Weisung im Bereich der Gefahrenabwehr (z.B. untere Wasserbehörde, Gesundheitsamt, Veterinärwesen);
- Pflichtaufgaben als Sozialhilfeträger;
- Ergänzungs- und Ausgleichsaufgaben, deren Umfang vom Status und der Leistungsfähigkeit der kreisangehörigen Gemeinden abhängen (z.B. Trägerschaft von Krankenhäusern; Wahrnehmung der Bauaufsicht für kreisangehörige Gemeinden, die nicht den Status einer Mittleren kreisangehörigen Stadt erreichen; Aufgabenübernahme im Rahmen der interkommunalen Zusammenarbeit);
- Verwaltungs- und Serviceaufgaben, um die gesetzlichen und freiwilligen übergemeindlichen Aufgaben erfüllen zu können (Organisations-, Personal-, Finanzverwaltung etc.). ■

Zuständige staatliche Aufsichtsbehörde ist die für das Kreisgebiet zuständige Bezirksregierung (§ 57 Abs. 1 S. 1 KrO).

---

5 *BVerfG* Beschluss vom 23.11.1988, – 2 BvR 1619/83 –, BVerfGE 79, S. 127 f.; zur Stellung der Kreise im Staatsaufbau: *LVerfG Mecklenburg-Vorpommern* Urteil vom 26.7.2007 – 9/06 –, DVBl. 2007, 1102 f.

4. Landschaftsverbände

15 Die Landschaftsverbände haben als Mitglieder nicht die Einwohner, sondern die in ihrem Zuständigkeitsbereich gelegenen Kreise und kreisfreien Städte. Es handelt sich damit um „echte" **Kommunalverbände** und körperschaftlich strukturierte juristische Personen des öffentlichen Rechts.[6]

Sie erfüllen bestimmte **überörtliche** Aufgaben, die aufgrund der wirtschaftlicheren und effektiveren Aufgabenerledigung nicht von jedem Kreis oder jeder kreisfreien Stadt einzeln erledigt werden sollen, sondern auf höherer kommunaler Ebene wahrzunehmen sind. Diese Aufgaben sind in § 5 Abs. 1 LVerbO enumerativ aufgeführt.

Beispiele Aufgaben der Landesjugendämter, Sicherung der Integration schwerbehinderter Menschen in das Arbeitsleben, Trägerschaft von Förderschulen. ■

Zuständige allgemeine staatliche Aufsichtsbehörde für die Landschaftsverbände ist unmittelbar das für Kommunales zuständige Ministerium (§ 24 Abs. 1 S. 1 LVerbO).

5. Regionalverband Ruhr

16 Die Mitgliedskörperschaften des Regionalverbandes Ruhr sind die Kreise und kreisfreien Städte seines Zuständigkeitsbereiches, der Ruhrregion (Metropole Ruhr). § 2 Abs. 1 S. 1 RVRG bezeichnet den Regionalverband Ruhr als

Körperschaft des öffentlichen Rechts mit dem Recht der Selbstverwaltung durch seine Organe.

Der Regionalverband Ruhr nimmt die Aufgaben und Tätigkeiten nach § 4 RVRG wahr.

Beispiele Erstellung von Masterplänen (Planungs- und Entwicklungskonzepte) für das Verbandsgebiet, Sicherung und Weiterentwicklung der Verbandsgrünflächen, Abfallbewirtschaftung für ein Mitglied auf Antrag. ■

6. Städteregion Aachen

17 Die im Raum Aachen bestehende **Städteregion Aachen** ist eine organisatorische Besonderheit im Aufbau der Kommunen in Nordrhein-Westfalen. Die für sie geltenden spezifischen Regelungen befinden sich im Gesetz zur Bildung der Städteregion Aachen. Es kam zu diesem organisatorischen Unikat, da es in der Grenzregion Aachen viele kommunale Aufgaben gibt, die sinnvoll nur in enger Abstimmung zwischen der kreisfreien Stadt Aachen, dem Umlandkreis und den kreisangehörigen Gemeinden erfüllt werden können.

Die Städteregion Aachen umfasst den (alten und aufgelösten) Kreis Aachen mit seinen kreisangehörigen Gemeinden und die kreisfreie Stadt Aachen. Sie tritt an die Stelle des alten Kreises. Die Stadt Aachen ist zwar regionsangehörige Stadt, behält aber ihren Status als kreisfreie Stadt. Die Städteregion Aachen ist damit ein Gemeindeverband und eine Gebietskörperschaft mit der Rechtsstellung eines Kreises. Da die Stadt Aachen aber die Rechtsstellung einer kreisfreien Stadt behalten hat, bleibt die Bezirksregierung (Köln) – die auch die Aufsicht über die Städteregion führt (§ 57 Abs. 1 KrO) – die für sie zuständige allgemeine Aufsichtsbehörde (§ 120 Abs. 2 GO).

6 *Hofmann/Theisen/Bätge*, Anm. 2.3.1.3.

Daraus ergibt sich für die Einbindung der Kommunen in die kommunalpolitische **Verwaltungsstruktur des Landes Nordrhein-Westfalen** folgendes Schaubild: 18

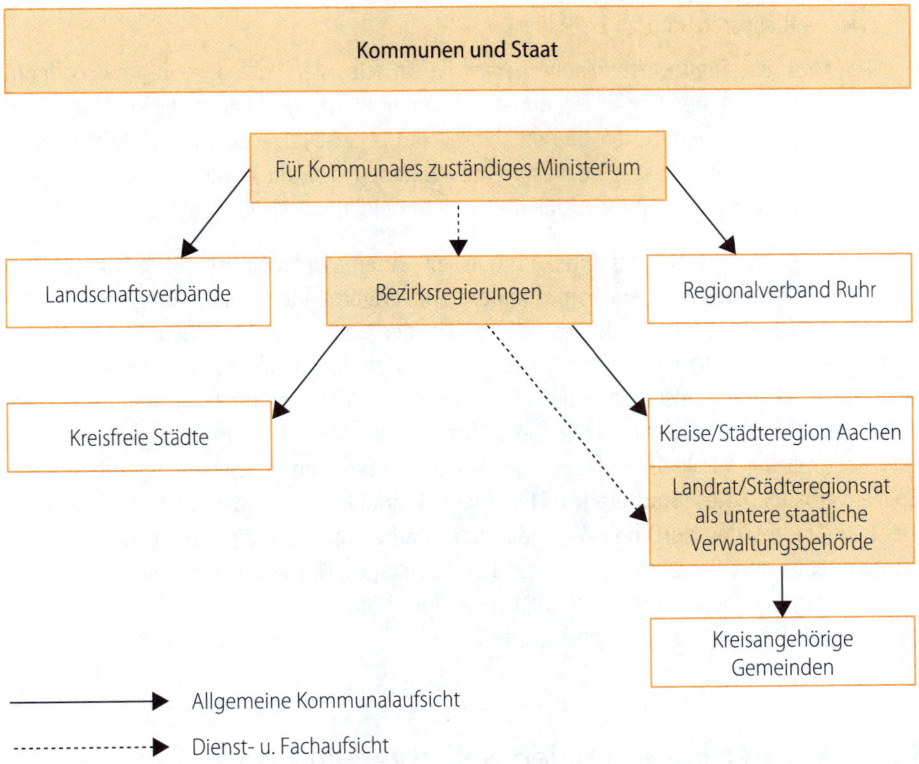

7. Interkommunale Zusammenarbeit

Die Gemeinden und Gemeindeverbände können Aufgaben, zu deren Wahrnehmung sie berechtigt oder verpflichtet sind, nach den Vorschriften des Gesetzes über kommunale Gemeinschaftsarbeit (GkG NRW) gemeinsam wahrnehmen. Man spricht dann von einer **interkommunalen Zusammenarbeit**. Dies kann nicht nur auf Basis öffentlich-rechtlicher Vereinbarungen (§ 23 ff. GkG NRW) organisiert werden, sondern sogar dazu führen, dass eine **konzentrative Zusammenarbeit** in einer eigens dafür gegründeten juristischen Person entsteht.[7] Neben privatrechtlichen Kooperationsgesellschaften kommen hierfür auch öffentlich-rechtliche Formen wie **Zweckverbände** (§§ 4 ff. GkG NRW) und **gemeinsame Kommunalunternehmen** (§§ 27, 28 GkG NRW) in Betracht. 19

Beispiele Mehrere kreisangehörige Gemeinden, kreisfreie Städte und Kreise gründen durch Vereinbarung einer Verbandssatzung ein **Studieninstitut für kommunale Verwaltung** in der Rechtsform eines Zweckverbandes, welches wichtige Aufgaben im Rahmen der kommunalen Aus- (Lehrgänge und Prüfungen) und Fortbildung (Seminare, Workshops, Symposien für kommunale Beschäftigte etc.) sowie der Weiterqualifizierung wahrnimmt.[8]

7 Siehe hierzu im Einzelnen: *Bätge* in Schneider, Handbuch Interkommunale Zusammenarbeit Nordrhein-Westfalen, S. 89 ff.

8 Vgl. zu den Aufgaben der Studieninstitute für kommunale Verwaltung in NRW: http://www.leitstelle-nrw.de.

Im Zweckverband Verkehrsverbund Rhein-Ruhr („VRR") sind zahlreiche kreisfreie Städte, Kreise und kreisangehörige Städte mitgliedschaftlich organisiert, um damit das satzungsgemäße Ziel einer *„angemessenen Bedienung der Bevölkerung durch den ÖPNV"* (§ 4 der Zweckverbandssatzung) zu erreichen.

Der *„Märkische Stadtbetrieb Iserlohn/Hemer"* ist ein selbstständiges gemeinsames Kommunalunternehmen der Städte Iserlohn und Hemer in der Rechtsform einer Anstalt des öffentlichen Rechts mit Dienstherrenfähigkeit (§ 114 a GO). Die beteiligten Städte haben ihm in der Errichtungssatzung bestimmte Aufgaben der Unterhaltung und Instandsetzung öffentlicher Einrichtungen für die Gebiete beider Städte übertragen. ■

Eine weitere Ausprägung der interkommunalen Zusammenarbeit ist die **privatrechtlich** organisierte Mitarbeit in den **kommunalen Spitzenverbänden**. Diese fungieren in der Rechtsform eines Vereins als Interessenverbände der Gemeinden und Gemeindeverbände gegenüber dem Gesetzgeber und der Regierung. In den dort gebildeten Fachgremien findet über einen Erfahrungsaustausch eine Koordination und Abstimmung der kommunalen Mitglieder statt; zudem erfolgt über die Geschäftsstelle eine vor allem juristisch geprägte Beratungstätigkeit der Mitgliedskommunen. In den auf Landesebene bestehenden kommunalen Spitzenverbänden des **Städtetages Nordrhein-Westfalen** (Mitglieder sind in aller Regel kreisfreie Städte), des **Nordrhein-Westfälischen Städte- und Gemeindebundes** (kreisangehörige Städte und Gemeinden) und des **Landkreistages Nordrhein-Westfalen** (Kreise) ist wie bei allen Vereinen die Mitgliedschaft freiwilliger Natur und durch Vereinssatzung näher ausgestaltet (Rechte, Beitragsbemessung etc.).

C. Recht der kommunalen Selbstverwaltungsgarantie

» Sie sollten die beiden maßgeblichen verfassungsrechtlichen Normen des Art. 28 Abs. 2 GG und Art. 78 Abs. 1 und 2 LVerf NRW zunächst lesen, da sie eine maßgebliche Bedeutung für die folgenden Erörterungen haben werden. «

20 Durch Art. 28 Abs. 2 S. 1 GG ist den Gemeinden das Recht gewährleistet, alle Angelegenheiten der örtlichen Gemeinschaft im Rahmen der Gesetze in eigener Verantwortung zu regeln. Für die Gemeindeverbände gilt dieses **Recht auf Selbstverwaltung** innerhalb der Gesetze nur im Rahmen ihres gesetzlichen Aufgabenbereiches (Art. 28 Abs. 2 S. 2 GG). Auch Art. 78 Abs. 1 LVerf NRW gewährleistet den Gemeinden und Gemeindeverbänden das Recht der Selbstverwaltung.

Das verfassungsrechtlich gewährleistete Selbstverwaltungsrecht bietet den Kommunen Abwehr-, Schutz- und Leistungsansprüche gegenüber staatlichen Eingriffen. Staatliche Eingriffe in das kommunale Selbstverwaltungsrecht sind möglich durch Maßnahmen aller Gewalten (Gesetze, Gerichtsentscheidungen, Maßnahmen der Kommunalaufsicht oder sonstiger staatlicher Behörden) auf Ebene des Bundes und des Landes Nordrhein-Westfalen.

Hinweis

Beachten Sie bei der Stellung der Kommunen nochmals die **Abgrenzung der kommunalen von der staatlichen Ebene**. Die Bundesrepublik Deutschland ist ein Bundesstaat, der aus 17 Staaten besteht (Bund und 16 Bundesländer). Alle **staatliche** Gewalt geht damit entweder vom **Bund oder den Ländern** aus (vgl. Art. 30 GG). Die **Kommunen** üben zwar Hoheitsgewalt aus, aber sind **keine staatlichen** Institutionen. Deren Existenz („Gemeinden und Gemeindeverbände") und ihr Recht auf kommunale Selbstverwaltung sind aber im Grundgesetz (Art. 28 GG) garantiert. Der Staat in Gestalt des Bundeslandes Nordrhein-Westfalen übt die Aufsicht über die Kommunen aus (Art. 78 Abs. 4 LVerf NRW, § 11 GO).

I. Einführung

21 Das Recht der Selbstverwaltung hat zum einen gegenüber staatlichen Eingriffen eine **abwehrrechtliche Funktion**, d.h. bei entsprechenden staatlichen Eingriffen, etwa durch die Kommunen belastende Gesetze, hat der Gesetzgeber die Grenzen der verfassungsrechtlichen Selbstverwaltungsgarantie zu beachten.

22 Zum anderen hat das Selbstverwaltungsrecht, ähnlich wie Grundrechte, auch eine **Schutz- und Leistungskomponente**. Letztere kommt in der Praxis und in den Prüfungen nur selten zum Zuge und vermittelt in Grenzfällen Mitwirkungsrechte (Anhörung, Mitwirkungsrechte bei überörtlicher Planung mit örtlichen Bezügen etc.) bzw. gilt als abwägungsrelevanter Gesichtspunkt bei der Ausgestaltung des gesetzgeberischen Ermessens (z.B. Auftrag an den Gesetzgeber, organisatorisch und finanziell leistungsfähige Selbstverwaltungskörperschaften zu schaffen).[9] Aufgrund des Gewaltenteilungsprinzips und des gesetzgeberischen Einschätzungsspielraumes werden die Kommunen regelmäßig nur bei völliger Untätigkeit bzw. evidenter Pflichtverletzung Ansprüche gerichtlich durchsetzen können. Eine Ausnahme besteht dann, wenn derartige Ansprüche gesetzlich konkretisiert sind (z.B. Art. 78 Abs. 3 LVerf NRW – Anspruch auf Kostendeckung bei neuen Aufgaben).[10]

23 Die Selbstverwaltungsgarantie ist aber für die Kommunen eine Medaille mit zwei Seiten. Aus ihr ergeben sich nicht nur Abwehrrechte oder Ansprüche, sondern auch die Pflicht zu einem verantwortungsvollen Umgang mit dem Selbstverwaltungsrecht. Die Gemeinden sind deshalb verpflichtet, die wesentlichen Selbstverwaltungsaufgaben aufrechtzuerhalten und **in eigener Verantwortung** durchzuführen. Damit ist es nicht vereinbar, wenn sie sich in wesentlichen Angelegenheiten der örtlichen Gemeinschaft ihrer gemeinwohlorientierten Handlungsspielräume begeben könnten.

Beispiel Die historische Stadt S betreibt seit vielen Jahrzehnten einen kulturell, sozial und traditionsmäßig bedeutsamen Weihnachtsmarkt, der in der Adventszeit zahlreiche Besucher anzieht. Dementsprechend bewerben sich alljährlich zahlreiche Marktbeschicker um die Zuteilung eines Standplatzes. Auf Beschluss des Rates wurde die Ausrichtung des Weihnachtsmarktes auf einen privaten Betreiber übertragen. Der Übertragungsvertrag sah u.a. vor, dass der private Betreiber in eigener Verantwortung und ohne Weisungsrecht der Stadt die Auswahl der Marktbeschicker zu übernehmen habe. Ein vom Privatbetreiber abgewiesener Marktbeschicker wandte sich an die Stadt, die jedoch darauf hinwies, dass sie bei der Vergabe keinerlei Einflussmöglichkeiten mehr habe. Dieser meinte, dass es nicht angehen könne, dass die Stadt sich jeglicher Verantwortung in einer solch wichtigen Angelegenheit entziehe.

Das Bundesverwaltungsgericht[11] gab dem Marktbeschicker im Ergebnis recht, da es der Gemeinde verwehrt sei, sich der Verantwortung für die Durchführung von Veranstaltungen dieser Art endgültig zu entledigen. Sie müsse sich Steuerungs- und Einwirkungsmöglichkeiten zu einer dem Wohl der Gemeindeeinwohner verpflichteten Durchführung des traditionellen Weihnachtsmarktes vorbehalten. ■

9 *Geis* § 6 Rn. 10, 11.

10 Vgl. *VerfGH NRW* Urteil vom 9.12.2014 – 11/13 –, NVwZ 2015, 368 zur Erhebung einer kommunalen Verfassungsbeschwerde gegen ein gesetzgeberisches Unterlassen (Nichterlass eines Landesgesetzes zum Ausgleich der finanziellen Mehrbelastungen der Kommunen).

11 *BVerwG* Urteil vom 27.5.2009 – 8 C 10.08 –, DVBl. 2009, 1382; kritisch hierzu *Ehlers* DVBl. 2009, 1456 und *Schoch* DVBl. 2009, 1533, vgl. zur Anwendung des Weihnachtsmarkturteils auf einen Großmarkt: *VG Düsseldorf* Beschluss vom 27.11.2018 – 3 L 2854/18 –, juris.

Die Wirkungsweise des kommunalen Selbstverwaltungsrechts kann deshalb durch das folgende Schaubild veranschaulicht werden:

24 Von wichtiger Bedeutung in Fallkonstellationen ist die **abwehrrechtliche** Dimension des Selbstverwaltungsrechts. Aufgrund der verfassungsrechtlichen Verankerung des Selbstverwaltungsrechtes ist dieses als höherrangiges Recht insbesondere vom (einfachen) Gesetzgeber zu beachten. Schließlich ist gemäß Art. 20 Abs. 3 GG der Gesetzgeber an die verfassungsmäßige Ordnung gebunden.

Beispiel Ein Landesgesetz, welches in den Schutzbereich der kommunalen Selbstverwaltungsgarantie eingreift, ist wegen Verstoßes gegen die höherrangige Verfassung (Art. 78 Abs. 1 LVerf NRW und Art. 28 Abs. 2 S. 1 GG) nichtig, es sei denn der Eingriff ist verfassungsrechtlich gerechtfertigt. ■

25 Um entsprechende staatliche Eingriffe in die verfassungsrechtlich gewährleistete Selbstverwaltungsgarantie sowie die Erfolgsaussichten prozessualer Schritte der betroffenen Kommune rechtlich beurteilen zu können, ist eine Klärung erforderlich

- wie weit der Schutzbereich des Selbstverwaltungsrechtes reicht,
- inwieweit ein staatlicher Eingriff vorliegt und
- ob der Eingriff im Einzelfall verfassungsrechtlich gerechtfertigt ist.

Hinweis

Der Aufbau erinnert an die Prüfung eines Grundrechts. Das kommunale Selbstverwaltungsrecht ist aber weder ein Grundrecht noch ein grundrechtsgleiches Recht. Zudem fehlt einer Kommune nach Art. 19 Abs. 3 GG die Grundrechtsfähigkeit, da sie durch staatliche Hoheitsakte nicht in gleicher Weise gefährdet ist wie Privatpersonen.[12] Ausnahmen gelten für die Verfahrensgrundrechte in Art. 101 und 103 Abs. 1 GG (rechtliches Gehör vor Gericht).[13] Die Struktur des folgenden Prüfschemas bei Eingriffen in die kommunale Selbstverwaltungsga-

12 *BVerfG* Beschluss vom 29.5.2007 – 2 BvR 695/07 –, DVBl. 2007, 901, 904.
13 *BVerfG* Beschluss vom 26.8.2015 – 2 BvF 1/15 –, KommJur 2015, 450.

rantie folgt allgemeinen systematischen Maßstäben bei der Frage der Verfassungsmäßigkeit staatlicher Hoheitsakte in Abwehrrechte des Betroffenen.[14] Diese ähneln einer Grundrechtsprüfung, wobei man sich aber den dogmatischen Unterschied klar machen sollte.

Daraus ergibt sich folgendes Prüfungsschema:

PRÜFUNGSSCHEMA

Eingriffe in die verfassungsrechtlich gewährleistete Selbstverwaltungsgarantie

I. Schutzbereich der kommunalen Selbstverwaltungsgarantie

1. **Institutionelle Garantie:** Gewährleistung der Institutionen „Gemeinde" und „Gemeindeverbände"
   - aber kein individueller Bestandsschutz einzelner Gemeinden bzw. Gemeindeverbände Rn. 32
2. **Geschützter Kompetenzbereich**
   - Bei Gemeinden: „Angelegenheiten der örtlichen Gemeinschaft" Rn. 35
3. **Eigenverantwortliche Aufgabenerledigung**
   - Berührung der kommunalen „Hoheiten" Rn. 37
4. **Regelkompetenz der Gemeinde:** Im Zweifel ist für Angelegenheiten der örtlichen Gemeinschaft die Gemeinde zuständig.
   - Deshalb darf es keinen gesetzlichen enumerativen Zuständigkeitskatalog geben. Rn. 42

II. Eingriff in den Schutzbereich

- Feststellung des Eingriffscharakters in einzelne oder mehrere Bestandteile des Schutzbereiches (z.B. durch Gesetz) Rn. 44

III. Verfassungsrechtliche Rechtfertigung des Eingriffs

1. **Vorbehalt des Gesetzes** („im Rahmen der Gesetze")
2. **Verhältnismäßigkeit**
   a) Legitimer Gesetzeszweck
   b) Objektive Eignung zur Förderung des gesetzgeberischen Zweckes
   c) Erforderlichkeit (Grundsatz des mildesten Mittels).
   d) Angemessenheit (Verhältnismäßigkeit im engeren Sinne)
3. **Wesensgehaltsgarantie**
   - Kein Eingriff in den unantastbaren Wesensgehalt der kommunalen Selbstverwaltungsgarantie Rn. 54

II. Schutzbereich der kommunalen Selbstverwaltungsgarantie

Zunächst ist zu prüfen, ob der Schutzbereich (Gewährleistungsbereich) der kommunalen Selbstverwaltungsgarantie berührt ist. 26

1. Normativer Maßstab

Bei der Bestimmung des Schutzbereiches der kommunalen Selbstverwaltung ist die maßgebliche Norm festzustellen. Art. 28 Abs. 2 GG ist bindend für sämtliche Hoheitsträger. Art. 78 Abs. 1 LVerf NRW kann dagegen als landesrechtliche Norm gemäß Art. 31 GG nicht den (höherrangigen) Bundesgesetzgeber binden. 27

14 Die grundsätzliche Prüfungsstruktur wird auch in der Rechtsprechung angewandt; vgl. z.B. *VerfGH NRW* Urteil vom 15.1.2002 – 40/00 –, NVwZ 2002, 1502.

Beispiel[15] Das (einfache) *Bundes*gesetz über die Errichtung der SGB II–Arbeitsgemeinschaften sah eine gemischte Aufgabenträgerschaft der Kommunen und der (Bundes-)Agentur für Arbeit vor. Verfassungsrechtlicher Maßstab für eine Verletzung der kommunalen Selbstverwaltungsgarantie ist für den Bundesgesetzgeber nicht Art. 78 LVerf NRW, sondern ausschließlich Art. 28 Abs. 2 GG. Aufgrund der nachträglich erfolgten Regelung des Art. 91e Abs. 1 GG ist die Errichtung solcher gemeinsamer Einrichtungen (mittlerweile) verfassungsrechtlich legitimiert. ■

Bei Landesgesetzen sind Art. 28 Abs. 2 GG und Art. 78 Abs. 1 LVerf NRW nebeneinander zu berücksichtigen. Dies folgt aus der verfassungsrechtlichen Vorgabe, dass die landesverfassungsrechtlichen Garantien mit Art. 28 Abs. 2 GG in Einklang stehen müssen.[16] Art. 78 LVerf NRW hat hinsichtlich des geschützten Kompetenzbereiches einen etwas weiteren Anwendungsbereich als Art. 28 Abs. 2 GG, weil Art. 78 Abs. 2 LVerf NRW die gemeindliche Kompetenz nicht nur auf Angelegenheiten der örtlichen Gemeinschaft beschränkt, sondern die Gemeinden und Gemeindeverbände grundsätzlich für alle Verwaltungsangelegenheiten in ihren Gebiet für allein zuständig hält, sofern die Gesetze nicht etwas anderes bestimmen.

28 Art. 28 Abs. 2 GG und Art. 78 Abs. 1 und 2 LVerf NRW sind **Kompetenzschutzvorschriften** zugunsten der Kommunen.[17] Behauptet also eine Kommune, dass ein Hoheitsakt mit Art. 28 Abs. 2 GG bzw. Art. 78 Abs. 1 LVerf NRW unvereinbar sei, so macht sie geltend, dass ihre Kompetenz missachtet werde. Die verfassungsrechtlichen Vorschriften verstärken die Kompetenzvorschriften zu einem subjektiven Recht der Kommunen.[18]

Umgekehrt darf sich die Kommune bei ihren Handlungen auch nur **innerhalb dieses Kompetenzrahmens** bewegen. Insbesondere bei **amtlichen Äußerungen** von Kommunalorganen mit Eingriffswirkung in Rechte Dritter ist die **Zuständigkeit der Kommune** zu beachten. Zusätzlich sind hierbei die rechtsstaatlichen Anforderungen an hoheitliche Äußerungen, also das **Sachlichkeits- und Verhältnismäßigkeitsgebot** zu wahren.[19]

Beispiel[20] Auf dem Gebiet der kreisfreien Stadt Düsseltal betreibt der eingetragene Verein „Nationale Kameraden" (NK) eine Tagungsstätte. Auf der geplanten Jahreshauptversammlung sind aufgrund der Tagesordnungspunkte und der Rednerliste wieder Äußerungen führender Vereinsvertreter zu erwarten, die sich für „ausländerfreie Zonen" in Düsseltal aussprechen und das „Ideal" einer „ethnisch homogenen Volksgemeinschaft" propagieren. Daraufhin ruft auf der Internethomepage der Stadt Düsseltal das Bündnis „Düsseltal bekennt Farbe" am gleichen Tag zu einem „friedlichen und gewaltfreien" Protest gegen

---

15 *BVerfG* Urteil vom 20.12.2007 – 2 BvR 2433/04 –, DVBl. 2008, 173.

16 *BVerfG* Urteil vom 21.11.2017 – 2 BvR 2177/16 -NVwZ 2018, 140; *Heusch/Dickten* NVwZ 2018, 1265.

17 *Rennert* JuS 2008, 29, 30.

18 *Burgi* § 6 Rn. 20.

19 *OVG NRW* Beschluss vom 23.4.2012 – 13 B 127/12 –, NVwZ 2012, 767.

20 Zur Rechtsprechung in solchen Fällen siehe *OVG Berlin-Brandenburg* Beschluss vom 14.9.2012 – 1 S 127/12 –, juris; vgl. zu Äußerungen des Bürgermeisters gegen „verfassungsfeindliche Vereinsaktivitäten" *OVG NRW* Beschluss vom 12.7.2005 – 15 B 1099/06 –, NVwZ-RR 2006, 273; zu einem Gegenversammlungsaufruf eines Oberbürgermeisters gegen eine geplante Versammlung der „Pegida-Bewegung" vgl. *BVerwG* Urteil vom 13.9.2017 – 10 C 6/16 –, NVwZ 2018, 433; hierzu *Heusch/Dickten* NVwZ 2018, 1353; siehe auch den Fall *VG Gera* Beschluss vom 6.7.2010 – 2 E 465/10 –, KommJur 2011, 138 zu einem amtlichen Aufruf gegen ein Rockkonzert mit rechtsextremen Hintergrund; zu einer entsprechenden (Original-)Examensklausur vgl. *Bätge* JuS 2014, 535; siehe auch die Falllösung zu den Besonderheiten von amtlichen Äußerungen im Wahlkampf von *Bätge* VR 2012, 162.

die geplante Vereinssitzung auf. Im Einzelnen heißt es in dem vom Oberbürgermeister unter Angabe seiner Amtsbezeichnung unterschriebenen Aufruf: *„Wer sich mit ausländerfeindlichen Parolen gegen unsere Verfassung richtet und so das Ansehen unserer Stadt schädigt, ist bei uns nicht willkommen... Wir fordern deshalb alle Düsseltalerinnen und Düsseltaler zum friedlichen, gewaltfreien und kreativen Protest gegen den Verein NK auf und am Tage der Vereinssitzung an der Kundgebung des Bündnisses teilzunehmen, um friedlich gegen diesen Verein und dessen Inhalte zu protestieren".* Der Verein NK sieht in dem Aufruf einen Verstoß gegen das amtliche Neutralitätsgebot, betrachtet sich in seinem Gleichbehandlungsrecht (Art. 3 Abs. 1 GG) sowie in den Grundrechten auf Meinungs- und Vereinigungsfreiheit (Art. 5 Abs. 1 S. 1 und Art. 9 Abs. 1 i.V.m. Art. 19 Abs. 3 GG) verletzt und begehrt eine Unterlassung derartiger Äußerungen.

Es ist in einem solchen Fall zu prüfen, ob der Verein NK gegen die Rechtsträgerin des Oberbürgermeisters, also die Stadt Düsseltal, einen **öffentlich-rechtlichen Unterlassungsanspruch** hat. Voraussetzung hierfür ist, dass ein rechtswidriger hoheitlicher Eingriff in ein subjektives Recht des Vereins vorliegt.

Zunächst müsste der Aufruf des Bündnisses „Düsseltal bekennt Farbe" der Stadt als **hoheitliches** Handeln zugerechnet werden. Dies ist hier nach den Umständen anzunehmen, da der Aufruf auf der amtlichen Homepage der Stadt erschien und der Oberbürgermeister nicht als Privatperson, sondern unter Angabe seiner Amtsbezeichnung und somit in amtlicher Eigenschaft unterschrieben hat.

Hierdurch müsste rechtswidrig in ein **subjektives Recht** des Vereins **eingegriffen** worden sein. Als betroffenes subjektives Recht ist zum einen das Grundrecht der Meinungsfreiheit betroffen, da der Oberbürgermeister öffentlich dazu aufgerufen hat, gegen die nicht verbotene Vereinssitzung zu demonstrieren. Dadurch wird der Verein in der Verbreitung der von ihm vertretenen Auffassungen beeinträchtigt. Infolge des öffentlichen Aufrufs zur Demonstration anlässlich der Vereinssitzung soll der Verein NK zudem in seinen Vereinsaktivitäten behindert werden, so dass auch die Vereinigungsfreiheit berührt ist. Zudem könnte ein Verstoß gegen Art. 3 Abs. 1 GG in Form des amtlichen Neutralitätsgrundsatzes vorliegen. Aus dem Demokratieprinzip (Art. 20 Abs. 2 GG) folgt insoweit, dass die Willensbildung vom Volk zu den Hoheitsorganen zu erfolgen hat (von unten nach oben) und nicht umgekehrt. Daraus ergibt sich für alle Hoheitsorgane die grundsätzliche Pflicht zur politischen Neutralität.

Allerdings ist nicht jede Teilnahme von Hoheitsträgern am öffentlichen Meinungsbildungsprozess rechtswidrig. Maßgeblich hierfür ist vielmehr, ob die Stadt für die in Rede stehende Thematik überhaupt gesetzlich **zuständig** ist und bei dem ihr zuzurechnenden Aufruf das **Sachlichkeits-, Neutralitäts- und Verhältnismäßigkeitsgebot** beachtet wird.

Art. 28 Abs. 2 GG und Art. 78 Abs. 1 LVerf NRW beschränken die Stadt und ihre Organe auf die Wahrnehmung von **Angelegenheiten der örtlichen Gemeinschaft**. Der dafür erforderliche Ortsbezug folgt vor allem daraus, dass die Jahreshauptversammlung in Düsseltal stattfinden soll. Der Verein betreibt dort sogar eine ständige Tagungsstätte, in der die maßgeblichen Vereinssitzungen abgehalten werden. Schließlich betreffen die Äußerungen der führenden Vereinsvertreter teilweise auch konkret die Stadt Düsseltal, da dort unter anderen von der Einrichtung von „ausländerfreien Zonen in Düsseltal" die Rede ist.

Das rechtsstaatliche **Sachlichkeitsgebot** verlangt, dass Tatsachen zutreffend wiedergegeben werden und Werturteile nicht auf sachfremden Erwägungen beruhen. Der amtliche

Aufruf ist sachlich formuliert und enthält keine unnötige Herabsetzung des Vereins, z.B. durch aggressive, unsachliche, symbolische (etwa durch absichtliche Verdunkelung des Rathausgebäudes[21]) oder gar diffamierende Äußerungen (keine Schmähkritik).

Grundsätzlich unterliegen die Äußerungen von Amtsträgern in dieser Eigenschaft dem **Neutralitätsgebot**. Das Neutralitätsgebot dient dem Schutz der Chancengleichheit der politischen Parteien und der kommunalen Wählervereinigungen. Gegenüber politischen Gruppierungen, die nicht als politische Partei oder Wählervereinigung organisiert sind und sich nicht an politischen Wahlen beteiligen, besteht keine vergleichbare Interessenlage.[22] Da es sich bei dem Verein NK weder um eine politische Partei noch um eine kommunale Wählervereinigung handelt, ist das Neutralitätsgebot im vorliegenden Fall nicht anwendbar.

Aus den **Verhältnismäßigkeits- und Demokratieprinzipien** folgt zudem, dass Amtsträger in der öffentlichen Diskussion Vertreter anderer Meinungen weder ausgrenzen noch gezielt diskreditieren dürfen, *solange* deren Positionen die für alle geltenden rechtlichen Grenzen nicht überschreiten, namentlich nicht die allgemeinen Strafgesetze verletzen.[23] Im Regelfall überschreitet deshalb der Aufruf eines Amtsträgers, an einer Gegendemonstration teilzunehmen, seine Äußerungsbefugnisse.

Nach den Umständen des hier vorliegenden Einzelfalls[24] dürfte hingegen der Aufruf die Anforderungen der Verhältnismäßigkeits- und Demokratieprinzipien gleichwohl noch gewahrt haben. Hierbei ist zu berücksichtigen, dass der Oberbürgermeister mit seinem Protestaufruf inhaltlich einen verfassungsrechtlich legitimen Zweck – namentlich den Schutz der freiheitlich demokratischen Grundordnung – verfolgt. Die Äußerungen führender Vereinsvertreter richten sich in erheblichem Umfang hiergegen, da darin ausländischen Einwohnern grundlegende Freiheitsrechte aberkannt werden und das dort vertretene Ordnungsideal diametral der parlamentarischen Demokratie widerspricht. Der Oberbürgermeister ruft insbesondere nicht zu rechtswidrigem Handeln gegen den Verein auf – was dem Unterlassungsanspruch ohne Weiteres zum Erfolg helfen würde –, sondern wendet sich mit sachlich und objektiv vertretbaren Erwägungen inhaltlich gegen die Bestrebungen des Vereins und fordert zum friedlichen Protest dagegen auf.

Mangels rechtswidrigem Eingriff in ein subjektives Recht des Vereins NK sind damit die Voraussetzungen für den öffentlich-rechtlichen Unterlassungsanspruch nicht erfüllt. ■

29 Im Folgenden wird grundsätzlich auf die **höherrangige** Bestimmung des Art. 28 Abs. 2 GG abgestellt. Die Erwägungen gelten mit der dargestellten Erweiterung auch für Art. 78 Abs. 1 LVerf NRW.

Es ist hierbei zu berücksichtigen, dass beide Bestimmungen in ihrer jeweiligen Verfassung (GG bzw. LVerf NRW) nicht isoliert stehen, sondern im Zusammenhang mit den grundlegenden Staatstrukturprinzipien, wie sie für den Bund (Art. 20 GG) und für die Länder (Art. 28 Abs. 1 S. 1 GG) gelten, gesehen werden müssen. Auch diese sind geeignet *„das verfassungsrechtliche Bild der Selbstverwaltung zu bestimmen"*[25] und deshalb mit der kommunalen Selbstverwaltungsgarantie verbunden. Deshalb sind kommunalbelastende Verstöße gegen die Staatsstrukturprinzi-

21 Vgl. hierzu *BVerwG* Urteil vom 13.9.2017 – 10 C 6/16 –, NVwZ 2018, 433.

22 *BVerwG* Urteil vom 13.9.2017 – 10 C 6/16 –, NVwZ 2018, 433.

23 *BVerwG* Urteil vom 13.9.2017 – 10 C 6/16 –, NVwZ 2018, 433.

24 Vgl. hierzu zu recht *Kalscheuer* KommJur 2018, 121 m.w.N.

25 *BVerfG* Beschluss vom 7.10.1980 – 2 BvR 584/76 –, BVerfGE 56, 298, 310 f.; *Hellermann* in Dietlein/Hellermann, § 2 Rn. 21 u. 26 f.

pien und deren Konkretisierungen (z.B. Vertrauensschutz, Willkürverbot) in Korrelation mit dem kommunalen Selbstverwaltungsrecht zu sehen und können dieses verletzen.

Beispiel[26] Bei der Verteilung staatlicher Leistungen (z.B. allgemeiner Finanzausgleich oder Konsolidierungshilfen) müssen die Bundesländer das **interkommunale Gleichbehandlungsgebot** beachten, welches im Einklang mit Art. 28 Abs. 1 und 2 GG aus dem kommunalen Selbstverwaltungsrecht in Verbindung mit dem rechtsstaatlich determinierten Gleichheitssatz folgt. Das interkommunale Gleichbehandlungsgebot gebietet, einzelne Kommunen nicht sachwidrig zu benachteiligen. Wäre dies in Nordrhein-Westfalen der Fall, könnte sich die Kommune mit einer kommunalen Verfassungsbeschwerde wegen der Verletzung ihres kommunalen Selbstverwaltungsrechts (Art. 78 Abs. 1 LVerf NRW) an den Verfassungsgerichtshof NRW wenden. ■

2. Überblick über den Schutzbereich

Die konkrete inhaltliche Gestaltung des Schutzbereiches der kommunalen Selbstverwaltungs- 30
garantie muss ausgehen vom **Wortlaut des Art. 28 Abs. 2 S. 1 GG.** Umfasst vom Schutzbereich werden deshalb folgende vier Aspekte:

- Institutionelle Garantie (grundsätzliches Vorhandensein der Institutionen „Gemeinde" und „Gemeindeverband"),
- Geschützter Kompetenzbereich (bei Gemeinde: „örtliche Angelegenheiten"),
- Regelkompetenz der Gemeinde (vgl. Wortlaut „alle" in Abgrenzung zu einem gesetzlichen enumerativen Zuständigkeitskatalog) und
- Eigenverantwortlichkeit („in eigener Verantwortung").

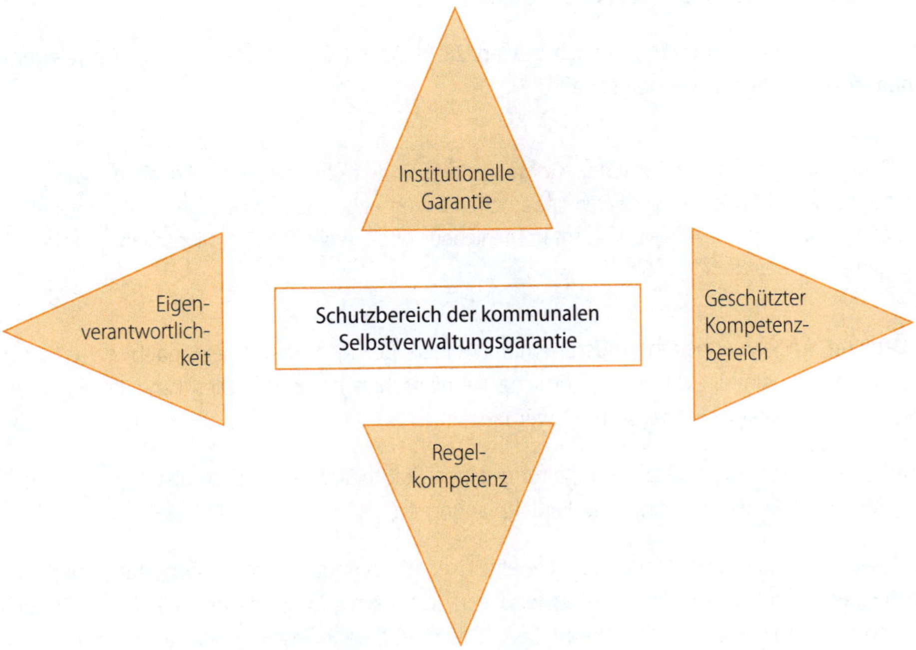

26 *VerfGH NRW* Urteil vom 19.5.2015 – 24/12 –, NWVBl 2015, 336.

Dazu im Einzelnen:

3. Institutionelle Garantie

31 Da Art. 28 Abs. 2 GG die Gemeinden und Gemeindeverbände ausdrücklich benennt, wäre eine Auflösung der **Institutionen** „Gemeinde" oder „Gemeindeverband" durch ein Gesetz ein (verfassungsrechtlich nicht zu rechtfertigender) Eingriff in Art. 28 Abs. 2 GG.

Beispiel Ein Landesgesetz „contra Bürokratie und pro Effektivität der Verwaltung" regelt in § 1 „Die Gemeinden werden als Träger öffentlicher Verwaltung abgeschafft. Deren Aufgaben werden künftig von den Kreisen wahrgenommen". Dieses Gesetz wäre wegen Verstoßes gegen Art. 28 Abs. 2 GG und Art. 78 Abs. 1 und 2 LVerf NRW verfassungswidrig und deshalb nichtig. ■

32 Sofern allerdings durch ein Gesetz unter grundsätzlicher Beibehaltung der Institutionen „Gemeinde" und „Gemeindeverband" nur eine **einzelne** Gemeinde aufgrund einer Gebietsreform aufgelöst wird bzw. Teile ihres Gebietes an eine andere Gemeinde verliert, so liegt darin zwar auch ein Eingriff in den Schutzbereich der betroffenen Gemeinde. Diese kann sich nämlich auf ihre Gebietshoheit als Teil der verfassungsrechtlich verbürgten Kompetenz zur Regelung örtlicher Angelegenheit berufen.[27] Allerdings kann ein solcher Eingriff in den Schutzbereich – anders als bei der vollständigen Auflösung der Institution „Gemeinde" – verfassungsrechtlich gerechtfertigt sein, wenn dies aus Gründen des öffentlichen Wohls und nach vorheriger Anhörung der Gemeinde erforderlich ist (vgl. §§ 17, 18 GO).[28]

4. Geschützter Kompetenzbereich

33 Vom geschützten Kompetenzbereich des Art. 28 Abs. 2 S. 1 GG umfasst sind die **„Angelegenheiten der örtlichen Gemeinschaft"**.

Angelegenheiten der örtlichen Gemeinschaft sind solche, die in der örtlichen Gemeinschaft wurzeln oder auf sie einen spezifischen Bezug haben und denen gerade als solchen gemeinsam ist, dass sie das Zusammenleben und -wohnen der Menschen in einer Gemeinde betreffen.[29]

34 **„Örtliche** Angelegenheiten" müssen mithin einen Bezug zum Gemeindegebiet („örtlich") oder zur Gemeindebevölkerung („örtliche Gemeinschaft") haben.[30] Dies kann im Einzelfall unproblematisch positiv subsumiert werden.

Beispiel Errichtung und Unterhaltung einer Stadthalle, eines Sportplatzes oder einer Musikschule, die gemeindliche Bauleitplanung etc. ■

35 In zweifelhaften Fällen empfiehlt sich eine Negativabgrenzung zum Tatbestandsmerkmal „örtlicher Bezug". Der örtliche Bezug wird von den Gemeinden immer dann überschritten, wenn ihre Organe zu überörtlichen Fragen Beschlüsse oder Resolutionen fassen, bei denen

27 *Zacharias* § 4 I 1a.
28 *Meyer* DVBl. 2007, 78, 83 m.w.N.
29 *BVerfG* Beschluss vom 18.5.2004 – 2 BvR 2374/99 –, BVerfGE 110, 370, 400; *Erichsen* § 16 B 2a.
30 Vgl. näher *Hofmann/Theisen/Bätge* Anm. 2.2.4.

der **Bezug zum Gemeindegebiet** fehlt. Hierbei ist der Inhalt der Erklärung konkret zu ermitteln und zu überprüfen. Anhaltspunkt für einen überörtlichen Bezug ist die fehlende Verbandskompetenz der Gemeinde, z.B. für verteidigungspolitische Fragen (Bundeskompetenz). Allerdings kann das grundsätzlich „überörtliche Thema" zur örtlichen Angelegenheit werden, wenn das Gemeindegebiet konkret betroffen ist (z.B. Fragen der Stationierung von Atomwaffen auf dem Gemeindegebiet). Man spricht in diesen Fällen von einer **„konkreten Realisierungsbetroffenheit"**.[31]

In diesem Fall darf sich eine Gemeinde sogar auch vorsorglich und ohne unmittelbar zu benennenden Anlass mit den Auswirkungen im Sinne vorausschauender Vorsorge auf ihrem Gebiet befassen. Keinesfalls sind hingegen allgemein politische Stellungnahmen zu überörtlichen Themen zulässig, die sich nicht absehbar in eine ortsspezifische Betroffenheit aktualisieren können.[32]

Beispiel 1 Wenn der Rat der Gemeinde G gegen die Verlängerung der Laufzeiten für Atomkraftwerke eine Resolution beschließt, so fehlt der Gemeinde grundsätzlich die Verbandskompetenz und damit dem Rat auch die Organkompetenz hierzu, da atomrechtliche Fragen gemäß Art. 87c GG der Bundesauftragsverwaltung unterliegen und keine kommunalen Angelegenheiten sind.

Sofern allerdings im Gebiet der Gemeinde G ein Atomkraftwerk betrieben wird oder hierfür entsprechende Planungsabsichten bestehen, kann die Gemeinde hierzu eine Stellungnahme abgeben, da dann eine hinreichend konkrete ortsspezifische Betroffenheit vorliegt. Kommt allerdings aus der gemeindlichen Stellungnahme nur eine allgemein politische Ablehnung der vom Bund zu verantwortenden Atompolitik zum Ausdruck, so könnte ein solcher Beschluss kommunalaufsichtsrechtlich beanstandet werden. ■

Beispiel 2 Das Freihandelsabkommen *„TTIP"* (Transatlantic Trade and Investment Partnership) wurde als völkerrechtlicher Vertrag zwischen der Europäischen Union und den Vereinigten Staaten verhandelt. Auch wenn dieses Abkommen Auswirkungen auf alle Gemeinden haben würde, führt dies nicht zu einer generellen kommunalen Befassungskompetenz. Ob eine Befassungskompetenz der Gemeinde, verbunden mit der Möglichkeit für den Rat **Resolutionen** zu beschließen, besteht, hängt vielmehr vom Einzelfall ab. Zulässig sind nur solche Äußerungen, die einen spezifischen örtlichen Bezug benennen und sich auf diesen beschränken. Stellungnahmen mit lediglich allgemeinpolitischem Inhalt sind dagegen wegen der Überschreitung der kommunen Verbandskompetenz rechtswidrig.[33] ■

In Angelegenheiten, die dem geschützten Kompetenzbereich unterfallen, wird **eingegriffen**, 36
wenn ein Hoheitsakt – in aller Regel ein Gesetz – eine örtliche Aufgabe den Gemeinden entzieht und auf andere Verwaltungsträger überträgt.

Beispiel[34] Der Landesgesetzgeber überträgt die den Gemeinden übertragenen Aufgaben des Einsammelns und Beförderns des Abfalls auf die Kreise. Hierbei handelt es sich um eine Angelegenheit der örtlichen Gemeinschaft, da die Abfallentsorgung einen spezifisch örtlichen Bezug hat. Nach Auffassung des BVerfG kann ein solcher Eingriff aber verfas-

31 *BVerwG* Urteil vom 14.12.1990 – 7 C 37/89 –, DVBl. 1991, 91.

32 Vgl. hierzu näher *Berning* DVP 2012, 414.

33 Vgl. hierzu auch den entsprechenden Erlass vom *MIK NRW* vom 11.12.2014 – Az. 31-43.02.01/02-2-2491/14.

34 *BVerfG* Beschluss vom 23.11.1988 – 2 BvR 1619/83 –, DVBl. 1989, 300; vgl. zur gesetzlichen Möglichkeit der Aufgabenhochzonung auch *BVerfG* Urteil vom 21.11.2017 – 2 BvR 2177/16 ––, KommJur 2018, 11.

sungsrechtlich gerechtfertigt, insbesondere verhältnismäßig sein, wenn bestimmte Voraussetzungen beachtet werden wie überwiegende Gründe des Gemeinwohls durch objektiv verbesserte Aufgabenerledigung, eine Rückübertragungsmöglichkeit und ausreichender verbleibender gemeindlicher Aufgabenbestand. ■

5. Eigenverantwortlichkeit

37 Den Gemeinden steht das Recht der Selbstverwaltung zu. Sie haben das Recht, die soeben beschriebenen Angelegenheiten der örtlichen Gemeinschaft in eigener Verantwortung zu regeln. Von der eigenverantwortlichen Aufgabenerledigung ist die Erledigung nach Weisung (z.B. einer Aufsichtsbehörde) abzugrenzen. Positiv formuliert ist eine eigenverantwortliche Erledigung der kommunalen Aufgaben gewährleistet, wenn den Gemeinden dabei die sogenannten **„Hoheiten"** zustehen.[35]

38 Dazu gehören:[36]

- die **Gebietshoheit** als die Befugnis, im Gemeindegebiet Hoheitsgewalt auszuüben;[37]

Beispiel Durch ein Landesgesetz im Sinne des § 19 Abs. 3 S. 1 GO wird der Ortsteil „Gohr" von der Stadt Dormagen auf die Stadt Grevenbroich übertragen. Die Stadt Dormagen wendet sich mit einer Kommunalverfassungsbeschwerde an den Verfassungsgerichtshof NRW (Art. 75 Nr. 4 LVerf NRW, §§ 12 Nr. 8, 52 VGHG NRW) und macht eine Verletzung ihrer Gebietshoheit geltend. Das Gericht wird insbesondere zu prüfen haben, ob der Eingriff in die Gebietshoheit der Stadt Dormagen gerechtfertigt ist. Hierfür müsste die Gebietsänderung in einem ordnungsgemäßen Verfahren und aus Gründen des öffentlichen Wohls in verhältnismäßiger Weise erfolgt sein (vgl. hierzu auch die §§ 17 ff. GO). In der Verhältnismäßigkeitsprüfung können insbesondere die Elemente der Gebietsgröße, der Leistungsfähigkeit der Gemeinden, der Einwohnerzahl und auch Fragen von Tradition und Identität eine Rolle spielen.[38] ■

- die **Organisationshoheit**, als das Recht der Gemeinden, für die Wahrnehmung ihrer Aufgaben Abläufe und Entscheidungszuständigkeiten festzulegen sowie ihren Handlungsapparat selbst zu organisieren, einschließlich ihre Organe mit sachlichen und personellen Mitteln auszustatten;[39]

Beispiel Landesgesetzlich wird in einem Änderungsgesetz zur Gemeindeordnung bestimmt, dass jede Gemeinde ab 10 000 Einwohner künftig einen Seniorenbeirat einzurichten hat, dessen Mitglieder von den Bürgern ab einem Alter von 65 Jahren zu wählen ist. Die Gemeinde Jungbrunnen (15 000 Einwohner) fühlt sich dadurch in ihrer Organisationshoheit beeinträchtigt. Das Änderungsgesetz ist als Eingriff in die Organisationshoheit verfassungsrechtlich rechtfertigungsbedürftig: Die Organisationshoheit ist berührt, da die Gemeinde Jungbrunnen verpflichtet wird, einen Seniorenbeirat mit entsprechenden Kompetenzen einzuführen und dessen Wahl zu organisieren. Der Eingriff ist gerechtfertigt, wenn das Änderungsgesetz formell und materiell verfassungsgemäß ist. Im Rahmen der Verhältnismäßigkeit wäre insbesondere der Grad der Beeinträchtigung der Organisationshoheit abzuwägen mit den Vorteilen für das öffentliche Wohl. ■

35 Vgl. näher *Sommer* in Kleerbaum/Palmen, § 1, Erl. IV.1.c.; *Mann* in Erbguth/Mann/Schubert, Rn. 55.
36 Vgl. *Schwabe/Sondermann* B III 3.
37 *Hofmann/Theisen/Bätge* Anm. 2.2.5.1 m.w.N.
38 *BVerfG* Beschluss vom 22.11.2002 – 2 BvR 329/97 –, BVerfGE 101,1 (Sächsische Verwaltungsgemeinschaften).
39 *VerfGH NRW* Urteil vom 23.3.2010 – 21/08 – EStT NW 2010, 24.

- die **Personalhoheit** als Befugnis, das eigene Personal selbstständig auszuwählen, anzustellen, zu befördern und zu entlassen;[40]

Beispiel Das Allgemeine Gleichbehandlungsgesetz (AGG) ist auch für das Auswahlverfahren um Stellen kommunaler Wahlbeamter anwendbar.[41] Sofern beispielsweise eine Bewerberin oder ein Bewerber allein aufgrund des Alters von vornherein aus dem Auswahlverfahren ausgeschlossen wird, kann die Kommune Ansprüchen auf Zahlung einer angemessenen Entschädigung ausgesetzt sein. Dies illustriert der folgende *Beispielsfall*:

Die Verwaltungsspitze der Stadt Altenburg, bestehend aus Bürgermeister B, dem Beigeordneten C und der Beigeordneten D, setzt sich aus Personen zusammen, die allesamt das 60. Lebensjahr überschritten haben. Der Rat will daher bei der Neuwahl eines Beigeordneten nur eine geeignete Person wählen, die das 40. Lebensjahr noch nicht überschritten hat. Er hält die Berücksichtigungspflicht älterer Bewerber/innen für einen Eingriff in die Personalhoheit der Stadt Altenburg.

Das AGG beeinträchtigt in der Tat die Befugnis der Stadt, eigenes Personal selbständig auszuwählen, da es bei einer Nichtberücksichtigung älterer Personen negative Konsequenzen aufstellt. Der damit rechtfertigungsbedürftige Eingriff des Bundesgesetzgebers dürfte aber wegen des europa- und verfassungsrechtlichen **Altersdiskriminierungsverbotes** (Art. 19 Abs. 1 AEUV bzw. Art. 3 Abs. 1 GG) insgesamt verhältnismäßig sein. ■

JURIQ-Klausurtipp

In Leistungsnachweisen sind bei Fallgestaltungen, in denen der Gesetzgeber den Kommunen gesetzlich vorschreibt, bestimmte Stellen einzurichten (z.B. hauptamtliche Gleichstellungs-, Senioren- oder Behindertenbeauftragte) und zu besetzen, die dadurch betroffenen Hoheiten zu bestimmen (vgl. hierzu auch das *Fallbeispiel* in Rn. 64). In solchen Fällen wird die Personalhoheit in aller Regel nicht berührt sein, da die Kommunen zwar eine Stelle einrichten und besetzen müssen, aber in der konkreten und individuellen Personalauswahl (Besetzung der Stelle) frei sind. Betroffen sind vielmehr die Organisationshoheit (wegen des gesetzlichen Eingriffs in die Aufbauorganisation) und die Finanzhoheit (wegen der mit der Stellenbesetzung verbundenen Personalkosten, wenn diese nicht nach Art. 78 Abs. 3 S. 1 LVerf NRW übernommen werden). Sofern darüber hinaus das Gesetz den Erlass bzw. die Änderung einer Satzung fordern würde (Pflichtsatzung, z.B. zu den näheren Kompetenzen der einzurichtenden Funkion) kann auch die Rechtsetzungshoheit der Kommune betroffen sein.

- die **Finanzhoheit** als Befugnis zur eigenverantwortlichen Einnahmen- und Ausgabenwirtschaft;[42]

Beispiel Ein Eingriff in die kommunale Finanzhoheit liegt etwa vor, wenn ein Landesgesetz den Gemeinden neue Aufgaben überträgt und hierfür entgegen Art. 78 Abs. 3 LVerf NRW (striktes „Konnexitätsprinzip") keine Kostendeckung vorsieht. Gleiches gilt, wenn der Landesgesetzgeber in seinem jährlichen Gemeindefinanzierungsgesetz den Grundsatz des interkommunalen Gleichbehandlungsgebotes nicht beachtet.[43]

40 *VerfGH NRW* Urteil vom 15.1.2002 – 40/00 –, NVwZ 2002, 1502.
41 *OVG NRW* Beschluss vom 25.7.2016 – 6 A 1845/15 –, juris.
42 *VerfGH NRW* Urteil vom 23.3.2010 – 21/08 –, EStT NW 2010, 24.
43 *VerfGH NRW* Urteil vom 26.5.2010 – 17/08 –, DVBl. 2010, 970.

Eingriffe sind auch durch Maßnahmen der Exekutive denkbar; etwa bei der **Genehmigungsverweigerung** von Aufsichtsbehörden für ein gemeindliches Haushaltssicherungskonzept (§ 76 Abs. 2 S. 2 GO) oder der Genehmigungsverweigerung für die Einführung einer bislang im Land NRW nicht erhobenen Kommunalsteuer (§ 2 Abs. 2 KAG NRW).

Die Beachtung der kommunalen Finanzhoheit führt zu einer zurückhaltenden Prüfungspraxis der Gerichte und verbietet auch der staatlichen Finanzaufsicht eine *„Einmischungsaufsicht"* in kommunale Entscheidungsspielräume. Dementsprechend dürfen die Verwaltungsgerichte bei ihrer inzidenten Prüfung der **Rechtmäßigkeit** von kommunalen Steuersatzungen grundsätzlich nicht prüfen, ob der Mitteleinsatz, der dem Finanzierungsbedarf zugrunde liegt (Verwendung der Steuern), als solcher *„sinnvoll"* ist. Die Schwelle vom noch zulässigen weiten Gestaltungsspielraum zur unzulässigen rechtswidrigen Steuerbemessung wird erst dann überschritten, wenn öffentliche Mittel verbraucht werden, die wirtschaftlich in keinem Fall vertretbar sind und deshalb ein Verstoß gegen das **Wirtschaftlichkeitsgebot des § 75 Abs. 1 S. 2 GO** vorliegt.[44]

Die Aufsichtsbehörden sind zudem bei der Prüfung kommunaler Haushalte grundsätzlich darauf beschränkt, eine Reduzierung der Ausgaben bzw. eine Erhöhung der Einnahmen insgesamt anzumahnen, ohne konkrete Mittel oder einzelne Ansätze vorzuschreiben. Die Anweisung zur Erhöhung einer **bestimmten** Steuer ist daher ein erheblicher Eingriff in die kommunale Finanzhoheit (und Rechtsetzungshoheit) und nur dann gerechtfertigt, wenn es für die Kommune keine Auswahl alternativ zu ergreifender Maßnahmen zur Herstellung einer rechtmäßigen Haushaltswirtschaft gibt.[45] ■

- die **Planungshoheit** als Befugnis der Gemeinden, die städtebauliche Entwicklung ihres Gebietes zu ordnen und die Bodennutzung in ihrem Gebiet zu planen und zu regeln[46]

Beispiel Ein landesgesetzliches Verbot für Gemeinden unter 10 000 Einwohner dahingehend, ein Hersteller-Direktverkaufszentrum („Outlet-Center") mit mehr als 5000 m^2 Verkaufsfläche auszuweisen, greift in die Planungshoheit entsprechender Gemeinden ein. Ein solcher Eingriff ist auch nicht zu rechtfertigen. Er verstößt vielmehr gegen das Verhältnismäßigkeitsprinzip und das Willkürverbot, da das Verbot nicht durch überörtliche Interessen von höherem Gewicht zu rechtfertigen ist.[47]

Eine Beeinträchtigung der Planungshoheit wurde von der Rechtsprechung auch angenommen für die Ausweisung eines „regionalen Grünzuges" in einem (Landes-)Gebietsentwicklungsplan im Umfang von 85% des gesamten Gemeindegebietes. Selbst eine solche Einschränkung kann aber nach Auffassung des *VerfGH NRW*[48] noch verhältnismäßig im Hinblick auf die Siedlungsbelange der Gemeinde sein, wenn ihr noch nutzbare Bauflächenreserven in beträchtlichem Umfang verbleiben. ■

- und die **Rechtsetzungshoheit** als Befugnis, die Angelegenheiten durch eigene Rechtsetzung „zu regeln" (vgl. Wortlaut des Art. 28 Abs. 2 S. 1 GG). Hierzu gehört insbesondere die Satzungsautonomie. Mittels Satzung können die Kommunen ihre Angelegenheiten abstrakt-generell regeln (siehe hierzu ausführlich unter Teil 1.G).

44 *BVerwG* Beschluss vom 27.10.2010 – 8 C 43/09 –, NVwZ 2011, 424; *OVG NRW* Urteil vom 22.7.2009 – 15 A 2324/07 – KStZ 2009, 190; *VG Düsseldorf* Urteil vom 3.6.2015 – 5 K 784/15 –, juris.

45 *BVerwG* Urteil vom 14.10.2015 – 9 C 22/14 –, juris.

46 *VerfGH NRW* Urteil vom 26.8.2009 – 18/08 –, DVBl. 2009, 1305.

47 *VerfGH NRW* Urteil vom 26.8.2009 – 18/08 –, DVBl. 2009, 1305.

48 Urteil vom 25.6.2002 – 42/00 –, NWVBl. 2002, 376.

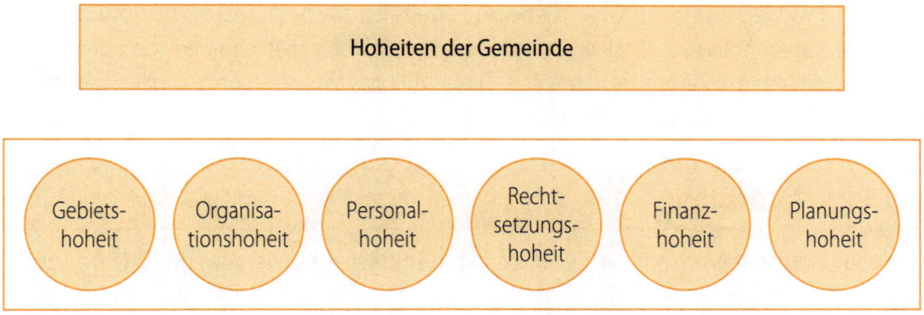

Staatliche Hoheitsakte, die diese Hoheiten bei der örtlichen Aufgabenerledigung einschrän- **39**
ken oder diese den Gemeinden gar entziehen, greifen in die eigenverantwortliche Aufgabenerledigung und damit in den Schutzbereich des Selbstverwaltungsrechts ein. Zwar wird nicht die eigentliche Aufgabe entzogen (geschützter Kompetenzbereich), aber die Aufgabenerledigung („Art und Weise") beschränkt.[49]

JURIQ-Klausurtipp

Bei der Prüfung des Schutzbereiches reicht es aus, eine **Betroffenheit** der kommunalen Hoheiten durch einen staatlichen Hoheitsakt festzustellen. Die Art des Eingriffs sollte unter dem nachfolgenden Prüfungspunkt *„Eingriff"* abgehandelt werden. Davon wiederum zu trennen ist die Frage, ob der Eingriff auch *verfassungsrechtlich gerechtfertigt* ist. So stellen z.B. gesetzliche Vorgaben, die die Gemeinden bei der Bauleitplanung zu beachten haben, wie das Baugesetzbuch oder die Baunutzungsverordnung, immer auch Beschränkungen der gemeindlichen Planungshoheit dar. Sofern diese Anforderungen aber verhältnismäßig sind und den Wesensgehalt (Kernbereich) der kommunalen Selbstverwaltung nicht überschreiten, sind sie verfassungsrechtlich gerechtfertigt.

6. Regelkompetenz der Gemeinde

Da den Gemeinden gemäß Art. 28 Abs. 2 S. 1 GG das Recht zusteht, **„alle"** Angelegenheiten **40**
der örtlichen Gemeinschaft im Rahmen der Gesetze eigenverantwortlich zu regeln, besteht zugunsten der Gemeinde eine Regelkompetenz und ein **„Aufgabenerfindungsrecht"** für gesetzlich nicht geregelte Aufgaben.[50] Im Zweifel sind damit die Gemeinden für alle Angelegenheiten der örtlichen Gemeinschaft zuständig.[51] Sie haben die Befugnis, sich solcher Angelegenheiten der örtlichen Gemeinschaft auch ohne besondere Ermächtigungsgrundlage anzunehmen, die nicht durch Gesetz (ausnahmsweise) anderen Verwaltungsträgern übertragen sind. Diese Regelkompetenz ist zudem **zukunftsoffen**, d.h., dass neu auftretende Aufgaben mit örtlichem Bezug grundsätzlich den Gemeinden obliegen.

Beispiel Neu hinzu gekommene Aufgaben sind in letzter Zeit solche der Trägerschaft der offenen Ganztagsgrundschule in der gemeindlichen Grundschule, der Organisation der gemeinsamen Erziehung und Unterrichtung von Schülern und Schülerinnen mit oder ohne Behinderung („inklusive Bildung") oder der Betreuung der unter Dreijährigen in gemeindlichen Kindertageseinrichtungen. ■

49 *Wansleben* in Held/Winkel, § 1, Anm. 2, 3; *Hofmann/Theisen/Bätge* 2.2.5.
50 *BVerfG* Urteil vom 20.12.2007 – 2 BvR 2433/04 –, DVBl. 2008, 173.
51 *BVerfG* Urteil vom 21.11.2017 – 2 BvR 2177/16 –, KommJur 2018, 11.

41 Nur ausnahmsweise kann der Gesetzgeber in Einzelfällen solche Aufgaben überörtlichen Trägern übertragen, sofern besondere Gründe des Gemeinwohls dies erfordern und der Grundsatz der Verhältnismäßigkeit gewahrt ist.[52] Diese Voraussetzungen sind bei der verfassungsrechtlichen Rechtfertigung des Eingriffes zu prüfen.

JURIQ-Klausurtipp

In Leistungsnachweisen wird die Beherrschung dieses Merkmals teilweise dadurch überprüft, dass der Gesetzgeber das Regel-Ausnahme Verhältnis umkehrt und statt der Regelkompetenz der Gemeinde nur noch einen enumerativen Zuständigkeitskatalog für die Gemeinden vorsieht, außerhalb dessen eine Zuständigkeit der Gemeinde nicht mehr vorliegt.

42 Ein (verfassungsrechtlich nicht zu rechtfertigender) Eingriff in den Schutzbereich des Art. 28 Abs. 2 S. 1 GG liegt vor, wenn die Gemeinden nicht mehr die Regelkompetenz für alle Angelegenheiten der örtlichen Gemeinschaft haben, sondern kraft gesetzlicher Anordnung nur noch für **bestimmte** örtliche Angelegenheiten zuständig sein sollen. Eine entsprechende einfachgesetzliche Bestimmung wäre wegen Verstoßes gegen höherrangiges Verfassungsrecht (Art. 28 Abs. 2 S. 1 GG) nichtig.

III. Eingriff in den Schutzbereich

43 Die Eingriffe in den beschriebenen Schutzbereich können entsprechend der unterschiedlichen Komponenten des Schutzbereiches vielgestaltig sein. Eingegriffen werden kann grundsätzlich durch jeden **staatlichen Hoheitsakt**.

JURIQ-Klausurtipp

In Klausuren, die im Überschneidungsbereich von Verfassungs- und Kommunalrecht, schwerpunktmäßig die verfassungsrechtliche Prüfung der Art. 28 Abs. 2 GG und Art. 78 LVerf NRW zum Gegenstand haben, sind häufig Bundes- bzw. Landesgesetze am Maßstab der verfassungsrechtlichen Bestimmungen zu prüfen. In anderen Klausurtypen kann das Selbstverwaltungsrecht auch gegenüber Maßnahmen der Exekutive (insbesondere der staatlichen Kommunalaufsicht) am Rande eine Rolle spielen, etwa für die Frage, ob sich die Gemeinde auf die Verletzung eigener (Selbstverwaltungs-)Rechte berufen kann, wenn die Kommunalaufsichtsbehörde eine belastende kommunalaufsichtsrechtliche Verfügung erlässt. Für die Lösung letzterer Problematik ist dieses Grundlagenwissen von Bedeutung. Konkrete Fallkonstellationen dazu werden im Teil „Kommunalaufsicht" behandelt.

Die Art des Eingriffes muss konkretisiert und möglichst präzise und differenziert herausgestellt werden. Bei einem entsprechenden gesetzlichen Eingriff in den Schutzbereich der kommunalen Selbstverwaltungsgarantie ist z.B. die konkrete Vorschrift des Gesetzes zu nennen, die in eine bestimmte Komponente des Schutzbereiches eingreift.

52 *BVerfG* Urteil vom 21.11.2017 – 2 BvR 2177/16 –, KommJur 2018, 11.

Nachfolgend sollen entsprechend der verschiedenen Komponenten des Schutzbereiches der 44
kommunalen Selbstverwaltungsgarantie einige typische **Eingriffstatbestände** aufgeführt werden:

- Ein Eingriff in die **institutionelle Garantie** wäre denkbar, wenn ein Landesgesetz die Gemeinden allgemein auflösen und deren Aufgaben an Gemeindeverbände oder staatliche Behörden übertragen würde;
- In den **geschützten Kompetenzbereich** würde etwa eingegriffen, wenn ein Landesgesetz eine vormals örtliche Aufgabe auf einen überörtlichen Verwaltungsträger (z.B. Gemeindeverband) übertragen würde;[53]
- Ein Eingriff in die **eigenverantwortliche Aufgabenerledigung** würde beispielsweise vorliegen, wenn ein Gesetz oder eine aufsichtsbehördliche Verfügung staatliche Mitentscheidungsrechte oder Weisungsbefugnisse für konkrete Angelegenheiten vorsieht, die unter die Gemeindehoheiten zu subsumieren sind und damit den Gemeinden zur eigenständigen Entscheidung zugewiesen sind.[54]
- In die **Regelkompetenz** der Gemeinden wird insbesondere eingegriffen, wenn der Gesetzgeber einen „Zuständigkeitskatalog" für Gemeinden aufstellt, außerhalb dessen eine gemeindliche Kompetenz nicht vorliegt.

IV. Verfassungsrechtliche Rechtfertigung des Eingriffes

Der Eingriff in den Schutzbereich des kommunalen Selbstverwaltungsrechts kann gerechtfer- 45
tigt sein. Art. 28 Abs. 2 GG und Art. 78 Abs. 1 und 2 LVerf NRW sehen vor, dass die kommunale Selbstverwaltung nicht schrankenlos gewährleistet ist, sondern nur **„im Rahmen der Gesetze"** gilt. Zugunsten der Kommunen folgt daraus, dass Eingriffe in das kommunale Selbstverwaltungsrecht auf ein wirksames Gesetz zurückzuführen sein müssen. Belastende Regelungen ohne gesetzliche Ermächtigungsgrundlage sind damit unzulässig. § 3 Abs. 3 S. 1 GO greift diesen verfassungsrechtlichen Grundsatz einfachgesetzlich auf, in dem er ausdrücklich normiert:

Eingriffe in die Rechte der Gemeinden sind nur durch Gesetz zulässig.

Aufgrund des Gesetzesvorbehaltes ist damit in formaler Hinsicht das Vorliegen eines Gesetzes (Parlamentsgesetz als Gesetz im formellen Sinn bzw. Rechtsverordnung als Gesetz im materiellen Sinn, welches auf einem wirksamen Parlamentsgesetz beruht) erforderlich, auf dessen Grundlage staatliche Behörden bzw. unmittelbar der Gesetzgeber selbst in den Schutzbereich der kommunalen Selbstverwaltung eingreifen (1). Das bloße Vorliegen einer gesetzlichen Ermächtigungsgrundlage reicht allerdings für die verfassungsrechtliche Rechtfertigung allein nicht aus. Hinzukommen muss, dass das **Gesetz selbst verfassungsgemäß** und damit wirksam ist (Art. 20 Abs. 3 GG). Insbesondere muss das Gesetz dem aus dem Rechtsstaatsprinzip stammenden Verhältnismäßigkeitsgrundsatz (Übermaßverbot) entsprechen (2). Des Weiteren darf das Gesetz in keinem Fall den Wesensgehalt (Kernbereich) des kommunalen Selbstverwaltungsrechts verletzen (3).

53 *BVerfG* Urteil vom 21.11.2017 – 2 BvR 2177/16 –, KommJur 2018, 11 und Beschluss vom 23.11.1988- 2 BvR 1619/83 –, DVBl. 1989, 300, 304.

54 *BVerwG* Beschluss vom 28.2.1997- 8 N 1/96 –, NVwZ 1998, 63.

1. Vorbehalt des Gesetzes

46 Staatliche Beschränkungen der kommunalen Selbstverwaltung bedürfen einer wirksamen gesetzlichen Grundlage. Eingriffe müssen deshalb auf ein Gesetz entweder unmittelbar (Eingriff durch Gesetzgeber) oder mittelbar (Eingriff durch staatliche Behörde auf Grundlage eines Gesetzes) zurückzuführen sein.

Beispiel Eine kommunalaufsichtsrechtliche Maßnahme der Aufsichtsbehörde zu Lasten einer Gemeinde ist wegen Verstoßes gegen das gemeindliche Selbstverwaltungsrecht rechtswidrig, wenn die Voraussetzungen einer gesetzlichen Ermächtigungsgrundlage nicht gegeben sind.

Ein Eingriff in das kommunale Selbstverwaltungsrecht nur aufgrund belastender Verwaltungsvorschriften ohne gesetzliche Grundlage verstößt gegen den Grundsatz des Vorbehaltes des Gesetzes und ist daher rechtswidrig. ■

Dieses Gesetz muss wirksam sein, d.h. mit höherrangigem Recht in Einklang stehen. Ein formelles Landesgesetz darf nicht gegen die Landesverfassung oder gegen jegliches Bundesrecht (Art. 31 GG) verstoßen. Eine Rechtsverordnung des Landes darf zudem nicht gegen Parlamentsgesetze des Landes verstoßen und muss sich im Rahmen des delegierenden Parlamentsgesetzes bewegen (vgl. Art. 70 S. 2 LVerf NRW). Ein Bundesgesetz muss insbesondere mit dem Grundgesetz übereinstimmen (Art. 20 Abs. 3 GG).

JURIQ-Klausurtipp

Regelmäßig werden die Verhältnismäßigkeit des eingreifenden Gesetzes und die Einhaltung des Wesensgehaltes der kommunalen Selbstverwaltungsgarantie zu überprüfen sein. Die Verfassungsmäßigkeit des Eingriffsgesetzes im Übrigen muss nur bei Anlass geprüft werden.

2. Verhältnismäßigkeitsgrundsatz (Übermaßverbot)

47 Der Eingriffsakt muss verhältnismäßig sein.[55] Handelt es sich um einen Exekutivakt (z.B. belastende Verfügung der Kommunalaufsichtsbehörde) so müssen sowohl die gesetzliche Ermächtigungsgrundlage als auch der Einzelakt (Gesetzesanwendung) verhältnismäßig sein. Erfolgt der Eingriff unmittelbar durch den Gesetzgeber, so muss das Gesetz selbst verhältnismäßig sein.[56]

48 Die Verhältnismäßigkeitsprüfung des Eingriffsgesetzes erfolgt nach dem bekannten Muster des Verfassungsrechts:[57]

55 Vgl. zu diesem Erfordernis: *BVerfG* Urteil vom 21.11.2017 – 2 BvR 2177/16 –, KommJur 2018, 11.

56 Vgl. exemplarisch zur Verhältnismäßigkeit einer gesetzlichen Verpflichtung der Gemeinden, ab einer bestimmten Einwohnerzahl ausnahmslos hauptamtliche Gleichstellungsbeauftragte zu bestellen: *VerfGH NRW* Urteil vom 15.1.2002 – 40/00 –, NVwZ 2002, 1502.

57 Vgl. etwa *Hufen* § 9 II 5.

Verhältnismäßigkeit des Eingriffsgesetzes

PRÜFUNGSSCHEMA

I. Legitimer Gesetzeszweck = Der Gesetzgeber muss ein im Gemeininteresse liegendes Ziel verfolgen.

II. Objektive Eignung zur Förderung des gesetzgeberischen Zweckes = Das eingesetzte Mittel ist zur Erreichung des Zwecks geeignet, wenn mit seiner Hilfe das angestrebte Ziel erreicht oder die Zielerreichung gefördert werden kann.

III. Erforderlichkeit = Das Mittel ist erforderlich, wenn es kein anderes Mittel gibt, welches unter geringeren Belastungen der Kommune zur Zielerreichung ebenso geeignet ist (Grundsatz des mildesten Mittels).

IV. Angemessenheit = Die für die Kommune eingetretenen Nachteile müssen in einem angemessenen Verhältnis zu dem bezweckten Vorteil stehen (Verhältnismäßigkeit im engeren Sinne, Herbeiführung einer praktischen Konkordanz zwischen dem konkret in Rede stehenden Gemeininteresse und der kommunalen Selbstverwaltung).

Bereits bei der Bestimmung des **legitimen Zwecks** ist vom Gesetzgeber zu berücksichtigen, dass die verfassungsrechtlichen Kompetenzverteilungsregelungen der Art. 28 Abs. 2 GG und Art. 78 Abs. 1 LVerf NRW einen grundsätzlichen Vorrang der Gemeinden für Angelegenheiten der örtlichen Gemeinschaft vorsehen. Demgemäß ist die grundsätzlich weite Zwecksetzungskompetenz des Gesetzgebers insoweit eingeschränkt, als der Eingriff in die kommunale Selbstverwaltungsgarantie nicht lediglich aus rein „organisatorischen" oder „verwaltungsvereinfachenden" Zwecken motiviert sein darf.[58] Aufgrund der grundsätzlich gegebenen gemeindlichen Kompetenz für örtliche Angelegenheiten müssen eingreifende Gesetze vielmehr „mehr" bezwecken. Gründe der Wirtschaftlichkeit und Sparsamkeit der öffentlichen Verwaltung rechtfertigen z.B. die gesetzliche Hochzonung einer vormals gemeindlichen Aufgabe auf einen Gemeindeversand erst, wenn ein Belassen der Aufgabe bei den Gemeinden zu einem unverhältnismäßigen Kostenanstieg führen würde.[59] Ein hinreichender Gemeinwohlbelang dürfte jedenfalls vorliegen, wenn auf anderem Wege die ordnungsgemäße Aufgabenerfüllung nicht sicherzustellen wäre.[60] 49

Bei der Prüfung der **Eignung** reicht eine grundsätzliche Förderung des gesetzgeberischen Zweckes aus. Das Ausmaß der Förderung und die Effektivität des Mittels sind für die Frage der grundsätzlichen Eignung nicht entscheidend. 50

Die **Erforderlichkeitsprüfung** ist nichts anderes als ein Gebot zum Interventionsminimum. Zu berücksichtigen ist dabei immer, dass nur solche milderen Mittel herangezogen werden können, die auch gleich geeignet sind. 51

Im Rahmen der **Angemessenheit** sind die widerstreitenden Interessen möglichst präzise zu benennen und unter Berücksichtigung der Wertigkeit der kommunalen Selbstverwaltung und der Schwere des Eingriffs gegenüber der Wertigkeit des bezweckten Vorteils miteinander **abzuwägen.** 52

58 *BVerfG* Urteil vom 21.11.2017 – 2 BvR 2177/16 –, KommJur 2018, 11.
59 *BVerfG* Urteil vom 21.11.2017 – 2 BvR 2177/16 –, KommJur 2018, 11.
60 *Geis* § 6 II 4.

Beispiel[61] Wenn der Landesgesetzgeber das Einsammeln und Befördern des Abfalls als vormals gemeindliche Aufgabe durch Änderung des Abfallgesetzes zur Kreisaufgabe bestimmt, so kann ein legitimer Gesetzeszweck in der verbesserten Aufgabenerledigung durch Konzentration der Abfalleinsammlung mit der bereits bei den Kreisen befindlichen Abfallbeseitigung gesehen werden. Die Aufgabenverlagerung wäre auch geeignet, geradezu Bedingung für die gewollte Aufgabenkonzentration. Ein gleich geeignetes milderes Mittel ist nicht erkennbar. Im Rahmen der Angemessenheitsprüfung ist eine Abwägung zwischen der vom Gesetzgeber angenommenen verbesserten Aufgabenerfüllung gegenüber dem nicht unwesentlichen Eingriff in die gemeindliche Selbstverwaltung durch Entzug einer örtlichen Angelegenheit vorzunehmen. Berücksichtigung könnte dabei beispielsweise eine gesetzlich ermöglichte Rückübertragungsmöglichkeit finden, aufgrund derer einzelne Kreise aus besonderen Gründen die Abfalleinsammlung doch ihren kreisangehörigen Gemeinden belassen können. ■

53 Die Grenze der Angemessenheit ist jedenfalls überschritten, wenn der **Wesensgehalt** der kommunalen Selbstverwaltungsgarantie verletzt wird.[62] Die Wesensgehaltsgarantie ist damit zum einen äußerste Grenze der Angemessenheit, aber zum anderen als eigenständiger Prüfungspunkt auch ein selbstständiger Rechtsverstoß, der eigenständig zu würdigen ist.

3. Wesensgehaltsgarantie

54 Ein Eingriff in den **unantastbaren** Wesensgehalt des Selbstverwaltungsrechts ist generell unzulässig. Hiervon ist vor allem die Gewährleistung der **Institutionen „Gemeinde" und „Gemeindeverband"** umfasst.

Die verfassungsrechtlich gewährte Selbstverwaltung darf durch gesetzgeberische Maßnahmen nicht derart ausgehöhlt werden, dass sie nur noch auf dem Papier besteht. Vielmehr muss die eigenverantwortliche Aufgabenerledigung ein qualitatives und quantitatives Gewicht haben, dass sie der institutionellen Garantie der Kommunen gerecht wird.[63] Gemessen am konkreten Eingriff ist zu prüfen, ob der Rest, der nach dem Eingriff verbleibt, dieser Garantie noch gerecht wird. Der auch als **„Kernbereich"** bezeichnete unantastbare Gehalt des kommunalen Selbstverwaltungsrechts dürfte nur selten berührt sein.

55 Der Wesensgehalt ist bei Eingriffen in die gemeindliche Selbstverwaltung auch dann verletzt, wenn die **grundsätzliche Regelkompetenz** der Gemeinden für Angelegenheiten der örtlichen Gemeinschaft durch gesetzliche Zuständigkeitskataloge ersetzt wird. Dies ist bereits dem Wortlaut des Art. 28 Abs. 2 S. 1 GG zu entnehmen, der „alle" Angelegenheiten der örtlichen Gemeinschaft zuvorderst den Gemeinden zuweist.

56 Der Verfassungsgeber hat zudem die **Rechtsetzungskompetenz** (Befugnis, alle Angelegenheiten der örtlichen Gemeinschaft „zu regeln") und die **finanzielle Eigenverantwortung** (vgl. Art. 28 Abs. 2 S. 3 GG) im Wortlaut des Art. 28 Abs. 2 GG besonders hervorgehoben. Ein Entzug oder eine wesentliche Beschränkung durch den einfachen Gesetzgeber spricht daher gleichfalls für eine Verletzung des Wesensgehaltes.

---

61 Vgl. *BVerfG* Beschluss vom 23.11.1988 – 2 BvR 1619/83 –, DVBl. 1989, 300, 304; vgl. zur gesetzlichen Hochzonung von Aufgaben der Gemeinden auf die Kreise auch *BVerfG* Urteil vom 21.11.2017 – 2 BvR 2177/16 –, KommJur 2018, 11.

62 *Zacharias* § 4 I 1b dd.

63 *Burgi* § 6 V 2.

Dies dürfte auch für die übrigen Hoheiten gelten, sofern diese jedenfalls nicht nur eingeschränkt, sondern entweder völlig entzogen bzw. derart ausgehöhlt würden, dass lediglich eine substanzlose Hülle davon übrig bliebe.[64]

Beispiel Bei der gesetzlichen Einräumung einer Mitentscheidungskompetenz der staatlichen Aufsichtsbehörde bei konkreten Personalauswahlentscheidungen auf gemeindlicher Ebene würde die gemeindliche Personalhoheit entsprechend ausgehöhlt. ■

Eine Verletzung des Wesensgehaltes des Selbstverwaltungsrechts der Kreise nach Art. 28 Abs. 2 S. 2 GG liegt nach dem Bundesverfassungsgericht vor, wenn den Kreisen neben den zugewiesenen staatlichen Aufgaben keine oder so wenig überörtliche kreiskommunale Aufgaben des eigenen Wirkungskreises zugewiesen werden, dass die Kreise ihrer institutionellen Garantie als Selbstverwaltungskörperschaften nicht mehr gerecht werden können.[65] **57**

64 *Hofmann/Theisen/Bätge* 2.2.3.

65 *BVerfG* Urteil vom 20.12.2007 – 2 BvR 2433/04 –, DVBl. 2008, 173-184.

4. Übungsfall Nr. 1

58 „Die internationale Städtepartnerschaft"

Die in Nordrhein-Westfalen gelegene kreisfreie Stadt S unterhält schon seit vielen Jahren enge Beziehungen zu der auf der Krimhalbinsel gelegenen Stadt KH. Die Krimhalbinsel gehört völkerrechtlich zur Ukraine. Die Entfernung beider Städte zueinander beträgt ca. 2200 km. Es besteht bereits ein privater Förderverein aus Einwohnern der Stadt S, der für bedürftige Einwohner in KH Spenden- und Kleidersammlungen durchführt und diese dorthin transportiert. Zudem existieren in beiden Städten private Kulturvereine, die aus Gründen der Völkerverständigung wechselseitige Besuchsfahrten durchführen. Die Stadt KH ist sehr interessiert an einer offiziellen Städtepartnerschaft mit der Stadt S.

Aufgrund der Annexion der Krimhalbinsel durch die Russische Föderation verschlechterte sich das allgemeine politische Klima zwischen der BR Deutschland und der Russischen Föderation. Die BR Deutschland beteiligt sich wegen der Annexion der Krimhalbinsel gemeinsam mit zahlreichen anderen Ländern an wirtschaftlichen Sanktionen gegen die Russische Föderation. Besondere gesetzliche Regelungen oder Beschlüsse von staatlichen Parlamenten oder Behörden zu transnationalen Beziehungen zwischen nordrhein-westfälischen Kommunen und solchen der Krimhalbinsel existieren aber nicht.

Nach eingehender Beratung fasst der Rat der Stadt S mehrheitlich die folgenden Beschlüsse:

1. Die Stadt S schließt mit der Stadt KH ein Partnerschaftsabkommen ab. In diesem soll es vor allem um den Austausch von Bürgern, der Kulturpflege und Sportbegegnungen gehen.
2. Der Rat der Stadt S missbilligt die Russland-Politik der BR Deutschland in Bezug auf die Krimhalbinsel. Die Wirtschaftssanktionen gegen die Russische Föderation müssen mit sofortiger Wirkung eingestellt werden.

Für den Oberbürgermeister der Stadt S stellen sich die Fragen, ob die Ratsbeschlüsse gegen geltendes Recht verstoßen und er sie deshalb nach § 54 Abs. 2 S. 1 GO beanstanden muss.

Prüfen Sie rechtsgutachterlich, zu welcher Entscheidung der Oberbürgermeister kommen sollte. Gehen Sie hierbei davon aus, dass die Ratsbeschlüsse hinsichtlich des Verfahrens und der Form an keinen Mängeln leiden.

59 Lösung

Der Oberbürgermeister hat nach § 54 Abs. 2 S. 1 GO einen Ratsbeschluss zu beanstanden, wenn er gegen geltendes Recht verstößt. Es ist daher zu prüfen, ob im vorliegenden Fall die einzelnen Ratsbeschlüsse rechtswidrig sind. Die Verletzung des geltenden Rechts ist für die beiden Beschlüsse differenziert zu prüfen.

Für Mängel beim Zustandekommen dieser Ratsbeschlüsse bestehen nach dem Bearbeitungsvermerk keine Anhaltspunkte. Es ist deshalb nachfolgend die **materielle** (inhaltliche) Rechtmäßigkeit der beiden Ratsbeschlüsse zu untersuchen.

I. Beschluss Nr. 1 (Abschluss eines Partnerschaftsabkommens mit der Stadt KH)

Zunächst ist zu untersuchen, ob der Beschluss Nr. 1, also der Abschluss eines Partnerschaftsabkommens mit der Stadt *KH*, inhaltlich rechtmäßig ist. Bedenken könnten sich ergeben, wenn der Stadt S für eine entsprechende Beschlussfassung die Verbandskompetenz fehlt.

Da weder ausdrückliche gesetzliche Zuständigkeitszuweisungen noch ausschließende Sperrvorschriften für den Abschluss eines Abkommens für eine internationale Städtepartnerschaft bestehen, ist die kommunale Zuständigkeit durch Auslegung der allgemeinen Vorschrift des Art. 28 Abs. 2 S. 1 GG zu prüfen.

Vom geschützten Kompetenzbereich des Art. 28 Abs. 2 S. 1 GG umfasst sind bei Gemeinden die *„Angelegenheiten der örtlichen Gemeinschaft"*. Örtliche Angelegenheiten sind nach der Rechtsprechung des Bundesverfassungsgerichts solche, die in der örtlichen Gemeinschaft wurzeln oder auf sie einen spezifischen Bezug haben und denen gerade als solchen gemeinsam ist, dass sie das Zusammenleben und -wohnen der Menschen in einer Gemeinde betreffen.[66] Der Begriff der örtlichen Angelegenheiten umfasst damit nicht ausschließlich eine räumliche, sondern auch eine soziologische Dimension. Diese beruht auf der Überlegung, dass Menschen, die aufgrund der räumlichen, strukturellen, wirtschaftlichen und ökologischen Gegebenheiten zusammenleben, auch eine besondere Verbundenheit und gemeinsame Interessen entwickeln. Der Anerkennung einer Aufgabe als Angelegenheit des örtlichen Wirkungsbereichs der Gemeinde steht nicht entgegen, dass sie von der Natur der Sache her (auch) gemeindeübergreifend oder transnational wirkt. Dies ergibt sich schon daraus, dass auch die interkommunale Zusammenarbeit von der höchstrichterlichen Rechtsprechung als örtliche Angelegenheiten anerkannt ist.[67] Die wirtschaftliche und nichtwirtschaftliche Tätigkeit außerhalb der Gemeindegrenzen ist zudem sogar gesetzlich ausdrücklich anerkannt (vgl. § 107 Abs. 3 bzw. Abs. 4 GO).

Bei der internationalen Städtepartnerschaft stehen Aktivitäten der jeweiligen Gemeindeeinwohner im Mittelpunkt. Diese dienen der Pflege und Förderung gemeinsamer Interessen und Lebensbedürfnisse in den verschiedensten Lebensbereichen der Kommunen. Trotz des transnationalen Bezuges geht es daher bei der Städtepartnerschaft um gemeinschaftliche Belange der Einwohner. Dies wird vorliegend auch dadurch deutlich, dass in der Stadt S ein privater Kulturverein besteht, in dem sich Einwohner zum Zwecke der gemeinsamen Durchführung partnerschaftlicher Angelegenheiten, wie z.B. der Organisation von Besuchsfahrten, zusammengeschlossen haben. Die internationale Städtepartnerschaft entspricht auch der verfassungsrechtlichen Zielbestimmung der Völkerverständigung (vgl. Art. 9 Abs. 2, Art. 24 Abs. 2 und Präambel des Grundgesetzes) und Friedenspflicht (S. 1 der Präambel des Grundgesetzes). Das damit zwangsläufig verbundene transnationale, eine Beschränkung auf das Gemeindegebiet durchbrechende Element ist damit zulässig und widerspricht nicht der gemeindlichen Zuständigkeit.[68]

Die Stadt S hat daher die erforderliche Verbandskompetenz für den Abschluss des Partnerschaftsabkommens. Da mit dem Rat nach § 41 Abs. 1 S. 1 GO auch das zuständige Gemeindeorgan entschieden hat und sonstige Rechtmäßigkeitsbedenken nicht ersichtlich sind, ist der Beschluss Nr. 1 somit insgesamt rechtmäßig.

II. Beschluss Nr. 2 (Missbilligung der Russland-Politik der BR Deutschland in Bezug auf die Krimhalbinsel und Einstellung der Wirtschaftssanktionen)

Fraglich ist, ob auch der Beschluss Nr. 2 rechtmäßig ist. Bedenken könnten sich auch hier hinsichtlich der gemeindlichen Verbandskompetenz ergeben. Gemeinden dürfen sich grundsätzlich nur mit solchen Aufgaben befassen, die gemäß Art. 28 Abs. 2 S. 1 GG ihrem Zuständigkeitsbereich unterfallen. Gemäß Art. 28 Abs. 2 S. 1 GG dürfen Gemeinden Aufgaben, die mangels eines spezifischen oder relevanten Ortsbezugs keine Angelegenheit der örtlichen Gemeinschaft sind, nicht zum Gegenstand ihrer Aktivitäten machen.

Ihnen ist es deshalb verwehrt eine eigenständige kommunale Außenpolitik zu betreiben, die mit der Bundeskompetenz zur Pflege auswärtiger Beziehungen (Art. 32 Abs. 1, 59, 73 Nr. 1, 87 GG) nicht zu vereinbaren ist. Ob sich die inhalt-

66 *BVerfG* Beschluss vom 18.5.2004 – 2 BvR 2374/99 –, BVerfGE 110, 370, 400.

67 *BVerfG* Beschluss vom 19.11.2014 – 2 BvL 2/13 –, juris, Rn. 49.

68 *BVerwG* Urteil vom 14.12.1990 – 7 C 58/89 –, juris, Rn. 13.

liche Beschlussfassung des Rates noch in den Grenzen kommunaler Verbandskompetenz bewegt, hängt vom Vorhandensein eines überwiegend örtlichen Bezuges ab. Die Kommune hat nur ein kommunalpolitisches, aber kein allgemein-politisches Mandat. Zu allgemeinpolitischen Fragen darf eine Gemeinde nur aus ihrer ortsbezogenen Sicht Stellung nehmen.[69] Daher müssen die Äußerungen immer in einem unmittelbaren Zusammenhang zur gemeindlichen Örtlichkeit stehen.

Bei dem vorliegenden Beschluss mit dem Inhalt der Missbilligung der Russland-Politik der BR Deutschland müsste sich um eine Selbstverwaltungsangelegenheit gemäß Art. 78 LVerf NRW und Art. 28 Abs. 2 S. 1 GG GO handeln. Die kommunale Selbstverwaltung lässt auch zu, dass Gemeinden nicht nur überkommene, traditionelle Aufgaben durchführen, sondern auch neue Probleme und Sachmaterien aufgreifen. Sie dürfen sich jedoch kein allgemeines politisches Mandat anmaßen, sich insbesondere grundsätzlich nicht mit politischen Themen befassen, die in die Zuständigkeit des Bundes oder der Länder fallen. Das Befassungsrecht der Gemeinde kann jedoch auch in überörtlichen oder staatlichen Angelegenheiten ein Recht auf Stellungnahme und Berücksichtigung ihrer gemeindlichen Belange vermitteln. Dies ist jedoch nur der Fall, wenn diese Angelegenheiten für die Gemeinde einen **unmittelbaren Ortsbezug entfalten und zu einer spezifischen Ortsbetroffenheit führen**. Insoweit kann den Gemeinden in überörtlichen Angelegenheiten aus Art. 28 Abs. 2 S. 1 GG ausnahmsweise eine Befassungskompetenz zustehen. Die Gemeinden sind jedoch von der Staatswillensbildung ausgeschlossen, soweit diese sich allgemein auf die verfassungsmäßigen Kompetenzen von Bund und Ländern richtet.

69 *BVerwG* Urteil vom 14.12.1990 – 7 C 37/89 –, juris, Rn. 19.

Der vorliegende Beschluss der Stadt S betrifft eine Frage der staatlichen Außenrechtsbeziehung der BR Deutschland zur Russischen Föderation und hierbei insbesondere die Außenwirtschaftspolitik. Die Pflege der auswärtigen Beziehungen zu Staaten ist jedoch Sache des Bundes (Art. 32 Abs. 1 und 73 Abs. 1 Nr. 1 GG); dies gilt auch für den Warenverkehr mit dem Ausland (Art. 73 Abs. 1 Nr. 5 GG). Beschlüsse einer Gemeinde, die sich gegen die staatliche Außenpolitik hinsichtlich eines anderen Staates wenden, entbehren eines spezifischen Ortsbezugs.[70] Die Gemeinden haben insoweit weder eine Entscheidungskompetenz noch eine Befassungskompetenz über die Frage der allgemeinen Russland-Politik und der Verhängung wirtschaftlicher Sanktionen. Demzufolge ist der Beschluss Nr. 2 nicht von der Verbandskompetenz der Stadt S gemäß Art. 28 Abs. 2 S. 1 GG gedeckt und somit rechtswidrig.

III. Rechtsfolge

Aufgrund des eindeutigen Wortlautes des § 54 Abs. 2 S. 1 GO (*„hat … zu beanstanden"*), steht dem Oberbürgermeister beim Vorliegen eines rechtswidrigen Ratsbeschlusses kein Ermessensspielraum zu, sondern er muss diesen beanstanden. Dies hat zur Konsequenz, dass er den Beschluss Nr. 2 zu beanstanden hat. Die Beanstandung ist schriftlich in Form einer begründeten Darlegung dem Rat mitzuteilen (§ 54 Abs. 2 S. 2 GO).

IV. Ergebnis

Der Oberbürgermeister hat den Beschluss Nr. 2 zu beanstanden. Der Beschluss Nr. 1 kann jedoch aufgrund seiner Rechtmäßigkeit nicht beanstandet werden.

70 Vgl. im Einzelnen *Bätge* Rechtliche Aspekte der kommunalen Entwicklungszusammenarbeit im Ausland, 2018, Dialog Global, Nr. 49, S. 27.

D. Verfassungsprozessuale Durchsetzung der kommunalen Selbstverwaltungsgarantie

Wenn gesetzliche Regelungen des Bundes oder des Landes (formelle Gesetze, Rechtsverordnungen, Satzungen) das kommunale Selbstverwaltungsrecht der Gemeinden oder Gemeindeverbände beeinträchtigen, dann können sich diese **unmittelbar** gegen die gesetzliche Regelung **verfassungsgerichtlich** zur Wehr setzen. 60

Hinweis

Wendet sich eine Kommune unmittelbar gegen Landesrecht, so kann sie dies nur mit der (Landes-)Kommunalverfassungsbeschwerde; wendet sie sich gegen Bundesrecht, so kommt im Ergebnis nur die (Bundes-)Kommunalverfassungsbeschwerde in Betracht. Die anderen Rechtsbehelfe scheitern an verschiedenen Zulässigkeitsvoraussetzungen.

Wendet sich eine Kommune unmittelbar gegen **Landesrecht**, um die Verletzung ihres Selbstverwaltungsrechts geltend zu machen, so ist eine **Kommunalverfassungsbeschwerde vor dem Verfassungsgerichtshof** NRW (VerfGH NRW) der einzige statthafte (passende) Rechtsbehelf (Art. 75 Nr. 5 LVerf NRW, §§ 12 Nr. 8, 52 Verfassungsgerichtshofgesetz – VGHG NRW). Eine Kommunalverfassungsbeschwerde vor dem Bundesverfassungsgericht gemäß Art. 93 Abs. 1 Nr. 4b GG, §§ 13 Nr. 8a, 91 BVerfGG scheidet dagegen im Ergebnis aus, da die (Bundes-)Kommunalverfassungsbeschwerde ausgeschlossen ist, sofern – wie hier – Beschwerde beim Landesverfassungsgericht (VerfGH NRW) erhoben werden kann (Art. 93 Abs. 1 Nr. 4b GG a.E.). Die aus dem Staatsrecht gut bekannte Individualverfassungsbeschwerde (Art. 93 Abs. 1 Nr. 4a GG, §§ 13 Nr. 8a, 90 BVerfGG) scheidet schon deshalb aus, weil das kommunale Selbstverwaltungsrecht weder ein Grundrecht noch ein grundrechtsgleiches Recht ist. Im Übrigen kann sich eine Kommune als öffentlich-rechtliche Körperschaft nach Art. 19 Abs. 3 GG grundsätzlich nicht auf Grundrechte berufen.[71] 61

Beispiel Gegen ein Landesgesetz, welches den Gemeinden eine Angelegenheit der örtlichen Gemeinschaft entzieht und auf einen anderen Verwaltungsträger überträgt, könnte sich die nordrhein-westfälische Stadt S mit einer (Landes-)Kommunalverfassungsbeschwerde gemäß Art. 75 Nr. 5 LVerf NRW, §§ 12 Nr. 8, 52 VGHG NRW zur Wehr setzen. ■

Wendet sich eine Kommune unmittelbar gegen **Bundesrecht**, um die Verletzung ihres Selbstverwaltungsrechts zu rügen, so ist die **(Bundes-)Kommunalverfassungsbeschwerde** vor dem BVerfG der einzig statthafte Rechtsbehelf. Die (Landes-)Kommunalverfassungsbeschwerde vor dem VerfGH NRW scheidet bereits deshalb aus, weil damit nur Landesrecht überprüft werden kann (§ 52 Abs. 1 VGHG NRW). 62

Beispiel[72] Gegen ein Bundesgesetz, welches die Kreise und kreisfreien Städte verpflichtet, Aufgaben der Verbraucherinformation bei der Lebensmittelüberwachung (Prüfung und Bescheidung von Anträgen auf Herausgabe von Informationen) zu übernehmen, kommt für den nordrhein-westfälischen Kreis K nur die (Bundes-)Kommunalverfassungsbeschwerde gemäß Art. 93 Abs. 1 Nr. 4b GG, §§ 13 Nr. 8a, 91 BVerfGG in Betracht. Eine zulässige (Bundes-)Kommunalverfassungsbeschwerde hätte Erfolg, da ein solches Gesetz gegen das an den Bund gerichtete Aufgabenübertragungsverbot des Art. 84 Abs. 1 S. 7 GG verstoßen würde. ■

71 Siehe oben: Rn. 25.

72 Vgl. hierzu: *Entscheidung des Bundespräsidenten* zur Nichtausfertigung des Verbraucherinformationsgesetzes vom 8.12.2006 (BT-Drucks. 16/3866).

I. (Landes-)Kommunalverfassungsbeschwerde vor dem VerfGH NRW

63 Die Kommunalverfassungsbeschwerde einer Gemeinde oder eines Gemeindeverbandes vor dem VerfGH NRW gemäß Art. 75 Nr. 4 LVerf NRW, §§ 12 Nr. 8, 52 VGHG NRW hat **Erfolg**, wenn sie **zulässig und begründet** ist. Hierfür kann folgendes Aufbauschema verwandt werden:

PRÜFUNGSSCHEMA

Kommunalverfassungsbeschwerde vor dem VerfGH gemäß Art. 75 Nr. 5 LVerf NRW, §§ 12 Nr. 8, 52 VGHG NRW

I. Zulässigkeit

1. **Beteiligtenfähigkeit,** § 52 Abs. 1 VGHG NRW
   Gemeinden und Gemeindeverbände
2. **Beschwerdegegenstand,** § 52 Abs. 1 VGHG NRW
   Nordrhein-Westfälisches Landesrecht: formelle Landesgesetze sowie Rechtsverordnungen und Satzungen des Landes (auch gesetzgeberisches Unterlassen[73])
3. **Beschwerdebefugnis,** § 52 Abs. 1 VGHG NRW
   a) Behauptung, dass das Landesrecht die Vorschriften der Art. 78, 79 LVerf NRW über das kommunale Selbstverwaltungsrecht verletzt
   b) Möglichkeit einer solchen Verletzung (darf nicht von vornherein ausgeschlossen sein)
   c) Beschwerdeführer muss unmittelbar, selbst und gegenwärtig betroffen sein
4. **Form und Frist**
   a) Form, § 18 Abs. 1 VGHG NRW
   schriftlicher Antrag mit Begründung
   b) Frist, § 52 Abs. 2 VGHG NRW
   binnen eines Jahres seit Inkrafttreten[74] der zur Überprüfung gestellten Rechtsvorschrift

II. Begründetheit

Die Kommunalverfassungsbeschwerde ist begründet, wenn die zur Überprüfung gestellte landesrechtliche Vorschrift die Vorschriften der Landesverfassung über das Recht der Selbstverwaltung verletzt. Dies ist dann der Fall, wenn die Vorschrift gegen die Art. 78 oder 79 LVerf NRW verstößt. (Eine Prüfung des Art. 28 Abs. 2 S. 1 GG erfolgt durch das VerfGH NRW nicht.)[75]

---

73 *VerfGH NRW* Urteil vom 9.12.2014 – 11/13 –, NVwZ 2015, 368 zur Erhebung einer kommunalen Verfassungsbeschwerde gegen ein gesetzgeberisches Unterlassen (Nichterlass eines Landesgesetzes zum Ausgleich der finanziellen Mehrbelastungen der Kommunen trotz des Konnexitätsprinzips von Aufgabenübertragung und Kostendeckung, Art. 78 Abs. 3 LVerf NRW).

74 Tritt die zur Überprüfung gestellte Rechtsvorschrift rückwirkend in Kraft, beginnt die Jahresfrist erst mit dem Zeitpunkt der Verkündung: *VerfGH NRW* Urteil vom 19.5.2015 – 24/12, NWVBl 2015, 336.

75 Im Rahmen der Landeskommunalverfassungsbeschwerde ist dem VerfGH NRW eine Prüfung am Maßstab der bundesrechtlichen Vorschrift des Art. 28 Abs. 2 S. 1 GG verwehrt (vgl. Wortlaut des § 52 Abs. 1 VGHG NRW). Die Beschränkung auf den Prüfungsmaßstab der Landesverfassung wird auch vom *BVerfG* (Urteil vom 21.11.2017 – 2 BvR 2177/16 –, KommJur 2018, 11) bestätigt.

II. (Bundes-)Kommunalverfassungsbeschwerde vor dem BVerfG

Die Kommunalverfassungsbeschwerde einer Gemeinde oder eines Gemeindeverbandes vor dem BVerfG gemäß Art. 93 Abs. 1 Nr. 4b GG, §§ 13 Nr. 8a, 91 BVerfGG hat Erfolg, wenn sie zulässig und begründet ist. Hierfür kann folgendes Aufbauschema verwandt werden: 64

Kommunalverfassungsbeschwerde vor dem BVerfG gemäß Art. 93 Abs. 1 Nr. 4b GG, §§ 13 Nr. 8a, 91 BVerfGG

PRÜFUNGSSCHEMA

I. Zulässigkeit

1. **Beteiligtenfähigkeit,** § 91 S. 1 BVerfGG
   Gemeinden und Gemeindeverbände
2. **Beschwerdegegenstand,** § 91 S. 1 BVerfGG
   Gesetze des Bundes oder der Länder: formelle Gesetze sowie Rechtsverordnungen und Satzungen (Landesrecht NRW ist damit zwar tauglicher Beschwerdegegenstand, kann aber wegen Subsidiarität – siehe I. 4 – nicht überprüft werden!)
3. **Beschwerdebefugnis,** § 91 S. 1 BVerfGG
   a) Behauptung, dass das Gesetz die Vorschrift des Art. 28 Abs. 2 GG verletzt
   b) Möglichkeit einer solchen Verletzung (darf nicht von vornherein ausgeschlossen sein)
   c) Beschwerdeführer muss unmittelbar, selbst und gegenwärtig betroffen sein
4. **Subsidiarität,** § 91 S. 2 BVerfGG
   Ausschluss der (Bundes-)Kommunalverfassungsbeschwerde, wenn für Landesrecht Zuständigkeit des Landesverfassungsgerichts gegeben ist (in NRW ist dies in Gestalt der Landeskommunalverfassungsbeschwerde der Fall, deshalb keine Bundeskommunalverfassungsbeschwerde gegen Landesrecht NRW)
5. **Form und Frist,** §§ 23, 92, 93 Abs. 3 BVerfGG

II. Begründetheit

Die Kommunalverfassungsbeschwerde ist begründet, wenn die zur Überprüfung gestellte Vorschrift Art. 28 Abs. 2 GG verletzt.

Beispiel[76] **(Fall zum prozessualen Vorgehen einer Kommune gegen Landesrecht)** Der Landtag NRW beschließt in formell einwandfreier Weise ein Änderungsgesetz zur Gemeindeordnung. Durch dieses wird § 5 Abs. 2 GO eingefügt, nachdem in Gemeinden mit mehr als 10 000 Einwohnern hauptamtlich tätige Gleichstellungsbeauftragte zu bestellen sind. Das Änderungsgesetz enthält gleichzeitig Bestimmungen über die Deckung der Kosten durch das Land. Die kreisfreie Stadt S (200 000 Einwohner) fühlt sich dadurch in ihrer Personal-, Finanz- und Organisationshoheit beeinträchtigt und fragt nach den Erfolgsaussichten von Prozessrechtsbehelfen.

In Betracht kommt die Erhebung einer **Kommunalverfassungsbeschwerde vor dem Verfassungsgerichtshof** NRW (VerfGH) gemäß Art. 75 Nr. 4 LVerf NRW, §§ 12 Nr. 8, 52 VGHG NRW.

76 Nach *VerfGH NRW* Urteil vom 15.1.2002 – 40/00 –, NVwZ 2002, 1502-1504.

Die Stadt S ist hierfür als Gemeinde gemäß § 52 Abs. 1 VGHG NRW **beteiligtenfähig**. Das Änderungsgesetz zur Gemeindeordnung ist ein tauglicher Beschwerdegegenstand, da es sich um eine landesrechtliche Gesetzesvorschrift handelt.

Die Stadt S müsste **beschwerdebefugt** sein. Hierfür ist erforderlich, dass eine **Verletzung ihres gemeindlichen Selbstverwaltungsrechts aus Art. 78 LVerf NRW möglich** erscheint. Hier ist eine Verletzung ihrer – aus der Garantie der eigenverantwortlichen Aufgabenerledigung abzuleitenden – **Organisationshoheit** möglich. Diese beinhaltet das Recht der Gemeinden, für die Wahrnehmung ihrer Aufgaben die Abläufe und Entscheidungszuständigkeiten festzulegen sowie ihren Handlungsapparat selbst zu organisieren. Durch den eingefügten § 5 Abs. 2 GO wird Gemeinden mit mehr als 10 000 Einwohnern vorgegeben, eine hauptamtliche Gleichstellungsbeauftragte mit entsprechenden Kompetenzen zu installieren. Da die Stadt S mehr als 10 000 Einwohner hat, erscheint eine entsprechende Verletzung ihrer Organisationshoheit möglich. Dagegen dürfte vorliegend eine Verletzung der Finanzhoheit ausgeschlossen sein, da eine Kostendeckung für die Übertragung der Aufgabe für die Gemeinden im Sinne des Art. 78 Abs. 3 S. 1 LVerf NRW vorgesehen ist. Auch die Verletzung der Personalhoheit – verstanden als Befugnis, das Gemeindepersonal auszuwählen, anzustellen, zu befördern und zu entlassen – scheidet aus, da die konkrete personelle Entscheidung innerhalb des gesetzlich vorgegebenen organisatorischen Rahmens nicht beschränkt wird.

Die Stadt S ist schließlich durch das Gesetz auch **unmittelbar, selbst und gegenwärtig betroffen**. Denn sie ist Adressatin des Gesetzes, das seit seinem Inkrafttreten Regelungswirkung entfaltet und einer Vollziehung durch untergesetzliche Rechtsnomen oder Verwaltungsakte nicht bedarf.

Die Kommunalverfassungsbeschwerde müsste schließlich in schriftlicher Form mit Begründung rechtzeitig, nämlich vor Ablauf der Jahresfrist des § 52 Abs. 2 VGHG NRW erhoben werden.

Die damit zulässige Kommunalverfassungsbeschwerde ist auch **begründet**, wenn das angegriffene Änderungsgesetz das Recht der Stadt S auf Selbstverwaltung aus Art. 78 Abs. 1 und Abs. 2 LVerf NRW verletzt.

Hierfür müsste zunächst der **Schutzbereich** des gemeindlichen Selbstverwaltungsrechts eröffnet sein. Es umfasst grundsätzlich alle Angelegenheiten der örtlichen Gemeinschaft sowie die Befugnis zur grundsätzlich eigenverantwortlichen Führung der Geschäfte in diesem Bereich. Ein Teilaspekt des Selbstverwaltungsrechts ist die Organisationshoheit. Sie beinhaltet die Befugnis der Gemeinden, für die Wahrnehmung ihrer Aufgaben Abläufe und Entscheidungszuständigkeiten festzulegen. Die Pflicht zur Bestellung hauptamtlicher Gleichstellungsbeauftragter ist eine staatliche Organisationsvorgabe in Bezug auf die Erfüllung der auch den Gemeinden obliegenden Aufgabe, die tatsächliche Gleichberechtigung von Frau und Mann zu fördern (vgl. Art. 3 Abs. 2 S. 2 GG). Sie berührt damit den Bereich der eigenverantwortlichen Organisationsgestaltung.

Es handelt sich um einen hoheitlichen unmittelbaren **Eingriff** des Landesgesetzgebers in das gemeindliche Selbstverwaltungsrecht. Gemeinden mit mehr als 10 000 Einwohnern werden durch das Gesetz unmittelbar verpflichtet, hauptamtliche Gleichstellungsbeauftragte zu bestellen.

Der Eingriff könnte jedoch **verfassungsrechtlich gerechtfertigt** sein. Das Recht auf Selbstverwaltung gilt nicht uneingeschränkt, sondern ist nur im Rahmen der Gesetze garantiert

(Art. 78 Abs. 2 LVerf NRW). Im Hinblick auf das verfassungsrechtliche Gewicht der Gewährleistung sind allerdings der Regelungsbefugnis des Gesetzgebers Grenzen gesetzt. Er darf den Kernbereich des Selbstverwaltungsrechts nicht antasten. Außerhalb des Kernbereichs hat er zudem insbesondere den Grundsatz der Verhältnismäßigkeit zu beachten.

Die Vorgabe, eine hauptamtliche Gleichstellungsbeauftragte zu installieren, müsste zunächst **verhältnismäßig** sein.

Sie dient einem legitimen **Zweck**, nämlich der Verwirklichung des Verfassungsgebotes der Gleichberechtigung von Mann und Frau (Art. 3 Abs. 2 GG). Die Regelung müsste auch **geeignet** sein, diesen Zweck zu fördern. Die Prognose, dass in Gemeinden mit mehr als 10 000 Einwohnern die Wahrnehmung der Gleichstellungstätigkeit in einem Hauptamt mit einem Zugewinn an Professionalität verbunden ist, ist nicht offenkundig verfehlt und geeignet, dem Gleichstellungszweck zu fördern.

Die gesetzliche Verpflichtung müsste zudem **erforderlich** sein, d.h. es dürfte kein gleich geeignetes schonenderes Mittel geben, den Zweck zu erfüllen. Ein solches ist vorliegend nicht zu erkennen. Insbesondere würde eine ehrenamtliche Gleichstellungsbeauftragte typischerweise nicht den gleichen Zugewinn an Professionalität gewährleisten können, da sie nicht Mitglied der Kommunalverwaltung sein könnte. Auch eine Ansiedlung der Gleichstellungsaufgaben an den Personalrat stellt kein gleich geeignetes Mittel dar, da dieser die Vertretung der Bediensteten verfolgt. Die Gleichstellungsaufgabe in der Gemeinde geht jedoch darüber hinaus und wirkt auch nach außen.

Auch unter Berücksichtigung des hohen Gewichts der gemeindlichen Organisationshoheit erscheint die gesetzliche Regelung schließlich auch **angemessen**. Die Regelung belässt den Gemeinden einen hinreichenden organisatorischen Spielraum bei der Wahrnehmung und Ausgestaltung des ihnen obliegenden Gleichstellungsauftrages. Sie sind dadurch nicht gehindert, für den Bereich der Gleichstellung eigene organisatorische Maßnahmen zu treffen und auf die Besonderheiten der örtlichen Verhältnisse zu reagieren. Darüber hinaus bleibt es Sache der Gemeinden, die Gleichstellungsbeauftragte in die Arbeit der verschiedenen zur Entscheidung berufenen Stellen der Gemeindeverwaltung näher einzubinden. Hinzu kommt, dass der Gleichstellungsbeauftragten keine Entscheidungskompetenzen zustehen, sondern die Organisation der Entscheidungszuständigkeiten in Gleichstellungsangelegenheiten weiterhin den Gemeinden überlassen bleibt.

Schließlich bleibt auch der Kernbereich der gemeindlichen Organisationshoheit unangetastet, da die Pflicht zur Bestellung der Gleichstellungsbeauftragten nur einen bestimmten Sachbereich betrifft und lediglich in sich begrenzte Organisationsmaßnahmen regelt.

Da das Änderungsgesetz mithin verhältnismäßig ist und nicht den Kernbereich des Selbstverwaltungsrechts der Stadt S antastet, ist die Kommunalverfassungsbeschwerde im Ergebnis nicht begründet und kann daher keinen Erfolg haben. ■

E. Aufgaben der Kommunen

65 Die Kommunen haben verschiedene Arten von Aufgaben zu erledigen. Man unterscheidet:
- freiwillige Selbstverwaltungsaufgaben,
- pflichtige Selbstverwaltungsaufgaben,
- Pflichtaufgaben zur Erfüllung nach Weisung,
- staatliche Auftragsangelegenheiten und
- staatliche Aufgaben eines kommunalen Organs im Wege der Organleihe.

Aufgaben der Gemeinden
(geordnet nach dem Grad abnehmender kommunaler Selbständigkeit)

- Freiwillige Selbstverwaltungsaufgaben
- Pflichtige Selbstverwaltungsaufgaben
- Pflichtaufgaben zur Erfüllung nach Weisung
- Staatliche Auftragsangelegenheiten
- Staatliche Aufgabenerledigung durch kommunales Organ im Wege der Organleihe

JURIQ-Klausurtipp

Die Einteilung ist nicht nur von theoretischer Bedeutung, sondern hat auch einen konkreten Bezug zu Klausurproblemen, die mit der Art und Reichweite der staatlichen Aufsicht über die kommunale Aufgabenerledigung und der Klagemöglichkeit der Kommunen gegen aufsichtsbehördliche Weisungen zur Aufgabenerledigung zusammen hängen. Da die kommunale Aufgabenstruktur aber kein spezifisch kommunalaufsichtsrechtliches Thema ist, sondern zum – auch für mündliche Prüfungen relevanten – Grundlagenwissen gehört, ist darauf schon im ersten Teil einzugehen. Damit zusammen hängende Klausurprobleme des Kommunalaufsichtsrechts werden dort vertiefter behandelt.

I. Selbstverwaltungsaufgaben

66 Selbstverwaltungsaufgaben sind die in Art. 28 Abs. 2 S. 1 GG beschriebenen *„Angelegenheiten der örtlichen Gemeinschaft"*. Wie dargestellt, nehmen die Kommunen die Selbstverwaltungsaufgaben im Rahmen der Gesetze eigenverantwortlich wahr. Innerhalb der Selbstverwaltungsaufgaben unterscheidet man freiwillige und pflichtige Angelegenheiten.

1. Freiwillige Selbstverwaltungsaufgaben

67 Bei den freiwilligen Selbstverwaltungsaufgaben entscheidet die Gemeinde selbst, ob und wie sie die Aufgaben wahrnehmen will. Es gibt also keine gesetzliche Vorschrift, die die Erledigung einer solchen Aufgabe vorschreibt.

Beispiele Zu den freiwilligen Selbstverwaltungsaufgaben zählen die Errichtung sportlicher, kultureller oder gesellschaftlicher Einrichtungen (Sportplatz, Schwimmbad, Theater, Bibliothek, Stadthalle etc.), die Wirtschaftsförderung, Erholungseinrichtungen etc. ■

Auch hat die Kommunalaufsicht keine speziellen Weisungsrechte, wie die Gemeinde eine solche Aufgabe zweckmäßigerweise wahrzunehmen hat. Vielmehr besteht **nur** die allgemeine Aufsicht des Landes, dass die Gemeinden im Einklang mit den Gesetzen verwaltet werden (§ 119 Abs. 1 GO).

Beispiel Die Gemeinde ist frei darin zu entscheiden, ob sie ein Schwimmbad errichten will. Entscheidet sich der Rat der Gemeinde dafür, so kann die Aufsichtsbehörde zwar keine Weisungen zur Errichtung und zur zweckmäßigen Gestaltung des Schwimmbades erteilen, aber sie kann die Rechtmäßigkeit der Finanzierung nach dem kommunalen Haushaltsrecht und der Bauvergabe prüfen. ■

2. Pflichtige Selbstverwaltungsaufgaben

Bei den pflichtigen Selbstverwaltungsaufgaben besteht eine gesetzliche Vorgabe, die die Kommunen verpflichtet, eine bestimmte Aufgabe wahrzunehmen. Über das *„Wie"*, also die Art und Weise der Durchführung dieser Aufgabe, macht der Gesetzgeber aber keine Vorgaben, so dass die Kommunen innerhalb der allgemeinen Rechtmäßigkeitsschranken darin frei sind. **68**

Beispiele Zu den pflichtigen Selbstverwaltungsaufgaben gehören die Bauleitplanung (§ 1 Abs. 3 BauGB), die Trägerschaft bestimmter Schulen mit den damit verbundenen Pflichten (§§ 78, 79 SchulG NRW), die Straßenbaulast für Gemeindestraßen (§ 47 Abs. 1 StrWG NRW), die Erschließung von Bauland (§ 123 BauGB) etc. ■

Auch hierbei besteht für die Kommunalaufsicht **keine Zweckmäßigkeitsaufsicht**, sondern nur die allgemeine Rechtsaufsicht. Zu dieser gehört auch, dass die Gemeinde entsprechend ihrer gesetzlichen Verpflichtung die pflichtige Selbstverwaltungsaufgabe wahrnimmt.

Beispiel Errichtet eine Gemeinde trotz entsprechenden Bedürfnisses und des Erreichens einer Klassenmindestgröße entgegen § 78 Abs. 4 S. 2 SchulG NRW keine Grundschule, so kann die Aufsichtsbehörde im Rahmen ihrer allgemeinen Rechtsaufsicht entsprechende Aufsichtsmaßnahmen ergreifen. ■

II. Pflichtaufgaben zur Erfüllung nach Weisung

Von den pflichtigen Selbstverwaltungsaufgaben sind die **Pflichtaufgaben zur Erfüllung nach Weisung** abzugrenzen. Das Land kann die Kommunen **durch Gesetz oder Rechtsverordnung** zur Übernahme und Durchführung derartiger Aufgaben nach Art. 78 Abs. 3 S. 1 LVerf NRW verpflichten. Anders als bei den pflichtigen Selbstverwaltungsaufgaben ist nicht nur das „Ob" der Wahrnehmung der Aufgabe durch die Kommunen dort geregelt, sondern darüber hinaus kann in diesem (Übertragungs-)Gesetz auch das „Wie" der Aufgabenwahrnehmung geregelt werden (vgl. Art. 78 Abs. 4 S. 2 LVerf NRW). Die Art und Weise der Durchführung der Aufgabenerledigung (das „Wie") beinhaltet immer auch Aspekte der **Zweckmäßigkeit**. Diese Aspekte können von der Aufsichtsbehörde **in beschränktem Maße** nach den hierüber erlassenen (Übertragungs-)Gesetzen beaufsichtigt werden und Gegenstand von entsprechenden Zweckmäßigkeitsweisungen sein. In Abgrenzung von der allgemeinen Rechtsaufsicht nach § 119 Abs. 1 GO spricht man deshalb von einer **„Sonderaufsicht"** (§ 119 Abs. 2 GO). Anders als bei der auftragsweisen Erledigung staatlicher Aufgaben, ist dieses Weisungsrecht aber (spezialgesetzlich) begrenzt. **69**

Dementsprechend bestimmt § 3 Abs. 2 GO:

Pflichtaufgaben können den Gemeinden zur Erfüllung nach Weisung übertragen werden; das Gesetz bestimmt den Umfang des Weisungsrechts, das in der Regel zu begrenzen ist.

» Bitte sehen Sie sich das in Prüfung und Praxis grundlegende Prinzip des § 9 OBG NRW im Gesetzestext selbst an. «

Beispiele So nehmen nach § 3 OBG NRW die Gemeinden die Aufgaben der örtlichen Ordnungsbehörden als Pflichtaufgabe zur Erfüllung nach Weisung wahr. § 9 OBG NRW legt den konkreten Umfang des Weisungsrechts der Sonderaufsicht fest. Nach Abs. 1 können die Aufsichtsbehörden Weisungen erteilen, um die gesetzesmäßige Erfüllung der ordnungsbehördlichen Aufgaben zu sichern. Abs. 2 engt das darüber hinausgehende Weisungsrecht zur zweckmäßigen Aufgabenerfüllung ein. So dürfen nach Abs. 2 Buchstabe a allgemeine Weisungen (z.B. Verwaltungsvorschriften) nur erteilt werden, um die gleichmäßige Durchführung der Aufgaben zu sichern. **Besondere Weisungen** der Sonderaufsichtsbehörde sind nach Buchstabe b nur zulässig, wenn das Verhalten der zuständigen Ordnungsbehörde zur Aufgabenerledigung nicht geeignet erscheint (z.B. Weigerung zur alsbaldigen Beseitigung eines umgestürzten Baumes, der den Verkehr gefährdet) oder überörtliche Interessen gefährden kann (z.B. Weigerung der unteren Wasserbehörde zur Ölbeseitigung in einem Bachlauf, da ihrer Auffassung nach „das Öl doch in Kürze aus dem eigenen Zuständigkeitsbereich abgeflossen ist").[77] ■

70 Da sich die Pflichtaufgaben zur Erfüllung nach Weisung damit in einer Art Zwischenposition zwischen den (Zweckmäßigkeits-)weisungsfreien Selbstverwaltungsaufgaben und den vollständig weisungsgebundenen staatlichen Auftragsangelegenheiten befinden und das staatliche Weisungsrecht erst spezialgesetzlich eröffnet werden muss sowie gesetzlich begrenzt ist, wird die Rechtsnatur der Pflichtaufgaben zur Erfüllung nach Weisung von der h.M. als **„Zwischending" mit einer größeren Nähe zu den Selbstverwaltungsangelegenheiten** angesehen.[78] Die abweichende Mindermeinung, nach der es sich bei den Pflichtaufgaben zur Erfüllung nach Weisung um staatliche Auftragsangelegenheiten handele, wird der Wertung des Art. 78 Abs. 2 LVerf NRW nicht hinreichend gerecht, wonach die Gemeinden und Gemeindeverbände alleinige Träger der öffentlichen Verwaltung in ihrem Gebiet sind. Zudem sprechen auch die gesetzliche Formulierung des § 119 Abs. 2 GO (Pflichtaufgaben zur Erfüllung nach Weisung werden dort als *„ihre"* Aufgaben bezeichnet) und das Erfordernis eines gesetzlich *beschränkten* Weisungsrechts (§ 3 Abs. 2 GO) gegen eine Qualifizierung als staatliche Auftragsangelegenheit.[79]

JURIQ-Klausurtipp

Diese Qualifizierung ist von wichtiger Klausurbedeutung. Sieht man die Pflichtaufgaben zur Erfüllung nach Weisung nämlich eher in der Nähe von Selbstverwaltungsangelegenheiten, so können entsprechende aufsichtsrechtliche Maßnahmen bei der Erledigung derartiger Aufgaben keine innerstaatliche Wirkung, sondern vielmehr eine **Außenwirkung** zwischen dem staatlichen Weisungsgeber und dem kommunalen Weisungsempfänger entfalten. Dies kann zur Folge haben, dass Aufsichtsmaßnahmen als Verwaltungsakte zu qualifizieren sind und von der betroffenen Kommune mittels Anfechtungsklage angefochten werden können.

77 *Frings/Spahlholz* Recht der Gefahrenabwehr in NRW, S. 48.
78 *OVG NRW* Urteil vom 18.6.2002 – 15 A 83/02 –, NVwZ 2003, S. 887, 888; *Riotte/Waldecker* NWVBl. 1995, 401, 405; *Knemeyer* JuS 2000, S. 521, 524; a.A. *Brohm* DÖV 1986, 397, 398.
79 Vgl. hierzu *Bösche* Kommunalverfassungsrecht NRW, Erl. 4.4.

Bei Pflichtaufgaben zur Erfüllung nach Weisung kommt einer Weisung der Sonderaufsichtsbehörde mithin nach h.M. die erforderliche Verwaltungsaktqualität zu. Die Möglichkeit der Verletzung ihres Selbstverwaltungsrechtes besteht für die Gemeinde allerdings nur dann, wenn das gesetzlich zugelassene Weisungsrecht überschritten worden ist (z.B. wegen fehlender Voraussetzungen zur Weisung oder unzulässiger Weisungserstreckung auf Aspekte der gemeindlichen Organisations- und Personalhoheit).

Beispiel In einer Gemeinde liegt nach einem Sturm ein entwurzelter Baum auf der Straße und wird trotz der akuten Verkehrsgefährdung vom Bürgermeister als sachlich und örtlich zuständige Ordnungsbehörde nicht beseitigt. Die Sonderaufsichtsbehörde (Landrat als untere staatliche Verwaltungsbehörde) weist darauf den Bürgermeister an, den Baum unverzüglich zu beseitigen *(Weisung bis hierhin rechtmäßig)* und mit der Beseitigung die Gemeindemitarbeiter X und Y zu beauftragen *(Weisung diesbezüglich rechtswidrig, da ein Eingriff in die **Organisations- und Personalhoheit** der Gemeinde vorliegt).* ■

Zu den Pflichtaufgaben zur Erfüllung nach Weisung gehören in erster Linie die Aufgaben der Kommune im Rahmen der **Gefahrenabwehr** als Ordnungsbehörde (§ 3 OBG NRW), Bauaufsichtsbehörde (§ 57 BauO NRW), Brandschutzbehörde (§ 2 Abs. 2 BHKG NRW), Denkmalschutzbehörde (§ 20 Abs. 3 DenkmalschutzG NRW) etc.

III. Staatliche Auftragsangelegenheiten

Einzelne staatliche Aufgaben sind durch Bundes- oder Landesgesetz den Kommunen zur 71
auftragsweisen Ausführung übertragen. Anders als bei den Pflichtaufgaben zur Erfüllung nach Weisung besteht bei den Auftragsangelegenheiten ein **unbeschränkt fachliches** Weisungsrecht. Dieses umfasst auch Zweckmäßigkeits- und Ermessensgesichtspunkte und ist lediglich begrenzt in individuellen Einzelfragen der Organisation und des Personaleinsatzes. Letztere Entscheidungen müssen der Gemeinde kraft ihrer Personal- und Organisationshoheit grundsätzlich verbleiben. Man spricht von einer **Fachaufsicht** der Aufsichtsbehörde, die Rechts- und umfassende Zweckmäßigkeitsaufsicht beinhaltet.

JURIQ-Klausurtipp

Die Qualifizierung der Auftragsangelegenheit als staatliche Aufgabe hat zur Folge, dass Aufsichtsmaßnahmen gegenüber der Gemeinde **keine Außenwirkung** entfalten können. Fachaufsichtliche Maßnahmen berühren nicht die von der unmittelbaren Staatsverwaltung abzugrenzende kommunale Aufgabenerledigung, sondern beziehen sich inhaltlich auf staatliche Angelegenheiten. Demgemäß kommt gegen fachaufsichtliche Maßnahmen auch keine Anfechtungsklage in Betracht, da diese nur dann statthaft sein kann, wenn Anfechtungsgegenstand ein Verwaltungsakt ist (§ 42 Abs. 1 VwGO).

Aus Art. 78 Abs. 4 S. 2 LVerf NRW und § 3 Abs. 2 GO ist zu entnehmen, dass in Nordrhein- 72
Westfalen Neuübertragungen von Auftragsangelegenheiten auf die Kommunen nicht mehr zulässig sind. Hierfür stehen vielmehr die weniger weisungsgebundenen und damit kommunalfreundlicheren Pflichtaufgaben zur Erfüllung nach Weisung zur Verfügung. Bestehende Auftragsangelegenheiten des Landes und Auftragsangelegenheiten des Bundes sind allerdings nach § 132 GO von den Kommunen weiter zu erledigen.

Beispiele Zu den Auftragsangelegenheiten auf *Landesebene* zählen die Mitwirkung der Gemeinden bei der Vorbereitung und Durchführung der Landtagswahlen nach Maßgabe des Landeswahlgesetzes bzw. auf *Bundesebene* die Ausbildungsförderung nach dem BAföG (§ 39 BAföG) oder die Vorbereitung und Durchführung der Bundestags- und Europawahl nach dem Bundes- bzw. Europawahlgesetz.

IV. Organleihe

» Den Fall der Organleihe nach § 59 Abs. 3 KrO haben Sie bereits kennengelernt. Der Landrat führt die allgemeine Kommunalaufsicht über die kreisangehörigen Gemeinden als untere staatliche Verwaltungsbehörde aus (§ 120 Abs. 1 GO). «

73 In bestimmten gesetzlich definierten Fällen kann der Staat ein kommunales Organ mit der Aufgabe einer **staatlichen** Aufgabe betrauen. Im Falle der Organleihe erfüllt also nicht die Kommune als solche eine Aufgabe, sondern lediglich ein bestimmtes kommunales Organ. Das derart „ausgeliehene" kommunale Organ wird in diesen Fällen mit allen Konsequenzen in die staatliche Verwaltung einbezogen und funktioniert dann als staatliche Verwaltungsbehörde.[80]

Hinweis

Nach dem Motto „Wer A sagt muss auch B sagen" führt das kommunale Organ Landrat in seiner Funktion als untere staatliche Verwaltungsbehörde auf dem Briefbogen das Dienstsiegel des Landes Nordrhein-Westfalen und unterliegt der uneingeschränkten Dienst- und Fachaufsicht des Staates, wie sie auch für andere nachgeordnete staatliche Behörden gilt (§§ 11–13 LOG NRW). Weder der Kreis noch der Landrat als ausgeliehenes Organ haben in diesem Zusammenhang eine Klagemöglichkeit gegen staatliche Weisungen, da der Landrat insoweit als Teil des Staates zu betrachten ist.

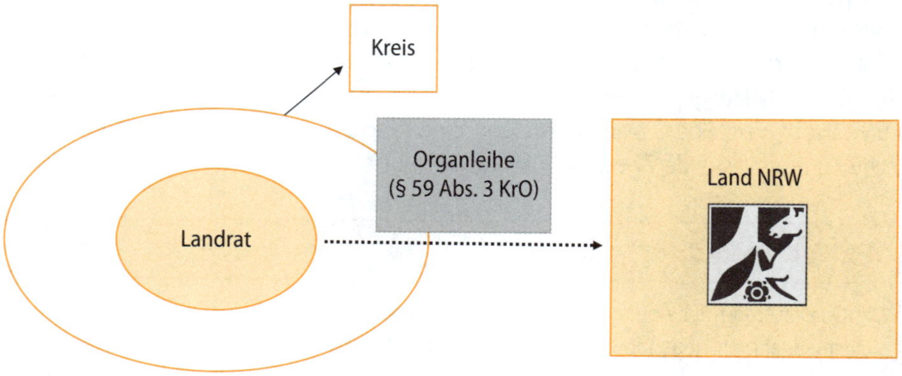

Auch der Bürgermeister kann im Wege der Organleihe von der Aufsichtsbehörde in bestimmten Fällen verpflichtet werden, staatliche Aufgaben zu erledigen. So führt er in den Fällen des § 9 Abs. 4 OBG NRW Weisungen zur Erledigung einer bestimmten ordnungsbehördlichen Aufgabe im Einzelfall als staatliche Verwaltungsbehörde durch, falls dies die (Sonder-)Aufsichtsbehörde in der Weisung bestimmt. Gleiches gilt im Falle des § 122 Abs. 1 S. 1 GO, wenn die (allgemeine) Aufsichtsbehörde den Bürgermeister anweist, rechtswidrige Rats- oder Ausschussbeschlüsse zu beanstanden.[81]

80 *Hofmann/Theisen/Bätge* 2.5.5.
81 *OVG NRW* Urteil vom 22.2.1956 – III A 838/55 –, OVGE 10, 314; *Buttler* in Kleerbaum/Palmen, § 122, II. 3.

F. Stellung der Kommunen im allgemeinen Rechtsverkehr

Kommunen sind **juristische Personen des öffentlichen Rechts**. Als solche müssen sie zur Erfüllung ihrer Aufgaben nach außen hin **handlungsfähig** sein. Sie nehmen wie andere juristische Personen des öffentlichen oder privaten Rechts am allgemeinen Rechtsverkehr teil, insbesondere schließen die Kommunen Verträge, sind Eigentümer von Sachen, Gläubiger oder Schuldner von Forderungen, haben Verkehrssicherungspflichten oder geben sonstige rechtlich erhebliche Willenserklärungen ab. Juristische Personen können dabei nicht unmittelbar selbst handeln, sondern agieren durch ihre **vertretungsberechtigten Organe**. Wie andere natürliche oder juristische Personen stehen den Kommunen zudem bestimmte **Persönlichkeitsrechte** zu, bei deren rechtswidriger Beeinträchtigung sie Abwehrrechte (Unterlassung, Schadenersatz) geltend machen können. **74**

Beispiele Die Stadt S kauft durch ihren Bürgermeister für die Feuerwehr mehrere Fahrzeuge beim Fahrzeugunternehmen F an. Des Weiteren bedarf es einer speziellen Feuerschutzkleidung, welche nach ordnungsgemäßer Ausschreibung bei einem Spezialausrüster erworben wird.

In der Gemeinde G wird die Stadthalle an einigen Wochenenden im Jahr auch für Privatveranstaltungen wie Hochzeiten etc. vermietet. Dies erfolgt durch den Abschluss privatrechtlicher Mietverträge.

Sofern der städtische Hausmeister vergessen hat, vor dem Bürgerbüro an einem vereisten Wintertag zu streuen, so kann die Stadt deliktischen Schadenersatzansprüchen von ausrutschenden Passanten ausgesetzt sein. ■

Die äußere Handlungsfähigkeit der Kommunen wird rechtlich insbesondere durch deren Rechts- und Geschäftsfähigkeit gewährleistet. Aus ihrer Eigenschaft als juristische Person folgt zunächst die **Rechtsfähigkeit** einer Kommune, d.h. die Fähigkeit Träger von Rechten und Pflichten zu sein. Die Rechtsfähigkeit versetzt die Kommunen in die rechtliche Lage, Verträge abzuschließen sowie sonstige Willenserklärungen abzugeben (Kündigung, Rücktritt, Abmahnung etc.), Träger von Vermögensrechten (Eigentum, Erbfähigkeit) und Zuordnungssubjekt haftungsrechtlicher Normen (Delikts- und Amtshaftung) zu sein. Als juristische Personen sind sie für die Abgabe der erforderlichen Willenserklärungen unbeschränkt **geschäftsfähig**. **75**

Beispiel Der kürzlich verstorbene langjährige Karnevalsfreund Karl Melle hat der Stadt Köln testamentarisch 100 000 € vermacht unter der Auflage, diesen Betrag auf ein Sonderkonto verzinslich anzulegen und alljährlich für die Organisation des Rosenmontagszuges einen Teilbetrag von 5000 € zur Verfügung zu stellen, bis die Summe verbraucht ist (§§ 1939, 1940 BGB). Aufgrund der Rechtsfähigkeit der Stadt Köln, ist sie in der Lage, das Vermächtnis anzunehmen. ■

Eine Besonderheit der Kommunen folgt aus ihrer **fehlenden Insolvenzfähigkeit**. Gemäß § 12 Abs. 1 Nr. 2 InsO i.V.m. § 128 Abs. 2 GO ist ein Insolvenzverfahren über das Vermögen der Gemeinde nicht zulässig. Kommt es zur Zahlungsunfähigkeit einer Gemeinde muss nach h.M. das Land hierfür entsprechend § 12 Abs. 2 InsO eintreten, da dieses das Insolvenzverfahren für unzulässig erklärt hat.[82]

82 *Schmidt* Kommunalrecht, Rn. 218 m.w.N.

Beispiel Die B-Bank gibt der Stadt S bereits seit Jahren Kredite für deren Verbindlichkeiten. Seit geraumer Zeit verschlechtert sich die Haushaltslage der Stadt S drastisch. Sie musste deshalb zunächst ein genehmigungsfähiges Haushaltssicherungskonzept (§ 76 GO) aufstellen. Wenige Jahre später konnte die Finanzaufsichtsbehörde infolge der weiteren Haushaltsverschlechterung hierfür die Genehmigung nicht mehr erteilen, so dass die Haushaltssatzung nicht mehr bekannt gemacht werden durfte und die Stadt S sich in der vorläufigen Haushaltsführung befand (§ 82 GO). Aufgrund der eingetretenen Überschuldung muss die Stadt S nunmehr pflichtig am „Stärkungspakt Stadtfinanzen" des Landes teilnehmen und einen Haushaltssanierungsplan aufstellen (§§ 3, 6 Stärkungspaktgesetz NRW). Der Kreditvorstand der B-Bank will infolge der Überschuldung der Stadt S vor der Vergabe neuer Kredite das Ausfallrisiko rechtlich bewertet wissen.

Während über das Vermögen eines Privatunternehmens in der Lage der Stadt S wegen Überschuldung umgehend ein Insolvenzverfahren zu eröffnen wäre, sind Gemeinden nach § 12 Abs. 1 Nr. 2 InsO i.V.m. § 128 Abs. 2 GO nicht insolvenzfähig. Deshalb kann über ihr Vermögen kein Insolvenzverfahren eröffnet werden und sie können auch nicht im Rahmen eines solchen Verfahrens aufgelöst werden. Einstandspflichtig für die Zahlungsverpflichtungen der Stadt S wäre letztlich das Land Nordrhein-Westfalen. Dies folgt daraus, dass der Ausschluss des Insolvenzverfahrens durch § 128 Abs. 2 GO landesgesetzlich erfolgt ist, das Land für den kommunalen Finanzausgleich verantwortlich ist (Art. 79 S. 2 LVerf NRW) und die staatliche Finanzaufsicht inne hat. Durch den kommunalen Finanzausgleich soll gerade die mangelnde finanzielle Leistungsfähigkeit einer Gemeinde ausgeglichen werden. Zudem sollen individuelle Haushaltsverstöße durch die staatliche Finanzaufsicht vermieden werden. ■

JURIQ-Klausurtipp

Öffentlich-rechtliche Klausurfälle, die als Schwerpunkt zivilrechtliche Fragestellungen (Vertragsrecht, Eigentum, Erbrecht, Insolvenzrecht etc.) haben, sind äußerst selten. Es sind allerdings durchaus Fallkonstellationen denkbar, die zwar ein zivilrechtliches Gewand haben, bei denen es aber bei näherer Betrachtung um kommunalrechtliche Probleme geht, wie z.B., ob die Gemeinde beim Vertragsschluss wirksam nach § 64 GO vertreten worden ist (vgl. hierzu Rn. 329). Hierfür ist es wichtig, dass man die Stellung der Kommunen im allgemeinen Rechtsverkehr beurteilen kann.

76 Wie jeder anderen juristischen Person sind auch den Kommunen bestimmte öffentlich-rechtliche Rechte zum Schutze ihrer Persönlichkeit zugeordnet (**Persönlichkeitsrechte**). Hierzu gehören insbesondere das Namensrecht und die in den §§ 13, 14 GO geregelten Befugnisse, Hoheitszeichen zu führen.

In § 13 GO wird das Namensrecht einer Kommune geregelt. Der **Name** dient als öffentlich-rechtliches Persönlichkeitsrecht der eindeutigen Identifizierbarkeit der Kommune und hat eine integrative Funktion für die mitgliedschaftliche Verbundenheit der Einwohner. Aufgrund dieser erheblichen Bedeutung für die kommunale Selbstverwaltung ist das Namensrecht sogar durch Art. 28 Abs. 2 GG geschützt.[83] Deshalb kann der Name nur unter den erschwerten Voraussetzungen einer Mehrheit von drei Vierteln der Mitglieder der kommunalen Vertretung und der Genehmigung des für Kommunales zuständigen Ministeriums geändert wer-

83 *BVerfG* Beschluss vom 13.3.2000 – 2 BvR 860/95 –, NVwZ 2001, 317.

den (§ 13 Abs. 1 S. 2 und S. 3 GO). Die Gemeinden können nach § 13 Abs. 3 GO zu ihrem Namen auch **amtliche Zusatzbezeichnungen** führen, die auf der Geschichte oder der heutigen Eigenart oder Bedeutung der Gemeinden beruhen.

Beispiel Der Rat der Stadt Attendorn beschließt mit der erforderlichen Mehrheit gemäß § 13 Abs. 3 GO eine amtliche Zusatzbezeichnung zu führen, so dass die Stadt fortan den Namen mit der Zusatzbezeichnung „Hansestadt Attendorn" führt. Die Genehmigung des für Kommunales zuständigen Ministeriums liegt vor. Die neue amtliche Zusatzbezeichnung wird in der Hauptsatzung vermerkt und auf den Ortseingangsschildern verwandt. ■

Der Namensschutz wird sichergestellt durch die Regelung des § 12 BGB:

Wird das Recht zum Gebrauch eines Namens dem Berechtigten von einem anderen bestritten oder wird das Interesse des Berechtigten dadurch verletzt, dass ein anderer unbefugt den gleichen Namen gebraucht, so kann der Berechtigte von dem anderen Beseitigung der Beeinträchtigung verlangen. Sind weitere Beeinträchtigungen zu besorgen, so kann er auf Unterlassung klagen.

Der Namensschutz des § 12 BGB schließt namensähnliche Zeichen wie Wappen, Siegel, Embleme, Wahrzeichen und Stadtteilnamen[84] ein, wenn diese – was regelmäßig der Fall ist – eine individualisierende Unterscheidungskraft aufweisen und daran ein schützenswertes Interesse besteht.[85] Das Namensrecht wirkt sowohl gegenüber Privatpersonen als auch gegenüber Trägern der öffentlichen Verwaltung.

Beispiele Im Internet veräußert ein privater Verkäufer aus der Stadt Wertheim unter dem seriös klingenden Namen „Stadt Wertheim – Formularverkauf" bestimmte Privatformulare für Automobilverkäufer. Die Stadt Wertheim wendet sich gegen diese „Anmaßung" des nur ihr als juristischer Person zustehenden Namens. Der Bürgermeister schaltet sein Rechtsamt ein und fordert vor dem zuständigen Zivilgericht (§ 13 GVG) von der Privatperson mit Recht die Abgabe einer entsprechenden Unterlassungserklärung.

Die Stadt Dormagen liegt in unmittelbarer Nähe des nördlichen Stadtrandes von Köln, direkt an der Ausfahrt der Bundesautobahn A 57. Auf Anweisung des Bundesverkehrsministers soll die Autobahnabfahrt künftig nur noch die Bezeichnung „Köln-Nord" tragen. Kann die Stadt Dormagen dagegen erfolgreich vorgehen?

Die Stadt Dormagen könnte in entsprechender Anwendung des § 12 BGB im Verwaltungsrechtsweg (§ 40 VwGO) gegen den Bundesverkehrsminister vorgehen, soweit durch die Umbenennung das Namensrecht der Stadt verletzt ist. Die Stadt Dormagen dürfte in dem vorliegenden Fall aus dem Namensrecht einen Anspruch ableiten können, dass die Autobahnabfahrt, welche sich auf ihrem Stadtgebiet befindet bzw. darin einmündet, auch an ihrem Namen anknüpft. Der Name der Stadt Dormagen müsste zumindest bei der Benennung der Autobahnabfahrt und der entsprechenden Beschilderung eine Erwähnung finden. ■

Nach § 14 GO führen die Gemeinden als **Hoheitszeichen** Dienstsiegel, Wappen und Flaggen. 77
Da der allgemeine Namensschutz des § 12 BGB derartige namensähnliche Zeichen einschließt, ist eine Verwendung solcher Hoheitszeichen durch Dritte nur mit Genehmigung der Gemeinde zulässig und kann anderenfalls zivilrechtlich mittels eines Unterlassungsanspruchs nach § 12 BGB analog unterbunden werden.[86]

84 *BGH* Urteil vom 14.6.2006 – 1 ZR 249/03 –, CR 2006, 678 (Stadt Geldern).

85 *Albrecht/Albrecht* apf 2010, 321.

86 *BGH* Urteil vom 28.3.2002 – 1 ZR 235/99 –, Markenrecht 2002, 287 (Düsseldorfer Stadtwappen); Urteil vom 14.6.2006 – 1 ZR 249/03 –, CR 2006, 678 (Stadt Geldern).

Beispiel Der in der Stadt Grevenbroich ansässige Schützenverein „Heimattreue" will seine Verbundenheit mit der Stadt dadurch zum Ausdruck bringen, dass er auf seinem Kopfbogen das städtische Wappen führen will und bittet den Bürgermeister um eine entsprechende Genehmigung. Diese wird in ständiger Verwaltungspraxis auch an nichtkommerzielle, gemeinwohlorientierte Vereinigungen erteilt. ■

Hinsichtlich der Nutzung des Wappens muss die Gemeinde bei privaten Personen das Gleichheitsgrundrecht nach Art. 3 Abs. 1 GG beachten. Bei der Genehmigung der Wappennutzung durch die (öffentlich-rechtlichen) Organteile des Rates (Fraktionen, Gruppen, Ratsmitglieder) ist der **allgemeine Gleichbehandlungssatz** als Bestandteil des Rechtsstaatsprinzips (Art. 20 Abs. 3 GG) zu beachten.[87]

Beispiel[88] In der Stadt S nutzen die Ratsfraktion F sowie die Ratsgruppe G seit mehreren Monaten auf ihrer jeweiligen Seite bei Facebook sowie auf ihrem Briefpapier das Stadtwappen von S ohne die nach der *„Stadtwappensatzung"* von S erforderliche Genehmigung. Die Erteilung der Genehmigung liegt nach der Stadtwappensatzung im Ermessen der Stadt. Die ungenehmigte Nutzung ist dem Bürgermeister schon seit der erstmaligen Nutzung bekannt. Als die Ratsgruppe X erstmals auch das Stadtwappen ungenehmigt nutzt, wird sie unverzüglich von der Stadt S aufgefordert, die Nutzung des Stadtwappens nach § 14 Abs. 2 GO i.V.m. § 12 BGB analog mit sofortiger Wirkung zu unterlassen. Da die Ratsgruppe X sich hierzu weigert, wird sie von der Stadt beim Verwaltungsgericht verklagt.

Die (Leistungs-)Klage der Stadt ist wegen **Verstoßes gegen den rechtsstaatlichen Gleichbehandlungssatz unbegründet**, da sie die Ratsgruppe X gerichtlich auf Unterlassung in Anspruch nimmt, während sie gegen die ihr bekannte, ungenehmigte Nutzung des Wappens durch die Ratsfraktion F und die Ratsgruppe G nicht vorgeht. Zwar besteht für die Gruppe X grundsätzlich kein Anspruch auf Gleichbehandlung im Unrecht, allerdings ist hier die Wappennutzung für Fraktionen und Gruppen nicht von vornherein rechtswidrig, sondern könnte nach pflichtgemäßen Ermessen von der Stadt S genehmigt werden. ■

In Kommunalwahlkampfzeiten kann bei parteiergreifenden Aussagen von Amtsträgern aus der Verwendung des Wappens gegebenenfalls geschlossen werden, dass diese Aussagen in **amtlicher** Eigenschaft getroffen worden sind und damit wegen des amtlichen Neutralitätsgebotes einen Wahlfehler darstellen.[89]

Beispiel Der amtierende Bürgermeister wird von seiner Partei auf einer Mitgliederversammlung als Kandidat für die nächste Bürgermeisterwahl in der Stadt Bad Salzberg aufgestellt. Im Kommunalwahlkampf verfasst er eine Bürgerinformation auf dem Kopfbogen der Stadtverwaltung unter Verwendung des amtlichen Stadtwappens und verteilt diese an alle Haushalte in der Stadt. Er wirbt in diesem Schreiben um seine Wiederwahl und unterschreibt mit der Angabe seiner Amtsbezeichnung.

---

87 Vgl. zum dogmatischen Unterschied *Heusch/Dickten* NVwZ 2018, 1353, 1357 m.w.N.

88 *VG Düsseldorf* Urteil vom 15.12.2017 – 1 K 12019/17 –, juris.

89 *BayVerfGH* Beschluss vom 17.2.2005 – Vf. 99-III-03–, NVwZ-RR 2005, 443; zur Frage des Einschreitens der Gemeinde gegen die unbefugte Nutzung ihres amtlichen Wappens im Wahlkampf: *Sächs.OVG* Beschluss vom 19.4.2010 – 4 A 410/09 –, NVwZ-RR 2010, 779.

Es liegt ein **Wahlfehler** vor, da es Amtsträgern in amtlicher Eigenschaft verwehrt ist, im Wahlkampf parteiergreifende Werbung zu machen. Nach den objektiven äußeren Umständen (insbesondere aufgrund der Verwendung des amtlichen Wappens, des Kopfbogens und der Amtsbezeichnung) handelt es sich nicht um eine Wahlwerbung in privater Sache – welche unproblematisch erlaubt wäre – sondern um eine **amtliche Wahlwerbung**. Diese ist Amtsträgern allerdings strikt untersagt, da dies einen Verstoß gegen den amtlichen Neutralitätsgrundsatz darstellt und gegen das Demokratieprinzip des Art. 20 Abs. 2 GG (Willensbildung vom Volk zu den Hoheitsorganen und nicht umgekehrt) sowie die Grundsätze der Freiheit und Gleichheit der Wahl verstößt.[90] Sofern der Wahlfehler für das **Wahlergebnis** erheblich ist, muss der Rat eine Wiederholungswahl anordnen (§ 40 Abs. 1b KWahlG NRW). ■

G. Regelung kommunaler Angelegenheiten durch Satzung

Den Gemeinden und Gemeindeverbänden ist es verfassungsrechtlich gewährleistet, ihre örtliche Angelegenheiten *„zu regeln"* (Art. 28 Abs. 2 S. 1 a.E. GG). Die **Satzungshoheit** gehört zu den geschützten Hoheiten und ist Kernbestandteil einer eigenverantwortlichen Aufgabenerledigung.[91] 78

I. Rechtsnatur von Satzungen

Anders als beim Erlass von Verwaltungsakten oder beim faktischen Handeln (z.B. Straßenbau, -unterhaltung) gibt das Instrument der Satzung den Gemeinden und Gemeindeverbänden die Befugnis, **über den Einzelfall hinaus** ihre Angelegenheiten in abstrakt-genereller Form verbindlich zu regeln. 79

Satzungen gehören zum verbindlichen öffentlichen Recht und sind Gesetze im materiellen Sinne. So ist insbesondere die Kommunalverwaltung an die Satzungen gebunden und kann davon nicht abweichen, es sei denn die Satzung lässt dies im Einzelfall selbst zu. 80

» Wiederholen Sie an dieser Stelle nochmals den Unterschied zwischen Gesetzen im formellen (vom Parlament erlassene Rechtsnorm im dafür vorgesehenen verfassungsgemäßen Gesetzgebungsverfahren) und im materiellen Sinne (Jede Rechtsnorm, also auch Rechtsverordnungen und Satzungen, die inhaltlich eine abstrakt-generelle Wirkung entfalten). «

Beispiel Ein Ratsbeschluss, der gegen eine gemeindliche Satzung verstößt, muss vom Bürgermeister nach § 54 Abs. 2 S. 1 GO beanstandet werden. ■

Satzungen dürfen nicht hinsichtlich solcher Regelungsgegenstände erlassen werden, in denen spezialgesetzliche Bestimmungen die Gemeinden zum Erlass von Rechtsverordnungen ermächtigen. In solchen Fällen liege eine „andere Bestimmung" im Sinne von § 7 Abs. 1 S. 1 GO vor, die eine Satzungsregelung ausschließt.

Beispiel Gemäß § 27 Abs. 1 OBG NRW dürfen die Gemeinden als örtliche Ordnungsbehörden zur Abwehr von Gefahren für die öffentliche Sicherheit oder Ordnung **Verordnungen** erlassen. Für derartige ordungsbehördliche Verordnungen gelten die Sonderregelungen der §§ 25 ff. OBG NRW. Satzungsrechtliche Regelungen auf dem Gebiet des Ordnungs-

90 Vgl. den Klausurfall von *Bätge* VR 2012, 162.

91 *BVerfG* Urteil vom 24.07.1979 – 2 BvK 1/78 -, juris, Rn. 70 und Beschluss vom 1.3.1997 - 2 BvR 1508/95 –, juris, Rn. 44; *BVerwG* Urteile vom 16.10.2013 – 8 CN 1.12 -, juris und vom 6.9.2016 – 10 CN 1/15 -, NVwZ 2017, 61, 63 sowie *OVG NRW* Urteil vom 5.9.2018 – 12 A 181/17 –, juris, Rn. 79; *Lange* Teil 1, Kap. 1 Rn. 66 m.w.N.

rechts (Gefahrenabwehr) sind mithin nur dann zulässig, wenn es ausnahmsweise spezialgesetzlich ausdrücklich bestimmt ist (z.B. § 89 BauO NRW). Sie dürfen dann weder den bestehenden ordnungsbehördlichen Verordnungen noch den übrigen gesetzlichen Bestimmungen widersprechen. ■

Aufgrund der verfassungsrechtlich gewährten eigenverantwortlichen Aufgabenerledigung, sind Satzungen **grundsätzlich genehmigungsfrei**. Ausnahmen bestehen nur kraft gesetzlicher Regelung (§ 7 Abs. 1 S. 2 GO).

Beispiel Gemäß § 2 Abs. 2 KAG NRW bedarf eine Satzung, mit der eine im Land nicht erhobene Steuer erstmalig oder erneut eingeführt werden soll, zu ihrer Wirksamkeit der Genehmigung der für Kommunales und Finanzen zuständigen Ministerien. ■

Unter den Voraussetzungen des § 7 Abs. 2 S. 1 GO ist die Gemeinde befugt, Bußgelder für vorsätzliche und fahrlässige Zuwiderhandlungen gegen Gebote und Verbote in der Satzung anzuordnen. Das nähere Verfahren der Verfolgung und des Rechtschutzes richtet sich dann nach dem Gesetz über Ordnungswidrigkeiten (OWiG).

Beispiel Nach § 14 Entwässerungssatzung der Stadt S handelt u.a. derjenige ordnungswidrig, wer vorsätzlich oder fahrlässig das Abwasser entgegen den Satzungsbestimmungen ohne Anschlussrecht in die öffentliche Abwasseranlage einleitet. Eine solche Ordnungswidrigkeit kann mit einer Geldbuße bis zu 50 000 € geahndet werden. ■

II. Arten von Satzungen

81 Man unterscheidet pflichtige und freiwillige Satzungen.

Eine unbedingte **Verpflichtung** besteht für die Gemeinden und Gemeindeverbände zum Erlass der **Hauptsatzung** (§ 7 Abs. 3 S. 1 GO) und zum Erlass der Haushaltssatzung (§ 78 Abs. 1 GO).

Wegen ihrer grundlegenden Bedeutung kann die **Hauptsatzung** nur mit der **qualifizierten Mehrheit** der gesetzlichen Anzahl der Mitglieder des Rates beschlossen werden können (§ 7 Abs. 3 S. 3 GO).

Beispiel Der Rat der Stadt S hat inklusive des Bürgermeisters nach § 40 Abs. 2 S. 2 GO eine gesetzliche Mitgliederzahl von 51 Mitgliedern. Im Rat wird eine Änderung der Hauptsatzung mit 25 Ja-Stimmen, zwei Neinstimmen und 24 Enthaltungen beschlossen. Der Änderungsbeschluss ist mangels der erforderlichen absoluten Mehrheit von 26 Ja-Stimmen nicht wirksam zustande gekommen. ■

§ 7 Abs. 3 S. 2 GO schreibt als **Mindestinhalt der Hauptsatzung** vor, *„was nach den Vorschriften dieses Gesetzes der Hauptsatzung vorbehalten ist"*.

Beispiele In kreisfreien Städten sind die näheren Einzelheiten der Zuständigkeitsabgrenzung zwischen Rat, Oberbürgermeister und Bezirksvertretungen nach § 37 Abs. 1 S. 2 GO in der Hauptsatzung zu regeln.

Wenn eine Gemeinde über Beigeordnete verfügt, so muss sie die Zahl der Beigeordneten in der Hauptsatzung festlegen (§ 71 Abs. 1 S. 1 GO). ■

Zum Erlass anderer Satzungen kann auch eine Verpflichtung bestehen, sofern eine bestimmte Bedingung eingetreten ist („**bedingte Pflichtsatzung**"):

Beispiel Errichtet die Gemeinde eine Anstalt des öffentlichen Rechts, so hat sie eine Satzung zu erlassen über die Rechtsverhältnisse der Anstalt (§ 114a Abs. 2 GO). Hat die Gemeinde einen Eigenbetrieb, so muss sie eine Betriebssatzung erlassen (§ 114 Abs. 1 GO). ■

Die Bandbreite der **freiwilligen** Satzungen ist entsprechend der Bandbreite der kommunalen Angelegenheiten vielgestaltig. Eine Satzungsbefugnis besteht im sachlichen, räumlichen und personellen Bereich eigener Angelegenheiten. Im Bereich der staatlichen Auftragsangelegenheiten besteht demgemäß keine Satzungsbefugnis. Zu den durch Satzung regelbaren Angelegenheiten der Gemeinden gehören neben den freiwilligen und pflichtigen Selbstverwaltungsaufgaben grundsätzlich auch die Pflichtaufgaben zur Erfüllung nach Weisung.[92] Diese haben als „Zwischending" zwischen den Selbstverwaltungsangelegenheiten und den staatlichen Auftragsangelegenheiten eine größere Nähe zu den kommunalen Selbstverwaltungsangelegenheiten (siehe Rn. 70).

Beispiele Will eine Gemeinde, die Anzahl ihrer Vertreter für den Rat reduzieren, so kann sie dies nur durch Erlass einer Satzung (§ 3 Abs. 2 S. 2 KWahlG NRW).

(Nur) In Form einer Satzung kann eine Gemeinde einen Bebauungsplan erlassen (§ 10 Abs. 1 BauGB).

Örtliche Bauvorschriften kann eine Gemeinde durch Satzung festsetzen (§ 89 BauO NRW).

Mittels Satzung kann die Gemeinde die Nutzung öffentlicher Einrichtungen regeln.

Kommunale Abgaben werden (nur) durch Satzung festgesetzt (§ 2 Abs. 1 S. 1 KAG NRW). ■

III. Stellung in der Normenhierarchie

Die kommunale Satzung ist in der Normenhierarchie unterhalb der staatlichen Satzungen, 82
Rechtsverordnungen, formellen Gesetze und natürlich der Verfassung anzusiedeln. Wenn eine Satzungsbestimmung gegen höherrangiges Recht verstößt, ist sie rechtswidrig und damit nichtig.

92 *Erichsen* § 8 A.

Normenhierarchie
Europäisches Unionsrecht (Anwendungsvorrang)
Grundgesetz
Formelle Gesetze des Bundes
Rechtsverordnungen des Bundes
Satzungen bundesunmittelbarer Körperschaften/Anstalten
Landesverfassung NRW
Formelle Gesetze des Landes (z.B. GO, KrO, LVerbO)
Rechtsverordnungen des Landes
Ordnungsbehördliche Rechtsverordnungen (§§ 27, 28 OBG NRW)
Kommunale Satzungen (§ 7 GO)

Deshalb regelt § 7 Abs. 1 S. 1 GO auch ausdrücklich:

Die Gemeinden können ihre Angelegenheiten durch Satzung regeln, ***soweit Gesetze nichts anderes bestimmen.***

Beispiele Verstößt eine kommunale Abgabensatzung gegen den Gleichheitsgrundsatz des Art. 3 Abs. 1 GG, so ist diese rechtswidrig.

Rechtswidrig ist auch eine Satzung, bei deren Zustandekommen gegen die höherrangigen Vorschriften der Gemeindeordnung (z.B. fehlerhafter Satzungsbeschluss des Rates, weil dieser entgegen § 48 Abs. 2 S. 1 GO in nicht-öffentlicher Sitzung erfolgt ist) oder der Bekanntmachungsverordnung NRW als Rechtsverordnung des Landes verstoßen wird. ■

IV. Ordnungsgemäßer Ratsbeschluss

83 Allein zuständiges Organ innerhalb der Gemeinde für den Erlass der Satzung ist der Rat (§ 41 Abs. 1 S. 2 Buchstaben f, g und h GO). Eine Übertragung auf einen Ausschuss oder den Bürgermeister nach § 41 Abs. 2 GO ist unzulässig. Der Satzung muss ein rechtmäßiger Ratsbeschluss zugrunde liegen.

Bestimmte Verfahrens- oder Formmängel beim Zustandekommen des Ratsbeschlusses können nach § 7 Abs. 6 S. 1 GO nach Ablauf eines Jahres aber nicht mehr geltend gemacht werden.

Beispiel In der Ratssitzung vom 1.2. wird die Änderung der Friedhofssatzung entgegen § 48 Abs. 2 S. 1 GO versehentlich in nichtöffentlicher Sitzung beschlossen und am 15.2 ordnungsgemäß verkündet. Ein Bürger wendet sich am 1.3 des folgenden Jahres gegen einen auf Grundlage der Friedhofssatzung ergangenen Gebührenbescheid und rügt hierbei auch den Verfahrensfehler beim Zustandekommen der Friedhofssatzung. Die Verletzung der Verfahrensvorschrift des § 48 Abs. 2 S. 1 GO kann gemäß § 7 Abs. 6 S. 1 GO aber nicht mehr geltend gemacht werden, da bereits ein Jahr seit ihrer Verkündung vergangen ist. ■

V. Bekanntmachung und Inkrafttreten der Satzung

Wie jedes andere Gesetz sind Satzungen nur wirksam, wenn sie (ordnungsgemäß) öffentlich bekannt gemacht werden (§ 7 Abs. 4 S. 1 GO). Durch die **öffentliche Bekanntmachung** wird die Satzung zur verbindlichen Norm (siehe Rn. 85.). Voraussetzung für die Entfaltung von Außenwirkung gegenüber dem Normadressaten ist nunmehr nur noch das **Inkrafttreten** der Satzung (siehe Rn. 86.). **84**

1. Bekanntmachung der Satzung

Das Erfordernis der vorherigen **öffentlichen Bekanntmachung** entstammt dem Rechtsstaatsprinzip und hat die Funktion, die von der Satzung betroffenen Einwohner zu informieren und ihnen die Möglichkeit zu geben, ihr Verhalten nach dem Satzungsinhalt auszurichten.[93] Das Verfahren, die Form und der Inhalt der Bekanntmachung von Satzungen der Gemeinden sind in der auf § 7 Abs. 5 GO basierenden Bekanntmachungsverordnung NRW (BekanntmVO NRW) einheitlich festgelegt. **85**

Nach der Beschlussfassung durch den Rat prüft der Bürgermeister zunächst, ob die vom Rat beschlossene Satzung ordnungsgemäß zustande gekommen ist und holt etwaige gesetzlich vorgeschriebene Genehmigungen ein (§ 2 Abs. 1 BekanntmVO NRW).

Der Bürgermeister bestätigt dann in einem **Prüfungs- und Bestätigungsvermerk** schriftlich, dass der Wortlaut der Satzung mit dem Ratsbeschluss übereinstimmt und er seinen Prüfungspflichten nachgekommen ist (§ 2 Abs. 3 Hs. 1 BekanntmVO NRW). Dem Bürgermeister ist hierbei lediglich eine funktionale und keine persönliche Zuständigkeit zugewiesen[94] Der Bürgermeister muss also nicht zwingend selbst unterschrieben, sondern kann sich vom zuständigen Beigeordneten nach § 68 Abs. 2 GO hierbei vertreten lassen.[95]

Von wesentlicher rechtlicher Bedeutung ist die vom Bürgermeister gleichfalls zu unterschreibende **Bekanntmachungsanordnung** (§ 2 Abs. 3 Hs. 2; Abs. 4 und Abs. 5 BekanntmVO NRW), in der er insbesondere erklärt, dass die Satzung hiermit öffentlich bekanntgemacht wird. Die Satzung selbst wird nicht zusätzlich unterschrieben. Das Datum der Unterzeichnung der Bekanntmachungsanordnung ist zugleich das maßgebliche Datum für die Zitierung der Satzung *(„Satzung vom…“)*. Anders als beim Prüfungs- und Bestätigungsvermerk ist hierbei dem Bürgermeister keine funktionale, sondern eine persönliche Zuständigkeit zugewiesen. Dies hängt damit zusammen, dass der Bürgermeister bei dieser Unterzeichnung nicht als Behörde, sondern als uneingeschränkt verantwortlicher Repräsentant der Gemeinde handelt. Bei der Unterzeichnung der Bekanntmachungsanordnung kann er deshalb nur durch den **allgemeinen Vertreter nach**

93 *Hofmann/Theisen/Bätge* 2.4.2.2.

94 *OVG NRW* Urteile vom 7.9.1977 – IIA39275 II A 392/75 – und vom 29. Mai 2013 – 10 A 2611/11 –, juris, Rn. 43.

95 *VG Düsseldorf* Urteil vom 20.5.2016 – 25 K 7110/15 –, Gemeindehaushalt 2017, 22.

§ 68 *Abs. 1* GO vertreten werden. Es handelt sich hierbei nicht um eine sanktionslose Ordnungsvorschrift, sondern um eine wesentliche Verfahrensvorschrift, deren Verletzung grundsätzlich die Unwirksamkeit der Bekanntmachung zur Folge hat.[96]

Beispiel Nach Beschlussfassung durch den Rat wird die Bekanntmachungsanordnung einer Entwässerungsgebührensatzung weder durch den Bürgermeister noch dem allgemeinen Vertreter, sondern durch den technischen Beigeordneten unterschrieben. Die Satzung ist wegen des Verstoßes gegen § 7 Abs. 5 GO i.V.m. § 2 Abs. 3 Hs. 2; Abs. 4 und Abs. 5 BekanntmVO NRW **fehlerhaft öffentlich bekanntgemacht und damit unwirksam**. Eine Heilung dieses Mangels tritt auch nach Ablauf eines Jahres nicht ein, da ein solcher Mangel hiervon nach § 7 Abs. 6 S. 1 Buchstabe b GO von der Heilungsmöglichkeit durch Zeitablauf ausdrücklich ausgeschlossen ist. ■

Erst mit der ordnungsgemäß vollzogenen **Verkündung** wird die Satzung **wirksam**. Nach § 4 Abs. 2 BekanntmVO NRW ist die für die Gemeinde geltende **Form der öffentlichen Bekanntmachung** (Amtsblatt, Tageszeitung, Bekanntmachungstafel mit Bereitstellungshinweis oder Internetbereitstellung) durch die Hauptsatzung festzulegen. Das dort festgelegte Bekanntmachungsmedium ist sodann verbindlich und für eine wirksame öffentliche Bekanntmachung zwingend. **Gegenstand** der öffentlichen Bekanntmachung ist nicht nur die Satzung, sondern auch die Bekanntmachungsanordnung jeweils in vollem Wortlaut (§ 3 Abs. 1 BekanntmVO NRW).

2. Inkrafttreten der Satzung

86 Das **Inkrafttreten** der Satzung ist von der Wirksamkeit des Gesetzes zu differenzieren. Mit dem Inkrafttreten wird der zeitliche Geltungsbereich und die damit verbundene Entfaltung von äußeren Rechtswirkungen der Satzung gegenüber den Normadressaten umschrieben.

Hinweis

Das Abschlussverfahren beim Erlass einer Satzung folgt damit allgemeinen rechtsstaatlichen Prinzipien, wie sie auch in ähnlicher Weise bei der parlamentarischen Gesetzgebung gelten. Dies zeigt ein Vergleich mit der Gesetzgebung des Bundes (vgl. Art. 82 GG): Beim Erlass von Bundesgesetzen prüft der Bundespräsident als oberster Repräsentant des Bundes ebenfalls das Zustandekommen des Gesetzes und unterschreibt dieses nach positivem Prüfungsergebnis („**Ausfertigung**"). Anschließend wird das Bundesgesetz im Bundesgesetzblatt veröffentlicht („**Verkündung**") und entfaltet dadurch **Wirksamkeit**. Der Zeitpunkt des **Inkrafttretens** wird in der Regel im Bundesgesetz selbst bestimmt (z.B. ab 1.1. des darauffolgenden Jahres) und richtet sich anderenfalls nach dem Erscheinungstag des Bundesgesetzblattes (vierzehn Tage später).

In der Gemeinde wird – anders als bei Bundesgesetzgebung – nicht das Gesetz selbst, sondern die Bekanntmachungsanordnung der Satzung **unterschrieben**. Auch hierfür ist aber der oberste Repräsentant der Körperschaft– in der Gemeinde also der Bürgermeister – zuständig. Dieser prüft das ordnungsgemäße Zustandekommen des Gesetzes. Nach erfolgter **Unterzeichnung der Bekanntmachungsanordnung durch den Bürgermeister** wird die Satzung öffentlich bekannt gemacht und mit dieser Verkündung **wirksam**. Hiervon zu unerscheiden ist wiederrum das Inkrafttreten der Satzung.

96 *OVG NRW* Beschluss vom 08.02.2013, juris Rn. 13 m.w.N.

Gemäß § 7 Abs. 4 S. 2 GO treten Satzungen grundsätzlich am Tag nach ihrer Bekanntmachung in Kraft, sofern in der Satzung kein anderer Zeitpunkt bestimmt ist.

Beispiel Der Bürgermeister der Stadt D hat die Bekanntmachungsanordnung der vom Rat beschlossenen Änderungssatzung zur Hauptsatzung unterschrieben und sie in der am 15.11 erscheinenden Tageszeitung „Rheinischen Anzeiger" (Bekanntmachungsmedium der Stadt D laut Hauptsatzung) bekanntgemacht. Sofern in der Änderungssatzung keine eigene Regelung zum Inkrafttreten enthalten sein sollte, würde sie nach § 7 Abs. 4 S. 2 GO am 16.11 in Kraft treten. Wenn allerdings in der Änderungssatzung normiert ist, dass sie z.B. erst am 1.12 in Kraft treten soll, so gilt dieser Zeitpunkt. ■

Rechtsstaatlich bedenklich können solche Satzungsregelungen werden, die für den Einzelnen **nachträglich ungünstige Wirkungen für die Vergangenheit** entfalten. Hierbei ist zwischen der grundsätzlich zulässigen unechten Rückwirkung und der regelmäßig unzulässigen echten Rückwirkung zu differenzieren. Der wesentliche Unterschied besteht darin, dass der **Zeitpunkt des Inkrafttretens** bei der unechten Rückwirkung in der Zukunft liegt, während derjenige bei der echten Rückwirkung in der Vergangenheit liegt. Der Begriff *„unechte Rückwirkung"* verdeutlicht daher, dass *keine* Regelung für die Vergangenheit getroffen wird, sondern die Satzung für die Zukunft gilt und damit rechtsstaatlich durchgreifende Probleme in aller Regel nicht bestehen. Vielmehr hat keine Person einen Anspruch darauf, dass sich die bestehenden Gesetze in der Zukunft nicht zu ihrem Nachteil ändern. Bei der **unechten Rückwirkung** wird also ein in der Vergangenheit begonnener, aber nicht abgeschlossener Lebenssachverhalt **künftig** neu geregelt. Die Gesetzessänderung tritt nicht vor ihrer Bekanntmachung in Kraft, sondern gilt für die Zukunft.[97]

Beispiel Der Bürger B der Gemeinde G kündigt seine Mietwohnung und kauft stattdessen unter Inanspruchnahme eines Bankdarlehens eine eigene Wohnung, wobei er in seiner vergleichenden Wirtschaftlichkeitsrechnung mit gleichbleibenden Grundbesitzabgaben kalkuliert. In den Folgejahren erhöht die Gemeinde G den Hebesatz der Grundsteuer in ihrer Abgabensatzung **mit Wirkung für die Zukunft**. Durch die Erhöhung dieser laufenden kommunalen Steuer wurde seiner individuellen Kalkulation ein „Strich durch die Rechnung" gemacht. Es liegt aber nur eine **unechte** Rückwirkung vor, da die Steuererhöhung sich zwar auf den Lebenssachverhalt der laufenden Darlehenslast nachteilig einwirkt, aber sie nicht rückwirkend in Kraft getreten ist, sondern nur für die Zukunft gilt. Diese unechte Rückwirkung ist grundsätzlich **zulässig**, da der Vertrauensschutz des Einzelnen nicht so weit geht, dass er vor künftigen Rechtsänderungen geschützt wird, die seine individuelle Planung beeinträchtigen. ■

Bei der **echten Rückwirkung** wird hingegen ein **bereits abgeschlossener Lebenssachverhalt** einer neuen Rechtslage unterworfen. Die Änderungssatzung tritt also nicht mit Wirkung für die Zukunft, sondern **vor dem Tag der Bekanntmachung in Kraft**.[98] Hierbei besteht ein rechtstaatlich geschütztes Vertrauen darin, dass der Gesetzgeber nicht nachträglich mit Wirkung für die Vergangenheit belastende Regelungen trifft. 87

97 *BVerfG* Beschluss vom 15.10.1997 – 1 BvL 44/92, 1 BvL 48/92 –, BVerfGE 95, 64, 86 f. und Beschluss vom 14.5.1986 – 2 BvL 2/83 – BVerfGE 72, 200, 241 ff.

98 *BVerfG* Beschluss vom 15.10.1997 – 1 BvL 44/92, 1 BvL 48/92 –, BVerfGE 95, 64, 86 f. und Beschluss vom 14.5.1986 – 2 BvL 2/83 – BVerfGE 72, 200, 241 ff.

Beispiel für eine echte Rückwirkung Im Steuerrecht ist Veranlagungszeitraum das Kalenderjahr. Die Gemeinde beschließt zur Verbesserung der kommunalen Einnahmen ein Erhöhung der Grundsteuer, welche rückwirkend auch **für das Vorjahr** gelten soll. ■

Der Betroffene hat in solchen Fällen regelmäßig ein schutzwürdiges Vertrauen darauf, dass auf Grund einer bestimmten Rechtslage einmal getroffene und abgeschlossene Dispositionen nicht durch nachträgliche, in die Vergangenheit zurückgreifende Rechtsänderungen entwertet werden. Die echte Rückwirkung von belastenden Satzungsregelungen ist **in aller Regel unzulässig.**

Sie ist nur **ausnahmsweise zulässig,** wenn zwingende Gründe des gemeinen Wohls vorliegen oder das Vertrauen des Einzelnen nicht schutzbedürftig ist. Letzteres kann der Fall sein, wenn mit der getroffenen Regelung gerechnet werden musste.

Beispiel In der Gemeinde G ist die vom Rat beschlossene Satzung über die Erhebung von Straßenreinigungsgebühren fehlerhaft bekannt gemacht worden. Diese sollte zum 1.1 des Jahres in Kraft treten. Der Bekanntmachungsmangel hat sich aber erst Monate nach dem Satzungserlass im Rahmen eines verwaltungsgerichtlichen Verfahrens herausgestellt. Um den auf der Grundlage der Satzung mittlerweile erlassenen Gebührenbescheiden rückwirkend eine wirksame Ermächtigungsgrundlage zu geben, wird die Satzung nunmehr im November des Jahres vom Rat erneut beschlossen und ein rückwirkendes Inkrafttreten ab dem 1.1. des Jahres angeordnet. Die Satzung ist – sofern sie diesmal wirksam öffentlich bekannt gemacht wird – trotz Vorliegens einer echten Rückwirkung zulässig, da die Straßenanlieger mit einer Gebührenbelastung hinsichtlich der Straßenreinigung grundsätzlich rechnen müssen und eine – wenn auch formell rechtswidrige – Satzung bereits vorlag. Es wäre allerdings nicht zulässig, wenn die Gemeinde G in ihrer **Reparatursatzung** im Vergleich zur ursprünglichen Satzung weitere inhaltlich belastende Änderungen vornimmt, mit denen die Straßenanlieger nicht rechnen mussten. ■

Eine echte Rückwirkung einer Satzung ist zudem nur möglich, wenn für den gesamten Rückwirkungszeitraum alle Rechmäßigkeitsvoraussetzungen der Satzung vorliegen. Insbesondere müssen sich etwaige erforderliche Satzungsgenehmigungen von Aufsichtsbehörden auch auf den rückwirkenden Zeitraum bezogen haben.

Beispiel[99] Der Rat der Stadt Dorsten beschloss im Dezember des abgelaufenen Jahres eine Vergnügungssteuersatzung für sexuelle Vergnügungen in der Stadt Dorsten ab dem 1.1. des Folgejahres (Alle folgenden Datumsangaben beziehen sich auf dieses Folgejahr). Diese Satzung hatten die für Kommunales und Finanzen zuständigen Landesministerien gemäß § 2 Abs. 2 KAG NRW (erstmalig in NRW erhobene Kommunalsteuer) erst unter dem 10.5. genehmigt. Die Vergnügungssteuersatzung wurde daraufhin erneut am 20.5. *mit rückwirkender Wirksamkeit ab dem 1.1.* beschlossen und am **25.5. im Amtsblatt der Stadt Dorsten bekannt gemacht**. Danach bemisst sich die Steuer nach der Größe des benutzten Raumes und beträgt für jeden bordellartigen Betrieb 3 € je Veranstaltungstag und angefangene 10 qm. Der Bürgermeister der Stadt Dorsten setzt mit Bescheid vom 24.9. zu Lasten des Bordellbetreibers K in Höhe des satzungsrechtlichen Steuersatzes eine Vergnügungssteuer rückwirkend ab dem 1.1. fest. Dagegen wird von K frist- und formgerecht Klage erhoben.

99 *OVG NRW* Urteil vom 20.2.2013 – 14 A 1763/12 –, juris.

Die Anfechtungsklage des K gegen den Steuerbescheid hat insofern Erfolg, als eine Vergnügungssteuer vom 1.1. bis zum 25.5. (dem Tag der Bekanntmachung der Vergnügungssteuersatzung **nach erfolgter Genehmigung**) nicht hätte erhoben werden dürfen. Erst mit dem **Tage nach der Bekanntmachung der ordnungsgemäß genehmigten Satzung** (also ab dem 26.5., vgl. § 7 Abs. 4 S. 2 GO) konnte die Vergnügungssteuer rechtmäßig erhoben werden. Insoweit ist der Steuerbescheid bezogen auf den vorherigen Zeitraum rechtswidrig und verletzt den Kläger K in seinen Rechten (§ 113 Abs. 1 S. 1 VwGO). Die Anordnung der rückwirkenden Inkraftsetzung der Satzung zum 1.1. ist nichtig, weil sie gegen das verfassungsrechtlich geschützte Vertrauen verstößt, dass an in der Vergangenheit liegende abgeschlossene Tatbestände nicht nachträglich belastende Folgen geknüpft werden. Es liegt eine **echte Rückwirkung** vor, weil sexuelle Vergnügungen in Dorsten vor dem (erneuten) Erlass der Satzung vom 20.5. nicht (wirksam) besteuert wurden. Es kann dabei auch nicht auf die Beschlussfassung aus dem vorherigen Jahr abgestellt werden, da zu diesem Zeitpunkt die nach § 2 Abs. 2 KAG NRW erforderliche *Genehmigung nicht vorlag*. Die Stadt war ohne Genehmigung der für Finanzen und für Kommunales zuständigen Ministerien gemäß § 2 Abs. 2 KAG NRW überhaupt nicht befugt, eine Steuersatzung für sexuelle Vergnügungen zu erlassen; vielmehr machte erst die Genehmigung den Weg frei, wirksam eine Satzung zu erlassen, mit der die neue Steuer eingeführt wurde. ■

JURIQ-Klausurtipp

Das Kommunalabgabenrecht ist zwar nicht Prüfungsgebiet in der staatlichen Pflichtfachprüfung und im zweiten juristischen Staatsexamen. Es ist aber durchaus möglich, dass **am Beispiel** einer kommunalen Abgabensatzung allgemeine kommunalrechtliche (z.B. Zustandekommen der Satzung etc.), verwaltungsrechtliche (z.B. Rechtsschutz gegen Abgabenbescheide) oder verfassungsrechtliche (Rückwirkung, Gleichbehandlungsfragen etc.) Problemstellungen behandelt werden. Dies kann sich vor allem deshalb anbieten, weil Abgabensatzungen (Steuer-, Gebühren- und Beitragssatzungen) in praktisch jeder Kommune häufig vorkommen und damit eine enorme Bedeutung haben. Spezifische Kenntnisse im Kommunalabgabenrecht (z.B. Einzelheiten zum Abgabentatbestand, Abgabenmaßstab, Abgabensatz, Fälligkeit etc.) außerhalb allgemeiner kommunal-, verwaltungs- oder verfassungsrechtlicher Aspekte dürfen hingegen nicht verlangt werden.

VI. Durchsetzung von Satzungen

Die Umsetzung der kommunalen Satzung (also einer abstrakt-generellen Rechtsnorm) gegenüber den Betroffenen erfolgt für den Einzelfall durch einen (individuell-konkreten) Verwaltungsakt, der auf der Satzung basiert. 88

Beispiel Eine Hundesteuersatzung wird durch den Erlass von Hundesteuerbescheiden konkretisiert, ein Bebauungsplan durch Erteilung bzw. Ablehnung von Baugenehmigungen und eine Erschließungsbeitragssatzung durch Bescheide über Erschließungsbeiträge. ■

Die Satzungen enthalten aber nicht aus sich heraus die Möglichkeit, ihren Regelungen durch hoheitlichen Zwang Geltung zu verschaffen. Vielmehr stellt die Durchsetzung der Satzungsregelungen mit Verwaltungszwangsmitteln einen zusätzlichen Grundrechtseingriff gegenüber den Betroffenen dar, der einer eigenständigen parlamentsgesetzlichen Ermächtigungsgrundlage bedarf.

Soweit der Adressat des auf der Satzung beruhenden Verwaltungsaktes der Anordnung nicht freiwillig Folge leistet, findet die Vollstreckung nach dem **Verwaltungsvollstreckungsgesetz NRW** (VwVG NRW) statt.

Beispiel Schuldner S begleicht trotz Fälligkeit nicht die Abfallgebührenforderung aus dem bestandskräftigen Gebührenbescheid der Gemeinde G. Der Bescheid hat seine Grundlage in der gemeindlichen Abfallgebührensatzung. Nach Ablauf einer einwöchigen Schonfrist und einer fruchtlosen Mahnung wird die Gebührenforderung durch Vollziehungsbeamte der Gemeinde nach dem VwVG NRW beigetrieben. ■

VII. Rechtsschutz gegen Satzungen

89 Die kommunalen Satzungen haben Gesetzescharakter. Sie sind deshalb nicht unmittelbar mit Anfechtungs- oder Verpflichtungsklagen angreifbar, da diese Klagearten gemäß § 42 VwGO auf Verwaltungsakte und nicht auf Rechtssätze ausgerichtet sind. Rechtsschutzmöglichkeiten gegen Satzungen bieten die inzidente und abstrakte Normenkontrolle.

1. Inzidente Kontrolle der Satzung im verwaltungsgerichtlichen Verfahren

90 Neben der abstrakten Normenkontrolle, die sich nur und unmittelbar gegen die Satzung als solche richtet, kann ein Betroffener sich gegen einen – auf Grundlage der Satzung ergangenen – **Ausführungsakt** (Verwaltungsakt oder Bußgeldbescheid) verwaltungsgerichtlich wehren. Anders als bei der abstrakten Normenkontrolle wird bei der **inzidenten** Normenkontrolle die **Satzung nur mittelbar geprüft**. Diese inzidente Normenkontrolle hat für den Kläger den Vorteil, dass das Gericht auch den einzelnen **Ausführungsakt prüft** und nicht auf die Untersuchung der Satzung beschränkt ist. Im Rahmen der Prüfung des Ausführungsaktes wird die Satzung ohnehin (inzident) als Ermächtigungsgrundlage des unmittelbar streitgegenständlichen Ausführungsaktes geprüft.

Beispiel Hundehalterin H wendet sich nach erfolglosen Widerspruchsverfahren gegen einen Hundesteuerbescheid der Stadt S, der seine Grundlage in der städtischen Hundesteuersatzung hat, mit einer Anfechtungsklage an das zuständige Verwaltungsgericht. Das Verwaltungsgericht prüft die Rechtmäßigkeit des einzelnen Hundesteuerbescheides und in diesem Zusammenhang auch die der Hundesteuersatzung als Ermächtigungsgrundlage. Wenn die Hundesteuersatzung rechtswidrig ist, dann kann sie nicht als wirksame Ermächtigungsgrundlage für den Heranziehungsbescheid fungieren. Im Wege eines Dominoeffektes würde dies deshalb auch zur Rechtswidrigkeit des Hundesteuerbescheides führen. ■

Verletzt die Satzung formelles oder materielles Recht, so hebt das Gericht im Anfechtungsfall den darauf beruhenden Verwaltungsakt auf. Die Inzident-Verwerfung der Satzung wirkt allein für den konkreten Rechtsstreit und seine Parteien; eine Nichtigkeitserklärung mit genereller Wirkung wird in diesem Verfahren nicht ausgesprochen.

Beispiel Sofern im soeben angeführten Beispielsfall die H mit ihrer Anfechtungsklage gegen den Hundesteuerbescheid aufgrund der Rechtwidrigkeit der Hundesteuersatzung obsiegen würde, kann sich der nicht klagende Hundehalter G nicht auch darauf berufen. Er muss selbst form- und fristgerecht Klage erheben, um die Rechtswidrigkeit der Hundesteuersatz erfolgreich gerichtlich geltend machen zu können. ■

2. Abstrakte Normenkontrolle (§ 47 VwGO i.V.m. § 109a JustG NRW)

Unmittelbarer Rechtsschutz **gegen Satzungen** ist nur durch einen **abstrakten Normenkontrollantrag** gemäß § 47 VwGO i.V.m. § 109a JustG NRW möglich. Auf Grundlage dieser Regelungen können Satzungen abstrakt – also ohne Bezug zu einem konkreten Anwendungsfall – durch das Oberverwaltungsgericht auf ihre Rechtmäßigkeit überprüft werden. 91

Antragsberechtigt ist nach § 47 Abs. 2 VwGO jede natürliche oder juristische Person, die geltend macht, durch die Satzung oder deren Anwendung *„in ihren Rechten verletzt zu sein oder in absehbarer Zeit verletzt zu werden"* – und außerdem jede Behörde.

Der Antrag ist innerhalb eines Jahres nach Bekanntmachung der Satzung zu stellen. Gelangt das Oberverwaltungsgericht bei dieser Überprüfung zu dem Ergebnis, dass die Satzung ungültig ist, so erklärt es diese für nichtig; die Entscheidungsformel ist dann von der Kommune in gleicher Form wie eine Satzung bekannt zu machen (§ 47 Abs. 5 S. 2 VwGO).

Beispiel H ist stolze Halterin eines American Staffordshire Terriers, der nach dem Landeshundegesetz NRW als *„gefährlicher Hund"* gilt. Sie hält die in der Änderungssatzung zur städtischen Hundesteuersatzung deutlich angehobenen Steuersätze für gefährliche Hunde für rechtswidrig. Daher möchte sie unmittelbar im Wege der abstrakten Normenkontrolle gegen die öffentliche bekanntgemachte Änderungssatzung vorgehen, ohne den Heranziehungsbescheid abzuwarten. ■

JURIQ-Klausurtipp

In den Klausuren ist häufig die **Rechtmäßigkeit einer Satzung** zu prüfen. Dies kann entweder auf inzidente Weise der Fall sein, wenn sich etwa ein Bürger gegen eine Einzelmaßnahme im Wege einer Klage zur Wehr setzt, die auf Grundlage der Satzung erlassen worden ist (wie z.B. gegen einen Gebührenbescheid auf Grundlage der Gebührensatzung). Denkbar ist auch die Prüfung einer Satzung im Rahmen der Begutachtung einer abstrakten Normenkontrolle. In einigen Klausuraufgaben kann die Rechtmäßigkeit einer Satzung auch aus Verwaltungssicht unmittelbar untersucht werden, insbesondere wenn Sie aus der Perspektive eines Mitarbeiters der Kommunalverwaltung aufgefordert werden, zu einem Satzungsentwurf Stellung zu nehmen. Denkbar sind nicht zuletzt auch Fallgestaltungen, in der Sie als Mitarbeiter der Kommunalaufsichtsbehörde den Erlass einer Satzung von einer zu beaufsichtigenden Kommune auf seine Rechtmäßigkeit zu überprüfen haben.

92 Aus diesen Erwägungen heraus ergibt sich das folgende Prüfschema:

PRÜFUNGSSCHEMA

Rechtmäßigkeit einer Satzung

I. Ermächtigungsgrundlage
1. **Spezialregelung** (z.B. §§ 9, 114, 114a Abs. 2 GO, § 10 Abs. 1 BauGB, § 2 Abs. 1 KAG NRW, § 89 BauO NRW)
2. **Bei Bußgeldandrohung:**
   Ermächtigungsgrundlage: § 7 Abs. 2 S. 1 GO Rn. 94
3. **Generalklausel** (§ 7 Abs. 1 S. 1 GO) – nicht ausreichend für Grundrechtseingriffe

II. Formelle Rechtmäßigkeit
1. **Zuständigkeit**
   a) Verbandskompetenz der Gemeinde
   b) Organkompetenz des Rates
2. **Verfahren** = Ordnungsgemäßer Ratsbeschluss
   a) Vorbereitung (Einberufung, Einladung, Tagesordnung etc.)
   b) Durchführung (Beschlussfähigkeit, Sitzungsleitung, Abstimmung, erforderliche einfache bzw. qualifizierte Mehrheiten, Mitwirkungsverbote, Störungen etc.)
3. **Form**
   a) Schriftform
   b) Genehmigung, nur wenn gesetzlich ausdrücklich vorgeschrieben (§ 7 Abs. 1 S. 2 GO)
   c) Einhaltung der Vorgaben des § 2 BekanntmVO NRW vor der Bekanntmachung (Prüfungs- u. Bestätigungsvermerk, Bekanntmachungsanordnung)
   d) Ordnungsgemäßer Vollzug der Bekanntmachung nach § 7 i.V.m. § 4 BekanntmVO NRW (Verkündung im maßgeblichen Bekanntmachungsmedium)

III. Materielle Rechtmäßigkeit
1. **Voraussetzungen der Ermächtigungsgrundlage**
2. **Kein Verstoß gegen höherrangiges Recht**
   a) Einfache Landes- und Bundesgesetze im materiellen und formellen Sinne
   b) Verfassungsrecht, insbesondere
      aa) Grundrechte
      bb) Verfassungsprinzipien (vor allem aus dem Rechtsstaatsprinzip: Verhältnismäßigkeit, Bestimmtheit, Vertrauensschutz)
3. **Ordnungsgemäße Ausübung des Satzungsermessens** (gewisser Einschätzungs- und Prognosespielraum)

IV. Rechtsfolgen bei Rechtsverstößen (I–III)
Grundsatz: Nichtigkeit der Satzung
- Ausnahme: Unbeachtlichkeit bestimmter Rechtsverstöße nach Ablauf eines Jahres seit Verkündung (§ 7 Abs. 6 GO) Rn. 108
- Spezialgesetzliche Unbeachtlichkeit bzw. Heilungsmöglichkeit (z.B. § 214 Abs. 1 BauGB bzw. § 214 Abs. 4 BauGB) Rn. 108
- Teilnichtigkeit, wenn verbleibende Teile für sich allein existenzfähig und in sich sinnvoll (§ 139 BGB analog)

VIII. Rechtmäßigkeit einer Satzung

Im Einzelnen folgt die Rechtmäßigkeitsprüfung einer Satzung in folgenden Schritten. **93**

1. Ermächtigungsgrundlage (Satzungsbefugnis)

Trotz der bereits in Art. 28 Abs. 2 S. 1 GG verfassungsrechtlich ausdrücklich eingeräumten **94**
Rechtsetzungshoheit der Kommunen bedürfen kommunale Satzungen aus rechtsstaatlichen und demokratischen Gründen (auch) einer **einfachgesetzlichen Ermächtigungsgrundlage**. Der unmittelbar demokratisch legitimierte staatliche Gesetzgeber kann damit für die einzelnen inhaltlichen Themen einer Satzung den näheren Umfang und das Verfahren der Satzungsgebung bestimmen. Dabei darf er die verfassungsrechtlich gewährleistete Rechtsetzungshoheit der Kommunen nicht in unverhältnismäßiger Weise einschränken.

Die Rechtmäßigkeitsprüfung einer Satzung beginnt deshalb mit der Suche nach einer bzw. mehreren einfachgesetzlichen Ermächtigungsgrundlage(n) für die verschiedenen Satzungsregelungen. Die Ermächtigungsgrundlage für den Erlass einer Satzung kann sich aus speziellen Rechtsnormen der Gemeindeordnung bzw. aus Spezialgesetzen oder aus der allgemeinen **Generalklausel** des § 7 Abs. 1 S. 1 GO ergeben. Dies hängt vom Inhalt der Satzung ab.

Beispiel Wird ein Bebauungsplan erlassen, so ist § 10 Abs. 1 BauGB für alle seine Bestimmungen die Ermächtigungsgrundlage. Im Falle einer Gebührensatzung ist § 2 Abs. 1 KAG NRW die entsprechende spezialgesetzliche Ermächtigungsgrundlage. Die Haushaltssatzung ist auf der Grundlage des § 78 Abs. 1 GO zu erlassen.

Enthält eine Entwässerungssatzung in ihrem § 1 einen Anschlusszwang für Grundstücke an die öffentliche Abwasseranlage und in § 2 ein Verbot von Direkteinleitungen bestimmter (gefährlicher) Stoffe in die öffentliche Abwasseranlage, welches nach § 3 bei Verstoß mittels eines Bußgeldes sanktioniert werden kann, so ist für

- § 1 der Satzung die Regelung des § 9 S. 1 GO,
- § 2 der Satzung die Regelung des § 7 Abs. 1 GO und
- § 3 der Satzung die Regelung des § 7 Abs. 2 S. 1 GO die maßgebliche Ermächtigungsgrundlage. ■

Sofern in einer Satzungsregelung eine **Bußgeldandrohung** für schuldhafte Verstöße gegen satzungsrechtliche Gebote oder Verbote vorgesehen ist, bedarf es einer nach der **Wesentlichkeitstheorie** des Demokratieprinzips (Art. 20 Abs. 2 S. 1 GG) erforderlichen gesonderten Ermächtigungsgrundlage. Die Wesentlichkeitstheorie verlangt, dass hoheitliche Eingriffe in grundrechtlich geschützte Rechtspositionen einer **hinreichend bestimmten Ermächtigungsgrundlage** bedürfen. Die Verhängung eines Bußgeldes ist ein erheblicher Eingriff in die Grundrechte der Betroffenen aus Art. 14 Abs. 1 GG (Eigentumsfreiheit) und des Art. 2 Abs. 1 GG (Allgemeine Handlungsfreiheit). Es ist deshalb erforderlich, dass die Möglichkeit zur repressiven Ahndung schuldhafter Satzungsverstöße in einer **speziellen** Ermächtigungsgrundlage geregelt wird; die allgemeine Generalklausel des § 7 Abs. 1 S. 1 GO ist für einen solchen Eingriff zu unbestimmt. Eine hinreichend spezielle Ermächtigungsgrundlage für satzungsrechtliche Bußgeldregelungen findet sich in § 7 Abs. 2 S. 1 GO.

» Satzungen bestehen aus mehreren Regelungen, die Sie differenziert von § zu § eigenständig untersuchen sollten. «

95 Besteht keine spezielle Ermächtigungsgrundlage, kommt die **Generalklausel** des § 7 Abs. 1 S. 1 GO in Betracht. Diese ist anwendbar für alle Angelegenheiten der Gemeinde, soweit Gesetze nichts anderes bestimmen.

Sofern allerdings eine Satzung **in Grundrechte eingreift**, ist auch hier nach dem Demokratieprinzip und den Schranken des Grundrechts der Gesetzesvorbehalt zu beachten. Die allgemeine Generalklausel des § 7 Abs. 1 S. 1 GO ist für Grundrechtseingriffe allein keine geeignete Ermächtigungsgrundlage,[100] da sie zu allgemein und hierfür zu unbestimmt formuliert ist. Für grundrechtsrelevante Eingriffe auf Grundlage von Satzungen bedarf es daher – auch außerhalb von Bußgeldandrohungen – einer **gesonderten gesetzlichen Ermächtigungsgrundlage**. Vor dem Hintergrund der Wesentlichkeitstheorie sind deshalb für grundrechtsintensive Bereiche, wie bei der Anordnung eines Anschluss- und Benutzungszwanges (Eingriff in Art. 14 Abs. 1 S. 1, Art. 2 Abs. 1 und ggf. in Art. 12 Abs. 1 GG) oder bei der Erhebung von Steuern (Eingriff in Art. 2 Abs. 1 und ggf. in Art. 14 Abs. 1 S. 1 GG) spezielle Ermächtigungsgrundlagen (§ 9 S. 1 GO für den Anschluss- und Benutzungszwang bzw. § 3 KAG NRW für die Erhebung von Steuern) erforderlich.

Beispiel[101] Nach einer gemeindliche Friedhofssatzung dürfen nur Grabmale aufgestellt werden, die nachweislich „ohne ausbeuterische Kinderarbeit" hergestellt worden sind. Hierin liegt ein Eingriff in die durch Art. 12 Abs. 1 GG geschützte Berufsausübungsfreiheit der Steinmetze. Die den Kommunen eingeräumte allgemeine Satzungsbefugnis sowie die Befugnis, die Benutzung ihrer öffentlichen Einrichtungen zu regeln, stellen allein keine ausreichenden gesetzlichen Ermächtigungsgrundlagen dar, um einen Eingriff in die Berufsausübungsfreiheit der Steinmetze zu rechtfertigen. Deshalb hat der Landesgesetzgeber mit dem § 4a BestG NRW eine ausdrückliche parlamentsgesetzliche Ermächtigungsgrundlage hierfür vorgesehen. ■

Die Generalklausel des § 7 Abs. 1 S. 1 GO kann daher im Wesentlichen nur für die **Benutzung öffentlicher Einrichtungen** herangezogen werden. In solchen Fällen schafft die Gemeinde eine öffentliche Einrichtung im Sinne des § 8 Abs. 1 GO und regelt ihre Benutzung mittels einer Satzung. Durch die Benutzungssatzung erfolgt gleichzeitig eine Widmung (Zweckbestimmung) der öffentlichen Einrichtung, in dem bestimmte Nutzungsformen erlaubt werden und andere Formen (unerwünschte Nutzungen, Störungen etc.) ausgeschlossen werden. Wenn nunmehr die Benutzungssatzung im Falle des Verstoßes gegen ein Benutzungsverbot eine **Sanktion unterhalb der Bußgeldschwelle** vorsieht (z.B. Ausschluss, Betretungsverbot etc.), so stellt sich die Frage, ob die Wesentlichkeitstheorie – wie für die Bußgeldanordnung (§ 7 Abs. 2 GO) – auch hierfür eine gesonderte gesetzliche Ermächtigungsgrundlage verlangt? Dies ist im Rahmen einer erforderlichen Gesamtbetrachtung zu verneinen, da der Ausschluss bzw. das Betretungsverbot nicht allein aufgrund der Satzung legitimiert wird, sondern sich bereits aus der gesetzlichen Vorschrift des § 8 Abs. 2 GO ergibt, wonach die Benutzung einer kommunalen Einrichtung von vornherein nur im Rahmen des geltenden Rechts zulässig ist. Die Ausschlussregelung bzw. das Betretungsverbot ist mithin **kein selbstständiger Grundrechtseingriff**, sondern gestaltet die bereits gesetzlich an Grenzen geknüpfte Berechtigung zur Benutzung – im Rahmen des geltenden Rechts – nur aus. Es handelt sich mithin um eine **modifizierte Leistung**, für die die **Generalklausel** als Ermächtigungsgrundlage ausreicht.

100 Vgl. dazu *Hellermann* in Dietlein/Hellerman, § 2 Rn. 229.
101 *BVerwG* Urteil vom 16.10.2013 – 8 CN 1.12 –, juris.

Beispiel Die Benutzungssatzung für das Schwimmbad der Stadt Wasserburg besagt in § 3, dass Personen, die „mehrfach schwerwiegend die Ordnung gestört haben, für begrenzte Zeit oder auf Dauer von der Benutzung ausgeschlossen werden können".

Ermächtigungsgrundlage für die Benutzungssatzung inklusive des § 3 ist die Generalklausel des § 7 Abs. 1 S. 1 GO. Der in der Benutzungssatzung ermöglichte Ausschluss von der Nutzung ist kein selbstständiger Grundrechtseingriff, so dass eine gesonderte gesetzliche Ermächtigungsgrundlage hierfür nicht erforderlich ist. Sofern die Benutzungsordnung hingegen eine Bußgeldanordnung für schuldhafte Zuwiderhandlungen enthalten würde, wäre hierfür § 7 Abs. 2 S. 1 GO als spezielle Ermächtigungsgrundlage heranzuziehen. ■

JURIQ-Klausurtipp

In Klausuren stehen verschiedene Regelungen einer Satzung zur Überprüfung an. Dabei kann es sachgerecht sein, die jeweilige Ermächtigungsgrundlage differenziert von Regelung zu Regelung getrennt zu bestimmen und zu prüfen. Die jeweiligen Ermächtigungsgrundlagen können unterschiedliche Voraussetzungen haben und sind daher differenziert zu bestimmen und zu prüfen.

2. Formelle Rechtmäßigkeit

Eine Satzung ist rechtmäßig, wenn sie formell und materiell rechtmäßig ist. Das heißt, dass **96** alle Satzungsbestimmungen mit **höherrangigem Recht** übereinstimmen müssen. Es müssen die Vorschriften über das ordnungsgemäße Zustandekommen (Zuständigkeit, Verfahren, Form), also die formelle Rechtmäßigkeit, ebenso wie die inhaltliche Übereinstimmung mit höherrangigem Recht (materielle Rechtmäßigkeit) gegeben sein.

a) Zuständigkeit

Eine Gemeinde kann eine Satzung nur dann formell rechtmäßig erlassen, wenn sie hierfür als **97** Körperschaft überhaupt zuständig ist (Verbandskompetenz) und – wenn ja – das zuständige Gemeindeorgan die Satzung beschließt (Organkompetenz).

aa) Verbandskompetenz

Die Gemeinde ist nur für ihre **eigenen Angelegenheiten** zuständig. Sofern spezielle gesetzli- **98** che Bestimmungen für die Gemeinden eine entsprechende Satzungsbefugnis vorsehen (z.B. für den Erlass von Bebauungsplänen etc.) und die Gemeinde diese Befugnis ausfüllt, ergibt sich die Verbandskompetenz bereits aus diesem Spezialgesetz (z.B. § 10 Abs. 1 BauGB). Sofern die Generalklausel des § 7 Abs. 1 S. 1 GO einschlägig ist, muss geprüft werden, ob es sich um eine eigene Angelegenheit der Gemeinde handelt. Dies ist insbesondere zu verneinen bei staatlichen Angelegenheiten bzw. bei Angelegenheiten, die in die Kompetenz anderer Kommunen fallen.

Beispiele So ist es der kreisfreien Stadt K verwehrt, eine Satzung zu erlassen, in der die Anzahl der Polizeidienststellen in K festgesetzt werden soll, da dies in die Kompetenz des (staatlichen) Polizeipräsidenten fällt. Mangels gebietsbezogener Verbandskompetenz wäre auch eine Satzungsregelung rechtswidrig, mit der die Gemeinde A mittels Bauleitplanung Teile des Gebietes der Gemeinde B regeln würde. ■

bb) Organkompetenz

99 Innerhalb der Gemeinde ist der **Rat** der Gemeinde das einzige zuständige Organ, welches eine Satzung beschließen kann. Diese **ausschließliche Zuständigkeit** folgt aus § 41 Abs. 1 S. 2 GO. Aus Buchstabe f der Norm folgt die allgemeine Kompetenz für den Erlass, die Änderung oder die Aufhebung von Satzungen. Spezielle Kompetenznormen bestehen insbesondere für den Erlass von Bebauungsplänen (Buchstabe g) und den Erlass der Haushaltssatzung (Buchstabe h).

Aufgrund seiner ausschließlichen Zuständigkeit kann der Rat die Entscheidung über den Erlass, die Änderung oder die Aufhebung einer Satzung **nicht** auf einen Ausschuss oder den Bürgermeister übertragen (vgl. in § 41 Abs. 2 S. 1 GO die Formulierung *„Im Übrigen"*).

Beispiel Wenn der Rat die Änderung der Friedhofssatzung auf den Friedhofsausschuss delegiert und dieser eine solche Änderung beschließen sollte, so wäre die Änderungssatzung mangels Organkompetenz des Ausschusses nichtig. Der Ausschuss kann allenfalls vorbereitende und empfehlende Beschlüsse fassen. Diese haben aber keine rechtsverbindliche Wirkung, da nur der Rat eine Satzung ändern kann. ■

Falls eine Einberufung des Rates nicht mehr rechtzeitig möglich ist und die Entscheidung nicht aufgeschoben werden kann bis zu einer ggf. anzuberaumenden Sondersitzung des Rates (**„Dringliche Entscheidung"**), entscheidet der Hauptausschuss nach § 60 Abs. 1 S. 1 GO. Ist auch dies aufgrund der besonderen Dringlichkeit nicht mehr rechtzeitig möglich, kann der Bürgermeister mit einem Ratsmitglied entscheiden.[102] Die Entscheidung ist dem Rat in der nächsten Sitzung zur Genehmigung vorzulegen.

Beispiel Aufgrund einer verwaltungsgerichtlichen Entscheidung wird Ende eines Monats ein städtischer Gebührenbescheid aufgehoben, der auf einer – nach Auffassung des Verwaltungsgerichts – rechtswidrigen Gebührensatzung beruht. Die Gemeinde will den Fehler schnellstmöglich beheben, um ab dem 1. des Folgemonats auf rechtmäßiger Satzungsgrundlage Gebühren erheben zu können. Da selbst bei verkürzter Einladungsfrist eine Einladung des Rates zu einer Sondersitzung nicht mehr möglich ist, erfolgt eine Dringlichkeitsentscheidung nach § 60 GO. ■

b) Verfahren

100 Die Satzung muss auf einem **rechtmäßigen Ratsbeschluss** basieren. Damit diese Voraussetzung gegeben ist, muss der Ratsbeschluss zunächst **formell** rechtmäßig sein.[103] In **materieller** Hinsicht besteht der Ratsbeschluss aus der Satzung selbst, so dass erst dort deren inhaltliche Rechtmäßigkeit zu prüfen ist.

JURIQ-Klausurtipp

Im Rahmen der formellen Rechtmäßigkeit eines Ratsbeschlusses sind alle gesetzlichen Anforderungen bei der Vorbereitung und Durchführung zu prüfen, bei denen der Sachverhalt Anlass zu Zweifeln gibt.

102 *OVG NRW* Urteil vom 23.4.1996 – 10 A 620/91 –, NVwZ 1997, 598.
103 Vgl. dazu Rn. 253.

Häufig werden in der Klausur mehrere Probleme bei der Vorbereitung und Durchführung eines Ratsbeschlusses eingebaut. Hierbei empfiehlt es sich in gedanklicher Hinsicht chronologisch vorzugehen. Ausgangspunkt ist damit die Rechtmäßigkeitsprüfung der vorbereitenden Anforderungen wie etwa die richtige Einberufung des Rates, die ordnungsgemäße Festsetzung und rechtzeitige vorherige öffentliche Bekanntmachung der Tagesordnung etc. bis hin zur Prüfung der ordnungsgemäßen Durchführung der Sitzung, also Beschlussfähigkeit, ordnungsgemäße Abstimmung, erforderliche Mehrheiten, keine Mitwirkung Befangener etc. (Vgl. hierzu im Einzelnen Rn. 253).

c) Form

Die Satzung ist nach § 7 Abs. 4 S. 1 GO **öffentlich bekanntzumachen**. Hierbei sind die Verfahrens- und Formvorschriften der auf Grundlage des § 7 Abs. 5 GO ergangenen **Bekanntmachungsverordnung NRW** einzuhalten. Zu differenzieren ist zwischen der Einhaltung der Vorgaben vor der Bekanntmachung nach § 2 BekanntmVO NRW und dem ordnungsgemäßen Vollzug der Bekanntmachung nach § 7 i.V.m. § 4 BekanntmVO NRW durch die Verkündung (siehe hierzu im Einzelnen unter Rn. 85). 101

Hinweis

Falls die öffentliche Bekanntmachung fehlt oder an erheblichen Fehlern leidet, so ist die Satzung unwirksam. Sofern sich die Fehlerhaftigkeit einer öffentlichen Bekanntmachung später herausstellt, z.B. im Rahmen einer verwaltungsgerichtlichen Entscheidung, so entbehren zwischenzeitlich ergangene Verwaltungsakte (z.B. Gebührenbescheide) einer Ermächtigungsgrundlage (Gebührensatzung ist von Anfang an nichtig!). In diesen Fällen stellt sich die Frage, ob diese Bescheide noch „zu retten" oder unheilbar rechtswidrig sind. Denkbar wäre eine erneute, diesmal ordnungsgemäße, öffentliche Bekanntmachung mit rückwirkender Inkraftsetzung. Ob die Voraussetzungen einer zulässigen Rückwirkung von Rechtsnomen vorliegen, muss im Einzelfall geprüft werden. (vgl. hierzu auch Rn. 86).

3. Materielle Rechtmäßigkeit

Die Satzung ist materiell rechtmäßig, wenn die Voraussetzungen der Ermächtigungsgrundlage vorliegen, auch im Übrigen kein Verstoß gegen höherrangiges Recht gegeben und das Satzungsermessen ordnungsgemäß ausgeübt worden ist. 102

a) Voraussetzungen der Ermächtigungsgrundlage

Die Satzung ist nachfolgend in inhaltlich-materieller Hinsicht zu prüfen. Zunächst müssten die Tatbestandsvoraussetzungen der Ermächtigungsgrundlage vorliegen. 103

Beispiele Gemäß § 2 Abs. 1 S. 2 KAG NRW muss eine Abgabensatzung den Kreis der Abgabenschuldner, den die Abgabe begründenden Tatbestand, den Maßstab und den Satz der Abgabe sowie den Zeitpunkt ihrer Fälligkeit angeben.

Eine Satzung, die einen Anschluss- und Benutzungszwang anordnet (z.B. bezogen auf die gemeindliche Kanalisation) ist gemäß § 9 S. 1 GO nur rechtmäßig, wenn insbesondere ein „öffentliches Bedürfnis" vorliegt. ■

b) Kein Verstoß gegen höherrangiges Recht

104 Da die kommunale Satzung in der Hierarchie der Rechtsnormen ganz unten steht und der Satzungsgeber an das höherrangige Recht und insbesondere an die verfassungsmäßige Ordnung gebunden ist, muss die Satzung nicht nur die Tatbestandsvoraussetzungen der Ermächtigungsgrundlage erfüllen, sondern darf auch im Übrigen mit keiner Satzungsregelung gegen höherrangiges Recht verstoßen.

Als höherrangiges Recht kommt zunächst jegliches **einfaches Landes- und Bundesrecht** in Betracht.

Beispiele Eine Gemeinde kann durch Hauptsatzung keine andere Bekanntmachungsform für ihre öffentlichen Bekanntmachungen vorsehen, als die in § 4 Abs. 1 BekanntmachungsVO NRW (= Rechtsverordnung des Landes NRW) vorgesehenen.

Ein Bebauungsplan der Gemeinde darf nicht gegen die Baunutzungsverordnung (= Rechtsverordnung des Bundes) verstoßen. ■

105 Von besonderer Bedeutung für etwaige Verstöße gegen höherrangiges Recht sind Vorgaben des **Verfassungsrechts**. Insbesondere das Rechtsstaatsprinzip verlangt, dass Satzungsbestimmungen verhältnismäßig und bestimmt sind. Zudem dürfen sie nicht gegen Grundrechte verstoßen.

Beispiele Zulassungsbeschränkungen für Bestattungsunternehmer in einer gemeindlichen Friedhofssatzung müssen deren **Grundrechte** aus Art. 12 Abs. 1, 14 Abs. 1 S. 1, 3 und 2 Abs. 1 GG beachten und insbesondere **verhältnismäßig** sein.

Der Kreis der kommunalen **Betretungs- und Besichtigungsbefugnisse für Geschäfts- und Betriebsräume** (z.B. in Entwässerungssatzungen zur Überprüfung von Anlageteilen) muss unter Berücksichtigung der Grundrechte des Geschäftsinhabers namentlich des Art. 2 Abs. 1 GG i.V.m. Art. 1 Abs. 1 GG (Allgemeines Persönlichkeitsrecht) und des Art. 13 Abs. 1 GG (auch Arbeits-, Geschäfts- und Betriebsräume sind vom Wohnungsbegriff umfasst[104]) im Zusammenhang mit dem Grundsatz der Verhältnismäßigkeit und der Zumutbarkeit abgegrenzt werden.

Bußgeldbewehrte Zuwiderhandlungen müssen in den Satzungen **hinreichend bestimmt** beschrieben werden. Die Höhe der Bußgelder muss verhältnismäßig sein.

Bei rückwirkenden Satzungsregelungen müssen die sich aus dem verfassungsrechtlichen **Rechtsstaatsprinzip** ergebenden Grenzen beachtet werden.

Besondere verfassungsrechtliche Fragen wirft auch der **Auswärtigenzuschlag bei kommunalen Abgabensatzungen** auf. Es verstößt nach Auffassung des Bundesverwaltungsgerichts[105] nicht gegen den allgemeinen Gleichheitssatz des **Art. 3 Abs. 1 GG**, wenn in einer kommunalen Satzung für den Besuch einer – nicht kostendeckend betriebenen – Musikschule von Einheimischen eine um einen Zuschuss der Gemeinde abgesenkte Gebühr erhoben wird, während auswärtige Benutzer die nichtbezuschusste Gebühr bezahlen müssen („Auswärtigenzuschlag"). Art. 28 Abs. 2 GG gestattet jedenfalls bei Einrichtungen ohne Benutzungszwang die Gewährung eines auf die Einwohner der Gemeinde beschränkten Zuschusses zu den – einheitlich festgesetzten und kalkulierten – Benutzungsgebühren,

104 *BVerfG* Beschluss vom 27.5.1997 – 2 BvR 1992/92 –, BVerfGE 96, 44, 51.
105 *BVerwG* Beschluss vom 30.1.1997 – 8 NB 2/96 –, DVBl. 1997, 1062.

wenn dadurch für die auswärtigen Besucher das (landesrechtliche) Kostenüberschreitungsverbot und der Äquivalenzgrundsatz nicht verletzt werden. Verfolgt eine Gemeinde durch die Privilegierung Einheimischer das Ziel, knappe Ressourcen auf den eigenen Aufgabenbereich (Art. 28 Abs. 2 GG) zu beschränken, Gemeindeangehörigen einen Ausgleich für besondere Belastungen zu gewähren oder Auswärtige für einen erhöhten Aufwand in Anspruch zu nehmen, oder sollen die kulturellen und sozialen Belange der örtlichen Gemeinschaft dadurch gefördert und der kommunale Zusammenhalt dadurch gestärkt werden, dass Einheimischen besondere Vorteile gewährt werden, kann dies auch nach der Rechtsprechung des Bundesverfassungsgerichts[106] mit Art. 3 Abs. 1 GG vereinbar sein.

Dies ist aber nicht mehr der Fall und führt zur **Rechtswidrigkeit des Auswärtigenzuschlages**, wenn das Vermarktungskonzept der gemeindlichen Einrichtung gerade **darauf angelegt ist, auswärtige Besucher anzuziehen**. In einer solchen Konstellation bezweckt die Gemeinde in der Hauptsache gerade nicht, das kulturelle und soziale Wohl der Einwohner zu fördern, die örtliche Gemeinschaft zu stärken, den Nutzerkreis zu beschränken oder durch Verhaltenssteuerung die Auslastung der Einrichtung zu gewährleisten. Die im höheren Eintrittsentgelt liegende Ungleichbehandlung Auswärtiger ist dann nicht mehr durch Sachgründe gerechtfertigt, sondern knüpft ausschließlich an den Wohnsitz an. Der Wohnsitz allein darf kein aber kein zur Benachteiligung legitimierender Grund sein. Dies ergibt sich aus Art. 3 Abs. 3 GG (Diskriminierungsverbot wegen der Herkunft) und bei grenzüberschreitenden Bezug auch aus Art. 18 AEUV (Diskriminierungsverbot wegen der Staatsangehörigkeit). ■

c) Ordnungsgemäße Ausübung des Satzungsermessens

Sofern die formellen und materiellen Rechtmäßigkeitsvoraussetzungen vorliegen, ist der Gemeinde ein Ermessen eröffnet, ob und mit welchem Inhalt sie eine Satzung erlässt. Aufgrund der Funktion der Satzung als wichtiges kommunales Gestaltungsmittel des kommunalen Selbstverwaltungsrechts ist nach der Rechtsprechung des Bundesverwaltungsgerichts dieses Ermessen nur eingeschränkt überprüfbar, sofern die übrigen Rechtmäßigkeitsvoraussetzungen vorliegen.[107] Anders als bei der gerichtlichen Kontrolle ermessensgeleiteter Verwaltungsakte, wird die Entscheidung des Satzungsgebers insbesondere grundsätzlich nicht daraufhin überprüft, ob hinreichende Tatsachenermittlungen angestellt worden sind, die die Entscheidung tragen können.[108] **106**

4. Rechtsfolge bei Rechtsverstößen

Bei Rechtsverstößen ist die Satzung, wie dies bei allen Rechtsnormen der Fall ist, nicht nur rechtswidrig, sondern grundsätzlich von Anfang an **nichtig**. Sie kann insbesondere für belastende Verwaltungsakte der Kommunalverwaltung keine wirksame Ermächtigungsgrundlage sein. Bei Nichtigkeit einzelner Satzungsbestandteile können die übrigen Teile weiterhin Wirksamkeit entfalten, wenn sie für sich allein existenzfähig sind und eine – aus Sicht des Satzungsgebers – sinnvolle Regelung ergeben. Dieser Gedanke der Teilnichtigkeit kann als allgemeiner Rechtsgrundsatz aus der analogen Anwendung des § 139 BGB entnommen werden.[109] **107**

Beispiel In der Hauptsatzung einer Stadt sind drei Veröffentlichungsformen für öffentliche Bekanntmachungen vorgesehen. Hiervon ist eine rechtlich ungeeignet und damit

106 *BVerfG* Beschluss vom 19.7.2016 – 2 BvR 470/08 –, NJW 2016, 3153.
107 *BVerwG* Beschluss vom 26.9.2007 – 9 B 12/07 –, NVwZ 2008, S. 89.
108 *OVG NRW* Urteil vom 5.9.2018 – 12 A 181/17 –, juris.
109 *Hofmann/Theisen/Bätge* Anm. 2.4.3.

unwirksam. Der verbleibende Teil mit den beiden rechtmäßigen Veröffentlichungsformen bleibt eine existenzfähige und in sich sinnvolle Regelung. ■

108 **JURIQ-Klausurtipp**

Die wichtige Vorschrift § 7 Abs. 6 S. 1 GO wird in Klausuren nicht selten übersehen. Insbesondere wenn im Sachverhalt Daten genannt werden, sollte man eine mögliche Fristrelevanz erwägen.

Gemäß § 7 Abs. 6 S. 1 Hs. 1 GO kann die Verletzung von Verfahrens- oder Formvorschriften der Gemeindeordnung **nach Ablauf eines Jahres** seit Verkündung (= ordnungsgemäße öffentliche Bekanntmachung) der Satzung nicht mehr geltend gemacht werden. In jedem Fall beachtlich bleiben trotz Ablaufs der Jahresfrist hingegen die in § 7 Abs. 6 S. 1 Hs. 2 GO enumerativ aufgeführten Rechtsverstöße.

Beispiel Der Gemeinderat beschließt mit den Stimmen zweier befangener Ratsmitglieder am 1.3. mit einer Stimme Mehrheit durch Änderung der Unternehmenssatzung einen geänderten Zweck für die Anstalt des öffentlichen Rechts (§ 114a GO). Der Beschluss leidet noch an anderen Mängeln, z.B. hat der Bürgermeister versehentlich die Einladung zur Ratssitzung nicht unterschrieben und weder Zeit, Ort noch die Tagesordnung wurden vorher öffentlich bekannt gemacht. Zudem ist die nach § 115 GO erforderliche Anzeige über die Änderung des Zweckes an die Aufsichtsbehörde nie erfolgt. Am 15.3. wird die geänderte Unternehmenssatzung öffentlich bekannt gemacht. Am 17.3. des Folgejahres will die Aufsichtsbehörde gegen den Ratsbeschluss vorgehen.

In diesem Fall sind die Verstöße der fehlerhaften Einberufung (§ 47 Abs. 1 GO), der nicht erfolgten öffentlichen Bekanntmachung von Zeit, Ort und Tagesordnung (§ 48 Abs. 1 S. 4 GO), der erheblichen Mitwirkung Befangener (§ 43 Abs. 2 i.V.m. § 31 Abs. 1 GO) gemäß § 7 Abs. 6 S. 1 Hs. 1 GO unbeachtlich, weil seit der Verkündung ein Jahr vergangen ist, ohne dass dies gegenüber der Gemeinde gerügt worden ist. Aufgrund des Verstoßes gegen das nach § 115 GO vorgeschriebene Anzeigeverfahren kann allerdings die Aufsichtsbehörde weiterhin gegen den Satzungsbeschluss aufsichtsrechtlich einschreiten (§ 7 Abs. 6 S. 1 Hs. 2 Buchstabe a GO). ■

» Bitte lesen Sie die im Überschneidungsbereich der Prüfungsfächer Kommunalrecht und Baurecht wichtige Vorschrift des § 214 BauGB. «

Infolge spezialgesetzlicher Grundlagen können bestimmte weitere Rechtsverstöße ausnahmsweise unbeachtlich sein (vgl. die in der Praxis wichtige Ausnahme des § 214 BauGB).

Online-Wissens-Check

Die Mittlere kreisangehörige Stadt P wird in die kreisfreie Stadt K eingemeindet und verliert dadurch ihre Rechtsstellung als eigenständige Gemeinde. Liegt darin ein Eingriff in die verfassungsrechtliche Garantie der kommunalen Selbstverwaltung?

Überprüfen Sie jetzt online Ihr Wissen zu den in diesem Abschnitt erarbeiteten Themen. Unter **www.juracademy.de/skripte/login** steht Ihnen ein Online-Wissens-Check speziell zu diesem Skript zur Verfügung, den Sie kostenlos nutzen können. Den Zugangscode hierzu finden Sie auf der Codeseite.

5. Übungsfall Nr. 2

„Frieden auf dem Friedhof" 109

Die Stadt S (40 000 Einwohner) betreibt einen Friedhof. Auf Betreiben der A-Fraktion im Rat der Stadt S beschließt der Rat mit 20 Ja-Stimmen, 20 Enthaltungen und 5 Nein-Stimmen die bestehende Friedhofssatzung u.a. durch folgende Regelungen zu ändern bzw. zu ergänzen:

§ 1: Ein Anspruch auf Benutzung des Friedhofes besteht nicht. Die Zulassung steht im Ermessen des Friedhofsamtes.

§ 2: Wer mehrfach schwerwiegend die Ordnung in der Anlage gestört hat, kann für begrenzte Zeit oder auf Dauer von der Benutzung ausgeschlossen werden. Er darf die Anlage nicht mehr betreten.

§ 3: Wer die Anlage ohne ausdrückliche Genehmigung mit einem Fahrzeug befährt, kann mit einer Geldbuße zwischen 20 und 300 € belegt werden.

Bitte prüfen Sie die Rechtmäßigkeit der Satzung.

Hinweis: § 4 Abs. 1 S. 1 Hs. 1 Bestattungsgesetz NRW enthält folgende Regelung: „Die Friedhofsträger regeln durch Satzung Art, Umfang und Zeitraum der Nutzung und Gestaltung ihres Friedhofs und dessen Einrichtungen …"

Lösung 110

Die Satzung ist rechtmäßig, wenn die Stadt S eine Ermächtigungsgrundlage für den Erlass der Satzung hat und die formellen und materiellen Rechtmäßigkeitsvoraussetzungen der einzelnen Satzungsbestimmungen gegeben sind.

I. Ermächtigungsgrundlage

Die Befugnis für den Erlass einer Satzung kann sich aus speziellen Rechtsnormen der Gemeindeordnung bzw. aus Spezialgesetzen oder aus der allgemeinen Generalklausel des § 7 Abs. 1 S. 1 GO ergeben. Dies hängt vom Inhalt der Satzung ab. Vorliegend geht es um die Nutzung eines städtischen Friedhofes. Gemäß § 4 Abs. 1 Bestattungsgesetz NRW (BestG NRW) regelt der Friedhofsträger durch Satzung Art, Umfang und Zeitraum der Nutzung und Gestaltung des Friedhofs und dessen Einrichtungen. Die Stadt S kann daher grundsätzlich die Nutzung des Friedhofes durch Satzung regeln.

Die Vorschriften der Satzung bewegen sich grundsätzlich innerhalb der durch § 4 BestG NRW eröffneten Satzungsbefugnis, da sie „Art, Umfang und Zeitraum der Nutzung" regeln. § 1 der Friedhofssatzung regelt die Zulassung zur Nutzung, § 2 die Art und Weise und § 3 die Sanktionierung von Verstößen gegen die Satzung.

Es fragt sich allerdings, ob § 4 BestG NRW dem verfassungsrechtlichen Kriterium der Wesentlichkeitstheorie gerecht wird, wonach grundrechtsrelevante Eingriffstatbestände einer besonders konkreten gesetzlichen Grundlage bedürfen. Bedenken könnten sich diesbezüglich bei § 3 und § 2 der Satzung ergeben:

Aufgrund des besonders belastenden (grundrechtsrelevanten) Eingriffscharakters des § 3 der Friedhofssatzung, der einen Bußgeldtatbestand formuliert, ist für diese Regelung nach der verfassungsrechtlichen Wesentlichkeitstheorie (Parlamentsvorbehalt bei grundrechtsrelevanten Eingriffstatbeständen) eine besondere konkretere gesetzliche (parlamentarische) Ermächtigungsgrundlage erforderlich. Diese findet sich in § 7 Abs. 2 S. 1 GO. Danach lässt es der Landesgesetzgeber ausdrücklich zu, dass in den gemeindlichen Satzungen vorsätzliche und fahrlässige Zuwiderhandlungen gegen Gebote und Verbote mit Bußgeld bedroht werden. § 3 der Friedhofssatzung bewegt sich innerhalb dieses Rahmens, da das konkret beschriebene Verbot des Befahrens der Anlage mit einem Bußgeld bedroht wird.

§ 2 der Friedhofssatzung ermächtigt auch zu einer besonderen Belastung, da er den Ausschluss von der Einrichtung für Personen ermöglicht, die wesentlich die Friedhofsordnung stören. Allerdings ist hierbei eine Gesamtbetrachtung erforderlich. Der Ausschluss wird nicht isoliert von § 2 der Friedhofssatzung eröffnet, sondern ergibt sich bereits aus der gesetzlichen Vorschrift des § 8 Abs. 2 GO, wonach die Benutzung einer kommunalen Einrichtung von vornherein nur im Rahmen des geltenden Rechts zulässig ist. Die Ausschlussregelung ist mithin kein selbstständiger Grundrechtseingriff, sondern gestaltet die bereits gesetzlich an Grenzen geknüpfte Berechtigung zur Benutzung – im Rahmen des geltenden Rechts – nur aus. Es handelt sich daher lediglich um eine modifizierte Leistung, für die § 4 BestG NRW als Ermächtigungsgrundlage ausreicht.

Eine Satzung ist rechtmäßig, wenn sie formell und materiell rechtmäßig ist. Das heißt, dass alle Satzungsbestimmungen mit höherrangigem Recht übereinstimmen müssen. Es müssen die Vorschriften über das ordnungsgemäße Zustandekommen (Zuständigkeit, Verfahren, Form), also die formelle Rechtmäßigkeit, ebenso wie die inhaltliche materielle Übereinstimmung mit höherrangigem Recht (materielle Rechtmäßigkeit) gegeben sein. Hierbei ist zunächst die formelle Rechtmäßigkeit zu prüfen.

II. Formelle Rechtmäßigkeit

Die Stadt S kann eine Satzung nur dann formell rechtmäßig erlassen, wenn sie hierfür als Körperschaft überhaupt zuständig ist („Verbandskompetenz“) und – wenn ja – das zuständige Gemeindeorgan die Satzung beschließt („Organkompetenz“). Die Gemeinde ist nur für ihre eigenen Angelegenheiten zuständig. Für die Nutzungsausgestaltung kommunaler Einrichtungen hat die Stadt S die erforderliche Verbandskompetenz aus Art. 28 Abs. 2 GG und § 8 GO.

Innerhalb der Gemeinde ist der Rat der Gemeinde das einzige zuständige Organ, welches eine Satzung beschließen kann. Diese ausschließliche Zuständigkeit folgt aus § 41 Abs. 1 S. 2 GO. Aus Buchstabe f der Norm ergibt sich die allgemeine Kompetenz für den Erlass, die Änderung oder die Aufhebung von Satzungen.

Die Satzung muss auf einem rechtmäßigen Ratsbeschluss basieren. Damit diese Voraussetzung gegeben ist, muss der Ratsbeschluss formell rechtmäßig sein. Vorliegend fragt es sich, ob der Ratsbeschluss mit 20 Ja-Stimmen, 20 Enthaltungen und 5 Nein-Stimmen mit der erforderlichen Mehrheit zustande gekommen ist. Gemäß § 50 Abs. 1 S. 1 GO werden Beschlüsse mit Stimmenmehrheit gefasst, soweit die Gemeindeordnung nichts anderes vorschreibt. Anders als beim Erlass der Hauptsatzung (§ 7 Abs. 3 S. 3 GO) ist beim Erlass sonstiger Satzungen grundsätzlich keine qualifizierte Mehrheit erforderlich, d.h. es reicht die einfache Mehrheit. Da gemäß § 50 Abs. 5 GO Stimmenthaltungen nicht zur Berechnung der Mehrheit mitzählen, sprechen die 20 Enthaltungen nicht gegen die Mehrheit von 20 Ja- zu 5 Nein-Stimmen. Der Ratsbeschluss ist damit mit der erforderlichen einfachen Mehrheit zustande gekommen. Im Übrigen bestehen keine Bedenken gegen die formelle Rechtmäßigkeit des Ratsbeschlusses.

In formeller Hinsicht ergeht die Satzung in schriftlicher Form und die Bekanntmachungsanordnung ist vom Bürgermeister zu unterzeichnen (§ 2 Abs. 3 BekanntmVO NRW). Von der Einhaltung dieses Verfahrens und von der noch zu erfolgenden ordnungsgemäßen öffentlichen Bekanntmachung gemäß § 7 Abs. 4 S. 1 GO ist mangels gegenteiliger Anhaltspunkte im Sachverhalt auszugehen.

III. Materielle Rechtmäßigkeit

Die Satzung ist nachfolgend in inhaltlich-materieller Hinsicht zu prüfen.

Da die kommunale Satzung in der Hierarchie der Rechtsnormen ganz unten steht und der Satzungsgeber an das höherrangige Recht und insbesondere an die verfassungsmäßige Ordnung gebunden ist, darf die Satzung mit keiner Satzungsregelung gegen höherrangiges Recht verstoßen. Auch hierbei ist deshalb eine differenzierte Prüfung der unterschiedlichen Satzungsbestimmungen erforderlich.

§ 1 der Friedhofssatzung schließt einen Anspruch auf Benutzung des Friedhofes aus und stellt die Zulassung lediglich in das Ermessen des Friedhofsamtes. Diese Vorschrift könnte gegen den höherrangigen § 8 Abs. 2 GO verstoßen. Danach sind alle Einwohner einer Gemeinde im Rahmen des geltenden Rechts berechtigt, die öffentlichen Einrichtungen der Gemeinde zu benutzen. Gesetzlich gewährleistet ist damit grundsätzlich ein gebundener Anspruch des Einwohners, der nicht vom Ermessen der Zulassungsbehörde (Bürgermeister) abhängt. Lediglich im Falle fehlender Kapazitäten kann sich der gebundene Anspruch in einen Anspruch auf ermessensfehlerfreie Ermessenausübung umwandeln. Für eine solche Fallkonstellation ergeben sich aber keine Anhaltspunkte. Da der städtische Friedhof auch eine kommunale Einrichtung darstellt im Sinne des § 8 Abs. 1 GO (vgl. ausdrücklich § 107 Abs. 2 Nr. 2 GO), die zur Benutzung für Friedhofszwecke gewidmet ist, beschränkt § 1 der Friedhofssatzung in unzulässiger Weise den durch § 8 Abs. 2 GO gesetzlich gewährleisteten gebundenen Anspruch. Aufgrund des Verstoßes gegen das höherrangige Landesgesetz ist § 1 der Satzung damit nichtig.

§ 2 der Friedhofssatzung ermächtigt zu einem Ausschluss von der Benutzung des Friedhofes für begrenzte Zeit oder auf Dauer für Personen, die mehrfach schwerwiegend die Ordnung in der Anlage gestört haben. Diese dürfen die Anlage nicht mehr betreten. Diese Regelung müsste gleichfalls mit höherrangigem Recht vereinbar sein. Zum höherrangigen Recht gehört insbesondere der Verhältnismäßigkeitsgrundsatz, der als Bestandteil des Rechtstaatsprinzips Verfassungsrang hat. Der legitime Zweck der Regelung besteht darin, die erforderliche Ordnung des Friedhofes sicherzustellen. Dies erscheint gerade vor dem Hintergrund der Funktion eines Friedhofes sachgerecht, der neben ordnungsrechtlichen Gesichtspunkten (Gesundheitsschutz etc.) vor allem auch eine würdige Totenruhe sicherstellen will (§ 7 BestG NRW). Der Ausschluss und das Betretungsverbot bei erheblichen Störungen sind auch geeignet, den Zweck der Satzungsregelung zu fördern. Diese Mittel müssten nach dem Grundsatz des Interventionsminimums auch erforderlich sein. Auch dies ist vorliegend anzunehmen, da ein milderes, gleich geeignetes Mittel nicht ersichtlich ist. § 2 erlaubt einen Ausschluss und ein Betretungsverbot nur bei „schwerwiegenden" und „mehrfachen" Störungen. Der Ausschluss und das Betretungsverbot bei mehrfachen und schwerwiegenden Störungen sind auch angemessen im Verhältnis zu Gewicht und Bedeutung des verfolgten Zwecks. Nur so lässt sich bei hartnäckigen, d.h. mehrfachen schwerwiegenden Verstößen der ordnungsgemäße Gebrauch des Friedhofes sicherstellen. § 2 der Satzung ist dann rechtmäßig.

§ 3 der Friedhofssatzung beschreibt mit dem Befahren des Friedhofes einen bußgeldbewehrten Tatbestand. Auch dieser müsste mit höherrangigem Recht in Einklang stehen. Hierzu gehört, dass das Verbot hinreichend bestimmt beschrieben wird und die Höhe des angeordneten Bußgeldes in Relation zu Art und Schwere des Verstoßes verhältnismäßig ist. Hier ist das Verbot des Befahrens des Friedhofes mit einem Fahrzeug konkret beschrieben und für jeden Benutzer objektiv aus sich heraus verständlich. Das Verbot ist damit hinreichend bestimmt beschrieben. Auch der angeordnete Bußgeldrahmen erscheint mit 20 bis 300 € nicht überzogen und angesichts der Gefahren des Befahrens für den Friedhofszweck angemessen. Insbesondere auch bei leichteren Verstößen ist der Bußgeldrahmen, der bereits geringfügige Bußgelder ab 20 € zulässt, geeignet, zu sachgerechten Ergebnissen zu gelangen. Daher ist § 3 der Satzung rechtmäßig.

IV. Ergebnis

Somit ist § 1 der Satzung nichtig, während die §§ 2 und 3 der Satzung rechtmäßig sind. Die Satzung kann trotz der Nichtigkeit des § 1 aufrechterhalten werden, da anstelle der nichtigen Norm das Gesetz mit § 8 Abs. 2 GO eine entsprechende Regelung zur Verfügung stellt. Damit macht die Satzung insgesamt Sinn und ist nicht etwa aufgrund des „Wegbrechens" einer Vorschrift in sich unschlüssig (§ 139 BGB analog).

2. Teil
Einwohner und Bürger

111 Zu den Gemeindebewohnern gehören die Einwohner und Bürger. **Einwohner** ist, wer in der Gemeinde wohnt und Bürger, wer zu den Gemeindewahlen wahlberechtigt ist (§ 21 GO). Jeder Bürger ist damit gleichzeitig auch Einwohner der Gemeinde, so dass auch Bürger zum Beispiel an einem Einwohnerantrag im Sinne von § 25 GO mitwirken können.

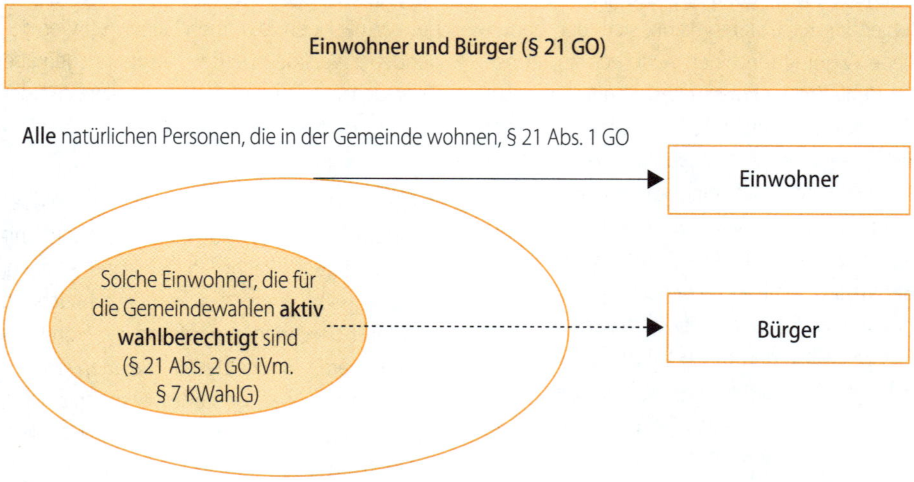

Das für die Bürgereigenschaft maßgebliche aktive Kommunalwahlrecht folgt aus § 7 KWahlG NRW. Danach ist **Bürger**, wer am Wahltag Deutscher oder Staatsangehöriger eines Mitgliedsstaates der Europäischen Union ist, das sechzehnte Lebensjahr vollendet hat und mindestens seit 16 Tagen in der Gemeinde seine Wohnung hat.

112 Die Unterscheidung der Einwohner- und Bürgerstellung ist von rechtlicher Bedeutung. Nur Bürger haben insbesondere das aktive Kommunalwahlrecht. Sie können auch ein Bürgerbegehren und einen Bürgerentscheid nach § 26 GO herbeiführen. Sowohl Einwohner wie Bürger können gemäß § 28 Abs. 1 GO zu vorübergehender ehrenamtlicher Tätigkeit verpflichtet werden, die sie nur aus wichtigem Grunde verweigern können.

Im Folgenden sollen die besonders wichtigen Rechte der Einwohner und/oder Bürger, also das kommunale Wahlrecht, die plebiszitären Abstimmungsformen und die Nutzung kommunaler Einrichtungen näher dargestellt werden.

A. Kommunales Wahlrecht

113 Bei den Kommunalwahlen werden die maßgeblichen Organe der Kommunen unmittelbar von den **Bürgern** der jeweiligen Kommune gewählt.

Die maßgeblichen Organe auf **Gemeindeebene** sind Rat und Bürgermeister. Beide Organe vertreten nach § 40 Abs. 2 S. 1 GO die Bürgerschaft. Sie werden jeweils in eigenständigen Wahlen von den Bürgern der Kommune gewählt. Obwohl die Wahlen nach § 65 Abs. 1 S. 1 GO grundsätzlich an einem gemeinsamen Wahltermin stattfinden (sogenannte verbundene Wahlen), handelt es sich rechtlich um unterschiedliche Wahlen mit zu differenzierenden Wählbarkeitsvoraussetzungen, wahlorganisatorischen Vorgaben und Wahlverfahren. Einerseits findet die Wahl der Ratsmitglieder nach § 42 GO i.V.m. §§ 3 ff. KWahlG NRW statt und andererseits die Wahl des Bürgermeisters nach § 65 GO i.V.m. §§ 46b ff. KWahlG NRW.

» Bitte sehen Sie sich die wahlrechtlichen Grundlagen in der GO und im KWahlG NRW an. Das KWahlG NRW ist eines der bedeutendsten kommunalrechtlichen Nebengesetze. «

Auf Ebene des **Kreises** werden nach der entsprechenden Systematik die Kreistagsmitglieder nach § 27 KrO und der Landrat nach § 44 KrO gewählt. Dies führt dazu, dass ein Bürger in einer kreisangehörigen Gemeinde bei den Kommunalwahlen vier Stimmen zu vergeben hat und damit Kreistag, Landrat, Rat und Bürgermeister wählen kann. Die unterschiedlichen Wahlen werden unter dem Sammelbegriff „Kommunalwahlen" im Plural zusammen gefasst.

In **kreisfreien Städten** findet neben der Wahl der Ratsmitglieder und des Bürgermeisters, der dort die Bezeichnung „Oberbürgermeister" führt (§ 40 Abs. 2 S. 3 GO), in jedem Stadtbezirk die Wahl der Bezirksvertretungen nach § 36 Abs. 1 GO statt. Dem Bürger in einer kreisfreien Stadt stehen damit drei Stimmen bei den verbundenen Kommunalwahlen zur Verfügung.

Die Bürger der Mitgliedskommunen des Regionalverbandes Ruhr wählen zudem zusätzlich die Verbandsversammlung des Regionalverbandes Ruhr nach den §§ 46f ff. KWahlG NRW.

Wahlberechtigt sind für alle Kommunalwahlen nur die **Bürger** der jeweiligen Kommune. Die Bürgereigenschaft ergibt sich wie beschrieben aus § 21 Abs. 2 GO i.V.m. § 7 KWahlG NRW. Für die Kreiswahlen sind dies die Bürger der kreisangehörigen Gemeinden im Kreisgebiet. In kreisfreien Städten muss für die Bezirksvertretungswahl der Bürger seine Wohnung im Stadtbezirk haben.

I. Kommunales Wahlsystem

Art. 28 Abs. 1 S. 2 GG gibt vor, dass in den Gemeinden und Kreisen eine **Vertretung des Volkes** bestehen muss, die aus allgemeinen, unmittelbaren, freien, gleichen und geheimen Wahlen hervorgegangen ist. Demgemäß regeln auch die maßgeblichen einfachgesetzlichen Vorschriften der §§ 42 Abs. 1 S. 1, 36 Abs. 1 S. 2 GO bzw. § 27 Abs. 1 S. 1 KrO, dass die Mitglieder von Rat, Bezirksvertretung (in kreisfreien Städten) und Kreistag von den Bürgern der Kommune nach den maßgeblichen Wahlrechtsgrundsätzen gewählt werden. Die Dauer der Wahlperiode beträgt jeweils fünf Jahre. Die Wahlrechtsgrundsätze und die fünfjährige Wahlperiode gelten auch für die Wahl der **Bürgermeister** bzw. Oberbürgermeister (in kreisfreien Städten) sowie für die Wahl der Landräte, § 65 Abs. 1 S. 1 GO bzw. § 44 Abs. 1 S. 1 KrO.[1] 114

Für alle Kommunalwahlen sind nach der verfassungsrechtlichen Vorgabe des Art. 28 Abs. 1 S. 1 und 2 GG sowie nach den soeben genannten kommunalrechtlichen Bestimmungen die **Wahlrechtsgrundsätze** zu beachten. 115

1 *BVerwG* Urteil vom 8.4.2003 – 8 C 14/02 –, DVBl. 2003, 943.

Nach dem Grundsatz der **Allgemeinheit der Wahl** dürfen nicht einzelne Bürger von der Teilnahme an der Wahl, insbesondere auf Grund politischer, wirtschaftlicher oder sozialer Gründe ausgeschlossen werden.[2]

Aus dem Grundsatz der **Unmittelbarkeit der Wahl** folgt, dass die Bestimmung der kommunalen Vertreter durch die Wähler selbst und direkt erfolgt. Der Wähler soll das letzte Wort haben. Da für die Wähler die Wirkung ihrer Stimmabgabe selbst erkennbar sein muss, ist die Einschaltung von Wahlmännern oder anderen Entscheidungsinstanzen (wie zum Beispiel einer weiteren Mitgliederversammlung der Partei) *nach* der Stimmabgabe ausgeschlossen.[3]

Der Grundsatz der **freien Wahl** sichert die Ausübung des Wahlrechts gegenüber Zwang und Druck.[4] Er schützt die Wähler auch vor objektiv unrichtigen oder parteiergreifenden Äußerungen von Hoheitsträgern, die im zeitlichen und sachlichen Zusammenhang mit einer Kommunalwahl stehen.[5] In solchen Fällen **amtlicher Wahlbeeinflussung** liegt zudem ein Verstoß gegen den Grundsatz der Gleichheit der Wahl und gegen das Demokratieprinzip vor. Die Gleichheit der Wahl in der Ausprägung der Verletzung der Chancengleichheit ist betroffen, da der von der Äußerung negativ betroffene Bewerber nicht diese amtliche Bevorzugung erfährt. Der in Art. 20 Abs. 2 GG verankerte Demokratiegrundsatz ist berührt, da in Fällen amtlicher Wahlbeeinflussung die Willensbildung nicht von den Bürgern zu den Kommunalorganen, sondern (rechtswidrigerweise) umgekehrt erfolgt.[6]

Beispiel Verstößt ein Bürgermeister in der Wahlkampfphase bei der Ausübung seines Amtes durch ein pflicht- und ordnungswidriges Verhalten (z.B. durch parteiergreifende amtliche Aussagen auf der gemeindlichen Homepage) gegen seine amtliche Neutralitätspflicht, so liegt hierin ein Verstoß gegen die Grundsätze der freien und gleichen Wahl und gegen das Demokratieprinzip, der im Falle einer möglichen Erheblichkeit für das Wahlergebnis zu einer Aufhebung der Wahl im Wahlprüfungsverfahren führen kann.[7] ■

Die **Geheimheit der Wahl** sichert die freie Wahl und erfordert, dass der Wahlvorgang so ausgestaltet wird, dass der Wähler seine Wahlentscheidung trifft, ohne dass Dritte davon Kenntnis nehmen können.[8] Auf den Schutz des Geheimhaltungsgebotes kann der Wähler nicht verzichten. Die Kennzeichnung des Stimmzettels außerhalb der Wahlkabine führt deshalb zur Zurückweisung des Wählers.

Der Grundsatz der **Gleichheit der Wahl** verlangt, dass jedermann sein aktives und passives Wahlrecht in formal möglichst gleicher Art und Weise ausüben können soll. Jede Stimme muss den gleichen Einfluss auf das Wahlergebnis, also den gleichen Zähl- und den gleichen Erfolgswert haben.[9] Der Gesetzgeber hat nur einen eng begrenzten Spielraum für Differen-

---

2 *BVerfG* Beschluss vom 7.10.1981 – 2 BvC 2/81 –, BVerfGE 58, 202, 205; *Bätge* Wahlen und Abstimmungen NRW, KWahlG, Kennziffer 10.00, Erl. 4.

3 Vgl. schon *BVerfG* Entscheidung vom 3.7.1957 – 2 BvR 9/56 –, BVerfGE 7, 63, 68); *Bätge* Wahlen und Abstimmungen NRW, KWahlG, Kennziffer 10.00, Erl. 5.

4 *BVerfG* Urteil vom 10.4.1984 – 2 BvC 2/83 –, BVerfGE 66, 369, 380; *Bätge* Wahlen und Abstimmungen NRW, KWahlG, Kennziffer 10.00, Erl. 6.

5 *BVerwG* Beschluss vom 9.5.2012 – 8 B 27/12 –, KommPWahlen 2013, 45 mit Anm. *Bätge* ebenda.

6 Vgl. den Klausurfall von *Bätge* VR 2012, 162.

7 *BVerwG* Urteil vom 8.4.2003 – 8 C 14/02 –, DVBl. 2003, 943 und Beschluss vom 9.5.2012 – 8 B 27/12 –, KommPWahlen 2013, 45 mit Anm. *Bätge*.

8 *BVerfG* Beschluss vom 16.7.1998 – 2 BvR 1953/95 –, BVerfGE, 99, 1, 13; *Bätge* Wahlen und Abstimmungen NRW, KWahlG, Kennziffer 10.00, Erl. 10.

9 *BVerfG* Urteil vom 13.2.2008 – 2 BvK 1/07 –, BVerfGE 120, 82, 102; *Bätge* Wahlen und Abstimmungen NRW, KWahlG, Kennziffer 10.00, Erl. 7.

zierungen, die zu ihrer Rechtfertigung eines durch die Verfassung legitimierenden Zweckes bedürften, der von einem Gewicht ist, das der Wahlgleichheit die Waage halten kann.

Beispiel[10] Die Einführung einer **Sperrklausel** in das **Kommunalwahlgesetz** stellt einen Verstoß gegen die Grundsätze der Gleichheit der Wahl und der Chancengleichheit der Parteien und Wählergruppen dar, der – anders als bei der Landtags- und Bundestagswahl – aufgrund der im Vergleich zu Parlamenten geringeren Bedeutung der kommunalen Vertretungen auch nicht zu rechtfertigen ist. Anders als Parlamente erlassen die kommunalen Vertretungen keine Gesetze im formellen Sinne, in denen die wesentlichen Entscheidungen des Gemeinwesens getroffen werden müssen. Aufgrund der Direktwahl der Bürgermeister und Landräte durch die Bürger, treffen sie zudem keine Personalentscheidungen, die ähnlich bedeutsam wie die Kanzlerwahl durch den Bundestag bzw. die Ministerpräsidentenwahl durch den Landtag sind. Der Erhalt der Funktionsfähigkeit der Parlamente ist daher noch schutzwürdiger als derjenige der kommunalen Vertretungen.

Auch die Einfügung einer Sperrklausel für die Wahl der Räte und Kreistage in die **Landesverfassung NRW** wurde vom Verfassungsgerichtshof NRW für verfassungswidrig erklärt.[11] Bei einer verfassungsunmittelbaren Sperrklausel verringert sich der Prüfungsmaßstab. Es ist nicht mehr die Vereinbarkeit mit der (übrigen) Landesverfassung zu prüfen, sondern nur noch mit dem bundesverfassungsrechtlichen **Homogenitätsprinzip des Art. 28 Abs. 1 S. 1 GG** (Homogenität der Landesverfassung mit den Staatsstrukturprinzipien des Grundgesetzes). Der Verfassungsgerichtshof hat entschieden, dass eine unmittelbar in die Landesverfassung eingeführte (2,5 %-)Sperrklausel bei Kommunalwahlen verfassungswidrig sei, soweit sie für die Wahlen der Räte und Kreistage gelte. Demgegenüber stehe die Sperrklausel im Einklang mit dem Homogenitätsprinzip, soweit die Wahlen der Bezirksvertretungen in kreisfreien Städten und der Verbandsversammlung des Regionalverbandes Ruhr betroffen sind. Für die Wahlen der Räte und Kreistage sei der Eingriff in den Grundsatz der Wahlrechtsgleichheit nicht gerechtfertigt. Für sie seien die Wahlrechtsgrundsätze ausdrücklich in **Art. 28 Abs. 1 S. 2 GG** normiert und als wesentlicher Teil des **Demokratieprinzips** auch für den Landesverfassungsgeber verbindlich. Weniger strengen verfassungsrechtlichen Anforderungen unterlägen differenzierende Regelungen für die Wahlen der Bezirksvertretungen in kreisfreien Städten und der Verbandsversammlung des Regionalverbandes Ruhr, da diese nicht zu den Volksvertretungen im Sinne des Art. 28 Abs. 1 S. 2 GG gehören.[12] Insoweit beschränke sich das Grundgesetz auf die Gewährleistung des unabänderlichen Kerns des Demokratieprinzips. Dieser werde durch eine 2,5 %-Sperrklausel für die Wahl der Bezirksvertretungen noch nicht berührt. Gleiches gelte für die Wahl der Verbandsversammlung des Regionalverbandes Ruhr. ■

Bei der Frage, wie ein gewählter Bewerber für die verschiedenen Kommunalorgane gewählt ist, muss zwischen der Wahl der Rats- und Kreistagsmitglieder einerseits und der Wahl der Bürgermeister und Landräte andererseits differenziert werden. **116**

Die **Rats- und Kreistagsmitglieder** werden zur Hälfte **direkt** in den Wahlbezirken gewählt und zur anderen Hälfte im Wege des Verhältnisausgleiches nach **(Reserve-)Listen** für das ganze Wahlgebiet (§ 3 Abs. 1 KWahlG NRW). Wahlgebiet ist das Gebiet der jeweiligen Kom-

10 *BVerfG* Urteil vom 13.2.2008 – 2 BvK 1/07 –, DVBl. 2008, 443.

11 *VerfGH NRW* Urt. v. 21.11.2017 – VerfGH 15/16 –, KommunalPWahlen 2018, 20 mit Anm. *Bätge* ebenda; vgl. hierzu auch *Ritgen* NVwZ 2018, 114, 115.

12 So auch schon *VerfGH Berlin* Urteil vom 13.5.2013 – 155/11 –, DVBl. 2013, 848.

mune, welches in vergleichbar einwohnerstarke Wahlbezirke unterteilt wird. Derjenige, der im Wahlbezirk die meisten Stimmen bekommt, zieht direkt in den Rat ein. Da der Wähler mit der Stimme für den Direktbewerber auch gleichzeitig die Reserveliste der ihn aufstellenden Partei bzw. Wählergruppe wählt (keine Stimmensplittung möglich wie bei der Bundes- und Landtagswahl) werden diese Stimmen im Wahlgebiet zusammengezählt und nach dem Sitzberechnungsverfahren nach Sainte-Laguë/Schepers (§ 33 KWahlG NRW) verteilt.

Im Folgenden wird ein *Beispiel* für das **Sitzberechnungsverfahren** nach Sainte-Laguë/Schepers ausgeführt:

Beispiel Der Rat einer Gemeinde mit 25 000 Einwohnern hat 38 Ratsmitglieder. Bei der Kommunalwahl haben von den 10 000 Stimmen erhalten:

A-Partei:	5100
B-Partei:	2500
C-Wählergruppe:	2137
D-Partei:	263

Wie erfolgt die Sitzverteilung im Rat?

Die Berechnung erfolgt nach dem Divisorverfahren Sainte-Laguë/Schepers, welches in § 33 KWahlG NRW niedergelegt ist:

- Zunächst wird der Zuteilungsdivisor durch Teilung der Gesamtstimmenzahl durch die Gesamtsitzzahl ermittelt:
  10 000 (Gesamtstimmenzahl) : 38 (Gesamtsitzzahl) = 263 (Zuteilungsdivisor).
- Die den Parteien/Wählergruppen zustehenden Sitzzahlen werden ermittelt nach der Formel:
  Stimmenzahl der Partei/Wählergruppe : Zuteilungsdivisor (= 263) = Sitzzahl
  Das ergibt konkret:

A-Partei:	19,39 (ungerundet)	gerundet (ab 0,5 Aufrundung): 19 Sitze
B-Partei:	9,50 (ungerundet)	gerundet (ab 0,5 Aufrundung): 10 Sitze
C-Wählergruppe:	8,12 (ungerundet)	gerundet (ab 0,5 Aufrundung): 8 Sitze
D-Partei:	1,00 (ungerundet)	gerundet (ab 0,5 Aufrundung): 1 Sitz

Zur konkreten (namentlichen) Ermittlung der aus den Reservelisten in den Rat einziehenden Bewerber sind auf die insgesamt den einzelnen Parteien bzw. Wählergruppen zustehenden Sitze vorab die in den Wahlbezirken (direkt) gewählten Bewerber anzurechnen. Falls also die Bewerber, die von der B-Partei vorgeschlagen worden sind, in fünf Wahlbezirken direkt gewählt worden sind, würden aus der Reserveliste der B-Partei nur die ersten fünf Bewerber in den Rat einziehen.

Da im *Beispiel* die A-Partei zwar die absolute Mehrheit der Stimmen (5100), aber rechnerisch nicht die absolute Mehrheit der Sitze (nur 19 anstatt 20 Sitze), erreicht hat, greift § 33 Abs. 4 KWahlG NRW: Es wird der A-Partei ein weiterer Sitz zugeteilt (Zusatzmandat) und der B-Partei (als Partei mit dem niedrigsten Zahlenbruchteil ab 0,5 (inklusive), § 33 Abs. 4 S. 2 KWahlG NRW) ein Sitz weniger zugeteilt. Damit ergibt sich folgende Sitzverteilung:

A-Partei:	20
B-Partei:	9
C-Wählergruppe:	8
D-Partei:	1 ■

Bei den **Bürgermeistern und Landräten** ist das Wahlberechnungsverfahren einfacher: Es kommt nur darauf an, wer **mehr als die Hälfte** der gültigen Stimmen in der Kommune erhalten hat (§ 46c Abs. 1 S. 2 KWahlG NRW). Erhält von mehreren Bewerbern keiner die erforderliche absolute Mehrheit, findet am zweiten Sonntag nach der Wahl eine **Stichwahl** unter den beiden Bewerbern statt, die bei der ersten Wahl die höchsten Stimmenzahlen erhalten haben (§ 46c Abs. 2 S. 1 KWahlG NRW).[13] 117

Die **Bezirksvertretungen** in kreisfreien Städten werden nach Listenwahlvorschlägen gewählt. Die Sitze werden entsprechend dem Sitzberechnungsverfahren für den Rat auf die Parteien und Wählergruppen verteilt (§ 46a Abs. 6 KWahlG NRW). Allerdings werden nach Art. 78 Abs. 1 S. 3 LVerf NRW nur solche Wahlvorschläge für die Sitzberechnung berücksichtigt, die mindestens 2,5 vom Hundert der insgesamt abgegebenen gültigen Stimmen erhalten haben.

Die **Wählbarkeit** (passives Wahlrecht) unterscheidet sich vom aktiven Wahlrecht in mehrfacher Hinsicht: 118

- Als **Rats- und Kreistagsmitglied** wählbar sind nur diejenigen wahlberechtigten Personen, die das achtzehnte Lebensjahr vollendet haben und seit mindestens drei Monaten in dem Wahlgebiet ihre (Haupt-)Wohnung haben (§ 12 KWahlG NRW);
- für die Wählbarkeit von Bezirksvertretern in kreisfreien Städten muss hinzukommen, dass man im Stadtbezirk wohnt oder in einem Gemeindewahlbezirk des Stadtbezirks als Bewerber für die Wahl des Rates aufgestellt ist (§ 46a Abs. 4 S. 2 KWahlG NRW);
- als **Bürgermeister und Landrat** wählbar ist gemäß § 65 Abs. 2 GO bzw. § 44 Abs. 2 KrO, wer am Wahltag Deutscher oder Staatsangehöriger eines Mitgliedstaates der Europäischen Union ist und eine Wohnung in der Bundesrepublik Deutschland innehat (also nicht zwingend im Wahlgebiet – Gemeinde bzw. Kreis) und das 23. Lebensjahr vollendet hat. Der Bewerber muss zudem die Gewähr dafür bieten, dass er jederzeit für die freiheitlich demokratische Grundordnung im Sinne des Grundgesetzes eintritt.

Von der Wählbarkeit ist die sogenannte **Inkompatibilität** zu unterscheiden. Aus Gründen der Unvereinbarkeit von Amt und Mandat sind bestimmte Beschäftigte des öffentlichen Dienstes aus den in § 13 Abs. 1 KWahlG NRW angeordneten Gründen zwar wählbar, müssen sich aber nach der Wahl entscheiden, ob sie die Wahl annehmen.[14] Da sie nach § 13 Abs. 3 S. 1 KWahlG NRW die Wahl nur annehmen können, wenn sie die Beendigung ihres Dienstverhältnisses nachweisen, wird teilweise von einem faktischen Wählbarkeitsausschluss dieses Personenkreises gesprochen.[15] Angesichts des damit verbundenen Eingriffs in den Grundsatz der Allgemeinheit der Wahl[16] bedarf es mit Art. 137 GG einer ausdrücklichen verfassungsrechtlichen Ermächtigung für die Beschränkung der Wählbarkeit von Angehörigen des öffentlichen Dienstes. Diese ist zudem einschränkend auszulegen und ermächtigt den Gesetzgeber im kommunalen Bereich nur dazu, die Wählbarkeit eines Arbeitnehmers zum Rat bzw. Kreistag 119

13 Im Landtag ist ein Gesetzentwurf zur Abschaffung der Stichwahl anhängig (LT-Drs.17/4305), dessen politischer Ausgang zum Fertigstellungszeitpunkt des Buches noch nicht entschieden ist. Es soll danach für die Wahl zum Bürgermeister und Landrat ausreichen, von den gültigen Stimmen die höchste Stimmenzahl (relative Mehrheit) zu erreichen. Vgl. zur Frage der Verfassungsgemäßheit des Wegfalls der Stichwahl und zur Rechtfertigungs- und Beobachtungspflicht des Gesetzgebers: *VerfGH NRW* Urteil vom 26.5.2009 – VerfGH 2/09 –, juris; kritisch zur Abschaffung der Stichwahl z.B. *Krüper* DÖV 2009, 758.

14 Vgl. Klausurfälle von *Beckmann* in Hofmann/Beckmann, Fall 2 und *Bätge* VR 1999, 99.

15 Vgl. im Einzelnen: *Bätge* Wahlen und Abstimmungen NRW, § 13 KWahlG (Kennziffer 11.13), Erl. 1.

16 *BVerwG* Urteil vom 21.1.2015 – 10 C 11/14 –, BVerwGE 151, 179.

seiner Kommune zu beschränken, wenn ansonsten die Gefahr von Interessenkollisionen nicht wirksam begegnet werden kann.[17] Die Gefahr einer solchen Interessenkollision besteht nicht, wenn der Arbeitnehmer der Kommune keine Möglichkeit hat, inhaltlich auf die Verwaltungsführung Einfluss zu nehmen, vgl. § 13 Abs. 1 S. 1 KWahlG NRW.

Beispiel Der in der kreisangehörigen Gemeinde G wohnhafte Beamte K ist in der Kreisverwaltung des Kreises K tätig und leitet dort das Kommunalaufsichtsamt. Gemäß § 13 Abs. 1 S. 1 Buchstabe d KWahlG NRW kann er nicht gleichzeitig dem Rat der im Kreis K gelegenen kreisangehörigen Gemeinde G angehören.

Ein ebenfalls in der Kreisverwaltung tätiger Arbeitskollege des K, der Pförtner P, könnte hingegen die Wahl zum Mitglied des Kreistages seiner Anstellungskörperschaft (Kreis K) annehmen, ohne sein Dienstverhältnis aufgeben zu müssen. Als Pförtner ist er vom persönlichen Anwendungsbereich der Inkompatibilitätsvorschrift ausgenommen, da er die Verwaltungsführung seines Dienstherrn inhaltlich nicht beeinflussen kann.[18] ■

II. Verfahren nach der Kommunalwahl

120 Nach dem Wahltag stellt der **Wahlausschuss**, ein spezialgesetzlicher und entscheidungsbefugter **Pflichtausschuss** der Kommune, das **Wahlergebnis** fest (§ 34 Abs. 1 KWahlG NRW).

Hierbei stützt er sich auf die Auszählungsergebnisse der **Wahlvorstände** in den jeweiligen Stimmbezirken bzw. der Briefwahlvorstände für die Briefwahl. Die Wahlvorstände bestehen aus Mitgliedern, die vom Bürgermeister für dieses Amt berufen werden. Die Mitwirkung als Mitglied in einem Wahlvorstand ist eine **ehrenamtliche Tätigkeit** im Sinne des § 28 Abs. 1 GO. Die Heranziehung zu der ehrenamtlichen Tätigkeit ist ein belastender Verwaltungsakt im Sinne des § 35 S. 1 VwVfG NRW. Sie kann von einem Bürger nur dann abgelehnt werden, wenn ein wichtiger Grund im Sinne des § 29 Abs. 1 GO vorliegt.

121 Die Kontrolle der Rechtmäßigkeit der Wahl ist auf die nachträgliche **Wahlprüfung** nach §§ 39 ff. KWahlG NRW beschränkt. Gegen die Gültigkeit der Wahl können jeder Wahlberechtigte, die Aufsichtsbehörde und die für das Wahlgebiet zuständige Leitung solcher Parteien und Wählergruppen, die an der Wahl teilgenommen haben, binnen einen Monats nach Bekanntgabe des Wahlergebnisses Einspruch einlegen. Die neu gewählte Vertretung (Rat bzw. Kreistag) entscheidet nach Vorprüfung durch den Wahlprüfungsausschuss über die Einsprüche und die Gültigkeit der Wahl. Gegen den Wahlprüfungsbeschluss der Vertretung kann nach § 41 Abs. 1 S. 1 KWahlG NRW eine verwaltungsgerichtliche Klage erhoben werden.

Sofern der Kläger der Auffassung ist, dass die Wahl infolge eines beachtlichen Wahlfehlers ungültig sei und der Rat aber die Gültigkeit der Wahl festgestellt hat, ist die **Verpflichtungsklage** statthaft. Mit der Feststellung der Ungültigkeit der Wahl wird der Erlass eines Verwaltungsaktes durch den Rat begehrt, der in diesem Fall als Behörde agiert.[19]

Wendet sich hingegen ein gewählter Vertreter oder die Leitung einer Partei bzw. Wählergruppe gegen den Ratsbeschluss der Ungültigkeitserklärung der Wahl, so steht ihm bzw. ihr hierfür eine Kombination von Anfechtungs- und Verpflichtungsklage zur Verfügung. Rechts-

17 *BVerwG* Urteil vom 14.6.2017 – 10 C 2/16 –, BVerwGE 159, 113.
18 *BVerwG* Urteil vom 14.6.2017 – 10 C 2/16 –, BVerwGE 159, 113.
19 *Schneider* in Kallerhoff/von Lennep/Bätge u.a., F III 5.4.2.

schutzziel ist in solchen Fällen die Aufhebung des Ungültigkeitsbeschlusses und die Verpflichtung des Rates, die Wahl für gültig zu erklären.[20]

Nach Beginn der Wahlperiode des neu gewählten Rates muss der Bürgermeister diesen innerhalb von sechs Wochen zu seiner ersten **(konstituierenden) Sitzung** einberufen, § 47 Abs. 1 S. 2 GO. In der konstituierenden Sitzung sind maßgebliche organisatorische und personelle Aspekte zu beschließen. 122

Beispiele Bildung und Zusammensetzung der Ausschüsse (§§ 50 Abs. 3, 58 GO), Wahl der ehrenamtlichen Stellvertreter des Bürgermeisters (§ 67 Abs. 1 GO). ■

B. Kommunale Abstimmungen

Die **Staatsgewalt** wird vom Volk in Wahlen und Abstimmungen ausgeübt (Art. 20 Abs. 2 S. 2 GG). In der mittelbaren Demokratie des Grundgesetzes kommen neben den Bundestagswahlen **Abstimmungen**, also unmittelbare Entscheidungen des Volkes in Sachfragen, kaum vor (Ausnahmen: Neugliederung des Bundesgebietes nach Art. 29 GG und Abstimmung über eine neue Verfassung nach Art. 146 GG). 123

Die Kommunen üben wie der Staat Hoheitsgewalt aus. Ihre Organe sind deshalb durch die Kommunalwahlen ebenfalls demokratisch legitimiert. **Auf kommunaler Ebene** wird das repräsentativ-demokratische System der Kommunalverfassung aber um ein wichtiges Element „unmittelbarer oder direkter" Demokratie ergänzt. Bürger und in beschränktem Umfang auch Einwohner können mittels gesetzlich vorgesehener plebiszitärer Rechtsinstrumente **unmittelbaren** Einfluss auf die Kommunalverwaltung nehmen. Mit einem **Bürgerentscheid** treffen die Bürger – an Stelle des Rates oder möglicherweise sogar gegen den Rat – eine eigene Entscheidung unmittelbar über eine Angelegenheit der Gemeinde. 124

Durch die Einführung des Bürgerentscheides ist das repräsentativ-demokratische System allerdings nicht überlagert worden. Vielmehr sind beide Entscheidungsformen (Bürgerentscheid und repräsentative Entscheidungen) rechtlich **gleichwertig**.[21] Diese Feststellung hat zur Folge, dass ein Sicherungsanspruch zu Gunsten eines Bürgerbegehrens grundsätzlich selbst dann nicht besteht, wenn im Einzelfall eine Entscheidung der gemeindlichen Repräsentativorgane dem widersprechenden Bürgerbegehren zuvorkommt.[22] Der **Sinn des repräsentativ-demokratischen Systems** besteht schließlich gerade darin, eine organisatorisch und zeitlich handhabbare Form demokratischer Willensbildung für mitgliederstarke Körperschaften wie Kommunen bereitzustellen. Erst wenn die Zulässigkeit des Bürgerbegehrens vom Rat festgestellt worden ist, besteht für die Gemeindeorgane eine Sperrwirkung für dem Bürgerbegehren entgegenstehende Entscheidungen (§ 26 Abs. 6 S. 7 GO). Nur **unter ganz besonderen Umständen** kann sich auch darüber hinaus eine **Beschränkung der Handlungsmacht der Repräsentativorgane** aus dem auch auf das Verhältnis der Gemeindeorgane zur Bürgerschaft anwendbaren Gebot der **Organtreue** ergeben.

20 *BVerwG* Urteil vom 7.3.2012 – 8 C 7/11 –, KommPWahlen 2012, S. 117 mit Anm. *Bätge*.
21 *OVG NRW* Beschlüsse vom 19.3.2004 – 15 B 522/04 – und vom 6.12.2007 – 15 B 1744/07 –, juris.
22 *OVG NRW* Beschluss vom 24.4.2017 – 15 B 479/17 –, juris, hierzu auch *Schmidt* KommJur 2018, 165, 168.

Beispiel[23] Gegen die vom Rat in Kürze beabsichtigte Fällung von Alleebäumen richtet sich ein Bürgerbegehren. Da die Sammlung der für das Bürgerbegehren erforderlichen Unterschriften einige Zeit dauert und eine Baumfällung zu befürchten ist, wollen die Vertreter des Bürgerbegehrens im einstweiligen Rechtsschutzverfahren vom Verwaltungsgericht festgestellt wissen, dass die Gemeinde die Baumfällarbeiten unterlässt, bis über das Bürgerbegehren und einen nachfolgenden Bürgerentscheid entschieden ist.

Der Antrag hat keinen Erfolg, da es hierfür keinen Anordnungsanspruch gibt. Als mögliche Anspruchsgrundlage scheidet § 26 Abs. 6 S. 7 GO aus, da es an einer die Sperrwirkung des Bürgerbegehrens auslösenden Feststellung der Zulässigkeit des Bürgerbegehrens fehlt. Auch der Grundsatz der Organtreue rechtfertigt im vorliegenden Fall keinen „außergesetzlichen Handlungsstopp" der Gemeindeorgane. Wegen der Gleichwertigkeit von Entscheidungen der Gemeindeorgane einerseits und von Bürgerbegehren andererseits ist die Treuepflicht nicht schon dann verletzt, wenn die Entscheidung des Gemeindeorgans dem Bürgerbegehren zuvorkommt. Besondere tatsächliche Umstände für ein treuwidriges Verhalten der Gemeindeorgane sind von den Vertretern des Bürgerbegehrens nicht dargetan und bewiesen worden. ■

I. Einwohnerantrag

125 Ein erstes Element unmittelbarer Mitwirkung liegt im Einwohnerantrag nach § 25 GO. Mit diesem können die Einwohner den Rat zwingen, über eine bestimmte gemeindliche Angelegenheit zu beraten und zu entscheiden. Über die bloße Anregung hinaus erfolgt damit also eine Entscheidungspflicht **des Rates** (nicht aber ein Entscheidungsrecht der Einwohner) zur Sache. Der Rat ist innerhalb der allgemeinen Rechtmäßigkeitsgrenzen frei darin, wie er in der Sache entscheidet. Mitwirkungsberechtigt sind alle Einwohner, die seit mindestens drei Monaten in der Gemeinde wohnen und das 14. Lebensjahr vollendet haben. Da der Einwohnerbegriff im Übrigen nach § 21 Abs. 1 GO lediglich an eine Wohnung in der Gemeinde anknüpft und damit weiter zu verstehen ist als der Bürgerbegriff (§ 21 Abs. 2 GO), können auch nicht wahlberechtigte Minderjährige (14 und 15jährige Personen) oder Personen mitwirken, die nicht die deutsche Staatsangehörigkeit oder Staatsangehörigkeit eines EU-Mitgliedsstaates haben.

126 Da der Einwohnerantrag im Vergleich mit dem noch zu behandelnden Bürgerbegehren kein Mitentscheidungsrecht, sondern nur ein **Mitwirkungsrecht** gewährt, ist die praktische Bedeutung des Einwohnerantrages gering. Die Initiatoren eines Einwohnerantrages werden sich die Frage stellen müssen, ob sie nicht gleich das eine Entscheidung ermöglichende Instrument des Bürgerbegehrens/Bürgerentscheides wählen sollen.[24]

II. Bürgerbegehren und Bürgerentscheid

127 Das in § 26 Abs. 1 S. 1 GO geregelte **Verfahren des Bürgerbegehrens mit nachfolgendem Bürgerentscheid** ermöglicht eine unmittelbare Entscheidung der Bürger anstelle des Rates **auf Initiative der Bürger**. Nach Maßgabe des § 26 Abs. 1 S. 2 GO hat aber auch der Rat selbst die Möglichkeit, einen Bürgerentscheid zu initiieren. Für diesen Fall entfällt die Stufe des

23 *VG Düsseldorf* Beschluss vom 13.3.2015 – 1 L 891/15 –, juris.
24 *Hofmann/Theisen/Bätge* 2.3.3.1.1.1.

„Bürgerbegehrens" und wird ersetzt durch einen Ratsbeschuss mit qualifizierter Mehrheit (zwei Drittel der gesetzlichen Zahl der Mitglieder). Der nachfolgende Bürgerentscheid findet bei diesem Verfahren in identischer Weise statt. Das Gesetz spricht deshalb von einem **„Ratsbürgerentscheid"** (§ 26 Abs. 1 S. 2 GO).

Unter Berücksichtigung dieser Differenzierung wird zunächst das wesentlich häufigere und rechtlich komplexere Verfahren des Bürgerbegehrens mit nachfolgendem Bürgerentscheid dargestellt, bevor auf die Besonderheiten des Ratsbürgerentscheides eingegangen wird.

1. Überblick über das Verfahren des Bürgerbegehrens mit nachfolgendem Bürgerentscheid

Es handelt sich um ein **zweistufiges Verfahren**: 128

- Die **erste Stufe** ist das Bürgerbegehren. Das **Bürgerbegehren** ist ein Antrag der Bürger an den Rat, dass an seiner Stelle die Bürger über eine Angelegenheit der Gemeinde (Sachfrage) entscheiden.
- Die **zweite Stufe** ist der Bürgerentscheid. Der **Bürgerentscheid** ist die eigentliche Abstimmung über diese Sachfrage.

Damit der Schritt von der ersten Stufe (Bürgerbegehren) zur zweiten Stufe (Bürgerentscheid) gegangen werden kann, muss eine **zwingende Voraussetzung** erfüllt werden: Gemäß § 26 Abs. 6 S. 1 GO muss eine feststellende Entscheidung des Rates vorliegen, dass das Bürgerbegehren zulässig ist. Sofern die Initiatoren diese feststellende Entscheidung des Rates nicht erreichen, kann der Bürgerentscheid nicht durchgeführt werden.

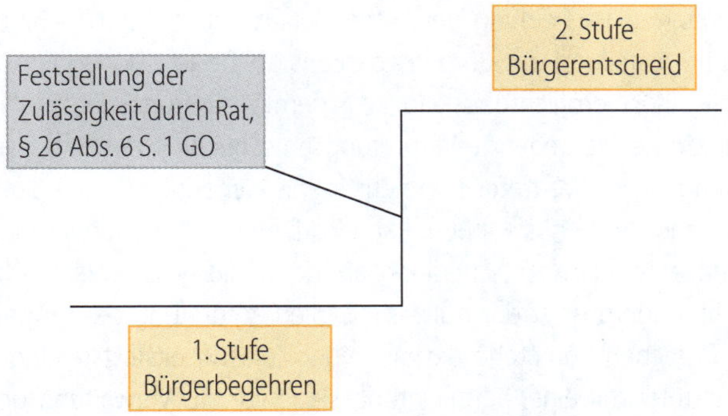

Beispiel Dem Rat der Gemeinde G wird von drei Vertretern einer Bürgerinitiative ein Bürgerbegehren vorgelegt, welches inhaltlich das Ziel verfolgt, die vom Rat vorher beschlossene Schließung des gemeindlichen Schwimmbades wieder rückgängig zu machen. Der Rat stellt die Unzulässigkeit des Bürgerbegehrens fest, da seiner Auffassung nach die erforderliche Begründung nicht den gesetzlichen Vorgaben entspricht.

In dieser Situation kann – selbst wenn entgegen der Auffassung des Rates die Begründung den gesetzlichen Anforderungen sehr wohl entsprechen sollte – der Bürgerentscheid nicht durchgeführt werden, da es an der Feststellung der Zulässigkeit durch den Rat fehlt. Nur wenn die Vertreter des Bürgerbegehrens die zwingend benötigte Zulässigkeitsfeststellung des Rates verwaltungsgerichtlich einklagen (dazu sogleich), kann der Bürgerentscheid durchgeführt werden. ■

129 Rechtlich ist der Rat verpflichtet, die Zulässigkeit des Bürgerbegehrens festzustellen, wenn die **Zulässigkeitsvoraussetzungen eines Bürgerbegehrens** vorliegen. Diese finden sich an verschiedener Stelle des § 26 GO. Es gibt Voraussetzungen

- **formeller und inhaltlicher** Art (Antragsform, bestimmtes Begehren, Mindestinhalt, Begründung, Vertreterbenennung, Mitteilung der Durchführungsabsicht, Angabe der Kostenschätzung der Verwaltung bei der Sammlung der Unterschriften, gültige und ausreichende Unterschriften) und
- solche, die den **Gegenstand** des Bürgerbegehrens betreffen (Angelegenheit des Rates, die nicht in den Negativkatalog des § 26 Abs. 5 GO fällt).

Die Vertreter haben nach § 26 Abs. 2 S. 7 GO die **Möglichkeit** (Option), bereits vor der Unterschriftensammlung zu beantragen, eine inhaltlich beschränkte Entscheidung des Rates über die Zulässigkeit des Bürgerbegehrens herbeizuführen. Diese **Vorprüfungsentscheidung des Rates** ist gegenständlich beschränkt, da die Frage der notwendigen Anzahl an Unterstützungsunterschriften nicht Inhalt ist. Rechtsverbindlich werden hingegen alle Zulässigkeitsfragen im Übrigen geklärt. Es handelt sich bei der Vorprüfungsentscheidung um einen rechtsverbindlichen Verwaltungsakt des Rates als Behörde im Sinne des § 35 S. 1 VwVfG NRW. Im Falle einer Ablehnung durch den Rat können die Vertreter die begehrte positive Vorprüfungsentscheidung verwaltungsgerichtlich im Wege der Verpflichtungsklage nach § 42 Abs. 1 Hs. 2 VwGO einklagen. In einem auf die Vorprüfung folgenden zweiten Schritt der Zulässigkeitsprüfung hat der Rat sodann nach Einreichung der gesammelten Unterschriften durch die Vertreter nur noch darüber zu entscheiden, ob das notwendige Unterschriftenquorum erreicht worden ist (§ 26 Abs. 6 S. 2 GO). Auch diese gleichfalls gegenständlich beschränkte **Abschlussentscheidung** ist ein rechtsverbindlicher Verwaltungsakt im Sinne des § 35 S. 1 VwVfG NRW.

Beispiel Die Vertreter eines Bürgerbegehrens beantragen nach § 26 Abs. 2 S. 7 GO eine positive Vorprüfungsentscheidung des Rates. Der Rat lehnt diese im Hinblick auf eine zu unbestimmte Fragestellung des Bürgerbegehrens ab. Dagegen wenden sich die Vertreter erfolgreich mit einer Verpflichtungsklage vor dem Verwaltungsgericht (§ 42 Abs. 1 Hs. 2 VwGO). Nachdem sie die begehrte Vorprüfungsentscheidung des Rates gerichtlich erstritten haben, sammeln die Vertreter nunmehr in ausreichender Anzahl die Unterstützungsunterschriften und reichen sie beim Rat ein. Der Rat lehnt aber nunmehr auch die begehrte positive Abschlussentscheidung ab, da er die gesammelten Unterschriften für unwirksam hält. Zudem ist er der Auffassung, die Begründung des Bürgerbegehrens enthalte falsche Tatsachen und stehe deshalb einer Zulässigkeitsfeststellung im Weg. Erneut können die Vertreter mit einer Verpflichtungsklage vor das Verwaltungsgericht ziehen. Im Falle der Wirksamkeit der Unterschriften würde das Verwaltungsgericht den Rat zum Erlass der positiven Abschlussentscheidung verpflichten. Mit der Einwendung der fehlerhaften Begründung kann der Rat im Verfahren der Abschlussentscheidung nach § 26 Abs. 6 S. 2 GO nicht mehr gehört werden, da dieses gegenständlich auf die Prüfung der Unterschriften beschränkt ist. Über diese Zulässigkeitsvoraussetzung ist bereits im Rahmen der Vorprüfungsentscheidung verbindlich entschieden worden. ■

2. Voraussetzungen eines zulässigen Bürgerbegehrens und Rechtsschutz

130 Im Folgenden wird der gegebene Überblick über das zweistufige Verfahren anhand einer Prüfungsstruktur konkretisiert und um die damit verbundene typische prozessuale Dimension erweitert. Der Prüfungsaufbau kann in dieser Form verwandt werden, wenn – wie das

typischerweise in Klausuren zum Bürgerbegehren und Bürgerentscheid der Fall ist – gefragt wird, welche **Erfolgsaussichten eine Klage der Vertreter des Bürgerbegehrens gegen die vom Rat verweigerte Feststellung der Zulässigkeit** hat.

JURIQ-Klausurtipp

Wenn nur nach der Zulässigkeit eines Bürgerbegehrens gefragt wird, so braucht die Zulässigkeit der Klage nicht geprüft zu werden, sondern lediglich die Voraussetzungen der Zulässigkeit des Bürgerbegehrens.

Sofern die Erfolgsaussichten einer beantragten positiven Vorprüfungsentscheidung des Rates (§ 26 Abs. 2 S. 7 GO) zu untersuchen sind, beinhaltet die Begutachtung die Zulässigkeit des Bürgerbegehrens mit Ausnahme des Unterschriftenerfordernisses.

Ein weiterer ausnahmsweise denkbarer Klausurtyp besteht darin, dass die Kommunalaufsichtsbehörde gegen einen Ratsbeschluss einschreiten will, der nach Auffassung der Kommunalaufsicht zu Unrecht die Zulässigkeit festgestellt hat. Beim letzteren Klausurtyp kommt es wegen § 122 Abs. 1 GO (siehe dazu näher unter Rn. 364) darauf an, ob der Ratsbeschluss rechtmäßig ist. Für die Frage der materiellen Rechtmäßigkeit des Ratsbeschlusses ist es dann entscheidend, ob das Bürgerbegehren zulässig ist. Auch dabei sind die im (umfassenderen) Prüfungsschema unter II. 1 und II. 2 dargestellten Zulässigkeitsvoraussetzungen maßgebend.

Erfolgsaussichten einer Klage auf Feststellung der Zulässigkeit des Bürgerbegehrens

PRÜFUNGSSCHEMA

I. Zulässigkeit der Klage

1. **Verwaltungsrechtsweg** (§ 40 Abs. 1 S. 1 VwGO)
2. **Statthafte Klageart**
   - Richtet sich nach dem klägerischen Begehren: Feststellung der Zulässigkeit durch den Rat (§ 26 Abs. 6 S. 1 GO) ist ein VA der Behörde Rat i.S.d. § 35 S. 1 VwVfG; damit: Verpflichtungsklage gemäß § 42 Abs. 1 VwGO Rn. 133
3. Prozessführungs- und **Klagebefugnis,** § 42 Abs. 2 VwGO
   - Abzustellen ist auf die gemeinschaftlichen Vertreter (§ 26 Abs. 6 S. 3 GO) Rn. 135
4. **Vorverfahren** (§ 68 Abs. 2 VwGO)
   - Entfällt gemäß § 68 Abs. 1 S. 2, Abs. 2 VwGO i.V.m. § 110 Abs. 1 S. 2 JustG NRW Rn. 136
5. **Klagefrist** (§ 74 Abs. 1 S. 2, Abs. 2 VwGO)
6. **Klagegegner**
   - Gemeinde gemäß § 78 Abs. 1 Nr. 1 VwGO Rn. 137
7. **Beteiligtenfähigkeit**
   Gemeinde als juristische Person gemäß § 61 Nr. 1 VwGO
   - Vertreter des Bürgerbegehrens gemäß § 61 Nr. 1 VwGO, § 26 Abs. 6 S. 2 GO als Prozessstandschafter Rn. 138

II. Begründetheit der Klage gemäß § 113 Abs. 5 S. 1 VwGO, wenn Anspruch auf Feststellung der Zulässigkeit(§ 26 Abs. 6 S. 1 GO)

1. **Formelle und inhaltliche Zulässigkeitsvoraussetzungen**
   a) Antragsform: Schriftlicher Antrag (§ 26 Abs. 2 S. 1 GO)
   b) bestimmtes Begehren und Mindestinhalt, insbesondere hinsichtlich der Abstimmungsfrage:
      aa) mit Ja oder Nein beantwortbar (vgl. § 26 Abs. 7 S. 1 GO)
      bb) entscheidungserheblich und nicht nur entscheidungsvorbereitend
      cc) hinreichend bestimmt (aus sich heraus verständlich und umsetzbar)
   c) Begründung („wahr")
   d) Benennung von bis zu drei Vertretern (§ 26 Abs. 2 S. 2 GO)
   e) Mitteilung der Absicht, ein Bürgerbegehren durchzuführen (§ 26 Abs. 2 S. 3 GO)
   f) Kostenschätzung der Verwaltung und Angabe bei der Sammlung der Unterschriften (§ 26 Abs. 2 S. 5 und S. 6 GO)
   g) Ggf. Vorprüfungsverfahren nach § 26 Abs. 2 S. 7 ff. GO (optional)
   h) Unterschriftenlisten, Antrags- und Unterschriftsberechtigung, Unterschriftsquorum (§ 26 Abs. 4 GO),
      aa) Ordnungsgemäße Unterschriftenliste
      bb) Wirksame Eintragungen und Unterschriften
      cc) Hinreichende Anzahl von Unterschriften (Unterschriftenquorum)
   i) Frist bei Bürgerbegehren gegen einen Ratsbeschluss (§ 26 Abs. 3 GO)
2. **Zulässiger Gegenstand**
   a) Angelegenheit des Rates
      aa) Verbandskompetenz der Gemeinde (Art. 28 Abs. 2 GG)
      bb) Organkompetenz des Rates (§ 41 GO)
   b) Keine Ausnahmen nach § 26 Abs. 5 GO (Negativkatalog)

a) Zulässigkeit der Klage auf Feststellung der Zulässigkeit eines Bürgerbegehrens

Eine Klage der Vertreter des Bürgerbegehrens hat dann Erfolg, wenn sie zulässig und begründet ist. Sie müsste zunächst in zulässiger Weise erhoben werden. 131

aa) Verwaltungsrechtsweg

Gemäß § 40 Abs. 1 S. 1 VwGO ist der Verwaltungsrechtsweg für die Klage eröffnet, wenn es sich um eine öffentlich-rechtliche Streitigkeit handelt. Dies hängt vom **Streitgegenstand** ab. **Streitentscheidend** ist die Frage der Zulässigkeit des Bürgerbegehrens. Maßgeblich hierfür ist die **öffentlich-rechtliche** Vorschrift des § 26 GO. 132

bb) Statthafte Klageart

Die Bestimmung der statthaften Klageart hängt vom klägerischen **Begehren** ab, § 88 VwGO. Die Vertreter des Bürgerbegehrens begehren die **Feststellung** der Zulässigkeit des Bürgerbegehrens gemäß § 26 Abs. 6 S. 1 GO durch den Rat. Nur durch diese positive Entscheidung des Rates kann das Ziel erreicht werden, zu einem Bürgerentscheid zu kommen. 133

JURIQ-Klausurtipp

Sofern im Sachverhalt beschrieben steht, dass der Bürgermeister den Vertretern des Bürgerbegehrens die ablehnende Entscheidung des Rates mitteilt, wird teilweise der Fehler gemacht, dass Bearbeiter eine Anfechtung der Ablehnungsentscheidung vorschlagen. Dies wäre aber nicht sachgerecht, da mit einer bloßen Aufhebung der Ablehnungsentscheidung die Vertreter des Bürgerbegehrens nicht zu einem Bürgerentscheid weiterkommen. Sie bleiben sozusagen „auf der ersten Stufe stehen", da ihnen nach wie vor die zwingend erforderliche Feststellung nach § 26 Abs. 6 S. 1 GO fehlen würde.

Wenn die erstrebte Feststellung der Zulässigkeit des Rates ein **(begünstigender) Verwaltungsakt** im Sinne des § 35 S. 1 VwVfG NRW ist, dann ist die Verpflichtungsklage gemäß § 42 Abs. 1 Hs. 2 VwGO die passende Klageart. Dies ist hier anzunehmen[25], denn die begehrte Feststellung ist 134

- eine hoheitliche Maßnahme einer **Behörde**. Der Rat nimmt hier unmittelbar selbst als Behörde eine öffentliche Aufgabe wahr, da nur ihm die gesetzliche Kompetenz zusteht, die Zulässigkeit festzustellen.

Hinweis

Die Mitwirkung des Bürgermeisters, der im Regelfall die Behörde der Gemeinde ist, erschöpft sich lediglich in der Bekanntgabe des bereits vom Rat erlassenen Verwaltungsaktes.

- eine **Einfall-Regelung mit Außenwirkung**. Der Rat stellt gegenüber den Vertretern des Bürgerbegehrens verbindlich fest, dass das Bürgerbegehren zulässig bzw. unzulässig ist. Die Außenwirkung dieser Regelung ergibt sich daraus, dass die Vertreter des Bürgerbe-

25 *OVG NRW* Urteil vom 5.2.2002 – 15 A 1965/99 –, NWVBl. 2002, 346; *Brunner* in Kleerbaum/Palmen, § 26 Anm. VII.2; *Hofmann/Theisen/Bätge* 2.3.3.2.1.2 m.w.N.

gehrens nicht Organe der Gemeinde sind, sondern die Entscheidung sie als außerhalb der Gemeindeverwaltung stehende Bürger trifft.[26]

cc) Prozessführungs- und Klagebefugnis

135 Die Vertreter des Bürgerbegehrens müssten als Kläger im verwaltungsgerichtlichen Verfahren zunächst die erforderliche aktive Prozessführungsbefugnis haben.

Unter der **aktiven Prozessführungsbefugnis** versteht man die Befugnis der Kläger im eigenen Namen über das im Prozess streitige Recht einen Rechtsstreit zu führen und zulässige Prozesshandlungen vorzunehmen.[27]

Die Vertreter des Bürgerbegehrens können **nur gemeinschaftlich** Klage erheben.[28] Diese notwendige Streitgenossenschaft (§ 64 VwGO, § 62 Abs. 1, Alt. 2 ZPO) ergibt sich aus dem Wortlaut des § 26 Abs. 6 S. 3 GO, wonach gegen die ablehnende Entscheidung des Rates nur die Vertreter des Bürgerbegehrens einen Rechtsbehelf einlegen können. Haben danach nicht die Vertreter des Bürgerbegehrens gemeinsam, sondern nur einzelne Vertreter Klage gegen die Unzulässigkeitserklärung des Rates erhoben, ist diese unzulässig.

Hinweis

Wenn ein Vertreter aus seinem Amt als Vertretungsberechtigter ausscheidet, können zwar die verbleibenden Vertretungsberechtigten *ab diesem Moment* ohne den Ausgeschiedenen die Klage erheben. Sofern das Ausscheiden aber erst *nach Ablauf der Klagefrist* erfolgt, kann der Mangel der nicht gemeinschaftlichen Klageerhebung nicht mehr durch das spätere Ausscheiden des „Klageverweigerers" rückwirkend geheilt werden.[29]

Vertreter eines Bürgerbegehrens können dabei nur die **Bürger** einer Gemeinde sein, in der das Bürgerbegehren durchgeführt wird (§ 26 Abs. 2 S. 2 GO). Verliert einer von mehreren Vertretern des Bürgerbegehrens seine Bürgerschaft – z.B. infolge Umzuges in eine andere Gemeinde –, wachsen dessen Vertretungsrechte den übrigen Vertretern zu.[30]

Bei einer Verpflichtungsklage ist gemäß § 42 Abs. 2 VwGO auch eine **Klagebefugnis** der **Vertreter** des Bürgerbegehrens erforderlich. Diese müssten geltend machen können, durch die ablehnende Entscheidung des Rates in subjektiven Rechten verletzt zu sein. Als verletztes **subjektives Recht** kommt ihr Recht auf Durchführung des Bürgerentscheides nach § 26 Abs. 6 S. 4 GO in Betracht, welches eine vorherige Feststellung der Zulässigkeit des Bürgerbegehrens voraussetzt. Dies ist auch ein eigenständiges Recht der Vertreter, da nur diese – und nicht andere Unterzeichner oder das „Bürgerbegehren" in Gänze – berechtigt sind, Rechtsbehelfe einzulegen, § 26 Abs. 2 S. 3 GO.[31]

26 *OVG NRW* Urteil vom 5.2.2002 – 15 A 1965/99 –, NWVBl. 2002, 345; vgl. im Einzelnen *Bätge* Wahlen und Abstimmungen in NRW, § 26 Abs. 6 (Kennziffer 92.06), Erl. 4.
27 *Kopp/Schenke* VwGO, Vorb § 40 Rn. 23 m.w.N.
28 *OVG NRW* Urteil vom 13.6.2017 – 15 A 1561/15 –, juris.
29 *OVG NRW* Urteil vom 13.6.2017 – 15 A 1561/15 –, juris.
30 *OVG NRW* Beschluss vom 19.3.2004 – 15 B 522/04 –, juris.
31 *OVG NRW* Urteil vom 9.12.1997 – 15 A 974/97 –, NWVBl. 1998, S. 274.

Andere nicht als Vertreter des Bürgerbegehrens benannte Personen wie zum Beispiel ein Unterzeichner, der nicht als Vertreter benannt ist, oder eine Fraktion haben keine Klagebefugnis.[32]

Gegenüber einer kommunalaufsichtsrechtlichen Verfügung, mit der ein die Zulässigkeit des Bürgerbegehrens feststellender Ratsbeschluss nach § 26 Abs. 6 S. 1 GO aufgehoben wird, können die Vertreter des Bürgerbegehrens geltend machen, in eigenen Rechten verletzt zu sein.[33]

dd) Vorverfahren

Gemäß § 68 Abs. 2 i.V.m. Abs. 1 S. 2 Hs. 1 VwGO und § 110 Abs. 1 S. 2 JustG NRW bedarf es keines Vorverfahrens vor Erhebung der Verpflichtungsklage. **136**

ee) Klagegegner

Gemäß § 78 Abs. 1 Nr. 1 VwGO ist die Verpflichtungsklage gegen die Körperschaft zu richten, deren Behörde den beantragten Verwaltungsakt unterlassen hat. Da der **Rat** die positive Feststellungsentscheidung unterlassen hat, ist die Klage gegen die **Gemeinde** zu richten. **137**

ff) Beteiligtenfähigkeit

Die Beteiligtenfähigkeit der Gemeinde als juristische Person ergibt sich aus § 61 Nr. 1 VwGO. **138**

Die Vertreter des Bürgerbegehrens sind als natürliche Personen gemäß § 61 Nr. 1 VwGO beteiligtenfähig. Trotz des Wortlautes „Vertreter" vertreten sie insbesondere nicht die Gesamtheit der Unterzeichner des Bürgerbegehrens, sondern machen eine **eigenständige** Rechtsposition im Klagewege geltend. Sie „vertreten" also nicht etwa Unterzeichner des Bürgerbegehrens im zivilrechtlichen Sinne und machen keine fremden Rechte wahr, sondern sie machen **eigene** Rechte geltend (vgl. § 26 Abs. 6 S. 3 GO).[34]

Hinzuweisen ist darauf, dass die Vertreter des Bürgerbegehrens **gemeinschaftlich** handeln müssen (vgl. Plural in § 26 Abs. 6 S. 3 GO).

b) Begründetheit der Klage

Gemäß **§ 113 Abs. 5 S. 1 VwGO** ist die Klage begründet, wenn die ablehnende Entscheidung des Rates rechtswidrig ist und die Kläger (Vertreter des Bürgerbegehrens) dadurch in ihren Rechten verletzt sind. Dies ist dann der Fall, wenn die Vertreter einen Anspruch auf Feststellung der Zulässigkeit des Bürgerbegehrens gemäß § 26 Abs. 6 S. 1 GO haben. Dann müsste das Bürgerbegehren zulässig sein. **139**

aa) Formelle und inhaltliche Zulässigkeitsvoraussetzungen des Bürgerbegehrens

Zunächst müssten die formellen und inhaltlichen Zulässigkeitsvoraussetzungen vorliegen. **140**

---

32 *OVG NRW* Beschluss vom 19.3.2004 – 15 B 522/04 –, NWVBl. 2004, 346.
33 *VG Düsseldorf* Urteil vom 28.9.2001 – 1 L 2156/01 –, juris, Rn. 13.
34 *OVG NRW* Urteil vom 9.12.1997 – 15 A 974/97 –, NWVBl. 1998, 274.

(1) Antragsform: Schriftlicher Antrag

141 Gemäß § 26 Abs. 2 S. 1 GO muss das Bürgerbegehren **schriftlich** eingereicht werden. Unter dem Rechtsbegriff „Bürgerbegehren" ist nach der Legaldefinition des § 26 Abs. 1 S. 1 GO der Antrag der Bürger an den Rat zu verstehen, er möge zulassen, dass an seiner Stelle die Bürger über eine Angelegenheit der Gemeinde entscheiden.

(2) bestimmtes Begehren und Mindestinhalt

142 Der Antrag muss zunächst eine **bestimmte Frage** enthalten, die mit „Ja" oder „Nein" beantwortet werden kann (vgl. § 26 Abs. 1 S. 1 i.V.m. Abs. 7 S. 1 GO). Inhaltlich muss die Frage eine **Entscheidung** zum Inhalt haben (vgl. § 26 Abs. 1 S. 1 a.E. GO), da die Bürger anstelle des Rates „entscheiden". Eine Fragestellung, die lediglich der Entscheidungsvorbereitung dient, ist unzulässig.[35]

Beispiel Wenn die Frage lauten würde: *„Sind Sie dafür, dass der Rat bei seiner Entscheidung über die Schließung des Schwimmbades im Stadtteil S die Belange des Schulschwimmens mitberücksichtigt?"*, so wäre dies unzulässig.

Auch bei der Formulierung der Frage *„Sind sie dafür, dass die gesteigerten Bau- und Folgekosten der Neugestaltung des Bahnhofsvorplatzes ausschließlich durch Umschichtungen im Projekt ohne Belastung des städtischen Haushalts ausgeglichen werden sollen?"* hat die Frage keine konkrete und abschließende Sachentscheidung zum Gegenstand, da nicht vorgegeben wird, wie genau die Umschichtung angesichts der gestiegenen Bau- und Folgekosten bewerkstelligt werden soll. Es werden dem Rat lediglich Vorgaben über eine vom ihm noch abschließend zu treffende alternative Finanzierungsentscheidung gemacht.[36] ■

Sofern mehrere Teilfragen bestehen, ist dies unschädlich, sofern eine einheitliche Antwort mit „Ja" oder „Nein" auf alle Teilfragen möglich ist.[37]

Beispiel Die Frage *„Sind Sie für die Fortführung der städtischen Leibniz-Realschule in ihrer jetzigen Form und zugleich gegen die dortige Einrichtung einer Gesamtschule"* wäre also zulässig. ■

Die Frage muss zudem **hinreichend konkret** sein und den Entscheidungsgegenstand bezeichnen. Dies ist deshalb wichtig, da der nachfolgende Bürgerentscheid im Falle seiner Bejahung die Wirkung eines Ratsbeschlusses hat (§ 26 Abs. 8 S. 1 GO) und vom Bürgermeister umgesetzt werden muss (§ 62 Abs. 2 S. 2 GO). Dies setzt voraus, dass die Frage und die Begründung so konkret dargelegt werden, dass sie aus sich heraus bei objektiver Betrachtung **umsetzungsfähig** sind.

Beispiel Ein Bürgerbegehren mit der Fragestellung *„Sind Sie dafür, dass im Stadtteil S eine Eissporthalle mit Freizeitzentrum gebaut wird?"* ist unzulässig, da dem Begehren Größe und genauer Standort der Eissporthalle nicht zu entnehmen ist und unklar bleibt, was im Einzelnen im Rahmen des Freizeitzentrums verwirklicht werden soll.[38] ■

---

35 *OVG NRW* Urteil vom 9.12.1997 – 15 A 974/97 –, NWVBl. 1998, 274, *OVG NRW* Urteil vom 5.2.2002 – 15 A 1965/99 –, NWVBl. 2002, 346.

36 *OVG NRW* Urteil vom 13.6.2017 – 15 A 1561/15 –, juris.

37 *OVG NRW* Urteil vom 19.2.2008 – 15 A 2961/07 –, NVwZ-RR 2008, 636, 637; *Bätge* Wahlen und Abstimmungen NRW, § 26 Abs. 2 (Kennziffer 92.02), Erl. 3.

38 *OVG NRW* Urteil vom 23.4.2002 – 15 A 5594/00 –, DÖV 2002, 961.

Da die Bürger „an Stelle des Rates" entscheiden, muss der **Rat** für die vom Bürgerbegehren umfassten Gegenstände **zuständig** sein. Dies ist nicht der Fall, wenn aufgrund gesetzlicher Regelung für den Entscheidungsgegenstand nicht der Rat, sondern ein Ausschuss zuständig ist.

» Bitte lesen Sie die im Buch angegebenen Normen, da dies die entscheidende Primärrechtsquelle ist, die Ihnen in der Klausur zur Verfügung steht. Das Gesetz muss auch bei diesem Arbeitsbuch „Ihr ständiger Begleiter" sein. «

Beispiel Ein Bürgerbegehren über die Einteilung des Gemeindegebietes in Wahlbezirke wäre unzulässig, da hierfür der Wahlausschuss und nicht der Rat **kraft Gesetzes** entscheidungsbefugt ist (§ 4 KWahlG NRW). ■

Hat jedoch der an sich nach § 41 Abs. 1 S. 1 GO zuständige Rat die Entscheidung über den in Rede stehenden Gegenstand von sich aus im Wege *freiwilliger Delegation* nach § 41 Abs. 2 S. 1 GO auf einen Ausschuss übertragen, so ist der Gegenstand grundsätzlich bürgerbegehrensfähig. Dies ist damit zu begründen, dass die Entscheidungsbefugnis auf den Ausschuss in solchen Fällen zugunsten des Rates **rückholbar** ist.[39] Es kommt daher zur Erfüllung des Merkmals *„an Stelle des Rates"* alleine darauf an, ob der Entscheidungsgegenstand **grundsätzlich** in den Zuständigkeitsbereich des Rates fällt.

Beispiel Der Rat hat in einer Zuständigkeitsordnung bestimmt, dass dem *Bauausschuss* die Entscheidungsbefugnis über den Straßenausbau (Beleuchtung, Gehwege etc.) obliegt. Ein Bürgerbegehren gegen den Beschluss des Bauausschusses, den Ausbau der Straße X zeitlich zu strecken, würde damit einen Gegenstand betreffen, der in die (grundsätzliche) Entscheidungskompetenz des Rates fällt (§ 41 Abs. 1 S. 1 GO). ■

Der Mindestinhalt des Bürgerbegehrens folgt im Einzelnen aus § 26 Abs. 2 GO.

(3) Begründung

Die Begründung gehört zum **Mindestinhalt** eines Bürgerbegehrens. Sie dient dem **Zweck**, 143
die Unterzeichner über den Sachverhalt und die Argumente der Initiatoren aufzuklären. Da die Begründung **Bestandteil der einzelnen Unterschriftenlisten** ist (§ 26 Abs. 4 S. 6 i.V.m. § 25 Abs. 4 S. 1 GO), reichen in aller Regel kurze Begründungen aus.[40] Ihre Funktion erfüllt die Begründung allerdings nur, wenn die dargestellten Tatsachen, soweit sie für die Entscheidung wesentlich sind, zutreffen. Ein Bürgerbegehren ist deshalb unzulässig, wenn tragende Elemente seiner Begründung unrichtig sind.[41]

(4) Benennung von bis zu drei Vertretern (§ 26 Abs. 2 S. 3 GO)

Bis zu drei Vertreter sind im Antrag (§ 26 Abs. 2 GO) und damit auf jeder Unterschriftenliste 144
(§ 26 Abs. 4 S. 3 i.V.m. § 25 Abs. 4 GO) aufzuführen. Es muss sich um Bürger der Gemeinde handeln, in der das Bürgerbegehren durchgeführt wird.

Hinweis

Scheidet einer von mehreren Vertretern des Bürgerbegehrens im Laufe des Verfahrens aus (z.B. durch Umzug in eine andere Gemeinde), wachsen dessen Verfahrensrechte den übrigen Vertretern zu. Zwar wird dadurch die Vertreterbenennung auf den Unterschriftenlisten im

39 *OVG NRW* Urteil vom 19.2.2008 – 15 A 2961/07 –, NVwZ-RR 2008, 636, 638; *Peters* Ad Legendum 2014, 143, 144.
40 *Brunner* in Kleerbaum/Palmen, GO, § 26 Erl. 5.
41 *OVG NRW* Urteil vom 23.4.2002 – 15 A 5594/00 –, DÖV 2002, 961.

Laufe der Unterschriftensammlung unrichtig, aber darin liegt in aller Regel kein erheblicher – die Bildung des Bürgerwillens maßgeblich beeinflussender – zur Unzulässigkeit des Bürgerbegehrens führender Verstoß gegen die Wahrheitspflicht.[42]

(5) Mitteilung der Absicht, ein Bürgerbegehren durchzuführe (§ 26 Abs. 2 S. 3 GO)

145 Gemäß § 26 Abs. 2 S. 3 GO haben Bürger, die beabsichtigen, ein Bürgerbegehren durchzuführen, dies der Verwaltung **schriftlich mitzuteilen**. Aufgrund der Mitteilung soll die Verwaltung in die Lage versetzt werden, den Vertretungsberechtigten eine Einschätzung der mit der Durchführung der verlangten Maßnahme verbundenen Kosten (**Kostenschätzung**) mitzuteilen.

Auch wenn für die mit dem Bürgerbegehren verlangte Maßnahme aus Sicht der Initiatoren keine Kosten entstehen oder die geforderte Maßnahme gar zu Einsparungen führt, sieht der Wortlaut der Norm die Pflicht der Initiatoren des Bürgerbegehrens vor, ihre Absicht der Durchführung des Bürgerbegehrens der Verwaltung mitzuteilen. Die Kommunalverwaltung erhält dadurch in jedem Fall das Recht zur Prüfung der Kostenfrage und kann sicherstellen, dass ihre Einschätzung bei der Sammlung der Unterschriften den Bürgern offenzulegen ist.

(6) Kostenschätzung der Verwaltung und Angabe bei der Sammlung der Unterschriften (§ 26 Abs. 2 S. 5 und S. 6 GO)

146 Nach § 26 Abs. 2 S. 6 GO ist die **Kostenschätzung der Verwaltung** bei der Sammlung der Unterschriften anzugeben. Mit dem Erfordernis der Kostenschätzung der Verwaltung verfolgt der Gesetzgeber das Ziel, sicherzustellen, dass die Unterzeichner über die Kosten der Maßnahme als wesentliches Entscheidungskriterium informiert werden.[43]

Zu diesem Zweck sieht § 26 Abs. 2 S. 5 und S. 6 GO ein bestimmtes **Kostenschätzungsverfahren** vor, welches von den Initiatoren des Bürgerbegehrens einzuhalten ist. Danach teilen Bürger, die ein Bürgerbegehren durchführen wollen, dies der Verwaltung mit (§ 26 Abs. 2 S. 3 GO). Diese hat nach Eingang der schriftlichen Mitteilung eine Kostenschätzung zu erstellen, welche den Vertretungsberechtigten schriftlich bekannt zu geben ist (§ 26 Abs. 2 S. 5 GO). Nach § 26 Abs. 2 S. 6 GO ist die Kostenschätzung der Verwaltung den Bürgern so zur Kenntnis zu geben, dass jeder Unterzeichnende von der Kostenschätzung Kenntnis nehmen kann. Sie ist deshalb **auf die Unterschriftenliste** aufzunehmen (§ 26 Abs. 4 S. 6 i.V.m. § 25 Abs. 4 GO) Diese Verpflichtung gilt auch dann, wenn die Vertreter des Bürgerbegehrens eine andere Einschätzung der Kosten haben. Für diesen Fall kann aber ihre abweichende Auffassung in der Begründung des Bürgerbegehrens dargestellt werden. Wird die Kostenschätzung der Verwaltung von den Vertretern des Bürgerbegehrens hingegen nicht bzw. nicht vollständig dargestellt, sondern inhaltlich verkürzt oder in sonstiger Weise verfremdet und ist dies geeignet, beim Bürger Fehlvorstellungen über die tatsächlichen Auswirkungen der geplanten Maßnahme auf den Gemeindehaushalt hervorzurufen, führt dies zur Unwirksamkeit der gesammelten Unterschriften und damit zur Unzulässigkeit des Bürgerbegehrens.

42 *OVG NRW* Beschluss vom 19.3.2004 – 15 B 522/04 –, NWVBl. 2004, 346.
43 Gesetzentwurf der *Landesregierung NRW*, LT-Drs. 15/2151, Begründung, S. 14.

Beispiel[44] Die Kostenschätzung der Verwaltung enthält folgenden Text: *„Die Stadt X geht von einer Bauzeit von ca. 9 Monaten und einem Kostenaufwand von 90 000 € sowie einer Förderung in Höhe von 60 % aus. Die durch das Bürgerbegehren gewünschte „kleine Lösung" verursacht nach Schätzung der Verwaltung eine Bauzeit von 5 Monaten und einen Kostenaufwand von 70 000 €, wobei die Frage der Förderfähigkeit noch nicht geklärt werden kann."* In den Unterschriftenlisten haben die Vertreter des Bürgerbegehrens die relevante Frage der Förderfähigkeit der beiden Konkurrenzmodelle der Stadtverwaltung („große Lösung mit 60 prozentiger Förderfähigkeit") und des Bürgerbegehrens („kleine Lösung mit unklarer Förderfähigkeit") weggelassen. Dies führt zur Unwirksamkeit der Unterschriften und damit zur Unzulässigkeit des Bürgerbegehrens. ■

Die Kommunalverwaltung hat eine **plausible und summarische** Kostenschätzung zu erstellen.[45] Es ist daher seitens der Kommunalverwaltung eine schlüssige und nachvollziehbare Einschätzung der Kosten der Maßnahme erforderlich, die mit dem Bürgerbegehren verfolgt wird. Die Kostenschätzung kann schon angesichts des beschränkten Platzes auf den Unterschriftenlisten nur summarisch dargestellt werden. Es reicht damit grundsätzlich eine überschlägige Schätzung aus.[46] Hierbei müssen aber die der Schätzung zugrundeliegenden Beurteilungsgrundlagen in wesentlicher Hinsicht vollständig sein. Andernfalls liegt ein Beurteilungsfehler vor, welcher der Kostenschätzung den ihr zugedachten Informationswert für die Bürgerschaft nimmt.[47]

Hinweis

Die Vertreter des Bürgerbegehrens können im Wege des Verfahrens auf Erlass einer einstweiligen Anordnung nach § 123 Abs. 1 VwGO die gemeindliche Kostenschätzung für ein Bürgerbegehren gerichtlich überprüfen lassen mit der Konsequenz, dass sie im Falle fehlender Plausibilität neu zu ergehen hat. Das erforderliche Rechtsschutzbedürfnis der Vertreter folgt aus ihrer Pflicht, die Kostenschätzung der Verwaltung zu übernehmen und der Bürgerschaft bei der Sammlung der Unterschriften so zur Kenntnis zu geben, wie die Verwaltung sie abgegeben hat.[48]

Die Kostenschätzung muss gegebenenfalls auch die Rückabwicklungskosten der zum Zeitpunkt des Bürgerbegehrens von der Gemeinde bereits eingeleiteten Maßnahmen berücksichtigten, wenn der Abbruch eines Projektes gefordert wird bzw. aus dem Bürgerbegehren folgt.[49] Zu berücksichtigen sind in diesem Zusammenhang zum Beispiel Rückabwicklungskosten oder Vertragsstrafen.[50]

Beispiel Ein Bürgerbegehren wendet sich gegen einen Ratsbeschluss zur Bereitstellung von zusätzlichen Haushaltsmitteln für *erhöhte* Baukosten in Höhe von 30 Mio. Euro für ein laufendes städtisches Infrastrukturprojekt zur Neugestaltung der Verbindung des Bahnho-

44 Nach *VG Münster* Urteil vom 8.12.2015 – 1 K 2420/14 –, juris.
45 So ausdrücklich Gesetzentwurf der *Landesregierung NRW*, LT-Drs. 15/2151, Begründung, S. 14.
46 Vgl. *OVG NRW* Urteil vom 28.1.2003 – 15 A 203/02 –, NWVBl. 2003, 312.
47 *OVG NRW* Beschluss vom 14.3.2016 – 15 B 242/16 –, juris.
48 *OVG NRW* Beschluss vom 14.3.2016 – 15 B 242/16 –- juris.
49 *VG Düsseldorf* Urteil vom 13.2.1998 – 1 K 5181/96 –, NWVBl. 1998, 368.
50 *VG Düsseldorf* Urteil vom 26.2.1999 – 1 K 11023/96 –, NWVBl. 1999, 356; *BayVGH* Beschluss vom 10.11.1997 – 4 CE 97.3392 –, BayVBl 1998, 209.

fes mit der City. Das Infrastrukturprojekt basiert auf einem vor Jahren getroffenen Grundsatzbeschluss des Rates. Das Vorhaben wird durch das Land finanziell gefördert. Die Stadt ist bereits entsprechende vertrags- und vergaberechtliche Verpflichtungen eingegangen und hat mit dem Bau begonnen. Die Baukostenerhöhung zwischen dem Grundsatzbeschluss und dem Mittelerhöhungsbeschluss basiert nicht auf Planungsänderungen, sondern schlicht auf einer Steigerung der Baupreise. Eine Verweigerung der Bereitstellung der erforderlichen Mehrkosten würde deshalb dazu führen, dass das Projekt insgesamt *mit der im Grundsatzbeschluss vorgegebenen Planung* nicht realisiert werden kann.

Die Kostenschätzung der Verwaltung müsste die Projektabbruchkosten berücksichtigen, da das mit dem Grundsatzbeschluss beschlossene Projekt bei Verweigerung der Mittelerhöhung faktisch nicht mehr realisiert werden könnte. Es sind deshalb unter anderem die Rückzahlung der Fördermittel des Landes, Vertragsstrafen und Schadenersatzansprüche wegen Nichterfüllung der Verträge sowie fehlinvestierte Baukosten zu berücksichtigen. ■

(7) Ggf. Vorprüfungsverfahren nach § 26 Abs. 2 S. 7 ff. GO (optional)

Machen die Vertreter von der optionalen Möglichkeit des Vorprüfungsverfahrens nach § 26 Abs. 2 S. 7 GO Gebrauch, vollzieht sich die Prüfung der rechtlichen Zulässigkeit des Bürgerbegehrens in zwei Schritten:

- In dem ersten Schritt der Zulässigkeitsprüfung **(Vorprüfungsentscheidung)** stellen die Vertretungsberechtigten nach Vorliegen der Kostenschätzung der Verwaltung den Antrag an den Rat, nach § 26 Abs. 2 S. 7 GO über die Zulässigkeit des Bürgerbegehrens mit Ausnahme der Voraussetzungen des Abs. 4 (Erreichen des notwenigen Unterschriftenquorums) zu entscheiden.
  Der Antrag muss in der gemäß § 25 Abs. 4 GO vorgeschriebenen Form einschließlich der zur Entscheidung zu bringenden Frage, der Begründung sowie der anzugebenden Kostenschätzung vorgelegt werden (§ 27 Abs. 2 S. 8 GO). Weiter muss der Antrag nicht nur von den Vertretern nach § 26 Abs. 2 S. 2 GO, sondern auch von mindestens 25 weiteren Bürgern unterzeichnet sein. § 26 Abs. 4 S. 4 GO ordnet an, dass diese Unterzeichnungen auf die Gesamtzahl der gesammelten Unterschriften angerechnet werden.
  Der Rat hat sodann innerhalb von acht Wochen eine rechtlich bindende Entscheidung über diese Frage zu treffen. Die von den Vertretern begehrte positive Vorprüfungsentscheidung des Rates ist ein Verwaltungsakt im Sinne des § 35 S. 1 VwVfG NRW, dessen Erlass mit einer Verpflichtungsklage verwaltungsgerichtlich erstritten werden kann.
- In dem zweiten Schritt der Zulässigkeitsprüfung **(Abschlussentscheidung)** hat der Rat sodann nach Einreichung der gesammelten Unterstützungsunterschriften durch die Vertretungsberechtigten **nur noch** darüber zu entscheiden, ob das notwendige Unterschriftenquorum nach § 26 Abs. 4 GO erreicht worden ist (§ 26 Abs. 6 S. 2 GO). Auch die Abschlussentscheidung stellt einen Verwaltungsakt dar. Im Falle einer ablehnenden Entscheidung können die Vertreter die von ihnen begehrte positive Abschlussentscheidung mit einer Verpflichtungsklage verwaltungsgerichtlich erstreiten.
  Das Verfahren des Rates hinsichtlich der Abschlussentscheidung ist ebenso wie ein ggf. nachfolgendes verwaltungsgerichtliches Verfahren gegenständlich beschränkt auf die Frage des Erreichens des notwendigen Unterschriftenquorums. Die übrigen Zulässigkeitsfragen werden dort nicht (mehr) geprüft, da hierüber bereits abschließend in der Vorprüfungsentscheidung befunden worden ist.

(8) Unterschriftenlisten, Antrags- und Unterschriftsberechtigung, Unterschriftsquorum (§ 26 Abs. 4 GO)

Ein Bürgerbegehren kann nur dann zulässig erhoben werden, wenn es von einer bestimmten Anzahl der Bürger in der Gemeinde unterzeichnet ist (§ 26 Abs. 4 S. 1 GO). Die erforderliche Anzahl von Unterschriften ist nach der Einwohnerzahl der jeweiligen Gemeinde gestaffelt. Je nach Einwohnerzahl sind (wirksame) Unterschriften zwischen 3 % und 10 % der Bürger erforderlich. **147**

JURIQ-Klausurtipp

Sofern im Klausursachverhalt die Einwohnerzahl sowie die Unterschriftenzahl angesprochen werden, so sollten Sie gedanklich nicht unmittelbar mit der Berechnung des Unterschriftenquorums beginnen. Es ist vielmehr vorher zu prüfen, ob die angegebene Anzahl der Unterschriften überhaupt rechtswirksam und damit berücksichtigungsfähig ist. Dies setzt voraus, dass die Unterschriften auf rechtlich einwandfreien Unterschriftenlisten abgegeben worden sind, die Unterzeichner die Bürgereigenschaft haben und als solche auch identifizierbar sind.

Es ist daher zunächst zu prüfen, ob die **Unterschriftenliste** als solche den gesetzlichen Vorgaben entspricht und die erforderlichen Informationen für die Unterzeichner enthält. Sofern dies nicht der Fall sein sollte, sind die darauf enthaltenen Unterschriften unwirksam und können nicht mitgezählt werden.[51] Auf den Unterschriftenlisten müssen jeweils alle Bestandteile des Bürgerbegehrens (Antrag) enthalten sein (§ 26 Abs. 4 S. 6 i.V.m. § 25 Abs. 4 GO). Zu diesen Bestandteilen gehören nach § 26 Abs. 2 GO: **148**

- die zur Entscheidung zu bringende Frage,
- die Begründung,
- die Kostenschätzung der Verwaltung sowie
- die Vertreterbenennung.

Sofern die Unterschriftenlisten den rechtlichen Kriterien entsprechen, ist zu prüfen, ob die darauf enthaltenen Unterschriften von Bürgern stammen, welche auch als solche identifiziert werden können. **149**

Erforderlich ist damit zunächst die Feststellung der **Bürgereigenschaft** der Unterzeichner, die nach § 21 Abs. 2 GO i.V.m. § 7 KWahlG NRW zu ermitteln ist. Die Bürgereigenschaft muss im Zeitpunkt der Unterschriftsleistung gegeben sein.

Beispiel Damit sind etwaige Unterschriften von Personen nicht berücksichtigungsfähig, die im Zeitpunkt der Unterzeichnung nicht bzw. nicht lange genug in der Gemeinde wohnen, das sechzehnte Lebensjahr noch nicht vollendet haben oder nicht die Staatsangehörigkeit eines EU-Mitgliedsstaates besitzen. ■

Damit die Unterzeichner überhaupt als Bürger identifiziert werden können, aber auch zur Vermeidung doppelter und fingierter Unterschriften[52], verlangt § 26 Abs. 4 S. 6 i.V.m. § 25 Abs. 4 GO neben der Unterschrift von jedem Unterzeichnenden die grundsätzliche **Angabe**

51 *OVG NRW* Urteil vom 15.2.2000 – 15 A 552/97 –, NVwZ-RR 2001, 50.
52 Vgl. zum Normzweck: *Bätge/Hotstegs* KommPWahlen 2012, 108.

von **„Namen, Vornamen, Geburtsdatum und Anschrift"**. Sofern einzelne Angaben fehlen (z.B. die Hausnummer, der zweite Vorname oder das Geburtsdatum), stellt sich die Frage, ob deshalb die Unterschrift nicht gewertet werden kann. Maßgeblich hierfür ist der Normzweck: Sofern eine zweifelsfreie **Erkennbarkeit der Person** des Unterzeichnenden gegebenenfalls nach Recherche der Gemeindeverwaltung (z.B. Einsicht in das Melderegister etc.) gewährleistet ist, ist die Unterschrift trotz Fehlens der Angabe gültig.[53]

150 Sofern sowohl die Unterschriftenlisten mit den erforderlichen Angaben als auch die Unterschriften von zweifelsfrei identifizierbaren Bürgern geprüft und ermittelt worden sind, stellt sich die Frage, ob die nach § 26 Abs. 4 S. 1 GO erforderliche Anzahl von wirksamen Unterschriften erreicht ist.

Die Anzahl der erforderlichen Unterschriften (Unterschriftenquorum) von Bürgern ergibt sich aus der Einwohnerzahl der jeweiligen Gemeinde.

Beispiel In einer Gemeinde mit 25 000 Einwohnern sind 15 000 aktiv wahlberechtigt. Gemäß § 26 Abs. 4 S. 1, 3. Spiegelstrich GO müssen daher 8 % der Bürger (15 000) das Bürgerbegehren unterzeichnen. Erforderlich sind also 1200 Unterschriften von Bürgern der betreffenden Gemeinde. ■

(9) Frist bei Bürgerbegehren gegen einen Ratsbeschluss (§ 26 Abs. 3 GO)

151 Eine Frist ist nur dann zu beachten, wenn sich das Bürgerbegehren **gegen einen Ratsbeschluss** richtet **(kassatorisches Bürgerbegehren)**. Für diesen Fall gilt grundsätzlich eine dreimonatige Einreichungsfrist berechnet ab dem Sitzungstag (§ 26 Abs. 3 S. 2 GO). Richtet sich das Bürgerbegehren gegen einen Ratsbeschluss, der der Bekanntmachung bedarf (z.B. Satzungsbeschlüsse), muss es innerhalb von sechs Wochen nach der Bekanntmachung eingereicht sein (§ 26 Abs. 3 S. 1 GO).

Maßgeblich für die Frage, ob sich ein Bürgerbegehren inhaltlich gegen einen Ratsbeschluss richtet (und damit fristgebunden ist), ist das konkrete Begehren. Hierbei ist zunächst zu klären, ob sich das Bürgerbegehren entweder gegen einen Ratsbeschluss richtet oder nicht vielmehr eine initiierende Zielrichtung verfolgt und damit nicht fristgebunden ist.

Beispiel[54] Der Rat der Stadt Dormagen hat sich in einem Beschluss für die Grundsanierung nur eines von zwei in der Stadt betriebenen Hallenbädern ausgesprochen. Eine ausdrückliche Regelung über das Schicksal des anderen Hallenbades hat der Rat in seinem konkreten Beschluss hingegen nicht getroffen. Aus der Beschlussvorlage wird jedoch deutlich, dass der Rat eine Standortauswahl zugunsten eines Bades getroffen hat und der Erhalt beider Bäder keine Option ist. Bei verständiger Würdigung der Gesamtumstände beinhalte deshalb der Beschluss zugleich die Entscheidung, den weiteren Hallenbadstandort im Stadtgebiet aufzugeben, auch wenn der Rat dies nicht ausdrücklich ausgesprochen hat. Das Bürgerbegehren für den Erhalt des aufgegebenen Standortes ist deshalb kassatorischer Art und unterliegt damit der Frist des § 26 Abs. 3 S. 2 GO. ■

---

53 *OVG NRW* Beschluss vom 1.8.2013 – 15 B 584/13 –, KommJur 2013, 374.
54 *OVG NRW* Beschluss vom 22.3.2018 – 15 B 337/18 –, juris.

Es ist bei Vorliegen eines Ratsbeschlusses zu klären, ob das Bürgerbegehren das vom Rat beschlossene Regelungsprogramm aufheben oder ändern will.[55] Entscheidend ist, ob bei lebensnaher Wertung das Bürgerbegehren inhaltlich auf eine Revision des Ratsbeschlusses abzielt.

Beispiel[56] Der Rat beschließt am 1.3. für ein gemeindliches Schulschwimmbecken eine bestimmte Sanierungsmaßnahme durch Verwendung von Mitteln aus öffentlichen Konjunkturförderprogrammen. Am 3.6. wird ein Bürgerbegehren eingereicht, in dem nicht ausdrücklich die Aufhebung des Ratsbeschlusses vom 1.3. begehrt wird, aber in der Frage eine andere bauliche Konzeption gefordert wird. Zudem bezeichnet der Begründungstext des Bürgerbegehrens den Ratsbeschluss als eine die Schüler benachteiligende Fehlentscheidung und fordert – bei verständiger Würdigung – gleichzeitig dessen Revision, wenn es weiter heißt, dass man (stattdessen) „daher die oben genannte bauliche Lösung" aus der Frage des Bürgerbegehrens will. Aufgrund des kassatorischen Charakters des Bürgerbegehrens greift die Dreimonatsfrist des § 26 Abs. 3 S. 2 GO mit der Folge, dass dieses wegen Verfristung unzulässig ist. ■

Die schriftliche Mitteilung der Absicht, ein Bürgerbegehren durchzuführen, führt nach § 26 Abs. 3 S. 3 GO zu einer Hemmung der Fristen für ein Bürgerbegehren, welches sich gegen einen Ratsbeschluss richtet. Erst mit der schriftlichen Mitteilung der Kostenschätzung durch die Verwaltung nach § 26 Abs. 2 S. 5 GO läuft die Frist wieder. Eine Fristhemmung gilt nach § 26 Abs. 3 S. 4 GO auch bis zur Bekanntgabe der Entscheidung über die ggf. von den Vertretern beantragte Vorprüfung der Zulässigkeit des Bürgerbegehrens.

Beispiel Ein Bürgerbegehren wendet sich gegen den Beschluss des Rates vom 1.7. des Jahres, ein städtisches Schwimmbad zu schließen. Die schriftliche Mitteilung an die Verwaltung über die Absicht, das Bürgerbegehren durchzuführen, erfolgt am 10.7. Am 10.8. teilt die Verwaltung den Vertretungsberechtigten des Bürgerbegehrens schriftlich ihre Einschätzung der mit dem Weiterbetrieb des Schwimmbades verbundenen Kosten mit.

Hinsichtlich der Frist ist § 26 Abs. 3 GO maßgeblich. Diese Vorschrift ist anwendbar, da sich das Bürgerbegehren gegen einen Beschluss des Rates richtet, konkret gegen den Schließungsbeschluss vom 1.7. Da der Beschluss über die Schließung des Schwimmbades nicht der Bekanntmachung bedarf, beträgt die Frist nach § 26 Abs. 3 S. 2 GO grundsätzlich drei Monate nach dem Sitzungstag. Sie würde daher am 1.10. enden. Im Zeitraum vom 10.7. bis zum 10.8. war die Frist jedoch nach § 26 Abs. 3 S. 3 GO gehemmt, so dass der Ablauf der Einreichungsfrist erst am 1.11. erfolgt. ■

bb) Zulässiger Gegenstand

Da die Bürger an Stelle des Rates über eine Angelegenheit der Gemeinde entscheiden (§ 26 Abs. 1 S. 1 GO), muss der Gegenstand des Bürgerbegehrens ein solcher sein, für den die Gemeinde die **Verbandskompetenz** und der Rat die **Organkompetenz** hat. 152

Beispiele Unzulässig sind damit Angelegenheiten der Verteidigung (Bundesangelegenheit) – sofern keine spezifische örtliche Betroffenheit erkennbar ist – oder Entscheidungen über die Präsenz von Polizeidienstkräften oder -stellen in der Stadt (Landesangelegenheit).

55 *OVG NRW* Urteil vom 28.1.2003 – 15 A 203/02 –, NWVBl. 2003, 312.
56 *OVG NRW* Beschluss vom 24.2.2010 – 15 B 1680/09 –, NWVBl. 2010, 357.

Ebenso wenig darf ein Bürgerbegehren in die Kompetenz des Bürgermeisters, z.B. als Dienstvorgesetzter der Gemeindebediensteten (§ 73 Abs. 2 GO) eingreifen. ■

Daneben sind solche Angelegenheiten für ein Bürgerbegehren ausgeschlossen, die in dem Negativkatalog des § 26 Abs. 5 GO abschließend aufgeführt sind:

- die innere Organisation der Gemeindeverwaltung, also die Gegenstände der Organisations- und Geschäftsleitungsgewalt, deren Ausübung geprägt ist durch fachlich-technische Zweckmäßigkeitserwägungen;

Beispiel[57] In der Stadt D richtet sich ein Bürgerbegehren gegen die geplante Einstellung eines weiteren Beigeordneten. Die Stadt hat laut Hauptsatzung bislang einen Beigeordneten. Nunmehr plant der Rat die Hauptsatzung entsprechend zu erweitern und einen weiteren Beigeordneten einzustellen. Ein Bürgerbegehren formiert sich gegen die beabsichtigte Einstellung mit der Fragestellung *„Sind Sie dafür, dass in der Hauptsatzung lediglich ein Beigeordneter festgelegt wird?"*

In diesem Fall ist der Negativkatalog in Gestalt des Gesichtspunktes der inneren Organisation der Gemeindeverwaltung (§ 26 Abs. 5 Nr. 1 GO) nicht berührt, da damit nicht der äußere kommunalverfassungsrechtliche Rahmen gemeint ist, sondern fachlich-technische Entscheidungen der Behördenleitung. Dies folgt aus einer Auslegung der Bestimmung unter Berücksichtigung des Wortlautes („innere" Organisation der Gemeindeverwaltung), des Zweckes (Erhalts der Funktionsfähigkeit gemeindlichen Verwaltungshandelns) sowie der systematischen Stellung des Abs. 5 in § 26 GO („Negativkatalog" als Ausnahmevorschrift eng auszulegen). Die Festlegung der Zahl der Beigeordneten in der *Hauptsatzung* betrifft nicht fachlich-technische Zweckmäßigkeitserwägungen der Behördenleitung innerhalb des „Verwaltungsapparates", sondern den *äußeren* kommunalverfassungsrechtlichen Rahmen, nämlich die Grundstruktur der Leitungsebene. Die satzungsmäßige Bestimmung der Zahl der Beigeordneten ist eine Bestimmung darüber, wie viele Personen in hervorgehobener Stellung die Gemeinde nach außen vertreten sollen (vgl. §§ 68, 69, 70, 71, 64 GO). ■

- die Rechtsverhältnisse der Mitglieder des Rates, der Bezirksvertretungen und der Ausschüsse sowie der Bediensteten der Gemeinde (z.B. Höhe der Aufwandsentschädigungen von Ratsmitgliedern, Vorsitz in einem Ausschuss bzw. Einstellungen, Entlassungen oder Einleitung von Disziplinarmaßnahmen bei gemeindlichen Bediensteten; Ausnahme: Einleitung des Bürgermeisterabwahlverfahrens nach der Spezialregelung des § 66 Abs. 1 S. 2 Nr. 2 GO);
- die Haushaltssatzung, die Eröffnungsbilanz, der Jahresabschluss und der Gesamtabschluss der Gemeinde (einschließlich der Wirtschaftspläne der Eigenbetriebe) sowie die kommunalen Abgaben und die privatrechtlichen Entgelte;

Hinweis

Die Abgrenzung, ob die haushaltssatzungsrechtlichen Festsetzungen „eigentlicher Kern"[58] des Bürgerbegehrens sind (dann unzulässig) oder nur mittelbare bzw. untergeordnete Folge eines anderen (Sach-)Themas sind, hängt vom angegriffenen Gegenstand des Ratsbeschlusses und vom Gegenstand des dagegen gerichteten Bürgerbegehrens ab. Bei finanzrelevanten Ratsbe-

57 *VG Münster* Urteil vom 6.3.2009 – 1 K 2121/08 –, KommJur 2009, 187.

58 So auch *Smith* in Articus/Schneider, GO NRW, § 26 Erl. 2.2.3 und *von Lennep* in Rehn/Cronauge/von Lennep/Knirsch, GO NRW, § 26 Anm. VI 3.

schlüssen kommt es darauf an, ob der konstitutive Regelungsinhalt des Ratsbeschlusses sich in der haushaltsrechtlichen Bereitstellung von Haushaltsmitteln erschöpft (dann Ausschlussgrund) oder eine darüber hinausgehende Entscheidung in der Sache getroffen wird (dann hinsichtlich der „überschießenden" Sachentscheidung kein Ausschlussgrund).

Kommunale Abgaben sind nicht nur solche nach dem Kommunalabgabengesetz NRW, sondern sämtliche Geldleistungen, die von Kommunen erhoben werden können. Damit ist z.B. auch die Frage der Einführung oder Höhe von Parkgebühren einem Bürgerbegehren entzogen.[59]

- Angelegenheiten, die im Rahmen eines Planfeststellungsverfahrens oder eines förmlichen Verwaltungsverfahrens mit Öffentlichkeitsbeteiligung oder eines abfallrechtlichen, immissionsschutzrechtlichen, wasserrechtlichen oder vergleichbaren Zulassungsverfahrens zu entscheiden sind, weil in solchen Verfahren eine anderweitige Partizipation der Bürger sachgerechter durch Einwendungsrechte und mündliche Erörterungstermine gewährleistet ist (prozessähnliche Verfahrensabläufe). Hierzu gehört nicht das Verfahren nach § 78 Abs. 5 SchulG NRW, wonach bei der Errichtung und Fortführung von Schulen neben der Entwicklung des Schüleraufkommens „der Wille der Eltern zu berücksichtigen ist"; so dass eine Schulschließung bürgerbegehrensfähig ist.
- die Aufstellung, Änderung, Ergänzung und Aufhebung von Bauleitplänen mit Ausnahme der Entscheidung über die Einleitung des Bauleitplanverfahrens. Die ausgeschlossenen Bauleitplanentscheidungen bedürfen jeweils einer planerischen Abwägung. Sie eignen sich damit nicht für ein auf Ja- oder Nein-Entscheidung angelegtes Bürgerbegehren, in dem systembedingt eine sorgfältige Abwägung unter Einbeziehung aller relevanten Gesichtspunkte nicht stattfinden kann. Aus diesem Grund sind auch solche Bürgerbegehren ausgeschlossen, die der Sache nach offensichtlich gegen eine Bauleitplanung gerichtet sind und sich nur in das formelle Gewand einer anderen Frage kleiden.[60]
- Angelegenheiten, über die innerhalb der letzten zwei Jahre bereits ein Bürgerentscheid durchgeführt worden ist.

Neben den in § 26 Abs. 5 GO ausdrücklich ausgeschlossenen Gegenständen sind auch solche Bürgerbegehren unzulässig, die auf ein **rechtswidriges Ziel gerichtet** sind.[61] Da der spätere Bürgerentscheid nach § 26 Abs. 8 S. 1 GO die Wirkung eines Ratsbeschlusses hat, müssen dieser und das vorgelagerte Bürgerbegehren - wie ein Ratsbeschluss – das Rechtsstaatsprinzip (Art. 20 Abs. 3 GG) beachten. Dies hat zur Folge, dass die mit dem Bürgerbegehen verlangten Maßnahmen **nicht gegen bestehende Gesetze bzw. vertragliche Verpflichtungen** verstoßen dürfen. Sofern der Abbruch eines laufenden Infrastrukturprojektes gefordert wird, muss das Bürgerbegehen daher auf die Kündigung der Projektverträge ausgerichtet sein und darf auch im Übrigen nicht gegen bestehende Gesetze verstoßen.[62]

---

59 *VG Düsseldorf* Urteil vom 30.11.1998 – 1 K 11351/96 –, NWVBl 1999, 194; *VG Köln* Urteil vom 19.11.1999 – 4 K 7263/97 –, NVwZ-RR 2000, 455; *Bätge* Wahlen und Abstimmungen NRW, § 26 Abs. 5 (Kennziffer 92.05), Erl. 4.

60 *OVG NRW* Beschluss vom 16.4.2018 – 15 A 1322/17 –, juris.

61 *OVG NRW* Beschluss vom 4.4.2007 – 15 B 266/07 –, ZKF 2007, 261; *BayVGH* Beschluss vom 10.11.1997 – 4 CE 97.3392 –, BayVBl 1998, 209; *Bätge* Wahlen und Abstimmungen in NRW, § 26 Abs. 5 GO (Kennziffer 92.05), Erl. 7.

62 Vgl. hierzu das Bürgerbegehren zur Kündigung der Projektverträge zur Finanzierung des Projekts Stuttgart 21: *VG Stuttgart* Urteil vom 17.7.2013 – 7 K 4182/11 –, juris; *Dziallas/Jäger* KommJur 2016, 6, 10.

Die mit Bürgerbegehren verfolgten Ziele dürfen grundsätzlich auch Mehrkosten verursachen, ohne dass dies zur Unzulässigkeit des Bürgerbegehrens führt. Wichtig ist hierbei, dass die Kostenschätzung der Verwaltung die Bürger darüber objektiv informiert (§ 26 Abs. 2 S. 6 GO). Es liegt dann in den in den Händen der Bürger, ob sie sich für eine derartige kostenauslösende Maßnahme entscheiden. Ebenso wie bei Ratsbeschlüssen gibt es jedoch für Bürgerbegehren diesbezüglich eine Grenze: Ein Bürgerbegehren ist auch dann auf ein **rechtswidriges** Ziel gerichtet, wenn es gegen den **Grundsatz der Sparsamkeit und Wirtschaftlichkeit** der gemeindlichen Haushaltsführung nach § 75 Abs. 1 S. 2 GO NRW verstößt.[63] Unter dem Gesichtspunkt der Wirtschaftlichkeit ist eine Maßnahme aber nur dann rechtswidrig, wenn sie mit den Grundsätzen vernünftiger Wirtschaft schlechthin unvereinbar[64] bzw. nicht mehr vertretbar[65] ist.

3. Sperrwirkung des zulässigen Bürgerbegehrens

153 Ist die Zulässigkeit des Bürgerbegehrens vom Rat festgestellt, so tritt gemäß § 26 Abs. 6 S. 7 GO eine gesetzliche Sperrwirkung ein: Bis zur Feststellung des Ergebnisses des Bürgerentscheids darf eine dem Begehren entgegenstehende Entscheidung der Gemeindeorgane nicht getroffen oder mit dem Vollzug einer derartigen Entscheidung nicht mehr begonnen werden. Die Sperrwirkung des Bürgerbegehrens tritt ein, wenn der Rat das Bürgerbegehren entweder ohne vorherige Vorprüfung in einem Akt oder nach einer bereits erfolgten Vorprüfung und sich anschließender Prüfung der Unterstützungsunterschriften abschließend für zulässig erklärt. Die Sperrwirkung kommt also erst zum Tragen, wenn **alle** Zulässigkeitsvoraussetzungen eines Bürgerbegehrens einschließlich der zu sammelnden Unterzeichnungen festgestellt sind.

Eine Ausnahme von der Sperrwirkung besteht nur, wenn zu diesem Zeitpunkt rechtliche Verpflichtungen der Gemeinde hierzu bestanden.

Beispiel Ein Bürgerbegehren richtet sich gegen die vom Rat beschlossene Schließung eines Schwimmbades. Der Rat wollte das Schwimmbad schließen, um in tatsächlicher Hinsicht Platz für eine Umplanung zu erhalten und einem Investor die Möglichkeit zu eröffnen, dort eine Industrieanlage zu errichten. Der Investor erfährt von einer sich formierenden Bürgerinitiative, die das Bürgerbegehren eingereicht hat, und droht, sich aus dem Projekt zurückzuziehen, falls nicht die Stadt vor einem Bürgerentscheid durch einen Abriss des Schwimmbades vollendete Tatsachen schafft. Dies ist gemäß § 26 Abs. 6 S. 7 GO ab dem Zeitpunkt der Zulässigkeitsfeststellung des Bürgerbegehrens durch den Rat nicht möglich. ■

Das Bürgerbegehren entfaltet keine Sperrwirkung mehr, wenn der nachfolgende Bürgerentscheid erfolglos stattgefunden hat und der Rat dessen Ergebnis festgestellt hat. Dies gilt auch für den Fall, dass die ordnungsgemäße Durchführung des Bürgerentscheids bestritten wird und Gegenstand eines gerichtlichen Verfahrens ist.[66]

---

63 Vgl. hierzu *BayVGH* Beschluss vom 10.11.1997 – 4 CE 97.3392 –, BayVBl 1998, 209.

64 *OVG Rheinland-Pfalz* Urteil vom 1.7.1974 – 7 A 16/72 –, AS RP SL 13, 412; *Bätge* in Bogner, Beratungs- und Beschlussfassungsverfahren in der Gemeindevertretung, S. 259.

65 *OVG NRW* Beschluss vom 26.10.1990 – 15 A 1099/87 –, DÖV 1991, S. 611, 612.

66 *OVG NRW* Beschluss vom 7.10.2016 – 15 B 948/16 –, juris.

Trifft der Rat trotz der Sperrwirkung eine gegenteilige Entscheidung, so können die Vertreter des Bürgerbegehrens dagegen verwaltungsgerichtlich im Klageverfahren bzw. im einstweiligen Rechtsschutzverfahren vorgehen.

Beispiel[67] Zwei Monate nachdem der Rat die Zulässigkeit eines Bürgerbegehrens gegen die Erhöhung der Zahl der *Beigeordneten* (kommunale Wahlbeamte) in der Hauptsatzung (§ 71 Abs. 1 S. 1 GO) festgestellt hat, beabsichtigt der Bürgermeister nach erfolgter Ausschreibung die Einstellung eines *Laufbahnbeamten* (Lebenszeitbeamter) als Dezernenten in der Stadtverwaltung. Sein vorgesehenes Dezernat entspricht dem Geschäftskreis des ursprünglich angedachten Beigeordneten. Die Vertreter des Bürgerbegehrens sehen hier einen Verstoß gegen die Sperrwirkung ihres für zulässig erklärten Bürgerbegehrens und rufen dagegen das Verwaltungsgericht an. Wie ist die Rechtslage?

Die Vertreter des Bürgerbegehrens könnten im Wege des einstweiligen Rechtsschutzes nach § 123 Abs. 1 S. 1 VwGO gegen die beabsichtigte Einstellung vorgehen. Die erforderliche Eilbedürftigkeit liegt darin, dass eine bevorstehende Urkundenaushändigung an den Laufbahnbeamten aufgrund des Beamtenrechts grundsätzlich vollendete Tatsachen schaffen würde. Allerdings gelingt es den Vertretern im vorliegenden Fall nicht, einen Anordnungsanspruch glaubhaft zu machen. Sie könnten sich hier nicht auf die Sperrwirkung des für zulässig erklärten Bürgerbegehrens berufen (§ 26 Abs. 6 S. 7 GO). In der beabsichtigten Einstellung eines Laufbahnbeamten liegt nicht „eine dem Begehren entgegenstehende Entscheidung der Gemeindeorgane". Anders als Laufbahnbeamte haben Beigeordnete die Stellung eines kommunalen Wahlbeamten (§ 71 Abs. 1 S. 2 GO). Der Laufbahnbeamte ist dagegen kein Bestandteil der kommunalverfassungsrechtlichen Struktur der Gemeinde, sondern als Bediensteter im Sinne des § 74 GO Teil der nachgeordneten Verwaltung. Die konkret-individuelle Einstellung eines Laufbahnbeamten als beamtenrechtliche Einzelmaßnahme ist zudem auch strukturell zu unterscheiden von der abstrakt-generellen kommunalverfassungsrechtlichen Hauptsatzungsänderung. Mit der Erhöhung der Zahl der Beigeordneten nach § 71 Abs. 1 S. 1 GO wird in der Hauptsatzung nur ein gesetzlicher Rahmen vorgegeben, dessen konkrete Ausfüllung durch Ausschreibung, Wahl und Einstellung weiterer selbständiger Entscheidungen der zuständigen Gemeindeorgane bedarf. Es handelt sich also bei der beabsichtigten Einstellung um ein aliud; ein Bürgerbegehren gegen die Einstellung eines Laufbahnbeamten wäre im Übrigen schon nach § 26 Abs. 5 Nr. 1 GO (innere Organisation der Gemeindeverwaltung) unzulässig. ■

Aufgrund der Gleichwertigkeit von demokratisch-repräsentativen Entscheidungen und von Bürgerentscheiden ergibt sich außerhalb der gesetzlich geregelten Sperrwirkung (nach Feststellung der Zulässigkeit eines Bürgerbegehrens) grundsätzlich **kein außergesetzlicher Handlungsstopp** der Gemeindeorgane zwecks Rücksichtnahme auf ein sich anbahnendes, bereits anlaufendes oder gar bereits für unzulässig erklärtes Bürgerbegehren. Nur unter ganz besonderen Umständen kann sich darüber hinaus eine Beschränkung der Handlungsmacht der Gemeinde aus dem für das Verhältnis der Gemeindeorgane zur Bürgerschaft anwendbaren **Grundsatz der Organtreue** ergeben.[68]

67 Abgewandelt nach *VG Düsseldorf* Beschluss vom 21.10.2010 – 1 L 1675/10 –, juris.
68 Siehe hierzu im Einzelnen unter Rn. 124.

4. Ratsbürgerentscheid

154 Nach § 26 Abs. 1 S. 2 GO kann das Verfahren zur Durchführung eines Bürgerentscheides nicht nur auf Initiative der Bürger über ein Bürgerbegehren eingeleitet werden, sondern auch auf Initiative des Rates.

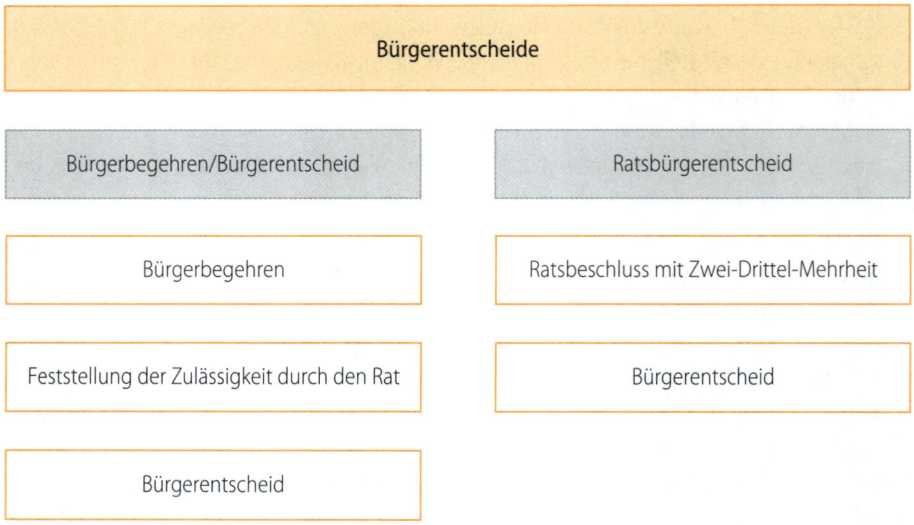

Für einen solchen Ratsbürgerentscheid ergeben sich die Zulässigkeitsvoraussetzungen aus § 26 Abs. 1 S. 2 GO sowie den nach § 26 Abs. 1 S. 3 GO für entsprechend anwendbar erklärten Teilen des § 26 GO (Absatz 2 S. 1 sowie die Absätze 5, 7, 8 und 10). Nach § 26 Abs. 1 S. 2 GO kann der Rat mit einer Mehrheit von zwei Dritteln der gesetzlichen Zahl der Mitglieder beschließen, dass über eine Angelegenheit der Gemeinde ein Bürgerentscheid stattfindet. Die gesetzliche Mitgliederzahl setzt sich zusammen aus der Summe der Zahl der Ratsmitglieder nach § 3 KWahlG NRW und dem Bürgermeister, der zwar kein „Ratsmitglied" im Sinne des § 3 KWahlG NRW, aber „Mitglied des Rates" kraft Gesetzes gemäß § 40 Abs. 2 S. 2 GO ist. Der gesetzlichen Mitgliederzahl muss nunmehr die Zahl derjenigen gegenübergestellt werden, die für den Ratsbürgerentscheid stimmen. Dazu kann auch der stimmberechtigte Bürgermeister gehören, da er Mitglied des Rates ist.

Aufgrund des im Verfahren des Ratsbürgerentscheides für entsprechend anwendbar erklärten § 26 Abs. 2 S. 1 GO sowie der Abs. 5, 7, 8 und 10 müssen die zur Entscheidung zu bringende Frage sowie eine Begründung vorhanden sein. Zudem darf auch ein Ratsbürgerentscheid nicht über eine dem Ausschlusskatalog des Abs. 5 unterfallende Angelegenheit durchgeführt werden.

5. Bürgerentscheid

155 Stellt der Rat die Zulässigkeit des Bürgerbegehrens fest – ggf. nach einem Verpflichtungsurteil des Verwaltungsgerichts – und entspricht er dem zulässigen Bürgerbegehren nicht („Abhilfe"), dann ist innerhalb von drei Monaten ein Bürgerentscheid durchzuführen (§ 26 Abs. 6 S. 4 GO):

Der Bürgerentscheid hat im Sinne der Vertreter des Bürgerbegehrens nach § 26 Abs. 7 S. 2 GO **Erfolg**, wenn

- die zur Entscheidung gestellte Frage von der Mehrheit der gültigen Stimmen entsprechend beantwortet wurde **und**
- diese Mehrheit mindestens das in § 26 Abs. 7 S. 2 GO bestimmte Quorum erreicht.

Die gemeindlichen Organe unterliegen im Zusammenhang mit der Durchführung eines Bürgerbegehrens bzw. eines Bürgerentscheids **bei ihren öffentlichen amtlichen Äußerungen keiner Neutralitätspflicht** wie bei Wahlen.[69] Vielmehr können sie gerade bei einem kassatorischen Bürgerbegehren, mit dem die vollständige oder teilweise Beseitigung eines Ratsbeschlusses durch Aufhebung oder Änderung erstrebt wird, sogar gehalten sein, öffentlich zu dem Sachbegehren wertend Stellung zu nehmen. Einschränkungen ihrer Äußerungsbefugnis in amtlicher Funktion ergeben sich deshalb erst durch Kompetenznormen, dem Grundsatz der Teilnahmefreiheit der Bürger und dem Sachlichkeitsgebot.

Hingegen unterliegt die **verfahrensmäßige Ausgestaltung** eines Bürgerbegehrens bzw. eines Bürgerentscheides durch den Bürgermeister und Rat dem Neutralitätsgrundsatz und ist ausschließlich an den gesetzlichen Vorschriften auszurichten.

Nach § 26 Abs. 8 S. 1 GO hat der erfolgreiche Bürgerentscheid die Wirkung eines Ratsbeschlusses. Er muss daher vom Bürgermeister durchgeführt werden (§ 62 Abs. 2 S. 2 GO). Der erfolgreiche Bürgerentscheid unterliegt einer zweijährigen Bindungsfrist, innerhalb derer eine Abänderung durch den Rat nicht möglich ist (§ 26 Abs. 8 S. 2 GO). Nur ein erneuter Bürgerentscheid auf Initiative des Rates könnte eine Abänderung bewirken.

Online-Wissens-Check

Eine Bürgerinitiative aus Hagen setzt sich für die Beibehaltung der Sitzungszeiten des Rates ein, die auf den frühen Nachmittag verschoben werden sollen. Die Bürgerinitiative reicht einen von vier Personen unterschriebenen Antrag bei der Stadt Hagen ein und fügt die erforderliche Anzahl von Unterschriften von Bürgern bei. Was wird der Rat tun?

Überprüfen Sie jetzt online Ihr Wissen zu den in diesem Abschnitt erarbeiteten Themen. Unter **www.juracademy.de/skripte/login** steht Ihnen ein Online-Wissens-Check speziell zu diesem Skript zur Verfügung, den Sie kostenlos nutzen können. Den Zugangscode hierzu finden Sie auf der Codeseite.

69 *OVG NRW* Beschluss vom 7.10.2016 – 15 B 948/16 –, juris.

6. Übungsfall Nr. 3

156 „Bürger gegen Stadtwerkeverkauf"

In der Gemeinde G wohnen 10 000 Einwohner (davon sind 9000 Staatsangehörige von EU-Mitgliedstaaten und von diesen 9000 sind 1000 Kinder und Jugendliche unter 16 Jahren). Die Gemeinde hält Geschäftsanteile einer Stadtwerke GmbH, die jährlich wiederkehrende Verluste erwirtschaftet. Aufgrund der schwierigen gemeindlichen Finanzlage beschließt der Gemeinderat am 2. Januar gegen die Stimmen der Ratsmitglieder A und B mehrheitlich die Veräußerung der gemeindlichen Geschäftsanteile.

Gegen die Veräußerung formiert sich unter der Federführung von A und B sowie von Gewerkschaftsführer C eine Bürgerinitiative. A, B und C formulieren die Frage *„Sind Sie gegen die Veräußerung der Geschäftsanteile der Stadtwerke GmbH?"* und geben hierfür eine kurze Begründung. Nach schriftlicher Mitteilung ihrer Absicht, das Bürgerbegehren durchzuführen, welche bei der Gemeindeverwaltung am 10. Januar eingegangen ist, erhalten sie von dieser am 20. Januar eine schriftliche Kostenschätzung.

Auf jeder Unterschriftenliste sind neben der Kostenschätzung und den weiteren erforderlichen Angaben A, B und C als Vertreter des Bürgerbegehrens aufgeführt. A, B und C sammeln 804 formgültige Unterschriften von Bürgern von G ein. Am 4. April wird das Bürgerbegehren beim Bürgermeister von G eingereicht. Nach Einsammlung der Unterschriften aber vor Einreichung des Bürgerbegehrens verzieht C aus beruflichen Gründen in die Nachbargemeinde N.

Am 15. Mai erhalten A, B und C ein Schreiben vom Bürgermeister im dem er ihnen mitteilt, *„dass – wie der Rat in seiner Sitzung vom 30. April festgestellt hat – das Bürgerbegehren nicht zulässig ist"*. Dem Schreiben ist eine ordnungsgemäße Rechtsbehelfsbelehrung beigefügt.

A, B und C bitten Sie um ein Gutachten, auf welchem Wege und mit welchen Erfolgsaussichten sie „sich dagegen wehren können".

Hinweis: Alle Terminangaben beziehen sich auf dasselbe Kalenderjahr.

157 Lösung

Die Vertreter des Bürgerbegehrens A, B und C könnten verwaltungsgerichtlichen Rechtsschutz in Anspruch nehmen. In Betracht kommt eine Klage vor dem Verwaltungsgericht. Diese hat Erfolg, wenn sie zulässig und begründet ist.

I. Zulässigkeit der Klage

Die Klage müsste zunächst zulässig sein.

Gemäß § 40 Abs. 1 S. 1 VwGO ist der Verwaltungsrechtsweg für die Klage eröffnet, wenn es sich um eine öffentlich-rechtliche Streitigkeit handelt. Dies hängt vom Streitgegenstand ab. Streitentscheidend ist hier die Frage der Zulässigkeit des Bürgerbegehrens. Maßgeblich hierfür ist die öffentlich-rechtliche Vorschrift des § 26 GO.

Die Bestimmung der statthaften Klageart hängt vom klägerischen Begehren ab, § 88 VwGO. A, B und C als Vertreter des Bürgerbegehrens begehren die Feststellung der Zulässigkeit des Bürgerbegehrens gemäß § 26 Abs. 6 S. 1 GO durch den Rat. Nur durch die positive Entscheidung des Rates kann das Ziel erreicht werden, zu einem Bürgerentscheid zu kommen. Eine bloße Aufhebung der vom Bürgermeister ihnen gegenüber mitgeteilten Ablehnungsentscheidung im Wege einer Anfechtungsklage wäre deshalb für die Vertreter nicht hinreichend rechtsschutzintensiv. Ihnen würde selbst bei Aufhebung der Ablehnungsentscheidung nach wie vor die erforderliche Feststellung der Zulässigkeit des Bürgerbegehrens nach § 26 Abs. 6 S. 1 GO fehlen.

Wenn die erstrebte Feststellung der Zulässigkeit des Rates ein (begünstigender) Verwaltungsakt im Sinne des § 35 S. 1 VwVfG NRW ist, dann ist die Verpflichtungsklage gemäß § 42 Abs. 1 Hs. 2 VwGO die passende Klageart. Wenn man die Voraussetzungen für das Vorliegen eines Verwaltungsaktes vergleicht mit dem Rechtscharakter der begehrten Feststellungsentscheidung, so stellt diese zunächst eine hoheitliche Maßnahme einer Behörde dar. Der Rat nimmt hier unmittelbar selbst als Behörde eine öffentliche Aufgabe wahr, da nur ihm die gesetzliche Kompetenz nach § 26 Abs. 6 S. 1 GO zusteht, die Zulässigkeit festzustellen. Zwar hat der Bürgermeister das Ablehnungsschreiben unterschrieben und dieser ist auch im Regelfall die Behörde der Gemeinde. Allerdings erschöpft sich seine Mitwirkung im vorliegenden Fall darin, lediglich die Bekanntgabe des bereits vom Rat erlassenen Verwaltungsaktes vorzunehmen.

Die begehrte Zulässigkeitsfeststellung ist zudem eine (Einzelfall-)Regelung mit Außenwirkung. Der Rat stellt gegenüber A, B und C als Vertretern des Bürgerbegehrens verbindlich fest, dass dieses zulässig bzw. unzulässig ist. Die Außenwirkung dieser Regelung ergibt sich daraus, dass die Vertreter des Bürgerbegehrens nicht Organe der Gemeinde sind, sondern die Entscheidung sie als außerhalb der Gemeindeverwaltung stehende Bürger trifft.

Da mithin die von A, B und C begehrte Feststellung der Zulässigkeit durch den Rat gemäß § 26 Abs. 6 S. 1 GO ein Verwaltungsakt ist, ist hierfür die Verpflichtungsklage die statthafte Klageart.

Bei einer Verpflichtungsklage ist gemäß § 42 Abs. 2 VwGO eine Klagebefugnis der Vertreter des Bürgerbegehrens erforderlich. A, B und C müssten geltend machen können, durch die ablehnende Entscheidung des Rates in subjektiven Rechten verletzt zu sein. Als verletztes subjektives Recht kommt ihr Recht auf Durchführung des Bürgerentscheides nach § 26 Abs. 6 S. 4 GO in Betracht. Dies ist auch ein eigenständiges Recht der Vertreter, da nur diese – und nicht andere Unterzeichner oder das „Bürgerbegehren" in Gänze – berechtigt sind, Rechtsbehelfe einzulegen, § 26 Abs. 6 S. 3 GO.

Fraglich ist hier allerdings, ob A, B und C überhaupt Vertreter des Bürgerbegehrens sein können und sich damit auf die subjektiven Vertreterrechte berufen können.

Zunächst ist zu berücksichtigen, dass C nach Einsammlung der Unterstützungsunterschriften, aber vor Einreichung des Bürgerbegehrens in die Nachbargemeinde N umgezogen ist und damit gemäß § 21 Abs. 2 GO nicht mehr Bürger der Gemeinde G ist. Vertreter eines Bürgerbegehrens können gemäß § 26 Abs. 2 S. 2 GO nur die Bürger einer Gemeinde sein, in der das Bürgerbegehren durchgeführt wird. D.h., dass eine als „Vertreter" bezeichnete Person, die gar nicht in der Gemeinde wohnt, auch keine Klagebefugnis haben kann. C kann damit aus rechtlichen Gründen nicht mehr Vertreter des Bürgerbegehrens sein. Dies ist aber unschädlich, wenn die verbliebenen Vertreter berechtigt sind, die Unterzeichnenden zu vertreten, da § 26 Abs. 2 S. 3 GO mit drei Vertretern lediglich eine Höchstgrenze regelt („bis zu"). Scheidet daher einer von mehreren Vertretern des Bürgerbegehrens aus, wachsen dessen Vertretungsrechte den übrigen Vertretern zu. Es fragt sich, ob die Ratsmitgliedschaft von A und B gegen deren Vertreterstellung herangezogen werden kann. Da diese aber als Ratsmitglieder Bürger der Gemeinde G sind und keine anderen gesetzlichen Ausschließungsbestimmungen bestehen, können auch sie in ihrer „privaten" Eigenschaft als Gemeindebürger als Vertreter eines Bürgerbegehrens auftreten. Damit liegt die erforderliche Klagebefugnis bei A und B vor.

Gemäß § 68 Abs. 2 i.V.m. Abs. 1 S. 2 Hs. 1 VwGO i.V.m. § 110 Abs. 1 S. 2 JustG NRW bedarf es eines Vorverfahrens vor Erhebung der Verpflichtungsklage nicht.

Gemäß § 78 Abs. 1 Nr. 1 VwGO ist die Klage gegen die Körperschaft zu richten, deren Behörde den beantragten Verwaltungsakt unterlassen hat. Da der Rat als dafür zuständige Behörde die beantragte Feststellungsentscheidung unterlassen hat, ist die Klage gegen die Gemeinde zu richten.

Die Beteiligtenfähigkeit der Gemeinde ergibt sich aus § 61 Nr. 1 VwGO.

A und B sind als Vertreter des Bürgerbegehrens in ihrer Eigenschaft als natürliche Personen gemäß § 61 Nr. 1 VwGO beteiligtenfähig. Trotz des Wortlautes „Vertreter" vertreten sie insbesondere nicht die Gesamtheit der Unterzeichner des Bürgerbegehrens, sondern machen eine eigenständige Rechtsposition im Klagewege geltend. Sie „vertreten" also nicht etwa Unterzeichner des Bürgerbegehrens im zivilrechtlichen Sinne und nehmen keine fremden Rechte wahr, sondern sie machen eigene Rechte geltend (vgl. § 26 Abs. 6 S. 3 GO).

Die Verpflichtungsklage von A und B ist damit zulässig.

II. Begründetheit der Klage

Gemäß § 113 Abs. 5 S. 1 VwGO ist die Klage auch begründet, wenn die ablehnende Entscheidung des Rates rechtswidrig ist und A und B dadurch in ihren Rechten verletzt sind. Dies ist dann der Fall, wenn sie einen Anspruch auf Feststellung der Zulässigkeit des Bürgerbegehrens gemäß § 26 Abs. 6 S. 1 GO haben. Dann müsste das Bürgerbegehren zulässig sein.

Zunächst müssten die formellen und inhaltlichen Zulässigkeitsvoraussetzungen vorliegen.

Im Sinne von § 26 Abs. 2 S. 1 GO ist das Bürgerbegehren zunächst einmal schriftlich eingereicht worden. Der Antrag muss eine bestimmte Frage enthalten, die mit „Ja" oder „Nein" beantwortet werden kann (vgl. § 26 Abs. 1 S. 1 i.V.m. Abs. 7 GO). Dies ist hier bei der gestellten Frage („Sind Sie gegen die Veräußerung der Geschäftsanteile der Stadtwerke GmbH?") der Fall.

Die Begründung gehört zum Mindestinhalt eines Bürgerbegehrens. Sie dient dem Zweck, den Unterzeichner über den Sachverhalt und die Argumente der Initiatoren aufzuklären. Da die Begründung Bestandteil der einzelnen Unterschriftenlisten ist (§ 26 Abs. 4 S. 6 i.V.m. § 25 Abs. 4 S. 1 GO) reichen – wie hier – kurze Begründungen aus.

Die Vertreter des Bürgerbegehrens haben zudem ihre Absicht, das Bürgerbegehren durchzuführen, der Verwaltung schriftlich mitgeteilt (§ 26 Abs. 2 S. 3 GO).

Die nach § 26 Abs. 2 S. 5 GO erforderliche Kostenschätzung der Verwaltung muss nach § 26 Abs. 2 S. 6 GO wie schon die Frage und Begründung auf jeder einzelnen Unterschriftenliste enthalten sein. Erforderlich sind Angaben darüber, welche Kosten mit der Durchführung der verlangten Maßnahme verbunden sind. Die Angaben sind ggf. überschlägig und nachvollziehbar zu schätzen. Diese Erfordernisse sind im vorliegenden Fall erfüllt.

Bis zu drei Vertreter sind im Antrag (§ 26 Abs. 2 GO) und damit auf jeder Unterschriftenliste (§ 26 Abs. 4 S. 6 i.V.m. § 25 Abs. 4 GO) aufzuführen. Es muss sich um Bürger der Gemeinde handeln, in der das Bürgerbegehren durchgeführt wird. Wie bereits bei der Klagebefugnis erörtert, wachsen die Verfahrensrechte des aus Rechtsgründen ausgeschiedenen C den übrigen Vertretern zu. Vorliegend könnte es aber problematisch sein, dass C erst nach Sammlung der Unterschriften als Vertreter ausgeschieden ist. Zu berücksichtigen ist nämlich, dass C wie A und B noch bei der Einsammlung der Unterschriften als Vertreter auf der Unterschriftenliste aufgeführt war (§ 26 Abs. 4 S. 6 i.V.m. §§ 25 Abs. 4, 26 Abs. 2 S. 2 GO). Da damit die Benennung der Vertreter des Bürgerbegehrens auf den Unterschriftenlisten nach der Unterschriftensammlung unrichtig wurde, könnte darin ein zur Unzulässigkeit des Bürgerbegehrens führender Verstoß gesehen werden. Ein solcher wäre aber allenfalls dann anzunehmen, wenn dies missbräuchlich erfolgt ist und/oder der Verstoß geeignet wäre, die Bildung des Bürgerwillens maßgeblich mit zu beeinflussen. Bei einem bloßen Wegzug aus der Gemeinde wird man derartige Umstände nicht annehmen können.

Ein Bürgerbegehren kann nur dann zulässig erhoben werden, wenn es von einer bestimmten Anzahl der Bürger in der Gemeinde unterzeichnet ist (§ 26 Abs. 4 S. 1 GO). Erforderlich ist damit zunächst die Bürgereigenschaft der Unterzeichner, die aus § 21 Abs. 2 GO i.V.m. § 7 KWahlG NRW zu ermitteln ist. Die Anzahl der erforderlichen Unterschriften (Unterschriftenquorum) ergibt sich aus der Einwohnerzahl der jeweiligen Gemeinde.

Hier hat die Gemeinde G 10 000 Einwohner, wovon 8000 aktiv wahlberechtigt und damit Bürger sind. Von den 10 000 Einwohnern sind die 1000 Einwohner von Nichtmitgliedstaaten der EU und die 1000 Kinder bzw. Jugendlichen unter 16 Jahren abzuziehen, da sie nicht wahlberechtigt sind.

Gemäß § 26 Abs. 4 S. 1 GO müssen daher 10 % der Bürger, hier also 800, das Bürgerbegehren unterzeichnen. Da vorliegend 804 formgültige Unterschriften von Bürgern der Gemeinde G vorliegen, ist das nach § 26 Abs. 4 S. 1 GO erforderliche Unterschriftenquorum erfüllt.

Auf den jeweiligen Unterschriftenlisten sind auch alle Bestandteile des Bürgerbegehrens (Antrag) enthalten (§ 26 Abs. 4 S. 6 i.V.m. § 25 Abs. 4 GO). Zu diesen Bestandteilen gehören nach § 26 Abs. 2 GO:

- die zur Entscheidung zu bringende Frage,
- die Begründung,
- die Kostenschätzung der Verwaltung sowie
- die Vertreterbenennung (siehe hierzu bereits oben).

Eine Frist ist nur dann zu beachten, wenn sich das Bürgerbegehren gegen einen Ratsbeschluss richtet („kassatorisches Bürgerbegehren"). Für diesen Fall gilt grundsätzlich eine dreimonatige Einreichungsfrist berechnet ab dem Sitzungstag (§ 26 Abs. 3 S. 2 GO). Maßgeblich für die Frage, ob sich ein Bürgerbegehren inhaltlich gegen einen Ratsbeschluss richtet (und damit fristgebunden ist), ist, ob das Bürgerbegehren ein vom Rat beschlossenes Regelungsprogramm aufheben oder ändern will. Hier richtet sich das Bürgerbegehren gegen den Ratsbeschluss zur Veräußerung der Stadtwerkeanteile vom 2. Januar. Da dieser Beschluss nicht der öffentlichen Bekanntmachung bedarf, gilt eine Frist von drei Monaten zur Einreichung des Bürgerbegehrens. Da vorliegend das Bürgerbegehren am 1. April beim Bürgermeister eingereicht worden ist und der Fristverlauf nach § 26 Abs. 3 S. 3 GO zwischen dem 10. (Eingang der Mitteilung über die Absicht, das Bürgerbegehren durchzuführen) und 20. Januar (Eingang der Kostenschätzung der Verwaltung) gehemmt war, ist diese Frist eingehalten.

Da die Bürger an Stelle des Rates über eine Angelegenheit der Gemeinde entscheiden (§ 26 Abs. 1 S. 1 GO), muss der Gegenstand des Bürgerbegehrens ein solcher sein, für den die Gemeinde die Verbandskompetenz und der Rat die Organkompetenz hat. Die Entscheidung über die Organisation der gemeindlichen Einrichtungen ist vom Schutzbereich des Art. 28 Abs. 2 GG umfasst. Die Angelegenheiten der örtlichen Gemeinschaft sollen von der Gemeinde eigenverantwortlich wahrgenommen werden. Deshalb hat die Gemeinde die Verbandskompetenz über die Frage, ob sie weiterhin Anteile an der Stadtwerke GmbH halten will oder nicht. Der Rat hat für diese Frage auch die Organkompetenz gemäß § 41 Abs. 1 S. 2 Buchstabe k GO.

Daneben sind solche Angelegenheiten für ein Bürgerbegehren ausgeschlossen, die in dem Negativkatalog des § 26 Abs. 5 GO abschließend aufgeführt sind. Die vorliegende Angelegenheit ist nicht im Negativkatalog enthalten und ist damit zulässiger Gegenstand des Bürgerbegehrens.

Nach allem ist das Bürgerbegehren zulässig. Damit haben A und B einen Anspruch auf Feststellung der Zulässigkeit des Bürgerbegehrens gegen den Rat gemäß § 26 Abs. 6 S. 1 GO. Dem Rat steht bei seiner Entscheidung kein Ermessen zu. Die rechtswidrige Ablehnung verletzt das Recht der Kläger auf Durchführung des Bürgerentscheids gemäß § 26 Abs. 6 S. 1 und S. 5 GO.

III. Ergebnis

Die Verpflichtungsklage ist also auch begründet und hat insgesamt Aussicht auf Erfolg.

C. Nutzung öffentlicher Einrichtungen

158 Die Gemeinden schaffen innerhalb der Grenzen ihrer Leistungsfähigkeit die für die wirtschaftliche, soziale und kulturelle Betreuung ihrer Einwohner erforderlichen öffentlichen Einrichtungen (§ 8 Abs. 1 GO).

Die Entscheidung einer Gemeinde über die **Schaffung und Beibehaltung** einer öffentlichen Einrichtung ist eine Ausprägung ihrer nach Art. 28 Abs. 2 S. 1 GG garantierten Organisationshoheit. Der spezifische Ortsbezug wird bei öffentlichen Einrichtungen gerade dadurch gewahrt, dass sich diese in aller Regel auf ihrem Gebiet befinden.

Beispiel[70] Vor dem Hintergrund ihrer verfassungsrechtlich garantierten Organisationshoheit ist eine Gemeinde nicht daran gehindert, Regelungen für das Aufstellen von Grabsteinen auf Friedhöfen als öffentliche Einrichtungen zu treffen. Der spezifische Ortsbezug ist dadurch gewahrt, dass sich die Friedhöfe auf dem Gebiet der Gemeinde befinden. ■

Gemeinden sind bei der Entscheidung über die Schaffung und Beibehaltung einer öffentlichen Einrichtung nach § 8 Abs. 1 GO in Ausübung ihres Selbstverwaltungsrechts grundsätzlich frei, sofern keine gesetzliche Bestimmung ihnen dies ausdrücklich vorschreibt. Da die Regelung der Einrichtung und Beibehaltung von öffentlichen Einrichtungen zudem **allein im öffentlichen Interesse** der Daseinsvorsorge besteht, kann eine einzelne Person hieraus keine individuellen Ansprüche ableiten.

Beispiel Einwohner E hat gegen die Stadt S keinen Anspruch auf die Aufstellung öffentlicher Toiletten.[71] Ebenso wenig hat der Sportverein F, der bislang immer den städtischen Sportplatz genutzt hat, einen Anspruch gegen die Stadt auf Beibehaltung des Betriebes als Sportplatz.[72] Die Stadt könnte zum Beispiel den Sportplatz entwidmen und einer Wohnbebauung oder anderen Zwecken zuführen. ■

Hinsichtlich der **Nutzung** vorhandener öffentlicher Einrichtungen können sich hingegen individuelle gesetzliche Rechte und Pflichten ergeben. Hierbei ist auf **zwei wichtige Rechtsprobleme** einzugehen.

- Die erste Problematik betrifft die Frage eines Anspruches auf Zulassung zu diesen öffentlichen Einrichtungen und
- die zweite Problematik betrifft die entgegengesetzte Fragestellung, ob und unter welchen Umständen die Gemeinde einen Anschluss- und Benutzungszwang an öffentlichen Einrichtungen vorschreiben kann.

---

70 *BVerwG* Urteil vom 16.10.2013 – 8 CN 1.12 –, juris.
71 *OVG NRW* Beschluss vom 14.12.2017 – 15 E 831/17 –, juris.
72 *OVG NRW* Beschluss vom 27.6.2017 – 15 B 664/17 –, juris.

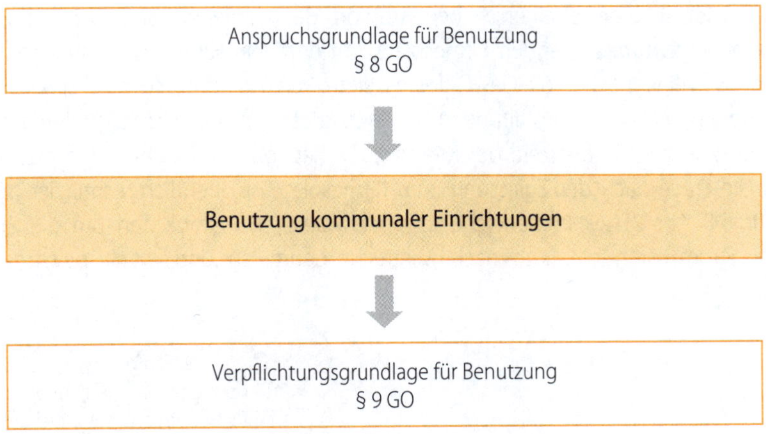

I. Benutzung öffentlicher Einrichtungen

Die Benutzung öffentlicher Einrichtungen richtet sich für den dort bezeichneten **Personenkreis** nach § 8 Abs. 2 – 4 GO. Für **andere** Personen kann sich ein Benutzungsanspruch aus anderen Gründen ergeben, z.B. aus dem Gleichbehandlungsgrundsatz nach Art. 3 Abs. 1 GG (i.V.m. der Selbstbindung der Verwaltung) oder aus der Sonderstellung der politischen Parteien aus Art. 21 GG (ggf. i.V.m. § 5 ParteiG) heraus. 159

Hinweis

Der Zugang zu kommunalen öffentlichen Einrichtungen richtet sich nicht allein nach den allgemeinen Vorschriften. Vorrangig sind etwaige spezialgesetzliche Vorschriften. Von praktischer Bedeutung sind hierbei z.B. der Rechtsanspruch auf einen Kinderbetreuungsplatz (§ 3a Kinderbildungsgesetz NRW) oder der Zugang zu festgesetzten Volksfesten, Messen und Märkten (§ 70 GewO).

Neben den Anspruchsvoraussetzungen (dazu unter 1) ist die prozessuale Frage von Bedeutung, auf welchem gerichtlichen Wege die abgelehnte Person Rechtsschutz erlangen kann (dazu unter 2).

1. Benutzungsanspruch

a) Überblick

Gemäß **§ 8 Abs. 2 GO** sind alle **Einwohner** der Gemeinde im Rahmen des geltenden Rechts berechtigt, die öffentlichen Einrichtungen der Gemeinde zu benutzen. Das Recht zur Benutzung vermittelt damit einen **öffentlich-rechtlichen Zulassungsanspruch**. 160

Von dem öffentlich-rechtlichen Zulassungsanspruch, der das „Ob" der Benutzung betrifft, ist nach der sogenannten **Zwei-Stufen-Theorie** die Ausgestaltung dieses Benutzungsverhältnisses („Wie" der Nutzung) zu unterscheiden.[73] Letzteres kann von der Gemeinde privatrechtlich (i.d.R. mietvertraglich) oder öffentlich-rechtlich (Satzung, Anstaltsordnung etc.) geregelt werden.

73 *BVerwG* Beschluss vom 29.5.1990 – 7 B 30/90 –, NVwZ 1991, 59; *Venherm* in Kleerbaum/Palmen, § 8 Erl. II. 4.

Beispiel Autoscooter-Betreiber A begehrt von der Gemeinde den Zugang zum im Gemeindeeigentum stehenden Kirmesplatz, um dort sein Fahrgeschäft aufzustellen. Die Kirmes ist keine nach § 69 GewO festgesetzte Veranstaltung, so dass § 8 Abs. 2 GO anwendbar ist. Die Ausgestaltung des Benutzungsverhältnisses erfolgt durch Mietvertrag, in dem z.B. die Mietzeit, der Mietzins, die Kaution, die Endreinigung etc. geregelt sind. Die Frage nach der Zulassung zum Kirmesplatz ist öffentlich-rechtlicher Natur, da hierfür § 8 Abs. 2 GO streitentscheidend ist, während Streitigkeiten um die Endreinigung, Stromkosten etc. sich nach Mietrecht beurteilen und damit privatrechtlicher Natur sind. ■

	2. Stufe Art und Weise der Benutzung: öffentlich- oder privatrechtlich („**Wie**" der Benutzung)
1. Stufe Öffentlich-rechtlicher Zulassungsanspruch, § 8 Abs. 2 GO („**Ob**" der Benutzung)	

b) Prüfung im Einzelnen

161 Sofern der Zugang zu einer öffentlichen Einrichtung nach § 8 Abs. 2 GO begehrt wird, kommt folgender Anspruchsaufbau in Betracht:

PRÜFUNGSSCHEMA

Zugang zu einer öffentlichen Einrichtung

I. Öffentliche Einrichtung der Gemeinde

II. Berechtigter Personenkreis (§ 8 Abs. 2–4 GO)

III. Im Rahmen des geltenden Rechts

1. entsprechend der Widmung
   - Entspricht die Widmung den bestehenden Gesetzen? Rn. 166
   - kein Anspruch auf Erweiterung Rn. 167
2. kein Verstoß gegen gesetzliche Regelungen
   - bei Gefahren für die öffentliche Sicherheit und Ordnung, insbesondere Sachbeschädigungsgefahr für die Einrichtung durch Nutzer selbst/durch Dritte Rn. 168, 169

IV. Rechtsfolge

Grundsatz: Gebundener Anspruch
- Bei Überschreitung der Kapazitätsgrenze: Umwandlung in Anspruch auf ermessensfehlerfreie Auswahlentscheidung Rn. 171

aa) Öffentliche Einrichtung der Gemeinde

Zunächst muss es sich um eine **öffentliche Einrichtung** handeln. 162

> Eine **öffentliche Einrichtung** ist jeder Gegenstand, den die Gemeinde im öffentlichen Interesse unterhält und durch Widmung (= Zweckbestimmung) der allgemeinen Benutzung zugänglich macht.[74]

Die Widmung kann ausdrücklich durch Ratsbeschluss, Satzung etc. oder konkludent erfolgen. Nicht abschließend aufgeführte Regelbeispiele für öffentliche Einrichtungen der Gemeinden finden sich in § 107 Abs. 2 S. 1 GO.

Beispiele Eine Stadthalle dient gemäß ihrer Benutzungsordnung zur Durchführung von kulturellen Veranstaltungen.

Eine Festwiese wird alljährlich für die Frühjahrskirmes der Stadt zur Verfügung gestellt.

Auf der städtischen Internet-Homepage werden auf einer „shopping mall" dem örtlichen Einzelhandel Werbeflächen zur Verfügung gestellt.

Das schwarze Brett im Wartezimmer des Standesamtes dient als Werbefläche für private Hochzeitsdienstleister.

Eine Internet-Domain wird durch die Tochtergesellschaft einer Stadt für interessierte ortsansässige Fimen angeboten.[75]

Die Stadt betreibt eine Schwimmhalle als Einrichtung der Daseinsvorsorge zur sozialen Betreuung der Einwohner des Stadtgebietes und weist – neben dem Angebot des öffentlichen Schwimmens – auch Schulen und Vereinen bestimmte Hallenzeiten zur Nutzung für sportliche Zwecke zu.[76] ■

Gegenbeispiele Nicht zur allgemeinen Benutzung zugänglich gemacht werden die Verwaltungseinrichtungen, da diese unmittelbar der verwaltungsinternen Erledigung der Dienstgeschäfte dienen. Anders kann der Fall liegen, wenn bestimmte Einrichtungen der Gemeinde, wie Veranstaltungsräume auch für externe gesellschaftliche Ereignisse oder Ausstellungen seitens der Gemeinde gewidmet sind.

Auch keine öffentlichen Einrichtungen **im Sinne des § 8 GO** sind die Sachen im Gemeingebrauch (öffentliche Straßen, Wege, Plätze), die ohnehin von jedermann benutzt werden können. ■

Da § 8 GO nur gemeindliche Einrichtungen umfasst, muss die Gemeinde die **Verfügungsgewalt** über die Einrichtung haben. Dies ist nicht nur der Fall, wenn sie selbst Eigentümerin der Einrichtung ist, sondern immer schon dann, wenn die Gemeinde maßgebliche rechtliche Einwirkungsmöglichkeiten auf den formalen Eigentümer der Einrichtung hat.[77] 163

---

74 *OVG NRW* Urteil vom 23.10.1968, III a 1522/64 –, OVGE 24, 175 f.; *Venherm* in Kleerbaum/Palmen, § 8 Erl. I., *Rehn/Cronauge/von Lennep/Knirsch* § 8, Anm. 2; vgl. auch *Schoch* NVwZ 2016, 257, 259.

75 *OVG NRW* Beschluss vom 19.5.2015 – 15 A 86/14 –, DÖV 2015, 1020.

76 *VG Aachen* Urteil vom 20.1.2015 – 4 K 699/14 –, juris.

77 *BVerwG* Beschluss vom 29.5.1990 – 7 B 30/90 –, NVwZ 1991, 59; *OVG NRW* Beschluss vom 19.5.2015 – 15 A 86/14 –, DÖV 2015, 1020; *Wansleben* in Held/Winkel, § 8 Anm. 2.

Beispiel Die Gemeinde ist Allein- oder Mehrheitseigentümerin der Geschäftsanteile an der „Stadthallen-GmbH". Die Stadthallen-GmbH betreibt eine Stadthalle. Obwohl die Stadthallen-GmbH eine juristische Person des privaten Rechts ist, handelt es sich bei der Stadthalle um eine öffentliche Einrichtung, da die Gemeinde aufgrund ihrer Anteilsmehrheit maßgebliche gesellschaftsrechtliche Einwirkungsmöglichkeiten auf die Gesellschaftsorgane und deren Entscheidungen hat. ■

Hinweis

Zwar liegt in solchen Fällen eine öffentliche Einrichtung vor, allerdings kann sich der Anspruch dann nicht gegen die GmbH auf Zulassung zu der öffentlichen Einrichtung richten, da diese nicht Anspruchsverpflichtete eines Anspruchs aus § 8 Abs. 2 GO sein kann. Es besteht vielmehr ein „Einwirkungsanspruch" oder „Verschaffungsanspruch" gegen die **Gemeinde gerichtet auf Einwirkung** auf die GmbH mit der Zielrichtung, dass diese die öffentlich-rechtliche Verpflichtung der Gemeinde erfüllt. Die Einwirkung der Gemeinde auf die GmbH erfolgt nach gesellschaftsrechtlichen Grundsätzen (Weisungsrechte nach Gesellschaftsvertrag, Einflussnahme in der Gesellschafterversammlung und/oder Anweisung der Geschäftsführung etc.). Es gibt also für die Gemeinde **„keine Flucht ins Privatrecht"**. Sollte eine Gemeinde eine für die Einwohner bedeutsame öffentliche Einrichtung privatisieren und sich jeglicher Einflussnahme auf die Betriebsführung des künftigen privaten Betreibers entziehen wollen, so sind dabei die rechtlichen Grenzen von Privatisierungen zu beachten, die sich aus dem gemeindlichen Selbstverwaltungsrecht ergeben (vgl. im Einzelnen Rn. 23).

bb) Berechtigter Personenkreis

164 Der Personenkreis, der nach § 8 Abs. 2 GO einen Zulassungsanspruch haben kann, umfasst drei Gruppen:

- alle **Einwohner** der Gemeinde, also alle natürlichen Personen, die in der Gemeinde wohnen (§ 21 Abs. 1 GO),
- **juristische Personen** (z.B. GmbH, AG) oder **Personenvereinigungen** (z.B. Ortsverband einer politischen Partei), die in der Gemeinde ihren Sitz haben (§ 8 Abs. 4 GO) und
- **Grundbesitzer und Gewerbetreibende**, die nicht in der Gemeinde wohnen, für die Benutzung öffentlicher Einrichtungen, die in der Gemeinde für Grundbesitzer und Gewerbetreibende bestehen (z.B. öffentliche Kanalisation).

Beispiel Kaufmann K wohnt in der Stadt Dormagen. Er betreibt ein Modegeschäft auf der Königsallee in Düsseldorf. Obwohl er nicht Einwohner der Stadt Düsseldorf ist, hat er für sein Geschäft einen Anspruch auf Benutzung der Entwässerungs- und Straßenreinigungseinrichtungen. ■

Hinweis

Personen, die nicht zu diesem berechtigten Personenkreis gehören, haben damit keinen unmittelbaren Zulassungsanspruch aus § 8 Abs. 2 GO.

Sie können allerdings in zwei Fallgruppen einen Zulassungsanspruch aus anderen Vorschriften herleiten:

Die erste Fallgruppe betrifft die (häufigen) Fälle, in denen eine Gemeinde ihre öffentliche Einrichtung auch Nichteinwohnern zur Nutzung gewidmet hat (z.B. ein gemeindliches

Schwimmbad). Wenn entgegen der Widmung einem Nichteinwohner die Zulassung verweigert wird, kann er einen Zulassungsanspruch aus Art. 3 Abs. 1 GG i.V.m. der Selbstbindung der Verwaltung herleiten.

Die zweite Fallgruppe betrifft die (klausurträchtigen) Fälle, in denen eine Partei in der Gemeinde keine örtliche Gliederung besitzt. Aufgrund der Sonderstellung der politischen Parteien aus Art. 21 Abs. 1 S. 1 GG muss sie im Ergebnis die Möglichkeit haben, sich auch dort darzustellen, wo sie nicht ihren Sitz hat. Deshalb hat sie einen Anspruch auf gleichen Zugang nach § 5 ParteiG i.V.m. Art. 21 Abs. 1 S. 1 GG, wenn ein Träger öffentlicher Gewalt den Parteien Einrichtungen zur Verfügung stellt.[78]

cc) Im Rahmen des geltenden Rechts

Ein Zulassungsanspruch besteht nur, wenn sich die beabsichtigte Nutzung „im Rahmen des geltenden Rechts" bewegt. Dies ist nicht der Fall, wenn **165**

- der **Widmungszweck** nicht eingehalten wird,
- die Nutzung mit hoher Wahrscheinlichkeit zu – vom Veranstalter oder Teilnehmern ausgehenden – **Störungen der öffentlichen Sicherheit und Ordnung** (Rechtsverstößen) führen wird
- der Nutzer nach den Grundsätzen der Zweckveranlassung ordnungspflichtig ist nach den §§ 17, 18 OBG NRW oder
- er selbst zwar nicht die Störung verursacht, aber aufgrund **ordnungsrechtlichen Notstands** im Sinne des § 19 OBG NRW als nicht verantwortliche Person dergestalt in Anspruch genommen wird, dass seine Zulassung abgelehnt werden muss.

(1) Im Rahmen der Widmung

Die beabsichtigte Nutzung der öffentlichen Einrichtung muss sich im Rahmen der Widmung (Zweckbestimmung) der Einrichtung halten. **166**

Um dies prüfen zu können, muss der Inhalt der Widmung in inhaltlicher und zeitlicher Hinsicht festgestellt werden. Sodann ist zu prüfen, ob die festgestellte Widmung den bestehenden **Gesetzen** entspricht (insbesondere dem Willkürverbot des Art. 3 Abs. 1 GG).

Beispiel Die Gemeinde G hat eine Freifläche im Ortszentrum unter anderem auch für Zirkusveranstaltungen mit Tierpräsentationen gewidmet. Obwohl es nach dem Tierschutzgesetz nicht verboten ist, schränkt der Rat der Gemeinde aus Erwägungen des schonenden Umgangs mit Wildtieren, aufgrund von Beschwerden von Zirkusbesuchern, des damit verbundenen erhöhten Verwaltungsaufwandes und der nicht auszuschließenden Besuchergefährdung für die Zukunft die Nutzung der Freifläche dergestalt ein, dass Wildtierpräsentationen dort nicht mehr veranstaltet werden dürfen. Hier ist umstritten, ob die Widmungseinschränkung noch der Ausgestaltungsbefugnis der Gemeinde im Rahmen des Selbstverwaltungsrechts nach Art. 28 Abs. 2 S. 1 GG unterliegt.[79] Die wohl h.M. sieht hierin einen Rechtsverstoß gegen das Grundrecht der Berufsfreiheit (Art. 12 Abs. 1 GG) und den Gleichheitssatz (Art. 3 Abs. 1 GG) von Zirkusbetreibern mit Wildtierdarbietun-

78 *Venherm* in Kleerbaum/Palmen, § 8 Erl. II. 3.
79 So *VG München* Urteil vom 6.8.2014 – M 7 K 13.2449, juris, Rn. 32, *Penz* KommJur 2017, 241.

gen.[80] Die kommunale Selbstverwaltungsgarantie komme mangels eines spezifisch örtlichen Bezuges als Grundrechtsschranke nicht in Betracht, da sich das Problem der Wildtierhaltung in Zirkusunternehmen landesweit stelle. Folgt man dieser Ansicht, ist die Widmungsbeschränkung rechtswidrig, so dass einem Zirkusbetreiber mit Wildtierdarbietungen ein Anspruch aus § 8 Abs. 2 GO auf Nutzung der Freifläche zustehen kann. ■

Sofern die Widmung nicht rechtswidrig sein sollte, unterliegt sie im Übrigen dem weiten Gestaltungsspielraum der Gemeinde.[81] Als Ausprägung ihrer Organisationshoheit, die Teil der nach Art. 28 Abs. 2 GG und Art. 78 Abs. 1 LVerf NRW geschützten eigenverantwortlichen Aufgabenerledigung ist, ist die Gemeinde berechtigt, Regelungen über die Voraussetzungen, Bedingungen, Art und Umfang der Benutzung zu treffen.[82] Auch nach Eröffnung der öffentlichen Einrichtung ist die Gemeinde grundsätzlich befugt, die Zweckbestimmung zu erweitern oder einzuschränken. **Nutzungsbeschränkungen** müssen sich aber in Anbetracht des Gleichheitsgrundsatzes des Art. 3 Abs. 1 GG an **sachlichen Gründen** orientieren. Sie dürfen auch im Übrigen nicht gegen gesetzliche Vorgaben verstoßen.

Beispiel Die Stadt S betreibt eine Schwimmhalle für das öffentliche Schwimmen ihrer Einwohner sowie für das Schul- und Vereinsschwimmen. Da eine gleichzeitige Nutzung der Schwimmhalle durch alle Nutzungsberechtigten ausgeschlossen ist (vgl. Tauchvereine, Turmspringen, Schwimmunterricht, Schulschwimmen, Aquajogging etc.), legt die Stadt in einem Hallenbelegungsplan zeitliche Kontingente fest, in denen die Halle den einzelnen Nutzergruppen zur Verfügung gestellt wird.[83]

Die Nutzungsbeschränkung beruht nicht auf sachwidrigen Erwägungen und ist somit nicht rechtswidrig. Es wäre zwar rechtlich (auch) möglich, dies anders zu regeln (z.B. mit einer anderen Verteilung). Hierzu ist aber die Gemeinde aufgrund ihres weiten Gestaltungsspielraums nicht verpflichtet, sofern jedenfalls die von ihr bestimmte Widmung nicht sachwidrig ist. ■

Erst nachdem die Rechtmäßigkeit der Widmung überprüft worden ist, ist zu klären, ob die beabsichtigte Nutzung dem rechtmäßigen Widmungsinhalt **entspricht**.

Beispiel Die Stadt Wertheim stellt aufgrund eines Ratsbeschlusses eine bestimmte städtische Freifläche seit mehreren Jahren in den Monaten Mai bis August für Open Air-Konzerte, Kundgebungen und Parteiversammlungen zur Verfügung. Im Hinblick auf die heranrückenden Kommunalwahlen ändert der Rat die Zweckbestimmung und beschließt den „Ausschluss von extremistischen Parteien" von der Nutzung der Freifläche. Die dem rechten politischen Spektrum zuzuordnende, aber nicht verbotene N-Partei beantragt die Durchführung einer Parteiveranstaltung im Juli des Jahres.

Die *ursprüngliche* Widmung stand in sachlicher (u.a. Parteiveranstaltungen) und zeitlicher Hinsicht (Mai bis August) der beabsichtigten Nutzung nicht entgegen. Die *Änderung* der Widmung durch den späteren Ratsbeschluss ist rechtswidrig und damit unwirksam, da sie gegen das Gleichheitsgebot von Parteien bei der Zurverfügungstellung öffentlicher Einrichtungen verstößt (Art. 3 Abs. 1 GG i.V.m. Art. 21 GG und § 5 Parteiengesetz). Solange

80 *OVG Niedersachsen* Beschluss vom 2.3.2017 – 10ME4.17.0A –, NVwZ 2017, 728; *VG Meiningen* Beschluss vom 6.3.2018 – juris; *VG Darmstadt* Beschluss vom 19.2.2013 – 3 L 89/13 –, juris.

81 *OVG NRW* Beschluss vom 19.5.2015 – 15 A 86/14 –, DÖV 2015, 1020.

82 *VG Aachen* Urteil vom 20.1.2015 – 4 K 699/14 –, juris.

83 *VG Aachen* Urteil vom 20.1.2015 – 4 K 699/14 –, juris.

eine Partei nicht vom Bundesverfassungsgericht nach Art. 21 Abs. 2 und Abs. 4 GG verboten wird, dürfen Hoheitsträger diese nicht diskriminieren. Für die Feststellung der Widmung der Freifläche greift damit wieder die ursprüngliche Widmung. Da sich die beabsichtigte Nutzung innerhalb dieser bewegt, liegt eine Nutzung im Rahmen des geltenden Rechts vor. Sofern allerdings die Freifläche für diesen Termin bereits belegt sein sollte bzw. konkurrierende Nutzungsansprüche von anderen geltend gemacht werden, so wäre die Bewerberauswahl im Rahmen einer ermessensfehlerfreien Auswahlentscheidung zu treffen (siehe hierzu unter Rn. 171). ■

Es besteht damit nur ein Zulassungsanspruch **im Rahmen der Widmung**. Ein Anspruch auf **167**
Erweiterung der Widmung besteht nicht.[84] Die Errichtung und Erweiterung öffentlicher Einrichtungen innerhalb ihrer Leistungsfähigkeit nach § 8 Abs. 1 GO sind vielmehr Entscheidungen, die die Gemeinde im Rahmen ihres Selbstverwaltungsrechts eigenständig treffen kann. Ein Einwohner hat damit weder ein subjektives Recht auf Errichtung einer öffentlichen Einrichtung noch auf Änderung (Erweiterung) der Widmung.[85]

Beispiel Da der Kirmesplatz belegt ist, verweigert der Oberbürgermeister der kreisfreien Stadt K dem Autoscooter-Betreiber A einen Standplatz. A macht geltend, dass neben dem Kirmesplatz sich noch eine hinreichend große Freifläche befände. Da dies eine Erweiterung der Widmung bedeuten würde, ist der Oberbürgermeister nicht verpflichtet, den A für die Freifläche zuzulassen. ■

(2) Kein Verstoß gegen die öffentliche Sicherheit und Ordnung

Zudem darf die beabsichtigte Nutzung nicht aufgrund eines Verhaltens des Veranstalters **168**
bzw. von Teilnehmern der Veranstaltung gegen die öffentliche Sicherheit und Ordnung, insbesondere gegen gesetzliche Vorschriften, verstoßen.[86] Insbesondere bei der Vergabe von öffentlichen Einrichtungen an politische Parteien für Wahlkampfveranstaltungen im Vorfeld von Wahlen sind die Gemeinden zur politischen Neutralität verpflichtet. Die Entscheidung über die Benutzung städtischer Räumlichkeiten darf nicht zur Zensur der beabsichtigten Meinungsäußerung missbraucht werden. Deshalb ist die Ablehnung eines Antrags auf Benutzung öffentlicher Räumlichkeiten für Wahlkampfveranstaltungen nur gerechtfertigt, wenn die Begehung von Ordnungswidrigkeiten oder Straftaten aufgrund konkreter tatsächlicher Anhaltspunkte sicher zu erwarten, von gravierendem Gewicht – also wesentlicher Teil des Veranstaltungszweckes – und auch dem Veranstalter zuzurechnen ist.[87]

Beispiele Wenn mit an Sicherheit grenzender Wahrscheinlichkeit feststünde, dass bei einer Veranstaltung einer politischen Partei durch Teilnehmer der Straftatbestand der Volksverhetzung (§ 130 Abs. 1 StGB) verwirklicht wird, läge die Benutzung der Stadthalle nicht mehr im Rahmen des geltenden Rechts.

---

84 *Rehn/Cronauge/von Lennep/Knirsch* § 8 Anm. II.1 m.w.N.

85 *OVG NRW* Beschluss vom 30.4.2004 – 15 A 1130/04 –, NWVBl. 2004, 387; *Venherm* in Kleerbaum/Palmen, § 8 Erl. II.1.

86 Vgl. Klausurfall von *Spahlholz* in Hofmann/Beckmann, Fall 13 (S. 133).

87 Dies wurde abgelehnt im Fall der *„Stadthalle Wetzlar": VG Gießen* Beschluss vom 20.12.2017 – 8 L 9187/17 –, juris; bestätigt von *VGH Hessen* Beschluss vom 23.2.2018 – 8 B 23/18 –, juris; vgl. zum Vollstreckungsverfahren gegen die Stadt Wetzlar: *BVerfG* Einstweilige Anordnung vom 24.3.2018 – 1 BvQ 18/18 –, NVwZ 2018, 819; vgl. zum Ganzen: *Hecker* NVwZ 2018, 787.

Gleiches gilt, wenn Redner auf einer Veranstaltung sich mit gleichem Wahrscheinlichkeitsgrad nach den §§ 185 ff. StGB wegen Beleidigung strafbar äußern oder zu Straftaten oder Ordnungswidrigkeiten aufrufen.[88]

Das Bundesverfassungsgericht hat in seiner Entscheidung vom 17.1.2017[89] die Partei NPD nicht verboten, allerdings ausdrücklich erwähnt, dass sie *„nach ihren Zielen und dem Verhalten ihrer Anhänger die Beseitigung der freiheitlichen demokratischen Grundordnung"* anstrebt. Trotz ihrer verfassungswidrigen Ziele darf sie bei der Vergabe öffentlicher Einrichtungen (Stadthalle, Wahlplakatierungsstandorte) nicht diskriminiert werden. Das Bundesverfassungsgericht hat in der zitierten Entscheidung lediglich für die Frage der Finanzierung verfassungsfeindlicher politischer Parteien die Möglichkeit der Ausnahme vom Diskriminierungsverbot eröffnet. Im Übrigen gilt aber weiter das **Gleichbehandlungsgebot gegenüber allen nicht verbotenen Parteien.**[90] ■

(3) Bei Störungen von Dritten

169 Wenn entsprechende Störungen **von Dritten** verursacht werden, so kann die Zulassung nur dann abgelehnt werden, wenn der Nutzer (Veranstalter) dafür ausnahmsweise nach den Grundsätzen der **Zweckveranlassung** ordnungspflichtig ist nach §§ 17, 18 OBG NRW oder die Voraussetzungen für die **Inanspruchnahme nicht verantwortlicher Personen** nach § 19 OBG NRW vorliegen.[91]

Bei befürchteten Gegendemonstrationen mit möglichen Gewalttätigkeiten durch die Gegendemonstranten ist es grundsätzlich Aufgabe der Gefahrenabwehrbehörde, den rechtmäßig handelnden Nichtstörer als Veranstalter zur Aufrechterhaltung der öffentlichen Sicherheit zu schützen. Dabei hat die zuständige Behörde auch die Möglichkeit eines Versammlungsverbotes gegenüber den Störern zu prüfen.[92] Von diesen (Gegen-)Demonstranten ausgehende Beschädigungen hat der rechtmäßige Nutzer der öffentlichen Einrichtung nicht zu vertreten und diese können daher grundsätzlich nicht Grundlage der Nutzungsuntersagung sein.[93] Beim Ausnahmefall des ordnungsrechtlichen Notstandes sind die (engen) Voraussetzungen detailliert zu prüfen und mit entsprechenden Tatsachen zu belegen.[94]

170 Im Falle **hoch wahrscheinlicher Sachbeschädigungen** kann die Zulassung nach dem Verhältnismäßigkeitsgrundsatz eingeschränkt oder mit Auflagen versehen werden (z.B. Abschluss von Versicherungen, Kaution).[95] Über derartige Regelungen darf aber keinesfalls in

88 *BayVGH* Beschluss vom 21.1.1988 – 4 CE 87.03883 –, NJW 1989, 2491.
89 *BVerfG* Urteil vom 17.1.2017 – 2 BvB 1/13 –, BVerfGE 144, 20.
90 *VG Gießen* Beschluss vom 20.12.2017 – 8 L 9187/17 –, juris; bestätigt von *VGH Hessen* Beschluss vom 23.2.2018 – 8 B 23/18 –, juris; vgl. zum Vollstreckungsverfahren: *BVerfG* Einstweilige Anordnung vom 24.3.2018 – 1 BvQ 18/18 –, NVwZ 2018, 819; *Hecker* NvwZ 2018, 787.
91 *Burgi* § 16 Rn. 29; *Hecker* NVwZ 2018, 787, 788.
92 *VGH Baden-Württemberg* Urteil vom 28.8.1986 – 1 S 3241/81 –, NVwZ 1987, 2697.
93 *VGH Bayern* Beschluss vom 21.1.1988 – 4 CE 87.03883 –, Bay VBl. 1988, 403; *Schoch* NVwZ 2016, 257, 263.
94 Vgl. im Einzelnen: *Weber* KommPWahlen 2010, 35 ff.
95 Vgl. *Hofmann/Theisen/Bätge* 2.3.4.1.2.

missbräuchlicher Weise der verfassungsrechtlich verbürgte Rechtsanspruch auf Nutzung der öffentlichen Einrichtung infrage gestellt werden.[96]

JURIQ-Klausurtipp

Häufiges Klausurproblem ist die Ablehnung der Zulassung einer politischen Partei aufgrund ihrer angeblichen Verfassungswidrigkeit.

Die Ablehnung ist in diesen Fällen mit dieser Begründung rechtswidrig, solange die Partei nicht durch Entscheidung des Bundesverfassungsgerichts gemäß Art. 21 Abs. 2 und Abs. 4 GG für verfassungswidrig erklärt wird. Bis zu einer solchen Entscheidung behält sie ihre Rechte als politische Partei („Parteienprivileg“). Aufgrund des Entscheidungsmonopols des Bundesverfassungsgerichts ist insbesondere die Bezeichnung als „extremistisch“ oder „verfassungsfeindlich“ in Verfassungsschutzberichten für die Frage der Zulassung nicht maßgebend.

dd) Rechtsfolge

Grundsätzlich besteht ein gebundener **Anspruch auf Zulassung** zur öffentlichen Einrichtung. 171
Bei Erreichen der **Kapazitätsgrenze** wandelt sich dieser um in einen **Anspruch auf ermessensfehlerfreie Auswahlentscheidung**.[97]

Beispiel Die städtische Grillhütte wird vom Gebäudemanagement der Stadt S an Wochenenden regelmäßig an Interessierte vermietet. Für den letzten Samstag im Juli liegen bereits drei Anfragen vor. Da die Grillhütte an einem Tag nur einmal vermietet werden kann, wandelt sich der Zulassungsanspruch um in einen Anspruch auf ermessensfehlerfreie Auswahlentscheidung. Maßgebliches Auswahlkriterium wird regelmäßig der Eingang des Antrags sein (Prioritätsprinzip). ■

Da es sich bei der Ablehnung eines Bewerbers und Zulassung eines anderen Bewerbers um eine **Ungleichbehandlung** handelt, agiert der Bürgermeister nur dann ermessensfehlerfrei, wenn dafür ein **sachlicher Grund** besteht. Dieser manifestiert sich in **sachgerechten Auswahlkriterien**.

Beispiele Zeitpunkt des Eingangs der Anträge, Eignung (z.B. Sicherheit, Attraktivität), „rollierendes System“ (abwechselnde Zulassung bei gleicher Eignung), Losziehung. ■

Bei **Volksfesten, Frühjahrs- oder Weihnachtsmärkten** etc. ist das ausschließliche Prioritätsprinzip nicht immer sachgerecht, da der kommunale Veranstalter in erster Linie bestrebt sein wird, ein attraktives und vielfältiges Portfolio für die Besucher zusammen zu stellen. Oftmals stehen daher die Auswahlkriterien der **größeren Attraktivität und der Vielfältigkeit des Erscheinungsbildes** im Vordergrund. Um dies zu gewährleisten, darf die Gemeinde in einem ersten Schritt gleichgelagerte Geschäfte in Gruppen zusammenfassen und in einem zweiten Schritt innerhalb der so gebildeten Gruppen einen detaillierteren Attraktivitätsvergleich durchführen. In der kommunalen Praxis besteht bei diesen besonders öffentlichkeitswirksamen Veranstaltungen oftmals ein Interesse des Rates, die Auswahlentscheidung nicht dem Bürgermeister zu überlassen, sondern selbst oder durch einen Ausschuss zu entscheiden. Dies ist auch grundsätzlich zulässig, da der Rat sich oder einem Ausschuss nach § 41 Abs. 3

96 *Hecker* NVwZ 2018, 787, 788 m.w.N.
97 *OVG NRW* Beschluss vom 18.12.1992 – 15 B 4474/92 –, NWVBl 1993, 216.

GO Geschäfte der laufenden Verwaltung wie konkrete Auswahlentscheidungen zur Entscheidung vorbehalten kann. Auch in einem solchem Fall unterliegt die konkrete Auswahlentscheidung aber den gleichen Erfordernissen der **Nachvollziehbarkeit und Transparenz** wie bei einer Entscheidung durch den Bürgermeister.[98] Diese Erfordernisse können bei der gerichtlichen Prüfung des pflichtgemäßen Auswahlermessens voll überprüft werden.

Beispiel Der Rat hat die Auswahl von Schaustellern für den von der Stadt betriebenen Weihnachtsmarkt auf den „Vergabeausschuss" übertragen. Die städtischen Vergaberichtlinien orientieren sich am Veranstaltungszweck eines *„attraktiven und ausgewogenen Angebotes der verschiedenen Branchen zur Unterhaltung der Besucher"*. Der Vergabeausschuss hat deshalb verschiedene Gruppen gebildet (z.B. Glühweinstände, Süßwaren, Handwerkserzeugnisse), innerhalb derer eine bestimmte Anzahl von Standplätzen zu vergeben und bei Überschreitung eine Auswahlentscheidung stattzufinden hat. Innerhalb der einzelnen Gruppen muss jede Auswahlentscheidung des Ausschusses transparent sein, d.h. es muss eine nachvollziehbare Begründung für die Einzelvergaben deutlich werden. ■

2. Prozessuale Durchsetzung des Benutzungsanspruchs

172 Von wichtiger Bedeutung in Praxis und Klausur ist die prozessuale Durchsetzung des Benutzungsanspruches nach § 8 Abs. 2 GO.

Die Problematik ist dann gegeben, wenn der Anspruchsteller einen **Antrag auf Zulassung** zu der öffentlichen Einrichtung gestellt hat, den der Bürgermeister ablehnt. Wenn dann nach der Zulässigkeit eines Rechtsbehelfs gefragt wird, muss in der Regel die Zulässigkeit einer Klage geprüft werden. Sofern eine besondere Eilbedürftigkeit besteht, etwa weil eine politische Partei bereits ihren Parteitag terminiert hat und ihr die Zulassung zur gemeindlichen Veranstaltungshalle kurz vorher verweigert wird, kommt einstweiliger Rechtsschutz (nach § 123 Abs. 1 VwGO) in Betracht. Nachfolgend wird das Aufbauschema für die Prüfung der Zulässigkeit einer Klage dargestellt:

98 Vgl. hierzu und zum Beispiel: *OVG NRW* Beschluss vom 26.7.2018 – 4 B 1064/18 –, juris (*„Dürener Annakirmes"*).

Erfolgsaussichten einer Klage auf Benutzung einer kommunalen Einrichtung

I. Zulässigkeit

1. **Verwaltungsrechtsweg,** § 40 Abs. 1 S. 1 VwGO
   a) Streitgegenstand: Zulassung („Ob") oder Art der Benutzung („Wie")
   maßgeblich: klägerisches Begehren (§ 88 VwGO) Rn. 174
   aa) Zulassung ist öffentlich-rechtlich (§ 8 Abs. 2 GO)
   bb) Art der Benutzung: privatrechtlich (Mietvertrag) oder öffentlich-rechtlich (Satzung)
   Bei privater Trägerschaft: öffentlich-rechtlicher Verschaffungsanspruch gegen Gemeinde (§ 8 Abs. 2 GO analog) Rn. 175
   b) nicht verfassungsrechtlicher Art
   c) keine abdrängende Zuständigkeitsverweisung
2. **Statthafte Klageart**
   Grundsatz: Verpflichtungsklage, da Zulassung Verwaltungsakt
   Bei Trägerschaft: von juristischen Personen mit Einwirkungsmöglichkeit der Gemeinde (GmbH, Anstalt des öffentlichen Rechts etc.): Leistungsklage gegen Gemeinde gerichtet auf Einwirkung auf den verselbständigten Träger Rn. 176
3. **Klagebefugnis,** § 42 Abs. 2 VwGO
   a) Möglicher Anspruch auf Zulassung
   b) bzw. Verschaffungsanspruch aus § 8 Abs. 2 GO (bei verselbstständigten Trägern)
   c) bei Parteien u. U. aus Art. 21 GG, § 5 Abs. 1 ParteiG
4. **Klagegegner** bei der Verpflichtungsklage: Gemeinde gemäß § 78 Abs. 1 Nr. 1 VwGO
5. **Beteiligtenfähigkeit**
   a) Bei Vereinigungen § 61 Nr. 2 VwGO i.V.m. § 8 Abs. 2, Abs. 4 GO und bei Parteien aus § 3 ParteiG
   b) Gemeinde gemäß § 61 Nr. 1 VwGO als juristische Person
6. Vorverfahren entbehrlich (§ 110 Abs. 1 S. 2 JustG NRW)
7. **Klagefrist**, § 74 Abs. 2 VwGO
8. Sonstige Zulässigkeitsvoraussetzungen

II. Begründetheit, (+), wenn Anspruch (§ 8 Abs. 2 GO) besteht

PRÜFUNGSSCHEMA

Für die Klage auf Zulassung zur öffentlichen Einrichtung ist der **Verwaltungsrechtsweg** nach § 40 Abs. 1 S. 1 VwGO eröffnet, wenn der Streitgegenstand öffentlich-rechtlicher Natur ist. **173**

Der Streitgegenstand bestimmt sich nach dem **klägerischen Begehren** (§ 88 VwGO). Begehrt wird die **Zulassung** zur öffentlichen Einrichtung. **Streitentscheidend** ist hierfür die öffentlich-rechtliche Regelung des § 8 Abs. 2 GO. Nach der **Zwei-Stufen-Theorie** sind Streitigkeiten über die Zulassung **(„Ob" der Benutzung)** öffentlich-rechtlicher Natur, während Streitigkeiten über die Art und Weise der Benutzung **(„Wie")** abhängig sind von der Ausgestaltung des Benutzungsverhältnisses. Ist es privatrechtlich ausgestaltet (z.B. in Form eines Mietvertrages), so sind entsprechende Streitigkeiten darüber auch privatrechtlicher Natur. **174**

Wird die **Einwirkung** der Gemeinde auf den rechtlich selbstständigen Träger der öffentlichen Einrichtung (z.B. Stadtwerke-GmbH) begehrt, über den die Gemeinde eine maßgebliche Verfügungsgewalt hat, so wird auch hierbei ein aus § 8 Abs. 2 GO ableitbarer öffentlich-rechtlicher Einwirkungsanspruch geltend gemacht.[99] **175**

---

99 *BVerwG* Beschluss vom 29.5.1990 – 7 B 30/90 –, NVwZ 1991, 59; *Wansleben* in Held/Winkel, § 8 Anm. 2.

176 Die maßgebliche **Klageart** ist bei der Klage auf Zulassung zu der öffentlichen Einrichtung die **Verpflichtungsklage** gemäß § 42 Abs. 1 Hs. 2 VwGO. Mit der Zulassung wird ein Verwaltungsakt im Sinne des § 35 S. 1 VwVfG NRW begehrt. Auch in Fällen, in denen ein Zulassungsantrag durch Bescheid des Bürgermeisters abgelehnt worden ist, ist das Klageziel nicht auf Aufhebung des Ablehnungsbescheids, sondern auf Erlass der begünstigenden Zulassung gerichtet.

Wird dagegen die **Einwirkung** der Gemeinde auf einen rechtlich selbstständigen Träger der öffentlichen Einrichtung begehrt, über den die Gemeinde eine maßgebliche Verfügungsgewalt hat, so ist das Rechtsschutzziel nicht der Erlass eines Verwaltungsaktes, sondern eine Leistung in Form der Einwirkungshandlung der Gemeinde. Für dieses Begehren ist die **Leistungsklage** statthaft.

177 Die nach § 42 Abs. 2 VwGO erforderliche **Klagebefugnis** folgt aus dem möglichen Zulassungsanspruch aus § 8 Abs. 2 GO.

178 Die **Beteiligtenfähigkeit** beurteilt sich nach § 61 VwGO.

Beteiligtenfähigkeit ist die Fähigkeit, am verwaltungsgerichtlichen Verfahren beteiligt zu sein.

Hinweis

Bei Parteien gilt folgende Differenzierung:

Ortsverbände der Parteien sind als Vereinigungen im Sinne von § 61 Nr. 2 VwGO beteiligtenfähig, da ihnen das Recht aus § 8 Abs. 2 und 4 GO zustehen kann. Für Parteien als solche und ihre Gebietsverbände der höchsten Stufe trifft § 3 ParteiG eine Sondervorschrift, wonach diese unter ihrem Namen klagen können.

179 **Richtiger Klagegegner** ist bei der Erhebung einer Verpflichtungsklage die Gemeinde gemäß § 78 Abs. 1 Nr. 1 VwGO.

180 Eines vorherigen Widerspruchsverfahrens bedarf es gemäß § 68 Abs. 1 S. 2 Var. 1 und Abs. 2 VwGO i.V.m. § 110 Abs. 1 S. 2 JustG NRW nicht.

181 Die Verpflichtungsklage ist gemäß **§ 113 Abs. 5 VwGO begründet**, wenn dem Kläger ein Anspruch nach § 8 Abs. 2 GO auf Zulassung zur öffentlichen Einrichtung zusteht.

Hinweis

Bei der **Nichtbefolgung einer verwaltungsgerichtlichen Verpflichtung** zur Überlassung einer öffentlichen Einrichtung (z.B. einer Stadthallennutzung durch eine nicht verbotene Partei) lässt § 172 VwGO – beschränkt auf das Mittel des Zwangsgeldes – eine **Vollstreckung** gegen die Gemeinde zu. Widersetzen sich die verantwortlichen kommunalen Amtsträger (Rat und Bürgermeister) trotzdem einer rechtskräftigen eindeutigen Gerichtsentscheidung, so liegt eine Dienstpflichtverletzung vor, die auch kommunalaufsichtlich behandelt werden kann.[100]

100 *BVerfG* Einstweilige Anordnung vom 24.3.2018 – 1 BvQ 18/18 –, NVwZ 2018, 819; *Hecker* NVwZ 2018, 787.

II. Anschluss- und Benutzungszwang

Die Gemeinden können für öffentliche Einrichtungen im Sinne von § 8 Abs. 1 GO ihres Gebietes in bestimmten gesundheits- und umweltrelevanten Bereichen einen Anschluss- und Benutzungszwang gemäß § 9 GO vorschreiben. 182

1. Überblick

Mittels des **Anschlusszwanges** wird der Anschluss an derartige öffentliche Einrichtungen vorgeschrieben und mittels des **Benutzungszwanges** die Benutzung dieser Einrichtung. 183

Beispiel 1 § 1 der Entwässerungssatzung einer Gemeinde regelt, dass die Grundstücke des Gemeindegebietes an die gemeindliche Kanalisation anzuschließen sind (Anschlusszwang). Zudem werden die Grundstückseigentümer durch die Satzung verpflichtet, die Kanalisation zu nutzen (Benutzungszwang). Der Betrieb von dezentralen Abwasserentsorgungsanlagen („Hauskläranlagen") wird für unzulässig erklärt. ■

Beispiel 2 In der Gemeinde G besteht eine Satzung, in der der Anschluss von Grundstücken in der Gemeinde an die gemeindliche Wasserversorgung angeordnet wird.[101] In der Satzung bleibt aber die Benutzung privater Brunnen zugelassen, wenn diese bestimmte Kriterien erfüllen. Damit ist ein Anschlusszwang, nicht aber ein Benutzungszwang angeordnet. Der Rat begründet dies damit, dass in der Gemeinde die jederzeitige gesundheitlich unbedenkliche Trinkwasserversorgung potenziell sichergestellt werden soll, aber den Einwohnern die Möglichkeit bleiben soll, sich mit eigenem Trinkwasser zu versorgen. ■

JURIQ-Klausurtipp

Der Anschluss- und Benutzungszwang kann zu rechtlichen Konflikten in drei prozessuale Richtungen führen:

Zum einen möchte ein **Einwohner** feststellen lassen, dass er dem nach der Satzung bestehenden Anschluss- und Benutzungszwang nicht unterliegt. Als statthafte Klageart kommt insoweit die Feststellungsklage in Betracht.

Zum anderen kann umgekehrt die **Gemeinde** zur Durchsetzung eines bestehenden Anschluss- und Benutzungszwangs einen feststellenden Verwaltungsakt erlassen. Der Betroffene kann sich dagegen mit einer Anfechtungsklage wehren, wenn er der Auffassung ist, dass er dem Anschluss- und Benutzungszwang nicht unterliege.

Zum Dritten kann der Betroffene von der Gemeinde eine **Ausnahme** vom Anschluss- und Benutzungszwang nach § 9 S. 2 GO begehren. Dieses Begehren kann er mit einer Verpflichtungsklage verfolgen, da die Ausnahmegenehmigung ein begünstigender Verwaltungsakt ist.

101 Vgl. zur Zulässigkeit *OVG NRW* Beschluss vom 22.3.2017 – 15 B 286/17 –, juris.

2. Rechtmäßigkeit des Anschluss- und Benutzungszwangs

184 Ein Anschluss- und Benutzungszwang ist rechtmäßig, wenn folgende Voraussetzungen vorliegen:

PRÜFUNGSSCHEMA

Rechtmäßigkeit des Anschluss- und Benutzungszwangs

I. Maßgebliche Einrichtung nach § 9 S. 1 GO

II. Öffentliches Bedürfnis für einen Anschluss- und Benutzungszwang
Vorhandensein „vernünftiger Gründe des Gemeinwohls" Rn. 186

III. Rechtmäßige Satzung

IV. Rechtsfolge: Ermessen („können")

a) Einrichtung im Sinne des § 9 S. 1 GO

185 Gemäß § 9 S. 1 GO kann ein Anschluss- und Benutzungszwang an Wasserleitungen, Kanalisation und ähnliche der Volksgesundheit dienende Einrichtungen (z.B. Friedhöfe, Leichenhallen) sowie an Einrichtungen zur Versorgung mit Fernwärme vorgeschrieben werden. Vom Benutzungszwang sind zusätzlich auch Schlachthöfe umfasst.

b) Öffentliches Bedürfnis

186 Für das gesetzlich geforderte öffentliche Bedürfnis reicht es aus, wenn **vernünftige Gründe des Gemeinwohls** für den Anschluss- und Benutzungszwang sprechen.[102]

Beispiele Ein öffentliches Bedürfnis für den Anschluss- und Benutzungszwang der Kanalisation ist gegeben, wenn dies zum Schutz vor Krankheiten und Seuchen durch verunreinigtes Brunnenwasser erforderlich ist.

Ausschließlich finanzielle Interessen der Gemeinde rechtfertigen keinen Anschluss- und Benutzungszwang. Finanzielle Vorteile als Nebenfolge eines öffentlichen Bedürfnisses im Übrigen stehen aber dem Anschluss- und Benutzungszwang nicht entgegen.[103] ■

Bei dem Tatbestandsmerkmal des *„öffentlichen Bedürfnisses"* handelt sich um einen **unbestimmten Rechtsbegriff**. Der Gemeinde steht aber nach der Rechtsprechung ein gerichtlich nur eingeschränkt überprüfbarer Beurteilungsspielraum zu *(„gesetzgeberisches Ermessen")*.[104]

Beispiel Selbst wenn einzelne Grundstückseigentümer über funktionsfähige Kleinkläranlagen verfügen, sieht das Oberverwaltungsgericht NRW[105] in der satzungsrechtlich angeordneten zentralisierten Schmutzwasserbeseitigung das öffentliche Bedürfnis als gewahrt, da es der Gemeinde erspart bleibe, in einer Vielzahl von Fällen die Funktionsfähigkeit einzelner Kleinkläranlagen zu prüfen. Erst im Rahmen der Ausübung des Satzungsermessens können sich für besonders gelagerte Fälle Ausnahmen vom grundsätzlich zulässigen Anschluss- und Benutzungszwang ergeben. ■

102 *Zielke* in Articus/Schneider, § 9 Anm. 2.
103 *Hofmann/Theise/Bätge* 2.3.4.2.2.
104 *OVG NRW* Urteil vom 28.11.1986 – 22 A 1206/81 –, NVwZ 1987, 727, *Venherm* in Kleerbaum/Palmen, § 9 Erl. III.1, kritisch: *Hofmann/Theisen/Bätge* 2.3.4.2.2
105 *OVG NRW* Beschluss vom 4.9.2013 – 15 A 1171/13 –, juris.

c) Rechtmäßige Satzung

Der Anschluss- und Benutzungszwang kann nur durch eine **Satzung** vorgeschrieben werden. 187
Diese muss **wirksam** sein, das heißt, sie muss insbesondere auf einen **ordnungsgemäßen Ratsbeschluss** beruhen und darf auch im Übrigen **nicht gegen höherrangiges Recht** verstoßen.

Hinweis

Im Rahmen der Prüfung eines Verstoßes gegen höherrangiges Recht, wird vom Betroffenen häufig das Argument vorgetragen, dass die Anordnung des Anschluss- und Benutzungszwanges ein Eingriff in sein Grundrecht auf Eigentumsfreiheit (Art. 14 Abs. 1 S. 1 GG) darstelle. Allerdings stellt regelmäßig die Regelung eines Anschluss- und Benutzungszwanges keine Enteignung im Sinne des Art. 14 Abs. 3 GG mit der Pflicht zur Entschädigungszahlung dar, sondern eine gemäß Art. 14 Abs. 1 S. 2 GG im Rahmen der Sozialbindung zulässige Inhaltsbestimmung des Eigentums.[106]

» Sehen Sie sich bei dieser Gelegenheit nochmals die Rechtmäßigkeitsvoraussetzungen einer Satzung an (Rn. 92). «

d) Rechtsfolge: Ermessen

Liegen die Tatbestandsvoraussetzungen des § 9 S. 1 GO vor, so ist als Rechtsfolge das gemeind- 188
liche Ermessen eröffnet. Es gelten die allgemeinen Rechtmäßigkeitsanforderungen an eine pflichtgemäße Ermessensausübung. Der Ermessensspielraum wird jedenfalls überschritten, wenn die Anordnung des Anschluss- und Benutzungszwanges unverhältnismäßig ist.

Hierbei sind die Möglichkeiten des § 9 S. 2 bis 4 GO zu beachten. Die Möglichkeit genereller Beschränkungen des Zwanges sieht § 9 S. 3 GO für bestimmte Teile des Gebiets und für bestimmte Gruppen von Grundstücken oder Personen vor. So können beispielsweise vom Kanalisierungszwang ländliche Außenbezirke mit Hauskläranlagen ausgespart bleiben.

Die Satzung kann nach § 9 S. 2 GO auch individuelle Ausnahmen in Sonder- bzw. Härtefällen[107] zulassen, wie zum Beispiel für die Wasserversorgung einer Brauerei aus eigenen Quellen.

Im Falle des Anschluss- und Benutzungszwangs für Fernwärme soll die Satzung zum Ausgleich von sozialen Härten angemessene Übergangsregelungen enthalten (§ 9 S. 4 GO).

Online-Wissens-Check

Nach welchen Verteilungskriterien darf eine Auswahlentscheidung vorgenommen werden, wenn die Zahl der Anträge die Kapazität einer öffentlichen Einrichtung übersteigt?

Überprüfen Sie jetzt online Ihr Wissen zu den in diesem Abschnitt erarbeiteten Themen. Unter **www.juracademy.de/skripte/login** steht Ihnen ein Online-Wissens-Check speziell zu diesem Skript zur Verfügung, den Sie kostenlos nutzen können. Den Zugangscode hierzu finden Sie auf der Codeseite.

106 *OVG NRW* Beschluss vom 22.3.2017 – 15 B 286/17 –, juris (Wasserversorgung); *Hofmann/Theisen/Bätge* 2.3.4.2.2.

107 Vgl. zum (verneinten) Anspruch auf Befreiung vom Anschluss- und Benutzungszwang für die Fernwärmeversorgung: *OVG NRW* Beschluss vom 13.3.2018 – 15 A 971/17, KommJur 2018, 303.

e) Übungsfall Nr. 4

189 **„Keine Radikalen auf der Festwiese?"**

Die Stadt S ist Eigentümerin einer Festwiese. Darauf finden seit vielen Jahren in den Monaten von April bis Oktober Kirmesveranstaltungen, Open-Air-Konzerte und sonstige Großveranstaltungen von Kirchen, Vereinen, Gewerkschaften und politischen Parteien statt. Die Festwiese wird den jeweiligen Nutzern im Wege von Mietverträgen zur Verfügung gestellt. Für den Rest des Jahres wird die Wiese ausschließlich für Naherholungszwecke genutzt.

Der Ortsverband der nicht rechtsfähigen „Radikalen Einheitspartei" (RE) beantragte am 1. März beim Bürgermeister der Stadt S „den Abschluss eines Mietvertrages für einen Parteitag am 29. Juni". Die RE verfolgt in ihren Parteiprogrammen das Ziel eines Einparteiensystems in Deutschland und setzt sich u.a. dafür ein, die Gewaltenteilung abzuschaffen und die Staatsgewalt vollständig auf die Bundesregierung zu übertragen. In den Verfassungsschutzberichten des Bundes und des Landes wird die Partei als „verfassungsfeindlich" bezeichnet.

Mit Schreiben vom 3. Mai lehnte der Bürgermeister der Stadt S den Antrag ab. Er begründet die Ablehnung damit, dass der Antragsteller verfassungswidrig sei. Zudem sei nach den Erfahrungen in anderen Kommunen mit gewalttätigen Gegendemonstranten zu rechnen.

Unter dem 21. Mai beantragt der Ortsverband der RE beim zuständigen Verwaltungsgericht, den Bürgermeister im Wege des einstweiligen Rechtsschutzes zu verpflichten, den Antragsteller zur Benutzung der Festwiese am 29. Juni zuzulassen.

Prüfen Sie gutachterlich, ob der Antrag Aussicht auf Erfolg hat.

Hinweis: Alle Terminangaben beziehen sich auf dasselbe Kalenderjahr.

190 **Lösung**

I. Vorüberlegung

Da der Parteitag bereits am 29. Juni stattfinden soll, böte ein – in der Regel mehrere Monate andauerndes – Klageverfahren dem Antragsteller (Ortsverband der RE) nicht den von Art. 19 Abs. 4 S. 1 GG geforderten effektiven Rechtsschutz. Der Antragsteller kann daher nur im Wege einstweiligen Rechtsschutzes vorgehen.

Ein entsprechender Antrag hat nur dann Erfolg, wenn er zulässig und begründet ist.

II. Zulässigkeit des Antrags

Für den Antrag des Ortsverbandes der RE ist der Verwaltungsrechtsweg nach § 40 Abs. 1 S. 1 VwGO eröffnet, wenn der Streitgegenstand öffentlich-rechtlicher Natur ist.

Der Streitgegenstand bestimmt sich nach dem Antragsbegehren (§ 88 VwGO analog). Begehrt wird hier wörtlich der „Abschluss eines Mietvertrages". Nach der Zwei-Stufen-Theorie sind Streitigkeiten über die Zulassung („Ob" der Benutzung) öffentlich-rechtlicher Natur, während Streitigkeiten über die Art und Weise der Benutzung („Wie") abhängig sind von der Ausgestaltung des Benutzungsverhältnisses. Ist es privatrechtlich ausgestaltet (z.B. in Form eines Mietvertrages), so sind entsprechende Streitigkeiten darüber auch privatrechtlicher Natur. Hier geht es dem Ortsverband der RE nicht um die Modalitäten des Mietverhältnisses, sondern um die Zulassung zur Nutzung der Festwiese, auf der die RE ihren Parteitag ausrichten möchte. Streitentscheidende Norm ist hierfür § 8 Abs. 2 i.V.m. Abs. 4 GO. Die Festwiese ist insbesondere eine öffentliche Einrichtung der Stadt, die für den Zweck der Ausrichtung unterschiedlicher gesellschaftlicher Großveranstaltungen für die Allgemeinheit zumindest konkludent durch tatsächliche Übung gewidmet ist. Daher handelt es sich um eine öffentlich-rechtliche Streitigkeit, für die der Verwaltungsrechtsweg eröffnet ist.

Zu klären ist nunmehr die statthafte Rechtsschutzform. Maßgeblich für die statthafte Antragsart ist § 123 Abs. 5 VwGO. Ist in der Hauptsache die Anfechtungsklage statthaft, richtet sich der einstweilige Rechtsschutz nach §§ 80, 80a VwGO, in allen übrigen Fällen nach § 123 VwGO. Maßgeblich ist auch hier das Begehren des Antragstellers. Der Ortsverband der RE begehrt nicht die Anfechtung eines Verwaltungsaktes, sondern den Erlass eines begünstigenden Verwaltungsaktes, nämlich die Zulassung zur Benutzung der Festwiese. Für dieses Begehren kommt nur der Erlass einer einstweiligen Anordnung nach § 123 Abs. 1 VwGO in Betracht. Da der Antragsteller sich nicht gegen die Einengung seines Rechtskreises wehrt, sondern die Ausweitung seines Rechtskreises begehrt, ist nicht der Antrag auf Erlass einer Sicherungsanordnung nach § 123 Abs. 1 S. 1 VwGO, sondern der Antrag auf Erlass einer Regelungsanordnung nach § 123 Abs. 1 S. 2 VwGO einschlägig.

Der Ortsverband der RE müsste zur Vermeidung von Popularanträgen analog § 42 Abs. 2 VwGO geltend machen können, einen entsprechenden Zulassungsanspruch zu haben. Ein solcher Anspruch könnte sich aus § 8 Abs. 2 i.V.m. Abs. 4 GO ergeben.

Die Beteiligtenfähigkeit beurteilt sich nach § 61 VwGO. Es ist die Fähigkeit, am gerichtlichen Verfahren beteiligt zu sein. Dies könnte bei dem Ortsverband RE zweifelhaft sein, weil die RE eine nicht rechtsfähige Partei ist.

Ortsverbände der Parteien sind aber als Vereinigungen im Sinne von § 61 Nr. 2 VwGO beteiligtenfähig. Ihnen können abstrakt Rechte zustehen, wie etwa auf Benutzung der öffentlichen Einrichtungen der Gemeinde, in denen sie ihren Sitz haben (§ 8 Abs. 2 i.V.m. Abs. 4 GO).

Richtiger Antragsgegner ist bei dem Antrag nach § 123 Abs. 1 VwGO die Gemeinde (§ 78 Abs. 1 Nr. 1 VwGO analog). Die begehrte Zulassungsentscheidung ist ein Verwaltungsakt im Sinne des § 35 S. 1 VwVfG NRW, dessen Erlass von der hierfür zuständigen Behörde „Bürgermeister" der Gemeinde begehrt wird.

Der Antrag ist damit zulässig.

III. Begründetheit des Antrags

Der Antrag nach § 123 Abs. 1 S. 2 VwGO ist begründet, wenn die beantragte Regelung notwendig erscheint, um wesentliche Nachteile abzuwenden. Dies setzt voraus, dass der Ortsverband der RE die in Anspruch genommene Rechtsposition (Anordnungsanspruch) und die Notwendigkeit der vorläufigen Regelung (Anordnungsgrund) glaubhaft macht (§ 123 Abs. 3 VwGO i.V.m. § 920 Abs. 1 und 2 ZPO).

1. Anordnungsanspruch

Ein Anordnungsanspruch liegt vor, wenn sich bei summarischer Prüfung der Rechtslage ergibt, dass die Ablehnung der Zulassung zur Benutzung der Festwiese rechtswidrig war und der Antragsteller dadurch in seinen Rechten verletzt ist (§ 113 Abs. 5 S. 1 VwGO analog).

Zu prüfen ist daher, ob dem Antragsteller ein Anspruch nach § 8 Abs. 2 GO auf Zulassung zur Festwiese für den Parteitag am 29. Juni zusteht. Danach sind alle Einwohner der Stadt im Rahmen des geltenden Rechts berechtigt, die öffentlichen Einrichtungen der Stadt zu benutzen.

Wie bereits festgestellt, handelt es sich bei der Festwiese um eine öffentliche Einrichtung der Stadt.

Der Antragsteller ist zwar kein Einwohner im Sinne des § 8 Abs. 2 GO. Dies sind nur natürliche Personen, die in der Stadt wohnen (§ 21 Abs. 1 GO). Gemäß § 8 Abs. 4 GO gilt jedoch Abs. 2 entsprechend für Personenvereinigungen. Da der Antragsteller zudem als Ortsverband der RE auch seinen Sitz in S hat, gehört er zum berechtigten Personenkreis der Anspruchsgrundlage.

Ein Zulassungsanspruch besteht allerdings nur im Rahmen des geltenden Rechts. Die Grenzen des Zulassungsanspruchs können sich insbesondere aus der Widmungsregelung und Zweckbestimmung der Festwiese ergeben. Hier ist die beabsichtige Nutzung der Festwiese zur Veranstaltung eines Parteitages von der Widmung umfasst.

Angesichts dessen, dass die RE sich inhaltlich gegen die freiheitlich demokratische Grundordnung richtet und in den Verfassungsschutzberichten des Bundes und der Länder als „verfassungsfeindlich" eingestuft wird sowie gewalttätige Gegendemonstrationen zu erwarten sind, könnte der Benutzungsanspruch entfallen.

Allerdings entscheidet über die Verfassungswidrigkeit von Parteien gemäß Art. 21 Abs. 2 und Abs. 4 GG allein das Bundesverfassungsgericht. Bis zu einer solchen Entscheidung behält die RE ihre Rechte als politische Partei. Die Qualifizierung als „verfassungsfeindlich" in den Verfassungsschutzberichten ist hierfür unerheblich.

Für das Einschreiten gegen die zu erwartenden gewalttätigen Demonstranten ist ausschließlich die Polizei sachlich zuständig (§§ 9, 12, 12a, 13, 18, 19, 19a VersG). Wenn entsprechende Störungen von Dritten verursacht werden, so kann die Zulassung nur dann abgelehnt werden, wenn der Nutzer (Veranstalter) dafür ausnahmsweise nach den Grundsätzen der Zweckveranlassung ordnungspflichtig ist. Ist dies nicht der Fall und liegen auch die Voraussetzungen für die Inanspruchnahme nicht verantwortlicher Personen nicht vor, so kann aus diesem Grunde die Zulassung nicht verwehrt werden. Hier ist nicht erkennbar, dass die RE die gegen sie zu erwartenden Demonstrationen in gefahrabwehrrechtlich relevanter Weise veranlasst hat. Auch sind keine Indizien für einen polizeilichen Notstand erkennbar, der ein Einschreiten gegen die nichtstörende Antragstellerin rechtfertigen könnte.

Schließlich sollen alle Parteien gleich behandelt werden, wenn Träger der öffentlichen Gewalt den Parteien Einrichtungen zur Verfügung stellen. Dies folgt aus § 5 Abs. 1 S. 1 PartG. Da die Festwiese auch anderen Parteien für parteipolitische Veranstaltungen zur Verfügung steht, hätte sie auch der Antragsgegnerin zur Verfügung gestellt werden müssen, zumal sie am 29. Juni noch nicht anderweitig belegt ist.

Nach alledem besteht damit ein gebundener Anspruch des Ortsverbandes der RE gegen die Stadt S auf Benutzung der Festwiese am 29. Juni. Die rechtswidrige Ablehnung verletzt den Antragsteller in seinen Rechten aus § 8 Abs. 2 GO und Gleichbehandlung mit anderen Parteien (§ 5 Abs. 1 S. 1 PartG).

Die summarische Prüfung ergibt also, dass ein Anordnungsanspruch des Ortsverbandes der RE besteht.

2. Anordnungsgrund

Des Weiteren müsste der Antragsteller die Notwendigkeit der vorläufigen Regelung glaubhaft gemacht haben. Im vorliegenden Fall folgt die besondere Dringlichkeit aus dem Umstand, dass der Parteitag bereits am 29. Juni stattfinden soll. Der Abschluss eines mehrmonatigen verwaltungsgerichtlichen Hauptsacheverfahrens ist bis dahin nicht zu erwarten.

3. Ausnahme vom Verbot der Vorwegnahme der Hauptsache

Da die einstweilige Anordnung ein Mittel bloß vorläufigen Rechtsschutzes ist, ist eine Vorwegnahme der Hauptsache im Regelfall unzulässig. Hier würde die gerichtliche Entscheidung im Anordnungsverfahren gemäß § 123 VwGO die Hauptsache zwangsläufig vorwegnehmen. Allerdings besteht vom grundsätzlichen Verbot der Vorwegnahme der Hauptsache eine Ausnahme, wenn ansonsten der von Art. 19 Abs. 4 S. 1 GG geforderte effektiven Rechtsschutz nicht erreicht werden kann. Ein solcher Ausnahmefall liegt hier vor: Angesichts drohender vollendeter Tatsachen und der im Hauptsacheverfahren nicht mehr zu beseitigenden Rechtsverletzung des Antragstellers gebietet Art. 19 Abs. 4 S. 1 GG die sachliche Prüfung des Anordnungsanspruches nicht am Verbot der Vorwegnahme der Hauptsache scheitern zu lassen. Zudem sind keine Anhaltspunkte für ein rechtsmissbräuchliches Vorschieben eines Anordnungsgrundes durch den Antragsteller ersichtlich.

IV. Ergebnis

Der Antrag auf Erlass einer einstweiligen Anordnung ist zulässig sowie begründet und hat damit Erfolg.

3. Teil
Innere Kommunalverfassung

A. Einleitung

191 Die Gemeindeordnung ist bei Lichte betrachtet vor allem ein **Organisationsrecht**. Es werden dort den maßgeblichen Protagonisten der kommunalen Tätigkeit fest umrissene **Kompetenzen** zugewiesen. Die Kenntnis dieser Kompetenzen, ihrer Grenzen und der Spielregeln im Zusammenspiel mit den anderen Akteuren kommunalen Handelns sowie die Aspekte der gerichtlichen Durchsetzbarkeit sind für das Verständnis kommunaler Strukturen und für die Lösung von Prüfungsfällen von erheblicher Bedeutung. Es sind nicht zuletzt Machtfragen, die in einer Demokratie klaren rechtlichen Regeln unterliegen. Der Teil „Innere Kommunalverfassung" stellt die Akteure, ihre Kompetenzen, ihr rechtliches Zusammenspiel und das Verfahren bei gerichtlichen Auseinandersetzungen dar.

B. Gemeindeorgane

192 Die Gemeinde kann als juristische Person des öffentlichen Rechts nur durch ihre Organe handeln.

I. Überblick

193 Zu den wesentlichen Akteuren in der Gemeinde gehören in erster Linie die bei den Kommunalwahlen unmittelbar gewählten Organe (vgl. Rn. 113). Nach dem Demokratieprinzip sind diese unmittelbar demokratisch legitimiert und müssen daher auch entsprechend hervorgehobene Kompetenzen haben. Es handelt sich hierbei primär um den **Rat** und den **Bürgermeister**.

Konsequenterweise normiert denn auch § 40 Abs. 2 S. 1 GO:

Die Bürgerschaft wird durch den Rat und den Bürgermeister vertreten.

Man spricht insoweit von einem **Zwei-Säulen-Modell** in der nordrhein-westfälischen Gemeindeverfassung[1], d.h. dass der Gesetzgeber neben dem Rat mit dem direkt gewählten Bürgermeister eine zweite gleichwertige Säule demokratisch legitimierter Repräsentanz der Bürgerschaft errichtet hat.

194 Auch unmittelbar demokratisch legitimiert ist in **kreisfreien** Städten die **Bezirksvertretung**. Zur Herstellung größerer Bürgernähe ist das Gebiet der kreisfreien Städte in Bezirke unterteilt (§ 35 Abs. 1 GO). Die Bezirksvertretungen vertreten die in den jeweiligen Stadtbezirken wohnhaften Bürger. Sie sind deshalb nur für solche Angelegenheiten zuständig, deren Bedeutung nicht wesentlich über den Stadtbezirk hinausgeht (§ 37 Abs. 1 S. 1 GO).

195 Sowohl der Bürgermeister als Vorsitzender des Rates wie auch die einzelnen Ratsmitglieder haben bestimmte Rechte und Pflichten, die auch ihr internes Zusammenspiel bestimmen können.

1 Vgl. *VG Aachen* Urteil vom 28.6.2001 – 4 K 1787/00 –, NVwZ-RR 2002, 214.

Beispiele Der Bürgermeister hat die Sitzungen zu leiten und die Ordnung in den Sitzungen zu handhaben (§ 51 Abs. 1 GO).

Die Ratsmitglieder haben das Recht auf ungestörte Ausübung ihres Mandates (§ 43 Abs. 1 GO).

Aus ihrer Mandatsausübungsfreiheit kann ein Störungsbeseitigungsanspruch folgen, wenn der Bürgermeister erhebliche Störungen in einer Ratssitzung nicht abstellt (z.B. Plakate werden in der Sitzung hochgehalten). ■

Innerhalb des Rates und der Bezirksvertretungen können sich die Ratsmitglieder bzw. Mitglieder der Bezirksvertretung zu **Fraktionen** und **Gruppen** zusammenschließen. Es handelt sich um jeweils freiwillige Vereinigungen, die auf der Grundlage grundsätzlich politischer Übereinstimmung zu möglichst gleichgerichtetem Wirken gebildet werden (§ 56 Abs. 1 S. 1 GO und § 56 Abs. 1 S. 3 GO). Neben den Fraktionen und Gruppen gibt es Ratsmitglieder, die keiner Fraktion oder Gruppe angehören (**„Einzelmandatsträger"**). 196

Weitere Untergliederungen des Rates sind die **Ausschüsse**. Diese werden nach den Vorschriften der Gemeindeordnung gebildet und zusammengesetzt und bereiten die Beschlüsse des Rates vor. Teilweise können Ausschüsse kraft gesetzlicher Anordnung bzw. kraft Übertragungsbeschluss des Rates **Entscheidungskompetenzen** haben. 197

Beispiele Der Wahlausschuss teilt das Wahlgebiet in Wahlbezirke ein (§ 4 Abs. 1 KWahlG NRW).

Der Rat überträgt einem Ausschuss die Entscheidung über eine bestimmte Angelegenheit, die nicht in die ausschließliche Zuständigkeit des Rates fällt (§ 41 Abs. 2 S. 1 GO). ■

Der **Bürgermeister** hat innerhalb der Gemeinde eine **Doppelstellung**. Zum einen ist er Mitglied und **Vorsitzender des Rates** (§ 40 Abs. 2 S. 2 und S. 4 GO) und zum anderen **Chef der Verwaltung** (§§ 62 ff. GO). Als Vorsitzender des Rates leitet er die Sitzungen und vertritt den Rat nach außen. Da er auch Mitglied kraft Gesetzes ist, hat der Bürgermeister – außer in den Fällen des § 40 Abs. 2 S. 6 GO – im Rat Stimmrecht. Als Chef der Verwaltung ist er insbesondere Dienstvorgesetzter des Verwaltungspersonals, leitet und verteilt die Geschäfte und ist gesetzlicher Vertreter der Gemeinde. Der Bürgermeister wird bei der Leitung der Sitzungen und bei der politischen Repräsentation vertreten durch die **ehrenamtlichen Stellvertreter** nach § 67 GO. Im Übrigen wird er von seinem (hauptamtlichen) **Vertreter im Amt** nach § 68 GO vertreten. 198

Doppelstellung des Bürgermeisters	
Vorsitzender des Rates	**Chef der Verwaltung**
• Vertretung und Repräsentation des Rates • Einberufung des Rates • Festsetzung der Tagesordnung • Leitung der Ratssitzungen • Handhabung der Ordnung in den Sitzungen • Widerspruch gemeindewohlgefährdender Ratbeschlüsse	• Gesetzlicher Vertreter der Gemeinde • Dienstvorgesetzter des Verwaltungspersonals • Leitung und Verteilung der Verwaltungsgeschäfte • Erledigung der Geschäfte der laufenden Verwaltung • Vorbereitung und Durchführung der Ratsbeschlüsse • Beanstandung rechtswidriger Ratsbeschlüsse

199 Zum hervorgehobenen Verwaltungspersonal gehören die **Beigeordneten**, die vom Rat für die Dauer von acht Jahren gewählt werden (§ 71 GO). Der Rat bestellt einen Beigeordneten zum **allgemeinen Vertreter** des Bürgermeisters nach § 68 Abs. 1 S. 1 GO (Vertreter im Amt).

200 Die gemeindlichen Organe und Organteile unterliegen bei der Ausübung ihrer Kompetenzen untereinander dem Grundsatz der **Organtreue**. Die Pflicht zur Organtreue wurzelt in dem verfassungsrechtlichen Gebot der gegenseitigen Rücksichtnahme sowie in dem auch im öffentlichen Recht geltenden Grundsatz von Treu und Glauben. Sie kann aber weder zu einem Verstoß noch zu einer Verdrängung von gesetzlich eingeräumten Kompetenzen führen.

Aus dem Grundsatz der Organtreue folgt die Unzulässigkeit rechtsmissbräuchlichen Handelns und die Pflicht zur Berücksichtigung der Auffassung des anderen Organs bei der eigenen Entscheidungsfindung. Umgekehrt sind Bedenken gegen die Rechtmäßigkeit der Verfahrensgestaltung eines Gemeindeorgans von dem dadurch betroffenen Organ in der verfahrensrechtlich gebotenen Form rechtzeitig geltend zu machen.

Wird diese Obliegenheit verletzt, so ist die spätere Geltendmachung der Rechtsverletzung treuwidrig und deshalb unzulässig.[2]

Beispiel 1 Ratsmitglied A rügt die seines Erachtens mangelhafte Vorbereitung eines Ratsbeschlusses durch den dafür nach § 62 Abs. 2 S. 1 GO verantwortlichen Bürgermeister. In der Ratssitzung hat er einen entsprechenden Vertagungsantrag des Beschlussgegenstandes wegen mangelnder Vorbereitungsmöglichkeit und Sachinformation allerdings nicht gestellt. Der Rat hat in der Sache gegen die Stimme des A mehrheitlich beschlossen. Erst nach Ablauf der Ratssitzung erhebt er eine entsprechende Klage beim Verwaltungsgericht mit dem Antrag, festzustellen, dass der Ratsbeschluss wegen der mangelhaften Vorbereitung durch den Bürgermeister rechtswidrig ist.

Die Klage ist im Ergebnis bereits wegen des Verstoßes gegen den Grundsatz der Organtreue abzuweisen.[3] Dieser begründet die Obliegenheit von Ratsmitgliedern, Bedenken gegen die Rechtmäßigkeit einer anstehenden Beschlussfassung aufgrund einer vermeintlich unzureichenden Beschlussvorbereitung in der verfahrensrechtlich gebotenen Form **rechtzeitig** geltend zu machen. Wird diese Obliegenheit verletzt, so ist die spätere Geltendmachung der Rechtsverletzung treuwidrig und deshalb unzulässig. A hätte also einen förmlichen Vertagungsantrag im Rat stellen müssen. Wäre dieser vom Rat mehrheitlich abgelehnt worden, so hätte er dagegen im Rahmen eines Kommunalverfassungsstreits Klage erheben können. Dabei wäre verwaltungsgerichtlich überprüft worden, ob der Bürgermeister den Beschluss wirklich unzureichend vorbereitet hat und A damit durch die verweigerte Vertagung des Tagesordnungspunktes in seiner Mandatsausübungsfreiheit aus § 43 Abs. 1 GO verletzt worden ist. ■

Beispiel 2[4] Die Fraktion F ist mit einem bestimmten angekündigten Verhalten des Bürgermeisters ihr gegenüber nicht einverstanden. Anstatt dem Bürgermeister ihre Bedenken mitzuteilen und gegebenenfalls einen konkreten Antrag zu stellen, beauftragt sie selbst-

2 *OVG NRW* Urteil vom 2.5.2006 – 15 A 817/04 –, EildStNRW 2007, 132, 135.
3 *OVG NRW* Beschluss vom 25.6.2007 – 15 B 634/07 –, KommJur 2007, 374.
4 Nach *OVG NRW* Urteil vom 24.4.2009 – 15 A 981/06 –, NVwZ-RR 2009, 819.

ständig einen Rechtsanwalt mit der Prüfung und verlangt von der Gemeinde eine Kostenerstattung, nachdem dieser eine Rechnung für seine Beratung übersandt hat. Die Gemeinde verweigert dies.

Die gegen die Gemeinde gerichtete Leistungsklage ist unbegründet, da der Fraktion der Kostenerstattungsanspruch nicht zusteht. Eine Kostenerstattung in einer internen Auseinandersetzung zweier Gemeindeorgane bzw. Organteile ist beschränkt auf die dem Grunde und der Höhe nach **notwendigen Kosten**. Hiervon kann im vorliegenden Fall keine Rede sein, da nach dem Grundsatz der Organtreue einem Funktionsträger in aller Regel zugemutet werden kann, die Entscheidung des zuständigen Gemeindeorgans abzuwarten, die seine organschaftlichen Befugnisse betrifft. ■

II. Der Rat und seine Mitglieder

Nach dem Zwei-Säulenmodell des § 40 Abs. 2 S. 1 GO gehört der Rat neben dem Bürgermeister zu den beiden hervorgehobenen Gemeindeorganen, die die Bürger der Gemeinde vertreten. 201

1. Zusammensetzung des Rates

Der Rat besteht aus dem Bürgermeister als Mitglied und Vorsitzendem sowie den gewählten Ratsmitgliedern (§ 40 Abs. 2 S. 1 GO). Der Bürgermeister ist kein gewähltes Ratsmitglied, sondern Mitglied kraft Gesetzes (§ 40 Abs. 2 S. 2 GO). Er wird nicht bei der Wahl der Ratsmitglieder, sondern in einer eigenständigen Bürgermeisterwahl gewählt. 202

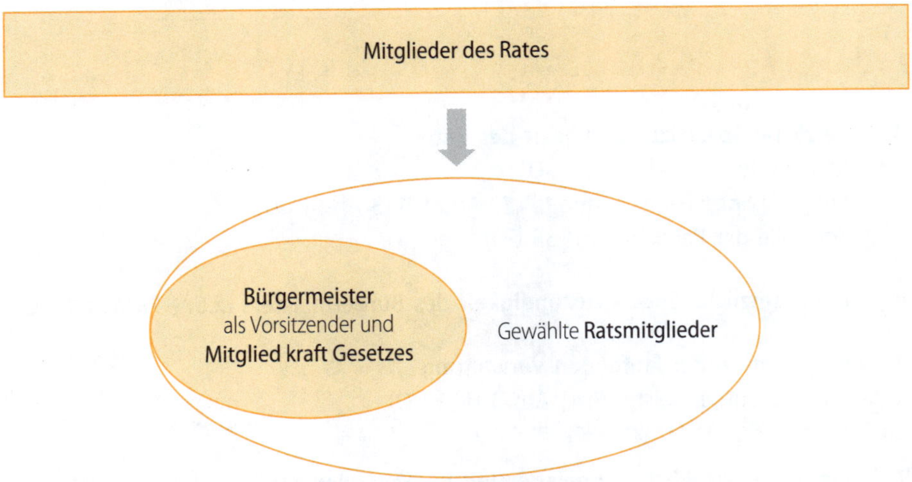

Die gesetzliche Anzahl der Ratsmitglieder richtet sich nach Einwohnerzahl der Gemeinde: § 3 KWahlG. Der Bürgermeister ist zwar kein gewähltes Ratsmitglied, aber Mitglied des Rates kraft Gesetzes (§ 40 Abs. 2 S. 2 GO). Die **gesetzliche Zahl der Mitglieder des Rates** besteht damit aus der Anzahl der Ratsmitglieder zuzüglich dem Bürgermeister.

» Wiederholen Sie bei dieser Gelegenheit bitte noch einmal das kommunale Wahlsystem. «

Hinweis

Dies hat zur Folge, dass bei der gesetzlichen Erwähnung des Begriffes „Ratsmitglieder" der Bürgermeister davon nicht umfasst ist. Wird aber im Gesetz der Terminus „Rat" oder der „Rat mit seinen Mitgliedern" verwandt, so zählt der Bürgermeister dazu.

So werden z.B. die Beigeordneten vom „Rat" gemäß § 71 Abs. 1 S. 3 GO gewählt. Da zum „Rat" auch der Bürgermeister gehört (Mitglied kraft Gesetzes), darf der Bürgermeister mitwählen.

Gegenbeispiel: Gemäß § 58 Abs. 1 S. 1 GO wird die Zusammensetzung der Ausschüsse mit der Mehrheit der Stimmen der „Ratsmitglieder" geregelt. Da der Bürgermeister kein gewähltes „Ratsmitglied" ist, darf er dabei auch nicht mitwirken (vgl. auch § 40 Abs. 2 S. 6 GO).

2. Zuständigkeit des Rates

203 Der Rat ist neben dem Bürgermeister das zentrale Vertretungsorgan der Bürgerschaft. Er kann über solche Angelegenheiten beschließen, für die er nach den gesetzlichen Regelungen die entsprechende Entscheidungskompetenz hat (**„Organkompetenz"**).

Hinweis

Da der Rat als Beschlussorgan der Gemeinde fungiert, setzt seine Organkompetenz die Zuständigkeit der Gemeinde *(„Verbandskompetenz")* voraus. Die **Verbandskompetenz** ist daher immer vorzuprüfen. Ist schon die Gemeinde nicht zuständig, kann auch ihr Rat nicht zuständig sein.

Die Zuständigkeit des Rates kann nach folgendem Schema geprüft werden:

PRÜFUNGSSCHEMA

Zuständigkeit des Rates

I. Gesetzliche Spezialzuständigkeit des Rates
1. Katalog des § 41 Abs. 1 S. 2 GO
2. Sonstige Spezialvorschriften (§§ 73 Abs. 1, 113 Abs. 4 GO)
3. Kontrolle der Verwaltung (§ 55 GO)

II. Keine gesetzliche Spezialzuständigkeit des Bürgermeisters (z.B. § 73 Abs. 2 GO)

III. Bei Geschäften der laufenden Verwaltung
Grundsatz: Bürgermeister (§ 41 Abs. 3 Hs. 1 GO)
Rückholrecht des Rates (§ 41 Abs. 3 Hs. 2 GO) Rn. 207

IV. Keine (rein) bezirkliche Angelegenheit in kreisfreien Städten
Abgrenzung von Zuständigkeit der Bezirksvertretung (§ 37 GO) Rn. 208

V. Allzuständigkeit des Rates nach § 41 Abs. 1 S. 1 GO (Auffangzuständigkeit)

a) Gesetzliche Spezialzuständigkeit des Rates

Zu Beginn der Zuständigkeitsprüfung muss geprüft werden, ob eine gesetzliche Bestimmung dem Rat die Entscheidungskompetenz zuweist. Die Zuständigkeit des Rates kann für einzelne Angelegenheiten gesetzlich ausdrücklich angeordnet sein. Insbesondere in § 41 Abs. 1 S. 2 GO ist ein ganzer – aber nicht abschließend geregelter – Katalog von ausschließlichen Entscheidungszuständigkeiten des Rates enthalten. Außerhalb dieses Kataloges finden sich auch in anderen Vorschriften der Gemeindeordnung angeordnete Entscheidungskompetenzen des Rates (z.B. §§ 73 Abs. 1, 113 Abs. 4 GO). In diesen Fällen spricht man von der **Spezialzuständigkeit** des Rates. Der Rat hat in diesen Fällen die **ausschließliche Organkompetenz**. Es handelt sich bei diesen dem Rat vorbehaltenen Entscheidungen um besonders bedeutsame (wesentliche) Angelegenheiten, bei denen nicht ein Einzelner, sondern das unmittelbar demokratische legitimierte Kollegialorgan entscheiden soll. Wenn ein anderes Organ darüber entscheidet, ist die Entscheidung rechtswidrig. 204

» **Die Zuständigkeit des Rates haben Sie bereits unter dem Stichwort „Organkompetenz" im Rahmen der Prüfung der Rechtmäßigkeit einer Satzung kennen gelernt. «**

Beispiele Der Rat ist für den Erlass, die Änderung und die Aufhebung von Satzungen ausschließlich zuständig (§ 41 Abs. 1 S. 2 Buchstabe f GO). Überträgt der Rat rechtswidrigerweise die Entscheidung über eine Satzungsänderung auf den Hauptausschuss und beschließt dieser entsprechend, ist die Änderungssatzung nichtig.

Die Wahl der Beigeordneten obliegt gemäß § 71 Abs. 1 S. 3 GO ausschließlich dem Rat. Diese Entscheidung kann der Rat weder dem Personalausschuss, noch dem Bürgermeister als Dienstvorgesetztem der gewählten Beigeordneten oder gar einer privaten Personalberatungsfirma übertragen. ■

b) Keine gesetzliche Spezialzuständigkeit des Bürgermeisters

Sofern Vorschriften der Gemeindeordnung dem Bürgermeister bestimmte Zuständigkeiten zuweisen, so kann ausschließlich dieser und kein anderes Organ eine solche Entscheidung treffen. Im Verhinderungsfall ist der ehrenamtliche Vertreter des Bürgermeisters (nur bei der Leitung der Ratssitzung und bei der Repräsentation der Gemeinde) bzw. dessen Vertreter im Amt (im Übrigen) zur Entscheidung berufen. 205

Fälle gesetzlicher Spezialzuständigkeiten des Bürgermeisters finden sich sowohl hinsichtlich seiner Stellung als Ratsvorsitzender (z.B. bei der Festsetzung der Tagesordnung nach § 48 Abs. 1 S. 1 GO oder bei der Leitung der Ratssitzungen nach § 51 Abs. 1 GO) als auch aufgrund seiner Stellung als Chef der Verwaltung (z.B. als Dienstvorgesetzter des Gemeindepersonals nach § 73 Abs. 2 GO).

Beispiel[5] Der Bürgermeister der Gemeinde G will innerhalb der Gemeindeverwaltung im Rahmen einer internen Umorganisation die Leitungen von zwei Dezernaten (Organisationsebene oberhalb der Ämter) an zwei bisherige Amtsleiter übertragen. Einer der Amtsleiter ist Beamter, der andere Bediensteter der Gemeinde, welcher sich bereits in der höchsten tariflichen Einstufung befindet. Außer der Übertragung der Dezernatsleitungen erfolgt keine Entscheidung zum personalrechtlichen Status der Amtsleiter, also insbesondere keine Beförderung (beim Beamten) bzw. keine Vereinbarung einer außertariflichen Vergütung (beim Bediensteten). Die Hauptsatzung der Gemeinde G enthält eine Regelung im Sinne des § 73 Abs. 3 S. 2 GO; bestimmt also, dass *„für Bedienstete in Führungs-*

5 Nach *VG Düsseldorf* Beschluss vom 31.5.2011 – 1 L 850/11 –, juris.

funktionen Entscheidungen, die das beamtenrechtliche Grundverhältnis oder das Arbeitsverhältnis eines Bediensteten zur Gemeinde verändern, durch den Rat im Einvernehmen mit dem Bürgermeister zu treffen sind." Der Rat wendet sich an das Verwaltungsgericht, weil der Bürgermeister ohne Herstellung des Einvernehmens eigenmächtig die Übertragung der Dezernatsleitungen verfügt habe. Es wird beantragt, dem Bürgermeister die eigenmächtige Besetzung der Dezernatsleitungen zu untersagen.

Die im Rahmen eines Kommunalverfassungstreits erhobene Leistungsklage in der Ausprägung eines Unterlassungsantrages hat in der Sache keinen Erfolg, da der **Bürgermeister** gemäß § 62 Abs. 1 S. 3 GO die Geschäfte der Verwaltung leitet und verteilt. Nach § 73 Abs. 3 S. 1 GO trifft er zudem die dienstrechtlichen und arbeitsrechtlichen Entscheidungen. Eine Einschränkung seiner Personalbesetzungskompetenz ergibt sich nicht aus § 73 Abs. 3 S. 2 GO in Verbindung mit der Hauptsatzung, da bei beiden Amtsleitern eine Veränderung des beamtenrechtlichen Grundverhältnisses bzw. des Arbeitsverhältnisses zur Gemeinde nicht vorgelegen hat. Eine solch relevante „Veränderung" des beamtenrechtlichen Grundverhältnisses bzw. des Arbeitsverhältnisses liegt bei einer Umsetzung innerhalb der Gemeindeverwaltung nur dann vor, wenn diese mit einer weiteren personalrechtlichen Maßnahme, wie etwa einer Beförderung bzw. Änderungskündigung oder Höhergruppierung verbunden würde. Zwar führt bei Bediensteten – anders als bei Beamten – die Übertragung einer höherwertigen Aufgabe zu tariflichen Höhergruppierungsansprüchen, allerdings hatte der bedienstete Amtsleiter bereits die Endstufe der tariflichen Vergütung erreicht, so dass sich für beide auch kein mit der Umsetzung verbundener Anspruch auf Beförderung bzw. Höhergruppierung ergab. Der Bürgermeister war mithin für diese Entscheidungen allein kraft Gesetzes zuständig. ■

c) Geschäfte der laufenden Verwaltung

206 Liegt eine ausdrückliche gesetzliche Spezialzuweisung an den Rat nicht vor, so ist das zur Entscheidung anstehende Geschäft inhaltlich näher zu würdigen.

Geschäfte der laufenden Verwaltung sind gemäß § 41 Abs. 3 GO grundsätzlich vom **Bürgermeister** zu erledigen.

> Unter **Geschäften der laufenden Verwaltung** versteht man die regelmäßig wiederkehrenden Geschäfte, die nach feststehenden Grundsätzen entschieden werden können.[6]

Ob ein Geschäft der laufenden Verwaltung vorliegt, hängt von der Größe der Gemeinde und den gemeindlichen Erfahrungen mit solchen Geschäften ab.[7] Gegen die Qualifizierung als *„Geschäft der laufenden Verwaltung"* spricht es, wenn die Angelegenheit für die Gemeinde eine grundsätzliche politische, rechtliche oder wirtschaftliche Bedeutung hat und erhebliche Verpflichtungen erwarten lässt.[8]

Beispiele Die Einzelzulassung zu einer gemeindlichen öffentlichen Einrichtung bzw. deren Ablehnung ist eine laufende, nämlich regelmäßig anfallende Angelegenheit, die für die

---

6 *OVG NRW* Urteil vom 4.4.2006 – 15 A 5081/05 –, NWVBl. 2006, 426.

7 Vgl. zu Einzelfragen: *Bätge* Vertragsschluss, Haftung und Schadenersatz bei kommunalen Verpflichtungserklärungen in Festschrift für U. Hübner, Verantwortlichkeit im Wirtschaftsrecht, 2002, 3 f.

8 *BayVGH* Urteil vom 15.3.2004 – 22 B 03.1362 –, juris Rn. 33.

Gemeinde keine grundsätzliche Bedeutung und keine erheblichen Verpflichtungen erwarten lässt.[9] Hingegen kann die grundlegende Widmungsänderung einer bedeutenden öffentlichen Einrichtung nicht mehr als Geschäft der laufenden Verwaltung betrachtet werden und obliegt deshalb der Entscheidungskompetenz des Rates (vgl. auch § 41 Abs. 1 S. 2 Buchstabe l GO).[10]

Eine kleinere Gemeinde, die aufgrund ihrer Geschichte eine bedeutende historische Kunstsammlung besitzt, hat mit den damit verbundenen Verpflichtungsgeschäften (Kunstleihverträge, Ausstellungsversicherungen etc.) mehr Erfahrungen als eine größere Gemeinde, die derartiges auf ihrem Gebiet nicht hat.[11] ■

Der Rat hat für einen bestimmten Kreis dieser Geschäfte oder für den Einzelfall aber ein **Rückholrecht**. Nach § 41 Abs. 3 GO kann der Rat sich oder einem Ausschuss die Entscheidung darüber **vorbehalten**. **207**

Hinweis

Dem Bürgermeister kraft anderer **gesetzlicher** Bestimmungen ausdrücklich zugewiesene Aufgaben, wie etwa die arbeits- und dienstrechtlichen Entscheidungen nach § 73 Abs. 3 S. 1 GO, unterliegen nicht dem Rückholrecht des Rates. Entsprechende Entscheidungen des Rates wären mangels Organkompetenz rechtswidrig.

Das Rückholrecht des Rates für die Geschäfte der laufenden Verwaltung ist als **Ausnahmerecht** konzipiert, da die verbindliche Subsumtion von Einzelsachverhalten unter Rechtsbegriffen grundsätzlich nicht Sache des Rates, sondern des Bürgermeisters ist.[12] Daher und aufgrund des Grundsatzes der Organtreue (vgl. Rn. 200) darf das Rückholrecht vom Rat nicht rechtsmissbräuchlich dazu verwandt werden, dem Bürgermeister seine Regelkompetenz für die Geschäfte der laufenden Verwaltung zu entziehen.[13]

Beispiel In der Gemeinde G gibt es erhebliche politische Dissonanzen zwischen der Ratsmehrheit und dem parteilosen Bürgermeister B. Der Rat beschließt mehrheitlich ohne einen sachlichen Anlass, dass er künftig für alle Vergabeentscheidungen ohne Wertgrenzen zuständig sein soll. Da der Bürgermeister als Verwaltungschef aufgrund dessen selbst über die Anschaffung von geringfügigen Verwaltungsbedarfen (Bleistift, Spitzer etc.) nicht mehr eigenständig entscheiden könnte, wäre dies als Verstoß gegen den Grundsatz der Organtreue ein rechtsmissbräuchlicher Eingriff in dessen Regelkompetenz nach § 41 Abs. 3 GO. Unproblematisch wäre es hingegen, wenn sich der Rat ein Entscheidungsvorbehalt für die Anschaffung von Sachgütern ab erheblichen Wertgrenzen vorbehält. ■

Die Ausübung des Rückholrechts durch den Rat ist eine Frage des Innenverhältnisses zwischen Rat und Bürgermeister; im Außenverhältnis bleibt grundsätzlich der Bürgermeister das zur Außenvertretung zuständige Gemeindeorgan (vgl. §§ 63, 64 GO). Sofern der Rat bestimmte Einzelfallentscheidungen sich oder einem Ausschuss vorbehält, unterliegt die

9 *VG München* Urteil vom 6.8.2014 – 7 K 13.2449 –, juris; *Schoch* NVwZ 2016, 257, 264 m.w.N.
10 Weiter differenzierend: *Helbich* JuS 2017, 507, 509.
11 *OLG Celle* Urteil vom 18.10.1998 – 2 U 53/98 –, NJW 2001, 607.
12 Vgl. hierzu *OVG NRW* Beschluss vom 26.7.2018 – 4 B 1064/18 –, juris, Rn. 19.
13 *Erlenkämper* in Articus/Schneider, GO NRW, § 41 Rn. 4.5; vgl. auch *VG Aachen* Urteil vom 28.6.2001 – 4 K 1787/00 –, NVwZ-RR 2002, 214.

Gemeinde im Außenverhältnis denselben Erfordernissen an einer nachvollziehbaren und transparenten Begründung wie bei einer Entscheidung des Bürgermeisters.

Beispiel[14] In der Stadt Düren hat der Rat nach § 41 Abs. 3 GO die Entscheidung über die konkrete Auswahl von Schaustellern für die Annakirmes vom Bürgermeister auf einen Ausschuss des Rates („Steuerausschuss") verlagert. Im Steuerausschuss wird ausweislich der Sitzungsniederschrift eine Rangfolge der ausgewählten Bewerber beschlossen, aber zur Begründung nur pauschal auf allgemeine Kriterien der Zulassungsrichtlinien Bezug genommen. In Umsetzung dieses Ausschussbeschlusses übersendet der Bürgermeister dem Inhaber des Süßwarengeschäfts *„Nußkönig"* ein Ablehnungsschreiben, in dem ebenfalls nur pauschal auf den Ausschussbeschluss und die Zulassungsrichtlinien verwiesen wird. Die Auswahlentscheidung ist schon deshalb ermessensfehlerhaft erfolgt, weil die Auswahlkriterien für den *konkreten Einzelfall* weder ausreichend transparent noch nachvollziehbar begründet worden sind. ■

d) Keine bezirkliche Angelegenheit in kreisfreien Städten

208 In kreisfreien Städten ist die Zuständigkeit des Rates **abzugrenzen** von der der Bezirksvertretungen. Gemäß § 37 Abs. 1 S. 1 GO dürfen die Bezirksvertretungen nur solche Angelegenheiten entscheiden, deren Bedeutung nicht wesentlich über den Stadtbezirk hinausgeht **(„bezirkliche Angelegenheiten")**.

Beispiel Das *VG Düsseldorf*[15] hat einen Fall zu entscheiden, bei dem in einem Stadtbezirk einer kreisfreien Stadt eine Galopprennbahn liegt. Das Grundstück stand im Eigentum der Stadt. Betriebsführer der Galopprennbahn war ein privatrechtlicher (Reiter-)Verein. Obwohl die Betriebsführung der Galopprennbahn Verluste erwirtschaftete, war die Stadt aus sportlichen Gründen an dem Betrieb als Galopprennbahn und der Betriebsführung durch den Verein interessiert. Die Stadt verpflichtete sich gegenüber dem Verein sogar dazu, am Ende des Jahres die Verluste der Betriebsführung aus dem gesamtstädtischen Haushalt zu übernehmen. Um die Verluste zu reduzieren, vereinbarten Stadt und Verein auf dem Gelände der Rennbahn eine kommerzielle Messe zu veranstalten. Die Bezirksvertretung war dagegen, da sie auf eine ausschließliche Nutzung als Rennbahn bestand. Wer ist für die Frage der Nutzung der Galopprennbahn zuständig?

Das Gericht verneinte zu recht eine rein bezirkliche Angelegenheit im Sinne des § 37 Abs. 1 S. 1 GO, da infolge der (gesamt-)städtischen Verlustabdeckungspflicht eine überbezirkliche Bedeutung vorlag. Der Rat konnte die Veranstaltung einer solchen Messe beschließen. ■

209 Auch wenn im Einzelfall eine rein bezirkliche Bedeutung vorliegen mag, ist zu beachten, dass für Fälle, die dem Rat gesetzlich zur ausschließlichen Zuständigkeit überwiesen sind, die Bezirksvertretung keine Entscheidungskompetenz haben kann.

Beispiel Der Rat entscheidet ausschließlich über den Erlass der Haushaltssatzung gemäß § 41 Abs. 1 S. 2 Buchstabe h GO. In der Haushaltssatzung wird gemäß § 78 GO auch der Haushaltsplan festgesetzt. Zu den dazu gehörigen Aufwendungen des Haushaltsjahres gehören auch die bezirksbezogenen Haushaltsmittel nach § 37 Abs. 3 GO. Obwohl diese

14 *OVG NRW* Beschluss vom 26.7.2018 – 4 B 1064/18 –, juris, Rn. 16 ff.
15 *VG Düsseldorf* Urteil vom 14.2.1997 – 1 K 833/96 –, NWVBl. 1997, 402.

ausschließlich einem bestimmten Bezirk zugeordnet sind, darf die allgemeine Bereitstellung durch die Haushaltssatzung nur durch den Rat erfolgen. Der von der Mittelbereitstellung zu unterscheidende Verwendungszweck der Mittel kann allerdings teilweise den Bezirksvertretungen zur Entscheidung übertragen werden (§ 37 Abs. 3 S. 1 GO). ■

e) Allzuständigkeit des Rates

Erst sofern sich nach der bisherigen Prüfung für einen bestimmten Entscheidungsgegen- **210**
stand kein zuständiges Gemeindeorgan findet, greift die Auffangkompetenz des Rates nach § 41 Abs. 1 S. 1 GO.

f) Dringliche Entscheidungen, § 60 GO

Es gibt in der kommunalen Praxis Situationen, in denen der Rat für die Entscheidung einer **211**
Angelegenheit zuständig ist, aber das Abwarten auf eine Ratssitzung nicht möglich ist, weil die Entscheidung über eine Angelegenheit **besonders eilbedürftig** ist und ansonsten erhebliche Nachteile oder Gefahren entstehen können. In solchen Fällen kommt eine **Dringlichkeitsentscheidung** bestimmter anderer Entscheidungsträger anstelle des nicht mehr rechtzeig einberufbaren Rates unter den engen Voraussetzungen des **§ 60 Abs. 1 GO** in Betracht:

- Falls die Einberufung des Rates nicht rechtzeitig möglich ist, um den erheblichen Nachteil für die Gemeinde zu verhindern, entscheidet der Hauptausschuss nach S. 1.
- Ist auch die Einberufung des Hauptausschusses nicht rechtzeitig möglich und kann die Entscheidung nicht aufgeschoben werden, kann der Bürgermeister mit einem Ratsmitglied nach S. 2 entscheiden.

Die **Voraussetzungen für eine Dringlichkeitsentscheidung** sind grundsätzlich **eng auszulegen**, da die an sich zur Entscheidung legitimierte kommunale Vertretung (Rat) nur ausnahmsweise und aus gewichtigen Sachgründen von ihrem Entscheidungsrecht verdrängt werden kann.

> Bei den **drohenden Nachteilen und Gefahren** muss es sich daher um objektive Sachgründe von einigem Gewicht handeln. Hierzu gehören Katastrophen, öffentliche Notstände, finanziell gewichtige Nachteile oder der drohende Verlust eines gerichtlichen Verfahrens wegen Fristablaufs.[16] Keinesfalls rechtfertigen allein politische Gründe eine Dringlichkeitsentscheidung.

Beispiel[17] Der Bürgermeister und ein Ratsmitglied erlassen nach § 60 Abs. 1 S. 2 GO im Wege der Dringlichkeitsentscheidung eine ordnungsbehördliche Verordnung über die Zulässigkeit einer sonntäglichen Ladenöffnung, um dies bereits für den nächsten Sonntag „zur Stärkung des Einzelhandels" zu ermöglichen. Hier liegt kein objektiv erheblicher Nachteil vor, der eine unaufschiebbare Dringlichkeitsentscheidung rechtfertigen würde. Vielmehr handelt es sich allenfalls um einen strukturpolitischen Sachgrund. Die in Rede stehende Verordnung dient zudem nicht dazu, erhebliche Schäden oder Nachteile zu vermeiden würde, sondern würde den Unternehmen die Möglichkeit geben, neue finanzielle Vorteile zu generieren. ■

---

16 *Stibi* in Kleerbaum/Palmen, GO NRW, § 60 Erl. II. 4 m.w.N.
17 *VG Münster* Beschluss vom 5.4.2018 – 9 L 365/18 –, juris.

Eine Einberufung des Rates ist **nicht rechtzeitig möglich**, wenn die in der Geschäftsordnung vorgeschriebenen Ladungsfristen nicht mehr eingehalten werden können oder wenn sicher feststeht, dass innerhalb des gebotenen Zeitraums nicht die für die Beschlussfähigkeit erforderliche Zahl von Ratsmitgliedern erreichbar ist.[18]

Hierbei ist zu beachten, dass auch eine **Sondersitzung des Rates** mit den in der Geschäftsordnung vorgesehenen Ladungsfristen in Betracht gezogen werden muss, bevor der Hauptausschuss oder der Bürgermeister mit einem Ratsmitglied im Rahmen einer Dringlichkeitsentscheidung ersatzweise tätig wird.[19]

Beispiel[20] Mit notariellem Grundstückskaufvertrag wird zwischen zwei Privatpersonen ein Grundstück verkauft. Das Grundstück liegt in einem Bereich, für den die Gemeinde eine Vorkaufsrechtssatzung erlassen hat. Die Vorkaufsrechtssatzung soll sicherstellen, dass die für den Bereich eines künftigen Bebauungsplanes verfolgten städtebaulichen Ziele der Gemeinde verwirklicht werden können. Am 20.5. erhielt die Gemeinde die Ausfertigung des Grundstückskaufvertrages. Die gesetzliche Frist zur Ausübung des Vorkaufsrechts beträgt zwei Monate nach Mitteilung des Kaufvertrages (§ 28 Abs. 2 S. 1 BauGB). Für die Ausübung des Vorkaufsrechts ist aufgrund der besonderen städtebaulichen Bedeutung des Grundstücks der Rat zuständig (§ 41 Abs. 1 S. 1 GO). Da nach dem Sitzungskalender die letzte Ratssitzung aber gerade am 19.5. stattgefunden hat und der Rat erst nach seiner „Sommerpause" Ende August wieder tagen soll, fragt sich der Bürgermeister, was er veranlassen muss, damit innerhalb der zweimonatigen Frist eine wirksame Ausübung des Vorkaufsrechts erfolgen kann.

Es kommen drei Lösungsansätze in Betracht, die in einem **gesetzlichen Rangverhältnis** stehen, welches strikt einzuhalten ist:

1. Zuerst hat der Bürgermeister an die **Einberufung einer Sondersitzung** des Rates außerhalb des (nur ratsintern geltenden) Sitzungskalenders zu denken. Eine solche Sondersitzung kann von ihm nach § 47 Abs. 1 S. 1 GO gegebenenfalls unter Einhaltung einer in der Geschäftsordnung normierten verkürzten Ladungsfrist (meist drei Tage) bei besonderer Eilbedürftigkeit einberufen werden. Eine Sondersitzung des zuständigen Organs ist damit in relativ kurzer Zeit realisierbar, ohne dass ein Nachteil für die Gemeinde zu erwarten ist. Der Ablauf der Frist für die Ausübung des Vorkaufsrechts wäre durch die Einberufung einer Sondersitzung in keiner Weise gefährdet. Die damit verbundenen Sitzungskosten sind als notwendige „Demokratiekosten" für den Nachteilsbegriff ohne Relevanz.
2. *Nur wenn* die Einberufung der Sondersitzung selbst mit verkürzter Ladungsfrist wegen des drohenden Fristablaufes nicht mehr möglich wäre, könnte der Bürgermeister den **Hauptausschuss nach § 60 Abs. 1 S. 1 GO einberufen**. Der drohende Fristablauf darf hierbei natürlich nicht „sehenden Auges" von der Gemeinde selbst verschuldet sein, indem die mögliche Sondersitzung einfach nicht terminiert wird und es deshalb Ende August zeitlich pressiert.

---

18 *Stibi* in Kleerbaum/Palmen, GO NRW, § 60 Erl. II. 4 m.w.N.; *Faber* in Held/Winkel, GO NRW, § 60 Erl. 3.

19 *OVG NRW* Urteil vom 31.5.1988 – 2 A 1739/86 –, NWVBl. 1988, 336; *VG Münster* Beschluss vom 5.4.2018 – 9 L 365/18 –, juris.

20 *VG Aachen* Urteil vom 22.5.2012 – 3 K 347/11 –, juris.

3. Ist auch die Einberufung des Hauptausschusses *nicht rechtzeitig möglich* und kann die Entscheidung nicht aufgeschoben werden, weil sonst erhebliche Nachteile oder Gefahren entstehen können, kann der **Bürgermeister mit einem Ratsmitglied** entscheiden (§ 60 Abs. 1 S. 2 GO).

Die Entscheidung des Hauptausschusses und die Entscheidung des Bürgermeisters mit einem Ratsmitglied anstelle des Rates werden vom Gesetz als *„Dringliche Entscheidungen"* bezeichnet (§ 60 GO). Da im *Beispielsfall* aber bereits die Einberufung der Sondersitzung des Rates zur Vermeidung von Nachteilen für die Gemeinde infolge des drohenden Fristablaufes objektiv realisierbar ist, scheidet ein Vorgehen über die Dringlichkeitsentscheidungen nach § 60 Abs. 1 GO aus.

Dringlichkeitsentscheidungen sind dem Rat in der nächsten Sitzung zur **Genehmigung** vorzulegen (§ 60 Abs. 1 S. 3 GO). Er kann die Dringlichkeitsentscheidung aufheben, soweit nicht schon Rechte anderer durch die Ausführung des Beschlusses entstanden sind (§ 60 Abs. 1 S. 4 GO). Liegt die vom Gesetz geforderte Dringlichkeit nicht vor – etwa, wenn (wie im vorliegenden *Beispielsfall*) anstelle einer Dringlichkeitsentscheidung nach § 60 Abs. 1 GO der Rat noch im Wege einer Sondersitzung hätte entscheiden können – so kann dieser Mangel durch die Genehmigung des Rates in einer den Anforderungen des § 60 Abs. 1 S. 3 GO genügenden Form geheilt werden.[21] Denn bei § 60 Abs. 1 S. 3 GO handelt es sich um eine Vorschrift, die die ausnahmsweise im Dringlichkeitsfall gestattete Zuständigkeitsabweichung nachträglich legitimiert, indem dem allzuständigen Rat das Entscheidungsrecht über den Bestand der Dringlichkeitsentscheidung übertragen ist. Die Abweichung von der grundsätzlichen Zuständigkeitsverteilung ist also wieder aufgehoben; die Rechtslage ist so, als wenn der Rat den ursprünglichen (Dringlichkeits-)Beschluss selbst gefasst hätte.

Scheitert jedoch die nachträgliche Genehmigung durch den Rat – z.B., weil sie nicht in der *unmittelbar* folgenden Ratssitzung beschlossen worden ist oder die Beschlussfassung über die Genehmigung unter Verstoß gegen Verfahrensvorschriften der Gemeindeordnung erfolgt ist – so ist der Mangel der Eilbedürftigkeit nicht geheilt worden mit der Folge, dass von Anfang an eine unwirksame gemeindliche Entscheidung vorliegt, die keine Rechtswirkungen entfalten kann.

Im oben angeführten *Beispielsfall* des *VG Aachen* lag diese Konstellation vor. Für die innerhalb der Frist für die Ausübung des Vorkaufsrechts liegende Dringlichkeitsentscheidung fehlte die objektive Eilbedürftigkeit, da der Rat im Wege einer Sondersitzung innerhalb der zweimonatigen Frist hätte entscheiden können. Die Genehmigung der (fehlerhaften) Dringlichkeitsentscheidung war unter Verstoß gegen eine gesetzliche Vorschrift über das Ratsverfahren erfolgt, so dass eine rückwirkende Heilung des Fehlers nicht eintreten konnte. Ein nochmaliger „Heilungsversuch" in der darauffolgenden Ratssitzung scheitert an § 60 Abs. 1 S. 3 GO, der die Genehmigung der Dringlichkeitsentscheidung nur *„in der nächsten Sitzung"* zulässt. Im Ergebnis hatte dies zur Folge, dass innerhalb der maßgeblichen Frist das gemeindliche Vorkaufsrecht nicht wirksam ausgeübt werden konnte. Die Gemeinde bekam also keinen Zugriff auf das an einem Dritten wirksam veräußerte Grundstück. ■

21 *OVG NRW* Urteile vom 23.4.1996 – 10 A 620/91 –, NVwZ 1997, S. 598 und vom 15.8.1985 – 2 A 2613/84 –, Der Gemeindehaushalt 1986, S. 261, vgl. auch Urteil vom 31.5.1988 – 2 A 1739/86 –, a.a.O.; *VG Aachen* Urteil vom 22.5.2012 – 3 K 347/11 –, juris; *VG Gelsenkirchen* Beschluss vom 11.2.2010 – 6 L 1231/09 –, juris; so auch *OVG Schleswig-Holstein* Urteil vom 15.3.2001 – 1 L 107/97 –, NordÖR 2002, S. 155 zu der entsprechenden Landesnorm in der schleswig-holsteinischen Gemeindeordnung.

3. Rechtsstellung des Ratsvorsitzenden

212 Die Kompetenzen des Bürgermeisters in seiner Funktion als Vorsitzender des Rates sind abzugrenzen von seinen Kompetenzen als Chef der Verwaltung (vgl. Schaubild in Rn. 198).

Hinweis

Regelungssystematisch kann man grob differenzieren zwischen den Regelungen über seine Stellung im Rat (als Vorsitzender und Mitglied kraft Gesetzes) in den §§ 40 ff. GO und seiner Stellung als Chef der Verwaltung in den §§ 62 ff. GO.

Zu seinen Kompetenzen als **Ratsvorsitzender** gehören insbesondere:
- die Vertretung und Repräsentation des Rates (§ 40 Abs. 2 S. 3 GO – z.B. wenn der Rat einen Verwaltungsakt erlässt oder Kläger bzw. Beklagter in einem gerichtlichen Verfahren ist),
- die Leitung der Ratssitzungen (§ 51 Abs. 1 GO),
- die Handhabung der Ordnung in den Sitzungen,
- die Einberufung des Rates mit der daraus folgenden ihm zustehenden Terminierungsbefugnis (§ 47 Abs. 1 S. 1 GO),
- die Festsetzung und öffentliche Bekanntmachung der Tagesordnung (§ 48 Abs. 1 S. 1 und S. 4 GO) und
- der Widerspruch gemeindewohlgefährdender (§ 54 Abs. 1 GO)[22].

Die Handhabung der rechtlichen Regelungen seiner Vorsitzendenstellung kann unmittelbare Konsequenzen für die Rechtmäßigkeit der Ratsbeschlüsse nach sich ziehen.

Beispiel Bürgermeister B versäumt es, die festgesetzte Tagesordnung nach § 48 Abs. 1 S. 4 GO rechtzeitig vorher öffentlich bekanntzumachen. Die in der Sitzung getroffenen Ratsbeschlüsse sind wegen des damit verbundenen Gesetzesverstoßes rechtswidrig und damit unwirksam (vgl. hierzu näher unter Rn. 269). ■

a) Leitung der Ratssitzungen und Handhabung der Ordnung, § 51 Abs. 1 GO

213 Eine besonders wichtige und hervorgehobene Aufgabe in seiner Stellung als Vorsitzender des Rates kommt dem Bürgermeister bei der **Leitung der Ratssitzungen und der Handhabung der Ordnung** in den Sitzungen zu. Gesetzliche Leitlinie ist dabei § 51 Abs. 1 GO, wonach der Bürgermeister die Verhandlungen leitet, die Sitzungen eröffnet und schließt sowie das Hausrecht ausübt.

Diese sogenannte **Sitzungsgewalt** hat den Zweck, die Funktionsfähigkeit des Rates durch einen von inneren und äußeren Störungen unbeeinflussten Sitzungsverlauf sicherzustellen. Von der Sitzungsgewalt des § 51 Abs. 1 GO nicht umfasst sind deshalb Störungen des Verwaltungsbetriebes, die nicht **im Zusammenhang mit der Ratssitzung** stehen.

Beispiel Als dem Bürger B nach Rücksprache im Rathaus sein Sozialleistungsantrag abgelehnt wird, beleidigt er die dortige Sachbearbeiterin und wirft verärgert einige Bücher von ihrem Schreibtisch. Am nächsten Tag erscheint er in der Ratssitzung und will in der

22 Dogmatisch wird insofern differenziert, als das Widerspruchsrecht der politischen Verantwortung des Bürgermeisters als Ratsvorsitzender und das Beanstandungsrecht seiner rechtlichen Verantwortung als Verwaltungschef zugeordnet wird, vgl. näher *Hofmann/Theisen/Bätge* 2.7.3.2/3 m.w.N.

Einwohnerfragestunde (§ 48 Abs. 1 S. 3 GO) sein Anliegen vortragen. Statt dort aber eine entsprechende Frage zu stellen, zieht er in verleumderischer Form über die Sachbearbeiterin des Sozialamtes her und lässt sich trotz mehrfacher Ermahnungen des Bürgermeisters nicht davon abbringen. In beiden Fällen will der Bürgermeister von seinem Hausrecht Gebrauch machen.

Im Falle der Hausrechtsausübung *in den Räumen des Sozialamtes* ist die Ermächtigungsgrundlage nicht etwa § 51 Abs. 1 GO, weil die Störung nicht im Zusammenhang mit einer Ratssitzung erfolgt ist. Vielmehr greift die allgemeine Zuständigkeit für die Ausübung des Hausrechts für die Räume der Gemeindeverwaltung als Annexkompetenz zu § 62 Abs. 1 S. 2 GO aufgrund seiner Stellung als Chef der Verwaltung. Die Hausrechtsausübung *im Rahmen der Ratssitzung* kann demgegenüber auf § 51 Abs. 1 GO gestützt werden. ■

Adressaten der Sitzungsgewalt des Bürgermeisters können sowohl Ratsmitglieder als auch Dritte wie z.B. Medienvertreter oder sonstige Zuhörer sein. Abhängig vom Adressaten ist die Rechtsnatur entsprechender störungsbeseitigender Ordnungsmaßnahmen des Bürgermeisters zu beurteilen. Ergeht die sitzungsleitende Ordnungsmaßnahme gegenüber einem *störenden Ratsmitglied*, so fehlt ihr die für einen Verwaltungsakt nach § 35 S. 1 VwVfG NRW erforderliche Außenwirkung. Sofern allerdings ein *Zuhörer* betroffen ist, kann die vom Bürgermeister getroffene Einzelfallregelung den Rechtscharakter eines mündlich erlassenen Verwaltungsaktes haben.

Beispiel Bürgermeister B erhält vom Schriftführer den Hinweis, dass der auf der Zuhörerbank sitzende Rundfunkreporter R ohne Genehmigung des Rates mit seinem Smartphone heimlich die Wortmeldungen aufnimmt. Er fordert R daraufhin auf, dies unverzüglich zu unterlassen. Diese Aufforderung erfüllt als Einzelfallregelung mit Außenwirkung den Charakter eines Verwaltungsaktes im Sinne des § 35 S. 1 VwVfG NRW. Würde R dieser Aufforderung trotz Androhung eines Verweises aus dem Sitzungssaal nicht Folge leisten, könnte der Bürgermeister den Verwaltungsakt als ultima ratio zwangsweise durchsetzen. Der Verweis von störenden Zuhörern aus dem Sitzungssaal und zwangsweiser Wegführung durch gemeindliche Bedienstete stellt den Vollzug eines Verwaltungsaktes mit Zwangsmitteln dar.

Sofern das gleiche Verhalten von Ratsmitglied S während der Sitzung an den Tag gelegt wird, wäre eine entsprechende Aufforderung des Bürgermeisters B mangels Außenwirkung nicht als Verwaltungsakt zu qualifizieren. Vielmehr sind sowohl S als Mitglied des Rates als auch B als Vorsitzender des Rates Teile des Gemeindeorgans Rat. Es handelt sich deshalb rechtlich um eine interne sitzungsleitende Maßnahme des Bürgermeisters. ■

Die **Ausübung der Sitzungsgewalt** nach § 51 Abs. 1 GO hat nach **pflichtgemäßem Ermessen** zu erfolgen und ist demgemäß gerichtlich auf Ermessensfehler hin überprüfbar (§ 114 VwGO). Der Bürgermeister hat dabei die vom Rat nach § 47 Abs. 2 GO erlassene Geschäftsordnung zu beachten. Es gilt für alle seine sitzungsleitenden Maßnahmen der Grundsatz der **Verhältnismäßigkeit**.

Bei **provokativen Äußerungen von Ratsmitgliedern** im Rat kann ein Spannungsverhältnis zwischen der Sitzungsgewalt des Vorsitzenden nach § 51 Abs. 1 GO und dem statusrechtlich durch § 43 Abs. 1 GO geschützten Rederecht des Ratsmitglieds bestehen. Der Vorsitzende kann gegen eine solche Äußerung nur dann sitzungsleitend intervenieren, wenn diese die **Funktionsfähigkeit des Rates stört**. Hierbei ist zu berücksichtigten, dass die Ordnungsgewalt des Vorsitzenden in Anbetracht der Bedeutung des Rederechts kein Instrument zur Ausschließung bestimmter inhaltlicher Positionen aus der Debatte sein darf. Vielmehr ist der Rat das Forum des Austragens inhaltlicher Meinungsverschiedenheiten. Das Ordnungsrecht darf deshalb nicht der Sicherstellung der Korrektheit politischer Inhalte oder der Sicherung eines gesellschaftlichen Konsenses dienen. Die Grenze zur Verletzung der Ordnung im Rat ist erst dort erreicht, wo es sich nicht mehr um eine inhaltliche Auseinandersetzung handelt, sondern eine bloße Provokation im Vordergrund steht oder wo es um die schiere Herabwürdigung anderer oder die Verletzung von Rechtsgütern Dritter geht.[23]

Beispiel[24] In der kreisfreien Stadt K ist vom Rat nach § 71 Abs. 1 S. 3 GO ein Beigeordneter zu wählen. In der Sitzung äußert sich Ratsmitglied R zum Auswahlverfahren und bezeichnet „resümierend" den von den Fraktionen A und B vorgeschlagenen Bewerber C als „erneuten Klüngelkandidaten". Hintergrund seiner Äußerung war das vorangegangene Scheitern einer anderen Beigeordnetenwahl, weil die Ernennung des seinerzeit ebenfalls von den Fraktionen A und B vorgeschlagenen Bewerbers von der zuständigen Aufsichtsbehörde (Bezirksregierung) wegen mangelnder Eignung beanstandet worden war (§ 16 Abs. 2 S. 2 LBG NRW). Oberbürgermeister O erteilt dem Ratsmitglied daraufhin einen auf die Geschäftsordnung gestützten Ordnungsruf wegen einer *„ungebührlichen Äußerung"*.

Das *OVG NRW* hielt die vom Ratsmitglied hiergegen im Rahmen eines Kommunalverfassungstreits erhobene (Feststellungs-)Klage in der Sache für begründet. Der auf § 51 Abs. 1 GO in Verbindung mit der Geschäftsordnung gestützte Ordnungsruf beträfe bereits tatbestandlich keine „ungebührliche Äußerung". Die vom Ratsmitglied verwandte Formulierung sei als politische Stellungnahme noch vom freien Rederecht nach § 43 Abs. 1 GO gedeckt. Sie sei im weiteren Kontext des Redebeitrags zu sehen, der sich bei gebotener Gesamtwürdigung damit auseinandersetze, dass – aus Sicht des zur Ordnung gerufenen Ratsmitglieds – das gesamte Auswahlverfahren bei der Beigeordnetenwahl nicht sachgerecht erfolgt gewesen sein soll. Die Äußerung sei daher eingebettet in den Zusammenhang einer inhaltlichen politischen Stellungnahme. Selbst wenn das Ratsmitglied sie mit Fehldeutungen verbunden oder auf unrichtige Tatsachenannahmen gestützt haben sollte, ändere dies nichts an dem Vorliegen einer inhaltlichen politischen Stellungnahme, die von der Mandatsausübungsfreiheit nach § 43 Abs. 1 GO noch gedeckt sei. ■

Beispiel[25] Auch im zugrundeliegenden Tatbestand einer Entscheidung des *OVG NRW* klagte in einer kreisfreien Stadt ein Ratsmitglied gegen einen Ordnungsruf des Oberbürgermeisters. Laut Sitzungsniederschrift ging es dabei um die Sanktionierung der folgenden Äußerung des Ratsmitgliedes im Zusammenhang mit der Wiedereinführung einer wahlrechtlichen Sperrklausel: *„ja, da haben wir es ja endlich das wahlpolitische Ermächtigungsgesetz der Altparteien, die vor allem auf der Verteidigung ihrer Pfründe bedacht sind."*

Wie im vorhergehenden *Beispielsfall* hat das *OVG NRW* den auf § 51 Abs. 1 GO gestützten Ordnungsruf für rechtswidrig erachtet und eine Verletzung des freien Mandatsausübungsrechts des Ratsmitglieds (§ 43 Abs. 1 GO) ausgeschlossen. Es handele sich im maßgeblichen Gesamtkontext nicht um eine *„ungebührliche Äußerung"*. Zwar stelle der vom Ratsmitglied verwendete Begriff des *„Ermächtigungsgesetzes"* erkennbar einen Bezug zum *„Gesetz zur Behebung der Not von Volk und Reich"* vom 24.3.1933 her. Dieses diente der Aushebelung grundlegender rechtsstaatlicher Prinzipien durch die Nationalsozialisten.

23 *OVG NRW* Beschluss vom 16.5.2013 – 15 A 785/12 –, juris und Urteil vom 14.9.2017 – 15 A 2785/15 –, KommJur 2017, 465.

24 Nach *OVG NRW* Beschluss vom 16.5.2013 – 15 A 785/12 –, juris.

25 *Nach OVG NRW* Urteil vom 14.9.2017 – 15 A 2785/15 –, KommJur 2017, 465.

Allerdings liege die Annahme fern, das Ratsmitglied habe den Befürwortern der wahlrechtlichen Sperrklausel unterstellt, die freiheitlich demokratische Grundordnung abschaffen zu wollen. Vielmehr habe das Ratsmitglied bei objektiver Lesart im Gesamtkontext seiner Wortmeldung in der Sache deutlich gemacht, dass er eine – wenn auch zugespitzte und polemische – Kritik an der Einführung einer Sperrklausel für Kommunalwahlen vorzubringen beabsichtige. Der sachlich-politische Bezug des Wortbeitrages sei vom Ratsmitglied erzeugt worden, in dem er dem Wort *„Ermächtigungsgesetz"* das Adjektiv *„wahlpolitisch"* vorangestellt habe. Auch der zur Unterstreichung seiner Kritik angeführte abwertende Zusatz, eigentlicher Hintergrund der Sperrklausel sei die *„Verteidigung der Pfründe… der Altparteien"* sei noch ein von Rechts wegen hinzunehmender Bestandteil des politischen Streits im Rat. ■

b) Widerspruch und Beanstandung, § 54 GO

Grundsätzlich hat der Bürgermeister in seiner Funktion als „Chef der Verwaltung" die Beschlüsse des Rates nach § 62 Abs. 2 S. 2 GO durchzuführen. Dies gilt selbstverständlich auch dann, wenn er politisch anderer Auffassung als die Ratsmehrheit ist und selbst als Mitglied des Rates gegen den Beschluss gestimmt hat. Der Bürgermeister darf auch den Inhalt der durchzuführenden Beschlüsse nicht ändern. **214**

Handelt es sich aber um einen rechtswidrigen Beschluss, so ist dieser vom Bürgermeister nach § 54 Abs. 2 S. 1 GO zu beanstanden. Sofern er den Beschluss (nur) für zweckwidrig hält, so kann er dem Beschluss spätestens am dritten Tag nach Beschlussfassung widersprechen (§ 54 Abs. 1 S. 1 GO). Ist ein Beschluss weder beanstandet noch von ihm widersprochen worden, so muss er durchgeführt werden. Der Rat überwacht die Durchführung und kann sie gegebenenfalls im Wege des Kommunalverfassungsstreits gerichtlich durchsetzen.

aa) Beanstandung

Die **Beanstandung** des Bürgermeisters nach § 54 Abs. 2 S. 1 GO hat in materieller Hinsicht die **Rechtswidrigkeit des Ratsbeschlusses** zur Voraussetzung. Wenn der Beschluss des Rates rechtswidrig ist, so besteht eine **Pflicht** zur Beanstandung. Der Bürgermeister würde deshalb eine Dienstpflichtverletzung begehen, wenn er den Beschluss in diesem Falle nicht beanstandet. Daran können sich bei Verschulden (Vorsatz oder Fahrlässigkeit) zum einen disziplinarrechtliche Folgen ergeben und zum anderen haftungsrechtliche Folgen anknüpfen. **215**

Beispiel Die kreisangehörige Stadt N hat ein größeres Grundstück, welches einem Investor für den Bau und Betrieb einer Skihalle zur Verfügung gestellt werden soll. Nachdem bereits Einigkeit mit dem Investor erzielt worden ist, fällt auf, dass das Liegenschaftsamt der Stadt N sich um 100 qm vermessen hat, die statt der Stadt einem Landwirt gehören. Da eine Enteignung des Landwirtes für das private Investitionsvorhaben rechtlich ausscheidet und um das Investitionsvorhaben nicht zu gefährden, ist die Stadt N bereit, an den Landwirt das Fünfzigfache des Verkehrswertes für die Fläche zu zahlen. Von dem sich anbahnenden Geschäft erfährt der Landrat als untere Verwaltungsbehörde (Aufsichtsbehörde der Stadt N) und bittet den Bürgermeister der Stadt N schriftlich um einen Bericht. Hierbei weist der Landrat vorsorglich darauf hin, dass die Vereinbarung eines solchen Grundstückskaufvertrages seiner Rechtsansicht nach gegen das Wirtschaftlichkeitsgebot nach § 75 Abs. 1 S. 2 GO verstoßen dürfte und zu unterlassen sei. Der Bürgermeister sieht das Investitionsvorhaben durch die drohende Intervention der Aufsichtsbehörde als gefährdet an und legt den Rat in einer Sondersitzung den Kaufvertrag vor. Dieser wird auch inhaltlich unverändert beschlossen und direkt im Anschluss an die Sitzung notariell beurkundet. Da mit der notariellen Beurkundung der Kaufvertrag wirksam abgeschlossen worden ist und der Vollzug damit nicht mehr aufsichtsrechtlich verhindert werden kann, fragt der Landrat, auf welchen Weg er jetzt noch gegen den Bürgermeister vorgehen kann.

Sofern man den Ratsbeschluss wegen Verstoßes gegen das Wirtschaftlichkeitsgebot des § 75 Abs. 1 S. 2 GO als rechtswidrig ansähe, wäre der Bürgermeister seiner Beanstandungspflicht nach § 54 Abs. 2 S. 1 GO nicht nachgekommen. Da dies in Kenntnis der rechtlichen Bedenken durch den Landrat geschehen ist, kann man auch von einer schuldhaften, zumindest fahrlässigen Verursachung sprechen. Berücksichtigt man bei einer solchen Annahme des Weiteren, dass der Stadt N ein Schaden entstanden sein könnte in Höhe des Differenzbetrages zwischen dem gerade noch angemessenen Grundstückswertes im Vergleich zu dem zu zahlenden fünfzigfachen Verkehrswert, so kommen für den Landrat im Rahmen des ihm eingeräumten Ermessens zwei Handlungsoptionen in Betracht:

- Zum einen könnte er den allgemeinen Vertreter des Bürgermeisters nach § 123 Abs. 1 GO i.V.m. § 53 Abs. 2 Buchstabe a GO anweisen, zu prüfen, ob der Stadt N gegen ihren Bürgermeister wegen grob fahrlässiger bzw. vorsätzlicher Verletzung seiner Dienstpflicht aus § 54 Abs. 2 S. 1 GO ein beamtenrechtlicher Regressanspruch nach § 48 S. 1 BeamStG zusteht und diesen bejahendenfalls geltend machen.
- Des Weiteren könnte der Landrat als zuständige Disziplinarbehörde gegen den Bürgermeister wegen schuldhafter Dienstpflichtverletzung ein Disziplinarverfahren eröffnen.

In beiden Verfahren kommt es also maßgeblich darauf an, ob der Ratsbeschluss auch in Ansehung der „Rettung des Gesamtinvestitionsvorhabens" und unter Berücksichtigung der geringen Fläche von nur 100 qm tatsächlich gegen das *Wirtschaftlichkeitsgebot des § 75 Abs. 1 S. 2 GO* verstoßen hat und ob von einem *schadenbegründenden Verschulden* des Bürgermeisters ausgegangen werden kann. Für beide Fragestellungen bedarf es einer weiteren Ermittlung und Prüfung des zugrundeliegenden Sachverhaltes. Es ist hierbei zugunsten des Bürgermeisters zu berücksichtigen, dass der Stadt bei der Anwendung des Grundsatzes der Wirtschaftlichkeit und Sparsamkeit im Einzelfall ein weitgehender Entscheidungsspielraum zuzubilligen ist. Unter dem Gesichtspunkt der Wirtschaftlichkeit ist eine Maßnahme nur dann rechtswidrig, wenn sie mit den Grundsätzen vernünftiger Wirtschaft schlechthin unvereinbar bzw. nicht mehr vertretbar ist. Unter Berücksichtigung einer *wirtschaftlichen Gesamtbetrachtung* dürfte der für sich genommen sicher überteuerte Grundstückkauf nach den derzeitigen Sachverhaltsermittlungen diese Rechtswidrigkeitsschwelle (der fehlenden Vertretbarkeit) noch nicht überschritten haben. ■

Ein Beschluss des Rates ist rechtswidrig, wenn er das **geltende Recht** verletzt. Zum geltenden Recht gehört nicht nur das gesamte Bundes- und Landesrecht einschließlich des Privatrechts, sondern auch das von der Gemeinde selbst gesetzte Recht.[26]

Beispiel Aufgrund zahlreicher Einwohnerproteste gegen die Heranziehung der Anlieger zu Ausbaubeiträgen überlegt der Rat, die geltende Beitragssatzung für ein konkretes Ausbauvorhaben trotz Eingreifens aller satzungsmäßigen Tatbestandsmerkmale „einmalig nicht anzuwenden". Der Rat ist aber nicht berechtigt, durch einen einfachen „Nichtanwendungsbeschluss" eine Beitragssatzung nicht zur rechtlichen Entfaltung kommen zu lassen (zum Beispiel hinsichtlich der Erhebung von Ausbaubeiträgen). Zudem liegt ein

26 Vgl. im Einzelnen *Bätge* in Bogner, 9.3.1.1.

Verstoß gegen § 77 Abs. 2 GO vor, wonach die Gemeinde den zur Aufgabenwahrnehmung zu finanzierenden Aufwand zunächst über selbst zu bestimmende Entgelte und erst dann aus Steuern finanzieren darf. Der Bürgermeister müsste also einen solchen Beschluss beanstanden. ■

Da bei **Ermessensentscheidungen** eine Rechtspflicht zur pflichtgemäßen Ermessensausübung besteht und Ermessensfehler zur Rechtswidrigkeit des Beschlusses führen, erstreckt sich die Beanstandungspflicht auch auf diese.

Beispiel Wenn die Ermessensentscheidung der Umbenennung einer Straße gegen Grundrechte der Anwohner verstößt, führt dies zur Rechtswidrigkeit des Beschlusses und damit zur Beanstandungspflicht des Bürgermeisters. ■

Für Ratsbeschlüsse, die an einer **rechtswidrigen Mitwirkung Befangener** (§§ 50 Abs. 6, 43 Abs. 2 i.V.m. § 31 GO) leiden, sind zwei Sonderregelungen zu beachten:

1. Wegen der Vorschrift des § 31 Abs. 6 GO sind solche Beschlüsse zwar verfahrensfehlerhaft, aber nur dann rechtswidrig, wenn die Mitwirkung des Befangenen *für das Abstimmungsergebnis entscheidend* war. Ist dies nicht der Fall und bleibt der Beschluss damit wirksam, so besteht nach zu bevorzugender Meinung auch keine Beanstandungspflicht des Bürgermeisters.[27] Dies folgt bereits daraus, dass § 31 Abs. 6 GO seine Rechtssicherheit stiftende Funktion weitgehend einbüßen würde, wenn der Bürgermeister immer beanstanden müsste, sobald ein befangenes Ratsmitglied – auch ohne Entscheidungsrelevanz – an einem Ratsbeschluss mitgewirkt hätte. Demgegenüber muss die „erzieherische Wirkung" der Beanstandung zurückstehen.

Beispiel Der Rat beschließt einstimmig mit 51 Ja-Stimmen den Erlass eines Bebauungsplans. Kurz nach der Ratssitzung erfährt der Bürgermeister, dass Ratsmitglied R in dem Gebiet ein Grundstück hat und deshalb befangen ist (§ 43 Abs. 2 i.V.m. § 31 Abs. 1 S. 1 Nr. 1 GO). Da die Mitwirkung des R nicht für das Abstimmungsergebnis entscheidend ist, muss der Bürgermeister den Ratsbeschluss nicht beanstanden. ■

2. Selbst wenn § 31 Abs. 6 GO aber einschlägig sein sollte – also die Mitwirkung des befangenen Ratsmitgliedes für das Abstimmungsergebnis entscheidend war – so kann der Bürgermeister nach Ablauf der in § 54 Abs. 4 GO normierten *besonderen Ausschlussfristen* die Beanstandung aus Rechtssicherheitsgründen nicht mehr vornehmen.

Die Beanstandung muss **in formeller Hinsicht** *schriftlich* in Form einer *begründeten* Darlegung erfolgen. Adressat der Beanstandung ist der Rat. Anders als bei beim Widerspruchsrecht ist für die Beanstandung keine Ausübungsfrist vorsehen. Die Aussetzungsentscheidung hat nach § 54 Abs. 2 S. 2 GO *aufschiebende Wirkung*. Es ist sodann eine erneute Beschlussfassung des Rates herbeizuführen. Bleibt der Rat bei seinem Beschluss, ist eine Entscheidung der Aufsichtsbehörde herbeizuführen. Hält die Aufsichtsbehörde die Beanstandung für rechtmäßig, den Beschluss mithin für rechtswidrig, so kann sie ihn nach § 122 Abs. 1 S. 2 GO aufheben. Hält die Aufsichtsbehörde den Beschluss des Rates für rechtmäßig, hat sie die Beanstandung zurückzuweisen. In diesem Fall entfällt die aufschiebende Wirkung und der Bürgermeister ist verpflichtet, den Beschluss durchzuführen. Er kann hiergegen kein Rechtsmittel

27 Vgl. *Schmitz* Ad Legendum 2015, 61; *Wansleben* in Held/Winkel/Wansleben, Kommunalverfassungsrecht NRW, § 31 Erl. 8.1b a.A. *Smith* in Kleerbaum/Palmen, § 31 Erl. IX mit weiteren Nachweisen für beide Auffassungen.

einlegen. Der Bürgermeister ist seinen kommunal- und beamtenrechtlichen Pflichten nachgekommen und kann deshalb in einem solchen Fall nicht mehr haftungs- und disziplinarrechtlich belangt werden.

bb) Widerspruch

216 Nach § 54 Abs. 1 S. 1 GO ist im Wege des **Widerspruchs** eine Aussetzung des Beschlusses durch den Bürgermeister auch unterhalb der Schwelle seiner Rechtswidrigkeit möglich. Anders als bei rechtswidrigen Beschlüssen, bei denen eine Pflicht des Bürgermeisters zur Beanstandung besteht, steht seine Entscheidung, dem Beschluss zu widersprechen, in seinem **Ermessen**. Einzige materielle Voraussetzung ist hierfür, dass er subjektiv der Ansicht ist, eine **Gefährdung des Wohls der Gemeinde** sei gegeben. Beharrt der Rat auf seine Entscheidung, so hat es damit – anders als bei der Beanstandung – sein Bewenden.

Beispiel Der Rat der im Bergischen Land gelegenen Wintersportgemeinde W beschließt die Errichtung und den Betrieb eines weiteren gemeindlichen Skilifts. Zwar verstößt der Beschluss unter Berücksichtigung der konkreten Einzelumstände nicht gegen haushaltsrechtliche Vorschriften bzw. gegen die gesetzlichen Marktzutrittsbeschränkungen der wirtschaftlichen Gemeindetätigkeit nach den §§ 107 ff. GO. Der Bürgermeister meint aber, dass ein weiterer Skilift „überdimensioniert" sei und nicht hinreichend ausgelastet werde, so dass die Gemeinde auf den „Kosten teilweise sitzen" bleibe. Er hat deshalb nicht nur gegen die Ratsmehrheit gestimmt, sondern auch dem Ratsbeschluss formal widersprochen. ■

Der Widerspruch bedarf wie die Beanstandung einer schriftlichen Begründung. Damit das Gebot der zügigen Umsetzung rechtmäßiger Beschlüsse der Kommunalvertretung durch den Hauptverwaltungsbeamten gewahrt bleibt, ist das Widerspruchsrecht nur innerhalb von drei Tagen nach der Beschlussfassung möglich (§ 54 Abs. 1 S. 1 GO). Adressat des Widerspruchs ist der Rat. Ebenso wie die Beanstandung führt auch der frist- und formgerechte Widerspruch zu einer aufschiebenden Wirkung des Beschlusses. Eine dauerhafte Blockade der Entscheidung des Rates ist damit aber nicht möglich. Der Rat hat vielmehr die Möglichkeit, innerhalb einer Frist von zwei Wochen nach dem Widerspruch durch erneuten Beschluss den Widerspruch zu überwinden. Mit dem zweiten (bestätigenden) Beschluss endet die aufschiebende Wirkung des Widerspruches. Der Bürgermeister ist danach verpflichtet, den Ratsbeschluss auszuführen.

4. Rechte und Pflichten der Ratsmitglieder

217 Der Rat besteht aus dem Bürgermeister (als Vorsitzendem und Mitglied kraft Gesetzes) sowie den gewählten Ratsmitgliedern (§ 40 Abs. 2 S. 2 GO).

JURIQ-Klausurtipp

Die Kenntnis der Rechte und Pflichten der Ratsmitglieder ist in Leistungsnachweisen von einiger Bedeutung. Es gibt Fallkonstellationen vor allem in drei Richtungen:

Zum einen kann die Verletzung einer Pflicht die formelle Rechtmäßigkeit eines Ratsbeschlusses gefährden (z.B. bei entscheidungserheblicher Mitwirkung eines Ratsmitglieds trotz Befangenheit).

Zweitens kann die Verletzung von Rechten oder Pflichten (gerichtliche) Auseinandersetzungen mit anderen Ratsmitgliedern bzw. anderen Gemeindeorganen zur Folge haben.

Schließlich kann eine mögliche Verletzung mitgliedschaftlicher Rechte zur Prüfung eines kommunalaufsichtlichen Einschreitens führen.

a) Rechte

Die Rechte der Ratsmitglieder ergeben sich aus den §§ 43 bis 46 GO. **218**

aa) Freies Mandat (§ 43 Abs. 1 GO)

Die Ratsmitglieder werden von den Bürgern gewählt und vertreten die Bürgerschaft zusammen mit dem Bürgermeister. Da sie Vertreter der gesamten Bürgerschaft und nicht nur einer Partei oder ihrer Wähler sind, können sie **an Aufträge nicht gebunden** sein. Die Ratsmitglieder sind vielmehr berechtigt und auch verpflichtet, in ihrer Tätigkeit ausschließlich nach dem Gesetz und ihrer freien, nur durch Rücksicht auf das öffentliche Wohl bestimmten Überzeugung zu handeln (§ 43 Abs. 1 GO). **219**

Von der statusrechtlichen Schutzgewährleistung in der öffentlich-rechtlichen Funktion als Ratsmitglied nach § 43 Abs. 1 GO ist die Frage des grundrechtlichen Schutzes der hinter der Funktion stehenden Privatperson rechtlich zu unterscheiden.[28] Das öffentlich-rechtliche Amt („Ratsmitglied der Gemeinde G") wird zwar faktisch von einer natürlichen Person („*Herr Roland Knappe, der zum Ratsmitglied gewählt worden ist*") wahrgenommen. aber **innerhalb der öffentlich-rechtlichen Aufgabenwahrnehmung** (als Ratsmitglied) nimmt die natürliche Person nicht eigene private Grundrechte wahr, sondern **öffentlich-rechtliche Statusrechte** des Amtes (als Ratsmitglied, §§ 43 ff. GO).[29] Es geht in solchen Fällen nicht um private Rechte der hinter dem Amt stehenden Privatperson, sondern um **Mitgliedschaftsrechte als Ratsmitglied**. Mithin ist die amtliche Tätigkeit als Ratsmitglied von der privaten Tätigkeit als natürliche Person abzugrenzen.

Beispiel Zum freien Mandat eines Ratsmitglieds gehört im Zusammenhang mit der Ratstätigkeit insbesondere auch das Recht zu einer gegenüber der Gemeinde und ihrer Politik kritischen freien Meinungsäußerung. Es handelt sich also um eine *statusrechtlich* durch *§ 43 Abs. 1 GO* geschützte Rechtsposition eines Ratsmitglieds.[30] Die Funktion eines „Ratsmitglieds in der Gemeinde G" wird derzeit u.a. von Herrn Roland Knappe ausgeübt. Wenn Herr Roland Knappe wegen eines gemeindekritischen Redebeitrages in einer Ratssitzung vom Bürgermeister zur Ordnung gerufen wird, kann er sich auf sein ihm als Ratsmitglied zustehendes Statusrecht aus § 43 Abs. 1 GO berufen. Hingegen kommt das ihm als Privatperson zustehende Grundrecht auf freie Meinungsäußerung nach Art. 5 Abs. 1 S. 1 GG hierbei nicht zu Anwendung.[31] Herr Roland Knappe handelt in der Ratssitzung nicht als Privatperson, sondern hat durch seinen Redebeitrag *öffentlich-rechtliche Aufgaben als Ratsmitglied* wahrgenommen. Ein öffentlich-rechtlicher Amtsträger kann sich jedoch in Wahrnehmung öffentlicher Aufgaben nicht auf Grundrechte berufen. Selbstverständlich

---

28 Vgl. hierzu *OVG NRW* Urteil vom 15.9.2015 – 15 A 1961/13 –, juris m.w.N.und Urteil vom 14.9.2017 – 15 A 2785/15 –, KommJur 2017, 465.

29 *OVG NRW* Urteil vom 14.9.2017 – 15 A 2785/15 –, KommJur 2017, 465.

30 Vgl. aber zu den Grenzen durch die Treupflicht eines Ratsmitgliedes zur Gemeinde *OVG NRW* Urteil vom 15.9.2015 – 15 A 1961/13 –, juris.

31 *OVG NRW* Urteil vom 14.9.2017 –15 A 2785/15 –, KommJur 2017, 465.

steht Roland Knappe hingegen *bei privaten Meinungsäußerungen* außerhalb der Tätigkeit als Ratsmitglied, z.B. bei Wahlkampfveranstaltungen, sehr wohl die grundrechtliche Gewährleistung der Meinungsfreiheit nach Art. 5 Abs. 1 S. 1 GG zu. ■

220 Eine wichtige Folge aus der Gewährleistung des freien Mandates sind die klausurträchtigen konkreten Mitwirkungs-, Informations-, Gleichbehandlungs- und Störungsbeseitigungsansprüche, die Rechtsprechung und Literatur mangels ausdrücklicher gesetzlicher Erwähnung aus § 43 Abs. 1 GO entwickelt haben. Allgemein fasst man diese Ausprägung des freien Mandats unter dem Begriff **„freies Mandatsausübungsrecht"** zusammen, da es hierbei um die rechtliche Gewährleistung einer effektiven Ausübung des Mandates geht.[32]

Hierzu gehören insbesondere:
- das Teilnahme-, Rede- und Fragerecht der Ratsmitglieder (vgl. zu Letzterem auch § 47 Abs. 2 S. 2 GO),
- das Informationsrecht,
- der Störungsbeseitigungsanspruch gegenüber dem Ratsvorsitzenden
- und das Recht auf Gleichbehandlung (§ 43 Abs. 1 GO i.V.m. dem rechtsstaatlichen Gleichbehandlungssatz), aus dem sich ein Willkürverbot ergibt bei der Behandlung einzelner Ratsmitglieder durch andere Gemeindeorgane.

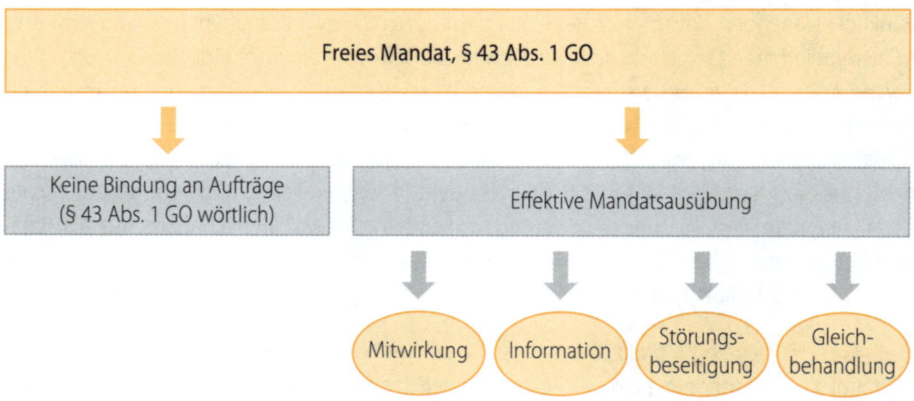

JURIQ-Klausurtipp

Teilweise haben Bearbeiter in Klausuren das Problem, den richtigen normativen Ansatz des „§ 43 Abs. 1 GO" zu finden, da sich diese Rechtspositionen nicht unmittelbar aus dem Wortlaut der Norm ergeben. Deshalb finden Sie nachfolgend einige konkretisierende *Beispiele*.

Beispiele

- Bei der Wahl eines Beigeordneten wird ein privates Personalberatungsunternehmen eingeschaltet. Dieses nimmt zusammen mit einer „Findungskommission" des Rates eine Vorauswahl geeigneter Kandidaten aus dem Bewerberkreis vor. Ein Ratsmitglied, welches nicht der Findungskommission angehört, möchte sich über den vor ausgewählten Kandidatenkreis hinaus einen Eindruck auch über die anderen Bewerber machen.

32 Vgl. etwa *OVG NRW* Beschluss vom 17.3.1988 – 15 B 695/88 –, NWVBl. 1989, 21; *Smith* in Kleerbaum/Palmen, § 43 Erl. IV.

Das *OVG NRW*[33] hat entschieden, dass den zur Wahl eines Beigeordneten berufenen Ratsmitgliedern das aus § 43 Abs. 1 GO abzuleitende organschaftliche Recht zustehe (freies Mandatsausübungsrecht), sich über den Kreis aller Bewerber um das Amt im Vorfeld der Wahl zu informieren. Dieses Recht schließe die Geheimhaltung von Bewerbern gegenüber dem Rat aus. Eine unter Verletzung dieses Informationsanspruches der Ratsmitglieder erfolgte Wahl sei rechtswidrig.

- Wenn der Rat gemäß § 48 Abs. 2 S. 3 GO zu Unrecht den Ausschluss der Öffentlichkeit beschließt, so können andere Ratsmitglieder und Fraktionen sich auf eine Verletzung ihres subjektiven Organrechts auf Wahrung des Grundsatzes der Sitzungsöffentlichkeit berufen, welches aus der freien Mandatsausübung abgeleitet wird (§ 43 Abs. 1 GO).[34]
- In einer Ratssitzung, in der es um den Verkauf von Anteilen der stadteigenen Stadtwerke-GmbH geht, stören die zur Sitzung erschienenen Beschäftigten der Stadtwerke-GmbH in erheblicher Weise, indem sie große Plakate und Banner hochhalten sowie durch Trillerpfeifen und Rätschen lautstark zum Ausdruck bringen, dass sie gegen den Verkauf der Anteile sind. Einige Ratsmitglieder fühlen sich in ihrer Ratstätigkeit beeinträchtigt. Der Bürgermeister schreitet aber gegen die Störer nicht ein.
  Das *VG Arnsberg*[35] hat entschieden, dass den Ratsmitgliedern bei Störungen ihrer Mandatsausübung im Rahmen einer Ratssitzung ein klagbarer Anspruch gegen den Bürgermeister zustehe. Anspruchsgrundlage ist auch hier das Mitwirkungsrecht der Ratsmitglieder aus § 43 Abs. 1 GO, das im Zusammenspiel mit § 51 Abs. 1 GO einen Störungsbeseitigungsanspruch umfasse.
- Das *OVG NRW*[36] meint ebenso, dass die Anwesenheit von Nichtmandatsträgern vor allem im unmittelbaren Sitzungssaalbereich des Rates mit der freien Mandatsausübung (§ 43 Abs. 1 GO) in einem regelungsbedürftigen Spannungsverhältnis stünde. Aufgrund der Öffentlichkeit von Ratssitzungen (§ 48 Abs. 2 S. 1 GO) sind nichtstörende Zuschauer zwar erlaubt, aber im unmittelbaren Sitzungsbereich dürften sich neben den Ratsmitgliedern grundsätzlich nur die Mitglieder des Verwaltungsvorstandes (§ 70 GO i.V.m. § 69 Abs. 1 S. 1 GO) aufhalten. Meines Erachtens müssen hierzu noch andere berechtigte Personen hinzugezählt werden, denen für die Ratsarbeit nach der Gemeindeordnung entsprechende Aufgaben oder Mitwirkungsrechte zustehen wie z.B. der Schriftführer des Rates nach § 52 Abs. 1 S. 1 GO, die Gleichstellungsbeauftrage nach § 5 Abs. 4 GO und der Vorsitzende des Integrationsrates nach § 27 Abs. 8 S. 4 GO.
- Auch provokative Äußerungen von Ratsmitgliedern im Rat unterfallen grundsätzlich dem durch § 43 Abs. 1 GO statusrechtlich geschützten **Rederecht**. Das Recht der freien Rede ist ein wesentlicher Teil der mitgliedschaftlichen Mitwirkungsrechte (vgl. zum Spannungsverhältnis mit der Sitzungsgewalt des Vorsitzenden Rn. 213). Die Grenze zur Verletzung der Ordnung im Rat ist erst dort erreicht, wo es sich nicht mehr um eine inhaltliche Auseinandersetzung handelt, sondern eine bloße Provokation im Vordergrund steht oder wo es um die schiere Herabwürdigung anderer oder die Verletzung von Rechtsgütern Dritter geht.[37]

---

33 *OVG NRW* Urteil vom 5.2.2002 – 15 A 2604/99 –, NVwZ-RR 2003, 225 ff.

34 *OVG NRW* Urteile vom 25.3.2014 – 15 A 1651/12 –, DÖV 2014, 716 und vom 24.4.2001 – 15 A 3021/97 –, DVBl. 2001, 1281, 1282.

35 *VG Arnsberg* Urteil vom 24.8.2007 – 12 K 127/07 –, NWVBl. 2008, 113; Klausurfall von *Ennuschat/Siegel* NWVBl. 2008, 119 f.

36 Beschluss vom 20.11.2014 – 15 B 1356/14 –, NWVBl 2015, 232.

37 *OVG NRW* Beschluss vom 16.5.2013 – 15 A 785/12 –, juris und Urteil vom 14.9.2017 – 15 A 2785/15 –, KommJur 2017, 465.

- Aus dem **rechtsstaatlichen Willkürverbot (Art. 20 Abs. 3, 28 GG) i.V.m. dem Recht auf effektive Mandatsausübung (§ 43 Abs. 1 GO)** folgt, dass eine differenzierte Behandlung von Ratsmitgliedern durch andere Gemeindeorgane (insbesondere Rat und Bürgermeister) nur **aus sachlichen Gründen** zulässig ist.[38] Als unsachgemäße Differenzierung wird von der Rechtsprechung[39] etwa die Verfahrensweise eines Bürgermeisters beurteilt, nur Ratsmitgliedern, die dem Finanzausschuss (§ 57 Abs. 2 GO) angehören, den Haushaltsplan dauerhaft zugänglich zu machen. Die Differenzierung nach Mitgliedschaft im Finanzausschuss sei nicht sachgerecht, weil dieser hinsichtlich des Haushalts keine eigenen Entscheidungsbefugnisse besitze. Entscheidungsbefugt ist diesbezüglich nach § 41 Abs. 1 S. 2 Buchstabe h GO allein der Rat. Die im Finanzausschuss vertretenen Ratsmitglieder verfügten damit in den maßgeblichen Ratssitzungen über deutlich genauere Informationen als die anderen Ratsmitglieder, ohne dass für diese mandatsbezogene Begünstigung eine sachliche Rechtfertigung gegeben sei. ■

bb) Behinderungs- und Benachteiligungsverbot, Recht auf Freistellung und finanzielle Entschädigung

221 Die Ratsmitglieder sollen durch ihr kommunalpolitisches Engagement **keine beruflichen und finanziellen Nachteile** erleiden. Der Gesetzgeber hat ihnen deshalb verschiedene Schutz- und Entschädigungspositionen eingeräumt, die an die Wahrnehmung dieses öffentlichen Amtes gebunden sind.[40] Diese gesetzlichen Ansprüche sichern sowohl das passive Wahlrecht als auch das freie Mandatsausübungsrecht in tatsächlicher Hinsicht ab. Kein Bürger soll aus beruflichen oder finanziellen Gründen auf die Übernahme des Mandates verzichten und aus der Mandatswahrnehmung finanzielle Einbußen erleiden. Umgekehrt sollen dadurch aber auch keine finanziellen Vorteile geschöpft werden sollen. Das Bundesverfassungsgericht hat die Ausübung des Mandats als *„Erfüllung einer allgemeinen Bürgerpflicht, nicht Tätigkeit zur Sicherstellung der materiellen Lebensgrundlage“* bezeichnet, weshalb es grundsätzlich als Ehrenamt ausgestaltet ist.[41]

Die **Behinderungs- und Benachteiligungsverbote** des § 44 Abs. 1 GO sollen Behinderungen bei der Bewerbung, der Annahme und der Ausübung des Mandates sowie *Benachteiligungen am Arbeitsplatz verhindern*. Das *Recht auf Freistellung von der Arbeit* gemäß § 44 Abs. 2 GO ist beschränkt auf den für die Mandatsausübung erforderlichen Umfang. Bei Mandatsträgern, die innerhalb eines vorgegebenen Arbeitszeitrahmens über Lage und Dauer der individuellen Arbeitszeit selbst entscheiden können (Gleitzeitbeschäftigte), ist die Zeit der Ausübung des Mandats innerhalb dieses Arbeitszeitrahmens zur Hälfte auf ihre Arbeitszeit anzurechnen. Zur Teilnahme an kommunalpolitischen Bildungsveranstaltungen besteht ein begrenzter Anspruch auf Urlaubsgewährung nach § 44 Abs. 3 GO.

222 Die Mitglieder des Rates und auch die Mitglieder der Bezirksvertretungen und Ausschüsse sollen durch ihr kommunalpolitisches Engagement keine finanziellen Nachteile erleiden. Ihnen sind deshalb verschiedene gesetzliche Entschädigungspositionen eingeräumt. Es han-

---

38 Vgl. hierzu *VG Düsseldorf* Urteil vom 31.3.2017 – 1 K 15544/16 –, juris; *Heusch/Dickten* NVwZ 2018, 1353, 1356.

39 *BayVGH* Beschluss vom 23.11.2017 – 4 ZB 17.1586 –, NVwZ 2018, 599.

40 Vgl. im Einzelnen: *Bätge* DVP 2018, 393.

41 *BVerfG* Beschluss vom 4.4.1978 – 2 C 11/93 –, juris, Rn. 70.

delt sich hierbei anders als bei den Entschädigungsleistungen für Bundestags- und Landtagsabgeordnete nicht um Alimentationen, die der Sicherung des Lebensunterhaltes dienen. Bei den Entschädigungsansprüchen für Ratsmitglieder geht es vielmehr um die **Vermeidung mandatsbezogener finanzieller Nachteile**.[42]

Bei der Bestimmung und Bemessung der einzelnen Entschädigungspositionen ist ein Dreiklang von miteinander verbundenen Rechtsquellen zu beachten. Die parlamentsgesetzlichen Bestimmungen der **Gemeindeordnung** (§§ 44–46) legen die grundsätzlichen Aspekte der Entschädigung kommunaler Mandatsträger fest und überlassen die näheren Einzelheiten der exekutiven Ausgestaltung entweder in der **Entschädigungsverordnung NRW** dem für Kommunales zuständigen Ministerium oder dem Rat durch Regelung in der **Hauptsatzung**.

Ratsmitglieder haben einen gesetzlichen Anspruch auf angemessene **Aufwandsentschädigung** (§ 45 Abs. 5 Nr. 1 GO i.V.m. § 1 EntschVO NRW). Diese wird nach § 1 Abs. 1 EntschVO NRW entweder ausschließlich als monatliche Pauschale gewährt (gesetzlicher Regelfall) oder teilweise pauschal und teilweise als Sitzungsgeld für Sitzungen des Rates, der Ausschüsse und Fraktionen. Der Rat entscheidet sich nach pflichtgemäßem Ermessen in der Hauptsatzung für eine der beiden Möglichkeiten. Anders als bei der Verdienstausfallentschädigung soll ohne Vorlage eines Nachweises im Einzelfall der gesamte finanzielle Aufwand abgegolten werden, der mit der Tätigkeit als Ratsmitglied verbunden ist. Allerdings ist ein Anspruch ausgeschlossen, wenn das betreffende Ratsmitglied aus eigenem Entschluss keine Mandatstätigkeit mehr ausübt.[43]

Beispiel Ein interessanter Anwendungsfall lag einer Entscheidung des *VG Düsseldorf*[44] zugrunde. Dort nahm ein Ratsmitglied demonstrativ mehrere Monate bis zum Ende der Wahlperiode nicht mehr an Rats- und Ausschusssitzungen teil. Zudem leerte es sein Postfach im Rathaus nicht und stellte keine Anträge mehr. Der Rat beschloss daraufhin, dem Ratsmitglied keine Aufwandsentschädigung mehr zu zahlen. Das Ratsmitglied erhob Klage beim Verwaltungsgericht mit dem Antrag, die Stadt zu verpflichten, ihm die nicht ausgezahlten Aufwandsentschädigungen zu bewilligen. Ist die Klage begründet?

Gemäß § 113 Abs. 5 S. 1 VwGO ist dies dann der Fall, wenn das Ratsmitglied einen Anspruch auf die Gewährung von Aufwandsentschädigung hat und durch die Ablehnung in seinen Rechten verletzt worden ist. Anspruchsgrundlage könnte § 45 Abs. 5 GO sein. Danach haben Ratsmitglieder einen Anspruch auf eine angemessene Aufwandsentschädigung. Anders als bei der Verdienstausfallentschädigung soll *ohne Vorlage eines Nachweises* im Einzelfall der gesamte finanzielle Aufwand abgegolten werden, der mit der Tätigkeit als Ratsmitglied verbunden ist.

Allerdings ist ein Anspruch ausgeschlossen, wenn das betreffende Ratsmitglied aus eigenem Entschluss keine Mandatstätigkeit mehr ausübt. Bereits nach der Wortlautauslegung setzt der Begriff „Aufwandsentschädigung" dem Grunde nach einen entsprechenden Aufwand, d.h. mandatsbedingte Kosten, voraus. Dies wird bei der pauschalisiert gezahlten Aufwandsentschädigung zunächst einmal vermutet. Allerdings kann die Vermutung dann erschüttert werden, wenn das Ratsmitglied aus eigenem Entschluss das Mandat nicht mehr ausübt. Im vorliegenden Fall lassen die Umstände (keine Teilnahme an den Ratssit-

42 *BVerfG* Beschluss vom 4.4.1978 – 2 C 11/93 –, juris, Rn. 70.

43 *VG Düsseldorf* Urteil vom 20.10.2010 – 1 K 8272/09 –, NWVBl 2011, 193; *Frenzen* in Dietlein/Heusch, § 45, Erl. 27; *Bätge* DVP 2018, 393, 395.

44 *VG Düsseldorf* Urteil vom 29.10.2010 – 1 K 8272/09 –, NWVBl. 2011, 193.

zungen, fehlende Leerung des Postfaches, keine Stellung von Anträgen) darauf schließen, dass das Ratsmitglied sein Mandat nicht nur in minderwertiger Weise, sondern aus eigenem Entschluss **gar nicht** ausübt. Die Klage ist mithin unbegründet. ■

Ratsmitglieder haben des Weiteren einen gesetzlichen Anspruch auf Entschädigung des erlittenen **Verdienstausfalls** unter den Voraussetzungen, dass dieser

- durch die Mandatsausübung entstanden ist und
- die Mandatsausübung während der Arbeitszeit erforderlich war.

Anspruchsinhaber sind unter diesen Voraussetzungen sowohl abhängig Beschäftigte als auch selbständige Ratsmitglieder. Der Verdienstausfall ist durch die Mandatsausübung entstanden, wenn eine Tätigkeit vorliegt, *„die mit dem Mandat in unmittelbaren Zusammenhang steht oder auf Veranlassung des Rates, der Bezirksvertretung oder des Ausschusses erfolgt"* (Legaldefinition des § 44 Abs. 2 S. 2 GO). Hierunter fallen die jeweiligen Gremiensitzungen inklusive der Fraktionssitzungen sowie alle wahrgenommenen Termine, die auf Veranlassung der Kollegialorgane Rat, Bezirksvertretung oder Ausschuss entstanden sind. Neben der erforderlichen Kausalität des entstandenen Verdienstausfalls mit der Mandatsausübung muss als weitere Voraussetzung die Mandatsausübung während der Arbeitszeit erforderlich gewesen sein. Als Arbeitszeit gelten die Zeiten, an denen nach den Arbeitsverhältnissen des jeweiligen Mandatsträgers tatsächlich Arbeit geleistet wird.[45] Entgangener Gewinn aus Nebentätigkeiten und Verdienst, der außerhalb der Arbeitszeit hätte erzielt werden können, bleiben außer Betracht.

Schüler und Studenten erhalten ebenso wie Arbeitslose keine Verdienstausfallentschädigung, da ihnen für ihre Haupttätigkeit – der Ausbildung an der Schule bzw. Hochschule – kein Verdienst zusteht. Sofern sie sich neben der Schule oder ihrem Studium gelegentlich oder auch regelmäßig etwas hinzuverdienen, wird in aller Regel eine Nebentätigkeit § 45 Abs. 1 S. 2 GO vorliegen, die bei der Erstattung außer Betracht bleibt.

Der Verdienstausfall ist bei solchen Personen ausgeschlossen, die ersichtlich keine finanziellen Nachteile erleiden. Hiervon ist insbesondere bei Beamten und Soldaten auszugehen, da sie Anspruch auf bezahlten Sonderurlaub haben. Auch Bundestags- und Landtagsabgeordnete, die gleichzeitig ein kommunales Mandat wahrnehmen sind nicht anspruchsberechtigt, da diese voll alimentiert werden.[46] In aller Regel erhalten auch Pensionäre und Rentner keine Verdienstausfallentschädigung, da sie durch Pension bzw. Rente voll alimentiert sind und Gelegenheitsjobs sich im Verhältnis dazu nur als nicht erstattungsfähige Nebentätigkeiten darstellen dürften.[47]

Beispiel[48] Ein Ratsmitglied ist pensionierter Beamter und im Ruhestand gleichzeitig als selbständiger Wohnungsverwalter tätig. Er beantragte Verdienstausfall für verschiedene nachmittägliche Gremiensitzungen und gab an, dass er als Wohnungsverwalter 20 € pro Stunde und eine Arbeitszeit von 15:00 bis 19:00 Uhr habe. Nach Ablehnung durch den Bürgermeister erhob er eine Verpflichtungsklage auf Bewilligung der beantragten Verdienstausfallent-

45 *OVG NRW* Urteile vom 6.11.2018 – 15 A 132/18 und 15 A 144/18 –, jeweils juris; *Smith* in Kleerbaum/Palmen, GO NRW, § 45 Erl. II.3.a); *Bätge* DVP 2018, 393, 396.

46 *BVerfG* Urteil vom 5.11.1975 – 2 BvR 193/74 –, BVerfGE 40, 296.

47 *OVG NRW* Urteile vom 6.11.2018 – 15 A 132/18 und 15 A 144/18 –, jeweils juris; *Bätge* DVP 2018, 393, 396.

48 *VG Köln* Urteil vom 20.6.2012 – 4 K 7073/10 –, juris, Rn. 20 ff.

schädigung. Die Verpflichtungsklage hat in der Sache keinen Erfolg, da ein Anspruch auf Verdienstausfall aus mehreren Gründen nicht besteht: Zum einen besteht hinsichtlich der Pension kein finanzieller Nachteil durch die Tätigkeit als Ratsmitglied, da eine volle Alimentation durch ungekürzte Versorgungsbezüge erfolgt. Der entgangene Verdienst aus der Nebentätigkeit muss hingegen außer Betracht bleiben, § 45 Abs. 1 S. 2 GO. ■

Als weitere Entschädigungsansprüche sind dem Grunde nach anerkannt die Fahrtkostenerstattung und Reisekostenvergütung, eine Zulage für die Wahrnehmung bestimmter Funktionen (wie z.B. ehrenamtlicher Bürgermeister, Fraktionsvorsitzender oder Ausschussvorsitzender), die Haushaltsführungsentschädigung und der Ersatz entgeltlicher Kinderbetreuung.[49]

Hinweis

Von den individuellen, personenbezogenen finanziellen Entschädigungsansprüchen ist die Gestellung von Sachmitteln und Kommunikationsmitteln zum Zwecke der Vorbereitung auf die Ratssitzung zu unterscheiden, die die Gemeinde gemäß § 56 Abs. 3 Sätze 5 und 6 GO in angemessenem Umfang neben den Fraktionen und Gruppen auch solchen Ratsmitgliedern gewährt, die keiner Fraktion oder Gruppe angehören.[50]

cc) Kontrollrechte

Neben den Frage- und Informationsrechten, die aus der Mandatsausübungsfreiheit des § 43 223
Abs. 1 GO abgeleitet werden, bestehen weitergehende Kontrollrechte auch einzelner Ratsmitglieder aus § 55 Abs. 1 und 5 GO. Nach Abs. 1 S. 2 ist der Bürgermeister verpflichtet, einem Ratsmitglied auf Verlangen Auskunft zu erteilen oder zu einem Tagesordnungspunkt Stellung zu nehmen. Nach Abs. 5 S. 1 ist *jedem Ratsmitglied* vom Bürgermeister sogar Akteneinsicht zu gewähren, sofern die Akten der Vorbereitung oder der Kontrolle von Beschlüssen des Rates oder des Ausschusses dienen, dem es angehört. Die Akteneinsicht darf dem Ratsmitglied nur verweigert werden, soweit ihr schutzwürdige Belange Betroffener oder Dritter entgegenstehen.

Diese einschränkenden Voraussetzungen gelten dem Wortlaut nach nicht, wenn eine *Fraktion* oder ein *Fünftel der Ratsmitglieder* oder gar der *Rat* als Ganzes nach § 55 Abs. 4 S. 1 GO Akteneinsicht begehrt.

Beispiel für einen Anspruch auf Akteneinsicht[51] Ein fraktionsloses Ratsmitglied beantragt beim Bürgermeister nach § 55 Abs. 5 S. 1 GO die Einsicht in Dienstpostenbewertungen (abstrakte Bewertung ohne namentliche Zuordnung) der bei der Gemeinde vorhandenen Personalstellen. Auf der Tagesordnung der nächsten Ratssitzung ist eine Beschlussfassung über die Haushaltssatzung vorgesehen. Die Haushaltssatzung enthält auch die Festsetzung des Haushaltsplanes. Anlage des Haushaltsplanes ist der Stellenplan, der die tatsächlich besetzten Stellen der Gemeindeverwaltung ohne namentliche Zuordnung enthält. Der Bürgermeister möchte dem Ratsmitglied die Akteneinsicht nicht gewähren, weil es sich um „vertrauliche Personalangelegenheiten" handele und zu befürchten sei, dass das Ratsmitglied diese „in der Gemeinde herausplaudere".

---

49 Vgl. hierzu im Einzelnen: *Bätge* DVP 2018, 393.

50 Vgl. zum Verteilungsmaßstab des Art. 3 Abs. 1 GG bei Fraktionsgeschäftsführungszuwendungen: *BVerwG* Urteil vom 5.7.2012 – 8 C 22/11 –, NVwZ 2013, 442.

51 *OVG NRW* Beschluss vom 22.5.2013 – 15 B 556/13 –, KommJur 2013, 416.

Das Ratsmitglied hat einen Anspruch auf Einsicht in die Dienstpostenbewertung nach § 55 Abs. 5 S. 1 GO, wenn diese **der Vorbereitung eines Ratsbeschlusses dient und ihr schutzwürdige Belange Betroffener oder Dritter nicht entgegenstehen**. Die Einsichtnahme in die Dienstpostenbewertung dient der Vorbereitung über die Beschlussfassung des Haushaltsplanes inklusive des Stellenplans. Anhand der Dienstpostenbewertung kann sich das Ratsmitglied ein Bild davon machen, ob die tatsächliche Besoldung bzw. Vergütung auch anforderungsgerecht erfolgt. Es bleibt die Frage, ob schutzwürdige Belange der Stelleninhaber zu erkennen sind. Diese können sich aus Grundrechten, datenschutzrechtlichen Bestimmungen oder aus der Gemeindeordnung ergeben. Im vorliegenden Fall können zwar die stellenscharfen Dienstpostenbeschreibungen Rückschlüsse auf den Stelleninhaber zulassen. Allerdings bewegt sich der Eingriff mit Blick auf den Informationsgehalt dieser Daten auf niedrigster Stufe. Es geht hierbei zum einen nicht um Personaldaten aus dem inneren Bereich des Fürsorgeverhältnisses zwischen der Gemeinde und ihren Beamten (z.B. Beihilfe- oder Personalakten). Hinzu kommt, dass sich bei Beamten die aktuelle Besoldung bereits aus der Amtsbezeichnung des Betroffenen in Verbindung mit der gesetzlich geregelten Besoldungsordnung ergibt und damit weniger schutzbedürftig ist als in privatwirtschaftlichen Arbeitsverhältnissen. Schließlich ist auch das akteneinsichtsnehmende Ratsmitglied nach § 43 Abs. 2 i.V.m. § 30 Abs. 1 GO zur Verschwiegenheit verpflichtet. Dem Ratsmitglied ist deshalb die begehrte Akteneinsicht zu gewähren. ■

Dem Wortlaut nach knüpft § 55 Abs. 4 S. 1 GO die Gewährung von Akteneinsicht an keine besonderen materiellen Voraussetzungen. Gleichwohl besteht dieses Akteneinsichtsrecht aufgrund der Einheit der Rechtsordnung nicht unbegrenzt. Es kann durch zumindest gleichrangige **gesetzliche Regelungen über den Schutz von Daten beschränkt** oder gar ausgeschlossen werden.[52]

Beispiel für einen fehlenden Anspruch auf Akteneinsicht[53] Eine Fraktion im Rat der Gemeinde beantragt beim Bürgermeister, ihr über ein Fraktionsmitglied, Einsicht in die Gewerbesteuerakten der dreißig größten Gewerbesteuerzahler der Gemeinde zu gewähren. Durch eine nähere Kenntnis der Art der Betriebe könne eine Strategie entwickelt werden, mit deren Hilfe die Gemeinde zielgerichtet als Wirtschaftsstandort attraktiv gemacht werden könne. Der Bürgermeister lehnt das Akteneinsichtsrecht mit Hinweis auf das Steuergeheimnis aus § 30 Abgabenordnung (AO) i.V.m. § 12 Abs. 1 Nr. 1c) aa) Kommunalabgabengesetz NRW (KAG NRW) ab.

Die von der Fraktion erhobene Klage ist als allgemeine Leistungsklage im Rahmen eines Kommunalverfassungsstreitverfahrens zulässig. Die Fraktion ist insbesondere im Sinne des § 42 Abs. 2 VwGO analog klagebefugt, da sie geltend machen kann, durch die Ablehnung ihres Akteneinsichtsbegehrens durch den Beklagten in ihrem (teil-)organschaftlichen Recht aus § 55 Abs. 4 S. 1 Var. 3 GO verletzt zu sein.

Die Klage ist aber unbegründet, da die Fraktion keinen Anspruch auf Einsicht in die Gewerbesteuerakten hat. Ihrem Akteneinsichtsbegehren steht vielmehr das **Steuergeheimnis entgegen**. Der Bürgermeister und die in seinem Steueramt Beschäftigten sind als Amtsträger im Sinne des § 30 AO zur Wahrung des Steuergeheimnisses verpflichtet. Zudem enthalten die beim Bürgermeister vorhandenen Gewerbesteuerakten auch durch das Steuergeheimnis geschützte Daten (Betriebstyp, Gewerbesteuermessbescheid des

52 *OVG NRW* Urteil vom 6.11.2018 – 15 A 2638/17 –, juris.
53 *OVG NRW* Urteil vom 6.11.2018 – 15 A 2638/17 –, juris.

Finanzamtes, Stundungsfragen, Zahlungsverhalten etc.). Diese würde der Bürgermeister der Fraktion widerrechtlich offenbaren, wenn er ihr die beanspruchte Akteneinsicht gewährte. Offenbaren in diesem Sinne ist die Offenlegung eines noch bestehenden Geheimnisses, dass ein Dritter nicht, nicht in diesem Umfang oder nicht in dieser Form sicher kennt. Auch ein Ratsmitglied ist gegenüber dem Steuerakten führenden Amtsträger (Bürgermeister und Beschäftigte des Steueramtes) ein nicht berechtigter *„Dritter"*. Die Offenbarung geschähe auch **unbefugt**, da Ratsmitglieder insbesondere keine selbst durch das Steuergeheimnis verpflichteten Amtsträger sind. Sie sind nicht mit konkreten Verwaltungsaufgaben betraut, die über ihre Mandatstätigkeit hinausgehen.[54]

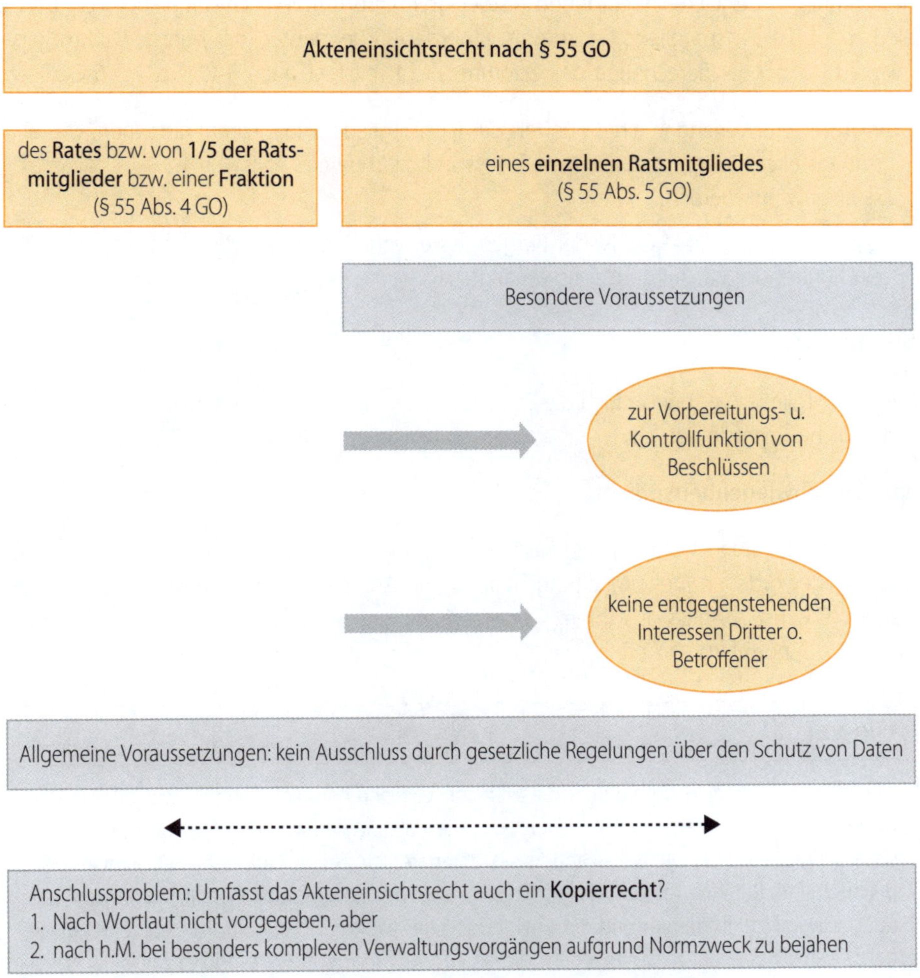

Die Vorschriften über das Akteneinsichtsrecht enthalten keine Regelungen darüber, ob die Anspruchsberechtigten anlässlich oder anstatt der Akteneinsicht von den Akten **Ablichtungen fertigen** (lassen) können. Hieraus kann jedoch nicht abgeleitet werden, dass ein solches Recht vom Akteneinsichtsrecht nicht umfasst ist. Vielmehr ist es – ebenso wie im Anwendungsbereich des Akteneinsichtsrechts im allgemeinen Verwaltungsverfahren (§ 29 VwVfG

54 Vgl. zur fehlenden Amtsträgereigenschaft von Ratsmitgliedern: *BGH* Urteile vom 12.7.2006 – 2 StR 557/05 –, juris, Rn. 9 und vom 9.5.2006 – 5 StR 453/05 –, juris, Rn. 22 ff.

NRW)[55] – trotz Fehlens einer ausdrücklichen Regelung anerkannt, dass der Bürgermeister **nach pflichtgemäßen Ermessen** die Fertigung von Ablichtungen zulassen kann. Hiermit korrespondiert ein entsprechender Anspruch auf fehlerfreie Ermessenausübung, der sich je nach den Umständen des Einzelfalls auch zugunsten des Betroffenen zu einem Anspruch verdichten kann. Hiervon ist insbesondere auszugehen, wenn es sich um sehr umfangreiche und komplexe oder auch in einer anderen Sprache abgefasste Verwaltungsvorgänge handelt.[56]

dd) Rechte als Mitglied eines bestimmten Quorums („Minderheitenrechte")

224 Bestimmte Rechte stehen zwar nicht dem einzelnen Ratsmitglied, wohl aber einem bestimmten in der Gemeindeordnung festgelegten **Quorum** von Ratsmitgliedern zu. Da es hierbei auf die „Ratsmitglieder" ankommt, zählt der Bürgermeister (der kein gewähltes Ratsmitglied ist) bei der Berechnung des Quorums nicht mit (vgl. auch § 40 Abs. 2 S. 6 GO).

Beispiele Auf Verlangen eines Fünftels der Ratsmitglieder muss einem einzelnen, von den Antragstellern jeweils zu benennenden Ratsmitglied gemäß § 55 Abs. 4 S. 1 GO Akteneinsicht gewährt werden.

Gemäß § 47 Abs. 1 S. 4 GO ist der Bürgermeister verpflichtet, den Rat einzuberufen, wenn ein Fünftel der Ratsmitglieder es verlangt. ■

b) Pflichten

225 Die Ratsmitgliedschaft bringt auch die Einhaltung von Pflichten mit sich. Bei Verstößen treten verbindliche Rechtsfolgen ein.

aa) Verschwiegenheitspflicht

226 Ratsmitglieder haben während und nach Beendigung ihrer Tätigkeit, über die ihnen dabei bekannt gewordenen geheimhaltungsbedürftigen Angelegenheiten Verschwiegenheit zu wahren. Dies ist Ausfluss aus ihrem Treueverhältnis zur Gemeinde und ist in §§ 43 Abs. 2 i.V.m. 30 GO normiert.

Hinweis

Die §§ 30 ff. GO regeln unmittelbar die Pflichten von ehrenamtlich Tätigen, wie z.B. für Mitglieder der Wahlvorstände („Wahlhelfer") u.a. Die Ratsmitglieder üben eine kommunalpolitische Tätigkeit aus, zu der sie – anders als ehrenamtlich Tätige (vgl. § 28 GO) – nicht verpflichtet sind. Bei ihnen finden die §§ 30 ff. GO aber mit bestimmten Modifikationen Anwendung. Diese Modifikationen und die Anwendung der §§ 30 ff. GO sind in § 43 Abs. 2 GO geregelt. Deshalb sind bei Ratsmitgliedern die §§ 30 ff. GO immer in Verbindung mit § 43 Abs. 2 GO zu lesen und zu zitieren.

55 Vgl. hierzu *Sächsisches OVG* Beschluss vom 31.5.2011 – 4 A 2/10 –, juris Rn. 4; *Bonk/Kallerhoff* in Stelkens/Bonk/Sachs, VwVfG, § 29 Rn. 30.

56 In Einzelfällen wurden die Voraussetzungen bejaht von *VG Gelsenkirchen* Urteil vom 18.12.2013 – 15 K 2741/11 – juris (rechtlich und tatsächlich komplexe sowie umfangreiche Vertragsakte in englicher Sprache), bwz. verneint von *VG Aachen* Beschluss vom 25.8.2014 – 4 L 492/14 –, juris (Aktenvermerk über eine Besprechung zum Thema der Änderung eines Flächennutzungsplanes).

Geheimhaltungsbedürftig sind Angelegenheiten,

- deren Geheimhaltung ihrer Natur nach erforderlich,
- besonders gesetzlich vorgeschrieben oder
- vom Rat beschlossen ist.

Ihrer Natur nach geheim sind insbesondere Angelegenheiten, deren Mitteilung an andere dem Gemeinwohl oder den berechtigten Interessen einzelner Personen zuwiderlaufen würde, so ausdrücklich § 30 Abs. 1 S. 2 GO.

Beispiele Beförderungen bzw. Entlassungen von Beamten, Vergabe von Aufträgen oder Ankauf von Grundstücken. ■

Besonders vorgeschrieben ist die Geheimhaltung, wenn dies ein Gesetz ausdrücklich bestimmt.

Beispiele Eine Verarbeitung personenbezogener Daten durch öffentliche Stellen zu anderen Zwecken als zu denjenigen, zu denen die Daten erhoben worden sind, ist nur ausnahmsweise und unter den restriktiven Voraussetzungen des § 9 Abs. 2 Datenschutzgesetz NRW zulässig.

Nach Maßgabe des § 30 Abgabenordnung besteht das Abgabengeheimnis. Dies gilt insbesondere auch für Kommunalabgaben (§ 12 Abs. 1 Nr. 1 Buchstabe c KAG NRW).

Weitere gesetzlich vorgeschriebene Geheimhaltungspflichten ergeben sich für die entsandten Vertreter der Gemeindevertretung in Beiräten, Aufsichtsräten, Gesellschafterversammlungen und ähnliche Gremien Dritter direkt aus dem Gesellschaftsrecht. In diesen Fällen besteht nur eine Offenbarungspflicht gegenüber dem Rat (§ 113 Abs. 5 GO), im Übrigen unterliegen die Angelegenheiten der Verschwiegenheitspflicht. ■

Vom Rat beschlossen gilt die Geheimhaltung einer Angelegenheit bereits dann, wenn dieser sie **in nicht öffentlicher Sitzung behandelt** hat. Durch die Behandlung im nicht öffentlichen Teil bringt der Rat **konkludent** zum Ausdruck, dass er diese für geheimhaltungsbedürftig hält.[57] Problematisch können Fälle werden, in denen ein Ratsmitglied der Ansicht ist, dass der Rat eine bestimmte Angelegenheit gar nicht in nicht öffentlicher Sitzung hätte behandeln dürfen.

Beispiel[58] Der Rat der im rheinischen Braunkohlerevier gelegenen Stadt G behandelt im nichtöffentlichen Teil einen Vertrag über die Umsiedlungsbedingungen der Einwohner mit dem Braunkohleabbauunternehmen. Ratsmitglied R hält es für einen Skandal, dass eine solch wichtige Angelegenheit im nichtöffentlichen Teil behandelt wird. Sein Antrag auf Behandlung des Tagesordnungspunktes im öffentlichen Teil wird von der Ratsmehrheit abgelehnt. Er sieht sich deshalb gezwungen, „in die Öffentlichkeit zu flüchten" und teilt einem Lokalreporter die Einzelheiten des Vertrages mit. Nachdem die Zeitschrift dies veröffentlicht, verhängt der Rat gegen R ein Ordnungsgeld in Höhe von 125 €. R erhebt dagegen Klage beim zuständigen Verwaltungsgericht. Ist diese begründet?

---

57 *OVG NRW* Beschluss vom 23.12.2009 – 15 A 2126/09 –, NWVBl. 2010, 237 und *OVG NRW* Beschluss vom 7.4.2011 – 15 A 441/11 –, NWVBl 2011, 346.

58 *OVG NRW* Beschluss vom 23.12.2009 – 15 A 2126/09 –, NWVBl. 2010, 237; vgl. auch *OVG NRW* Beschluss vom 7.4.2011 – 15 A 441/11 –, NWVBl 2011, 346.

Die (Anfechtungs-)klage[59] ist gemäß § 113 Abs. 1 S. 1 VwGO begründet, wenn der das Ordnungsgeld festsetzende Ratsbeschluss rechtswidrig ist und den Kläger in seinen Rechten verletzt. Ermächtigungsgrundlage hierfür ist § 43 Abs. 2 GO i.V.m. §§ 30 Abs. 6 S. 2, 29 Abs. 3 GO. Der in nichtöffentlicher Sitzung behandelte Umsiedlungsvertrag unterlag der Geheimhaltung im Sinne des § 30 Abs. 1 S. 1 GO, da diese jedenfalls vom Rat – aufgrund der Behandlung im nichtöffentlichen Teil – (konkludent) „beschlossen" worden ist. Der Antrag des R, den Aspekt öffentlich zu behandeln, wurde zudem ausdrücklich abgelehnt. Soweit der Kläger meint, dass der Rat unter Verstoß gegen § 48 Abs. 2 S. 1 GO zu Unrecht die Öffentlichkeit ausgeschlossen habe, ändert dies nichts an den Tatbestandsvoraussetzungen der Ermächtigungsgrundlage. Selbst wenn dies der Fall wäre, steht dem Ratsmitglied grundsätzlich „keine Flucht in die Öffentlichkeit" zu. Vielmehr hätte er nach dem Grundsatz der Organtreue[60] zunächst alle anderen Rechtsbehelfe ausschöpfen müssen, ohne die Öffentlichkeit über den Vertrag von sich aus herzustellen. Hierzu gehören ein Antrag an den Bürgermeister, den Beschluss zu beanstanden, ggf. die Anrufung der Kommunalaufsicht und/oder die Anrufung des Verwaltungsgerichts. Im vorliegenden Fall ist das Ratsmitglied allerdings diesen Weg nicht gegangen und hat damit seine bestehende Verschwiegenheitspflicht eigenmächtig gebrochen. Die Festsetzung des Ordnungsgeldes ist damit rechtmäßig und die Klage unbegründet. ■

227 Voraussetzung für die Entstehung der Verschwiegenheitspflicht ist, dass die geheimhaltungsbedürftige Angelegenheit dem Ratsmitglied im Rahmen seiner **amtlichen** Tätigkeit bekannt geworden ist. Für private Kenntniserlangung kann sich eine Pflicht zur vertraulichen Behandlung allenfalls aus der allgemeinen Treupflicht der Ratsmitglieder ergeben.[61]

Das Ratsmitglied darf ohne Aussagegenehmigung weder vor Gericht noch außergerichtlich über geheimhaltungsbedürftige Angelegenheiten Erklärungen abgeben. Die Erteilung der Aussagegenehmigung steht im pflichtgemäßen Ermessen des Rates (§ 43 Abs. 2 Nr. 2 i.V.m. § 30 Abs. 2 GO).

228 Die Verschwiegenheitspflicht gilt nur, wenn die **Geheimhaltung der Angelegenheit noch möglich** ist. Das ist erst dann nicht mehr der Fall, wenn die fragliche Tatsache offenkundig ist.

> **Offenkundig** sind nur solche **Tatsachen**, die im Zeitpunkt der Informationsweitergabe durch das Ratsmitglied bereits allgemein bekannt oder jederzeit feststellbar sind, von denen also ein verständiger Mensch jederzeit durch Nutzung allgemein zugänglicher Informationsquellen ohne Aufwand Kenntnis erlangen kann.[62]

Beispiel[63] Ein Ratsmitglied nennt einem Journalisten die konkrete Höhe eines Sponsorbetrages eines Unternehmens zugunsten einer gemeindlichen Veranstaltung. Diese hat er aus einer schriftlichen Verwaltungsvorlage zu einem Tagesordnungspunkt aus dem nichtöffentlichen Teil einer Ratssitzung entnommen. Das Ratsmitglied meint, dass diese Tatsa-

59 Zum Verwaltungsaktcharakter der Ordnungsgeldfestsetzung vgl. nachfolgend Rn. 229.
60 Vgl. hierzu unter Rn. 200.
61 *Brunner* in Kleerbaum/Palmen, § 30 Erl. II 6.
62 *OVG NRW* Beschluss vom 7.4.2011 – 15 A 441/11 –, NWVBl 2011, 346.
63 *OVG NRW* Beschluss vom 28.6.2016 – 15 A 1095/15 –-, juris; vgl. die Original-Examensklausur von *Bätge* Jus 2018, 562.

che offenkundig sei, da im Haushaltsplan die allgemeinen Einnahmen aus Sponsoringverträgen als Summe aufgeführt seien. Die Einlassung des Ratsmitgliedes ist dann zutreffend, wenn es sich bei dem konkreten Einzelbetrag des Sponsors um eine offenkundige Tatsache handeln würde. Hiervon kann nicht ausgegangen werden, wenn es sich lediglich um einen kalkulierten Haushaltsansatz (Planung) handelt und die Haushaltseinnahmeposition in zusammengefasster Form die Beiträge aller Sponsoren nur als Summe erkennen lässt. In einem solchen Fall ist die Höhe des konkret eingenommenen *einzelnen* Sponsorenbetrages dem Haushaltsplan nicht zu entnehmen. Es handelt sich im *Beispielsfall* mithin um eine nicht offenkundige, also verschwiegenheitspflichtige Tatsache. ■

Verstößt ein Ratsmitglied gegen die Verschwiegenheitspflicht, kann es mit einem Ordnungsgeld zur Verantwortung gezogen werden (§ 43 Abs. 2 GO i.V.m. § 30 Abs. 6 S. 2 GO). Das Ordnungsgeld wird vom Rat festgesetzt (§ 30 Abs. 6 S. 2 GO i.V.m. § 29 Abs. 3 S. 1 GO). Die Regelungen setzen Höchstgrenzen für das Ordnungsgeld fest. Der Rat muss deshalb Ermessenserwägungen zur Verhängung („kann") und zur Höhe anstellen.[64] Diese können verwaltungsgerichtlich im Hinblick auf etwaige Ermessensfehler nach § 114 VwGO überprüft werden. **229**

Hinweis

Problematisch ist der **Rechtscharakter der Festsetzung des Ordnungsgeldes**. Dies ist wichtig, um für das sich wehrende Ratsmitglied die richtige Klageart zu finden. Handelt es sich um einen Verwaltungsakt, dann wäre dagegen die Anfechtungsklage gemäß § 42 Abs. 1 Var. 1 VwGO statthaft.

Der Ratsbeschluss ergeht im Verhältnis zwischen dem Gemeindeorgan Rat und dem Ratsmitglied als Teil des Organs. Grundsätzlich sind Ratsbeschlüsse wegen dieser auf den organinternen Bereich beschränkten, lediglich Binnencharakter aufweisenden Rechtsqualität nicht auf unmittelbare Rechtswirkungen nach außen gerichtet, so dass ihnen in aller Regel die Verwaltungsaktqualität abzusprechen ist. Wenn der Rat es aber nicht bei der gleichfalls unter Verhältnismäßigkeitsgesichtspunkten möglichen isolierten *Feststellung* einer Verschwiegenheitspflichtverletzung belässt, sondern eine unmittelbar bezweckte **Vermögenssanktion** ausspricht, verlässt die Maßnahme den rein organinternen Bereich. Das Ratsmitglied wird nunmehr **als natürliche Person** verpflichtet, das Ordnungsgeld „aus eigener Tasche" zu zahlen. Ähnlich wie ein Bußgeld kann auch das Ordnungsgeld im Verwaltungszwangsverfahren beigetrieben werden (§ 29 Abs. 3 S. 2 GO). Diese verbindliche Setzung einer vermögensbelastenden Rechtsfolge stellt eine aus dem mandatlichen Binnenverhältnis zwischen Rat und Ratsmitglied hinausreichende Maßnahme dar, die den Kläger als natürliche Person trifft. Es handelt sich damit bei der Festsetzung des Ordnungsgeldes um einen Verwaltungsakt, gegen den Anfechtungsklage statthaft ist.[65]

» Erkennen Sie die Querzusammenhänge zwischen dem Kommunalrecht und dem Prozessrecht? «

bb) Treupflicht und Vertretungsverbot

(1) Besondere Treupflicht

Nach § 43 Abs. 2 i.V.m. § 32 Abs. 1 S. 1 GO trifft Ratsmitgliedern eine besondere Treupflicht gegenüber der Gemeinde. **230**

64 *VG München* Urteil vom 3.12.1997 – 7 K 96.4284 –, juris; *Müller* VR 2011, 161, 164.
65 *VG Düsseldorf* Urteil vom 14.8.2009 – 1 K 6465/08 –, www.nrwe.de m.w.N.; bestätigt durch *OVG NRW* Beschluss vom 23.12.2009 – 15 A 2126/09 –, NWVBl. 2010, 237.

Aufgrund ihrer **Treupflicht** haben Ratsmitglieder alles zu unterlassen, was dem Wohl der Gemeinde und der Einwohnerschaft zuwiderläuft. Sie müssen danach alles in ihrer Macht stehende tun, um Schaden von der Gemeinde abzuhalten und das Wohl der Einwohnerschaft zu fördern.[66]

Der Rat agiert allerdings nicht durchgehend als homogene Gemeinschaft, sondern es gibt dort naturgemäß auch der Mehrheit und dem Bürgermeister kritisch eingestellte Ratsmitglieder. Dies ist zur Kontrolle des Bürgermeisters und der Ratsmehrheit sowie im Interesse einer funktionierenden kommunalen Demokratie auch zu begrüßen. **Kritische Äußerungen** einzelner Ratsmitglieder im Rat oder im Zusammenhang mit der Ratstätigkeit sind daher grundsätzlich hinzunehmen und verstoßen nicht ohne Weiteres gegen deren besondere Treupflicht gegenüber der Gemeinde. Entsprechende Aussagen in den Sitzungen des Rates und seiner Untergliederungen (insbesondere Ausschüsse und Fraktionen) sowie sonstige im Zusammenhang mit der Ratstätigkeit stehende Bekundungen sind vielmehr statusrechtlich grundsätzlich vom freien Mandat nach § 43 Abs. 1 GO abgedeckt *(„mitgliedschaftlicher Bereich")*. Außerhalb dieses Bereiches kann sich bei **privaten** Äußerungen die Person, die die Ratsmitgliedschaft wahrnimmt, auf das Grundrecht der freien Meinungsäußerung nach Art. 5 Abs. 1 S. 1 GG berufen *(„privater Bereich")*.

Die freie Mandatsausübung nach § 43 Abs. 1 GO schließt damit das prinzipielle Recht des Ratsmitglieds ein, Dritte über Vorgänge aus öffentlichen Ratssitzungen, die nicht der Verschwiegenheitspflicht des § 30 GO unterliegen, zu informieren sowie eigene Einschätzungen über Vorfälle im Rat und zum Abstimmungsverhalten anderer Ratsmitglieder in besonders kritischer Art kundzutun. Aus der besonderen Treupflicht nach § 43 Abs. 2 GO i.V.m. § 32 Abs. 1 S. 1 GO sowie aus der Verpflichtung auf das öffentliche Wohl nach § 43 Abs. 1 GO folgt jedoch, dass das Ratsmitglied bei solchen Äußerungen nach pflichtgemäßer Prüfung insbesondere **wahrheitsgemäß** und – soweit geboten – **vollständig** zu handeln hat und die Gemeindeorgane **nicht diffamieren** darf. Liegt eine Verletzung der besonderen Treupflicht vor, hat der Rat die rechtliche Befugnis, den Rechtsverstoß durch einen Beschluss *festzustellen*. Die Gemeindeordnung enthält hingegen keine Ermächtigungsgrundlage für den Rat, das rechtswidrige Verhalten des Ratsmitgliedes zu missbilligen, zu rügen oder gar einen Ausschluss aus dem Rat anzudrohen *(keine „disziplinarischen oder disziplinarähnlichen Befugnisse" des Rates)*.[67]

Beispiel[68] Bürger B wendet sich in einem beim Oberverwaltungsgericht anhängigen Normenkontrollverfahren (§ 47 Abs. 1 Nr. 1 VwGO) gegen einen Bebauungsplan der Gemeinde. In seiner Antragsschrift macht er unter anderem Abwägungsmängel bei der Beschlussfassung des Rates geltend. Ratsmitglied R sieht den Bebauungsplan und die Beschlussfassung durch die Ratsmehrheit ebenso kritisch und schreibt Bürger B eine E-Mail, in dem er u.a. darauf hinweist, dass einige Ratsmitglieder trotz Kenntnis über eine angeblich fehlerhafte Protokollierung der Ratssitzung über die Beschlussfassung des Bebauungsplans das Protokoll nicht beanstanden würden. Zudem meint er in der E-Mail,

66 *OVG NRW* Urteil vom 15.9.2015 – 15 A 1961/13 –, juris; *Wansleben* in Held/Winkel/Wansleben, Kommunalverfassungsrecht NRW, § 32 Erl. 1.1; *Smith* in Kleerbaum/Palmen, § 32 Erl. I und II.

67 *OVG NRW* Urteil vom 15.9.2015 – 15 A 1961/13 –, juris.

68 Vgl. *OVG NRW* Urteil vom 15.9.2015 – 15 A 1961/13 –, juris; vgl. die Original-Examensklausur von *Bätge* JuS 2018, 562.

dass der Rat in dieser Angelegenheit bei seiner Abstimmung gegen eine demokratische Praxis verstoßen habe und dies „viele Vermutungen" zulasse. Der Bürger B schickt daraufhin die E-Mail zum Oberverwaltungsgericht, um damit nachzuweisen, dass dem Rat Abwägungsmängel unterlaufen sind. Die Gemeinde gewinnt trotzdem dem Prozess, weil es auf den Inhalt der E-Mail im Ergebnis nicht ankam. Der Rat ist aber über das Verhalten des Ratsmitglieds R verärgert und beschließt, das Verhalten zu missbilligen (1), es zu rügen (2) und sich vorzubehalten, ihn im Wiederholungsfalle vom Rat auszuschließen (3). Ratsmitglied R sieht sich durch die Beschlüsse in seiner freien Mandatsübung beeinträchtigt und will gerichtlich festgestellt wissen, *„dass er durch seine E-Mail vom... nicht gegen seine Pflichten als Ratsmitglied aus § 43 Abs. 1 i.V.m. § 32 Abs. 1 S. 1 GO verstoßen hat".*

Die (negative) Feststellungsklage des Ratsmitgliedes R gegen den Rat ist zwar als interner Kommunalverfassungsstreit gemäß § 43 VwGO zulässig. Sie ist aber nicht begründet, da das Ratsmitglied durch seine E-Mail gegen seine Treupflicht verstoßen hat. In Anwendung der oben dargestellten Grundsätze bei gemeindekritischen Äußerungen von Ratsmitgliedern hat R nach objektiven Verständnis des E-Mailinhaltes nicht lediglich über Vorgänge aus der öffentlichen Ratssitzung informiert oder diese in zulässiger Weise kommentiert. Vielmehr hat er in der Sache behauptet und suggeriert, der Rat werde sich unabhängig von der objektiven Sachlage („fehlerhaftes Protokoll") nicht an Recht und Gesetz halten („keine Berichtigung des Protokolls"). Auch die dort enthaltene Wendung, das „gegen eine demokratische Praxis verstoßende" Abstimmungsverhalten des Rates „lasse viele Vermutungen zu" verstärkt die den Rat diffamierende Aussage, da R damit dem Rat pauschal unterstellt, sich bei seiner Abwägungsentscheidung von sachfremden Erwägungen leiten zu lassen. Die negative Feststellungsklage ist damit aufgrund der einschränkenden Antragsformulierung unbegründet, denn R hat gegen seine Treupflicht verstoßen.

Es bleibt aber darauf hinzuweisen, dass die drei vom Rat gefassten Beschlüsse ungeachtet dessen rechtswidrig sind. Für die Beschlüsse der Missbilligung und Rüge fehlt dem Rat eine spezielle gesetzliche Ermächtigungsgrundlage. Eine solche ist für disziplinarische und disziplinarähnliche Ansprüche aufgrund des Eingriffs in das Recht auf Mandatsausübung (§ 43 Abs. 1 GO) aber erforderlich. § 51 Abs. 1 GO steht hierfür nicht zur Verfügung, da diese Ermächtigungsgrundlage zum einen nur den Bürgermeister nicht aber den Rat ermächtigt und zum anderen keine sitzungsleitende Maßnahme in Rede steht. Der Beschluss über die Androhung eines Ausschlusses vom Rat ist ebenfalls rechtswidrig, weil der Rat eine derartige Ausschlussbefugnis nicht hat. Der Mandatsverlust eines Ratsmitgliedes ist nur aus den in § 37 KWahlG NRW genannten Gründen möglich, nicht aber durch einen Ratsbeschluss. Der Rat hat im Ergebnis also lediglich die Kompetenz, Verstöße des Ratsmitglieds gegen seine besondere Treupflicht schlicht festzustellen. ■

(2) Vertretungsverbot

Ratsmitglieder haben eine besondere Treupflicht gegenüber der Gemeinde. Hierunter fällt 231
nach § 43 Abs. 2 i.V.m. § 32 Abs. 1 S. 2 GO auch das **Vertretungsverbot**.

Danach dürfen Ratsmitglieder Ansprüche Dritter gegen die Gemeinde nicht geltend machen, es sei denn, dass sie als gesetzliche Vertreter handeln. Von diesem Vertretungsverbot sind insbesondere Ratsmitglieder, die hauptberuflich als **Rechtsanwälte** tätig sind, betroffen. Das Vertretungsverbot betrifft neben Rechtsanwälten aber auch Rechtsbeistände, Steuerberater, Steuerbevollmächtigte und sonstige Personen, die die Vertretung fremder Personen berufsmäßig betreiben. Diese Treupflicht gilt außer für Ratsmitglieder auch für Mitglieder eines Ausschusses und einer Bezirksvertretung, wenn die geltend gemachten Ansprüche im Zusammenhang mit ihren Aufgaben stehen.

232 Das Vertretungsverbot ist **inhaltlich weit** gefasst. Es soll damit verhindert werden, dass Ratsmitglieder ihren politischen Einfluss zu Gunsten der von ihnen vertretenen Personen ausnutzen.[69] Jegliche gerichtliche oder außergerichtliche Geltendmachung oder Abwehr von Ansprüchen anderer gegen die Gemeinde ist dem Ratsmitglied untersagt. Darunter fallen sowohl zivilrechtliche als auch öffentlich-rechtliche Ansprüche. Umfasst sind also Leistungs-, Gestaltungs- und Feststellungsbegehren. Insbesondere die Erhebung von Anfechtungs- oder Verpflichtungsklagen gegen Verwaltungsakte der Gemeinde zählt hierzu.[70] Das Vertretungsverbot ist trotz seines weiten Anwendungsbereiches mit der Berufsausübungsfreiheit des Art. 12 Abs. 1 GG zu vereinbaren. Insbesondere aufgrund des wichtigen Schutzzweckes ist der Eingriff in den Schutzbereich durch hinreichende Gründe des Gemeinwohles gerechtfertigt.[71]

Nicht vom Vertretungsverbot erfasst ist jedoch die anwaltliche Vertretung in **Ordnungswidrigkeiten- und Strafverfahren**. Hierbei geht es nicht um die Abwehr oder Geltendmachung von Ansprüchen im eigentlichen Sinne, sondern um die Abwehr einer staatlichen Sanktion.[72]

Beispiel R ist Mitglied des Gemeinderats der Gemeinde G. Im Rahmen ihrer Tätigkeit als Rechtsanwältin vertritt sie einen ihrer Mandanten in einem Ordnungswidrigkeitenverfahren gegen die Gemeinde. ■

Das Vertretungsverbot gilt zudem nicht im **Kommunalverfassungsstreit**[73]. Dabei geht es nämlich nicht um Ansprüche Dritter gegen die Gemeinde, sondern um einen gemeindeinternen Streit innerhalb eines Gemeindeorgans oder zwischen Gemeindeorganen.

Beispiel Rechtsanwältin R ist Mitglied der A-Fraktion. Diese erhebt im Rahmen eines Kommunalverfassungsstreits eine Leistungsklage gegen den Rat, da sie der Auffassung ist, ihr stünden aus Gründen der Gleichbehandlung mehr finanzielle Zuwendungen im Sinne des § 56 Abs. 3 S. 1 GO zu. R kann ihre Fraktion vor dem Verwaltungsgericht wirksam vertreten. ■

Schließlich sind Ratsmitglieder auch nicht gehindert, als Vertreter eines Bürgerbegehrens zu agieren und ggf. in dieser Funktion gegen die Gemeinde zu klagen, wenn der Rat sich weigert, die Zulässigkeit des Bürgerbegehrens festzustellen.[74] Hierbei geht es um eine Vertretungsberechtigung, die nach der Spezialregelung des § 26 Abs. 2 S. 2 GO *allen Bürgern* zustehen kann, gleichgültig, ob sie zudem in der Gemeinde Ämter oder Mandate wahrnehmen.[75]

69 *OVG NRW* Beschluss vom 23.7.1981 – 9 B 34/81 –, NJW 1982, 67 m.w.N.
70 *Hofmann/Theisen/Bätge* 2.7.2.3.
71 *BVerfG* Beschluss vom 21.1.1976 – 2 BvR 572/74 –, DVBl. 1976, 389; *BVerfG* Beschluss vom 20.1.1981 – 2 BvR 632/78 –, DVBl. 1981, 489, 490, *BVerfG* Beschluss vom 7.10.1987 – 2 BvR 674/84 –, DVBl. 1988, 54.
72 *Hofmann/Theisen/Bätge* 2.7.2.3.
73 Vgl. hierzu im Einzelnen Rn. 339 ff.
74 Vgl. zu dieser Klage Rn. 130.
75 Vgl. *OVG RhPf* Urteil vom 6.2.1996 – 7 A 12861/95 –, NVwZ-RR 1997, 241 ff.

Für den Fall einer Bürogemeinschaft oder einer Anwaltssozietät ist nur derjenige Anwalt ausgeschlossen, der selbst Ratsmitglied ist. Für alle anderen Anwälte der Sozietät gilt das Vertretungsverbot nicht.[76] Dies folgt aus dem bei Art. 12 Abs. 1 GG zu beachtenden **Verhältnismäßigkeitsgrundsatz**. Das Vertretungsverbot kann nach Auffassung der Rechtsprechung zur **Ausschließung des Rechtsanwalts** im gerichtlichen Verfahren führen.[77] Prozessuale Handlungen des Rechtsanwalts, die entgegen dem Vertretungsverbot des § 32 Abs. 1 S. 2 GO vorgenommen werden, bleiben jedoch solange rechtswirksam, bis der Bevollmächtigte durch Gerichtsbeschluss ausdrücklich zurückgewiesen wird. **233**

cc) Mitwirkungsverbot wegen Befangenheit

Wenn ein Ratsmitglied von einer anstehenden Entscheidung im Rat persönlich besonders betroffen sein kann, so bestehen zwei Gefahren: **234**

- Zum einen steigt aufgrund der persönlichen Betroffenheit die Gefahr, dass die **Entscheidung** nicht mehr ausschließlich auf das öffentliche Wohl bezogen ist (§ 43 Abs. 1 GO).
- Zum anderen besteht die Gefahr eines **Ansehensverlustes der öffentlichen Verwaltung**, wenn Betroffene an Sachentscheidungen mitwirken und damit der „böse Schein" einer voreingenommenen, aus individueller Betroffenheit geprägten Auffassung besteht.

(1) Doppelter Schutzweck

Zum Schutze der Sachgerechtigkeit der Entscheidung und der Vermeidung eines Ansehensverlustes der öffentlichen Verwaltung hat deshalb der Gesetzgeber in § 50 Abs. 6 GO ausdrücklich angeordnet, dass ein Mitglied des Rates, in dessen Person ein Ausschließungsgrund nach § 31 GO besteht, weder an der Beratung noch an der Beschlussfassung einer Ratsentscheidung teilnehmen kann. In § 31 GO hat der Gesetzgeber abschließend die Ausschließungsgründe beschrieben. **235**

(2) Gesetzliche Absicherungen des Mitwirkungsverbotes

Da die Ausschließungsgründe oftmals individuell-persönlicher Natur sind, müssen andere davon nicht zwangsläufig Kenntnis haben. **236**

Beispiel Das Ratsmitglied R ist Mitglied des Aufsichtsrates einer GmbH. Der Rat berät und beschließt über einen Bebauungsplan, in dessen Geltungsbereich das Betriebsgrundstück der GmbH liegt. Zwar liegt ein Mitwirkungsverbot des R gemäß § 50 Abs. 6 i.V.m. §§ 43 Abs. 2, 31 Abs. 2 Nr. 2 GO vor, da die Entscheidung der GmbH einen unmittelbaren Vor- oder Nachteil bringen kann und R in maßgeblicher Funktion bei der GmbH tätig ist. Wenn aber im Rat nur R von seiner Mitgliedschaft im Aufsichtsrat wüsste und deshalb an der Entscheidung mitwirkt, so könnte das Mitwirkungsverbot zum „stumpfen Schwert" verkommen. ■

Damit das Mitwirkungsverbot nach § 50 Abs. 6 GO auch wirkungsvoll ist, hat der Gesetzgeber vier Absicherungen geregelt: **237**

- In **präventiver** Hinsicht besteht eine **allgemeine Offenbarungspflicht** der Ratsmitglieder gegenüber dem Bürgermeister gemäß § 43 Abs. 3 GO über ihre wirtschaftlichen und persönlichen Verhältnisse, sofern diese für die Mandatsausübung von Bedeutung sein kön-

76 *Brunner* in Kleerbaum/Palmen, § 32 Erl. IV.
77 *OVG NRW* Urteil vom 5.7.1971 – VII B 69/71 –, OVGE 27, 73.

nen. Dadurch ist eine frühzeitige Erkennung und Begegnung von Verstößen gegen das Mitwirkungsverbot möglich.

- Die allgemeine Offenbarungspflicht wird ergänzt durch eine **Pflicht zur Anzeige** des Mitwirkungsverbotes **im Einzelfall** nach § 43 Abs. 2 i.V.m. § 31 Abs. 4 GO.
- Wirkt ein befangenes Ratsmitglied trotz Mitwirkungsverbotes an einer Ratsentscheidung mit, so liegt ein **Verfahrensfehler** vor, der (aber nur) dann **zur Unwirksamkeit des Beschlusses führt**, wenn er für das *Abstimmungsergebnis entscheidend* war (§ 31 Abs. 6 GO). Dies ist dann der Fall, wenn die **Stimme** des Befangenen für das Abstimmungsergebnis ausschlaggebend war. Im Falle *geheimer Abstimmung* ist die Stimme in diesem Sinne entscheidend, wenn abstrakt die Möglichkeit besteht, dass sich ohne Mitwirkung des Befangenen das Abstimmungsergebnis verändert hätte.[78] Die bloße Mitwirkung an der Beratung dieser Angelegenheit (z.B. in der vorbereitenden Ausschusssitzung) unterliegt zwar bereits dem Mitwirkungsverbot, hat aber nicht die vorausgesetzte Entscheidungserheblichkeit. Dies gilt selbst dann, wenn das befangene Ratsmitglied faktisch über eine besondere Überzeugungskraft verfügen sollte. Es ist hierbei zu bedenken, dass in rechtlicher Hinsicht jedes Ratsmitglied sein Stimmrecht einzeln ausübt und nicht an Aufträge gebunden ist (§ 43 Abs. 1 GO). Insofern liegt die vom Gesetz verlangte Erheblichkeit noch nicht vor, wenn das befangene Mitglied im Rahmen der Beratungen lediglich seine Meinung geäußert hat.[79]
  Der Verfahrensfehler kann aber auch im Falle der Entscheidungserheblichkeit aus Gründen der Rechtssicherheit vom Bürgermeister gemäß § 54 Abs. 4 GO nicht mehr beanstandet werden, wenn seit der Beschlussfassung bzw. öffentlichen Bekanntmachung ein Jahr vergangen ist und eine Rüge gegenüber der Gemeinde nicht erfolgt ist. Bei Satzungen ergibt sich die **Unbeachtlichkeit** dieses Verfahrensfehlers bereits aus dem insoweit spezielleren § 7 Abs. 6 GO.

JURIQ-Klausurtipp

Die beiden Vorschriften der §§ 54 Abs. 4 und 7 Abs. 6 GO werden in Fällen, die die Befangenheitsthematik zum Gegenstand haben, teilweise übersehen. Insbesondere wenn Ihnen im Sachverhalt Daten genannt werden, sollten sie „hellhörig“ werden und an eine mögliche Fristenrelevanz denken.

- Zuletzt hat der Gesetzgeber zum Schutze des Mitwirkungsverbotes in § 43 Abs. 4 Buchstabe b GO eine **Schadenersatzpflicht** des Ratsmitgliedes vorgesehen, welches trotz Mitwirkungsverbotes und (positiver) Kenntnis des Ausschließungsgrundes an der Beschlussfassung mitgewirkt hat. Dieser ist schadenersatzpflichtig, wenn die Gemeinde durch den Ratsbeschluss einen Schaden erleidet.

Beispiel Das Oberverwaltungsgericht hebt gemäß § 47 Abs. 1 Nr. 1 VwGO einen Bebauungsplan auf, da der zugrunde liegende Satzungsbeschluss des Rates gemäß § 43 Abs. 2 i.V.m. § 31 Abs. 6 GO nichtig ist. Infolgedessen werden Amtshaftungsansprüche gegen die Gemeinde geltend gemacht. Die Gemeinde kann im Innenverhältnis zum Ratsmitglied, welches die Nichtigkeit des Ratsbeschlusses in Kenntnis seines Ausschließungsgrundes verursacht hat, einen Regressanspruch aus § 43 Abs. 4 Buchstabe b GO herleiten. ■

78 *Brunner* in Kleerbaum/Palmen, § 31 Erl. X.3.

79 *OVG NRW* Beschluss vom 23.12.1991 – 19 B 3089/91 –, DVBl. 1992, 448, *Brunner* in Kleerbaum/Palmen, § 31 Erl. X.3; a.A. *Wansleben* in Held/Winkel, § 31, Anm. 8.1.

(3) Prüfung des Mitwirkungsverbotes bei Befangenheit

Die Ausschließungsgründe, die ein Mitwirkungsverbot auslösen, sind in § 31 Abs. 1–3 GO beschrieben. Hierfür kann folgendes Aufbauschema herangezogen werden: 238

Mitwirkungsverbot bei Befangenheit

I. Persönlicher Anwendungsbereich (Entscheidungsträger)
1. Ratsmitglieder (§ 43 Abs. 2 GO)
2. Bürgermeister (§ 50 Abs. 6 GO)
3. Mitglieder der Ausschüsse und Bezirksvertretungen (§ 43 Abs. 2 GO)
4. Sonstige ehrenamtlich Tätige (§ 31 GO in direkter Anwendung)

II. Maßgeblicher Personenkreis, bei dem die Möglichkeit des Vor- oder Nachteils bestehen muss (von der Entscheidung Betroffene)
1. Mitglied selbst (§ 31 Abs. 1 S. 1 Nr. 1 GO)
2. Angehörige (§ 31 Abs. 1 S. 1 Nr. 2, Abs. 5 GO)
3. eine vom Mitglied des Rates vertretene natürliche oder juristische Person (§ 31 Abs. 1 S. 1 Nr. 3 GO)
4. Mitglied ist in bestimmter Funktion beschäftigt bzw. tätig (Fälle des § 31 Abs. 2 GO)

III. Möglichkeit eines unmittelbaren Vor- oder Nachteils
1. Möglichkeit des Vor- oder Nachteils
2. Unmittelbarkeit
   Feststellung der Unmittelbarkeit Rn. 247

IV. Kein Ausschluss nach § 31 Abs. 3 GO

V. Rechtsfolge
1. Verlassen des Sitzungsraumes bzw. bei öffentlicher Sitzung Aufhalten im Zuhörerraum, § 31 Abs. 4 GO
2. Wenn Befangener trotz Mitwirkungsverbot mitgestimmt hat
   a) **Grundsatz:** Gemäß § 31 Abs. 6 GO ist der dadurch rechtswidrige Beschluss auch nichtig, sofern die Mitwirkung für das Abstimmungsergebnis entscheidend war.
   b) **Ausnahme:** Dies gilt nicht (Unbeachtlichkeit des Fehlers), wenn ein Jahr vergangen ist
      aa) bei Satzungen nach Verkündung (§ 7 Abs. 6 GO),
      bb) im Übrigen nach Beschlussfassung bzw. öffentlicher Bekanntmachung (§ 54 Abs. 4 GO).

PRÜFUNGSSCHEMA

(a) Persönlicher Anwendungsbereich Bei den beteiligten Personen ist zwischen dem Mitglied zu unterscheiden, das an der Entscheidung mitwirkt (Entscheidungsträger) und dem Personenkreis, dem die Entscheidung einen Vor- oder Nachteil bringen kann (von der Entscheidung Betroffene). 239

Der persönliche Anwendungsbereich betrifft die Frage, wer an das Mitwirkungsverbot gebunden ist. § 50 Abs. 6 GO stellt klar, dass neben den Ratsmitgliedern (§ 43 Abs. 2 GO)

auch der Bürgermeister als Mitglied des Rates kraft Gesetzes dem Mitwirkungsverbot unterliegen kann. An das Mitwirkungsverbot gebunden sind zudem die Mitglieder der Ausschüsse und der Bezirksvertretungen (§ 43 Abs. 2 GO) sowie ehrenamtlich Tätige (§ 31 GO).

240 **(b) Maßgeblicher Personenkreis, dem die Entscheidung einen Vor- oder Nachteil bringen kann** Der maßgebliche Personenkreis, dem die Entscheidung einen Vor- oder Nachteil bringen kann und damit zu einem Mitwirkungsverbot des Mitglieds führt, ist in § 31 Abs. 1 und 2 GO aufgeführt.

Hierzu gehört zunächst einmal der Fall, dass die Entscheidung dem Mitglied **selbst** einen unmittelbaren Vor- oder Nachteil bringen kann (§ 31 Abs. 1 S. 1 Nr. 1 GO).

Beispiel Ratsmitglied R ist Eigentümer eines Grundstückes, welches nach bestehendem Planungsrecht als Grünfläche ausgewiesen ist. Im Rat steht die Entscheidung über die Aufstellung eines Bebauungsplanes an, der eine Ausweisung als „Allgemeines Wohngebiet" vorsieht. Dadurch erfährt das Grundstück des R eine erhebliche Wertsteigerung. R darf deshalb bei der Angelegenheit weder beratend noch entscheidend mitwirken. ■

Hinweis

Die Mitwirkungsverbote sind nicht strikt „egoistisch" ausgerichtet. Es reicht aus, dass die Entscheidung auch einer Person aus einem bestimmten anderen – dem Entscheidungsträger abstrakt nahestehenden – Personenkreis (Angehörige, Vertretene, Arbeitgeber etc.) einen unmittelbaren Vor- oder Nachteil bringen kann.

241 Das Mitglied ist auch dann von der Beratung und Entscheidung ausgeschlossen, wenn die Entscheidung einem seiner **Angehörigen** einen unmittelbaren Vor- oder Nachteil bringen kann. Da das Mitglied diesem Personenkreis abstrakt besonders nahe steht, ist auch in diesen Fällen der oben dargestellte doppelte Schutzzweck des Mitwirkungsverbotes berührt.

Die Angehörigeneigenschaft ist in § 31 Abs. 5 GO legal definiert.

Beispiel Ratsmitglied R wirkt an der Beschlussfassung über einen Bebauungsplan mit, in dessen Geltungsbereich sein Schwager S Eigentümer eines Grundstückes ist. ■

242 Nach § 31 Abs. 1 S. 1 Nr. 3 GO ist das Mitglied auch ausgeschlossen, wenn die Entscheidung einer von ihm kraft Gesetzes oder kraft Vollmacht vertretenen natürlichen oder juristischen Person einen unmittelbaren Vor- oder Nachteil bringen kann. Bei Bevollmächtigungen gilt dies aber nur, wenn sich die Vollmacht auch auf *diejenigen* Angelegenheiten bezieht, deren Entscheidung dem Vollmachtgeber einen unmittelbaren Vor- oder Nachteil bringen kann.

Zu den Vertretenen gehören solche,

- die kraft Vollmacht vertreten werden (z.B. der Rechtsanwalt, der kraft Anwaltsvertrages vertraglich bevollmächtigt ist) und
- die kraft Gesetzes vertreten werden (z.B. der Verein durch den Alleinvorstand nach § 26 BGB oder die GmbH durch den Geschäftsführer nach § 35 GmbHG; sofern zur Vertretung ein kollegiales Organ – z.B. mehrköpfiger Vorstand – berufen ist, folgt die Befangenheit aus der spezielleren Regelung des § 31 Abs. 2 Nr. 2 GO).

Bei den Ausschließungsgründen nach § 31 Abs. 2 GO ist das Mitglied in bestimmter Funktion für einen Dritten beschäftigt oder tätig. Das Mitwirkungsverbot greift dann, wenn der Dritte durch die Mitwirkung des Mitglieds einen unmittelbaren Vor- oder Nachteil erlangen kann. **243**

Eine Besonderheit gilt für § 31 Abs. 2 Nr. 1 GO. Bei einer Beschäftigung des Mitgliedes als **Arbeitnehmer** für den Dritten (Arbeitgeber) ist der Ausschließungsgrund nur dann gegeben, *„wenn nach den tatsächlichen Umständen, insbesondere der Art seiner Beschäftigung, ein Interessenwiderstreit anzunehmen ist"*. Insoweit sind die Umstände des Einzelfalles wie die Stellung des Arbeitnehmers innerhalb des Betriebes, seine Weisungsabhängigkeit, die Sachnähe und dienstliche Befassung mit der Angelegenheit entscheidend.[80] **244**

Beispiele Bei „einfachen" Arbeitnehmern wird ein Ausschließungsgrund nur dann vorliegen, wenn es bei der Entscheidung des Rates um Auswirkungen für den individuellen Arbeitsplatz oder für den Bestand des Betriebes im Ganzen (und damit gleichzeitig für den eigenen Arbeitsplatz) geht.

Bei kleineren Betrieben oder bei besonderer individueller Betroffenheit ist regelmäßig die Vergabe eines Auftrages an den Arbeitgeber ein Ausschließungsgrund für das dort beschäftigte Mitglied.

Bei Lehrern, die beim Land beschäftigt sind, und bei Entscheidungen im Gemeinderat über Schulträgerangelegenheiten mitwirken, ist regelmäßig kein Vor- oder Nachteil für das Land nach § 31 Abs. 2 GO zu erwarten.

Bei der Auflösung einer Schule durch den Rat, kann allerdings der Lehrer, der selbst in der Schule unterrichtet, nach § 31 Abs. 1 S. 1 Nr. 1 GO befangen sein.[81] ■

Anders als bei dem Befangenheitsgrund nach § 31 Abs. 2 Nr. 1 GO muss im Falle des § 31 Abs. 2 Nr. 2 GO kein konkreter Interessenkonflikt über die Tätigkeit beim Dritten hinaus festgestellt werden. Wenn also der Entscheidungsträger Mitglied eines Organs einer juristischen Person oder Vereinigung ist, der die Entscheidung einen unmittelbaren Vor- oder Nachteil bringen kann, so ist ohne weiteres ein Mitwirkungsverbot gegeben. **245**

Beispiel Ratsmitglied R ist ehrenamtliches Mitglied des Vorstandes der Lebenshilfe e.V. Der Gemeinderat will darüber beraten, der Lebenshilfe e.V. eine Bürgschaft zur Errichtung eines Wohnheimes zu bewilligen. R kann hierbei im Rat weder beratend noch entscheidend mitwirken, da er gemäß § 31 Abs. 2 Nr. 2 GO befangen ist. ■

Eine in der Praxis wichtige **Ausnahme** gilt nur, wenn der Betreffende dort als **Vertreter der Gemeinde** tätig ist.

Beispiele Ratsmitglied R kann im Rat nicht mitwirken, wenn es dort um den Verkauf eines städtischen Grundstücks an die G-GmbH geht, bei der er Mitglied des Aufsichtsrates ist.

Sofern er aber vom Rat als Vertreter in den Aufsichtsrat der Stadtwerke-GmbH entsandt wird, könnte er bei einem Ratsbeschluss über den Verkauf eines städtischen Grundstücks an die Stadtwerke-GmbH mitwirken. ■

80 *Brunner* in Kleerbaum/Palmen § 31 Erl. V.

81 *Rehn/Cronauge/von Lennep/Knirsch* § 31 Anm. III.2.

Des Weiteren schließt nach § 31 Abs. 2 Nr. 3 GO die private Gutachtenerstellung oder sonstige Tätigkeit in der Angelegenheit eine Mitwirkung aus. Das Gesetz vermutet bei privaten oder beruflichen Tätigwerden in nichtöffentlicher Eigenschaft grundsätzlich einen Verlust der gebotenen Neutralität. Das Mitwirkungsverbot gilt insbesondere für private Sachverständige und Gutachter und kann z.B. Architekten, Beratende Ingenieure, Steuerberater und Rechtsanwälte treffen. Um eine zu extensive Auslegung zu vermeiden, die eine übermäßige Veränderung der politischen Mehrheitsverhältnisse mit sich bringen könnte, ist bei der „sonstigen" Vorbefassung mit der Angelegenheit eine **enge sachliche, örtliche und sachliche Übereinstimmung** mit dem Beschlussgegenstand zu fordern.[82]

Beispiel Rechtsanwalt R hat sich gegen ein Entgelt rechtsgutachterlich über die Frage der baurechtlichen Zulässigkeit einer Flüchtlingsunterkunft in der Nähe eines Wohngebietes geäußert. Er darf deshalb als Ratsmitglied nicht an der Beschlussfassung über die Frage des Standortes mitwirken. ■

246 **(c) Möglichkeit eines unmittelbaren Vor- oder Nachteils** Die Begriffe des Vor- und Nachteils sind grundsätzlich weit auszulegen.[83] Dies folgt aus dem Schutzzweck der Norm, bei dem bereits der mögliche „böse Schein" einer aufgrund persönlicher Betroffenheit nicht am Gemeinwohl ausgerichteten Mitwirkung vermieden werden soll. Ein individuelles Sonderinteresse darf nicht über das Allgemeininteresse gestellt werden.

Zu berücksichtigen ist, dass bereits die **Möglichkeit** eines unmittelbaren Vor- oder Nachteils ausreicht. Es ist deshalb nicht maßgeblich, ob tatsächlich eine individuelle Betroffenheit besteht oder nicht. Erforderlich, aber auch ausreichend ist vielmehr, dass der Eintritt eines Vorteils oder Nachteils aufgrund der fraglichen Entscheidung aus objektiver Sicht konkret möglich und hinreichend wahrscheinlich erscheint.

Beispiel[84] Die vom Rat zu entscheidende Schließung eines Schulstandortes, an dem die Tochter eines Ratsmitgliedes Schülerin ist, würde zu einer räumlichen Ausdehnung des Schulweges seiner Tochter von 1,1 km auf 3,7 km führen. Aufgrund der Busverbindungen und der Lage der Bushaltestellen versucht das Ratsmitglied nachzuweisen, dass trotz der unstrittig vorliegenden Verlängerung des Schulweges dies nicht zu einem nennenswerten Zeitverlust oder steigenden Buskosten für seine Tochter führen würde. Diese Einlassung ist zurückzuweisen, da bei *objektivierender* Betrachtung mit der Schulwegverlängerung um 2,6 km *potentiell* ein konkreter, nicht unerheblichen zeitlicher Mehraufwand einhergeht. Das Ratsmitglied darf daher an dieser Entscheidung nicht mitwirken. ■

Unter **Vorteil** ist jede Vergünstigung oder Verbesserung der rechtlichen, wirtschaftlichen, sozialen oder sonstigen Lage der betroffenen Person (Mitglied selbst bzw. Dritter im Sinne des § 31 Abs. 1, 2 und 5 GO) zu verstehen.[85] Ein **Nachteil** ist jegliche entsprechende Schlechterstellung.

Maßgeblich ist das **individuelle Sonderinteresse**, welches vom allgemeinen gesellschaftlichen, weltanschaulichen oder politischen Allgemeininteresse abzugrenzen ist.

82 *Smith* in Kleerbaum/Palmen, § 31 Erl. IV. 5 m.w.N. auch zur Rechtsprechung.
83 *OVG NRW* Urteil vom 12.9.1962 – III A 537/62 –, OVGE 8, 104.
84 *OVG NRW* Beschluss vom 8.5.2015 – 15 A 1523/14 –, KommJur 2015, 255.
85 *Brunner* in Kleerbaum/Palmen, § 31 Erl. II 1.

Um beurteilen zu können, ob die Entscheidung einer Angelegenheit die Möglichkeit eines unmittelbaren Vor- oder Nachteils bringen kann, muss klar sein, auf welche Angelegenheit konkret abzustellen ist. Dies bestimmt sich nach dem Beratungsgegenstand der Sitzung, der in der **Tagesordnung in Verbindung mit einer etwaigen Sitzungsvorlage** festgelegt wird. Zur Entscheidung stehen demnach alle im Rahmen der festgesetzten Tagesordnung zulässigen Entscheidungsmöglichkeiten an.

Beispiel[86] In der Tagesordnung des Rates ist als Beratungsgegenstand unter Tagesordnungspunkt 5 festgesetzt *„Schäden an öffentlichen Verkehrsflächen im Baugebiet Nord"*. Zum Baugebiet Nord gehört auch die N-Straße, auf der das Ratsmitglied R Grundstückseigentümer ist. Die Verwaltung schlägt in der Sitzungsvorlage vor, sanierungstechnische Maßnahmen auf der S-Straße durchzuführen, die ebenfalls zum Baugebiet Nord gehört, durchzuführen. Da sich allerdings die Entscheidungsmöglichkeiten des Rates weder rechtlich noch tatsächlich auf die S-Straße verengen, sondern auch das weitere Schicksal der N-Straße umfassen können, kann R als Anlieger der N-Straße einen unmittelbaren Vor- oder Nachteil aus der Entscheidung haben und ist daher befangen nach § 43 Abs. 2 i.V.m. § 31 Abs. 1 S. 1 Nr. 1 GO. ■

Eine Besser- oder Schlechterstellung des Betroffenen ist jedenfalls bei finanziellen Auswirkungen gegeben. In Anbetracht der notwendigen weiten Auslegung des Vor- und Nachteilsbegriffs können aber auch andere Aspekte in Betracht kommen.

Beispiel Der Rat der Stadt S beschließt über die Verleihung des Ehrenbürgerrechts an Herrn Hans-Gottfried B, dem Onkel von Ratsmitglied R. R kann hierbei nach § 43 Abs. 2 i.V.m. § 31 Abs. 1 S. 1 Nr. 2, Abs. 5 GO nicht mitwirken, da Hans-Gottfried B. als sein Angehöriger aus der Ratsentscheidung einen unmittelbaren Vor- oder Nachteil erlangen kann. Zwar ist die individuelle Betroffenheit bei Hans-Gottfried B. nicht wirtschaftlicher Natur, sie ist aber jedenfalls ideeller Art und hat Auswirkungen auf sein persönliches Ansehen. Letzteres reicht für ein Mitwirkungsverbot schon aus. ■

Das weitere Merkmal der **Unmittelbarkeit** des Vor- oder Nachteils wird vom Gesetzgeber in 247
§ 31 Abs. 1 S. 2 GO legal definiert.

> **Unmittelbar** ist der Vor- oder Nachteil, wenn die Entscheidung die relevante natürliche oder juristische Person direkt berührt.

Voraussetzung ist also eine direkte Kausalbeziehung zwischen der zu treffenden Entscheidung und dem möglichen daraus resultierenden Vor- oder Nachteil. Daran fehlt es, wenn noch ein weiterer wesentlicher Zwischenschritt – wie etwa selbstständige (autonome) Entscheidungen oder das Handeln Dritter – notwendig sind.[87] An solchen wesentlichen selbstständigen Zwischenschritten fehlt es aber insbesondere dann, wenn der Ratsbeschluss notwendigerweise nur noch der Umsetzung durch den Bürgermeister bedarf.

» Nutzen Sie den Service, den Ihnen der Gesetzgeber mittels Legaldefinitionen bietet und zitieren Sie diese zu Beginn einer jeden Auslegung und Subsumtion des Begriffes. «

Beispiele Ratsmitglied R wirkt an der Beschlussfassung des Rates über den Verkauf eines städtischen Grundstückes mit, das an seine Tochter verkauft werden soll. Obwohl der nachfolgende Abschluss des Kaufvertrages erst noch durch den Bürgermeister zu erfolgen hat

86 *VG Münster* Urteil vom 5.12.2017 – 1 K 1187/15 –, juris, Rn. 38 ff. m.w.N.
87 *Rehn/Cronauge/von Lennep/Knirsch* § 31 Anm. II.2.

(§§ 63, 64 GO), ist eine Unmittelbarkeit gegeben, da die Durchführungshandlung des Bürgermeisters lediglich ein formaler Akt ist. Der Ratsbeschluss bestimmt die Modalitäten des Kaufvertrages und der Bürgermeister ist zu seiner Umsetzung verpflichtet (§ 62 Abs. 2 S. 2 GO).

Bei der Aufstellung eines Bebauungsplanes können *planbetroffene* Eigentümer einen unmittelbaren Vor- oder Nachteil erlangen. Die Festsetzungen des Bebauungsplanes haben unmittelbare Auswirkungen auf die Bebaubarkeit der im Plangebiet gelegenen Grundstücke und beeinflussen allein dadurch auch den Wert der Grundstücke. Hierfür ist insbesondere keine Baugenehmigung abzuwarten.

Auch *außerhalb* des Plangebietes können sich für benachbarte Grundstücke unmittelbare Folgen ergeben, wie etwa Wertsteigerungen durch eine bessere Erschließung oder Wertminderungen durch Festsetzung von Industriegebieten. Auch die Frage der Grenzziehung des Plangebietes ist insoweit von Bedeutung.[88] Letztlich reichen für die erforderliche individuelle Betroffenheit von Grundstückspositionen, die außerhalb des Plangebietes liegen, konkrete und unmittelbare Ausstrahlungswirkungen der Festsetzungen eines Bebauungsplanes. Diese können sich auch durch den Zu- und Abfahrtverkehr ergeben, wenn dieser in erheblicher und spezifischer Weise am Grundstück des Ratsmitglieds vorbei abgewickelt wird. Die Beurteilung hängt von den Umständen des Einzelfalles ab.[89]

Bei Mietern im Plangebiet ist eine Befangenheit dann zu bejahen, wenn sie ein erhebliches Eigeninteresse an einer planungsrechtlichen Situation haben, wie z.B. bei der Festsetzung einer Fußgängerzone bei vorhandenem gewerblichen Mietbesitz eines Einzelhandelsgeschäftes auf der Straße. ■

248 **(d) Kein Ausschluss nach § 31 Abs. 3 GO** Die Ausschlussgründe des § 31 Abs. 1 und 2 GO gelten nicht, wenn die Ausnahmen nach § 31 Abs. 3 GO greifen. Vor allem bei einem **reinen Gruppeninteresse** (*wenn der Vor- oder Nachteil nur darauf beruht, dass jemand einer Berufs- oder Bevölkerungsgruppe angehört, deren gemeinsame Interessen berührt werden*) kann nicht mehr von dem erforderlichen *individuellen Sonderinteresse* gesprochen werden, § 31 Abs. 3 Nr. 1 GO. Gemeinsame kollektive Interessen eines nach allgemeinen Gesichtspunkten abgrenzbaren Personenkreises, die gleichgerichtete und typischerweise übereinstimmende Ziele zum Inhalt haben, werden daher nicht von den Mitwirkungsverboten umfasst (z.B. die „Hundehalter", die „Senioren" etc.).[90]

Beispiele Ratsmitglied R ist Grundstückseigentümer in der Gemeinde. Trotzdem kann er bei der Beschlussfassung über die Haushaltssatzung auch über die Höhe der Grundsteuer mitwirken. Er gehört lediglich zu der allgemeinen Gruppe der Grundstückseigentümer und hat kein davon zu unterscheidendes Sonderinteresse.

Ratsmitglied R betreibt ein Gewerbe in der Gemeinde. Er ist nicht gehindert, bei der Beschlussfassung über die Hebesätze der Gewerbesteuer mitzuwirken. Als Mitglied der allgemeinen Gruppe der Gewerbetreibenden hat er kein darüber hinausgehendes Sonderinteresse. ■

---

88 *OVG NRW* Urteil vom 24.2.1995 – 10a 40/90 –, NWVBl 1995, 339.

89 *OVG NRW* Beschluss vom 27.9.2017 – 15 A 1059/16 –, juris (Möglicher unmittelbarer Vor-/Nachteil bei Entfernung des eigenen Grundstücks und dem geplanten Baugebiet von weniger als 30 m und spezifischer Wohnumfeldveränderung); *OVG NRW* Urteil vom 12.3.2003 – 7a D 20/02 –, NVwZ-RR 2003, 667 (kein möglicher unmittelbarer Vor-/Nachteil bei Entfernung des eigenen Grundstücks von knapp 2 km vom Bebauungsplan und fehlenden Eingriff in die Verkehrsführung der Anliegerstraße).

90 *Rehn/Cronauge/von Lennep/Knirsch* § 31 Anm. IV.

(e) Rechtsfolge bei Mitwirkung trotz Verbotes Liegt ein Mitwirkungsverbot vor, so darf der davon Betroffene weder beratend noch entscheidend mitwirken (§ 31 Abs. 1 S. 1 GO). Sofern die Angelegenheit im öffentlichen Teil der Sitzung behandelt wird, reicht es, wenn er sich in den Zuhörerbereich begibt. Handelt es sich um eine Angelegenheit des nichtöffentlichen Teils, hat er den Sitzungsraum zu verlassen (§ 31 Abs. 4 S. 1 GO).

Besteht Streit über die Frage des Vorliegens eines Mitwirkungsverbotes bei Mandatsträgern, so entscheidet bei Ratsmitgliedern der Rat, bei Bezirksvertretern die Bezirksvertretung und bei Ausschussmitgliedern der Ausschuss über Ausschließungsgründe gemäß § 43 Abs. 2 Nr. 4 GO. Gegen die Ausschließungsentscheidung kann der Ausgeschlossene im Wege des Kommunalverfassungsstreits Feststellungsklage erheben (vgl. dazu im Einzelnen Rn. 339). Sein Begehren ist in diesem Fall darauf gerichtet, gerichtlich festgestellt zu bekommen, dass er nicht befangen ist und damit die Ausschließungsentscheidung rechtswidrig ist.

dd) Offenbarungspflicht

Gemäß § 43 Abs. 3 GO haben die Ratsmitglieder gegenüber dem Bürgermeister Auskunft über ihre wirtschaftlichen und persönlichen Verhältnisse zu geben, sofern das für die Mandatsausübung von Bedeutung sein kann. Die gilt auch für Ausschussmitglieder. Mitglieder der Bezirksvertretungen haben diese Offenbarungspflicht gegenüber dem Bezirksvorsteher. Ergänzend und unabhängig hiervon bestehen Auskunftspflichten nach dem Korruptionsbekämpfungsgesetz NRW. **250**

Hinweis

Die Schutzzwecke der Auskunftspflichten sind zu unterscheiden. Zweck der Offenbarungspflicht nach § 43 Abs. 3 GO ist eine frühzeitige Erkennung von Interessenkollisionen sowie drohende Verstöße gegen das Mitwirkungsverbot wegen Befangenheit abzuwehren. Die Zielrichtung des Korruptionsbekämpfungsgesetzes NRW ist dagegen die Bekämpfung von Korruptionsgefahren.

5. Rechtmäßigkeit von Ratsbeschlüssen

Die Rechtmäßigkeit von Ratsbeschlüssen ist angesichts der hervorgehobenen Kompetenzen des Rates von besonderer Bedeutung. **251**

a) Überblick

Der Rat erlässt Verwaltungsakte, beschließt Rechtsnormen, fasst sonstige rechtsverbindliche Beschlüsse, wählt Personen oder beschließt Stellungnahmen und Resolutionen. **252**

Beispiele Die Feststellung der Zulässigkeit eines Bürgerbegehrens gemäß § 26 Abs. 6 S. 1 GO ist ein Verwaltungsakt im Sinne des § 35 S. 1 VwVfG NRW.

Der Rat beschließt Rechtsnormen durch Erlass von Satzungen (§ 41 Abs. 1 S. 2 Buchstabe f GO) und von ordnungsbehördlichen Verordnungen (§ 27 Abs. 4 S. 1 OBG NRW).

Der Rat beschließt die Errichtung einer Anstalt des öffentlichen Rechts (§ 41 Abs. 1 S. 2 Buchstabe l GO).

Die Beigeordneten werden vom Rat nach § 71 Abs. 1 S. 3 GO gewählt, die ehrenamtlichen Stellvertreter des Bürgermeisters nach § 67 Abs. 1 S. 1 GO.

Der Rat gibt eine Stellungnahme ab zur Erteilung des Einvernehmens der Gemeinde gemäß § 36 BauGB über die Zulässigkeit eines Vorhabens im gemeindlichen Außenbereich.

Der Rat beschließt eine Resolution über die allgemeine Haushaltslage der Kommunen und schickt diese an das für Kommunales zuständige Ministerium. ■

Die Wirksamkeit dieser Rechtsakte und Stellungnahmen hängt von der Rechtmäßigkeit des jeweiligen Ratsbeschlusses ab. Rechtswidrige Ratsbeschlüsse sind zudem vom Bürgermeister nach § 54 Abs. 2 S. 1 GO zu beanstanden.

JURIQ-Klausurtipp

In Klausuren ist die Rechtmäßigkeit eines Ratsbeschlusses deshalb häufig auch inzident zu prüfen. In Fällen, in denen es auf einen wirksamen Ratsbeschluss ankommt, müssen die Rechtmäßigkeitsvoraussetzungen gedanklich durchgeprüft werden und bei Anlass (Problemen) in der Klausur dazu Stellung genommen werden.

b) Prüfung der Rechtmäßigkeit eines Ratsbeschlusses

253 Die Rechtmäßigkeitsprüfung eines Ratsbeschlusses kann im Einzelnen nach folgender Struktur vorgenommen werden:

Rechtmäßigkeit eines Ratsbeschlusses

A. Formelle Rechtmäßigkeit

I. Zuständigkeit

1. **Verbandskompetenz der Gemeinde** (Art. 28 Abs. 2 S. 1 GG, § 2 GO)
   - Wirkungskreis Rn. 260
2. **Organkompetenz des Rates** (Spezialnormen z.B. § 71 Abs. 1 S. 3 GO, ansonsten § 41 Abs. 2 S. 1, Abs. 1 GO)

II. Verfahren und Form (chronologisch aufbauen!)

1. **Ordnungsgemäße Einberufung** (§ 47 Abs. 1 GO)
   a) Konstituierende Sitzung (§ 47 Abs. 1 S. 2 GO)
   b) Bestimmung von Ort und Zeit obliegt Bürgermeister
   - Im Falle der Verhinderung des Bürgermeisters (BM): Rn. 264
2. **Festsetzung der Tagesordnung** (§ 48 Abs. 1 GO)
   a) Festsetzungskompetenz beim BM (§ 48 Abs. 1 S. 1 GO)
   b) Verpflichtung zur Aufnahme von fristgerechten Vorschlägen von 1/5 der Ratsmitglieder oder einer Fraktion (§ 48 Abs. 1 S. 2 GO)
   c) Erweiterung im Falle äußerster Dringlichkeit nach § 48 Abs. 1 S. 5 GO
3. **Vorherige rechtzeitige öffentliche Bekanntmachung** von Ort, Zeit und konkreter Tagesordnung (§ 48 Abs. 1 S. 4 GO)
   - hinreichend bestimmte Angaben Rn. 269
4. **Form- und fristgerechte Einladung** nach § 47 Abs. 2 GO i.V.m. Geschäftsordnung des Rates
   - Ladungsfrist Rn. 270
5. **Beschlussfähigkeit des Rates** nach § 49 GO
   - Feststellung der Beschlussfähigkeit: Rn. 274
   - Fiktion der Beschlussfähigkeit Rn. 278
   - Mitglieder führen bewusst und offenkundig durch Auszug die Beschlussunfähigkeit herbei; diese wird aber nicht festgestellt (§ 49 Abs. 1 S. 2 GO) Rn. 278
6. **Ordnungsgemäße Sitzungsleitung**
   a) Vorsitzender: Bürgermeister (§ 40 Abs. 2 S. 4 GO)
   b) Vertretung: Ehrenamtlicher Stellvertreter (§ 67 Abs. 1 S. 2 GO)
   c) Richtige Anwendung der Sitzungsordnung (§ 51 Abs. 1 GO)
7. **Öffentlichkeit der Ratssitzung** (§ 48 Abs. 2 GO)
   Ausschluss durch Geschäftsordnung bei Angelegenheiten einer bestimmten Art oder auf Antrag für einzelne Angelegenheiten (§ 48 Abs. 2 S. 2 und 3 GO)
   - ordnungsgemäße Auswahl bei kapazitätsübergreifenden Besucherandrang Rn. 283
   - einklagbarer Anspruch eines einzelnen Ratsmitglieds auf Einhaltung der Sitzungsöffentlichkeit Rn. 285
8. **Ordnungsgemäße Abstimmung** (§ 50 Abs. 1 GO): grds. offen; auf Antrag namentlich/geheim
   a) Erforderliche Mehrheit
   b) Modalitäten der Abstimmung:grds. offen; auf Antrag namentlich/geheim
   c) Berechnung des Abstimmungsergebnisses (§ 50 Abs. 5 GO)
9. **Kein Verstoß gegen Mitwirkungsverbote** (§§ 50 Abs. 6, 43 Abs. 2, 31 Abs. 1 GO)
10. **Kein Verstoß gegen das freie Mandat** (§ 43 Abs. 1 GO)
    - Informations- und Störungsbeseitigungsansprüche Rn. 279

PRÜFUNGSSCHEMA

PRÜFUNGSSCHEMA

III. Rechtsfolge formell fehlerhafter Ratsbeschlüsse
Grundsatz: Nichtigkeit
- Ausnahme 1: Bloßer Verstoß gegen die Geschäftsordnung (es sei denn: gleichzeitiger Verstoß gegen GO) Rn. 293
- Ausnahme 2: Mangelnde Entscheidungserheblichkeit im Fall des § 31 Abs. 6 GO Rn. 293
- Ausnahme 3: Unbeachtlichkeit kraft Fristablauf in den Fällen des § 7 Abs. 6 und § 54 Abs. 4 GO Rn. 293

B. Materielle Rechtmäßigkeit
I. Voraussetzungen nach Spezialgesetz (z.B. BauGB, KAG NRW, Bestattungsgesetz NRW u.a.)
II. Kein Verstoß gegen höherrangiges Recht (vgl. Normenhierarchie, insbes. GG, parlamentarische Bundes- und Landesgesetze oder Rechtsverordnungen)
III. Allgemeine Rechtmäßigkeitsvoraussetzungen, insbes. Verhältnismäßigkeit
IV. Bei Ermessen: keine Ermessensfehler, insbes. bei Verwaltungsakten (z.B. Straßenumbenennung)

254 Ein Ratsbeschluss ist dann rechtmäßig, wenn er formell und materiell rechtmäßig ist. Er muss daher nach den gesetzlichen Vorgaben in ordnungsgemäßer Weise zustande gekommen sein und inhaltlich mit allen wirksamen Rechtsnormen in Einklang stehen. Die formelle Rechtmäßigkeit beurteilt sich in aller Regel nach den Vorgaben der Gemeindeordnung, die überwiegend die Anforderungen des Demokratie- und Rechtstaatsprinzips an wirksame Beschlüsse von Volksvertretungen einfachgesetzlich konkretisiert hat.

Beispiel Gemäß § 48 Abs. 2 S. 1 GO haben die Sitzungen des Rates öffentlich stattzufinden. Dies ist eine Konkretisierung des aus dem Demokratieprinzip folgenden Transparenzgebotes. ■

255 **Formelle** Rechtmäßigkeitsanforderungen betreffen das ordnungsgemäße *Zustandekommen* des Ratsbeschlusses. Es geht hierbei konkret um die Zuständigkeit der Gemeinde und des Rates (Verbands- bzw. Organkompetenz), das ordnungsgemäße Verfahren im Rat (Beschlussfähigkeit etc.) und die ordnungsgemäße Form (schriftliche Einladung, vorherige öffentliche Bekanntmachung von Tagesordnung, Zeit und Ort der Sitzung).

256 Die **materielle** Rechtmäßigkeit eines Ratsbeschlusses geht dagegen der Frage nach, ob die beschlossenen Punkte auch *inhaltlich* rechtmäßig sind. Während die formelle Rechtmäßigkeit in aller Regel den gesamten Ratsbeschluss betrifft, kann die Beurteilung der materiellen Rechtmäßigkeit von Beschlusspunkt zu Beschlusspunkt unterschiedlich ausfallen.

Beispiel Der Rat beschließt unter TOP 1 ordnungsgemäß die Errichtung einer gemeindlichen Wirtschaftsförderungs-GmbH gemäß §§ 107 Abs. 2 S. 1 Nr. 3, 108 GO. Unter TOP 2 werden unter Verstoß gegen die materiell-rechtlichen Entsendungsvorgaben des § 113 Abs. 2 GO fehlerhaft Vertreter in den Aufsichtsrat dieser GmbH entsendet. Unter dem TOP „Verschiedenes" fällt am Ende der Sitzung auf, dass der Bürgermeister in formell-rechtlicher Hinsicht nicht rechtzeitig vor der Ratssitzung die Tagesordnung, Ort und Zeit der Sitzung öffentlich bekannt gemacht hat (§ 48 Abs. 1 S. 4 GO).

Alle Ratsbeschlüsse sind aufgrund des Verstoßes gegen § 48 Abs. 1 S. 4 GO formell rechtswidrig und damit **insgesamt** nichtig.

Wäre der unter TOP 1 gefasste Beschluss nicht formell rechtswidrig, so wäre trotz der materiellen Rechtswidrigkeit von TOP 2 die Errichtung der GmbH (TOP 1) wirksam, da diese Entscheidung auch ohne die nachfolgende (fehlgeschlagene) Vertreterbestellung selbstständig Bestand haben kann. ■

Anders als bei Verwaltungsakten und vergleichsweise der Rechtswidrigkeit von Gesetzen 257
sind Ratsbeschlüsse in ihren rechtswidrigen Teilen grundsätzlich **nichtig**. Sie entfalten insoweit keine rechtliche Wirkung. Rechtserhebliche Verstöße gegen formale gesetzliche Rechtmäßigkeitsanforderungen betreffen den gesamten Ratsbeschluss und führen in aller Regel zu dessen vollständiger Nichtigkeit, sofern nicht ausnahmsweise besondere Unbeachtlichkeitsvorschriften greifen (z.B. § 7 Abs. 6 und § 54 Abs. 4 GO).

Wenn man für einen Ratsbeschluss das Bild eines Baumes verwenden möchte, kann man sagen, dass formelle Rechtmäßigkeitsfehler den Stamm betreffen, während materielle Rechtmäßigkeitsfehler zunächst einmal nur die einzelnen Äste betreffen.

Wenn jedoch die materielle Rechtswidrigkeit eines Beschlusspunktes dazu führt, dass die anderen Punkte selbstständig keinen Bestand haben können, dann sind auch die anderen Beschlusspunkte nichtig. Dies folgt aus dem allgemeinen Rechtsgedanken des § 139 BGB.

Beispiel Wenn im oben genannten *Beispiel* der Beschluss zur Errichtung der GmbH rechtswidrig, aber die Vertreterentsendung rechtmäßig wäre, dann würde letztgenannter Beschlusspunkt mangels GmbH als Entsendungsempfängerin isoliert keinen Sinn machen und wäre deshalb von der Nichtigkeit des Errichtungsbeschlusses mit umfasst. ■

c) Zuständigkeit

Damit ein Ratsbeschluss formell rechtmäßig sein kann, muss der Rat überhaupt zuständig für 258
diese Entscheidung sein. Hierfür muss die Verbandskompetenz der Gemeinde und innerhalb der Gemeinde die Organkompetenz des Rates gegeben sein.

aa) Verbandskompetenz der Gemeinde

Die Verbandskompetenz der Gemeinde ist gegeben, wenn die Gemeinde für die beschlos- 259
sene Angelegenheit zuständig ist. Dies ist dann der Fall, wenn es sich um eine Angelegenheit handelt, die zum Wirkungskreis einer Gemeinde gehört.

Der **Wirkungskreis** der Gemeinde umfasst zum einen alle Aufgaben, die die Gemeinde zu 260
erfüllen hat. Zum anderen ist der Wirkungskreis der Gemeinde gemäß Art. 28 Abs. 2 S. 1 GG, § 2 GO erweitert auf alle öffentlichen Angelegenheiten, die einen Bezug zum Gemeindegebiet haben, sofern die Gesetze nicht ausdrücklich etwas anderes bestimmen. Da der Wirkungskreis der Gemeinde damit über die bloße Aufgabenerledigung hinausgeht, kann die Gemeinde sich auch mit öffentlichen Angelegenheiten befassen, die für sie keinen Aufgabenbezug haben und damit auch keine Entscheidungskompetenz vermitteln. Man spricht insoweit von einer **Befassungskompetenz** der Gemeinde. Die Befassungskompetenz setzt

aber immer einen *gebietsbezogenen* Charakter voraus. Hierfür reicht auch eine hinreichend greifbare potentielle Gebietsbetroffenheit. Nach Auffassung des Bundesverwaltungsgerichts kann sich eine Gemeinde auch vorsorglich mit solchen Fragen befassen, sofern eine **ortsspezifische Betroffenheit** vorliegt.[91]

Beispiele Der Gemeinde fehlt die Verbandskompetenz für eine Resolution des Rates gegen die Erzeugung und Nutzung von Kernenergie. Dies ist eine Aufgabe des Bundes gemäß Art. 87c GG. Weder ein gebietsbezogener Charakter, noch eine hinreichend konkrete potentielle Gebietsbetroffenheit sind erkennbar.

Anders liegt der Fall, wenn etwa Atommüll auf dem Gebiet der Gemeinde gelagert werden soll oder wenn Castor-Behälter über das Gemeindegebiet gefahren werden. Dann fehlt es zwar nach wie vor an der Aufgabenwahrnehmungs- und Entscheidungskompetenz der Gemeinde, aber Stellungnahmen/Resolutionen der Gemeinde sind nunmehr möglich zu Fragen der Lagerung oder zur Streckenführung bzw. Absicherung der Strecke **auf dem Gemeindegebiet**.

Nach bestrittener Auffassung des Bundesverwaltungsgerichts[92] kann sich eine Gemeinde durch Ratsbeschluss vorsorglich auch dann zur „atomwaffenfreien Zone" erklären, wenn aktuell noch keine Stationierungspläne bestehen.

Die Gründung und Pflege einer Städtepartnerschaft mit ausländischen Kommunen lässt sich trotz der Bundeskompetenz für auswärtige Beziehungen nach Art. 32 GG noch als örtliche Angelegenheit ansehen, da die Partnerschaft einen engen Bezug auf das Gebiet und die örtliche Gemeinschaft der bundesdeutschen Kommune aufweist.[93] Stellungnahmen zu aktuellen außenpolitischen Fragen, die sich außerhalb der Beziehungsebene der Städtepartnerschaft bewegen, stehen der Gemeinde aber nicht zu (vgl. den Übungsfall 1 in Rn. 58).[94] ■

bb) Organkompetenz des Rates

261 Zur Organkompetenz des Rates siehe die Ausführungen unter Rn. 203.

d) Verfahren

262 **JURIQ-Klausurtipp**

Bei der Prüfung der Einhaltung der Verfahrensvorschriften sollten sie **chronologisch** vorgehen. Es bietet sich an zunächst mit den die Ratssitzung vorbereitenden Schritten zu beginnen und nachfolgend die Durchführung der Ratssitzung zu untersuchen.

aa) Ordnungsgemäße Einberufung (§ 47 Abs. 1 GO)

263 Gemäß § 47 Abs. 1 S. 1 GO wird der Rat durch den **Bürgermeister** einberufen. Die Einberufungskompetenz folgt aus seiner Stellung als Vorsitzender des Rates. Sie umfasst auch die

91 *BVerwG* Urteil vom 14.12.1990 – 7 C 37/89, DVBl. 1991, 491.
92 *BVerwG* Urteil vom 14.12.1990 – 7 C 37/89, DVBl. 1991, 491.
93 *BVerwG* Urteil vom 14.12.1990 – 7 C 58/89, juris, Rn. 13; *Bätge* Rechtliche Aspekte der kommunalen Entwicklungszusammenarbeit im Ausland, 2018, S. 17.
94 *V. Ungern-Sternberg* Jura 2007, 256; *Schoch* Jura 2001, 121, 129.

Terminierungsbefugnis und die Bestimmung des Ortes. Dieses Recht kann dem Bürgermeister nicht vom Rat entzogen werden.

Beispiel Wenn der Rat durch Geschäftsordnung im Sinne des § 47 Abs. 2 GO mit bindender Wirkung für den Vorsitzenden regeln wollte, dass die Ratssitzungen stets um 15:00 Uhr beginnen, so läge hierin eine Verletzung des Einberufungsrechts des Bürgermeisters. Da die Geschäftsordnung die höherrangige Gemeindeordnung zu beachten hat, wäre eine solche Regelung in der Geschäftsordnung rechtswidrig. Etwaige Beschlüsse des Rates zur Terminierung von Ratssitzungen können daher nur empfehlenden Charakter haben. ■

Bei der Einberufung ist der Bürgermeister allerdings an die Vorgaben des § 47 Abs. 1 S. 2 bis 4 GO gebunden. Insbesondere hat er den Rat unverzüglich einzuberufen, wenn ein Fünftel der Ratsmitglieder oder eine Fraktion dies unter Angabe der zur Beratung zu stellenden Gegenstände verlangen. Sind diese (geringen) Voraussetzungen erfüllt, so muss der Bürgermeister grundsätzlich den Rat einberufen. Da das **Einberufungsverlangen** ein wichtiges demokratisches Minderheitenrecht ist, hat der Bürgermeister hinsichtlich der zur Beratung gestellten Gegenstände **kein inhaltliches Prüfungsrecht**. Er muss daher den Rat einberufen, ohne Rücksicht z.B. darauf, ob nach seiner Auffassung die Zuständigkeit der Gemeinde oder des Rates gegeben ist, ob es sich um mehr oder weniger bedeutungsvolle, um wesentliche, eilige oder nicht eilbedürftige Beratungsgegenstände handelt. Lediglich wenn die Grenzen zum Rechtsmissbrauch überschritten sind, darf er ausnahmsweise einen solchen Antrag ablehnen. Hiervon kann aber nur bei erkennbar fehlender Ernsthaftigkeit oder fehlender Beratungsfähigkeit aus tatsächlichen Gründen ausgegangen werden.[95]

Beispiel Die Fraktion „Alternative für K" im Rat der kreisfreien Stadt K beantragt in der nach Sitzungskalender sitzungsfreien Zeit im Juli eine Sondersitzung zum Beratungsgegenstand „Änderung der Asylpolitik des Bundes". Weitere Tagesordnungspunkte werden weder vom Oberbürgermeister noch aus dem Kreise des Rates vorgeschlagen. Der Oberbürgermeister muss trotz der damit verbundenen Kosten (Sitzungsgelder etc.), der fehlenden Verbandskompetenz der Stadt und der nach seiner Auffassung fehlenden Dringlichkeit und Bedeutung die Sitzung einberufen. In der Sitzung ist der Fraktion Gelegenheit zur Begründung ihres Einberufungsverlangen zu geben. Die Ratsmehrheit müsste den Tagesordnungspunkt sodann aber durch Beschluss von der Tagesordnung nehmen, da sich mangels Verbandskompetenz eine Behandlung und Beschlussfassung in der Sache verbietet. ■

Im Übrigen obliegt dem Bürgermeister die Einberufung als pflichtgemäße Ermessensentscheidung.[96]

Beispiel Eine Terminierung zur „Unzeit" ohne konkreten Anlass wäre ermessensfehlerhaft. ■

Die Einberufung erfolgt schriftlich unter Angabe von Zeit und Ort der Sitzung. Die nähere Form der Einberufung ist durch die Geschäftsordnung zu regeln (§ 47 Abs. 2 S. 1 GO).

---

95 *OVG NRW* Beschluss vom 9.5.2014 – 15 B 521/14 –, juris, Rn. 5 ff. m.w.N.; *VG Düsseldorf* Beschluss vom 20.1.2016 – 1 L 103/16 –, juris, Rn. 18 f.; *Faber* in Held/Winkel, GO NRW, § 47 Erl. 7.

96 *Katz* KommJur 2018, 241, 242 m.w.N.

264 Im Falle der **Verhinderung des Bürgermeisters** stellt sich die Frage, ob der allgemeine Vertreter (§ 68 GO) oder der ehrenamtliche Stellvertreter (§ 67 Abs. 1 GO) den Rat einberuft und die Einladungen unterschreibt. Hierbei ist der Wortlaut des § 67 Abs. 1 S. 2 GO heranzuziehen. Der ehrenamtliche Stellvertreter des Bürgermeisters soll danach den Bürgermeister *(nur)* bei der Leitung der Ratssitzungen und bei der Repräsentation vertreten. Die Einberufungsentscheidung ist hiervon nach h.M. nicht umfasst. Diese obliegt vielmehr dem **allgemeinen Vertreter** des Bürgermeisters nach § 68 Abs. 1 GO. Dies ist auch sachgerecht, da dieser eine hervorgehobene hauptamtliche Position in der Gemeindeverwaltung inne hat und demgemäß besonders qualifiziert dafür ist zu beurteilen, welche Aspekte zu welchem Zeitpunkt einer Entscheidung des Rates bedürfen.[97] Die abweichende Auffassung, die dem ehrenamtlichen Stellvertreter des Bürgermeisters auch die Einberufungskompetenz zubilligt, überdehnt m.E. den Wortlaut des § 67 Abs. 1 S. 2 GO und wird der begrenzten Stellung sowie dem nicht fachlich orientierten Anforderungsprofil des ehrenamtlichen Stellvertreters nicht gerecht.

bb) Festsetzung der Tagesordnung (§ 48 Abs. 1 GO)

265 Die Tagesordnung verfolgt zwei wichtige **Zweckrichtungen**:

- Zum einen soll die **Öffentlichkeit** über die zu behandelnden Tagesordnungspunkte in der Ratssitzung informiert werden. Sie soll dadurch die Gelegenheit haben, an der Ratssitzung als Zuhörer teilzunehmen und/oder im Vorfeld Kontakt zu den Ratsmitgliedern aufzunehmen.
- Zum anderen sollen die **Ratsmitglieder** selbst informiert werden. Durch die Tagesordnung sollen sie sich entsprechend auf die Sitzung vorbereiten können.[98] ■

266 Beide Zweckrichtungen führen zu zwei Erfordernissen, die letztlich aus dem Demokratieprinzip **(Transparenzgebot)** entstammen:

- Im Hinblick auf die Funktion der Information der Öffentlichkeit muss die Tagesordnung **vorher rechtzeitig öffentlich bekannt** gemacht werden (§ 48 Abs. 1 S. 4 GO) und
- hinsichtlich der Informations- und Vorbereitungsfunktion gleichermaßen ist eine möglichst **konkrete** Angabe der Tagesordnungspunkte erforderlich **(Konkretisierungsgebot).**

Rechtsverstöße gegen diese beiden Erfordernisse führen zur **Nichtigkeit** des Ratsbeschlusses.[99]

Beispiel Statt der konkreten Bezeichnung „Aufstellung des Bebauungsplanes Nr. 25, Stadtteil S-Dorf" heißt es in der Tagesordnung nur „Planungsangelegenheit". Diese Angabe ist so unkonkret, dass sie den beiden Zweckrichtungen der Tagesordnung nicht gerecht werden kann. ■

267 Wenn ein Tagesordnungspunkt aus den Gründen des § 48 Abs. 2 S. 2 GO ausnahmsweise in nicht öffentlicher Sitzung zu beraten ist, weil etwa der persönliche Datenschutz dies erfordert, darf dies allerdings nicht durch eine zu konkrete Tagesordnung vereitelt werden.

Beispiel In der Ratssitzung soll im nicht öffentlichen Teil über die Entlassung eines Beamten entschieden werden. Die Tagesordnung (die öffentlich bekannt zu machen ist!) darf

97 Str., wie hier: *Plückhahn* in Held/Winkel, § 67 Anm. 2; *Rehn/Cronauge/von Lennep* § 67 Anm. III; *Erlenkämper* in Articus/Schneider, § 67 Anm. 3; a.A. *Lübken* in Kleerbaum/Palmen, § 67 Erl. III.2.c m.w.N.
98 *Lange* Teil III Kap. 7, Rn. 32; *Katz* KommJur 2018, 241, 242 m.w.N.
99 *OVG NRW* Urteil vom 8.7.1959 – III A 611/59 –, OVGE 15, 87.

nicht den Punkt enthalten „Entlassung des Beamten Jürgen Schmitz wegen Diebstahls im Dienst", sondern muss sich in diesem Ausnahmefall allgemeiner ausdrücken („Entlassung eines Beamten"). ■

Die Kompetenz zur Festlegung der Tagesordnung liegt beim **Bürgermeister** (§ 48 Abs. 1 S. 1 GO). Ab Beginn der Ratssitzung geht die Verfügungsgewalt über die Tagesordnung **auf den Rat über.**[100] **268**

Beispiel Der Oberbürgermeister (OB) der kreisfreien Stadt setzt auf Antrag des Ratsmitglieds R den Punkt *„Aufstellung eines Riesenrades auf dem Corneliusplatz"* auf die Tagesordnung des Rates. Nach Beginn der Ratssitzung erklärt der OB, den Punkt von der Tagesordnung zu nehmen, da aufgrund einer zwischenzeitlichen Stellungnahme des Rechtsamtes es sich hierbei um ein vom OB zu erledigendes Geschäft der laufenden Verwaltung handele und der Rat gar nicht zuständig sei. Ein Beschluss des Rates wurde hierzu nicht eingeholt. Das Ratsmitglied R rügt diese Vorgehensweise zu Protokoll, da es sich auf diesen Punkt vorbereitet habe. R erhebt später Klage mit dem Antrag, den Oberbürgermeister zu verurteilen, den bereits formell in den Rat eingebrachten Tagesordnungspunkt erneut auf die Tagesordnung der nächstmöglichen Sitzung des Rates zu setzen.

Die im Rahmen eines Kommunalverfassungsstreits erhobene Leistungsklage des Ratsmitglieds gegen den Oberbürgermeister hat Erfolg. Zwar hat das Ratsmitglied keinen Anspruch auf Aufnahme des Tagesordnungspunktes aus § 48 Abs. 1 S. 2 GO, da der Antrag weder von einer Fraktion noch von einem Fünftel der Ratsmitglieder gestellt wurde. Allerdings können der Oberbürgermeister (nach § 48 Abs. 1 S. 1 GO) und der Rat (im Rahmen des § 48 Abs. 1 S. 5 GO) auch Vorschläge einzelner Ratsmitglieder in die Tagesordnung aufnehmen. Hat der Oberbürgermeister einen Tagesordnungspunkt einmal in die Tagesordnung aufgenommen, kann er diesen spätestens ab Beginn der Ratssitzung nicht mehr allein – ohne einen Ratsbeschluss – absetzen, da ab diesem Zeitpunkt die Herrschaft über die Tagesordnung auf den Rat übergeht. ■

Der Bürgermeister ist verpflichtet zur Aufnahme von fristgerechten Vorschlägen von einem Fünftel der Ratsmitglieder oder einer Fraktion (§ 48 Abs. 1 S. 2 GO). Dies gilt auch dann, wenn er einen entsprechenden Beschluss des Rates z.B. wegen fehlender Verbandskompetenz für unzulässig hält.[101] Dem Bürgermeister ist insoweit ein Prüfungsrecht nicht zuzubilligen.

Beispiel Die X-Fraktion im Rat der Gemeinde G beantragt form- und fristgerecht zur Aufnahme in die Tagesordnung den Punkt *„Gewährung einer kommunalen Aufwendungsbeihilfe für kinderreiche Familien"*. Danach soll die Gemeinde allen Eltern in G bei der Geburt eines dritten oder weiteren Kindes zukünftig eine einmalige Aufwendungsbeihilfe in Höhe von 1000 € gewähren. Bürgermeister B weigert sich, den Punkt auf die Tagesordnung für die nächste oder kommende Ratssitzungen zu setzen, weil die Gewährung einer derartigen Beihilfe Sache des Bundes sei. Steht dem Bürgermeister ein entsprechendes Prüfungsrecht zu?

Für die Annahme eines materiellen Prüfungsrechts könnte das Rechtsstaatsprinzip mit der daraus folgenden Gesetzesbindung gemäß Art. 20 Abs. 3 GG angeführt werden. Hiergegen könnte man aber argumentieren, dass ein Verstoß gegen den Grundsatz des Vorranges des Gesetzes die Annahme der erst zu begründenden Prüfungsbefugnis voraus-

100 *VG Düsseldorf* Urteil vom 22.2.2016 – 1 K 246/15 –, juris.
101 *Hofmann/Theisen/Bätge* 2.8.2.1.1; *Wagner* in Kleerbaum/Palmen, § 48 Erl. II 2a).

setzt. Die Frage der Prüfungskompetenz ist daher durch Auslegung des § 48 Abs. 1 S. 2 GO zu beantworten. Der Wortlaut der Norm („hat...aufzunehmen") deutet auf eine Verpflichtung zur Berücksichtigung formell ordnungsgemäßer Vorschläge hin und spricht daher gegen eine Prüfungsbefugnis. Systematisch lässt sich zudem gegen eine präventive Kontrolle von Vorschlägen durch den Bürgermeister anführen, dass § 54 GO ihm mit Widerspruch und Beanstandung eine repressive Überprüfung ermöglicht. Nach dem Normzweck des § 48 Abs. 1 S. 2 GO soll außerdem der Minderheitenschutz sichergestellt werden. Bei Annahme eines Prüfungsrechts bestünde die Gefahr, dass unerwünschte Vorschläge der Minderheit nicht auf die Tagesordnung gesetzt werden. Nach der hier vertretenen Auffassung[102] steht dem Bürgermeister daher **kein Prüfungsrecht** bei der Festsetzung der Tagesordnung zu.

Der **Rat** müsste jedoch durch Beschluss in der Sitzung den Punkt **von der Tagesordnung absetzen**, da er die gemeindliche Verbandskompetenz überschreiten würde.[103] Das Problem der besonderen wirtschaftlichen Belastung von Familien mit drei oder mehr Kindern ist nämlich kein spezifisches Problem in der Gemeinde G, sondern besteht bundesweit. Für die Frage des Familienlastenausgleichs hat zudem der Bund die konkurrierende Gesetzgebungskompetenz (Art. 74 Abs. 1 Nr. 7 GG), von der er durch die Gesetze zum Kindergeld und Elterngeld auch Gebrauch gemacht hat. Sofern der Rat die kommunale Aufwendungsbeihilfe beschließen würde, müsste der Bürgermeister den Beschluss nach § 54 Abs. 2 S. 1 GO beanstanden. ■

Nach der öffentlichen Bekanntmachung darf die Tagesordnung grundsätzlich nicht mehr erweitert werden. Eine Ausnahme gilt für Fälle, die keinen Aufschub dulden oder von **äußerster Dringlichkeit** sind nach § 48 Abs. 1 S. 5 GO. Der Rat kann insoweit durch Beschluss die Tagesordnung erweitern. Die unbestimmten Rechtsbegriffe *„keinen Aufschub dulden oder von äußerster Dringlichkeit"* sind allerdings gerichtlich voll überprüfbar.

Eine Angelegenheit duldet nur dann **keinen Aufschub oder ist von äußerster Dringlichkeit**, wenn bei objektiver Betrachtung eine sofortige Entscheidung des Rates geboten ist, weil sonst irreversible Nachteile für die Gemeinde eintreten.[104] Dies ist ausnahmsweise dann der Fall, wenn eine Beratung und Entscheidung in der nächsten ordentlichen oder außerordentlichen Ratssitzung selbst mit verkürzter Ladungsfrist zu spät käme, um die Nachteile zu verhindern.

Beispiel Ein Sturm deckt das Dach der gemeindlichen Realschule ab. Es müssen kurzfristig ein größerer Auftrag vergeben werden und durch den Rat außerplanmäßige Mittel bereitgestellt werden. Dies war zum Zeitpunkt der öffentlichen Bekanntmachung der Tagesordnung nicht absehbar. ■

Wenn der Rat die Tagesordnung erweitert, ohne dass die Voraussetzungen des § 48 Abs. 1 S. 5 GO gegeben sind, wäre der Ratsbeschluss rechtswidrig.

---

102 Vgl. auch *OVG NRW* Urteil vom 16.12.1983 – 15 A 2027/83 –, OVGE 37, 68, 71, *VG Düsseldorf* Urteil vom 22.2.2016 – 1 K 246/15 –, juris sowie die Nachweise bei *Wagner* in Kleerbaum/Palmen, GO NRW, § 48 II 2 e.

103 *OVG NRW* Urteil vom 19.1.1995 – 15 A 569/91 –, NVwZ 1995, 718.

104 *OVG NRW* Urteil vom 28.2.1973 – 3 A 253/72 –, *OVGE* 28, 235 f.

cc) Vorherige rechtzeitige öffentliche Bekanntmachung von Ort, Zeit und Tagesordnung (§ 48 Abs. 1 S. 4 GO)

Neben der Tagesordnung müssen auch Ort und Zeit der Sitzung öffentlich bekannt gemacht 269
werden. Die vorherige öffentliche Bekanntmachung muss demnach **zu allen drei** Aspekten hinreichend bestimmte Angaben enthalten. Geschieht dies nicht rechtzeitig vor der Sitzung im dafür nach der BekanntmVO NRW vorgesehenen Verfahren oder fehlt gar einer der drei Aspekte, sind trotzdem gefasste Ratsbeschlüsse wegen Verstoßes gegen § 48 Abs. 1 S. 4 GO rechtswidrig und damit nichtig.

Hinweis

Bei Zweifelsfragen ist mit dem Sinn der Bekanntmachungspflicht zu argumentieren: Die Einwohner sollen über die Ratssitzung einschließlich der Beratungsgegenstände unterrichtet werden und so selbst entscheiden können, ob sie als Zuhörer an bestimmten Beratungsgegenständen teilnehmen oder Anregungen zu den einzelnen Tagesordnungspunkten an die Ratsmitglieder herantragen wollen.

Damit der Zweck der Bekanntmachungspflicht erfüllt werden kann, müssen die Tagesordnungspunkte so genau bezeichnet werden, dass die Zuhörer eindeutig erkennen können, was beraten und beschlossen werden soll **(Konkretisierungsgebot)**.

Dies muss auch **rechtzeitig** erfolgen. Eine zu kurzfristige Bekanntmachung, z.B. erst am Tage der Sitzung, ist unzureichend, da die Einwohner im Allgemeinen nicht mehr entsprechend disponieren und sich Freiraum für die Sitzungsteilnahme schaffen können. Auch ist dann die Möglichkeit für Anregungen an die Ratsmitglieder zu sehr eingeschränkt. Die Bekanntmachung sollte daher zumindest drei Tage vor der Sitzung liegen.[105]

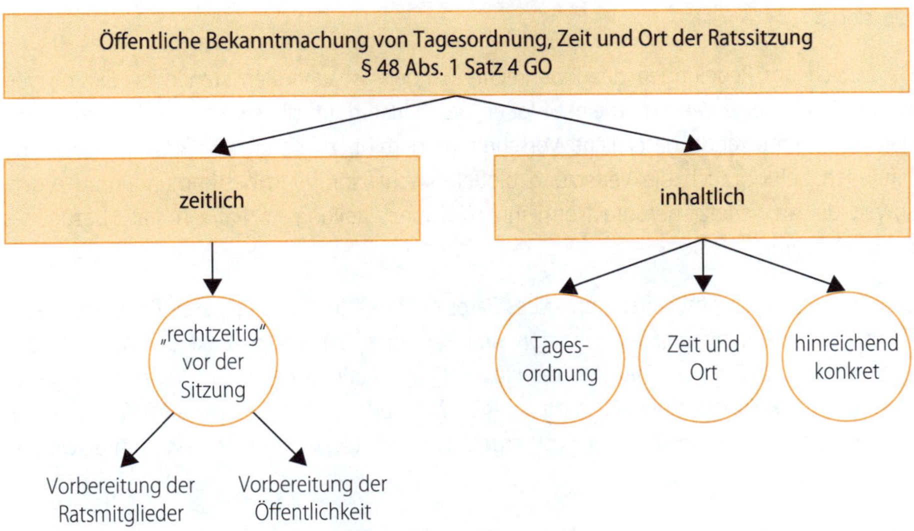

105 *Wagner* in Kleerbaum/Palmen, § 48 Erl. II. 3.

dd) Form- und fristgerechte Einladung nach § 47 Abs. 2 GO i.V.m. Geschäftsordnung des Rates (Ladungsfrist)

270 Zudem müssen die Ratsmitglieder form- und fristgerecht eingeladen werden. Die Einladung enthält Zeit, Ort und Tagesordnung der Ratssitzung sowie die nach § 62 Abs. 2 S. 1 GO zur Vorbereitung erforderlichen Sitzungsvorlagen des Bürgermeisters. Die *Einladungsfrist* ist gemäß § 47 Abs. 2 GO in der **Geschäftsordnung** zu regeln.

(1) Maßgeblichkeit der Geschäftsordnung

271 Die **Geschäftsordnungsautonomie** der kommunalen Vertretungen ist verfassungsrechtlich verankert in der Organisationshoheit der kommunalen Selbstverwaltungsgarantie nach Art. 28 Abs. 2 S. 1 GG und Art. 78 Abs. 1 LVerf NRW.[106] Sie umfasst das Recht des Rates, seine internen Rechtsverhältnisse in einer Geschäftsordnung selbst zu regeln.

> Bei der **Geschäftsordnung** des Rates handelt es sich um ein **organinternes Innenrecht**, welches die Rechte und Pflichten der Funktionsträger des Vertretungsorgans (Vorsitzender, Mitglieder, Fraktionen, Gruppen) unter Berücksichtigung der gesetzlichen Regelungen näher auskleidet und die Einwohner unmittelbar nicht berührt. Für die darin genannten Adressaten handelt es sich um verbindliche Rechtssätze.

Aufgrund dieser rein organinternen Wirkung ist die Geschäftsordnung keine Satzung, sondern eine Regelung eigener Art[107] bzw. ein inneradministrativer Rechtssatz. In der Normenhierarchie steht die Geschäftsordnung daher unterhalb der Satzungen (insbesondere der Hauptsatzung) und sonstigen Gesetze.

Die Geschäftsordnung wird vom Rat mit einfacher Mehrheit beschlossen. Wegen ihrer Rechtsnatur als reiner Innenrechtssatz gelten für die Geschäftsordnung nicht die strengen Formvorschriften, die nach der Bekanntmachungsverordnung NRW für Satzungen zu beachten sind.[108]

Da es sich um Regelungen des Innenrechts handelt, ist es außen stehenden Dritten verwehrt, sich auf eine Verletzung einer bloßen Geschäftsordnungsbestimmung, die keine zwingende drittschützende gesetzliche Vorschrift wiedergibt, zu berufen.[109] Ratsmitglieder sind hingegen befugt, auch die Verletzung bloßer Geschäftsordnungsbestimmungen zu rügen, soweit die als verletzt gerügte Norm ihnen in ihrer Stellung im Rat ein statusbezogenes Recht einräumt.[110]

Beispiel § 15 der Geschäftsordnung des Rates der Stadt S enthält folgende Regelung: *„Jedes Mitglied des Rates und jede Fraktion sind berechtigt, zu jedem Punkt der Tagesordnung Anträge zu stellen, um eine Entscheidung des Rates in der Sache herbeizuführen (Anträge zur Sache)."* Das fraktionslose Ratsmitglied R ist Mitglied der Partei P und stellt im Rat einen Antrag zur Sache, der auf einer vorhergehenden Parteiversammlung abgestimmt worden

106 *OVG NRW* Urteil vom 30.03.2004 – 15 A 2360/02 – NWVBl. 2004, 378, 380; *Heusch/Duikers* NWVBl. 2018, 313, 315.

107 *Heusch/Duikers* NWVBl. 2018, 313, 315 m.w.N.

108 *Heusch/Duikers* NWVBl. 2018, 313, 315.

109 *OVG NRW* Urteil vom 27.8.1996 – 15 A 32/93 –, NWVBl. 1997, 69.

110 *Heusch/Duikers* NWVBl. 2018, 313, 315.

ist. Der Antrag wird aber vom Bürgermeister nicht zur Abstimmung im Rat zugelassen. R könnte sein organinternes Recht aus § 15 der Geschäftsordnung im Rahmen eines Kommunalverfassungsstreits mit der Leistungsklage durchsetzen. Die Partei P hat jedoch keine entsprechenden subjektiven Rechte und Rechtsschutzmöglichkeiten. ■

Der **notwendige Inhalt** der Geschäftsordnung ergibt sich aus der allgemeinen Ermächtigungsgrundlage des § 47 Abs. 2 GO (Ladungsfrist, Form der Einberufung des Rates, Geschäftsführung des Rates, Inhalt und Umfang des Rederechts der Ratsmitglieder) sowie aus weiteren speziellen Ermächtigungsgrundlagen der GO wie § 48 Abs. 2 S. 2 (Ausschluss der Öffentlichkeit für Angelegenheiten einer bestimmten Art), § 56 Abs. 4 S. 2 und S. 3 (Nähere Einzelheiten über die Bildung von Fraktionen, ihre Rechte und Pflichten, den Umgang mit personenbezogenen Daten, Aufnahme von Fraktionshospitanten). Darüber hinaus kann die Geschäftsordnung Regelungen der Gemeindeordnung **(deklaratorisch)** wiederholend aufnehmen, aber auch im Rahmen ihrer Organisationshoheit **konstitutive** Regelungsspielräume nutzen, die der Gesetzgeber offen gelassen hat. Letzteres geht aber nur, wenn sich die jeweilige Regelung innerhalb des Rahmens der inneren Angelegenheiten bewegt, die der **Geschäftsführung des Rates** unterliegen und nicht in Widerspruch mit höherrangigem Recht steht.

Beispiel[111] Die Ratsmitglieder A und B haben sich im Rat der kreisfreien Stadt O mangels Fraktionsstärke nur zu einer Gruppe im Sinne des § 56 Abs. 1 S. 3 GO zusammengeschlossen. Sie beantragen, dass die Geschäftsordnung dergestalt erweitert wird, dass der Bürgermeister auch fristgerechte Vorschläge von Gruppen (und nicht nur von Fraktionen) auf die Tagesordnung setzen müsse. Der Bürgermeister meint, er und die Ratsmitglieder seien insoweit an die abschließende Bestimmung des § 48 Abs. 1 S. 2 GO gebunden. Außerdem würde eine solche Ausweitung des Kreises der Vorschlagsberechtigten gegen sein Recht verstoßen, als Ratsvorsitzender die Tagesordnung festzusetzen (§ 48 Abs. 1 S. 1 GO).

Mögliche Ermächtigungsgrundlage für eine erweiternde Regelung des Initiativkreises ist § 47 Abs. 2 S. 1 GO. Die Frage der Gestaltung der Tagesordnung für die Sitzungen des Rates ist eine **Regelung der Geschäftsführung des Rates**. Dies ist aber nur zulässig, wenn die höherrangigen gesetzlichen Vorgaben der Gemeindeordnung beachtet werden. Der Wortlaut des § 48 Abs. 1 S. 2 GO steht unter Berücksichtigung der grundsätzlichen Geschäftsordnungsautonomie des § 47 Abs. 2 S. 1 GO einer Erweiterung zunächst nicht entgegen. Einschränkende Formulierungen für eine Ausweitung des Initiativkreises, wie sie etwa durch die Wörter „nur" oder „ausschließlich" deutlich würden, fehlen. Deshalb bedarf es eines Rückgriffes auf den Normzweck. Hierbei ist zu berücksichtigen, dass die Tagesordnung für den Rat eine wichtige Funktion einnimmt. Nur über solche Punkte, die in der Tagesordnung aufgeführt sind, kann der Rat einen Beschluss fassen. Die Tagesordnungsgestaltung soll deshalb nicht allein durch den Bürgermeister oder ggf. in der Ratssitzung durch die Ratsmehrheit vorgenommen werden, sondern ebenso einer Minderheit im Rat zustehen.[112] Daraus ergibt sich, dass Einschränkungen des Rechts grundsätzlich unzulässig sein müssen[113], aber eine Erweiterung des Minderheitenschutzes durch die Geschäftsordnung nicht in Widerspruch zum Normzweck steht.[114]

111 Vgl. die Fallbearbeitung von *Bätge* Ad Legendum 2013, 121.
112 Gesetzentwurf der Landesregierung, LT-Drs. 8/3152, S. 62 zu § 31.
113 Vgl. *OVG NRW* Beschluss vom 13.9.1995 – 15 B 2233/95 –, NWVBl. 1996, 7 f.
114 *OVG NRW* Urteil vom 30.3.2004 – 15 A 2360/02 –, KommJur 2004, 421.

Möglicherweise verstößt eine solche Geschäftsordnungsregelung aber gegen das Recht des Bürgermeisters auf Festsetzung der Tagesordnung. Immerhin würde durch die Geschäftsordnungsvorschrift nicht nur ein Minderheitenrecht eingeräumt, sondern gleichzeitig die Pflicht des Bürgermeisters begründet, den Tagesordnungsvorschlag einer Gruppe aufzunehmen. Dies rechtfertigt sich jedoch aus der dem Rat zustehenden **Geschäftsordnungsautonomie**, die es ihm erlaubt, seine inneren Angelegenheiten in eigener Verantwortung und nach seinem eigenen Sachverstand zu regeln.[115] Die mit der Einladung zur Ratssitzung verschickte Tagesordnung betrifft die inneren Angelegenheiten des Rates. Der Bürgermeister kann damit sicherstellen, dass der Rat gezwungen wird, sich mit einem so festgesetzten Tagesordnungspunkt zu befassen und eine Sachentscheidung dazu zu treffen.[116] In dieser Hinsicht wird das Recht des Bürgermeisters jedoch durch die Geschäftsordnungsregelung nicht beschnitten. Eine Erweiterung des Kreises der Vorschlagsberechtigten für die Aufnahme von Tagesordnungspunkten durch Geschäftsordnungsregelung für Gruppen ist damit zulässig. ■

(2) Form der Einladung

272 Die Einladung enthält in schriftlicher Form die maßgeblichen Angaben zu Zeit, Ort und Tagesordnung der Ratssitzung. In ihr sind auch die nach § 62 Abs. 2 S. 1 GO zur Vorbereitung der Ratssitzung erforderlichen Sitzungsvorlagen des Bürgermeisters enthalten.

Die Gemeindeordnung setzt keine förmliche Zustellung der Einladung des Rates voraus. Sie muss den Ratsmitgliedern und den weiteren Teilnahmeberechtigten (wie z.B. den Beigeordneten nach § 69 Abs. 1 S. 1 GO) aber **zugehen**. Der Zugang ist erfolgt, wenn die Einladung persönlich überbracht wird bzw. in eine allgemein oder für den Einzelfall bestimmte Empfangsvorrichtung gelangt.

Die näheren **Einzelheiten zur Form der Einberufung** ergeben sich aus der nach § 47 Abs. 2 S. 1 GO maßgeblichen **Geschäftsordnung**. In der Regel wird in der Geschäftsordnung die **postalische** Versendung der Einladung oder, soweit das Ratsmitglied nicht widerspricht, die Hinterlegung in einem persönlichen Postschließfach im Rathaus angeordnet. Darüber hinaus ist es grundsätzlich rechtlich zulässig, in der Geschäftsordnung eine Regelung zu treffen, die die Einberufung der Sitzung eines Rates unter Bereitstellung der Tagesordnung und der notwendigen Sitzungsunterlagen **auch** in **elektronischer** Form ermöglicht. Zu weit gehen dürfte dagegen eine Regelung in der Geschäftsordnung, die zwingend die elektronische Form für die Ladung vorgeben würde. Trotz weiter Verbreitung des Internets und der Kommunikation per E-Mail kann nicht davon ausgegangen werden, dass alle Ratsmitglieder über diese technische Zugangsvoraussetzungen verfügen. Eine solche zwingende Normierung gegen den Willen einzelner Ratsmitglieder wäre als Verstoß gegen das freie und gleiche Mandatsausübungsrecht nach § 43 Abs. 1 GO rechtswidrig.

(3) Ladungsfrist

273 Beim **Verstoß gegen die Ladungsfrist** ist zu berücksichtigen, dass diese (nur) in der Geschäftsordnung des Rates und nicht in der Gemeindeordnung geregelt ist. **Geringfügige zeitliche Verstöße** gegen die in der Geschäftsordnung geregelte Frist sind zwar geschäftsordnungswidrig, führen aber deshalb nicht per se zur Unwirksamkeit des Ratsbeschlusses.

---

115 *OVG NRW* Urteil vom 30.3.2004 – 15 A 2360/02 –, KommJur 2004, 421.
116 *OVG NRW* Urteil vom 30.3.2004 – 15 A 2360/02 –, KommJur 2004, 421.

Selbst eine geringfügige Überschreitung der geschäftsordnungsrechtlichen Ladungsfrist bleibt aber allerdings deshalb nicht ohne rechtliche Konsequenzen, da die betroffenen Ratsmitglieder die Kommunalaufsicht einschalten können bzw. den einladenden Bürgermeister im Wege des Kommunalverfassungsstreits verklagen können.[117] Schließlich kann im Rat von einzelnen Ratsmitgliedern ein Vertagungsantrag gestellt werden; diesem hat der Rat angesichts des Verstoßes gegen die Geschäftsordnung in aller Regel zu entsprechen.

Wenn die Einladung so spät kommt, dass eine sachgerechte Vorbereitung und Auseinandersetzung mit den Verwaltungsvorlagen nebst Abstimmungen mit anderen Ratsmitgliedern (Fraktion, Gruppe) bei objektiver Betrachtung nicht mehr zumutbar möglich ist, liegt nicht nur ein isolierter Verstoß gegen die Geschäftsordnung, sondern ein Verstoß gegen das **Demokratieprinzip** vor.[118] Deshalb können solche Verstöße zur **Nichtigkeit des Ratsbeschlusses** führen.[119] Von einem **schwerwiegenden Verstoß** dürfte in aller Regel ausgegangen werden, wenn die Einladung so spät kommt, dass sie selbst die in der Geschäftsordnung vorgegebenen verkürzten Ladungsfristen für dringende Fälle nicht mehr einhält. Ein solcher Verstoß würde die gefassten Ratsbeschlüsse grundsätzlich unwirksam machen, es sei denn, dass alle vom Ladungsmangel betroffenen Ratsmitglieder an der entsprechenden Sitzung teilgenommen und eine Verletzung der Ladungsfristen nicht gerügt haben.[120] Nur sofern dies der Fall ist, kann davon ausgegangen werden, dass der rein formale Ladungsfehler die Mitwirkungsmöglichkeiten der Ratsmitglieder nicht beeinflusst hat.

Beispiel § 1 der Geschäftsordnung des Rates der kreisfreien Stadt B bestimmt: *„Einladung und Tagesordnung müssen spätestens 7 Arbeitstage vor der Sitzung den Ratsmitgliedern schriftlich zugehen. Von dieser Frist darf nur in dringenden Fällen abgewichen werden. In Fällen äußerster Dringlichkeit kann der Oberbürgermeister den Rat mit einer Frist von 3 Tagen einberufen."*

Aufgrund eines Versehens des städtischen Botendienstes gehen Einladung und Tagesordnung erst zwei Tage vor der Sitzung den Ratsmitgliedern zu. Zur Ratssitzung erscheinen alle Ratsmitglieder, ohne die Verletzung der Ladungsfrist zu rügen. Der Rat kann deshalb rechtswirksam Beschlüsse fassen.

Ein Ratsmitglied könnte später auch nicht mehr im Rahmen eines Kommunalverfassungsstreits erfolgreich die Feststellung begehren, dass seine statusbezogenen Rechte aus § 43 Abs. 1 GO i.V.m. § 1 der Geschäftsordnung verletzt seien. Dies würde gegen den Grundsatz der Organtreue verstoßen, der eine unverzügliche Rüge der Rechtsverletzung verlangt, Wird diese Rügeobliegenheit verletzt, so ist die spätere Geltendmachung der Rechtsverletzung treuwidrig und damit unzulässig (vgl. hierzu Rn. 200).

Sofern nicht alle vom Ladungsmangel betroffenen Ratsmitglieder erschienen wären oder einer davon erschienen und den Ladungsmangel gerügt hätte, müsste aufgrund des erheblichen Verstoßes gegen § 47 Abs. 2 GO in Verbindung mit der Geschäftsordnung von einer Rechtswidrigkeit und Unwirksamkeit gefasster Beschlüsse ausgegangen werden. ■

117 Nach *VG Gelsenkirchen* Beschluss vom 18.3.2015 – 15 L 554/15 –, juris kann bei Überschreitung der Ladungsfrist aber nicht die vollständige Absetzung der Ratssitzung verlangt werden.

118 *OVG NRW* Urteil vom 8.7.1959 – III A 611/59 –, OVGE 15, 87; *Hofmann/Theisen/Bätge* 2.8.2.1.1.

119 *Wagner* in Kleerbaum/Palmen, § 47 Erl. II 5.

120 *VG Minden* Urteil vom 19.10.2011 – 2 K 762/10 –, juris.

ee) Beschlussfähigkeit des Rates nach § 49 GO

274 Ein wirksamer Ratsbeschluss liegt nur dann vor, wenn der Rat beschlussfähig ist. Dies ist grundsätzlich gemäß § 49 Abs. 1 S. 1 GO nur dann der Fall, wenn mehr als die Hälfte der gesetzlichen Mitgliederzahl anwesend ist. Es sind damit drei Angaben zu ermitteln:

- die gesetzliche Mitgliederzahl,
- die Zahl der Anwesenden und
- die Beantwortung der Frage, ob die Anwesenden mehr als die Hälfte der gesetzlichen Mitgliederzahl ausmachen.

Beispiel Eine Gemeinde hat 20 000 Einwohner. Zur Ratssitzung erscheinen 19 Ratsmitglieder und der Bürgermeister. Es stellt sich die Frage, ob der Rat beschlussfähig ist. ■

275 Zunächst ist die **gesetzliche Mitgliederzahl** des Rates zu ermitteln. Diese setzt sich zusammen aus der Summe der Zahl der Ratsmitglieder nach § 3 KWahlG NRW **und** dem Bürgermeister, der zwar kein „Ratsmitglied" ist im Sinne des § 3 KWahlG NRW, aber „Mitglied des Rates" kraft Gesetzes gemäß § 40 Abs. 2 S. 2 GO. Die gesetzliche Anzahl der Ratsmitglieder hängt gemäß § 3 KWahlG NRW von der Einwohnerzahl ab und kann durch Satzung nach § 3 Abs. 2 S. 2 KWahlG NRW von der Gemeinde reduziert werden.

Beispiel Im oben genannten *Beispiel* beträgt damit die gesetzliche Mitgliederzahl 39. Sie besteht aus den 38 Ratsmitgliedern nach § 3 KWahlG NRW und dem Bürgermeister nach § 40 Abs. 2 S. 2 GO. ■

Hinweis

Sofern in dem Sachverhalt der Klausur lediglich die Einwohnerzahl der Gemeinde steht, kann von dieser Angabe also auf die gesetzliche Anzahl der Ratsmitglieder geschlossen werden. Von einer Satzung zur Reduzierung der Ratsmitglieder kann nur ausgegangen werden, wenn der Sachverhalt hierzu eine ausdrückliche Angabe macht.

276 Der gesetzlichen Mitgliederzahl muss nunmehr die **Zahl der Anwesenden** gegenübergestellt werden. Anwesend sind alle Mitglieder des Rates, die sich im Zeitpunkt der Beschlussfassung im Sitzungssaal befinden. Dazu gehört insbesondere **auch der Bürgermeister**, da auch er Mitglied des Rates ist (§ 40 Abs. 2 S. 2 GO). Abzuziehen sind aber diejenigen Mitglieder des Rates, die gemäß §§ 50 Abs. 6, 43 Abs. 2 GO i.V.m. § 31 GO von der Mitwirkung bei der anstehenden Angelegenheit ausgeschlossen sind.[121] Dies folgt aus der Regelung des § 31 Abs. 4 S. 1 GO, wonach befangene Mitglieder den Sitzungsraum zu verlassen haben bzw. bei einer öffentlichen Sitzung zumindest den Zuhörerbereich aufzusuchen haben.

Beispiel Für unser *Beispiel* folgt daraus, dass 20 Mitglieder des Rates (19 Ratsmitglieder und Bürgermeister) anwesend sind. Wäre ein Mitglied des Rates wegen Befangenheit ausgeschlossen, wären nur 19 Mitglieder „anwesend" im rechtlichen Sinne gemäß § 49 Abs. 1 S. 1 GO ■

121 *OVG NRW* Urteil vom 23.12.1974 – III A 42/73 –, OVGE 30, 196.

Hinweis

Nimmt ein Befangener entgegen der Regelung des § 31 Abs. 4 S. 1 GO an der Abstimmung teil, so kann nach § 31 Abs. 6 GO seine rechtswidrige Mitwirkung nur geltend gemacht werden, wenn sie für das Abstimmungsergebnis entscheidend war. Die Vorschrift bezieht sich vom Wortlaut her nur auf die Auswirkungen auf die *Abstimmungsmehrheit*, wird aber im „Erst-recht-Schluss" auf den Fall angewandt, dass die unzulässige und unerkannte Mitwirkung des Befangenen erst rechnerisch die *Beschlussfähigkeit* hergestellt hat. Ein Ratsbeschluss ist daher rechtswidrig und muss vom Bürgermeister beanstandet werden, wenn daran ein Befangener mitgewirkt hat und erst dadurch rechnerisch die Beschlussfähigkeit vorliegt. Wirkt hingegen ein Befangener mit, ohne dass seine Mitwirkung für die Abstimmungsmehrheit oder die Herstellung der Beschlussfähigkeit Auswirkungen hat, so ist der Ratsbeschluss trotz des Verfahrensfehlers wegen der Unbeachtlichkeitsregelung des § 31 Abs. 6 GO rechtmäßig.

Nunmehr muss ermittelt werden, ob **„mehr als die Hälfte der gesetzlichen Mitgliederzahl anwesend** ist".

Beispiel Im *Beispiel* muss zunächst die Hälfte der gesetzlichen Mitgliederzahl ermittelt werden. Es ist also die gesetzliche Mitgliederzahl (39) durch 2 zu teilen. Man erhält den Wert 19,5. Da die Zahl der Anwesenden mit 20 höher ist (0,5) als die Hälfte der gesetzlichen Mitgliederzahl, ist der Rat im *Beispiel* beschlussfähig. ■

§ 49 Abs. 1 S. 2 GO beinhaltet eine **Fiktion** der Beschlussfähigkeit. Der Rat gilt danach als **277**
beschlussfähig, solange seine Beschlussunfähigkeit nicht festgestellt worden ist. Diese Regelung verfolgt zwei **Zweckrichtungen**: Es soll

- die Arbeitsfähigkeit des Rates sichergestellt und
- Rechtssicherheit für getroffene Entscheidungen gewährleistet werden.

Solange die Beschlussunfähigkeit nicht förmlich festgestellt worden ist, führt die Fiktion dazu, dass die Beschlussfähigkeit unwiderlegbar vermutet wird. Zuständig für die Feststellung der Beschlussunfähigkeit ist der Bürgermeister als Ratsvorsitzender. Diese Feststellung kann nicht durch den bloßen Vermerk im Sitzungsprotokoll über die Zahl der noch anwesenden Mitglieder des Rates ersetzt werden.[122]

Stellt der Bürgermeister die Beschlussunfähigkeit nicht fest, so kann die **Fiktion der** **278**
Beschlussfähigkeit in der Sitzung und aus der Mitte des Rates in Zweifel gezogen und widerlegt werden (z.B. durch Erklärung zu Protokoll oder einen Antrag eines Ratsmitglieds, die Beschlussfähigkeit festzustellen).[123]

Wird die Beschlussunfähigkeit in der Sitzung weder vom Bürgermeister festgestellt noch die Fiktion der Beschlussfähigkeit aus der Mitte des Rates in Zweifel gezogen, so besteht Streit darüber, ob die Beschlussfähigkeit nachträglich in Zweifel gezogen werden kann:

- Nach Auffassung des *VG Düsseldorf*[124] ist dies nicht möglich, da der Wortlaut des § 49 Abs. 1 S. 2 GO eindeutig sei und eine Rechtssicherheit für die getroffenen Entscheidungen gewährleistet sein müsse.

122 *Hofmann/Theisen/Bätge* 2.8.2.1.2, *Plückhahn* in Held/Winkel § 49 Anm. 1.4.
123 *Wagner* in Kleerbaum/Palmen, § 49 Erl. I. 2 c.
124 Urteil vom 5.12.1997 – 1 K 9828/95 –, NWVBl. 1998, 202 f.

- Nach der Rechtsprechung des *Oberverwaltungsgerichts NRW*[125] gilt die gesetzliche Fiktion des § 49 Abs. 1 S. 2 GO jedenfalls dann nicht, wenn für alle Anwesenden einschließlich dem Vorsitzenden **evident** ist, dass die vorgeschriebene Mitgliederzahl nach § 49 Abs. 1 S. 1 GO unterschritten sei. Würde man in solchen Fällen streng nach dem Wortlaut des § 49 Abs. 1 S. 2 GO gehen, dann könnten einige wenige Ratsmitglieder bei Abwesenheit der überwiegenden Mehrheit Beschlüsse fassen, nur weil der Vorsitzende die Beschlussunfähigkeit nicht festgestellt hat und dies auch in der Sitzung nicht angezweifelt worden ist. Die Auffassung des *OVG NRW* ist m.E. vorzugswürdig, da diese die Funktion der Beschlussfähigkeit als Voraussetzung für eine demokratisch legitimierte Mehrheitsentscheidung betont und die Fiktion des § 49 Abs. 1 S. 2 GO nur für offenkundige Fälle nicht eingreifen lässt.

Beispiel In einer Bezirksvertretung mit 19 Mitgliedern fehlen von zehn Mitgliedern der A-Fraktion zwei Mitglieder. Damit verfügt die B-Fraktion mit ihren neun Mitgliedern in der Sitzung über die Mehrheit. Da bei der anstehenden Wahl des Bezirksvorstehers die B-Fraktion die Wahl nicht aus Rücksicht auf die Ausfälle der A-Fraktion vertagen lassen will, ziehen die acht Mitglieder der A-Fraktion verärgert aus dem Sitzungssaal, ohne die Beschlussfähigkeit anzuzweifeln. Auch der Vorsitzende unterlässt die Feststellung der Beschlussunfähigkeit. Die verbleibenden neun Mitglieder der B-Fraktion wählen ihren Kandidaten K zum Bezirksvorsteher. Nach Auffassung des *OVG NRW* wäre K mangels Beschlussfähigkeit der Bezirksvertretung (wegen evidenter Unterschreitung der Mindestmitgliederzahl) nicht gewählt. ■

§ 49 Abs. 2 GO (Beschlussfähigkeit ohne Rücksicht auf die Zahl der Erschienenen) ermöglicht einen Lösungsweg, dem beschlussunfähigen Rat in einer weiteren Sitzung trotz weiterhin nicht ausreichender Zahl der Anwesenden (z.B. in Boykottkonstellationen oder bei dauerhaft fehlendem Interesse der Ratsmitglieder) einen wirksamen Ratsbeschluss zu ermöglichen. Dies setzt voraus, dass die Angelegenheit in der vorherigen Sitzung wegen Beschlussunfähigkeit zurückgestellt worden ist (1), der Rat erneut zur Behandlung dieser Angelegenheit geladen (2) und in der Ladung ausdrücklich auf § 49 Abs. 2 GO hingewiesen (3) wird.

ff) Ordnungsgemäße Sitzungsleitung

279 Als Vorsitzender des Rates leitet der Bürgermeister die Sitzungen des Rates (§§ 40 Abs. 2 S. 4, 51 GO). Er wird im Falle der Verhinderung vertreten von seinem ehrenamtlichen Stellvertreter (§ 67 Abs. 1 S. 2 GO).

Zu der Sitzungsleitung gehört auch die pflichtgemäße und insbesondere verhältnismäßige Handhabung der Sitzungsordnung und des **Hausrechts** in den Sitzungen (§ 51 Abs. 1 GO).[126]

Ratsmitglieder können aus ihrer Mandatsausübungsfreiheit (§ 43 Abs. 1 GO) i.V.m. § 51 Abs. 1 GO einen innerorganisatorischen **Störungsbeseitigungsanspruch** gegen den Vorsitzenden herleiten, wenn die Ratstätigkeit durch die Störungen von Ratsmitgliedern oder Zuhörern erheblich beeinträchtigt wird (siehe Rn. 220).

125 *OVG NRW* Urteil vom 4.4.1962 – III A 1122/61 –, DÖV 1962, 710, *OVG NRW* Beschluss vom 8.3.1972 – III B 44/73 –, DVBl. 1973, 646.

126 Vgl. hierzu näher unter Rn. 212.

Maßnahmen der Ordnungsgewalt können sich gegen die Ratsmitglieder und Zuhörer richten. Im **Innenverhältnis** zwischen Vorsitzendem und Mitgliedern haben solche Maßnahmen mangels Außenwirkung nicht die Qualität eines Verwaltungsaktes im Sinne des § 35 S. 1 VwVfG NRW. Sie können aber im **Kommunalverfassungsstreit** verwaltungsgerichtlich überprüft werden.[127] 280

Beispiele Anordnung eines Rauchverbots in der Sitzung, ein Ordnungsruf, der Entzug des Wortes bei Überschreitung der Redezeit sowie der Ausschluss von der Sitzung. ■

Gegenüber Nichtmitgliedern **(Zuhörern)** übt der Vorsitzende **in der Sitzung** das Hausrecht nach § 51 Abs. 1 GO aus (vgl. hierzu im Einzelnen unter Rn. 212). Derartigen Maßnahmen kommt eine grundsätzliche **Außenwirkung** zu, so dass sie belastende Verwaltungsakte sein können. 281

gg) Öffentlichkeit der Ratssitzung (§ 48 Abs. 2 GO)

Gemäß § 48 Abs. 2 S. 1 GO sind die Sitzungen des Rates grundsätzlich öffentlich. Dies folgt aus dem **Transparenzgebot** der Entscheidungsfindung von Vertretungen der Bürger. Der Öffentlichkeitsgrundsatz dient der Information der Öffentlichkeit und der Kontrolle der gewählten Vertreter.[128] 282

Die Öffentlichkeit ist gewährleistet, wenn jede Person ohne Rücksicht auf ihr Ansehen einen grundsätzlichen Zutritt zum Sitzungssaal hat. Die Räumlichkeiten sind so zu wählen, dass ein ungehinderter Zugang gewährleistet ist und ausreichend Platz für die Zuhörer zur Verfügung steht. Zuhörer sind zur Wahrung der Sitzungsöffentlichkeit nur zuzulassen, soweit Plätze vorhanden sind. Als Zuhörer ist grundsätzlich jedermann zugelassen, soweit es der für die Öffentlichkeit bestimmte Raum zulässt. Eine Beschränkung des Zugangs auf bestimmte Personengruppen (z.B. Presse) ist nicht zulässig. Zur Gewährleistung der Funktionsfähigkeit der Vertretung kann der Bürgermeister als Ratsvorsitzender aber Zuhörer ausschließen, die die Sitzung stören (§ 51 Abs. 1 GO). Verstöße gegen den Grundsatz der Sitzungsöffentlichkeit führen zur Nichtigkeit der gefassten Beschlüssen.

§ 48 Abs. 2 S. 1 GO verlangt nicht, dass für die Öffentlichkeit **Video- und Audioübertragungen** ggf. einschließlich der Veröffentlichungen eines Live-Streams im Internet erfolgen müssen. Das geltende Kommunalverfassungsrecht enthält andererseits hierfür kein ausdrückliches Verbot. Der Rat kann daher die Zulässigkeit und Modalitäten solcher Aufnahmen durch seine **Geschäftsordnung** regeln. Hierbei sind die **verfassungs- und datenschutzrechtlichen Grenzen** zu beachten. Der einzelne Teilnehmer einer Ratssitzung muss es trotz grundsätzlicher Sitzungsöffentlichkeit **nicht gegen seinen Willen** hinnehmen, dass eine Teilnahme festgehalten und und seine Beiträge weltweit speicher- und verarbeitungsfähig im Internet zur Verfügung gestellt werden. Hierin sind mögliche Eingriffe in die verfassungsrechtlich geschützten **Rechte am eigenen Bild und auf informationelle Selbstbestimmung** zu sehen (Art. 2 Abs. 1 GG i.V.m. Art. 1 Abs. 1 GG, §§ 4 Abs. 1, 2, 3 Abs. 1 Datenschutzgesetz NRW und § 22 KunstUrhG).

127 *Plückhahn* in Held/Winkel, § 51 Anm. 4.
128 Vgl. insbesondere zur Kontrollfunktion der Öffentlichkeit: *VG Gelsenkirchen* Urteil vom 12.7.2018 – 15 K 5404/15 –, juris, Rn. 56 m.w.N.

283 Ordnungsgemäße Auswahl bei kapazitätsübergreifenden Besucherandrang

Bei besonders publikumswirksamen Tagesordnungspunkten kann sich in der Ratssitzung ein besonderer Besucherandrang ergeben, der die Kapazitäten des Sitzungsraumes überschreitet. In derartigen Fällen stellt sich das Problem, wie trotz der kapazitativen Grenzen den Grundsätzen der **Öffentlichkeit und Chancengleichheit** der interessierten Zuhörer noch wirksam nachgekommen werden kann.

Hierbei hat der Bürgermeister ein Verfahren zu gewährleisten, dass eine **transparente und diskriminierungsfreie Auswahl der Zuhörer** zu den begrenzten Plätzen gewährleistet. In aller Regel ist hierbei das **Prioritätsprinzip** das sachgerechte Auswahlkriterium. Im Hinblick auf die verfassungsrechtlich gewährleistete Pressefreiheit nach Art. 5 Abs. 1 S. 2 GG ist Medienvertretern ein verhältnismäßiges Kontingent zuzubilligen; diese dürfen aber keinesfalls das ausschließliche Zugangsrecht haben. Das Prioritätsprinzip kann durch die Vergabe von Eintrittskarten nach der Reihenfolge der telefonischen oder persönlichen Anfragen verfahrensmäßig ausgestaltet werden. Entscheidend ist aber, dass für **jedermann** die **Chance** besteht, eine Eintrittskarte zu bekommen. Keinesfalls darf eine gezielte Steuerung der politisch vertretenen Meinungen im Zuschauerraum durch die Vergabe der Zuhörerplätze erfolgen.

Beispiel[129] Der Bürgermeister der Stadt D berief eine Ratssitzung im Ratssaal des Rathauses ein. Im Mittelpunkt der Tagesordnung standen planungsrechtliche Satzungsbeschlüsse des Rates über ein bedeutendes verkehrspolitisches Vorhaben in der Stadt. Da die Verwaltung mit einem großen Zuschauerinteresse für die Ratssitzung rechnete, entschloss sie sich dazu, für die Ratssitzung Eintrittskarten zu vergeben. Bei der Vergabe wurde so verfahren, dass von den 65 zur Verfügung stehenden Sitzplätzen zunächst ein Kontingent von 25 Plätzen den Fraktionen entsprechend ihrem Proporz nach dem Wahlergebnis der Kommunalwahl zur Verfügung gestellt wurde. Zusätzlich wurden der Industrie- und Handelskammer, dem Personalrat sowie besonderen Gästen (Kreis, Wirtschaftsförderungsverein, Gutachter) 16 Plätze zugebilligt. 24 Plätze wurden durch die Verwaltung nach der Reihenfolge der telefonischen Anfragen an interessierte Bürger vergeben. Die F-Fraktion im Rat der Stadt D rügte diese Verfahren noch in der Sitzung zu Protokoll und erhob hinterher Klage mit dem Antrag, festzustellen, dass die Ratsbeschlüsse im öffentlichen Teil der Sitzung unwirksam sind.

Die im Rahmen eines Kommunalverfassungsstreits erhobene Feststellungsklage der F-Fraktion gegen den Rat ist zunächst zulässig. Insbesondere ist die Fraktion klagebefugt, da ihr ein eigenes wehrfähiges subjektives Organrecht auf Wahrung des Grundsatzes der Sitzungsöffentlichkeit in § 48 Abs. 2 S. 1 GO zusteht.[130] Die Klage ist auch begründet, da ein **Verstoß gegen den Grundsatz der Sitzungsöffentlichkeit** vorliegt, der die **Unwirksamkeit der gefassten Beschlüsse** zur Folge hat. Die Vergabepraxis lässt eine an sachgerechten Kriterien regulierte Zulassung der Öffentlichkeit nicht mehr erkennen. Vielmehr wurde dadurch unzulässiger Einfluss auf das Abbild der Öffentlichkeit ausgeübt. Denn von den 65 Sitzplätzen im Zuschauerraum konnten lediglich 24 Sitzplätze von der allgemeinen Bevölkerung erlangt werden. Als Folge der gezielten Steuerung der politisch vertretenen Meinungen im Zuschauerraum kann eine Beeinflussung bei der Abstimmung

---

129 *VG Gelsenkirchen* Urteil vom 12.7.2018 – 15 K 5404/15 –, juris, Rn. 56 m.w.N.

130 *OVG NRW* Urteile vom 25.3.2014 – 15 A 1651/12 –, NWVBl 2014, 388; vom 19.12.1978 – 15 A 1031/77 –, OVGE 35, 8 und vom 24.4.2001 – 15 A 3021/97 –, NWVBl. 2002, 31; *Wagner* in Kleerbaum/Palmen, § 48 Erl. III. 1c.

der einzelnen Ratsmitglieder und Fraktionen nicht ausgeschlossen werden. Durch die Verletzung des Prinzips der Öffentlichkeit konnte eine ungehinderte Beratung und Beschlussfassung nicht mehr gewährleistet werden. Zwar kann das einzelne Ratsmitglied oder die Fraktion nicht eine ausgewogene Abbildung der vertretenen Meinungen durch die zugelassene Öffentlichkeit beanspruchen. Durch die Einhaltung des Grundsatzes der Öffentlichkeit wird jedoch gewährleistet, dass die tatsächliche Meinung der Bevölkerung abgebildet wird. Die gezielte Vergabe an politische Meinungsträger konterkariert diese Gewährleistung. Die auf diese Weise zugelassenen Zuhörer können nicht mehr als Repräsentanten einer keiner besonderen Auswahl unterliegenden Öffentlichkeit angesehen werden. ■

Die Öffentlichkeit kann ausnahmsweise nach § 48 Abs. 2 Sätze 2 und 3 GO für zwei Fallgruppen ausgeschlossen werden: **284**

- Dies kann **abstrakt-generell** für Angelegenheiten einer bestimmten Art durch die Geschäftsordnung erfolgen.

Beispiele Personalangelegenheiten, Auftragsvergaben, Liegenschaftssachen[131], Rechnungsprüfungsangelegenheiten etc. ■

- Auf Antrag des Bürgermeisters oder eines Ratsmitglieds kann auch für **einzelne** Angelegenheiten die Öffentlichkeit ausgeschlossen werden.

JURIQ-Klausurtipp

Der Wortlaut des § 48 Abs. 2 Sätze 2 und 3 GO enthält für den Ausschluss der Öffentlichkeit nur Verfahrensregelungen, aber keine inhaltlichen Vorgaben. Angesichts des hohen Wertes, welcher dem Öffentlichkeitsgrundsatz aufgrund des **Demokratieprinzips** zukommt, darf der Rat allerdings nur bei nachvollziehbarer Begründung und Abwägung die Öffentlichkeit ausschließen. Deshalb sind die Einschränkungsmöglichkeiten von § 48 Abs. 2 Sätze 2 und 3 GO um das **ungeschriebene Tatbestandsmerkmal der Geheimhaltungsbedürftigkeit der zu beratenden Angelegenheit** zu ergänzen. Die präzisen **materiellen Schranken** für einen Ausschluss der Öffentlichkeit ergeben sich aus dem Rechtsgedanken des § 30 Abs. 1 S. 2 GO.[132] Danach kann die Öffentlichkeit nur für solche Angelegenheiten ausgeschlossen werden, die **ihrer Natur nach geheim** sind, also deren Mitteilung an andere dem Gemeinwohl oder dem berechtigten Interesse einzelner Personen zuwiderlaufen würde.

Als solche Gründe sind insbesondere datenschutzrechtliche Belange anerkannt. Bei Personalangelegenheiten kann es darum gehen, Nachteile für die betroffene Person abzuwehren. Bei Auftragsvergaben sind die Interessen der potentiellen Auftragnehmer zu berücksichtigen. Grundstücksverträge müssen auch unter dem Gesichtspunkt der Spekulationsgefahr betrachtet werden, da die Gemeinde nicht nur privatrechtlicher Käufer oder Verkäufer ist, sondern auch die baurechtliche Planungshoheit besitzt.

131 Vgl. *OVG NRW* Beschluss vom 2.3.2018 – 15 A 265/17 –, juris, Rn. 16 (wonach der Öffentlichkeitsausschluss bei abstrakt-genereller Betrachtung jedenfalls bei Verträgen über Grundstücke gerechtfertigt ist).
132 *OVG NRW* Beschluss vom 12.9.2008 – 15 A 2129/08 –, DVBl. 2008, 1463.

285 Einzelnen Ratsmitgliedern und auch den Fraktionen und Gruppen steht ein **einklagbarer Anspruch** auf Einhaltung der Sitzungsöffentlichkeit zu.[133] Dieser folgt aus ihrem Status als von den Bürgern gewählte Ratsmitglieder und dem daraus resultierenden Interesse an Information der Einwohner über ihr Handeln.

Hinweis

Dieses subjektive Recht ist wichtig für die Bejahung der **Klagebefugnis** der Ratsmitglieder bzw. Fraktionen/Gruppen im Falle einer verwaltungsgerichtlichen Klage (Kommunalverfassungsstreit) gegen den Rat auf Herstellung der Öffentlichkeit bzw. Feststellung der Rechtswidrigkeit des Ausschlusses der Öffentlichkeit.

286 **Rechtsfolge** eines Verstoßes gegen den Öffentlichkeitsgrundsatz ist die Unwirksamkeit gefasster Beschlüsse. Da es sich angesichts der Bedeutung des Demokratieprinzips um einen schweren Verfahrensfehler handelt, kommt es nicht darauf an, ob ggf. der Beschluss in öffentlicher Sitzung mit gleichem Inhalt gefasst worden wäre.[134]

hh) Ordnungsgemäße Abstimmung (§ 50 Abs. 1 und Abs. 2 GO)

287 Der Rat entscheidet in Form von Abstimmungen (§ 50 Abs. 1 und 2 GO). Die Abstimmungen werden unterteilt in Beschlüsse und Wahlen. § 50 GO legt hierzu teilweise unterschiedliche Verfahren fest.[135]

288 **Wahlen** sind dadurch gekennzeichnet, dass es sich bei ihnen um **Personalentscheidungen** handelt. Dies ist auch dann der Fall, wenn nur eine Person zur Wahl steht.[136] Das Abstimmungsverfahren bei Wahlen regelt sich nach § 50 Abs. 2 GO. Wahlen werden grundsätzlich durch offene Abstimmung, sonst durch Abgabe von Stimmzetteln, d.h. geheim, vollzogen. Wenn aber nur ein Ratsmitglied der offenen Abstimmung widerspricht, muss geheim abgestimmt werden.[137] Gewählt ist die Person, die mehr als die Hälfte der gültigen Stimmen erhalten hat. Erreicht dies keine Person, so findet eine Stichwahl zwischen den Personen statt, welche die beiden höchsten Stimmenzahlen erreicht haben.

Beispiel Der Rat der Stadt G möchte einen Beigeordneten nach § 71 Abs. 1 S. 3 GO wählen. Von den 51 abgegebenen Stimmen erreichen Kandidat A 25 Stimmen, die Kandidaten B und C jeweils 10 Stimmen und Kandidat D 6 Stimmen. Da niemand mehr als die Hälfte der gültigen Stimmen erreicht hat, findet nach § 50 Abs. 2 S. 4 GO zwischen den Kandidaten, die die beiden höchsten Stimmenzahlen erhalten haben, eine engere Wahl statt. Die beiden höchsten Stimmenzahlen haben A (25) sowie B und C (jeweils 10) erreicht. Im zweiten Wahlgang ist gewählt, wer in dieser engeren Wahl die meisten Stimmen erreicht hat. ■

133 *OVG NRW* Urteile vom 25.3.2014 – 15 A 1651/12 –, NWVBl 2014, 388; vom 19.12.1978 – 15 A 1031/77 –, OVGE 35, 8 und vom 24.4.2001 – 15 A 3021/97 –, NWVBl. 2002, 31; *Wagner* in Kleerbaum/Palmen, § 48 Erl. III. 1c.

134 *Wagner* in Kleerbaum/Palmen, § 48 Erl. III 1c.

135 Vgl. zu den damit verbundenen Auswirkungen bei der Ratsentscheidung über die Abberufung von Beigeordneten *Schmitz* KommPWahlen 2015, 54.

136 *OVG NRW* Urteil vom 5.2.2002 – 15 A 2604/99 –, NWVBl. 2002, 381; zustimmend *Wagner* in Kleerbaum/Palmen, § 50 Erl. III. 1.

137 Nach *VG Düsseldorf* Urteil vom 22.2.2016 – K 389/15 –, juris führt ein entsprechender Verfahrensfehler zur Ungültigkeit der Wahl.

Beschlüsse sind alle abschließenden Willenserklärungen im Übrigen. Es handelt sich damit um **Sachentscheidungen**. 289

Hinweis

Bei der Berechnung der erforderlichen Mehrheit für einen Beschluss ist dreistufig vorzugehen:

1. Zunächst muss bestimmt werden, welche Mehrheit das Gesetz vorsieht;
2. sodann ist zu prüfen, ob das Abstimmungsverfahren eingehalten worden ist (offene, geheime bzw. namentliche Abstimmung)

und erst dann

3. ist zu prüfen, ob die erforderliche Mehrheit bei der konkreten Abstimmung erreicht wurde.

Beschlüsse werden nach § 50 Abs. 1 GO mit **Stimmenmehrheit** gefasst, **soweit** das Gesetz nichts anderes vorschreibt. Grundsätzlich reicht also die Mehrheit der abgegebenen Stimmen der Anwesenden aus (**einfache Mehrheit**), es sei denn, eine bestimmte gesetzliche Bestimmung fordert eine andere Mehrheit (qualifizierte Mehrheit). **Qualifizierte Mehrheiten** sieht die Gemeindeordnung insbesondere für die Änderung des Gemeindenamens (drei Viertel der Mitglieder des Rates, § 13 Abs. 1 S. GO), die Einleitung eines Abwahlverfahrens des Bürgermeisters (zwei Drittel der gesetzlichen Zahl der Ratsmitglieder, § 66 Abs. 1 Nr. 1 GO) oder den Beschluss über die Abberufung eines Beigeordneten vor (zwei Drittel der gesetzlichen Zahl der Mitglieder des Rates, § 71 Abs. 7 S. 5 GO) vor. Auch die gesetzlich angeordnete absolute Mehrheit ist eine Form der qualifizierten Mehrheit.

Beispiel Gemäß § 7 Abs. 3 S. 3 GO reicht bei der Beschlussfassung über den Erlass der Hauptsatzung nicht die bloße Stimmenmehrheit, sondern es ist eine **qualifizierte** Mehrheit erforderlich (hier in Form der Mehrheit der gesetzlichen Zahl der Mitglieder, also der absoluten Mehrheit). ■

Bei der Beschlussfassung wird grundsätzlich offen abgestimmt. Auf Antrag bestimmter Quoren ist ausnahmsweise namentlich (§ 50 Abs. 1 S. 4 GO) bzw. geheim abzustimmen (§ 50 Abs. 1 S. 5 GO), wobei die geheime Abstimmung Vorrang vor der namentlichen Abstimmung hat (§ 50 Abs. 1 S. 6 GO).

Beispiel Der Rat der Stadt G besteht inklusive Bürgermeister aus 51 Mitgliedern des Rates. Die Ratsmehrheit beabsichtigt die Beschlussfassung über einen nach Auffassung der F-Fraktion haftungsrechtlich höchstriskanten Bebauungsplan für ein nach einem Sachverständigengutachten altlastenverdächtiges Grundstück. Um die Verantwortlichkeiten der an der Abstimmung teilnehmenden Befürworter im Hinblick auf eine persönliche Haftung der Ratsmitglieder nach § 43 Abs. 4 Buchstabe a GO (Schadenersatzpflicht bei grober Fahrlässigkeit) klarzustellen, beantragen die Ratsmitglieder der F-Fraktion mit der nach der Geschäftsordnung erforderlichen Stimmenzahl die namentliche Abstimmung. Da jedoch 11 Mitglieder aus den anderen Fraktionen den Antrag auf geheime Abstimmung stellen, hat dieser Vorrang gegenüber dem Antrag auf namentliche Abstimmung, so dass geheim abgestimmt werden muss. ■

290 Für Beschlüsse und Wahlen sind folgende Aspekte gleichermaßen zu beachten:[138]

- Eine Abstimmung kann nur durch Anwesende erfolgen. Insbesondere Beschlüsse im Umlaufverfahren sind nicht möglich, da sie gegen den Öffentlichkeitsgrundsatz (§ 48 Abs. 2 S. 1 GO) verstoßen.
- Bei einer Ratssitzung gibt es keine Vertretung unter den Ratsmitgliedern. Wenn Ratsmitglied R also verhindert ist, kann nicht das „bevollmächtigte" Ratsmitglied S für R stellvertretend mitstimmen.
- Die Stimmabgabe ist vorbehalts- und bedingungsfeindlich. Etwaige Vorbehalte oder Bedingungen können im Beschluss formuliert werden. Die Abstimmung kann aber gültig nur mit Ja, Nein oder Enthaltung geführt werden.
- Nach § 50 Abs. 5 GO zählen Stimmenthaltungen und ungültige Stimmen nicht zur Berechnung der Mehrheit mit.

Beispiel Bei einem Abstimmungsergebnis von

Ja:	2
Nein:	1
Enthaltungen:	20
Ungültig:	3

liegt die erforderliche einfache Mehrheit vor.

Ist dagegen eine qualifizierte Mehrheit erforderlich (wie bei § 7 Abs. 3 S. 3 GO), so wäre diese nicht gegeben.

Bei der Feststellung der Beschlussfähigkeit zählen ungültige Stimmen und Enthaltungen mit, da es dabei nur auf die Zahl der Anwesenden ankommt (§ 50 Abs. 5 GO). ■

ii) Kein Verstoß gegen Mitwirkungsverbote (§§ 50 Abs. 6, 43 Abs. 2, 31 Abs. 1 GO)

291 Vgl. hierzu unter Rn. 234.

jj) Kein Verstoß gegen das freie Mandat (§ 43 Abs. 1 GO)

292 Vgl. hierzu unter Rn. 219.

e) Rechtsfolge formell fehlerhafter Ratsbeschlüsse

293 Hinsichtlich der Rechtsfolgen formell fehlerhafter Ratsbeschlüsse ist wie folgt zu differenzieren:

- Bei Verstößen gegen die höherrangige Gemeindeordnung oder sonstige gesetzlichen Vorgaben ist der Ratsbeschluss grundsätzlich rechtswidrig und unwirksam.
- Ein **bloßer** Verstoß gegen die **Geschäftsordnung** führt nicht per se zur Unwirksamkeit des Ratsbeschlusses.[139] Dagegen ist der Ratsbeschluss rechtswidrig und unwirksam, wenn in der Geschäftsordnung eine Regelung der Gemeindeordnung oder eines sonstigen Gesetzes (z.B. eine Ausprägung des Demokratieprinzips nach Art. 20 Abs. 2 S. 1 GG) wiedergegeben wird. In diesen Fällen wird bei Lichte betrachtet nicht nur gegen die Geschäftsordnung, sondern auch gegen die Gemeindeordnung bzw. die sonstige gesetz-

138 *Wagner* in Kleerbaum/Palmen, § 50 Erl. I 1.

139 *OVG NRW* Urteil vom 27.8.1996 – 15 A 32/93 –, NVwZ-RR 1997, 184.

liche Vorgabe verstoßen, so dass die Unwirksamkeit des Ratsbeschlusses schon aus dem angeführten Grundsatz folgt.

- Im Falle mangelnder Entscheidungserheblichkeit nach §§ 43 Abs. 2 i.V.m. 31 Abs. 6 GO bei der Mitwirkung eines befangenen Mitglieds des Rates bleibt der Ratsbeschluss wirksam.
- In den Fällen der §§ 7 Abs. 6 und 54 Abs. 4 GO bleiben die dort aufgeführten formellen Fehler wegen Zeitablaufes unbeachtlich.

Beispiel Eine Änderungssatzung zur Friedhofssatzung wird vom Rat der Gemeinde G am 25.1. beschlossen und am 1.2. ordnungsgemäß verkündet. Die Änderungssatzung regelt insbesondere eine Erhöhung des Bußgeldes bei erheblichen Verstößen gegen die Benutzungsordnung. Am 5.2. des Folgejahres klagt ein Nutzer des Friedhofes gegen die Auferlegung der erhöhten Geldbuße auf Grundlage der geänderten Friedhofssatzung. Es wird geltend gemacht, dass die Änderungssatzung unwirksam sei, da – was zutrifft – die seinerzeitige Beschlussfassung versehentlich im nichtöffentlichen Teil erfolgt war.

Mit seiner (einzigen) Rüge des Verstoßes der Änderungssatzung gegen die Verfahrensvorschrift des § 48 Abs. 2 S. 1 GO vermag der Kläger in der Sache nicht durchzudringen. Der Gesetzesverstoß ist vielmehr infolge des Jahresablaufs seit der Verkündung nach § 7 Abs. 6 S. 1 GO unbeachtlich geworden. ■

f) Materielle Rechtmäßigkeit

Der Ratsbeschluss ist materiell rechtmäßig, wenn er **inhaltlich** nicht gegen höherrangiges Recht verstößt. Es ist dabei jeder Beschlussgegenstand differenziert danach zu untersuchen, ob folgende Voraussetzungen eingehalten sind: **294**

Materielle Rechtmäßigkeit eines Ratsbeschlusses

PRÜFUNGSSCHEMA

I. Voraussetzungen nach Spezialgesetz
(z.B. BauGB, KAG NRW, Bestattungsgesetz NRW u.a.)

II. Kein Verstoß gegen höherrangiges Recht
(vgl. Normenhierarchie, insbes. GG, parlamentarische Bundes- und Landesgesetze oder Rechtsverordnungen)

III. Allgemeine Rechtmäßigkeitsvoraussetzungen, insbes. Verhältnismäßigkeit

IV. Bei Ermessen: keine Ermessensfehler, insbes. bei Verwaltungsakten
(z.B. Straßenumbenennung)

Die mögliche Bandbreite von Ratsentscheidungen ist angesichts der vielen Zuständigkeiten der Gemeinde sehr weit gefasst. Der Rat entscheidet z.B. über Bebauungspläne, Abgabensatzungen, erlässt Verwaltungsakte, beschließt haushaltsrechtliche Aspekte, nimmt Wahlen vor etc. Deshalb hängt die materielle Prüfung vom jeweiligen Fachgebiet ab (z.B. Baurecht, Abgabenrecht etc.) und kann hier nur allgemein dargestellt werden.

III. Fraktionen und Gruppen

295 Die Ratsmitglieder können sich zu Fraktionen und Gruppen zusammenschließen.

1. Begriffe

296 Da von dem Fraktions- und Gruppenstatus konkrete Rechte abhängen, die sich auch voneinander unterscheiden, ist zunächst eine begriffliche Klärung erforderlich.

a) Fraktionen

297 Fraktionen im Rat sind nach der Legaldefinition von § 56 Abs. 1 Sätze 1 und 2 GO:

Freiwillige Vereinigungen von Ratsmitgliedern, die sich auf der Grundlage grundsätzlich politischer Übereinstimmung zu möglichst gleichgerichtetem Wirken zusammengeschlossen haben. Im Rat einer kreisangehörigen Gemeinde muss eine Fraktion aus mindestens zwei Mitgliedern, im Rat einer kreisfreien Stadt aus mindestens drei Mitgliedern bestehen.

Aus der Definition sind folgende Merkmale herauszustellen:

- Da **nur Ratsmitglieder** einer Ratsfraktion angehören können, scheiden sachkundige Bürger (vgl. § 58 Abs. 3 GO) oder der Bürgermeister als Fraktionsmitglieder aus.
- Eine Fraktion entsteht erst mit dem **freiwilligen Zusammenschluss** der Ratsmitglieder. er muss also **vollzogen** sein. Etwaige Fraktionsrechte aus künftigen Zusammenschlüssen sind nicht denkbar. Insoweit handelt es sich um eine objektive Tatsache, die belegt werden kann.[140] In der Praxis geschieht dies zumeist in Form einer schriftlichen Vereinbarung. Für die Bildung einer Fraktion bedarf es keines konstitutiven Aktes der Gemeinde oder des Bürgermeisters.[141]
- Basis des Zusammenschlusses muss die **grundsätzliche politische Übereinstimmung der Mitglieder** sein. Diese ist rechtlich nicht mit der gleichen Parteizugehörigkeit identisch. Obwohl dies in der Praxis der Regelfall ist, ist der Parteibegriff vom Fraktionsbegriff zu trennen. Die politischen Parteien treten wie die kommunalen Wählergruppen im Kommunalrecht in erster Linie als Wahlvorschlagsträger in Erscheinung. Nach der Wahl sind die Ratsmitglieder nicht an Aufträge oder Vorgaben einer politischen Partei oder Wählergruppe gebunden (§ 43 Abs. 1 GO). Sie können sich im Rat nach § 56 Abs. 1 und 2 GO zu Fraktionen zusammenschließen, in dem sie sich ein gemeinsames Statut geben.
- Die grundsätzliche Übereinstimmung wird ohne Weiteres vermutet, wenn die Ratsmitglieder der Fraktion für ein und dieselbe Partei oder Wählergruppe bei der Kommunalwahl angetreten sind.
- Beim Zusammenschluss von Angehörigen **unterschiedlicher Parteien bzw. Wählergruppen** bedarf es einer Prüfung, ob der Zusammenschluss nicht in Wirklichkeit darauf zielt, finanzielle Vorteile oder auch eine Verstärkung ihrer Rechtsposition für die Verfolgung individueller politischer Ziele der einzelnen Ratsmitglieder zu erlangen.[142] Ein besonders kritischer Blick ist bei einer politisch extrem heterogenen Zusammensetzung geboten.[143]

---

140 *OVG NRW* Beschluss vom 19.6.2013 – 15 B 279/13 –, juris, Rn. 9; Beschluss vom 12.12.2014, NWVBl. 2015, 232; *VG Düsseldorf* Urteil vom 29.10.2014 – 1 K 4415/14 –, juris, Rn. 37.

141 *VG Aachen* Beschluss vom 26.1.2016 – 4 L 1074/15 –, juris.

142 *OVG NRW* Beschluss vom 19.6.2013, NWVBl. 2013, 447, 448; Beschluss vom 12.12.2014, NWVBl. 2015, 232; *VG Düsseldorf* Urteil vom 29.10.2014 – 1 K 4415/14 –, juris, Rn. 42.

143 *VG Düsseldorf* Urteil vom 29.10.2014 – 1 K 4415/14 –, juris, Rn. 42; *OVG NRW* Beschluss vom 24.1.2005, NWVBl. 2005, 213.

Die Rechtsprechung hat jedoch in den hierzu ergangenen Entscheidungen den Grad der rechtlich erforderlichen Anforderungen zugunsten der Zusammenschlüsse deutlich relativiert:[144]

- So sei es selbst bei heterogenen Zusammenschlüssen denkbar, dass Angehörige von Parteien, die sich auf Bundes- oder Landesebene in großer Distanz gegenüberstehen, bei wesentlichen, für die *konkrete Gemeinde* zentralen kommunalpolitischen Themen grundsätzlich einig sind, so dass auf dieser Ebene eine Fraktionsbildung möglich sei.[145]
- Der geforderte *(nur) grundsätzliche* Konsens verlange im Übrigen keine sich auf alle Bereiche und Einzelheiten erstreckende Übereinstimmung. Schließen sich Mitglieder von Parteien zusammen, die demselben politischen Spektrum zuzurechnen sind, könne daher die geforderte politische Übereinstimmung auch dann angenommen werden, wenn teilweise andere Akzente gesetzt oder andere Wege zur Erreichung desselben Ziels beschritten werden sollen.[146]
- Allein der Umstand, dass die Parteien im vorangegangen *Wahlkampf konkurriert* und sich auch verbal in der Öffentlichkeit voneinander abgrenzt haben, stehe ebenfalls der Bildung einer Fraktion nicht entgegen. Gerade wenn kleinere Parteien demselben Spektrum zugehören und um Wähler aus demselben Reservoir werben, führten sie zuweilen zum Zwecke ihrer Profilierung gegen den Konkurrenten mit vergleichbarer inhaltlicher Ausrichtung einen besonders harten Wahlkampf.[147]
- Zweifel an dem erforderlichen Maß grundsätzlicher politischer Übereinstimmung resultierten auch nicht allein aus dem Umstand, dass nach der Wahl auch die Fraktionsbildung mit Mitgliedern anderer Parteien erwogen worden ist. Eine solche *Ausschau nach alternativen Zusammenschlüssen* sei im Interesse einer möglichst effektiven Durchsetzung der eigenen Vorstellungen legitim.[148]

- Der Zusammenschluss muss sich zudem auf ein **möglichst gleichgerichtetes Wirken beziehen**. Die Feststellung, ob diese zusätzliche Voraussetzung erfüllt ist, hat ein prognostisches Element. Es darf nicht zu dem Fehlschluss verleiten, es müsse schon ein gleichgerichtetes Wirken erfolgt sein. Nach der Rechtsprechung würden daher die Anforderungen überspannt, wenn einem Zusammenschluss so lange die Anerkennung der Fraktion verweigert würde, bis der erklärte Wille zur Zusammenarbeit einen sichtbaren Ausdruck erhielte. Allerdings muss die Bekundung einer entsprechenden Absicht des nachhaltigen Zusammenwirkens glaubhaft sein. Ob dies der Fall ist, bemisst sich nach den Vereinbarungen im Rahmen des Zusammenschlusses und den (glaubhaften) Bekundungen der Mitglieder; erst mit fortschreitender Zeit zunehmend auch nach der tatsächlichen Praxis.[149]

Beispiel In der kreisangehörigen Stadt Nüss haben die dem rechten Spektrum zuzuordnende Wählergruppe „Nüss den Nüssern" und die Wählergruppe „Extrem sozial" aus dem linken Lager jeweils nur ein Ratsmitglied in den Rat entsenden können. Diese beiden

144 Vgl. hierzu den Überblick von *Heusch* NWVBl 2015, 401.

145 Vgl. *Heusch* NWVBl. 2015, S. 401, 403 mit weiteren Nachweisen zur Rechtsprechung.

146 *VG Düsseldorf* Urteil vom 29.10.2014 – 1 K 4415/14 –, juris, Rn. 48; *OVG NRW* Beschluss vom 12.12.2014, NWVBl. 2015, 232, 233.

147 *OVG NRW* Beschluss vom 28.1.2015 – 15 A 2439/14 –, juris; *VG Düsseldorf* Urteil vom 29.10.2014 – 1 K 4415/14 –, juris, Rn. 46.

148 *VG Düsseldorf* Urteil vom 29.10.2014 – 1 K 4415/14 –, juris, Rn. 46.

149 *OVG NRW* Beschluss vom 12.12.2014, NWVBl. 2015, 232; *VG Düsseldorf* Urteil vom 29.10.2014 – 1 K 4415/14 –, juris, Rn. 37; *Heusch*, NWVBl. 2015, S. 401, 403.

wollen sich trotz ihrer unstrittig erheblichen inhaltlichen Differenzen zu einer „technischen Fraktion" zusammenschließen, um an Fraktionsgeschäftsführungszuwendungen zu kommen (§ 56 Abs. 3 S. 1 GO) und erweiterte Ausschussmitgliedschaften zu erreichen (vgl. § 58 Abs. 1 S. 7 GO). Nach § 56 Abs. 1 S. 1 GO wird der Bürgermeister diesen Zusammenschluss aber nicht als Fraktion anerkennen können, da bereits die „grundsätzliche politische Übereinstimmung" nicht festzustellen ist. ■

Hinweis

Fraktionen sind **keine Teile politischer Parteien**, sondern als öffentlich-rechtliche Vereinigungen **Organteile des Rates**.

Sie sind daher vor den politischen Parteien rechtlich strikt zu differenzieren. **Parteien** gehören dem politisch-gesellschaftlichen Bereich an. Sie sind keine Kommunalorgane. Ihre Aufgabe besteht in der Mitwirkung bei der politischen Willensbildung der Bürger. Innerhalb dieser Aufgabe besteht eine wesentliche Funktion darin, Wahlvorschläge für die Kommunalwahlen zu unterbreiten (vgl. §15 Abs. 1 S. 1 KWahlG NRW). Sie sind privatrechtlich organisiert in der Rechtsform eines Vereins.

Fraktionen sind hingegen Untergliederungen des Rates und damit nicht Teil der jeweiligen Partei, wenn sie auch politisch und personell eng verbunden sind. Fraktionen haben kommunalverfassungsrechtliche Aufgaben. Ihre Funktionen bestehen in der Bündelung und Koordinierung der Arbeit des Rats und seiner Ausschüsse. Es handelt sich bei Fraktionen deshalb um **öffentlich-rechtliche** Vereinigungen. Sie erhalten für die Erledigung ihrer kommunalverfassungsrechtlichen Aufgaben Leistungen aus dem Haushalt der Gemeinde nach § 56 Abs. 3 S. 1 GO.

Beispiel Die S-Fraktion im Rat der kreisfreien Stadt B ist von der S-Partei, die in Form eines Stadtverbandes ebenfalls in B organisiert ist, rechtlich strikt zu differenzieren. Willy B. ist in Personalunion sowohl Vorsitzender der S-Fraktion im Rat von B wie auch Vorsitzender des Stadtverbandes der S-Partei in B. Die S-Fraktion erhält aus dem städtischen Haushalt Geschäftsführungszuwendungen für ihre Ratsarbeit nach § 56 Abs. 3 S.1 GO. Die S-Partei unterbreitet Wahlvorschläge und organisiert den Wahlkampf für die bevorstehenden Kommunalwahlen. Die Fraktionszuwendungen sind zweckgebunden für die Geschäftsführung der Fraktion und dürfen keinesfalls für den Wahlkampf der Partei verwandt werden.

Oscar L. ist ebenfalls sowohl Mitglied der S-Fraktion wie auch der S-Partei. Aufgrund einer nachhaltigen Zerrüttung des Vertrauensverhältnisses soll Oscar L. sowohl aus der Fraktion wie auch aus der Partei ausgeschlossen werden. Will er sich gegen den Fraktionsausschluss wehren, ist hierfür der Verwaltungsrechtsweg eröffnet, da die Fraktion eine öffentlich-rechtliche Vereinigung ist. Sofern er gegen den Parteiausschluss vorgehen will, ist hingegen der Zivilrechtsrechtsweg maßgeblich.

Im Laufe der Wahlperiode stellt Willy B. als Fraktionsvorsitzender im Namen der S-Fraktion im Rat einen Antrag zur Sache, der auf einer vorhergehenden Versammlung der S-Partei abgestimmt worden ist. Der Antrag wird aber vom Oberbürgermeister nicht zur Abstimmung im Rat zugelassen. Die S-Fraktion könnte ihr organinternes Recht auf Behandlung ihres Antrages aus der Geschäftsordnung des Rates im Rahmen eines Kommunalverfassungsstreits mit der Leistungsklage durchsetzen. Die Partei S hat als Außenstehende hingegen keine entsprechenden subjektiven Rechte und Rechtsschutzmöglichkeiten gegen das Vorgehen des Oberbürgermeisters. ■

Hinweis

Fraktionen sind insbesondere beteiligtenfähig in verwaltungsgerichtlichen Verfahren nach § 61 Nr. 2 VwGO. So kann z.B. eine Fraktion im Kommunalverfassungsstreit gegen den Rat klagen auf Herstellung der Öffentlichkeit nach § 48 Abs. 2 S. 1 GO.

- In quantitativer Hinsicht ist zu beachten, dass im Rat einer kreisfreien Stadt eine Mindeststärke von drei Ratsmitgliedern erreicht werden muss. Eine Erhöhung der Fraktionsmindeststärke durch Regelung in der Geschäftsordnung des Rates (§ 56 Abs. 4 S. 3 GO) ist nach allgemeiner Auffassung nicht möglich, da es sich um Minderheitenschutzvorschriften handelt.[150]

b) Gruppen

Sonstige Vereinigungen von Ratsmitgliedern, die den Fraktionsstatus in kreisfreien Städten wegen der erforderlichen Anzahl nicht erreichen oder sich nicht zu einer Fraktion zusammenschließen möchten, haben gemäß § 56 Abs. 1 Sätze 3 und 4 GO den Status einer Gruppe, wenn sie sich auf der Grundlage grundsätzlicher politischer Übereinstimmung zu möglichst gleichgerichtetem Wirken zusammengeschlossen haben. **298**

Der Gruppenstatus ermöglicht dieser Vereinigung einen Anspruch gegen die Gemeinde auf Bewilligung von Zuwendungen für die Geschäftsführung (§ 56 Abs. 3 S. 1 GO). Zusätzlich sind sie mit Wahlvorschlägen für die Besetzung der Ausschüsse zu berücksichtigen (§ 50 Abs. 3 S. 3 GO).

2. Rechte der Fraktionen

Die Fraktionszugehörigkeit bietet für die Ratmitglieder besondere Vorteile. Diese sind zum einen informeller Natur, da die Zugehörigkeit Vorteile bei der individuellen Willensbildung durch den damit verbundenen Informations- und Meinungsaustausch bietet. **299**

Zum anderen partizipieren die zu einer Fraktion zusammengeschlossenen Ratsmitglieder an den besonderen Mitwirkungs-, Initiativ- und Kontrollrechten einer Fraktion, wie insbesondere
- Bestimmung der Vorsitzenden der Ausschüsse (§ 58 Abs. 5 GO),
- Wahlvorschläge für die Mitglieder der Ausschüsse (§ 50 Abs. 3 S. 3 GO),
- Unverzügliche Einberufung einer Ratssitzung (§ 47 Abs. 1 S. 4 GO),
- Aufnahme eines Punktes auf der Tagesordnung für den Rat (§ 48 Abs. 1 S. 2 GO),
- Gewährung von Akteneinsicht an ein zu benennendes Ratsmitglied (§ 55 Abs. 4 S. 1 GO),
- Entsendung von Ausschussmitgliedern nach § 58 Abs. 1 S. 7 GO und
- Aufforderung des Bürgermeisters zu einer Stellungnahme (§ 69 Abs. 1 S. 2 GO).

Nach § 56 Abs. 3 S. 1 GO hat die Gemeinde den Fraktionen und Gruppen aus Haushaltsmitteln Zuwendungen zu den sächlichen und personellen Aufwendungen für die Geschäftsführung zu gewähren. Eine Gruppe erhält mindestens eine proportionale Ausstattung, die zwei Dritteln der Zuwendungen entspricht, die die kleinste Fraktion erhält (§ 56 Abs. 3 S. 4 GO). **300**

---

150 *Bätge* Ad Legendum 2013, 123; *Hofmann/Theisen/Bätge* 2.7.2.6 m.w.N.

Hieraus ergibt sich ein Anspruch der Fraktionen und Gruppen **dem Grunde nach**, da sie als Untergliederungen des Rates öffentlich-rechtliche Aufgaben für die Gemeinde wahrnehmen. Mit diesem gesetzlichen Anspruch ist es nicht vereinbar, wenn einzelne Fraktionen oder Gruppen aufgrund ihrer inhaltlichen Positionen von der Finanzierung ausgeschlossen würden. Dies gilt auch dann, wenn die Fraktion oder Gruppe extremistische und/oder verfassungsfeindliche Konzepte vertritt.

Beispiel[151] Im Rat der der kreisangehörigen Gemeinde G ist die NPD-Fraktion mit zwei Ratsmitgliedern vertreten. Die Ratsmehrheit beschließt, die NPD-Fraktion von der Fraktionsfinanzierung auszuschließen, da die NPD-Partei verfassungsfeindliche Ziele verfolge und zumindest in G Fraktions- und Parteiarbeit miteinander verflochten seien. Zur weiteren Begründung wird die Entscheidung des Bundesverfassungsgerichts vom 17.1.2017[152] angeführt. Danach habe das Bundesverfassungsgericht die NPD-Partei zwar nicht verboten, allerdings ausdrücklich erwähnt, dass sie *„nach ihren Zielen und dem Verhalten ihrer Anhänger die Beseitigung der freiheitlichen demokratischen Grundordnung"* anstrebe. In dieser Entscheidung habe das Gericht zudem für die Finanzierung verfassungsfeindlicher politischer Parteien die Möglichkeit eines Ausschlusstatbestandes eröffnet. Die Ratsmehrheit verweist des Weiteren auf Art. 21 Abs. 3 S. 1, Abs. 4 GG, wonach das Bundesverfassungsgericht entsprechende Parteien von staatlicher Finanzierung ausschließen könne. Auf kommualer Ebene stünde dem Rat – nach Auffassung der Ratsmehrheit – ein entsprechendes Recht zu.

Die auf Weitergewährung der Fraktionszuwendungen gerichtete Leistungsklage der NPD-Fraktion gegen den Rat hat im Rahmen eines Kommunalverfassungsstreits Erfolg. Die NPD-Fraktion hat einen entsprechenden Anspruch aus § 56 Abs. 3 S. 1 GO. Ihr Ausschluss von der Fraktionsfinanzierung ist ermessensfehlerhaft erfolgt, da er gegen den rechtsstaatlichen Gleichbehandlungssatz (Art. 20 Abs. 3, Art. 28 GG) verstößt. Ein rechtlich tragfähiger sachlicher Grund für den Ausschluss liegt nicht vor. Die sachlichen Gründe, die Ungleichbehandlungen bei der Gewährung von Fraktionszuwendungen rechtfertigen können, sind ausschließlich durch den **Zweck der Fraktionsfinanzierung** vorgegeben. Solche Zuwendungen dienen dazu, die sächlichen oder personellen Aufwendungen der Fraktionen für ihre Geschäftsführung ganz oder teilweise zu decken. Davon abweichende, einer bedarfsorientierten Verteilung widersprechende Kriterien können eine Differenzierung nicht rechtfertigen. Das gilt auch für das im Beispielsfall verwendete Kriterium, das darauf abstellt, ob die Fraktion aus Vertretern erkennbar verfassungsfeindlicher Parteien besteht. Die **politische Ausrichtung** einer Fraktion oder ihrer Mitglieder steht zu ihrem Geschäftsführungsbedarf **in keinerlei sachlichem Zusammenhang.**

Art. 21 Abs. 3, 4 GG ermächtigt zudem nur zum bundesgesetzlichen Ausschluss von der Parteienfinanzierung im Sinne des Parteiengesetzes und behält die Entscheidung dem Bundesverfassungsgericht vor. Die Parteienfinanzierung bezieht sich auf die Mitwirkung der Parteien an der politischen Willensbildung des Volkes, die dem gesellschaftlichen Bereich zuzuordnen ist. Der Ausschluss von Fraktionszuwendungen betrifft dagegen die Finanzierung der Arbeit einer Untergliederung des demokratisch gewählten Rates, die als Tätigkeit eines gemeindlichen Organs dem kommunalen Bereich zuzuordnen ist. Fraktionszuwendungen sind nicht zur Finanzierung etwa "hinter" den Fraktionen stehender Parteien bestimmt und dürfen dazu auch nicht zweckentfremdet werden. ■

151 *BVerwG* Urteil vom 27.6.2018 – 10 CN 1/17 –, NVwZ 2018, 1656.
152 *BVerfG* Urteil vom 17.1.2017 – 2 BvB 1/13 –, BVerfGE 144, 20.

Die Bestimmung der konkreten **Höhe** der Fraktionszuwendungen steht im **pflichtgemäßen Ermessen** des Rates. Ein Anspruch auf eine Vollkostenerstattung oder auf Gewährleistung eines Existenzminimums besteht nicht.[153]

Bei der **Verteilung** der den Fraktionen und Gruppen zur Verfügung gestellten Summe muss der Rat aber im Rahmen seines Ermessens den rechtsstaatlichen Gleichbehandlungssatz (Art. 20 Abs. 3, Art. 28 GG) beachten. Dieser verbietet es nicht, die Höhe der Zuwendungen an Fraktionen und Gruppen **in Abhängigkeit von deren Mitgliederzahl zu staffeln**. Eine solche Differenzierung nach der Anzahl der in einer Fraktion oder Gruppe zusammengeschlossenen Ratsmitglieder ist sachgerecht, weil sie sich an der typischerweise vorzufindenden Bedarfslage der Fraktionen oder Gruppen und an deren kommunalverfassungsrechtlichen Funktion orientiert. Diese besteht in der Bündelung und Koordinierung der Arbeit des Rates und seiner Ausschüsse. Sowohl der Sach- als auch der Personalaufwand, den diese Koordinierung erfordert, hängt zumindest zu einem erheblichen Teil von der Zahl der Mitglieder ab.

Auch das Recht der Fraktionen auf **öffentliche Darstellung** ihrer Auffassung nach § 56 Abs. 2 S. 1 GO bedarf besonderer Erwähnung. **301**

Beispiel[154] Eine Stadt stellt einer Fraktion im Rathaus gemäß § 56 Abs. 3 S. 1 GO ein mietfreies Fraktionsgeschäftsführungszimmer zur Verfügung. Dieses hat ein Fenster zur Fußgängerzone der Innenstadt. Auf dieses Fenster klebt die Fraktion eine Friedenstaube und sonstige Aufkleber, die auf die Fraktion hinweisen. Als der Bürgermeister ankündigt, die Aufkleber zu entfernen, erhebt die Fraktion eine Leistungsklage in Gestalt der vorbeugenden Unterlassungsklage. Diese ist auch begründet, da der Fraktion ein öffentlich-rechtlicher Unterlassungsanspruch zusteht. Der Bürgermeister kann aufgrund seines Hausrechts (Annexkompetenz zu § 62 Abs. 1 S. 2 GO) nur in verhältnismäßiger Weise einschreiten. Im vorliegenden Fall ist die Funktionsfähigkeit des Rathauses nicht beeinträchtigt. Zudem musste im Rahmen der Angemessenheit berücksichtigt werden, dass § 56 Abs. 2 S. 1 GO den Fraktionen ein ausdrückliches Recht auf Außendarstellung gewährt. ■

3. Fraktionsausschluss

Problematisch in Praxis und Leistungsnachweisen sind Fälle, in denen ein Ratsmitglied aus seiner Fraktion **ausgeschlossen** wird und sich dagegen prozessual zur Wehr setzen will. **302**

Hierbei ist insbesondere auf folgende Gesichtspunkte einzugehen:[155]

153 *OVG NRW* Urteil vom 17.2.2017 – 15 A 1676/15 –, KommJur 2017, 410.
154 *OVG NRW* Urteil vom 26.4.1990 – 15 A 864/88 –, NWVBl. 1990, 296.
155 Vgl. im Einzelnen: *Kleerbaum* in Kleerbaum/Palmen, § 56 III 5 mit Hinweisen zur Rechtsprechung.

PRÜFUNGSSCHEMA

Klage eines Mitgliedes gegen den Ausschluss aus der Fraktion

I. Zulässigkeit einer Klage

1. **Verwaltungsrechtsweg,** § 40 Abs. 1 S. 1 VwGO
   Nach h.M. öffentlich-rechtlicher Streitgegenstand, da der Ausschluss aus der Fraktion in einem öffentlich-rechtlichen Statut nach § 56 Abs. 2 S. 3 GO geregelt ist.
2. **Statthafte Klageart**
   Feststellungsklage nach § 43 Abs. 1 VwGO (Kommunalverfassungsstreitverfahren), da es sich um eine interne Streitigkeit innerhalb einer Fraktion handelt. Die Klage ist auf Feststellung der Unwirksamkeit des Ausschlusses gerichtet.
3. **Feststellungsinteresse** (§ 43 Abs. 1 VwGO)
   Das ausgeschlossene Ratsmitglied hat aufgrund der besonderen Vorteile der Fraktionszugehörigkeit und wegen seines freien Mandats (§ 43 Abs. 1 GO) ein rechtliches wie politisches Interesse an der Klärung der Wirksamkeit des Ausschlusses.
4. **Beteiligtenfähigkeit**
   Kläger ist das ausgeschlossene Ratsmitglied nach § 61 Nr. 2 VwGO analog nicht als natürliche Person, sondern als Organteil) und Beklagte ist die Fraktion (§ 61 Nr. 2 VwGO).

II. Begründetheit der Klage

Der Fraktionsausschluss ist aufgrund der dargestellten besonderen Vorteile der Fraktionszugehörigkeit nur dann begründet, wenn die formellen und materiellen Voraussetzungen an einen wirksamen Fraktionsausschluss erfüllt sind.

1. **Formelle Anforderungen**
   In formaler Hinsicht müssen grundlegende **rechtstaatliche Grundsätze** und die Ausschlussvorschriften des Fraktionsstatutes eingehalten sein.
   a) Der Tagesordnungspunkt „Ausschluss aus der Fraktion" muss den Fraktionsmitgliedern rechtzeitig unter Angabe des betreffenden Fraktionsmitglieds vor der maßgeblichen Fraktionssitzung bekanntgegeben sein.
   b) Das Ratsmitglied, welches ausgeschlossen werden soll, muss vor dem Ausschluss angehört werden.
   c) Die Fraktion muss den Ausschluss mehrheitlich beschließen. Das Fraktionsstatut kann eine qualifizierte Mehrheit vorsehen, die dann erfüllt werden muss. Ein Mitwirkungsverbot besteht für das auszuschließende Mitglied.
   d) Die Ausschlussgründe müssen dem Betroffenen mitgeteilt werden.
2. **Materielle Anforderungen**
   Materiell-rechtlich ist der Fraktionsausschluss nur aus **wichtigem** Grunde zulässig. Ein solcher liegt vor, wenn das Vertrauensverhältnis zur Fraktion in einer Weise gestört ist, dass eine weitere Zusammenarbeit für die übrigen Fraktionsmitglieder nicht mehr zumutbar ist. Maßgeblich ist, ob noch von bloß peripherem und temporären Auseinanderdriften von Auffassungen zu Einzelfragen ausgegangen werden kann oder ob ein **politisch inhaltlicher Grundkonsens nachhaltig nicht mehr vorhanden** ist. Die materielle Darlegungs- und Beweislast für einen wichtigen, den Fraktionsausschluss rechtfertigenden Grund liegt bei der Fraktion.

Beispiel[156] Die F-Fraktion im Rat der Stadt S schließt ihr Mitglied M in formell ordnungsgemäßer Hinsicht aus. Als Gründe für den Fraktionsausschluss fielen maßgeblich ins Gewicht, dass M in kurzer Zeit mehrfach von der Fraktionslinie abweichend im Rat abgestimmt hatte. Er war darüber hinaus auch unangekündigt der konstituierenden Fraktionssitzung ferngeblieben. Schließlich hatte M absprachewidrig Unterlagen aus dem Fraktionsausschlussverfahren weitergegeben. Es fragt sich, ob der Fraktionsausschluss den dafür bestehenden materiell-rechtlichen Anforderungen entspricht.

Ein Fraktionsausschluss ist nur **aus wichtigem Grunde** zulässig. Nicht jeder Dissens stellt einen die Ausschließung einzelner Fraktionsmitglieder rechtfertigen Grund dar.[157] Vielmehr sind nur solche Umstände maßgeblich, die das Vertrauensverhältnis zur Fraktion in einer Weise stören, dass eine weitere Zusammenarbeit für die übrigen Fraktionsmitglieder nicht mehr zumutbar ist. Maßgeblich ist, ob noch von bloß peripherem und temporärem Auseinanderdriften von Auffassungen zu Einzelfragen ausgegangen werden kann oder ob ein **politisch inhaltlicher Grundkonsens nachhaltig nicht mehr vorhanden** ist.[158] Für die Beurteilung der Rechtmäßigkeit des Fraktionsausschlusses ist daher der **Gesamtkontext** zu berücksichtigen.

Im vorliegenden Fall hat die Fraktion einen wichtigen, den Fraktionsausschluss rechtfertigenden Grund dargelegt und bewiesen. Die von ihr für den Fraktionsausschluss ins Feld geführten Gründe sind jenseits von bloßen Meinungsverschiedenheiten im Einzelfall angesiedelt. In ihnen kommt ein politisch-inhaltlicher Dissens zum Ausdruck, der einen für eine gedeihliche und substantielle Fraktionszusammenarbeit notwendigen Grundkonsens als nicht mehr vorhanden erscheinen lässt. Diese Vorfälle zusammengenommen haben das erforderliche Vertrauensverhältnis innerhalb der Fraktion in einem solchen Maße nachhaltig gestört, dass der hierauf gestützte Fraktionsausschluss rechtmäßig erfolgt ist. ■

Bei besonderer Eilbedürftigkeit ist statt der Erhebung einer Klage einstweiliger Rechtsschutz in Form eines Antrags nach § 123 Abs. 1 VwGO zu erheben.

IV. Ausschüsse

Gemäß § 57 Abs. 1 GO kann der Rat Ausschüsse bilden. Den Ausschüssen kommt in der kom- **303**
munalen Praxis eine hohe Bedeutung zu. Der Rat kann durch die Bildung von Ausschüssen, seine Entscheidungen fachkundig vorbereiten lassen, aber auch Entscheidungen unmittelbar auf Ausschüsse übertragen, sofern er für die Entscheidung nicht selbst ausschließlich zuständig ist (§ 41 Abs. 2 S. 1 GO).

1. Arten

Man unterscheidet zwischen pflichtigen und freiwilligen Ausschüssen. Grundsätzlich ist der **304**
Rat im Rahmen der Organisationshoheit der Gemeinde frei darin, ob er Ausschüsse bildet oder nicht. Nur wenn gesetzliche Vorschriften die Bildung eines Ausschusses vorschreiben, ist dieser als Pflichtausschuss von der Gemeinde einzurichten. Die Bildung von Pflichtaus-

156 *OVG NRW* Beschluss vom 15.3.2018 – 15 A 1211/16 –, NVwZ-RR 2018, 669.
157 *OVG NRW* Beschluss vom 26.2.2018 – 15 B 19/18, juris, Rn. 23.
158 *Heusch/Dickten* NVwZ 2018, 1353, 1355.

schüssen kann sich aus der Gemeindeordnung oder auch aus spezialgesetzlichen Vorschriften ergeben.

Zu den **Pflichtausschüssen nach der Gemeindeordnung** zählen gemäß § 57 Abs. 2 S. 1 GO der Hauptausschuss, der Finanzausschuss und der Rechnungsprüfungsausschuss.

Ein **sondergesetzlicher Pflichtausschuss** ist zum Beispiel der Wahlausschuss gemäß § 2 Abs. 1 KWahlG NRW, der bei den Kommunalwahlen verbindlich über die Zulassung der Wahlvorschläge und die Einteilung der Wahlbezirke zu entscheiden hat.

Andere Pflichtausschüsse müssen nur dann gebildet werden, wenn bei der Gemeinde bestimmte Einrichtungen oder Gegebenheiten vorliegen (sog. bedingte Pflichtausschüsse).

Beispiele Der Betriebsausschuss, wenn die Gemeinde einen Eigenbetrieb betreibt (§ 114 Abs. 2 S. 2 GO).

Bundesrechtlich vorgegeben ist für Kommunen, die Träger der öffentlichen Jugendhilfe sind, die Bildung eines **Jugendhilfeausschusses**, dem nach § 71 Abs. 3 S. 1 SGB VIII Beschlussrecht in Angelegenheiten der Jugendhilfe zusteht. In Fällen der spezialgesetzlichen Zuweisung von Entscheidungskompetenzen auf Ausschüsse muss auch der Rat das gesetzlich eingeräumte Beschlussrecht des Ausschusses beachten und darf es nicht einengen oder gar verdrängen.[159] ■

305 Grundsätzlich sind die Ausschüsse installiert, damit sie die in ihr Sachgebiet fallenden Angelegenheiten beraten und dem Rat eine bestimmte Entscheidung empfehlen. Der Rat selbst bleibt als maßgebliches Organ der Gemeinde nach § 41 Abs. 1 S. 1 GO im Regelfall allein entscheidungsbefugt.

Sofern der Rat im Wege freiwilliger Delegation nach § 41 Abs. 2 S. 1 GO Entscheidungszuständigkeiten auf freiwillige Ausschüsse überträgt (siehe unter Rn. 204), ist darauf zu achten, dass er dadurch nicht in festgelegte Befugnisse der Pflichtausschüsse eingreift.

Beispiel Der Rat darf keinen „Koordinierungsausschuss" bilden, der die Arbeiten aller Ausschüsse aufeinander abstimmt, da diese Aufgabe gemäß § 59 Abs. 1 GO zwingend dem pflichtigen Hauptausschuss zugeordnet ist. ■

Zudem kann der Rat nur dann Entscheidungszuständigkeiten übertragen, wenn er hierfür keine ausschließliche, also unübertragbare Zuständigkeit nach § 41 Abs. 1 S. 2 GO besitzt.

Beispiel Der Rat kann den abschließenden Satzungsbeschluss eines Bebauungsplanes nicht auf den Planungsausschuss übertragen, weil (nur) dem Rat diese Entscheidung z.B. nach § 41 Abs. 1 S. 2 Buchstabe g GO vorbehalten ist. ■

2. Bildung und Zusammensetzung

306 Der Rat beschließt die Bildung von Ausschüssen, deren Zusammensetzung und ihre Befugnisse, § 57 Abs. 1 und § 58 Abs. 1 S. 1 GO.

---

159 Nach *BVerwG* Urteil vom 5.2.2016 – 5 C 12/15 –, juris kann der Rat Beschlüsse des Jugendhilfeausschusses im Einzelfall nur erzwingen oder ändern, sofern das gesetzliche Beschlussrecht des Ausschusses dadurch nicht substantiell ausgehöhlt wird.

Entscheidungsbefugt ist der Rat damit über
- die Einrichtung von Ausschüssen,
- deren Zusammensetzung (Anzahl der Ausschusssitze[160], Festlegung über die Mitgliedschaft sachkundiger Bürger und über die Bestellung von stellvertretenden Ausschussmitgliedern),
- die Wahl der Ausschussmitglieder und stellvertretenden Ausschussmitglieder und
- die Wahl der Vorsitzenden und stellvertretenden Vorsitzenden der eingerichteten Ausschüsse.

Bevor einzelne Ausschussmitglieder durch Wahlen ermittelt werden können, muss der Rat **307**
- Ausschüsse einrichten und ihnen bestimmte Aufgaben zuweisen,
- die Zahl der Ausschusssitze festlegen,
- bestimmen, ob und gegebenenfalls wie viele sachkundige Bürger (§ 58 Abs. 3 GO) und/oder sachkundige Einwohner (§ 58 Abs. 4 GO) gewählt und
- bestimmen, ob stellvertretende Ausschussmitglieder bestellt werden sollen.

Diese Entscheidungen trifft der Rat auf Basis des § 57 Abs. 1 GO (Einrichtung von Ausschüssen) bzw. § 58 Abs. 1 S. 1 GO (Ausschussstruktur) durch Beschluss mit Stimmenmehrheit. Der Bürgermeister kann über die Einrichtung von Ausschüssen nach § 57 Abs. 1 GO mitstimmen, da er Mitglied des Rates ist und der Rat entscheidungsbefugt ist. Bei den Entscheidungen nach § 58 Abs. 1 und Abs. 3 GO hat er aber gemäß § 40 Abs. 2 S. 6 GO kein Stimmrecht. Bei den zu treffenden Entscheidungen steht dem Rat grundsätzlich ein pflichtgemäß auszuübendes Organisationsermessen zu. Dieses ist nur wie folgt eingeschränkt: **308**
- Bei der Einrichtung von Ausschüssen ist der Rat an die Bildung von Pflichtausschüssen gebunden.
- § 58 Abs. 3 S. 3 GO begrenzt die Zahl der höchstens in einem Ausschuss als vollberechtigte Ausschussmitglieder wählbaren sachkundigen Bürger. Sie darf die Zahl der Ratsmitglieder nicht erreichen.
- Sachkundige Bürger und sachkundige Einwohner dürfen nicht in den Hauptausschuss gewählt werden (§ 58 Abs. 3 S. 1 GO).

Spezialgesetzliche Vorschriften können zwingende Vorgaben über die Zusammensetzung von Ausschüssen enthalten. **309**

Beispiel So regelt § 71 Abs. 1 Nr. 2 SGB VIII, dass der Rat den anerkannten Trägern der freien Jugendhilfe zwei Fünftel der Zahl der stimmberechtigten Mitglieder im Jugendhilfeausschuss einräumen muss. Er kann insoweit nur Personen wählen, die von den Vereinigungen und Verbänden vorgeschlagen sind. § 71 SGB VIII trifft in Bezug auf die Zusammensetzung des Jugendhilfeausschusses eine abschließende Regelung, die selbst einer ergänzenden Heranziehung der Vorschriften der GO zur Ausschusszusammensetzung entgegensteht.[161] ■

Von der in § 58 Abs. 1 S. 1 GO geregelten Zusammensetzung der Ausschüsse (Rahmenentscheidungen) ist gedanklich scharf zu trennen die Frage der *namentlichen* Besetzung der

160 Nach *OVG NRW* Urteil vom 24.11.2017 – 15 A 2331/15 –, NVwZ-RR 2018, 819 und *VG Münster* Urteil vom 8.12.2015 – 1 K 2591/14 – juris steht die gewählte Mitgliederzahl im pflichtgemäßen Organisationsermessen des Rates. Da zu den sachgerechten Kriterien auch die Funktionsfähigkeit des Ausschusses gehört, muss nicht zwingend jede Fraktion im Ausschuss vertreten sein.

161 *OVG NRW* Urteil vom 2.3.2004 – 15 A 4168/02 –, NWVBl. 2004, 433.

Ausschüsse in Ausfüllung des gesetzten Rahmens. Zur konkreten Besetzung gehören die Wahlen von Personen als ordentliche und stellvertretende Ausschussmitglieder sowie die Bestellung der Ausschussvorsitzenden und stellvertretenden Ausschussvorsitzenden.

310 Die **Besetzung** der Ausschussmitglieder und deren Stellvertreter geht wie folgt vonstatten:

- Nur die Ratsmitglieder können die Ausschussmitglieder wählen. Der Bürgermeister hat hierbei kein Stimmrecht, § 40 Abs. 2 S. 6 GO.
- Während die Beschlüsse über die Zusammensetzung der Ausschüsse nach § 58 Abs. 1 S. 1 GO mit Stimmenmehrheit gefasst werden, ist bei der Besetzung der Ausschüsse nach § 50 Abs. 3 GO das Zählverfahren nach **Hare-Niemeyer** anzuwenden. Dieses Besetzungsverfahren kann nur dann entfallen, wenn sich die Ratsmitglieder auf einen einheitlichen Wahlvorschlag einigen und diesen einstimmig beschließen, § 50 Abs. 3 S. 1 GO.

Die Anwendung eines demokratischen Zählverfahrens soll den verfassungsrechtlichen **Grundsatz der Spiegelbildlichkeit** sicherstellen. Dieser entstammt dem Demokratieprinzip und ist auch für den Rat anwendbar, da dieser die Bürger repräsentiert. Die Repräsentation der Bürger vollzieht sich aber nicht nur im Rat, sondern auch in den **Ausschüssen**. Deshalb soll der Ausschuss grundsätzlich als **verkleinertes Abbild des Rates** dessen Zusammensetzung und das darin wirksame politische Meinungs- und Kräftespektrum widerspiegeln.[162] Die verfassungsrechtliche Spiegelbildlichkeit hat zur Konsequenz, dass auch wesentliche Veränderungen in der Zusammensetzung des Rates während der Wahlperiode grundsätzlich durch eine Anpassung der Ausschussbesetzungen vollzogen werden müssen.[163]

Beim Verfahren nach Hare-Niemeyer werden die zu vergebenden Ausschusssitze mit der Stimmenzahl für die Wahlvorschläge der jeweiligen Fraktion/Gruppe multipliziert und durch die Gesamtstimmenzahl geteilt („Quote"). Der Ganzzahlenwert der Quote wird als Sitzzahl direkt zugeteilt. Sofern die Summe direkt zugeteilter Sitze nicht der Gesamtsitzzahl des Ausschusses entspricht, werden die Restsitze nach der Reihenfolge der höchsten Nachkommastellen zugeteilt.

Beispiel für die Anwendung des Zählverfahrens nach Hare-Niemeyer:

Zu besetzen ist ein Ausschuss mit 11 Sitzen. Er soll nur mit Ratsmitgliedern besetzt werden. Abgegeben werden 50 gültige Stimmen, davon 25 für die Liste der Fraktion A, 18 für die Liste der Fraktion B und 7 für die Liste der Fraktion C. Wie erfolgt die Sitzverteilung?

Zunächst wird die Zahl der zu vergebenden Sitze (11) mit der Stimmenzahl pro Fraktionsliste multipliziert und durch die Gesamtstimmenzahl (50) dividiert. Man erhält dann folgende Quotienten:

Fraktion A: 5,50
Fraktion B: 3,96
Fraktion C: 1,54

Der Ganzzahlenwert („Vorkommawert") wird als Sitzzahl direkt zugeteilt (5, 3 bzw. 1). Da die erhaltene Zahl (9) nicht der Gesamtsitzzahl des Ausschusses entspricht, werden die Restsitze nach der Reihenfolge der höchsten Nachkommastellen zugeteilt (Die Fraktionen B und C bekommen also je einen Sitz hinzu).

162 *BVerwG* Urteil vom 28.4.2010 – 8 C 18.08 –, juris, Rn. 20.

163 *OVG NRW* Urteil vom 24.11.2017 – 15 A 2331/15 –, NVwZ-RR 2018, 819 und Beschluss vom 30.1.2017 – 15 B 1286/16 –, juris mit jeweils weiteren Nachweisen; vgl. auch *Heusch* NWVBl. 2019, 1, 5 ff.

Damit Endergebnis:
Fraktion A: 5
Fraktion B: 4
Fraktion C: 2 ■

Sofern in einem Ausschuss auch sachkundige Bürger zu wählen sind, erfolgt eine getrennte Ermittlung nach Ratsmitgliedern und sachkundigen Bürgern.

Fraktionen, die in einem Ausschuss nicht vertreten sind, sind berechtigt, für diesen Ausschuss **311**
ein Ratsmitglied oder einen sachkundigen Bürger mit beratender Stimme zu benennen, § 58 Abs. 1 S. 7 GO. Darüber hinaus gewährt § 58 Abs. 1 S. 11 GO jedem Ratsmitglied (also auch **fraktionslosen Ratsmitgliedern**) das Recht, mindestens einem der Ausschüsse als Mitglied mit beratender Stimme anzugehören.

Zu **Ausschussvorsitzenden** und stellvertretenden Ausschussvorsitzenden können nur die **312**
dem Ausschuss angehörenden stimmberechtigten Ratsmitglieder bestellt werden, § 58 Abs. 5 Sätze 1 und 6 GO. Ähnlich dem Verfahren der Mitgliederwahl in den Ausschüssen haben die Fraktionen die Möglichkeit, sich über die Verteilung der Ausschussvorsitze zu einigen. Hierbei ist aber nicht ein einheitlicher Vorschlag aller Ratsmitglieder erforderlich. Es reicht vielmehr aus, dass dieser Einigung von einem Fünftel der Ratsmitglieder nicht widersprochen wird, § 58 Abs. 5 S. 1 GO. Die Stimme des Bürgermeisters zählt nicht mit (§ 40 Abs. 2 S. 6 GO).

Kommt eine solche Einigung nicht zu Stande, so werden die Ausschussvorsitze den Fraktio- **313**
nen im Verhältnis ihrer Ausschussmitgliederzahlen nach dem **d'Hondt'schen Höchstzahlverfahren** zur Verfügung gestellt. Die Fraktionen können dann in der Reihenfolge der auf sie entfallenden Höchstzahlen die Vorsitzenden in dem Ausschuss nach ihrer Wahl bestimmen, § 58 Abs. 5 S. 2 GO.

Beispiel für die Anwendung des Zugreifverfahrens nach d'Hondt:

Ein Rat besteht aus 44 Ratsmitgliedern. Fraktion A verfügt über 21 Sitze, Fraktion B über 18 und Fraktion C über 5 Sitze. Wie errechnet sich die Reihenfolge des Zugriffsrechts auf die Vorsitze der einzelnen Ausschüsse?

Fraktion A	(21 Sitze)	Fraktion B	(18 Sitze)	Fraktion C	(5 Sitze)
21:1 = 21	(1)	18:1 = 18	(2)	5:1 = 5	(8)
21:2 = 10,5	(3)	18:2 = 9	(4)		
21:3 = 7	(5)	18:3 = 6	(6)		
21:4 = 5,25	(7)	18:4 = 4,5	(9)		
21:5 = 4,2	(10)	18:5 = 3,6	(11)		
21:6 = 3,5	(12)				

■

Im *Beispiel* kann also die Fraktion A auf einen Ausschuss ihrer Wahl zuerst zugreifen und ein Fraktionsmitglied, welches als Ratsmitglied dem Ausschuss angehört, zum Vorsitzenden dieses Ausschusses bestimmen. Regelmäßig wird das der Ausschuss sein, der für die Fraktion politisch besonders interessant ist. Die Fraktion C kann erst für den achten Ausschuss einen Vorsitzenden stellen. Falls der Rat nur sieben Ausschüsse einrichtet, würde die Fraktion C bei der Bestellung der Ausschussvorsitzenden „leer ausgehen".

Abweichend von dieser Grundregel ist im Hauptausschuss der Bürgermeister geborener Vorsitzender kraft seines Amtes, § 57 Abs. 3 S. 1 GO. Außerdem ist im Hauptausschuss der Stellvertreter aus der Mitte des Ausschusses zu wählen, § 57 Abs. 3 S. 3 GO.

3. Verfahren

314 Auf die Ausschussmitglieder und das Verfahren in den Ausschüssen finden die für den Rat geltenden Vorschriften grundsätzlich **entsprechende Anwendung** (§ 58 Abs. 2 S. 1 GO). Allerdings ordnet die Gemeindeordnung einige **Besonderheiten** an, wie insbesondere:

- Zeit und Ort der Ausschusssitzungen sowie die Tagesordnung müssen nicht öffentlich bekannt gemacht werden (§ 58 Abs. 2 S. 5 GO),
- die Tagesordnung setzt der Ausschussvorsitzende im Benehmen mit dem Bürgermeister fest. Der Ausschussvorsitzende ist verpflichtet, einen Gegenstand in die Tagesordnung aufzunehmen, wenn der Bürgermeister oder eine Fraktion es verlangt (§ 58 Abs. 2 S. 2 bis 4 GO),
- die Mitgliedschaft sachkundiger Bürger und sachkundiger Einwohner ist mit Ausnahme des Hauptausschusses möglich (§ 58 Abs. 3 und 4 GO),
- Ausschüsse sind nur dann beschlussfähig, wenn die Zahl der anwesenden Ratsmitglieder die Zahl der anwesenden sachkundigen Bürger übersteigt (§ 58 Abs. 3 S. 4 GO)
- Beschlüsse von Ausschüssen mit Entscheidungsbefugnis können erst durchgeführt werden, wenn innerhalb einer in der Geschäftsordnung zu bestimmenden Frist weder vom Bürgermeister noch von einem Fünftel der Ausschussmitglieder Einspruch eingelegt worden ist (§ 57 Abs. 4 S. 2 GO).

315 Sofern ein Beschluss eines entscheidungsbefugten Ausschusses rechtswidrig ist, so hat der Bürgermeister den Beschluss zu beanstanden (§ 54 Abs. 3 i.V.m. Abs. 2 GO). Verbleibt der Ausschuss bei seinem Beschluss, so hat der Rat über die Angelegenheit zu beschließen.

V. Bezirksvertretungen in kreisfreien Städten

316 Kreisfreie Städte sind zur Herstellung größerer Bürgernähe in Bezirke eingeteilt. Neben Rat und Bürgermeister sind in kreisfreien Städten auch die Bezirksvertretungen unmittelbar demokratisch legitimiert. Sie werden von den Bürgern des jeweiligen Stadtbezirks im Rahmen der Kommunalwahlen gewählt.

1. Bezirksverfassung

317 Kreisfreie Städte sind verpflichtet, das gesamte Stadtgebiet in drei bis zehn Stadtbezirke einzuteilen (§ 35 Abs. 1 und 3 GO). Für jeden Stadtbezirk ist eine Bezirksvertretung zu wählen (§ 36 Abs. 1 S. 1 GO). **Zweck** der Einteilung in Stadtbezirke und der Wahl einer eigenen Vertretung im Stadtbezirk ist die Herstellung **größerer Bürgernähe** für Angelegenheiten mit bezirklicher Bedeutung. Dies ist vor allem deshalb von Bedeutung, weil in Nordrhein-Westfalen in den 1970'er Jahren eine sehr intensive kommunale Gebietsreform durchgeführt worden ist, so dass im einwohnerstärksten Bundesland heute nur noch 23 kreisfreie Städte, 30 Kreise, eine Städteregion und 373 kreisangehörige Gemeinden vorzufinden sind. Die kreisfreien Städte sind tendenziell von besonders großer Einwohnerzahl, so dass gerade dort ein Element größerer Bürgernähe von Bedeutung ist. Die konkrete Zahl der Stadtbezirke und die Bezirksabgrenzungen legt der Rat in der Hauptsatzung fest (§ 35 Abs. 4 GO).

Einzelne Stadtbezirke können auch aufgelöst und deren Gebiete anderen Stadtbezirken zugeschlagen werden, sofern dabei den Vorgaben des § 35 Abs. 2 GO Rechnung getragen wird.[164] Bei der Einteilung soll auf die Siedlungsstruktur, die Bevölkerungsverteilung und die Ziele der Stadtentwicklung Rücksicht genommen werden, § 35 Abs. 2 S. 1 GO. Die einzelnen Stadtbezirke sollen eine engere örtliche Gemeinschaft umfassen und nach der Fläche und Einwohnerzahl so abgegrenzt werden, dass sie gleichermaßen bei der Erfüllung gemeindlicher Aufgaben beteiligt werden können, § 35 Abs. 2 S. 2 GO.

2. Bezirksvertretung

Die Bezirksvertretungen sind eigenständige, unmittelbar demokratisch legitimierte Selbstver- **318**
waltungsorgane der kreisfreien Stadt.

Hinweis

Als solche können sie auch Beteiligte in einem Kommunalverfassungsstreit sein. Dies kann insbesondere dann der Fall sein, wenn Streit besteht über die Zuständigkeit einer Angelegenheit im Verhältnis zum Oberbürgermeister oder Rat.

Die Bezirksvertretung besteht aus mindestens elf und höchstens neunzehn Mitgliedern einschließlich des Vorsitzenden, § 36 Abs. 2 S. 1 GO. Der Vorsitzende führt die Bezeichnung Bezirksvorsteher und wird aus der Mitte der Bezirksvertretung gewählt, § 36 Abs. 2 S. 2, Abs. 3 S. 2 GO. Hinsichtlich des Verfahrens in der Bezirksvertretung finden die für den Rat geltenden Vorschriften grundsätzlich entsprechende Anwendung (§ 36 Abs. 5 S. 2 GO).

Den Bezirksvertretungen sind verschiedene Entscheidungs- und Anhörungsrechte zugewiesen. Soweit nicht der Rat gemäß § 41 Abs. 1 S. 2 GO ausschließlich zuständig ist, sind die Bezirksvertretungen in allen Angelegenheiten zur Entscheidung berufen, deren Bedeutung nicht wesentlich über den Stadtbezirk hinausgeht, § 37 Abs. 1 S. 1 GO. Maßnahmen mit überbezirklicher Bedeutung können daher nicht von einer Bezirksvertretung entschieden werden. Für die bezirklichen Angelegenheiten besteht dagegen eine Allzuständigkeit.

JURIQ-Klausurtipp

Die im Katalog des § 37 Abs. 1 S. 1 GO genannten Angelegenheiten sind daher nur beispielhafte Konkretisierungen, bei denen für jeden Einzelfall die (im Wesentlichen rein) bezirkliche Bedeutung zu prüfen ist. Liegt eine überbezirkliche Bedeutung vor, so scheidet die Zuständigkeit der Bezirksvertretung bereits aus diesem Grund aus, unabhängig davon, ob ein thematischer Bezug zum Katalog des § 37 Abs. 1 S. 1 GO zu bejahen ist.

Beispiel Der Rat der kreisfreien Stadt S beschließt ein neues Bäderkonzept, das die Schließung mehrerer vorhandener Bäder in den Stadtbezirken 1 und 2 und die vollständige Sanierung eines künftigen Zentralbades innerhalb des Stadtbezirkes 3 vorsieht.

Hierbei handelt es sich um eine bezirksübergreifende Angelegenheit von sogar gesamtstädtischer Bedeutung (Gesamtkonzept), so dass die Zuständigkeit der einzelnen Bezirksvertretungen nicht gegeben ist. Der beispielhafte Katalog des § 37 Abs. 1 S. 1 GO – in dem auch die Unterhaltung und Ausstattung von öffentlichen Einrichtungen wie

164 Vgl. zu einer Klage einer betroffenen Bezirksvertretung gegen den Rat: *VG Düsseldorf* Urteil vom 23.1.2009, NWVBl 2009, 445.

Schwimmbäder aufgeführt ist – findet deshalb infolge der überbezirklichen Bedeutung schon im Ansatz keine Anwendung. ■

Die Frage der Bezirksbezogenheit kann insbesondere nach der Funktion einer Anlage oder Maßnahme geklärt werden. Auch die finanzielle Bedeutung kann für die Abgrenzung Bedeutung haben.

Beispiele Die Funktion der Kanalisation ist nicht bezirks-, sondern netzbezogen auf die Gesamtstadt.

Ein weitgehend unbekanntes Denkmal in einem Bezirk ist bezirksbezogen, während der Kölner Dom aufgrund seiner überörtlichen Bedeutung nicht in die Entscheidungszuständigkeit einer Bezirksvertretung fällt.[165]

Wird der Verlust einer defizitär betriebenen Galopprennbahn aus dem Gesamthaushalt der Stadt gedeckt, so ist auch der Betrieb dieser Einrichtung von überbezirklicher Bedeutung.[166] ■

Der Rat hat gegenüber den Bezirksvertretungen weitgehende Rechte:

- Er stellt die Haushaltsmittel zur Verfügung. Allenfalls über die Verwendung sollen die Bezirksvertretungen teilweise allein entscheiden können (§ 37 Abs. 3 S. 1 GO).
- Der Rat hat das Letztentscheidungsrecht, wenn der Oberbürgermeister einem Beschluss der Bezirksvertretung widerspricht (§ 37 Abs. 6 S. 4 GO).

VI. Bürgermeister

319 Der Bürgermeister und der Rat vertreten nach dem „Zwei-Säulen-Modell" des § 40 Abs. 2 S. 1 GO die Bürgerschaft.

1. Rechtsstellung

320 Beim Bürgermeister ist zwischen seiner persönlichen Rechtsstellung als Beamter gemäß § 118 Abs. 1 LBG NRW und seinen Kompetenzen aus der Gemeindeordnung zu unterscheiden.

a) Beamtenrechtliche Rechtsstellung

321 Der Bürgermeister ist **Wahlbeamter** in einem Beamtenverhältnis auf Zeit (§ 118 Abs. 2 S. 1 LBG NRW). Die **Wahlperiode** beträgt fünf Jahre, beginnend mit dem **Amtsantritt** (§ 65 Abs. 1 S. 1 GO und § 118 Abs. 3 S. 1 LBG NRW). Das Amt wird begründet mit dem Tag der Annahme der Wahl, frühestens mit dem Ausscheiden des Vorgängers aus dem Amt und bedarf keiner Ernennung (§ 118 Abs. 3 S. 1 LBG NRW).

Auf die Bürgermeister finden grundsätzlich die für die Beamten allgemein geltenden Vorschriften Anwendung, soweit sich keine Besonderheiten aus § 118 LBG NRW ergeben. Abweichungen finden sich vor allem darin, dass es für das Amt keine Altersgrenze gibt (§ 118 Abs. 4 S. 1 LBG NRW). Zudem gibt es versorgungsrechtliche Sonderregelungen.

---

165 *Eckhardt* in Kleerbaum/Palmen, § 37 Erl. II 1.

166 *VG Düsseldorf* Urteil vom 14.2.1997 – 1 K 833/96 –, NWVBl. 1997, 402.

Als von den Bürgern direkt gewählter Vertreter hat der Bürgermeister zudem keinen allgemeinen Dienstvorgesetzten.[167] Bestimmte Aufgaben, die nach beamtenrechtlichen Regelungen dem Dienstvorgesetzten obliegen, sowie die Aufgaben des Disziplinarvorgesetzten übernimmt die **Aufsichtsbehörde** (vgl. § 118 Abs. 7 LBG NRW).

b) Kommunalrechtliche Rechtsstellung

Die Kompetenzen des Bürgermeisters innerhalb der Gemeinde folgen aus der Gemeindeordnung. **322**

aa) Wählbarkeitsvoraussetzungen, Wahl- und Abwahlverfahren

Das Wahl- und Abwahlverfahren sowie die persönlichen Voraussetzungen für die Wählbarkeit finden sich insbesondere in den §§ 65 und 66 GO. Hierzu wird verwiesen auf die Rn. 117 ff. **323**

bb) Kommunalrechtliche Doppelstellung

Die Gemeindeordnung hat dem Bürgermeister eine **Doppelstellung** zugewiesen. **324**

- Zum einen ist er **Mitglied des Rates kraft Gesetzes und Vorsitzender des Rates** (§ 40 Abs. 2 Sätze 2 und 4 GO). Diese Stellung wird insbesondere in den Vorschriften über den Rat (§§ 40 ff. GO) näher ausgeführt.

Beispiele Als Vorsitzender vertritt und repräsentiert er den Rat (§ 40 Abs. 2 S. 3 GO), beruft ihn ein (§ 47 Abs. 1 S. 1 GO), setzt die Tagesordnung fest (§ 48 Abs. 1 S. 1 GO), leitet die Verhandlungen, handhabt die Ordnung (§ 51 Abs. 1 GO) etc.

Als Mitglied kraft Gesetzes ist er bei der Beschlussfähigkeit zu berücksichtigen (§ 49 Abs. 1 GO) und unterliegt dem Mitwirkungsverbot wegen Befangenheit (§ 50 Abs. 6 i.V.m. § 31 GO) etc. ■

- Zum anderen ist der Bürgermeister **Chef der Verwaltung**. Diese Kompetenzen werden vor allem in den Vorschriften der §§ 62 ff. GO beschrieben. Wichtige Zuständigkeiten als Verwaltungsleiter („Hauptverwaltungsbeamter") ergeben sich aber auch aus § 41 Abs. 3 GO für Geschäfte der laufenden Verwaltung und seiner Beanstandungspflicht aus § 54 Abs. 2 GO.

Beispiele In seiner Funktion als Chef der Verwaltung leitet und verteilt er die Geschäfte (§ 62 Abs. 1 S. 3 GO), ist er gesetzlicher Vertreter der Gemeinde in Rechts- und Verwaltungsgeschäften (§ 63 Abs. 1 GO), führt den Vorsitz im Verwaltungsvorstand (§ 70 Abs. 1 S. 2 GO), ist Dienstvorgesetzter der Bediensteten der Gemeinde (§ 73 Abs. 2 GO) und trifft grundsätzlich die dienst- und arbeitsrechtlichen Entscheidungen (§ 73 Abs. 3 S. 1 GO). ■

2. Vertretung des Bürgermeisters

Während die beiden Funktionen als Vorsitzender des Rates und Chef der Verwaltung einheitlich vom Bürgermeister wahrgenommen werden (Einheitsspitze), wird er in seinen Aufgaben von zwei **verschiedenen Vertretern** vertreten: **325**

- Die **ehrenamtlichen** Stellvertreter des Bürgermeisters vertreten den Bürgermeister (nur) bei der Leitung der Ratssitzungen und bei der Repräsentation (§ 67 Abs. 1 S. 2 GO). Da es sich um vom Rat aus seiner Mitte gewählte Ratsmitglieder handelt, welche eine kommu-

167 Vgl. näher *Müller* in Smith/Bender, § 5 Anm. V.

nalpolitische Funktion haben und über keine (verwaltungs-)fachlichen Kompetenzen verfügen müssen, weist § 67 Abs. 1 S. 2 GO den ehrenamtlichen Stellvertretern des Bürgermeisters nur eine eng umgrenzte Vertretungsbefugnis zu (vgl. Rn. 264).

- Der **allgemeine** Vertreter des Bürgermeisters nach § 68 Abs. 1 GO vertritt den Bürgermeister dagegen im Übrigen umfassend. Es handelt sich um einen vom Rat zu bestellenden hervorgehobenen Beschäftigten der Verwaltung. Wenn die Gemeinde über Beigeordnete verfügt, muss der Rat einen solchen zum allgemeinen Vertreter bestellen (vgl. § 68 Abs. 1 S. 1 GO).

JURIQ-Klausurtipp

Die Bestimmung des richtigen Vertreters ist für die Rechtmäßigkeit von Rechtsakten bei Verhinderung des Bürgermeisters von wichtiger Bedeutung.

Beispiel Der Bürgermeister ist erkrankt. An seiner Stelle beruft der allgemeine Vertreter gemäß § 68 Abs. 1 GO den Rat ein, in dem er die Einladung unterschreibt, Zeit, Ort und Tagesordnung festsetzt und die Einladung mit Verwaltungsvorlagen innerhalb der Ladungsfrist nach der Geschäftsordnung an die Ratsmitglieder übersendet.

Eine Einberufung durch den ehrenamtlichen Stellvertreter des Bürgermeister ist dagegen nach h.M. nicht zulässig, da dieser den Bürgermeister gemäß § 67 Abs. 1 S. 2 GO nur bei der Leitung der Ratssitzung und bei der Repräsentation vertritt. Zu der Leitung der Ratssitzung gehört aber nicht die vorgelagerte Einberufung der Ratssitzung. Dies lässt sich nicht nur aus dem Gesetzeswortlaut ableiten, sondern folgt auch daraus, dass für das „Ob" und „Wie" der Einberufung des Rates besondere verwaltungsfachliche Kenntnisse erforderlich sind, wie etwa Rechtmäßigkeitsfragen nach § 47 Abs. 1 GO oder Aspekte der Entscheidungsreife von Verwaltungsvorlagen, die bedeutsam sind für die Terminierung der Einberufung (str., vgl. Rn. 264). ■

3. Chef der Verwaltung

326 Als Chef der Verwaltung hat der Bürgermeister insbesondere

- organisatorische und personalrechtliche Befugnisse (Geschäftsverteilung, Dienstvorgesetzter),
- Geschäfte der laufenden Verwaltung zu erledigen (§ 41 Abs. 3 GO),
- die gesetzliche Vertretung der Gemeinde wahrzunehmen (§ 63 Abs. 1 S. 1 GO) und
- Weisungen bei Pflichtaufgaben zur Erfüllung nach Weisung durchzuführen (§ 62 Abs. 2 S. 2 GO).

Besonders wichtige Aufgaben als Chef der Verwaltung obliegen dem Bürgermeister in der **Vorbereitung und Durchführung von Ratsbeschlüssen**. Nach § 62 Abs. 2 S. 1 GO bereitet er die Ratsbeschlüsse vor und führt sie nach S. 2 der Norm durch. Eine ungenügende Vorbereitung oder eine unzureichende Durchführung kann der **Rat** im Wege eines Kommunalverfassungsstreits gegen den Bürgermeister gerichtlich geltend machen.[168]

168 Hingegen fehlt den Fraktionen oder einzelnen Ratsmitgliedern hierfür die erforderliche Klagebefugnis, da die Pflicht nur gegenüber dem Rat als Ganzem besteht: *OVG NRW* Urteil vom 25.3.2014 – 15 A 1651/12 –, NWVBl 2014, 388.

Der Bürgermeister hat die Verpflichtung der Vorbereitung der Ratsbeschlüsse nach **pflichtgemäßem Ermessen** zu erfüllen und hierbei auch den Grundsatz der Organtreue zu beachten. Deshalb trifft ihn die Pflicht zu einer dem Umfang und Schwierigkeitsgrad der Verhandlungsgegenstände angepassten Vorabinformation der Ratsmitglieder.[169] Nach den Umständen des Einzelfalls kann sich dies je nach Verhandlungsgegenstand zu einer Verpflichtung verdichten, zur weiteren Erläuterung einzelner Aspekte nicht nur in der Sitzung mündlich zu berichten, sondern erforderlichenfalls geeignete Verhandlungsunterlagen schon vorher zur Verfügung zu stellen. Während bei einfachen Sachverhalten eine mündliche Unterrichtung in der Ratssitzung ausreichend sein kann, ist der Bürgermeister bei umfangreichen oder schwierigen Entscheidungsgegenständen oder Angelegenheiten von größerer Bedeutung für die Stadt gehalten, die Ratsmitglieder schon im Vorfeld der Sitzung angemessen durch schriftliche Informationen **(„Verwaltungsvorlagen")** zu unterrichten. Eine pauschale Verpflichtung des Bürgermeisters, für jeden Tagesordnungspunkt Verwaltungsvorlagen zu erstellen, ist dem Gesetz hingegen nicht zu entnehmen. Die Aufbürdung einer solchen Pflicht zulasten des Bürgermeisters durch die Geschäftsordnung des Rates würde zu weit in dessen gesetzliche Vorbereitungskompetenz eingreifen und wäre daher rechtswidrig.

Aus seiner Geschäftsleistungskompetenz (§ 62 Abs. 1 S. 2 GO) folgt als Annexkompetenz das **Hausrecht** außerhalb von Ratssitzungen.

4. Vertretung der Gemeinde

Die Gemeinde ist als juristische Person nur handlungsfähig, wenn sie von den dazu legiti- **327**
mierten Organen bzw. Amtswaltern vertreten wird.

a) Gesetzliche Vertretung (§ 63 Abs. 1 S. 1 GO)

Gemäß § 63 Abs. 1 S. 1 GO ist der Bürgermeister der **gesetzliche Vertreter** der Gemeinde in **328**
Rechts- und Verwaltungsgeschäften. Dieser hat damit kraft seiner Organstellung die gesetzliche Vertretungsmacht und kann die Gemeinde im Grundsatz nach außen allein vertreten.

Beispiele

- Erlass einer Baugenehmigung durch den Bürgermeister als allgemeine Behörde der Gemeinde,
- Abschluss eines (einfachen) Bauvertrages. ■

b) Vertretung bei Verpflichtungserklärungen (§ 64 GO)

Für Verpflichtungserklärungen **oberhalb der Geschäfte der laufenden Verwaltung**[170] sind **329**
die besonderen Voraussetzungen des § 64 GO zu beachten.

> **Verpflichtungserklärungen** sind solche Erklärungen, die die Gemeinde rechtsgeschäftlich binden.

Sie sind in jedem Fall **schriftlich** abzuschließen. Zudem bedürfen sie **einer qualifizierten** Unterschrift. Es ist erforderlich, dass der Bürgermeister oder der allgemeiner Vertreter (§ 68

169 *Wagner* in Kleerbaum/Palmen, § 47 Erl. II.3.c); *Lübken* in Kleerbaum/Palmen, § 62 Erl. VI. 1.d.
170 Vgl. dazu unter Rn. 206.

Abs. 1 GO) unterzeichnet. Die besonderen Form- und Vertretungserfordernisse dienen dem Schutz der Gemeinde vor übereilten oder unbedachten rechtsgeschäftlichen Bindungen.[171]

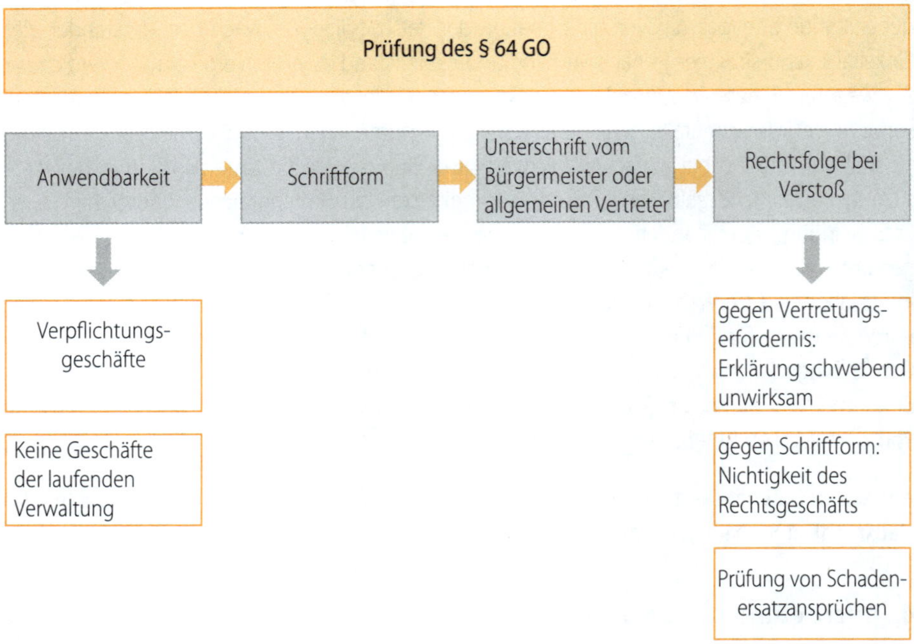

Bei Verstößen ist nach der h.M.[172] wie folgt zu differenzieren:

- Verstöße gegen das Erfordernis der **qualifizierten Unterzeichnung** (also bei Unterschrift von einer nicht unterzeichnungsberechtigten Person) führen dazu, dass dem Vertreter die Vertretungsmacht fehlt und die abgegebene Verpflichtungserklärung nach § 177 Abs. 1 BGB schwebend unwirksam ist.[173] Die Rechtsinstitute der Duldungs- und Anscheinsvollmacht können nach dem Schutzzweck der Norm grundsätzlich nicht zu einer vertraglichen Bindung der Gemeinde führen.[174] Der vollmachtlose Vertreter kann im Verschuldensfalle nach § 179 BGB haften.
- Verstöße gegen die **Schriftform** (z.B. mündliche Einigung) führen nach Sinn und Zweck der Schriftform zur Nichtigkeit des Rechtsgeschäfts (§ 125 BGB analog[175]). Eine Genehmigungsfähigkeit des Rechtsgeschäfts nach § 177 BGB kommt ebenso wenig in Betracht wie eine Haftung des Vertreters (§ 179 BGB). Der Mangel kann durch Neuvornahme des Geschäfts unter Einhaltung der Schriftform beseitigt werden. Unter engen Voraussetzungen kann der Geschäftspartner den Grundsatz von Treu und Glauben geltend machen, wenn die Gemeinde sich auf den Formverstoß beruft. Dann müssten nach den gesamten Umständen die Nichtigkeitsfolgen für den Vertragspartner zu schlechthin unerträglichen Ergebnissen führen und ein notwendiger Ausgleich mit anderen rechtlichen Mitteln nicht zu erzielen sein. Als wesentlichen Ausnahmefall hat der Bundesgerichtshof es angesehen, wenn der Rat den Abschluss des Verpflichtungsgeschäfts gebilligt hat.

---

171 *Burgi* § 13 III 4a.

172 Vgl. im Einzelnen *Bätge* Vertragsschluss, Haftung und Schadenersatz bei kommunalen Verpflichtungserklärungen in Festschrift für Ulrich Hübner, Verantwortlichkeit im Wirtschaftsrecht, 2002, S. 3 f. m.w.N.

173 *BGH* Urteil vom 10.5.2001 – III ZR 111/99 –, NJW 2001, 2026, 2027; *Bätge* a.a.O., 7 m.w.N.

174 *BGH* Urteil vom 6.7.1995 – III ZR 176/94 –, NJW 1995, 3389, 3390; *Boujong* WiVerw 1979, 49, 53.

175 *BGH* Urteil vom 10.5.2001 – III ZR 111/99 –, NJW 2001, 2026, 2027.

- Ist der Vertrag aufgrund § 64 GO nicht wirksam, kann der Geschäftspartner **Schadenersatzansprüche** (Verschulden bei Vertragsschluss nach §§ 311, 280 BGB bzw. deliktische Ansprüche nach § 823 BGB bzw. § 839 BGB) gegen die Gemeinde und den persönlich Handelnden geltend machen. Die Schadenersatzansprüche gegen die Gemeinde dürfen jedoch im Ergebnis nicht den Schutzzweck des § 64 GO vor übereilten oder unbedachten rechtsgeschäftlichen Bindungen aushöhlen.

Beispiel „Das Grabmal des Sennefer"[176] Die klagende Stadt H in Niedersachsen (105 000 Einwohner) begehrt von der beklagten Stadt G in Nordrhein-Westfalen (65 000 Einwohner) Schadenersatz wegen der Beschädigung einer in ihrem Eigentum befindlichen fotographischen Nachbildung des Sennefer-Grabes. Sennefer war ein kulturhistorisch bedeutsamer Würdenträger unter dem Pharao Amenophis II. Die Klägerin betreibt ein insbesondere für Ausstellungen über das antike Ägypten renommiertes Museum und vermietet das Exponat an das kleine und mit solchen Ausstellungen unerfahrenere Museum der Beklagten. Die Beklagte stellt die Grabnachbildung im Rahmen einer ägyptologischen Ausstellung aus. Eine solche Ausstellung in dieser Größenordnung ist für die beklagte Stadt einmalig. Der Museumsleiter der Beklagten unterzeichnet einen von der Klägerin entworfenen schriftlichen Mietvertrag über die Ausstellung der Grabnachbildung in der Zeltkonstruktion eines Anbauraumes des Museums. Der Vertrag sieht u.a. vor, dass der Mieter auch für Zufallsschäden haftet und der Mieter eine Ausstellungsversicherung mit einer Versicherungssumme von 256 000 € Versicherungssumme abzuschließen hat. Eine entsprechende Versicherung ist allerdings nicht abgeschlossen worden.

Nach Anlieferung und Ausstellung ereignet sich aufgrund von Temperaturschwankungen im Zelt ein Totalschaden am Grab. Welche Ansprüche hat H gegen G?

In Betracht kommt zunächst ein Schadenersatzanspruch in Höhe von 256 000 € gemäß § 280 Abs. 1 BGB i.V.m. § 535 BGB wegen der Verletzung von Sorgfaltspflichten und des Nichtabschlusses der Versicherung. Dies setzt einen wirksamen Mietvertrag voraus. Die beklagte Stadt G aus Nordrhein-Westfalen müsste durch ihren Museumsleiter wirksam vertreten worden sein. Die Verpflichtungserklärung des Museumsleiters hält indessen die Förmlichkeiten des § 64 Abs. 1 GO nicht ein. Es fehlt schon an der erforderlichen Unterschrift des Bürgermeisters oder seines allgemeinen Vertreters. Auch die Rechtsinstitute von Duldungs- und Anscheinsvollmacht und der Grundsatz von Treu und Glauben führen nicht zuletzt angesichts der fehlenden besonderen Schutzwürdigkeit der Stadt H – die über die erforderliche Rechts- und Verwaltungskenntnis verfügen muss – nicht zu einer Verpflichtung. Deshalb kommt es maßgeblich darauf an, ob der Abschluss des Mietvertrages für die beklagte Stadt G ein Geschäft der laufenden Verwaltung ist mit der Folge, dass § 64 Abs. 1 GO nicht anwendbar und der Vertrag zustande gekommen wäre. Im vorliegenden Fall ist aber aufgrund der Einzelumstände wie Stadtgröße, Bedeutung des Geschäfts, fehlende Üblichkeit solcher Ausstellungen und Risiken für die Stadt nicht von einem Geschäft der laufenden Verwaltung auszugehen.

Da ein Mietvertrag damit nicht zustande gekommen ist, sind Ansprüche aus dem Eigentümer-Besitzer-Verhältnis zu prüfen, die aber ihrer Höhe nach auf das negative Interesse beschränkt sind und zudem einer Mitverschuldensquote (Aufklärungspflicht der Stadt H aufgrund überlegenen Wissens über die Aufbewahrungsmodalitäten des Grabmales) unterliegen. Angesichts des Zeitwertes und des Mitverschuldens der Stadt H hat das

176 *OLG Celle* Urteil vom 18.10.1998 – 2 U 53/98 –, NJW 2001, 607.

Gericht letztlich nur einen erstattungsfähigen Schaden von 12 000 € anerkannt. Wäre hingegen der Mietvertrag wirksam zustande gekommen, hätte eine Haftung auf das positive Interesse (Erfüllungsschaden unter Berücksichtigung des fehlenden Abschlusses der Versicherung) nahegelegen. Der Fall demonstriert damit einmal mehr die rechtliche und wirtschaftliche Bedeutung des § 64 Abs. 1 GO. ■

VII. Beigeordnete

330 Beigeordnete sind kommunale **Wahlbeamte** auf Zeit, die für die Dauer von acht Jahren vom Rat gewählt werden, § 71 Abs. 1 S. 3 GO. Es handelt sich um hervorgehobene Beamte der Gemeinde, denen ein **Geschäftskreis** zur Leitung zugewiesen ist und die gegenüber anderen Gemeindebediensteten über besondere Kompetenzen verfügen. Ähnlich wie beim Bürgermeister folgen die beamtenrechtliche Rechtsstellung aus dem Beamtenrecht (§ 119 LBG NRW) und die Aspekte der Voraussetzungen für das Amt, die Wahl, Abberufung und Kompetenzen aus der Gemeindeordnung (§§ 68–73 GO).

1. Wahl und fachliche Voraussetzungen

331 Die Beigeordneten werden vom **Rat** für die Dauer von acht Jahren gewählt, § 71 Abs. 1 S. 3 GO. Das Wahlverfahren richtet sich nach § 50 Abs. 2 GO. (Erst) Nach Annahme der Wahl hat der gewählte Kandidat ein Anwartschaftsrecht auf seine Ernennung.[177]

2. Abberufung

332 Nach § 71 Abs. 7 GO können die Beigeordneten in einem zweistufigen Verfahren mit einer Mehrheit von zwei Dritteln der gesetzlichen Mitgliederzahl vom Rat abberufen werden. Da es in § 71 Abs. 7 S. 5 GO heißt „Der *Beschluss* über die Abberufung bedarf einer Mehrheit von zwei Dritteln der gesetzlichen Zahl der Mitglieder" wird in Literatur und Rechtsprechung die Abberufungsentscheidung überwiegend nicht als (Ab)Wahl, sondern als Beschluss angesehen.[178] Dies hat zur Folge, dass eine geheime Abstimmung nur auf Antrag eines Fünftels der Mitglieder des Rates erfolgen kann (§ 50 Abs. 1 S. 5 GO). Die abberufenen Beigeordneten treten nach der Abberufungsentscheidung bis zum Ablauf ihrer Wahlzeit in den einstweiligen Ruhestand.

JURIQ-Klausurtipp

Die Abberufung ist ein Verwaltungsakt des Rates im Sinne des § 35 S. 1 VwVfG NRW, gegen den eine Anfechtungsklage statthaft ist. Sie ist nach § 78 Abs. 1 Nr. 1 VwGO zu richten gegen die Gemeinde, gesetzlich vertreten durch den Bürgermeister (§ 63 Abs. 1 S. 1 GO).[179]

In der Praxis wird die Abberufung regelmäßig nach § 80 Abs. 2 Nr. 4 VwGO für sofort vollziehbar erklärt, um die aufschiebende Wirkung einer Anfechtungsklage (§ 80 Abs. 1 VwGO) zu beseitigen, da die weitere Zusammenarbeit mit dem abberufenen Beigeordneten Loyalitätsprobleme auslösen könnte.[180]

---

177 *OVG NRW* Beschluss vom 3.12.1997 –15 B 2927/97 –, juris.

178 So *Plückhahn* in Held/Winkel, GO NRW, § 71 Erl. 11.4; *Keller* in Kleerbaum/Palmen, § 71 Erl. XI. 1; vgl. auch *VG Greifswald* Beschluss vom 24.2.1997 – 4 B 2582/96 –, juris Rn. 20; a.A. *Schmitz* KommPWahlen 2015, 54.

179 *OVG NRW* Beschluss vom 12.2.1982 – 12 B 2305/81 –, NVwZ 1982, 684.

180 *OVG NRW* Beschluss vom 28.2.1995 – 15 B 2556/94 –, NVwZ-RR 1995, 991.

3. Bestellung zum allgemeinen Vertreter und Rückgängigmachung

Gemäß § 68 Abs. 1 S. 1 GO bestellt der Rat einen Beigeordneten zum allgemeinen Vertreter des Bürgermeisters. Die Bestellung ist eine Sachentscheidung, die durch Beschluss gemäß § 50 Abs. 1 GO erfolgt. Der allgemeine Vertreter vertritt den Bürgermeister in allen Angelegenheiten, soweit nicht die ehrenamtlichen Stellvertreter nach § 67 Abs. 1 S. 2 GO für die Sitzungsleitung und die (politische) Repräsentation zuständig sind. 333

In Fällen, in denen das Vertrauen zwischen dem Bürgermeister und seinem allgemeinen Vertreter oder zwischen dem Rat und dem allgemeinen Vertreter nicht mehr besteht, stellt sich die Frage, ob und unter welchen Voraussetzungen die **Bestellung** vor Ablauf der Wahlzeit des allgemeinen Vertreters wieder **rückgängig** gemacht werden kann. Hierbei ist wie folgt zu differenzieren:

- Handelt es sich bei dem allgemeinen Vertreter um den einzigen Beigeordneten in der Gemeinde, kann eine Abberufung wegen § 68 Abs. 1 S. 1 GO nicht erfolgen.
- Im Übrigen ist eine Entscheidung des Rates, dem Beigeordneten die Funktion des allgemeinen Vertreters zu entziehen, durch einfachen Beschluss nach § 50 Abs. 1 GO möglich.[181] Es bedarf insbesondere keiner Abwahl, um die Funktion der allgemeinen Vertretung zu entziehen, da nach der Rechtsprechung das Amt des allgemeinen Vertreters trotz der höheren Besoldung nicht als eigenständiges Amt im statusrechtlichen Sinne zu verstehen sei, sondern nur als (zuweisbarer und widerruflicher) funktioneller Teil des Amtes eines Beigeordneten angesehen werden könne.[182] Materiell-rechtlich bedarf der Entzug der allgemeinen Vertretung durch den Rat eines **sachlichen Grundes**. Hierfür reicht es meines Erachtens nicht **allein** aus, dass sich die politische Mehrheit geändert hat, sondern der Grund muss in der Person des allgemeinen Vertreters liegen (gestörtes Vertrauensverhältnis etc.).

4. Besondere Kompetenzen

Die Beigeordneten haben als kommunale Wahlbeamte innerhalb der Gemeindeverwaltung unter den sonstigen Bediensteten der Gemeinde eine hervorgehobene rechtliche Stellung, die sich insbesondere in folgenden Aspekten zeigt: 334

- Grundsätzlich leitet und verteilt der Bürgermeister als Chef der Verwaltung die Verwaltungsgeschäfte (§ 62 Abs. 1 S. 3 GO) und ist (allein) zuständig für die dienstrechtlichen Entscheidungen (§ 73 Abs. 3 S. 1 GO). Den Geschäftskreis eines Beigeordneten kann der Rat aber mit der Mehrheit der gesetzlichen Zahl der Ratsmitglieder nach § 73 Abs. 1 S. 2 GO auch gegen den Willen des Bürgermeisters bestimmen.
- Der Bürgermeister hat zwar auch im Verhältnis zu den Beigeordneten das Letztentscheidungsrecht (§ 70 Abs. 4 S. 1 GO). Allerdings hat der Beigeordnete das Recht, seine abweichende Meinung dem Hauptausschuss vorzutragen (§ 70 Abs. 4 S. 2 GO).
- Über die Abberufung eines Beigeordneten entscheidet der Rat (§ 71 Abs. 7 GO), während der Bürgermeister dies grundsätzlich für die anderen Bediensteten zu entscheiden hat (§ 73 Abs. 3 S. 1 GO).

181 *OVG NRW* Beschluss vom 19.12.2006 – 15 A 632/06 –, juris.
182 *OVG NRW* Beschluss vom 19.12.2006 – 15 A 632/06 –, juris.

C. Organe des Kreises

335 Die innere Verfassung der Kreise ist der Gemeindeverfassung ähnlich. Die Verwaltung des Kreises liegt bei drei Organen, dem Kreistag, dem Kreisausschuss und dem Landrat (§ 8 KrO).

I. Kreistag

336 Der Kreistag ist das oberste Willensbildungs- und Beschlussorgan des Kreises. In den Angelegenheiten des § 26 Abs. 1 S. 2 KrO ist er ausschließlich zuständig. Im Übrigen beschließt der Kreistag über alle Angelegenheiten, soweit nicht der Landrat bzw. der Kreisausschuss durch Gesetz zuständig ist oder ihnen der Kreistag bestimmte Aufgaben zur eigenen Entscheidung übertragen hat. Gemäß § 26 Abs. 2 KrO obliegt dem Kreistag zudem die Überwachung der Tätigkeit des Landrats. Anders als auf der Gemeindeebene im Verhältnis zwischen Rat und Bürgermeister ist die Übertragung der Geschäfte der laufenden Verwaltung vom Kreistag auf den Landrat nicht fingiert, vielmehr sind diese Geschäfte dem Landrat unmittelbar selbst gesetzlich zugewiesen, § 42 Buchstabe a KrO. Dementsprechend kann es auch kein Rückholrecht des Kreistages geben.

Der Kreistag besteht aus den Kreistagsmitgliedern und dem Landrat. Der Landrat ist Mitglied kraft Gesetzes und Vorsitzender des Kreistages (§ 25 KrO).

II. Kreisausschuss

337 Der Kreisausschuss besteht aus mindestens acht und höchstens sechzehn Kreistagsmitgliedern und dem Landrat als Vorsitzenden (§ 51 Abs. 1 und 3 KrO).

Die Zuständigkeiten des Kreisausschusses ergeben sich aus § 50 KrO. Nach § 50 Abs. 1 S. 1 KrO beschließt er über alle Angelegenheiten, soweit sie nicht dem Kreistag vorbehalten sind oder soweit es sich nicht um Geschäfte der laufenden Verwaltung handelt. Für letztere ist der Landrat zuständig, § 42 Buchstabe a KrO. Der Kreisausschuss bereitet zudem die Beschlüsse des Kreistages vor und überwacht die Geschäftsführung des Landrats (§ 50 Abs. 1 S. 2 KrO). Aus § 50 Abs. 3 KrO folgt seine Kompetenz zur Eilentscheidung in Angelegenheiten, die der Beschlussfassung des Kreistages unterliegen.

Gemäß § 58 Abs. 1 KrO werden die **Aufgaben der unteren staatlichen Verwaltungsbehörde** vom Landrat und vom Kreisausschuss wahrgenommen. Zu diesen gehört insbesondere die Wahrnehmung der Kommunalaufsicht über die kreisangehörigen Gemeinden des Kreisgebietes (§ 120 Abs. 1 GO). Nach außen wird hierbei nur der Landrat tätig. Die Mitwirkung des Kreisausschusses wird in § 59 Abs. 1 S. 2 KrO in Gestalt eines **Zustimmungserfordernisses** für bestimmte Entscheidungen des Landrates konkretisiert.

Eine komplexe Rechtsfrage entsteht, wenn die Bezirksregierung im Rahmen ihrer **Dienst- und Fachaufsicht** (§ 11–13 Landesorganisationsgesetz NRW) die untere staatliche Verwaltungsbehörde in einer der Zustimmung des Kreisausschusses unterliegenden Frage zu einer bestimmten Handlung **anweisen will**. Hier stellt sich das Problem, wie die Bezirksregierung die Weisung durchsetzen kann, wenn die Mitglieder des Kreisausschusses anderer Auffassung sind und sich hierbei auf ihr freies Mandat nach § 28 Abs. 1 KrO berufen wollen? Hierzu bedurfte es einer besonderen **mehrstufigen gesetzlichen Lösung**:

- Gemäß § 62 KrO sind die Mitglieder des Kreisausschusses, soweit sie Aufgaben der unteren staatlichen Verwaltungsbehörde nach § 59 Abs. 1 KrO wahrnehmen, zu **Ehrenbeamten** zu ernennen.
- Nach § 107 Abs. 2 S. 2 LBG NRW nimmt für diese Ehrenbeamte die **Aufsichtsbehörde** des Kreises (Bezirksregierung) die Befugnisse der dienstvorgesetzten Stelle wahr.

Hierdurch wird gewährleistet, dass in Angelegenheiten der Wahrnehmung der staatlichen Kommunalaufsicht sowohl der Landrat (§ 60 Abs. 2 KrO) als auch die Kreisausschussmitglieder der Dienst- und Fachaufsicht der Bezirksregierung unterstehen.

Beispiel Die Bezirksregierung weist den nachgeordneten Landrat als untere staatliche Verwaltungsbehörde an, die Genehmigung eines Gebietsänderungsvertrages (§ 18 Abs. 2 GO) zu erteilen. Der Landrat möchte dieser Weisung nachkommen und legt seine Genehmigungsentscheidung dem Kreisausschuss nach § 59 Abs. 1 S. 1 Buchst. a) KrO zur Zustimmung vor. Die Mitglieder des Kreisausschusses verweigern aber aus politischen Gründen ihre Zustimmung. Daraufhin kann die Bezirksregierung als dienstvorgesetzte Stelle nach § 107 Abs. 2 S. 2 LBG NRW die Ehrenbeamten zur Zustimmung anweisen. ■

III. Landrat

Wie der Bürgermeister auf Gemeindeebene ist der Landrat Mitglied kraft Gesetzes und Vorsitzender des Kreistages (§ 25 KrO). Auch auf Kreisebene handelt es sich um einen Hauptverwaltungsbeamten, der einerseits Vorsitzender und Mitglied des Kreistages und andererseits Chef der Kreisverwaltung ist. Gemäß § 42 Buchstabe a KrO ist er in seiner Funktion als Chef der Verwaltung insbesondere für die Erledigung der Geschäfte der laufenden Verwaltung unmittelbar zuständig. 338

Der Landrat ist außerdem gemäß §§ 59 ff. KrO **untere staatliche Verwaltungsbehörde**. In dieser Funktion ist er insbesondere die zuständige Kommunalaufsichtsbehörde für die kreisangehörigen Gemeinden des Kreisgebietes (§ 120 Abs. 1 GO). Es handelt sich um einen Fall der **Organleihe**, da der Landrat als kommunales Organ **staatliche** Aufgaben wahrzunehmen hat. In dieser Funktion, die strikt von seinen Aufgaben als kommunales Organ zu trennen ist, untersteht er gemäß § 60 Abs. 2 S. 1 KrO der Dienstaufsicht des Landes (Bezirksregierung).

Die Vertretung des Landrates bei der Sitzungsleitung und Repräsentation erfolgt durch die ehrenamtlichen Stellvertreter. Im Übrigen wird er durch den Vertreter im Amt, den Kreisdirektor, vertreten (§ 47 KrO).

D. Kommunalverfassungsstreit

Sofern es zu Rechtsstreitigkeiten zwischen den kommunalen Organen oder Organteilen über deren funktionelle Kompetenzen kommt, sind prozessuale Besonderheiten zu beachten. Es handelt sich um sogenannte **Kommunalverfassungsstreitigkeiten** (auch Organstreitverfahren genannt). Die Besonderheiten liegen vor allem darin begründet, dass die Wirkungen solcher Streitigkeiten innerhalb der Kommune verbleiben **(Innenrechtsstreitigkeit)** und dass es dabei (nur) um Streitigkeiten über funktionelle Kompetenzen, nicht aber um private Rechte geht. 339

I. Überblick

340 Die einzelnen Organe und Organteile haben die in der Kommunalverfassung dargestellten **funktionellen** Rechte und Pflichten („mitgliedschaftliche oder statusrechtliche Rechtsstellung") Diese statusbezogene Rechtsstellung ist von der privaten Rechtsstellung der hinter dem Amt stehenden natürlichen Person zu unterscheiden.

Beispiele Ratsmitgliedern steht das Recht auf freie Mandatsausübung gemäß § 43 Abs. 1 GO zu. Fraktionen haben das Recht auf Außendarstellung gemäß § 56 Abs. 2 S. 1 GO. ■

Die dort geregelten Kompetenzen stehen ihnen nicht als Privatpersonen zu, sondern sind ihnen als **Funktionsträger** zugewiesen.

Hinweis

Die kommunalrechtlichen Rechte und Pflichten sind demnach **keine** persönlichen, privaten Rechte der hinter dem Amt stehenden natürlichen Person. Es handelt sich vielmehr um die **funktionellen** Wahrnehmungszuständigkeiten eines **Amtes**. Diese Wahrnehmungszuständigkeiten des Amtes sind rechtlich strikt von privaten Rechten der jeweiligen natürlichen Person zu trennen, die gerade das Amt ausfüllt.

Beispiel Ratsmitglied R fühlt sich in den Ratssitzungen durch das Rauchen einiger Ratsmitglieder „in seinen Grundrechten" verletzt. Er beruft sich auf sein Grundrecht auf körperliche Unversehrtheit und verklagt den Bürgermeister, damit dieser „endlich" ein Rauchverbot anordnet.

Im *Beispielsfall* sind die Kompetenzrechte als Ratsmitglied zu trennen von den privaten Grundrechten des R als natürliche Person. Als Kompetenzrecht, welches dem Ratsmitglied als Funktionsträger zusteht, kommt vorliegend nur seine Mandatsausübungsfreiheit gemäß § 43 Abs. 1 GO in Betracht. Aus dieser können (kompetenzielle) innerorganisatorische Störungsbeseitigungsansprüche gegen dem anderen Funktionsträger, das Organ Bürgermeister, erwachsen (§ 43 Abs. 1 i.V.m. § 51 Abs. 1 GO). Das Ratsmitglied kann sich hingegen grundsätzlich nicht auf Grundrechte berufen, da ihm solche in der Funktion als öffentlich-rechtlicher Amtsträger und Organteil nicht zustehen.[183] ■

341 Sofern es zu **prozessualen** Streitigkeiten über funktionale Rechte und Aufgaben (Kompetenzen) nach der Kommunalverfassung zwischen Funktionsträgern (Organe bzw. Organteile) kommt, so spricht man von einem **Kommunalverfassungsstreit**, der aufgrund seines öffentlich-rechtlichen Streitgegenstandes (Kompetenzen aus der Gemeindeordnung) gemäß § 40 Abs. 1 S. 1 VwGO vor dem Verwaltungsgericht auszutragen ist. Bei diesen Arten von Streitigkeiten handelt es sich also um interne Streitigkeiten zwischen Organen bzw. Organteilen innerhalb derselben Kommune, deren Rechtswirkungen sich nicht auf Dritte (Nichtorgane wie z.B. Bürger, Kommunalaufsicht etc.) erstrecken.

183 *Burgi* § 12 IV.1.

Die Arten solcher Kommunalverfassungsstreitverfahren lassen sich wie folgt differenzieren:

- Bei **interorganschaftlichen** Streitigkeiten streiten zwei verschiedene Organe bzw. Organteile verschiedener Organe untereinander.

Beispiele Der Rat verklagt den Bürgermeister auf Gewährung von Akteneinsicht gemäß § 55 Abs. 4 S. 1 GO.

Eine Bezirksvertretung der kreisfreien Stadt S verklagt den Rat auf Feststellung, dass nicht der Rat, sondern die Bezirksvertretung für eine bestimmte Angelegenheit entscheidungszuständig ist.

Eine Fraktion geht gerichtlich gegen den Bürgermeister vor, da dieser sich weigert, entgegen § 48 Abs. 1 S. 2 GO einen von der Fraktion vorgelegten Punkt auf die Tagesordnung zu setzen. ■

- Bei **innerorganschaftlichen** Streitigkeiten streiten Organteile desselben Organs bzw. Organteile mit dem Organ untereinander.

Beispiele Das Ratsmitglied R streitet gegen den Rat auf öffentliche Behandlung eines Gegenstandes.

Eine Ratsfraktion streitet gegen den Rat um erhöhte Zuwendungen zu den Aufwendungen für die Geschäftsführung nach § 56 Abs. 3 S. 1 GO. ■

Da es in all diesen Streitigkeiten nicht um private persönliche Rechte der hinter den Funk- **342**
tionen stehenden Amtsinhaber geht, sondern um Kompetenzrechte funktioneller Art der Funktionsträger, trägt die Kommune – um deren Interessen es bei diesen funktionellen Streitigkeiten letztlich geht – im Ergebnis die **Kosten** eines verwaltungsgerichtlichen Kommunalverfassungsstreits.[184] Der Funktionsträger, der in der Kostenentscheidung des Verwaltungsgerichts unterliegt, hat also einen entsprechenden Erstattungsanspruch gegen die Kommune. Die dogmatische Herleitung des Erstattungsanspruchs ist umstritten. Das *OVG NRW* stellte ihn in einer früheren Entscheidung als Anwendungsfall des allgemeinen öffentlich-rechtlichen Erstattungsanspruchs dar[185], während es nunmehr mit der h.M.[186] ihn unmittelbar als Ausfluss der Organstellung des Funktionsträgers anerkennt.

II. Prüfungsaufbau beim Kommunalverfassungsstreit

Sofern ein Funktionsträger in einem Kommunalverfassungsstreit gegen einen anderen **343**
Funktionsträger der gleichen Kommune verwaltungsgerichtlich vorgeht, so sind die Erfolgsaussichten eines solchen prozessualen Vorgehens zu prüfen. Eine entsprechende verwaltungsgerichtliche Klage hat nur dann Erfolg, wenn sie zulässig und begründet ist. Da es beim prozessualen Vorgehen in diesen Fällen einige Besonderheiten gibt, wird folgendes Prüfungsschema für einen Kommunalverfassungsstreit in der Gemeinde vorgeschlagen:

184 *OVG NRW* Urteil vom 12.11.1991 – 15 A 1046/90 –, NVwZ-RR 1993, 266.
185 *OVG NRW* Urteil vom 12.11.1991 – 15 A 1046/90 –, NVwZ-RR 1993, 266.
186 *OVG NRW* Urteil vom 24.4.2009 – 15 A 981/06 –, NVwZ-RR 2009, 819; *OVG Saarlouis* Beschluss vom 26.5.2008 – 3 A 12/08 –, juris Rn. 13; in diese Richtung wohl auch *BVerwG* Beschluss vom 2.6.2014 – 8 B 98/13, juris Rn. 11.

PRÜFUNGSSCHEMA

Erfolgsaussichten einer Klage im Kommunalverfassungsstreit

A. Zulässigkeit der Klage

I. Verwaltungsrechtsweg, § 40 Abs. 1 S. 1 VwGO

1. **öffentlich-rechtliche Streitigkeit**
   a) Streitgegenstand: Klärung der funktionellen Kompetenzen nach Kommunalrecht
   b) streitentscheidend: Kompetenznormen der GO (öffentlich-rechtlich)
   Auch intern angelegter Kommunalverfassungsstreit kann wegen Art. 19 Abs. 4 GG „Streitigkeit" im Sinne des § 40 Abs. 1 S. 1 VwGO darstellen. Rn. 345
2. **nichtverfassungsrechtlicher Art**
   Zwar Kommunalverfassungsrecht, aber kein Staatsverfassungsrecht Rn. 345

II. Statthafte Klageart

1. **Begehren** (§ 88 VwGO)
   a) Aufhebung einer Maßnahme
   b) Leistung
   c) Feststellung
2. **Klageart**
   Maßgebend: Klagearten der VwGO (keine Klageart sui generis) Rn. 346
   a) Beim Aufhebungsbegehren: In aller Regel mangels VA keine Anfechtungsklage. Deshalb kommt insbesondere Feststellung der Rechtswidrigkeit des Beschlusses in Betracht.
   b) Bei Leistungsbegehren: In Betracht kommt die allgemeine Leistungsklage
   c) Bei Feststellungsbegehren: Sofern kein Handeln/Dulden/Unterlassen (dann Leistungsklage) verlangt wird, kommt die Feststellungsklage in Betracht.

III. Klagebefugnis, § 42 Abs. 2 VwGO analog

Möglichkeit der Verletzung funktioneller Rechte des klagenden Funktionsträgers Rn. 347

IV. Klagegegner: Organ bzw. Organteil, gegen das sich das Klagebegehren richtet (nicht die Gemeinde als Rechtsträgerin)

V. Beteiligtenfähigkeit, § 61 VwGO der Organe bzw. Organteile

1. § 61 Nr. 1 VwGO (als natürliche oder juristische Person) scheidet aus, da es beim Streit zwischen Funktionsträgern nicht um private, persönliche Rechte geht
2. § 61 Nr. 2 VwGO (als Vereinigung, soweit ihr ein Recht zusteht) greift ein bei Fraktionen, Ausschüssen, Bezirksvertretungen, Rat etc.
   einzelne Funktionsträger (einzelnes Ratsmitglied, Bürgermeister etc.): § 61 Nr. 2 VwGO analog Rn. 349

VI. Allgemeines Rechtsschutzbedürfnis

Fehlt, wenn zumutbare innergemeindliche Rechtsinstrumente der Gemeindeordnung nicht vorher zumutbar ergriffen werden

B. Begründetheit der Klage

Die Klage ist dann begründet, wenn die Maßnahme des anderen Funktionsträgers funktionelle (organschaftliche) Rechte des Klägers verletzt.

III. Zulässigkeit einer Klage beim Kommunalverfassungsstreit im Einzelnen

Ein prozessuales Vorgehen beim Kommunalverfassungsstreit im Wege einer Klage ist zulässig, wenn die Sachurteilsvoraussetzungen gegeben sind. 344

1. Verwaltungsrechtsweg

Zunächst müsste gemäß § 40 Abs. 1 S. 1 VwGO der **Verwaltungsrechtsweg** eröffnet sein. 345
Dies ist dann der Fall, wenn der Kommunalverfassungsstreit eine öffentlich-rechtliche Streitigkeit nichtverfassungsrechtlicher Art ist.

Bei der Frage nach der öffentlich-rechtlichen Streitigkeit ist zunächst der Streitgegenstand maßgeblich. Beim Kommunalverfassungsstreit geht es um die Klärung der funktionellen Kompetenzen nach Kommunalrecht. Streitentscheidend sind damit die öffentlich-rechtlichen Kompetenznormen der Gemeindeordnung. Auch der intern angelegte Kommunalverfassungsstreit kann wegen Art. 19 Abs. 4 GG eine „Streitigkeit" im Sinne des § 40 Abs. 1 S. 1 VwGO darstellen.[187]

Die Streitigkeit ist auch **nichtverfassungsrechtlicher Art**, da es sich zwar um ein „Kommunalverfassungsrecht" handelt, aber nicht die von § 40 Abs. 1 S. 1 VwGO geforderte „doppelte Verfassungsunmittelbarkeit" vorliegt: Es sind weder (Staats-)Verfassungsorgane beteiligt noch handelt es sich beim Streitgegenstand um materielles (Staats-)Verfassungsrecht.[188]

2. Statthafte Klageart

Als statthafte Klagearten kommen die in der VwGO vorgesehenen Klagearten in Betracht. Es 346
gibt nach heute ganz h.M.[189] keine eigenständige, gesetzlich nicht normierte Klageart „Kommunalverfassungsstreit". Der Begriff umschreibt nicht eine Klageart sui generis, sondern eine bestimmte Art von Streitigkeiten, nämlich die internen Organstreitverfahren auf kommunaler Ebene.

Die passende Klageart richtet sich nach dem **Begehren** des Klägers (§ 88 VwGO). Hierbei lassen sich im Kommunalverfassungsstreit drei Alternativen unterscheiden:

- Zum einen kann es dem Kläger um die **Aufhebung** einer Maßnahme gehen

Beispiel Das Ratsmitglied R klagt gegen den Ratsbeschluss über seinen Ausschluss von Sitzungen wegen angeblicher Verstöße gegen die Ordnung nach § 51 Abs. 2 GO. ■

In diesen Fällen handelt es sich bei der angegriffenen Maßnahme in aller Regel nicht um einen Verwaltungsakt, da es an der nach § 35 S. 1 VwVfG NRW erforderlichen **Außenwirkung fehlt.**[190] Die Rechtswirkung verbleibt vielmehr innerhalb der Kommune zwischen den kommunalen Funktionsträgern. Dementsprechend kommt insbesondere eine Anfechtungsklage gemäß § 42 Abs. 1 VwGO nicht in Betracht. Regelmäßig wird für diese Fallkonstellation die

187 *Geis* § 25 I.

188 *Geis* § 25 II 1.

189 *OVG NRW* Urteil vom 2.5.2006 – 15 A 817/04 –, Städte- und Gemeinderat 007, 37; *Kopp/Schenke* VwGO, § 43 Rn. 10.

190 *BVerwG* Beschluss vom 3.3.1994 – 7 B 11/94 –, NVwZ-RR 1994, 352.

Feststellung der Rechtswidrigkeit des Beschlusses dem Begehren entsprechen, die im Wege der Feststellungsklage prozessual verfolgt werden kann.

- Wenn es dem Kläger gegenüber dem anderen Funktionsträger um eine beantragte **Leistung**, also ein Handeln, Dulden oder Unterlassen geht, wird die beantragte Leistung ebenfalls mangels Außenwirkung keinen Verwaltungsakt darstellen können, so dass eine Verpflichtungsklage ausscheidet. In Betracht kommt vielmehr die allgemeine Leistungsklage.

Beispiel Eine Fraktion verlangt vom Bürgermeister die Aufnahme eines Tagesordnungspunktes oder das Unterlassen eines vom Bürgermeister angekündigten Vorgehens. ■

- Bei einem **Feststellungsbegehren** kommt die Feststellungsklage in Betracht. Für das nach § 43 Abs. 1 VwGO erforderliche Rechtsverhältnis ist ein organschaftliches Verhältnis ausreichend. Das erforderliche Feststellungsinteresse besteht bereits, wenn ein schutzwürdiges Interesse wirtschaftlicher, rechtlicher oder ideeller Art vorliegt.[191]

Beispiel[192] Ratsmitglied R beantragt die Feststellung der Rechtswidrigkeit der Wahl eines Beigeordneten mit der Begründung, dass sein Informationsrecht über die Bewerber verletzt worden sei (§ 43 Abs. 1 GO). Sein Feststellungsinteresse folgt aus seinem rechtlichen und politischen Interesse an der Klärung der Gültigkeit der Wahl und seine Mitwirkungsrechte. ■

3. Klagebefugnis

347 Zur Vermeidung von Popularklagen ist bei allen in Betracht kommenden Klagearten eine Klagebefugnis des Klägers erforderlich (§ 42 Abs. 2 VwGO analog). Erforderlich ist hierbei die Möglichkeit der Verletzung **funktioneller** Rechte des klagenden Funktionsträgers.[193]

Bei der Prüfung ist zwischen den privaten, persönlichen Rechtspositionen der hinter dem Amt stehenden natürlichen Person und den funktionellen Rechten des Funktionsträgers zu unterscheiden. Nur letztere können im Kommunalverfassungsstreit eine Klagebefugnis begründen.

Beispiel Im obigen *Beispiel* (Rn. 340) zur Erreichung eines Rauchverbotes kann sich der Kläger in seiner Eigenschaft als Funktionsträger nicht auf Grundrechte berufen. Möglich ist aber die Geltendmachung funktioneller Rechte, wie z.B. der aus § 43 Abs. 1 i.V.m. § 51 Abs. 1 GO abzuleitende innerorganschaftliche Störungsbeseitigungsanspruch des Funktionsträgers „Ratsmitglied" gegen den anderen Funktionsträger „Bürgermeister" auf Anordnung eines Rauchverbotes. ■

4. Richtiger Klagegegner

348 Richtiger Klagegegner ist das jeweilige Organ bzw. der Organteil, gegen das sich das Klagebegehren richtet. Die Gemeinde als Rechtsträgerin kann nicht Klagegegnerin sein, da es beim Kommunalverfassungsstreit nicht um deren Rechte und Pflichten geht, sondern um die der jeweiligen Gemeindeorgane bzw. Organteile. Ebenso wenig ist § 78 VwGO anwendbar,

191 *OVG NRW* Urteil vom 2.5.2006 – 15 A 817/04 –, EildSTNRW 2007, 132.
192 *OVG NRW* Urteil vom 5.2.2002 – 15 A 2604/99 –, NVWBl. 2002, 225.
193 *Burgi* § 14 Anm. 3.

da diese Vorschrift unmittelbar nur für Anfechtungs- und Verpflichtungsklagen gilt, welche gerade beim Kommunalverfassungsstreit nicht in Rede stehen.

5. Beteiligtenfähigkeit

Die Beteiligtenfähigkeit der am Kommunalverfassungsstreit Beteiligten ist am Maßstab des § 61 VwGO zu ermitteln. Auch dabei ist zu berücksichtigen, dass es den Beteiligten nicht um die Durchsetzung privater, persönlicher Rechte, sondern um **funktionelle** Rechte als Wahrnehmungszuständigkeiten ihres Amtes[194] geht. 349

Unter Berücksichtigung dieser Vorgaben scheidet eine Beteiligtenfähigkeit nach § 61 Nr. 1 VwGO (als natürliche oder juristische Person) aus, da es beim Streit zwischen Funktionsträgern eben nicht um private, persönliche Rechte geht, von denen Nr. 1 ausgeht.

Die Beteiligtenfähigkeit nach Maßgabe des § 61 Nr. 2 VwGO (als Vereinigung, soweit ihr ein Recht zusteht) greift ein **bei Fraktionen, Ausschüssen, Bezirksvertretungen, Rat** etc. Diese können sich auf ihre konkret in Rede stehenden organschaftlichen Kompetenzrechte berufen. Obwohl der Rat teilweise als Behörde agieren kann (z.B. bei der Feststellung der Zulässigkeit eines Bürgerbegehrens nach § 26 Abs. 6 S. 1 GO), kommt eine Behördeneigenschaft – wie sie Nr. 3 des § 61 VwGO vorsieht – beim Kommunalverfassungsstreit nicht in Betracht, denn dieser handelt dort nicht als Behörde nach außen, sondern als Organ nach innen.

§ 61 Nr. 2 VwGO analog greift bei **einzelnen** Funktionsträgern ein (einzelnes Ratsmitglied, Bürgermeister etc.), da es diesen beim Kommunalverfassungsstreit nicht um ihre Rechtsstellung als natürliche Person geht, sondern als Organ oder Organteil. Die Vorschrift ist analog anzuwenden, da sie in direkter Anwendung von einer Personenvereinigung ausgeht.

6. Allgemeines Rechtsschutzbedürfnis

Das allgemeine Rechtsschutzbedürfnis fehlt dem Kläger nur, wenn zumutbare innergemeindliche Rechtsinstrumente der Gemeindeordnung nicht vorher ergriffen werden. 350

Beispiel Der Bürgermeister hat die Möglichkeit, Widerspruch nach § 54 Abs. 1 GO zu erheben, wenn er der Auffassung ist, dass ein Ratsbeschluss das Wohl der Gemeinde gefährde. Deshalb kann er nicht unmittelbar gegen den Rat klagen, wenn er nicht vorher dieses Recht ausgeübt hat. ■

IV. Begründetheit einer Klage im Kommunalverfassungsstreit

Die Begründetheit der Klage hängt ab von der zugrundeliegenden Klageart. Im Falle einer Feststellungsklage ist diese begründet, wenn das streitige Rechtsverhältnis besteht oder nicht besteht. Es ist deshalb zu prüfen, ob die gerügte Handlung des Organs rechtswidrig ist und dadurch organschaftliche Rechte des Klägers verletzt worden sind. 351

194 *Burgi* § 14 Anm. 2.

Die Leistungsklage ist dann begründet, wenn der klägerische Anspruch gerichtet auf Handlung, Duldung oder Unterlassung besteht.[195]

Online-Wissens-Check

Fraktionsmitglied F ist nicht einverstanden damit, dass ihn seine Fraktion ausgeschlossen hat, weil er permanent für die Vorschläge der Mehrheitsfraktion abgestimmt hat. Wie kann er dagegen vorgehen?

Überprüfen Sie jetzt online Ihr Wissen zu den in diesem Abschnitt erarbeiteten Themen. Unter **www.juracademy.de/skripte/login** steht Ihnen ein Online-Wissens-Check speziell zu diesem Skript zur Verfügung, den Sie kostenlos nutzen können. Den Zugangscode hierzu finden Sie auf der Codeseite.

195 *Smith* in Kleerbaum/Palmen, § 40 Erl. VII. 3; *Zacharias* § 12 II 2.

V. Übungsfall Nr. 5

„Tumulte im Rat" 352

R ist Ratsmitglied der kreisfreien Stadt S. Er gehört weder einer Fraktion noch einer Gruppe an. Vor der Ratssitzung, in der es um die Verteilung und Höhe der gemeindlichen Zuwendungen zu den Geschäftsführungskosten der Fraktionen und Gruppen im Sinne des § 56 Abs. 3 GO geht, erfährt er, dass er als fraktions- und gruppenloses Ratsmitglied keine finanziellen Zuwendungen erhalten soll, sondern ihm Sach- und Kommunikationsmittel zum Zwecke seiner Vorbereitung auf die Ratssitzung zur Verfügung gestellt werden sollen. Zu der Ratssitzung erscheint er daraufhin mit einem Plakat (100 × 100 cm) mit der Aufschrift „Die Großen sahnen ab – Die Kleinen lässt man hängen".

Nachdem Oberbürgermeister O die Sitzung eröffnet hat, kommt es zu lautstarken Beschimpfungen und Bedrohungen zwischen R und einigen anderen Ratsmitgliedern. Daraufhin fordert O den R auf, „für die Dauer der Ratssitzung das Plakat umzudrehen". Dies lehnt R ab.

O sieht keine andere Möglichkeit, die Sitzung aufrecht zu erhalten, als den R mit sofortiger Wirkung aus dem Sitzungssaal zu verweisen.

R ist der Auffassung, dass die Aufforderung des O, das Plakat umzudrehen, und der Saalverweis durch O rechtswidrig waren. Kann R gegen die Maßnahmen gerichtlich mit Erfolg vorgehen?

Hinweis: Die Geschäftsordnung des Rates enthält ***keine*** *Regelung im Sinne des § 51 Abs. 2 GO darüber, in welchen Fällen durch Beschluss des Rates einem Ratsmitglied bei Verstößen gegen die Ordnung die auf den Sitzungstag entfallende Entschädigung entzogen werden kann und es für eine oder mehrere Sitzungen ausgeschlossen wird.*

Lösung 353

Ein prozessuales Vorgehen des R im Wege einer Klage hat Erfolg, wenn die Klage zulässig und begründet ist.

I. Zulässigkeit der Klage

Die Klage ist zulässig, wenn die Sachurteilsvoraussetzungen gegeben sind.

Zunächst müsste gemäß § 40 Abs. 1 S. 1 VwGO der Verwaltungsrechtsweg eröffnet sein. Dies ist dann der Fall, wenn eine öffentlich-rechtliche Streitigkeit nichtverfassungsrechtlicher Art vorliegt.

Bei der Frage nach der öffentlich-rechtlichen Streitigkeit ist zunächst der Streitgegenstand maßgeblich. Im vorliegenden Fall will sich R gegen die Aufforderung des O, das Plakat umzudrehen, und gegen den von O ausgesprochenen Verweis aus dem Sitzungssaal zur Wehr setzen. Es geht ihm damit um die Klärung der funktionellen kommunalrechtlichen Kompetenzen des Oberbürgermeisters und von ihm selbst als Ratsmitglied. Konkret handelt es sich um einen Kommunalverfassungsstreit, da vorliegend das Organteil Ratsmitglied (R) mit dem Organ Oberbürgermeister (O) untereinander über die Reichweite ihrer funktionellen Rechte streitet.

Streitentscheidend sind damit die öffentlich-rechtlichen Kompetenznormen der Gemeindeordnung. Auch der auf lediglich interne Rechtswirkungen angelegte Kommunalverfassungsstreit kann wegen Art. 19 Abs. 4 GG eine „Streitigkeit" im Sinne des § 40 Abs. 1 S. 1 VwGO darstellen.

Die Streitigkeit ist auch nichtverfassungsrechtlicher Art, da es sich zwar um ein „Kommunalverfassungsrecht" handelt, aber nicht die von § 40 Abs. 1 S. 1 VwGO geforderte „doppelte Verfassungsunmittelbarkeit" vorliegt: Es sind weder (Staats-)Verfassungsorgane beteiligt noch handelt es sich beim Streitgegenstand um materielles (Staats-)Verfassungsrecht.

Als statthafte Klagearten kommen die in der VwGO vorgesehenen Klagearten in Betracht. Es gibt nach heute ganz h.M. keine eigenständige, gesetzlich nicht normierte Klageart „Kommunalverfassungsstreit". Der Begriff umschreibt nicht eine Klageart sui generis, sondern eine bestimmte Art von Streitigkeiten, nämlich die internen Organstreitverfahren auf kommunaler Ebene.

Die passende Klageart richtet sich nach dem Begehren des Klägers (§ 88 VwGO). Das Ratsmitglied R wendet sich inhaltlich gegen die von O ausgesprochene Aufforderung, das Plakat umzudrehen und den nachfolgenden Sitzungsausschluss wegen der Verstöße gegen die Ordnung nach § 51 Abs. 2 GO.

In Betracht kommt insoweit für R die Erhebung einer Anfechtungsklage. Dann müssten die Aufforderung und der Sitzungsausschluss Verwaltungsakte im Sinne des § 35 S. 1 VwVfG NRW darstellen. Hierfür ist die erforderliche Außenwirkung problematisch. Die Rechtswirkung verbleibt aber innerhalb der Kommune zwischen den kommunalen Funktionsträgern. R ist damit lediglich in seiner Rechtsstellung als Mandatsträger betroffen. Mangels Außenwirkung der Maßnahme scheidet ein Verwaltungsakt aus. Dementsprechend kommt eine Anfechtungsklage gemäß § 42 Abs. 1 VwGO nicht in Betracht.

Wenn es R gegenüber dem anderen Funktionsträger O um die Vornahme einer beantragten Leistung, also einem Tun, Dulden oder Unterlassen ginge, käme die Erhebung der allgemeinen Leistungsklage in Betracht. Da allerdings die Aufforderung und der Sitzungsausschluss bereits ausgesprochen und durchgesetzt worden sind, handelt es sich um irreparable Maßnahmen des O, die nicht mehr durch eine Handlung des O rückgängig gemacht werden können. In solchen Fällen wird die Erhebung der Leistungsklage dem Begehren des R also nicht (mehr) gerecht.

Hinreichend rechtsschutzintensiv könnte aber die Erhebung einer Feststellungsklage sein. Mittels eines stattgebenden Feststellungsurteils würde im Verhältnis zwischen R und O die Rechtswidrigkeit der von R angegriffenen Maßnahmen des O verbindlich festgestellt.

Für das nach § 43 Abs. 1 VwGO erforderliche Rechtsverhältnis ist ein innerorganschaftliches Verhältnis ausreichend.

Das erforderliche Feststellungsinteresse besteht, wenn schutzwürdige Interessen wirtschaftlicher, rechtlicher oder ideeller Art vorliegen. Hier würde eine Feststellung der Rechtswidrigkeit der beiden Maßnahmen den schutzwürdigen Interessen rechtlicher und politischer Art entsprechen, da damit dem Rehabilitationsinteresse Genüge getan würde und einer Wiederholungsgefahr vorgebeugt würde.

Zur Vermeidung von Popularklagen ist bei der Feststellungsklage eine Klagebefugnis des Klägers erforderlich (§ 42 Abs. 2 VwGO analog). Erforderlich ist hierbei die Möglichkeit der Verletzung funktioneller Rechte des klagenden Funktionsträgers. Bei der Prüfung ist zwischen den privaten (persönlichen) Rechtspositionen der hinter dem Amt stehenden natürlichen Person und den funktionellen Rechten des Funktionsträgers zu unterscheiden. Nur letztere können im Kommunalverfassungsstreit eine Klagebefugnis begründen. Hier ist R durch die Aufforderung des O, das Plakat umzudrehen, möglicherweise in seinem Recht auf freie Ausübung seines Mandates (§ 43 Abs. 1 GO) verletzt. Durch den Saalverweis ist er als Mandatsträger zudem möglicherweise in seinem Teilnahmerecht an den Ratssitzungen verletzt. Auch dieses folgt aus seiner Mandatsausübungsfreiheit nach § 43 Abs. 1 GO.

Richtiger Klagegegner der Klage des R ist der Oberbürgermeister O. Die Stadt S ist nicht Klagegegnerin, da es beim Kommunalverfassungsstreit nicht um deren Rechte und Pflichten geht, sondern um diejenigen der beteiligten Organe und Organteile.

Die Beteiligtenfähigkeit der am Kommunalverfassungsstreit Beteiligten ist am Maßstab des § 61 VwGO zu ermitteln. Auch dabei ist zu berücksichtigen, dass es den Beteiligten nicht um die Durchsetzung privater, persönlicher Rechte geht, sondern um funktionelle Rechte als Wahrnehmungszuständigkeiten ihres Amtes.

Unter Berücksichtigung dieser Vorgaben scheidet eine Beteiligtenfähigkeit von R und O nach § 61 Nr. 1 VwGO als natürliche Person aus, da es beim Streit zwischen Funktionsträgern eben nicht um private, persönliche Rechte geht, von denen Nr. 1 ausgeht.

Die Beteiligtenfähigkeit nach Maßgabe des § 61 Nr. 2 VwGO (als Vereinigung, soweit ihr ein Recht zusteht) greift unmittelbar nicht, da es sich bei R und O nicht um Personenvereinigungen handelt, sondern um jeweils einzelne Funktionsträger. Insoweit ist aber § 61 Nr. 2 VwGO bei einzelnen Funktionsträgern entsprechend anzuwenden, da es diesen beim Kommunalverfassungsstreit nicht um ihre Rechtsstellung als natürliche Person geht, sondern als Organ oder Organteil.

Das allgemeine Rechtsschutzbedürfnis fehlt dem Kläger nur, wenn zumutbare innergemeindliche Rechtsinstrumente der Gemeindeordnung nicht vorher ergriffen werden. Hierfür bestehen keine Anhaltspunkte.

Beide Maßnahmen (Aufforderung und Sitzungsverweis) können von R in einer Klage gemäß § 44 VwGO zusammen verfolgt werden. Es handelt sich um eine objektive Klagehäufung, da sich die beiden Klagebegehren gegen denselben Beklagten richten, im Zusammenhang stehen und dasselbe Gericht zuständig ist.

II. Begründetheit der Klage

Die Klage ist dann begründet, wenn die Maßnahmen des O rechtswidrig sind und funktionelle (organschaftliche) Rechte des Klägers verletzen.

1. Aufforderung, das Plakat umzudrehen

Zunächst ist die Rechtmäßigkeit der Aufforderung des O an den R zu prüfen, das Plakat umzudrehen.

Ermächtigungsgrundlage hierfür ist § 51 Abs. 1 GO. Danach handhabt O als (Ober-)Bürgermeister die Ordnung. Auf dieser Grundlage kann er durch geeignete, in seinem Ermessen stehende Maßnahmen auf einen äußerlichen Ablauf der Ratssitzungen hinwirken, der ein ordnungsgemäßes Tätigwerden des Rates ermöglicht.

Die Maßnahme war formell rechtmäßig, da O als (Ober-)Bürgermeister hierfür gemäß § 51 Abs. 1 GO zuständig ist.

Sie ist auch materiell rechtmäßig, wenn ein Verstoß seitens R gegen die Ordnung vorliegt und O sein Ermessen ordnungsgemäß, insbesondere in verhältnismäßiger Form, ausgeübt hat.

Hier hat R durch das 100 cm x 100 cm große Plakat mit der Aufschrift „Die Großen sahnen ab – Die Kleinen lässt man hängen" möglicherweise den äußerlichen Ablauf der Ratssitzung gestört. Zur äußeren Ordnung in diesem Sinne zählt in erster Linie die Schaffung und Sicherung einer Atmosphäre von Ruhe und Sachlichkeit. Dazu gehört, dass die Darlegung von Auffassungen zu einem bestimmten Beratungsgegenstand auf Rede und Gegenrede beschränkt ist; entscheidend ist hierbei nämlich die Überzeugungskraft der vorgetragenen Argumente. Die rein optische Kundgabe einer Meinung, wie hier durch das Ratsmitglied R mittels des Plakates, stört diese Ordnung: Zum einen werden dadurch in der Regel keine Argumente für diese Meinung vorgebracht, denen andere Argumente entgegengehalten werden können. Zum anderen ist die ständige augenfällige Präsenz einer optisch kundgebenden Meinung in besonderem Maße geeignet, von dem jeweiligen Gegenstand der Beratung abzulenken und den hierauf bezogenen sachlichen Vortrag von Erwägungen zu erschweren oder zu verhindern. Schließlich schreibt diese Art der Meinungskundgabe den eigenen Standpunkt – gleichsam bindend – fest, ohne Raum für einen offenen Austausch von Überlegungen und ggf. die Änderung der bekundeten Auffassung zu lassen. Infolgedessen liegt vorliegend durch R ein Verstoß gegen die Ordnung im Sinne von § 51 Abs. 1 GO vor.

O müsste bei seiner Aufforderung an R, das Plakat umzudrehen, sein Ermessen ordnungsgemäß ausgeübt, insbesondere verhältnismäßig gehandelt haben. Die Aufforderung, das Plakat umzudrehen, war geeignet, die damit verbundene Störung der Ordnung durch R zu beseitigen. Sie war auch erforderlich, da ein milderes Mittel als diese Aufforderung nicht erkennbar ist. Bei der Prüfung der Angemessenheit der Maßnahme ist zu berücksichtigen, dass die Aufrechterhaltung der Ordnung dem Erhalt der Funktionsfähigkeit des Rates dient. Demgegenüber scheint in der erforderlichen Abwägung der Einsatz demonstrativer nichtverbaler Ausdrucksmittel wie von Plakaten grundsätzlich von geringerem Schutzinteresse zu sein. Zu berücksichtigen ist dabei insbesondere, dass das Ratsmitglied nicht seine Grundrechte gegenüber dem Staat, sondern organschaftliche Befugnisse in Anspruch nimmt, die ihm als Teil des Gemeindeorgans Rat verliehen sind. Der Rat hat die Aufgaben, die divergierenden Vorstellungen der Ratsmitglieder im Wege der Rede und Gegenrede und der nachfolgenden Abstimmung zu einem einheitlichen Gemeindewillen zusammen zu führen. Dem R stehen insoweit im Rahmen seiner Mandatsausübungsfreiheit hinreichend gesicherte Teilnahme-, Rede- und sonstige Mitwirkungsrechte zu.

Nach allem ist die Aufforderung, das Plakat umzudrehen, verhältnismäßig. Da auch im Übrigen keine Ermessensfehler ersichtlich sind, ist die Feststellungsklage insoweit unbegründet.

2. Sitzungsausschluss

Ein Sitzungsausschluss durch den Bürgermeister ist gemäß § 51 Abs. 2 und Abs. 3 GO demgegenüber nur dann möglich, wenn die Geschäftsordnung des Rates eine solche Ermächtigungsgrundlage enthält. Laut Hinweis im Sachverhalt fehlt eine solch notwendige Regelung in der Geschäftsordnung.

Auch das allgemeine Hausrecht des Bürgermeisters als Annexkompetenz zu § 62 Abs. 1 S. 2 GO ist hierfür keine taugliche Ermächtigungsgrundlage, da dieses nur zum Schutz der äußeren Ordnung dient, aber nicht für die Ordnung in den Sitzungen gilt.

III. Ergebnis

Damit ist die Maßnahme des Sitzungsausschlusses rechtswidrig und die Feststellungsklage teilweise begründet.

4. Teil
Kommunalaufsicht

Die Aufsicht über die Kommunen erfolgt durch das Land. Es handelt sich also um eine **staatliche** Aufsicht. Gemäß § 11 GO soll die staatliche Aufsicht die Gemeinden in ihren Rechten schützen und die Erfüllung ihrer Pflichten sichern. Bei entsprechenden Maßnahmen ist sie ihrerseits an die bestehenden Gesetze gebunden und hat insbesondere das gemeindliche Selbstverwaltungsrecht nach Art. 28 Abs. 2 GG zu berücksichtigen. **354**

A. Aufsichtsarten und Aufsichtsbehörden

Die verschiedenen Arten der staatlichen Aufsicht und ihr Maßstab und Umfang hängen von der Art der Aufgaben ab, die die Kommune erledigt (I). Die Bestimmung der zuständigen Aufsichtsbehörden differenziert wiederum danach, welche Art der Aufsicht vorliegt und welche Kommune beaufsichtigt wird (II). **355**

I. Aufsichtsarten

Die Gemeindeordnung unterscheidet nach § 119 GO zwei Arten der Kommunalaufsicht und damit zwei verschiedene Maßstäbe bei der Ausübung der staatlichen Aufsicht: **356**

- Die **allgemeine Aufsicht** erstreckt sich darauf, dass die Gemeinden im Einklang mit den Gesetzen verwaltet werden (§ 119 Abs. 1 GO). Es handelt sich damit um eine (bloße) Rechtsaufsicht, die für alle Arten der gemeindlichen Aufgaben gilt, Sie hat ihre verfassungsrechtliche Grundlage in Art. 78 Abs. 4 S. 1 LVerf NRW, wonach das Land die Gesetzmäßigkeit der Verwaltung der Gemeinden überwacht.
- Bei den Pflichtaufgaben zur Erfüllung nach Weisung im Sinne von § 3 Abs. 2 GO (siehe dazu Rn. 69) kommt neben der allgemeinen (Rechtmäßigkeits-)Aufsicht **ergänzend** die **Sonderaufsicht** hinzu. Die Sonderaufsicht hat ihre verfassungsrechtliche Basis in Art. 78 Abs. 4 S. 2 LVerf NRW. Danach kann sich das Land bei **Pflichtaufgaben zur Erfüllung nach Weisung** ein **Weisungs- und Aufsichtsrecht nach näherer gesetzlicher Vorschriften** vorbehalten. Die Sonderaufsicht findet danach nur Anwendung bei Pflichtaufgaben zur Erfüllung nach Weisung und deren Umfang richtet sich nach den hierüber erlassenen Gesetzen (§ 119 Abs. 2 GO).

Beispiel So nehmen nach § 3 Abs. 1 OBG NRW die Gemeinden die Aufgaben der örtlichen Ordnungsbehörden als Pflichtaufgabe zur Erfüllung nach Weisung wahr. § 9 OBG NRW legt den konkreten Umfang des Weisungsrechts der Sonderaufsicht im Detail fest. Nach Abs. 1 können die Aufsichtsbehörden Weisungen erteilen, um die gesetzesmäßige Erfüllung der ordnungsbehördlichen Aufgaben zu sichern. Abs. 2 engt das darüber hinausgehende Weisungsrecht zur zweckmäßigen Aufgabenerfüllung ein. So dürfen nach Abs. 2 Buchst. a allgemeine Weisungen (z.B. Verwaltungsvorschriften) nur erteilt werden, um die gleichmäßige Durchführung der Aufgaben zu sichern. Besondere Weisungen sind nach Buchst. b nur zulässig, wenn das Verhalten der zuständigen Ordnungsbehörde zur Aufgabenerledigung nicht geeignet erscheint oder überörtliche Interessen gefährden kann.

Befolgt eine Gemeinde eine derartige Weisung nicht, so verhält sie sich rechtswidrig, weil sie gegen § 9 OBG NRW verstößt. ■

Die Sonderaufsichtsbehörde muss sich zur zwangsweisen Durchsetzung ihrer Aufsichtsrechte an die allgemeine Aufsichtsbehörde wenden (§ 127 GO), die aufgrund des **Rechtsverstoßes der fehlenden Weisungsbefolgung** im Rahmen ihrer (bloßen) Rechtmäßigkeitskontrolle nach den dafür vorgesehenen §§ 121 ff. GO vorgehen kann.

357 Neben der allgemeinen Rechtmäßigkeitsaufsicht und der Sonderaufsicht bei Pflichtaufgaben zur Erfüllung nach Weisung besteht ein weitergehendes umfassendes staatliches Weisungsrecht bei den **Auftragsangelegenheiten** (vgl. hierzu unter Rn. 71). Es handelt sich dabei neben der allgemeinen Rechtsaufsicht um eine uneingeschränkte Zweckmäßigkeitsaufsicht. Man spricht insoweit von einer **Fachaufsicht**.

Beispiel Ergeht eine staatliche Weisung des Kreiswahlleiters an die Gemeinde G im Rahmen der Vorbereitung der Landtagswahl (Auftragsangelegenheit) zur Organisation einer wahlrechtlichen Frage, ein gesetzlich nicht geregeltes bestimmtes Formular zu verwenden, so ist dies keine Rechtmäßigkeits-, sondern eine Zweckmäßigkeitsweisung. Diese ist bei Auftragsangelegenheiten aufgrund der damit verbundenen Fachaufsicht auch rechtlich zulässig. Anders als bei der Sonderaufsicht ist die Zweckmäßigkeitsaufsicht hierbei gesetzlich nicht eingeschränkt. Die Gemeinde G ist zur Befolgung dieser Weisung gesetzlich verpflichtet (vgl. § 13 LOG NRW). Befolgt die Gemeinde G diese nicht, so ist ihr Verhalten nicht nur unzweckmäßig, sondern auch rechtswidrig. In diesen Fällen kann ausschließlich die allgemeine Aufsicht einschreiten (vgl. § 127 GO). ■

Hinweis

In den *Beispielen* wird deutlich, dass bei Rechtsverstößen die allgemeine (Rechtmäßigkeits-) Aufsicht nach § 119 Abs. 1 GO auch bei der Sonderaufsicht und der Fachaufsicht – insbesondere im Falle der Nichtbefolgung von Weisungen – anwendbar bleibt.

358 Eine Sonderstellung kommt den Fällen zu, in denen der Staat zur Erledigung seiner Aufgaben von der **Organleihe** Gebrauch macht, also ein fremdes – insbesondere kommunales – Organ fach- und dienstaufsichtsrechtlich in seinen eigenen (staatlichen) Verwaltungsaufbau eingliedert (siehe hierzu unter Rn. 73). In diesen Fällen bedarf es keiner allgemeinen Aufsicht über das Handeln des eingegliederten Organs, da das Organ bereits gemäß §§ 11 ff. LOG NRW der vollen Dienst- und Fachaufsicht der zuständigen Landesbehörden unterliegt.

Beispiel Wenn der Landrat als untere staatliche Verwaltungsbehörde gemäß § 120 Abs. 1 GO die allgemeine Aufsicht über die kreisangehörigen Gemeinden wahrnimmt, so unterliegt er auch Zweckmäßigkeitsweisungen im Rahmen der uneingeschränkten Dienst- und Fachaufsicht der (staatlichen) Bezirksregierung als übergeordnete Landesbehörde. Befolgt er eine derartige staatliche Weisung nicht, kann die Bezirksregierung fachaufsichtsrechtlich gemäß §§ 11 ff. LOG NRW vorgehen und den Landrat in dieser Funktion auch disziplinarrechtlich zur Verantwortung ziehen, da er seine Dienstpflichten verletzt. ■

II. Aufsichtsbehörden

Die zuständige Aufsichtsbehörde für die Ausübung der allgemeinen Aufsicht ergibt sich bei der Aufsicht über die Gemeinden aus § 120 GO. Danach ist für kreisangehörige Gemeinden der Landrat als untere staatliche Verwaltungsbehörde und für kreisfreie Städte die Bezirksregierung zuständig. Obere Aufsichtsbehörde für die kreisangehörigen Gemeinden ist die Bezirksregierung. Oberste Aufsichtsbehörde ist das für Kommunales zuständige Ministerium. **359**

Ist an einer vom Landrat als untere staatliche Verwaltungsbehörde zu treffenden Aufsichtsentscheidung der Kreis beteiligt, so entscheidet wegen der Interessenkollision des Landrates nach § 59 Abs. 2 KrO die Bezirksregierung.

Beispiel[1] Nach § 5 Abs. 6 S. 1 Landesabfallgesetz NRW haben die kreisangehörigen Gemeinden als öffentlich-rechtliche Entsorgungsträger die in ihrem Gebiet anfallenden Abfälle zu sammeln und zu den Abfallentsorgungsanlagen zu bringen, die von den Kreisen oder in deren Auftrag betrieben werden. Der Rhein-Kreis fragt sich, warum in der kreisangehörigen Stadt N so wenig Abfallmengen in die vom Kreis betriebene Abfalldeponie gebracht werden. Da entsprechende informelle Anfragen von der Stadt N nicht beantwortet werden, will der Landrat als untere staatliche Verwaltungsbehörde von dem aufsichtsbehördlichen Unterrichtungsrecht nach § 121 GO Gebrauch machen.

Dies ist ihm rechtlich nicht möglich, da in dieser Angelegenheit nicht der Landrat als untere staatliche Verwaltungsbehörde, sondern die Bezirksregierung nach § 59 Abs. 2 KrO i.V.m. § 120 Abs. 1 GO zuständige Aufsichtsbehörde ist. Es liegt beim Landrat eine rechtlich relevante Interessenkollision vor, da der *Kreis* als Deponiebetreiber an der aufsichtsbehördlich zu treffenden Entscheidung *beteiligt* ist. ■

Die Zuständigkeit der Sonderaufsichts- und Fachaufsichtsbehörden ergibt sich aus den entsprechenden sondergesetzlichen Bestimmungen.

Beispiel Gemäß § 3 Abs. 1 OBG NRW nehmen die Aufgaben der örtlichen Ordnungsbehörden die Gemeinden, die Aufgaben der Kreisordnungsbehörden die Kreise und kreisfreien Städte als Pflichtaufgaben zur Erfüllung nach Weisung wahr; dies gilt auch für die ihnen als Sonderordnungsbehörden übertragenen Aufgaben. Nach § 7 Abs. 1 OBG NRW führt die (Sonder-)Aufsicht über die örtlichen Ordnungsbehörden in den Kreisen der Landrat als untere staatliche Verwaltungsbehörde. Die (Sonder-)Aufsicht über die kreisfreien Städte als örtliche Ordnungsbehörden und über die Kreisordnungsbehörden führt die Bezirksregierung, § 7 Abs. 2 OBG NRW. ■

B. Aufsichtsmittel der allgemeinen Aufsicht

Um die Aufgaben nach § 11 GO erfüllen zu können, stehen den allgemeinen Aufsichtsbehörden bestimmte Aufsichtsmittel präventiver und repressiver Art zur Verfügung. **360**

1 Nach *OVG NRW* Beschluss vom 13.2.2013 – 15 A 2052/12 –, NWVBl 2013, 290.

Hinweis

Auch wenn in der kommunalen Praxis die Aufsichtsbehörden überwiegend beratend und präventiv tätig werden, so steht in den Leistungsnachweisen die Anwendung repressiver Aufsichtsmittel eindeutig im Vordergrund. Deshalb werden deren Erörterungen nachfolgend den Schwerpunkt ausmachen.

I. Präventive Aufsicht

361 Die präventive Aufsicht dient der Schutzfunktion des § 11 GO. Mit ihr soll kommunales Fehlverhalten vorbeugend verhindert werden. Dies geschieht im Einzelnen durch Beratung, Information oder im Rahmen von Genehmigungsvorbehalten. **Genehmigungsvorbehalte** finden sich nur ausnahmsweise und müssen ausdrücklich vorgesehen sein.

Beispiel Gemäß § 7 Abs. 1 S. 2 GO bedürfen Satzungen der Genehmigung der Aufsichtsbehörde, wenn dies gesetzlich ausdrücklich vorgeschrieben ist. Eine solche ausdrückliche Bestimmung findet sich in § 2 Abs. 2 KAG NRW. Danach bedarf eine Satzung, mit der eine im Land nicht erhobene Steuer erstmalig oder erneut eingeführt werden soll, zu ihrer Wirksamkeit der Genehmigung der Ministerien für Kommunales und Finanzen. ■

Um ihre Aufsichtsfunktion effektiv wahrzunehmen, hat die Aufsichtsbehörde verschiedene gesetzliche Informationsrechte. Hierzu dienen im präventiven Bereich insbesondere die Verpflichtungen der Gemeinde, die Haushaltssatzung (§ 80 Abs. 5 GO) und im Rahmen der wirtschaftlichen Betätigung bestimmte Entscheidungen **anzuzeigen** (§ 115 GO).

II. Repressive Aufsicht

362 Die repressive Aufsicht verfolgt das Ziel, eingetretene Rechtmäßigkeitsfehler zu beseitigen. Die Instrumente der repressiven Aufsicht ergeben sich aus den §§ 121 ff. GO und sehen neben dem grundsätzlichen Unterrichtungsrecht (§ 121 GO) vor allem die Instrumente der Weisung, Beanstandung, Aufhebung, Anordnung, Ersatzvornahme und des Selbsteintritts vor.

Der Bürger hat keinen Anspruch auf ein entsprechendes Einschreiten der Kommunalaufsichtsbehörden. Die §§ 121 ff. GO dienen nämlich ausschließlich dem **öffentlichen** Interesse und verfolgen keinen Individualschutz.[2]

Beispiel Verweigert der Rat der kreisfreien Stadt S die Feststellung der Zulässigkeit eines Bürgerbegehrens gemäß § 26 Abs. 6 S. 1 GO, obwohl alle Zulässigkeitsvoraussetzungen vorliegen, so können die Vertreter des Bürgerbegehrens nicht die für S zuständige Bezirksregierung gerichtlich zwingen, gegen den rechtswidrigen Ratsbeschluss aufsichtsbehördlich einzuschreiten. Eine Klage der Vertreter gegen die Bezirksregierung würde bereits an der erforderlichen Klagebefugnis scheitern, da die Vertreter kein subjektives Recht (Anspruch) auf Einschreiten der Kommunalaufsichtsbehörde haben. ■

2 *OVG NRW* Urteil vom 5.6.1968 – III A 983/66 –, OVGE 24, 89; *Buttler* in Kleerbaum/Palmen, § 119, Erl. III.

1. Beanstandung und Aufhebung von Ratsbeschlüssen

In § 122 Abs. 1 GO ist das äußerst prüfungsrelevante Recht der Aufsichtsbehörde zur Beanstandung und Aufhebung von Ratsbeschlüssen geregelt. 363

Danach kann die Aufsichtsbehörde den Bürgermeister anweisen (Anweisung), Beschlüsse des Rates, die das geltende Recht verletzen, zu beanstanden (Beanstandungsrecht). Sie kann solche Beschlüsse nach vorheriger Beanstandung durch den Bürgermeister und nochmaliger Beratung im Rat aufheben (Aufhebungsrecht).

a) Ermächtigungsgrundlage, § 122 Abs. 1 GO

Die Voraussetzungen für ein entsprechendes Einschreiten der Kommunalaufsichtsbehörde und die Rechtsfolge des § 122 Abs. 1 GO sollten differenziert strukturiert werden. Beim Vorgehen der Aufsichtsbehörde gegen einen rechtswidrigen Ratsbeschluss (Fehler) ist das dreistufige Grundkonzept der Norm zu berücksichtigen (Fehlerberichtigung): 364

- 1. Stufe: Anweisung an den Bürgermeister, den Ratsbeschluss zu beanstanden
- 2. Stufe: Beanstandung des Ratsbeschlusses
- 3. Stufe: Aufhebung des Ratsbeschlusses, wenn Rat an dem Ratsbeschluss festhält.

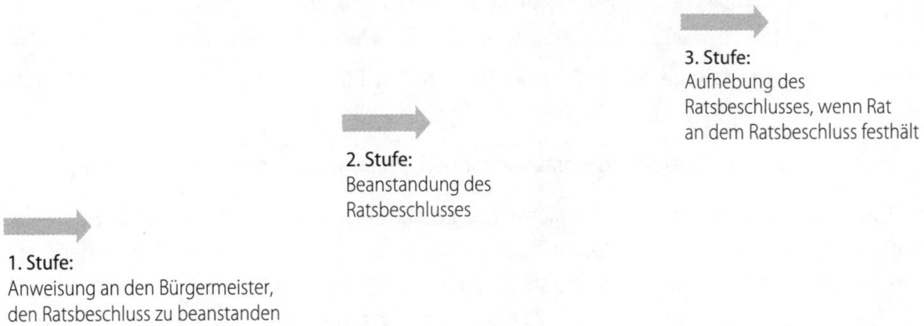

Auf jeder einzelnen Stufe kann das kommunalaufsichtsrechtliche Einschreiten seine Erledigung finden, entweder weil der Rat den Ratsbeschluss selbst aufhebt oder die Aufsichtsbehörde ihre Auffassung ändert. Gegen eine Aufhebungsverfügung seitens der Aufsichtsbehörde (3. Stufe) kann die Gemeinde sich mittels einer Klage vor dem Verwaltungsgericht zur Wehr setzen.

aa) 1. Stufe: Anweisung an den Bürgermeister, den Ratsbeschluss zu beanstanden

Sofern die Aufsichtsbehörde der Ansicht ist, dass ein Ratsbeschluss rechtswidrig ist, kann sie ihn nicht sofort aufheben, sondern muss gestuft vorgehen. Zunächst ist der Bürgermeister anzuweisen, den Ratsbeschluss nach Maßgabe des § 54 Abs. 2 GO zu beanstanden. Dabei sind folgende Voraussetzungen einzuhalten: 365

PRÜFUNGSSCHEMA

Anweisung des Bürgermeisters zur Beanstandung, § 122 Abs. 1 S. 1 GO

I. Ermächtigungsgrundlage: § 122 Abs. 1 S. 1 GO

II. Voraussetzungen

1. **Formelle Rechtmäßigkeit**
   a) Zuständigkeit der Aufsichtsbehörde (§ 120 GO)
   b) Grundsätzlich formfrei möglich
2. **Materielle Rechtmäßigkeit**
   a) Ratsbeschluss
   b) Rechtswidrigkeit des Beschlusses

III. Rechtsfolge

1. **Ermessen** („kann")
2. **Wenn Anweisung erfolgt:**
   a) Verpflichtung des Bürgermeisters zur Beanstandung nach § 54 Abs. 2 GO
   b) Bürgermeister wird im Wege der Organleihe tätig
   unterlassene Beanstandung des Bürgermeisters Rn. 366

Ermächtigungsgrundlage für eine Anweisung an den Bürgermeister, den Ratsbeschluss zu beanstanden, ist § 122 Abs. 1 S. 1 GO.

Zunächst müssten die **Tatbestandsvoraussetzungen** der Ermächtigungsgrundlage vorliegen.

In **formeller** Hinsicht setzt dies zunächst die **Zuständigkeit der Aufsichtsbehörde** voraus. Diese beurteilt sich nach § 120 GO und hängt davon ab, welche Gemeinde (kreisangehörige Gemeinde – dann Landrat – oder kreisfreie Stadt – dann Bezirksregierung) zu beaufsichtigen ist. Die Anweisung ist – anders als die sich aus ihr ergebende nachfolgende Beanstandung – grundsätzlich formfrei möglich, erfolgt in der Praxis aber in aller Regel schriftlich.

Die Anweisung ist auch **materiell** rechtmäßig, wenn der zugrundeliegende Ratsbeschluss rechtswidrig ist. Dies ist dann der Fall, wenn der Ratsbeschluss formell oder materiell rechtswidrig ist. Hinsichtlich der formellen Rechtmäßigkeit ist auf das ausführliche Prüfungsschema in Rn. 253 zu verweisen. Die materielle Rechtmäßigkeit hängt vom einzelnen inhaltlichen Beschlussgegenstand ab.

Als **Rechtsfolge** sieht § 122 Abs. 1 S. 1 GO ein **Ermessen** der Aufsichtsbehörde vor: Sie kann den Bürgermeister anweisen, den rechtswidrigen Ratsbeschluss zu beanstanden. Das Ermessen ist **pflichtgemäß auszuüben**. Für die Tätigkeit der Aufsichtsbehörde gibt es auch bei Vorliegen der Tatbestandsvoraussetzungen **kein vorgeprägtes Ermessen** im Sinne eines Eingreifens. Vielmehr muss sie im Rahmen ihres Entschließungsermessens *Art, Schwere und Auswirkungen des Rechtsverstoßes mit dem Recht auf kommunale Selbstverwaltung abwägen*. Die Aufsichtsbehörde handelt daher rechtswidrig, wenn sie sich dieses gesetzlich eröffneten Spielraums gar nicht bewusst ist.

Beispiel[3] In der Begründung einer Anweisungsverfügung nach § 122 Abs. 1 S. 1 GO führt die Aufsichtsbehörde aus, dass der Beschluss des Rates gegen bestimmte gesetzliche Vor-

3 *VG Gelsenkirchen* Urteil vom 7.5.2018 – 15 K 5283/16 –, juris, vgl. hierzu auch *Heusch/Dickten* NVwZ 2018, 1353, 1358.

schriften verstoße. Danach heißt es: *„Daher wird der Bürgermeister zur Beanstandung angewiesen. Aus den vorstehenden Gründen ist das Anweisungsverfahren zu eröffnen, um eine rechtswidrige Handlung der Stadt zu verhindern."*

In diesem Beispielsfall hat die Aufsichtsbehörde das ihr zustehende Ermessen verkannt. Die Begründung enthält keine Ermessenserwägungen; vielmehr werden dort zunächst nur die tatbestandlichen Voraussetzungen des kommunalaufsichtlichen Einschreitens dargelegt (rechtswidriger Ratsbeschluss). Bezüglich der Rechtsfolge findet sich der Satz *„Aus den vorstehenden Gründen ist…"*. Dieser Formulierung ist zu entnehmen, dass die Aufsichtsbehörde – aufgrund des Vorliegens der tatbestandlichen Voraussetzungen – fehlerhaft davon ausging, zum Einschreiten verpflichtet zu sein. ■

Im Rahmen der Ermessensprüfung hat die Aufsichtsbehörde insbesondere den **Verhältnismäßigkeitsgrundsatz** einzuhalten. Unverhältnismäßig wäre die Anweisung zur Beanstandung insbesondere dann, wenn der rechtswidrige Ratsbeschluss bereits vollzogen ist und die Vollzugsfolgen nicht mehr rückgängig gemacht werden können.[4]

Beispiel Der Rat der Stadt S erwirbt von Verkäufer V mit notariellem Kaufvertrag ein Grundstück zu einem Kaufpreis, dessen Höhe völlig überdimensioniert ist und mit dem Wirtschaftlichkeitsgebot des § 75 Abs. 1 S. 2 GO nicht vereinbar ist. Die Aufsichtsbehörde kann trotz der Rechtswidrigkeit des Ratsbeschlusses nicht nach § 122 Abs. 1 S. 1 GO vorgehen, wenn eine Rückforderung von V aus zivilrechtlichen Gründen von vornherein ausscheidet. ■

JURIQ-Klausurtipp

In Klausuren sollte im Rahmen der Prüfung eines aufsichtsbehördlichen Einschreitens nach Vorliegen der tatbestandlichen Voraussetzungen **immer** eine hiervon zu **differenzierende Prüfung der pflichtgemäßen Ermessensausübung** erfolgen. Hierbei gilt es herauszuarbeiten, dass der Aufsichtsbehörde ein Ermessensspielraum zusteht („kann") und sie diesen im jeweiligen Einzelfall pflichtgemäß auszufüllen hat.

In vielen Fällen wird der Ratsbeschluss im Falle seiner Rechtswidrigkeit noch gemeinwohlschädliche Effekte mit sich bringen, die häufig höher zu gewichten sein dürften als die Gestaltungsfreiheit der Kommune im Rahmen ihrer Selbstverwaltung. Trotzdem bedarf es der **konkreten Überprüfung des Ermessens in jedem Einzelfall**.

Wird die Anweisung ausgesprochen, so wird der Bürgermeister für die Aufsichtsbehörde im Wege der **Organleihe** tätig.[5]

Unterlässt der angewiesene Bürgermeister die Beanstandung, so stellt dies ein Dienstvergehen dar, das disziplinarrechtliche Folgen haben kann. Da die Aufsichtsbehörde ohne die Beanstandung (2. Stufe) gehindert ist, weiter gegen den Ratsbeschluss vorzugehen, muss auch im Falle der pflichtwidrigen Weigerung des Bürgermeisters sichergestellt sein, dass der Ratsbeschluss beanstandet werden kann. Deshalb wird der **Aufsichtsbehörde** für diesen Fall ein **Selbsteintrittsrecht** mit der Möglichkeit der Ersatzvornahme anstelle des Bürgermeisters zugebilligt, welches dogmatisch aus der analogen Anwendung des § 123 Abs. 2 GO entwi- 366

4 *OVG NRW* Urteil vom 20.12.1972 – III A 831/71 –, OVGE 28, 185; *Buttler* in Kleerbaum/Palmen, § 122, Erl. IV.
5 *Buttler* in Kleerbaum/Palmen, § 122, Erl. II. 3.

ckelt worden ist.[6] Es bedarf einer Analogie, da nach § 123 Abs. 2 GO in direkter Anwendung die Gemeinde, nicht aber der Bürgermeister verpflichtet wäre. Die Aufsichtsbehörde kann somit im Falle der pflichtwidrigen Weigerung des Bürgermeisters die Beanstandung selbst nach § 123 Abs. 2 GO analog aussprechen.

bb) 2. Stufe: Beanstandung des Bürgermeisters

367 Nach der Anweisung der Aufsichtsbehörde an den Bürgermeister erfolgt die **Beanstandung** des Ratsbeschlusses. Diese erfolgt durch den Bürgermeister bzw. ausnahmsweise im Wege der Ersatzvornahme durch die Aufsichtsbehörde, sofern sich der Bürgermeister pflichtwidrig weigert.

Die Beanstandung richtet sich nach § 54 Abs. 2 GO.

Rechtsfolge der ausgesprochenen Beanstandung ist der Eintritt der aufschiebenden Wirkung (§ 54 Abs. 2 S. 2 GO). Verbleibt der Rat bei seinem Beschluss, so hat der Bürgermeister unverzüglich die Entscheidung der Aufsichtsbehörde einzuholen. Bis zur Entscheidung der Aufsichtsbehörde bleibt die aufschiebende Wirkung bestehen.

cc) 3. Stufe: Aufhebung des Ratsbeschlusses, wenn Rat an dem Ratsbeschluss festhält

368 Die Aufsichtsbehörde kann auf der 3. Stufe den Ratsbeschluss nach vorheriger Beanstandung (§ 54 Abs. 2 S. 1 GO) und nochmaliger Beratung im Rat (§ 54 Abs. 2 S. 4 GO) gemäß § 122 Abs. 1 S. 2 GO aufheben. Hieraus ergibt sich folgendes Aufbauschema:

PRÜFUNGSSCHEMA

Aufhebung des Ratsbeschlusses

Ermächtigungsgrundlage: § 122 Abs. 1 S. 2 GO

- **I. Formelle Rechtmäßigkeit**
  1. Zuständigkeit der Aufsichtsbehörde (§ 120 GO)
  2. Richtiger Adressat: Gemeinde
  3. Verfahren
     a) vorherige Beanstandung (§ 122 Abs. 1 S. 1 GO)
     b) nochmalige Beratungsmöglichkeit im Rat (§ 122 Abs. 1 S. 2 GO i.V.m. § 54 Abs. 2 S. 4 GO)
        Ausreichen der Möglichkeit einer erneuten Beratung Rn. 371
     c) Anhörung der Gemeinde nach § 28 Abs. 1 VwVfG NRW
        nicht erforderlich Rn. 371
- **II. Materielle Rechtmäßigkeit**
  1. Ratsbeschluss (oder Ausschussbeschluss)
  2. Rechtswidrigkeit
- **III. Rechtsfolge: Ermessen („kann")**

369 **Ermächtigungsgrundlage** für die Aufhebungsverfügung der Aufsichtsbehörde ist § 122 Abs. 1 S. 2 GO.

---

6 *OVG NRW* Urteil vom 17.2.1984 – 15 A 2626/81 –, DVBl. 1985, 172, 173.

Zunächst müssten die **Tatbestandsvoraussetzungen** der Ermächtigungsgrundlage vorliegen.

In **formeller** Hinsicht setzt dies zunächst die Zuständigkeit der handelnden Aufsichtsbehörde voraus. Dies beurteilt sich nach § 120 GO und hängt davon ab, welche Gemeinde zu beaufsichtigen ist.

Richtiger Adressat der Aufhebungsverfügung ist die durch den Bürgermeister vertretene **370**
Gemeinde und nicht etwa der Rat.[7]

Verfahrensrechtlich wird eine vorherige Beanstandung vorausgesetzt, die im Rahmen des § 122 Abs. 1 S. 1 GO durch den Bürgermeister bzw. bei dessen pflichtwidriger Unterlassung durch die Aufsichtsbehörde selbst ausgesprochen worden ist.

Hinweis

Eine Ausnahme von einer vorherigen Beanstandung wird dann zugelassen, wenn die Gemeinde einen beanstandeten Beschluss zwar formal beseitigt, den gerügten Rechtsverstoß jedoch in einem neuen Ratsbeschluss („Ersetzungsbeschluss") im Kern inhaltlich unverändert aufgenommen hat.[8] Der Rat hat dann durch den Ersetzungsbeschluss dokumentiert, dass er nicht bereit ist, den beanstandeten Rechtsverstoß zu beseitigen. Die Forderung nach einer erneuten Beanstandung liefe in einem solchen Fall auf eine bloße Förmelei hinaus. Siehe als Beispiel den Übungsfall Nr. 6 in Rn. 382.

Weiterhin verlangt § 122 Abs. 1 S. 2 GO eine (nochmalig) erfolgte Beratung des Rates nach **371**
der Beanstandung. Hierfür reicht die **Möglichkeit** einer erneuten Beratung aus, da es nicht dem Rat obliegen kann, durch einen Verzicht auf die Beratung eine Aufhebung zu verhindern.[9]

Vor Erlass der belastenden Aufhebungsverfügung ist eine Anhörung nach § 28 Abs. 1 VwVfG NRW nicht erforderlich, da die Gemeinde bereits im Beanstandungsverfahren hinreichend Gelegenheit zur Stellungnahme hatte.[10]

Die Aufhebungsverfügung ist auch **materiell rechtmäßig**, wenn der zugrundeliegende Ratsbeschluss rechtswidrig ist. Dies ist dann der Fall, wenn der Ratsbeschluss formell oder materiell rechtswidrig ist. Hinsichtlich der formellen Rechtmäßigkeit ist auf das ausführliche Prüfungsschema in Rn. 253 zu verweisen. Die materielle Rechtmäßigkeit hängt vom einzelnen inhaltlichen Beschlussgegenstand ab.

Als **Rechtsfolge** sieht § 122 Abs. 1 S. 2 GO die pflichtgemäße Ermessensausübung durch die Aufsichtsbehörde vor.

7 *OVG NRW* Urteil vom 5.9.1980 – 15 A 686/78 –, DVBl. 1981, S. 227.

8 *OVG NRW* Urteil vom 17.2.1984 – 15 A 2626/81 –, DVBl. 1985, 172, 173.

9 *Wüstenbecker* S. 104; a.A. *Becker* in Held/Winkel, § 122 Anm. 1.5, der in solchen Fällen eine Anordnung der Aufsichtsbehörde nach § 123 GO fordert, dass der Rat einberufen wird, um über die Beanstandung zu beschließen.

10 *Kallerhoff* NWVBl. 1996, 53, 55.

b) Rechtsschutz der Gemeinde

372 Mit der Prüfung der jeweiligen Ermächtigungsgrundlage der Aufsichtsbehörde ist in Praxis und Klausuren oftmals die Anschlussfrage verbunden, welcher Rechtsschutz einer Gemeinde zusteht, wenn die Kommunalaufsichtsbehörde nach § 122 Abs. 1 GO vorgeht.

Bei den Rechtsschutzmöglichkeiten ist danach zu **differenzieren**, welche Maßnahme aus dem dreistufigen Verfahren konkreter Angriffsgegenstand der Gemeinde ist.

aa) Klage gegen die Anweisung der Aufsichtsbehörde an den Bürgermeister, den Ratsbeschluss zu beanstanden

373 Gegen die Anweisung der Aufsichtsbehörde nach § 122 Abs. 1 S. 1 GO kommt zunächst die Erhebung einer Anfechtungsklage gemäß § 42 Abs. 1 Hs. 1 VwGO **durch den Bürgermeister** in Betracht. Die Anfechtungsklage wäre aber nur dann statthaft, wenn die Anweisung der Aufsichtsbehörde einen Verwaltungsakt im Sinne des § 35 S. 1 VwVfG NRW darstellt. Hierbei ist insbesondere das Merkmal der **Außenwirkung problematisch**. Die erforderliche Außenwirkung liegt nur dann vor, wenn die beabsichtigten Rechtswirkungen der Anweisung gegenüber einer außerhalb der staatlichen Verwaltung stehenden natürlichen oder juristischen Person eintreten sollen. An der Außenwirkung fehlt es, wenn die Maßnahme nur Rechtswirkungen innerhalb der staatlichen Verwaltung hat. Zu berücksichtigen ist im Falle der Anweisung zur Beanstandung, dass der Bürgermeister in diesem Fall im Wege der Organleihe für die Aufsichtsbehörde tätig wird und damit gewissermaßen als ihr „verlängerter Arm" staatliche Aufgaben wahrzunehmen hat. Es fehlt damit an der erforderlichen Außenwirkung der Anweisung, da die Rechtswirkung der Anweisung innerhalb der staatlichen Verwaltung verbleibt.[11] Mangels Verwaltungsaktes kommt daher eine Anfechtungsklage nicht in Betracht. Auch eine Leistungsklage des Bürgermeisters scheidet mangels erforderlicher (faktischer) Außenwirkung aus. Schließlich liegt auch kein Kommunalverfassungsstreit vor, da die staatliche Aufsichtsbehörde kein Organ der Gemeinde ist.

Es fragt sich, ob statt des Bürgermeisters möglicherweise die **Gemeinde** selbst gegen die Anweisung vorgehen kann. Auch hierbei scheitert aber eine Anfechtungsklage an der hier nicht vorliegenden Verwaltungsaktqualität der Anweisung. In Betracht kommt eine Leistungsklage der Gemeinde. Anders als der Bürgermeister als beliehenes Organ ist die Gemeinde als Selbstverwaltungskörperschaft hier nicht in die staatliche Aufgabenerledigung eingebunden, so dass die erforderliche Außenrechtsbeziehung vorliegt.[12] Die Leistungsklage, gerichtet auf Rückgängigmachung der Anweisung, scheitert allerdings an der erforderlichen Klagebefugnis der Gemeinde (§ 42 Abs. 2 VwGO). Durch die bloße innerstaatliche Anweisung zwischen staatlicher Aufsichtsbehörde und dem im Wege der Organleihe staatlich tätigen Bürgermeister können (noch) keine subjektiven Rechte der Gemeinde verletzt sein.[13]

Nach allem besteht **keine Klagemöglichkeit** gegen die Anweisung nach § 122 Abs. 1 S. 1 GO.

---

11 *Wüstenbecker* S. 106 m.w.N.; *Becker* in Held/Winkel, § 122 Anm. 1.6.

12 *Hofmann/Theisen/Bätge* 3.4.1.

13 *Buttler* in Kleerbaum/Palmen, § 122 Erl. II. 3.

bb) Klage gegen die Beanstandung des angewiesenen Bürgermeisters

Es fragt sich aber, ob die Gemeinde gegen die Beanstandung des Bürgermeisters gerichtlich 374
vorgehen kann.

Insoweit ist der **Verwaltungsrechtsweg** gemäß § 40 Abs. 1 S. 1 VwGO eröffnet, da die streitentscheidende Norm des § 122 Abs. 1 GO eine öffentlich-rechtliche (kommunalrechtliche) Vorschrift ist.

Als **statthafte Klageart** kommt für die Gemeinde die **Anfechtungsklage** gemäß § 42 Abs. 1 Hs. 1 VwGO in Betracht. Dann müsste die vom Bürgermeister ausgesprochene Beanstandung nach §§ 122 Abs. 1 S. 1 i.V.m. § 54 Abs. 2 GO einen **Verwaltungsakt** darstellen, der der Aufsichtsbehörde zuzurechnen ist. Da der Bürgermeister in dieser Fallkonstellation im Wege der Organleihe tätig wird und im Auftrag der staatlichen Aufsichtsbehörde („verlängerter Arm") staatliche Aufgaben erfüllt, ist die Beanstandung der staatlichen Aufsichtsbehörde zuzurechnen. Sie entfaltet daher die für § 35 S. 1 VwVfG NRW erforderliche **Außenwirkung**. Problematisch ist allerdings, ob die Beanstandung auch einen **Regelungscharakter** hat. Dies ist dann der Fall, wenn sie unmittelbar auf die Herbeiführung einer Rechtsfolge gerichtet ist. Bei einer Beanstandung dürfte dies aus zwei Gründen zu bejahen sein:[14] Zum einen hat die Beanstandung eine aufschiebende Wirkung mit der Folge, dass der Ratsbeschluss nicht mehr vollzogen werden kann (§ 54 Abs. 2 S. 2 GO). Zum anderen ist die erfolgte Beanstandung gemäß § 122 Abs. 1 S. 2 GO Tatbestandsvoraussetzung für eine formal rechtmäßige Aufhebungsverfügung. Aus diesen Gründen dürfte die Beanstandung einen Verwaltungsakt der Aufsichtsbehörde darstellen, gegen den die Anfechtungsklage statthaft ist.

Die Gemeinde ist auch gemäß § 42 Abs. 2 VwGO klagebefugt, da sie als möglicherweise verletztes Recht ihr Selbstverwaltungsrecht nach Art. 28 Abs. 2 S. 1 GG, Art. 78 Abs. 1 und 2 LVerf NRW geltend machen kann.

Problematisch ist allerdings, ob die Gemeinde bereits beim bloßen Vorliegen der Beanstandung ein **Rechtsschutzbedürfnis** für eine Anfechtungsklage hat oder ob es nicht rechtsschutzintensiver wäre, den möglicherweise folgenden Erlass der Aufhebungsverfügung abzuwarten und gegen diese die Anfechtungsklage zu richten.[15] Dieser Ansatz erscheint deshalb sachgerecht, weil bei der Anfechtung der Aufhebungsverfügung die Rechtmäßigkeit der erfolgten Beanstandung und auch die Rechtmäßigkeit des Ratsbeschlusses umfassend mit geprüft werden. Eine vorherige isolierte Anfechtung der Beanstandung ist deshalb zum einen weitgehend rechtlich wenig sinnvoll und kann sich auch in den Fällen als nutzlos herausstellen, in denen die Aufsichtsbehörde nach der Beanstandung davon absieht, weiter gegen den Ratsbeschluss vorzugehen. Mangels Rechtsschutzbedürfnisses scheidet daher eine Klage der Gemeinde gegen die Beanstandung aus.

cc) Klage gegen die Aufhebung des Ratsbeschlusses

Zulässig ist aber eine Klage der Gemeinde gegen die Aufhebung des Ratsbeschlusses. Hier- 375
bei kann folgendes Aufbauschema angewandt werden.[16]

14 *Buttler* in Kleerbaum/Palmen, § 122 Erl. II. 4.
15 *OVG NRW* Urteil vom 19.1.1995 – 15 A 569/91 –, NVwZ 1995, 718; *Ehlers* Jura 1987, 480, 482.
16 Fallbeispiel bei *Lange* DVP 2007, 341.

PRÜFUNGSSCHEMA

Erfolgsaussichten einer Klage der Gemeinde gegen die Aufhebung des Ratsbeschlusses

A. Zulässigkeit der Klage

I. Verwaltungsrechtsweg (§ 40 Abs. 1 S. 1 VwGO)
Streitentscheidende Norm: § 122 Abs. 1 S. 2 GO

II. Statthafte Klageart
Anfechtungsklage gemäß § 42 Abs. 1 Hs. 1 VwGO Rn. 376

III. Klagebefugnis der Gemeinde (§ 42 Abs. 2 VwGO)
möglicherweise verletztes Selbstverwaltungsrecht (Art. 28 Abs. 2 GG, Art. 78 Abs. 1 LVerf NRW) Rn. 376

IV. Vorverfahren nicht erforderlich (§ 126 GO)

V. Klagefrist (§ 74 Abs. 1 S. 2 VwGO): ein Monat nach Bekanntgabe der Aufhebungsverfügung

VI. Richtiger Beklagter: Land NRW (§ 78 Abs. 1 Nr. 1 VwGO)

VII. Beteiligtenfähigkeit (§ 61 VwGO)
1. Gemeinde als juristische Person des öffentlichen Rechts (§ 61 Nr. 1 VwGO)
2. Land NRW als juristische Person des öffentlichen Rechts (§ 61 Nr. 1 VwGO)

VIII. Prozessfähigkeit
Gemeinde wird durch den Bürgermeister als gesetzlicher Vertreter vertreten (§ 63 Abs. 1 S. 1 GO)

B. Begründetheit der Klage (§ 113 Abs. 1 S. 1 VwGO)

I. Rechtswidrigkeit der Aufhebungsverfügung
1. Ermächtigungsgrundlage (§ 122 Abs. 1 S. 2 GO)
2. Formelle Rechtswidrigkeit
   a) Zuständigkeit der Aufsichtsbehörde (§ 120 GO)
   b) Richtiger Adressat: Gemeinde
   c) Verfahren
      aa) vorherige Beanstandung (§ 122 Abs. 1 S. 1 GO)
      bb) nochmalige Beratungsmöglichkeit im Rat (§ 122 Abs. 1 S. 2 GO i.V.m. § 54 Abs. 2 S. 4 GO)
      cc) Anhörung der Gemeinde nach § 28 Abs. 1 VwVfG NRW nicht erforderlich
3. Materielle Rechtswidrigkeit
   a) Ratsbeschluss (bzw. Ausschussbeschluss)
   b) Rechtswidrigkeit
4. Rechtsfolge: Ermessen („kann“)

II. Verletzung der Gemeinde in eigenen Rechten (Art. 28 Abs. 2, Art. 78 Abs. 1 LVerf NRW)

376 Die Klage der Gemeinde gegen die Aufhebungsverfügung der Aufsichtsbehörde hat Erfolg, wenn sie zulässig und begründet ist. Zunächst müsste die Klage zulässig sein.

Insoweit ist der **Verwaltungsrechtsweg** gemäß § 40 Abs. 1 S. 1 VwGO eröffnet, da die streitentscheidende Norm des § 122 Abs. 1 GO eine öffentlich-rechtliche (kommunalrechtliche) Vorschrift ist.

Als statthafte Klageart kommt für die Gemeinde die **Anfechtungsklage** gemäß § 42 Abs. 1 Hs. 1 VwGO in Betracht. Dann müsste die Aufhebungsverfügung einen Verwaltungsakt im Sinne des § 35 S. 1 VwVfG NRW darstellen. Dies ist der Fall, da sie die Aufhebung des Ratsbeschlusses verbindlich nach außen regelt. Die Gemeinde steht insbesondere als kommunale Selbstverwaltungskörperschaft außerhalb des Rechtskreises der staatlichen Aufsichtsbehörde, so dass auch die erforderliche Außenwirkung vorliegt.

Die Gemeinde ist auch gemäß § 42 Abs. 2 VwGO **klagebefugt**, da sie als möglicherweise verletztes Recht ihr Selbstverwaltungsrecht nach Art. 28 Abs. 2 S. 1 GG, Art. 78 Abs. 1 und 2 LVerf NRW geltend machen kann.

Gemäß **§ 126 GO** und § 110 Abs. 1 S. 1 JustG NRW kann gegen die Aufhebungsverfügung unmittelbar Klage erhoben werden. Somit ist ein vorheriges Widerspruchsverfahren gemäß § 68 Abs. 1 S. 2 Hs. 1 VwGO nicht erforderlich.

Die Klage ist gemäß § 74 Abs. 1 S. 2 VwGO innerhalb eines Monats nach Bekanntgabe der Aufhebungsverfügung zu erheben.

Richtiger Klagegegner ist das Land NRW nach § 78 Abs. 1 Nr. 1 VwGO.

Die **Beteiligtenfähigkeit** der Gemeinde und die des Landes NRW folgt jeweils aus § 61 Nr. 1 VwGO (juristische Personen).

Im Prozess wird die Gemeinde vom Bürgermeister als deren gesetzlicher Vertreter nach § 63 Abs. 1 GO vertreten.[17]

Die zulässige Anfechtungsklage ist auch begründet, wenn die Aufhebungsverfügung rechtswidrig ist und dadurch die Gemeinde in ihren Rechten verletzt ist, § 113 Abs. 1 S. 1 VwGO.

Zunächst ist die Rechtmäßigkeit der Aufhebungsverfügung zu prüfen. Dies folgt nach dem Schema in Rn. 368.

Sofern die Aufhebungsverfügung rechtswidrig ist, ist die **Gemeinde** in ihrem Selbstverwaltungsrecht verletzt, Art. 28 Abs. 2 GG, Art. 78 Abs. 1 LVerf NRW.

2. Beanstandung und Aufhebung von Anordnungen des Bürgermeisters, § 122 Abs. 2 GO

Gemäß § 122 Abs. 2 GO kann die Aufsichtsbehörde Anordnungen des Bürgermeisters, die das 377
geltende Recht verletzen, beim Rat beanstanden. Der Rat soll dadurch bewegt werden, seine Kontrollrechte gegenüber dem Bürgermeister gemäß § 62 Abs. 2 S. 2 GO auszuüben. Die Beanstandung der Aufsichtsbehörde hat zwar gemäß § 122 Abs. 2 S. 3 GO aufschiebende Wirkung. Allerdings wird dadurch nicht die Wirksamkeit der Ausführung der Anordnung des Bürgermeisters nach außen berührt.[18]

Beispiel Der Bürgermeister einer kreisangehörigen Gemeinde lässt durch sein Wirtschaftsförderungsamt an in der Gemeinde neu ansiedelnde Gewerbebetriebe ohne Rechtsgrundlage „Standortprämien" vergeben. Da die Gemeinde sich in der vorläufigen Haushaltsführung

17 *OVG NRW* Urteil vom 5.9.1980 – 15 A 686/78 –, DVBl. 1981, 227.

18 *Hofmann/Theisen/Bätge* 3.3.2.3.2.

befindet, liegt ein Verstoß gegen § 82 Abs. 1 GO vor. Der Landrat als untere staatliche Verwaltungsbehörde beanstandet diese Anordnung des Bürgermeisters beim Rat. Trotzdem werden weitere Prämien vergeben. Diese sind im Außenverhältnis zu den Prämienempfängern nicht allein aufgrund der Beanstandung rechtswidrig. ■

Billigt der Rat die Anordnungen des Bürgermeisters, so kann die Aufsichtsbehörde die Anordnung nach § 122 Abs. 2 S. 4 GO aufheben. Die Aufhebungsverfügung geht an die Gemeinde, die dagegen mittels Anfechtungsklage vorgehen kann.[19]

Beispiel Im oben angeführten *Beispielsfall* nimmt der Landrat als untere staatliche Verwaltungsbehörde die Anordnung an das Wirtschaftsförderungsamt selbst zurück. Die Gemeinde kann die Rücknahmeverfügung anfechten. ■

3. Anordnungsrecht und Ersatzvornahme, § 123 GO

378 Erfüllt die Gemeinde ihre gesetzlichen Pflichten oder Aufgaben nicht, so kann die Aufsichtsbehörde gemäß § 123 Abs. 1 GO anordnen, dass sie innerhalb einer bestimmten Frist das Erforderliche veranlasst. § 123 GO hat zum Ziel, rechtswidrige Untätigkeit zu verhindern und den rechtmäßigen Zustand herzustellen. Dies setzt voraus, dass sich die Gemeinde rechtswidrig verhält. Steht der Gemeinde bei der Erfüllung der Aufgabe ein Entscheidungsspielraum zu, so darf die Aufsichtsbehörde diesen allerdings nicht einschränken. Bei defizitärer Haushaltslage (§§ 76 bzw. 82 GO) ist das Ermessen der Gemeinde für den Erlass und die Änderung von Abgabensatzungen dahingehend eingeschränkt, als die Möglichkeit der Einnahmebeschaffung weitergehend ausgeschöpft werden müssen. Die Aufsichtsbehörde kann eine Gemeinde deshalb zum Erlass einer Abgabensatzung bzw. einer Änderungssatzung zur Erhöhung der Abgaben anweisen.

Beispiel[20] Trotz defizitärer Haushaltslage weigert sich der Rat der kreisfreien Stadt S aus Gründen der „Bürgerfreundlichkeit" eine Satzung über die Erhebung von Beiträgen für den Straßenausbau (§ 8 Abs. 1 S. 2 KAG NRW) zu erlassen. Die zuständige Bezirksregierung kann die Stadt S zum Erlass einer Straßenbeitragssatzung nach § 123 Abs. 1 GO anweisen. ■

Kommt die Gemeinde der Anordnung der Aufsichtsbehörde nicht innerhalb der bestimmten Frist nach, so kann die Aufsichtsbehörde die Anordnung an Stelle und auf Kosten der Gemeinde selbst durchführen oder die Durchführung einem anderen übertragen, § 123 Abs. 2 GO. Es handelt sich damit um eine Ersatzvornahme.

Gegen die Anordnung der Aufsichtsbehörde nach § 123 Abs. 1 GO kann die Gemeinde sich mittels einer Anfechtungsklage nach § 42 Abs. 1 Hs. 1 VwGO zur Wehr setzen, da diese einen Verwaltungsakt im Sinne des § 35 S. 1 VwVfG NRW darstellt.[21]

Die Ersatzvornahme ist im Vergleich zur Anordnung eine eigenständige Regelung gegenüber der Gemeinde und damit ein für die Gemeinde selbstständig anfechtbarer Verwaltungsakt.[22]

19 Vgl. *Buttler* in Kleerbaum/Palmen, § 123 Erl. III.3.

20 *VGH Kassel* Urteil vom 12.1.2018 – 8 A 1485/13 –, KommJur 2018, 209; vgl. zur Befugnis des Gesetzgebers Beitragserhebungspflichten der Gemeinde anzuordnen: *BVerwG* Beschluss vom 16.11.2017 – 10 B 2/17 –, juris.

21 *Buttler* in Kleerbaum/Palmen, § 123 Erl. II.

22 *Buttler* in Kleerbaum/Palmen, § 123 Erl. III 3.

Beispiel[23] Die Gemeinde G befindet sich aufgrund erheblicher Defizite in der vorläufigen Haushaltsführung nach § 82 GO. Trotzdem verlangt sie verglichen mit dem Landesdurchschnitt nur sehr geringe und nicht kostendeckende Elternbeiträge für Tageseinrichtungen für Kinder. Etwaige Finanzierungslücken werden durch Steuern und Kredite abgedeckt. § 77 Abs. 2 GO verlangt allerdings, dass die zur Aufgabenerfüllung erforderlichen Finanzmittel von der Gemeinde zunächst durch selbst zu bestimmende Entgelte (z.B. Beiträge) zu beschaffen sind und nur subsidiär durch Steuern und Kreditaufnahmen. Nachdem die zuständige Aufsichtsbehörde mehrfach die Gemeinde aufgefordert hat, die Elternbeiträge in der gemeindlichen Beitragssatzung zu erhöhen, ordnet sie die Beitragsänderung durch Satzungsänderung gemäß § 123 Abs. 1 GO innerhalb einer bestimmten Frist an. Nach fruchtlosem Fristablauf ändert die Aufsichtsbehörde die Satzung in diesem Sinne selbst nach § 123 Abs. 2 GO. ■

4. Bestellung eines Beauftragten und Auflösung des Rates

Reichen die Aufsichtsmittel nach den §§ 121 ff. GO nicht aus, so kommen als nachgelagerte **379**
Aufsichtsmittel die Bestellung eines Beauftragten nach § 124 GO und als **ultima ratio** die Auflösung des Rates in Betracht. Hierfür müssen die besonderen Voraussetzungen der §§ 124 bzw. 125 GO berücksichtigt werden.

a) Bestellung eines Beauftragten, § 124 GO

Aufgrund des sehr gravierenden Eingriffs in die kommunale Selbstverwaltung ist die Befugnis **380**
zur Bestellung eines Beauftragten („Kommissar") nachrangig gegenüber den in §§ 121 ff. GO vorgesehenen Eingriffen und der obersten Aufsichtsbehörde vorbehalten. Die Bestellung eines Beauftragten ist nur dann zulässig, wenn die Gemeinde in erheblichem Umfang von den Erfordernissen einer ordnungs- bzw. gesetzmäßigen Verwaltung abweicht.[24]

Der Beauftragte tritt an die Stelle des Kommunalorgans, welche die ordnungsgemäße Wahrnehmung der Aufgaben verhindert.[25]

Die Bestellung des Beauftragten ist ein Verwaltungsakt, gegen den sich die Gemeinde mittels einer Anfechtungsklage zur Wehr setzen kann.[26]

b) Auflösung des Rates, § 125 GO

In Fällen der dauernden Nichterledigung der Gemeindeaufgaben kann als **ultima ratio** das **381**
für Kommunales zuständige Ministerium durch Beschluss der Landesregierung ermächtigt werden, den Rat aufzulösen. Aufgrund des durchgreifenden Charakters dieses Mittels ist dies nur in den extremen Fällen zulässig, in denen der Rat dauernd beschlussunfähig ist oder eine ordnungsgemäße Aufgabenerledigung aus anderen Gründen nicht gesichert ist.

---

23 *OVG NRW* Beschluss vom 24.5.2007 – 15 B 778/07 –, NWVBl. 2007; *OVG NRW* Beschluss vom 28.5.2010 – 15 A 2759/09 –, NVWBl. 2011, 103.

24 *Buttler* in Kleerbaum/Palmen, § 124 Erl. I 1.

25 *Hofmann/Theisen/Bätge* 3.3.2.3.4.

26 *Hofmann/Theisen/Bätge* 3.3.2.3.4.

Die Auflösung des Rates ist ein Verwaltungsakt, der mit der Anfechtungsklage durch den Rat angefochten werden kann.[27]

Online-Wissens-Check

Die zuständige Aufsichtsbehörde weist den Bürgermeister an, einen Beschluss des Gemeinderates zu beanstanden. Hat die Gemeinde eine Möglichkeit, dagegen (zulässige) Klage zu erheben?

Überprüfen Sie jetzt online Ihr Wissen zu den in diesem Abschnitt erarbeiteten Themen. Unter **www.juracademy.de/skripte/login** steht Ihnen ein Online-Wissens-Check speziell zu diesem Skript zur Verfügung, den Sie kostenlos nutzen können. Den Zugangscode hierzu finden Sie auf der Codeseite.

27 *Buttler* in Kleerbaum/Palmen, § 125 Erl. III.

5. Übungsfall Nr. 6

„Kein Castor in S" 382

Die kreisfreie Stadt S liegt auf einer Strecke, die die Castor-Transporte auf ihrem Wege zwischen einem Kernkraftwerk und einem atomaren Zwischenlager zurückzulegen haben. Mittels der Castor-Transporte wird der angefallene radioaktive Atommüll abtransportiert. In der Vergangenheit sind bereits mehrere Castor-Transporte über das Gebiet der Stadt S durchgeführt worden, die zu erheblichen Demonstrationen in S geführt haben.

Aufgrund zahlreicher Bürgereingaben und Proteste entschließt sich der Rat der Stadt S mehrheitlich am 1.8. zu folgendem Beschluss:

„Die Stadt S wendet sich gegen die Durchführung der Castor-Transporte auf dem Gebiet der Stadt S. Unter Wahrnehmung unserer Verantwortung für unsere Kinder und Kindeskinder lehnt die Stadt S derartige Transporte für die Zukunft ab."

Nachdem die Bezirksregierung B davon erfährt, weist sie den Oberbürgermeister O der Stadt S an, diesen Beschluss zu beanstanden. Der Ratsbeschluss sei rechtswidrig, weil er den Zuständigkeitsbereich der Stadt überschreite.

O kommt dieser Weisung „aus Gewissensgründen" nicht nach, da er den Beschluss mit initiiert und als Mitglied des Rates dafür gestimmt hat. Deshalb sieht sich die Bezirksregierung B dazu veranlasst, den Ratsbeschluss selbst mit Schreiben vom 4.9. zu beanstanden.

Daraufhin berät der Rat das Thema in der Sitzung vom 30.9. erneut, hebt seinen alten Beschluss auf und ersetzt ihn durch folgenden Beschluss:

„Die Stadt S lehnt die Durchführung von Castor-Transporten über Verkehrswege auf dem Gebiet der Stadt S für die Zukunft ab."

Die verärgerte Bezirksregierung hebt nunmehr am 10.10. den Beschluss vom 30.9. unmittelbar auf. Die Stadt S erhebt gegen die Maßnahme Klage vor dem Verwaltungsgericht. Mit Erfolg?

Hinweis: Alle Terminangaben beziehen sich auf dasselbe Kalenderjahr.

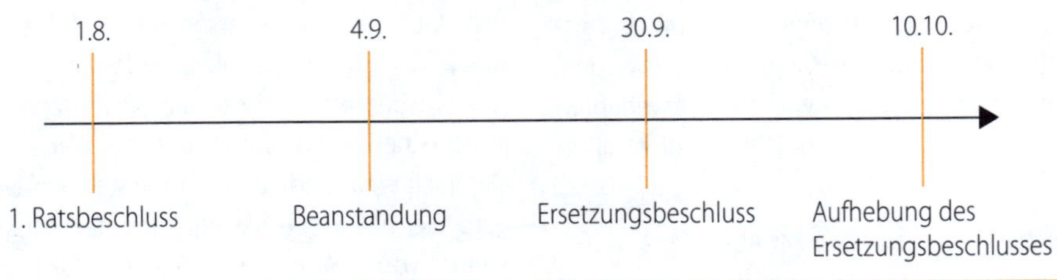

Lösung 383

Die Klage der Stadt S gegen die Aufhebungsverfügung der Bezirksregierung vom 10.10. hat Erfolg, wenn sie zulässig und begründet ist.

I. Zulässigkeit der Klage

Zunächst müsste die Klage zulässig sein.

Der Verwaltungsrechtsweg ist gemäß § 40 Abs. 1 S. 1 VwGO eröffnet, wenn es sich um eine öffentlich-rechtliche Streitigkeit handelt. Die Stadt S wendet sich gegen die Aufhebungsverfügung der Bezirksregierung. Streitentscheidende Norm ist deshalb § 122 Abs. 1 S. 2 GO. Dabei handelt es sich um eine öffentlich-rechtliche (kommunalrechtliche) Vorschrift, die einen Träger hoheitlicher Gewalt zum Zuordnungssubjekt hat. Der Verwaltungsrechtsweg ist daher eröffnet.

Als statthafte Klageart kommt für die Stadt S die Anfechtungsklage gemäß § 42 Abs. 1 Hs. 1 VwGO in Betracht. Das Klagebegehren der Stadt S ist darauf gerichtet, die belastende Aufhebungsverfügung aufzuheben (§ 88 VwGO). Dies könnte im Wege der Anfechtungsklage erreicht werden. Dann müsste die Aufhebungsverfügung einen Verwaltungsakt im Sinne des § 35 S. 1 VwVfG NRW darstellen, d.h. es müsste sich um eine auf Außenwirkung gerichtete Maßnahme einer Behörde zur Regelung eines Einzelfalls auf dem Gebiet des öffentlichen Rechts handeln. Die Aufhebungsverfügung der Bezirksregierung regelt verbindlich die Aufhebung des Ratsbeschlusses vom 30.9. Diese Regelung hat auch die erforderliche Außenwirkung, weil die Stadt S in ihren eigenen, vom Staat unabhängigen Rechtspositionen, nämlich ihrem kommunalen Selbstverwaltungsstatus gemäß Art. 28 Abs. 2 S. 1 GG, Art. 78 LVerf NRW betroffen ist. Damit ist die Aufhebungsverfügung ein Verwaltungsakt.

Dieser hat sich auch nicht erledigt, da er für die Stadt S weiterhin rechtliche Wirkung hat. Somit ist die Anfechtungsklage gemäß § 42 Abs. 1 Hs. 1 VwGO statthaft.

Gemäß § 42 Abs. 2 VwGO müsste die Stadt S klagebefugt sein. Hier ist eine Verletzung subjektiver Rechte möglich, da sie ihr Selbstverwaltungsrecht nach Art. 28 Abs. 2 S. 1 GG, Art. 78 Abs. 1 und 2 LVerf NRW geltend machen kann.

Nach § 126 GO kann gegen die Aufhebungsverfügung unmittelbar Klage erhoben werden. Somit ist ein vorheriges Widerspruchsverfahren gemäß § 68 Abs. 1 S. 2 Hs. 2 VwGO nicht erforderlich.

Die Klage ist gemäß § 74 Abs. 1 S. 2 VwGO innerhalb eines Monats nach Bekanntgabe der Aufhebungsverfügung zu erheben. Da im Sachverhalt keine Anhaltspunkte für ein Verstreichen der Frist vorliegen, ist von der Einhaltung der Klagefrist auszugehen.

Richtiger Klagegegner ist das Land Nordrhein-Westfalen nach § 78 Abs. 1 Nr. 1 VwGO.

Die Beteiligtenfähigkeit der Stadt S und des Landes NRW als Gebietskörperschaften des öffentlichen Rechts folgt jeweils aus § 61 Nr. 1 VwGO (juristische Person).

Im Prozess wird die Stadt S vom Oberbürgermeister als deren gesetzlicher Vertreter nach § 63 Abs. 1 S. 1 GO vertreten.

Die Klage der Stadt S ist daher zulässig.

II. Begründetheit der Klage

Die Anfechtungsklage ist auch begründet, wenn die Aufhebungsverfügung rechtswidrig ist und dadurch die Stadt S in ihren Rechten verletzt ist, § 113 Abs. 1 S. 1 VwGO.

Zunächst ist die Rechtmäßigkeit der Aufhebungsverfügung zu prüfen.

Ermächtigungsgrundlage für die Aufhebungsverfügung der Aufsichtsbehörde ist § 122 Abs. 1 S. 2 GO.

Zunächst müssten die Tatbestandsvoraussetzungen der Ermächtigungsgrundlage vorliegen. In formeller Hinsicht setzt dies zunächst die Zuständigkeit der handelnden Aufsichtsbehörde voraus. Hier hat die Bezirksregierung B als für die kreisfreie Stadt S gemäß § 120 Abs. 2 GO zuständige Aufsichtsbehörde gehandelt.

Richtiger Adressat der Aufhebungsverfügung ist die durch den Bürgermeister vertretene Gemeinde.

Verfahrensrechtlich wird nach dem Wortlaut des § 122 Abs. 1 S. 2 GO eine vorherige Beanstandung des Bürgermeisters vorausgesetzt. Eine solche ist aber durch den Oberbürgermeister O nicht erfolgt, da dieser sich geweigert hat. Aus dem Rechtsgedanken des § 123 Abs. 2 GO ist aber abzuleiten, dass auch die Aufsichtsbehörde selbst die Beanstandung aussprechen kann, wenn der im Wege der Organleihe zuständige Bürgermeister sich weigert. Hier hat die Bezirksregierung den Ratsbeschluss vom 1.8. in diesem Sinne selbst beanstandet.

Bedenken bestehen aber, weil sich die Beanstandung auf den (ersten) Beschluss vom 1.8. bezog, während die Aufhebung den (zweiten) Ratsbeschluss vom 30.9. betraf. Indes ist inhaltlich zu berücksichtigen, dass beide Beschlüsse den gleichen Beschlussgegenstand (Castor-Transporte auf dem Gebiet der Stadt S) mit gleicher inhaltlicher Zweckrichtung (Ablehnung) verfolgen. Es fragt sich daher, ob vor einer Aufhebung die Beanstandung sich formal erneut gegen den aufzuhebenden Beschluss (30.9.) richten muss oder ob es im Falle bloßer „Ersetzungsbeschlüsse" ausreicht, den inhaltlich im Wesentlichen gleich lautenden ersten Beschluss zu beanstanden.

Dies hängt von der Funktion der Beanstandung ab. Diese hat ihre wesentliche Bedeutung in der Anstoßwirkung: Sie soll dem betroffenen Rat Gelegenheit zur Selbstkorrektur des konkret gerügten Rechtsverstoßes geben; erst wenn der Rat nach erneuter Beratung bei seinem Beschluss verblieben ist, ist der Weg zur aufsichtsbehördlichen Beseitigung des Rechtsverstoßes frei. Die Funktion der Beanstandung ist daher auch dann erfüllt, wenn der Rat bei seinem Verhalten in der Weise verbleibt, dass er den gerügten Rechtsverstoß inhaltlich in einen den beanstandeten Beschluss aufhebenden Ersetzungsbeschluss verlagert. In einem solchen Fall bedarf der Ersetzungsbeschluss, soweit er den gerügten Rechtsverstoß unverändert aufnimmt, keiner erneuten Beanstandung. Anderenfalls hätte es der Rat in der Hand auf jede Beanstandung durch Aufhebung und Wiederholung des rechtswidrigen Beschlusses zu reagieren und damit ein aufsichtsbehördliches Eingreifen auf Dauer zu unterlaufen. Infolgedessen ist eine erneute Beanstandung auch des Beschlusses vom 30.9. nicht erforderlich.

Vor Erlass der belastenden Aufhebungsverfügung ist zudem eine Anhörung nach § 28 Abs. 1 VwVfG NRW nicht erforderlich, da die Stadt S bereits im Beanstandungsverfahren hinreichend Gelegenheit zur Stellungnahme hatte.

Die Aufhebungsverfügung ist auch materiell rechtmäßig, wenn der Ratsbeschluss vom 30.9. rechtswidrig ist. Dies ist dann der Fall, wenn der Ratsbeschluss formell oder materiell rechtswidrig ist.

In formeller Hinsicht könnten sich Bedenken ergeben, wenn der Stadt S für eine entsprechende Beschlussfassung die Verbandskompetenz fehlte. Gemeinden dürfen sich grundsätzlich nur mit solchen Aufgaben befassen, die gemäß Art. 28 Abs. 2 S. 1 GG in ihren Zuständigkeitsbereich fallen und in dem örtlichen Rahmen ihrer Verbandskompetenz liegen. Nach Art. 28 Abs. 2 S. 1 GG dürfen Gemeinden Aufgaben, die mangels eines spezifischen oder relevanten Ortsbezugs keine Angelegenheit der örtlichen Gemeinschaft sind, nicht zum Gegenstand ihrer Aktivitäten machen. Sie haben kein allgemein politisches, sondern nur ein kommunalpolitisches Mandat, das nur die Angelegenheiten der örtlichen Gemeinschaft betrifft. Angelegenheiten der örtlichen Gemeinschaft gemäß Art. 28 Abs. 2 S. 1 GG sind diejenigen Bedürfnisse und Interessen, die in der örtlichen Gemeinschaft wurzeln oder zu ihr einen spezifischen Bezug haben, indem sie das Zusammenleben und -wohnen der Einwohner in der Gemeinde betreffen.

Bei dem vorliegenden Beschluss vom 30.9. müsste es sich um eine Selbstverwaltungsangelegenheit gemäß Art. 28 Abs. 2 S. 1 GG handeln. Inhaltlich hat der Ratsbeschluss die Ablehnung von Castor-Transporten auf dem Stadtgebiet von S zum Gegenstand. Sofern er sich (ausschließlich) gegen atomrechtliche Aspekte richten würde – wozu auch die Behandlung des Atommülls gehört – wäre die Befassungskompetenz der Stadt nicht gegeben, da das Atomgesetz ein Bundesgesetz ist, das in Bundesauftragsverwaltung nach Art. 85 GG von den Ländern ausgeführt wird. Wie bereits dargestellt, können die Gemeinden aber befugt sein, gegen ein konkretes Vorhaben in Vollzug der Bundespolitik Stellung zu nehmen, sofern das Gemeindegebiet unmittelbar betroffen ist. Entsprechendes ist grundsätzlich auch für anstehende Castor-Transporte anzunehmen, sofern sich diese über das Gebiet der Gemeinde erstrecken.

Fraglich ist allerdings, ob die Möglichkeit eines Castor-Transports über das Gemeindegebiet der Stadt S bereits hinreichend konkretisiert ist. Kommunale Stellungnahmen sind aber nicht erst dann zulässig, wenn sicher ist, dass derartige Vorhaben auf dem Gebiet einer Gemeinde realisiert werden sollen, sondern bereits dann, wenn ernsthaft die Möglichkeit besteht, dass sie in naher Zukunft erfolgen werden („Vorratsbeschlüsse"). Laut Sachverhalt liegt die Stadt S auf einer Strecke, die die Castor-Transporte auf ihrem Wege zwischen einem Kernkraftwerk und einem atomaren Zwischenlager zurückzulegen haben. Mittels der Castor-Transporte wird der angefallene radioaktive Atommüll abtransportiert. In der Vergangenheit sind bereits mehrere Castor-Transporte über das Gebiet der Stadt S durchgeführt worden, die zu erheblichen Demonstrationen in S geführt haben. Angesichts dieser Ausgangslage erscheint die Möglichkeit weiterer Castor-Transporte über das Stadtgebiet naheliegend. Der Beschluss hinsichtlich der Ablehnung weiterer Castor-Transporte auf dem Stadtgebiet betrifft insofern eine örtliche Angelegenheit im Sinne des Art. 28 Abs. 2 S. 1 GG. Der Beschluss vom 30.9. war somit formell rechtmäßig.

Bedenken gegen die materielle Rechtmäßigkeit des Ratsbeschlusses bestehen nicht. Insbesondere entspricht die Resolution dem rechtsstaatlichen Sachlichkeitsgebot.[28] Dies erfordert vor allem, dass Tatsachen zutreffend wiedergegeben werden. Die Resolution enthält einen zutreffenden Tatsachenkern, der sich auf die Durchführung von Castor-Transporten auf dem Gemeindegebiet bezieht. Die Ablehnung solcher Transporte ist keine dem Beweis zugängliche Tatsache, sondern eine wertende Stellungnahme des Rates, zu dem dieser bei vorliegender Zuständigkeit grundsätzlich befugt ist.

Die Aufhebung dieses Beschlusses durch die Bezirksregierung gemäß § 122 Abs. 1 S. 2 GO war demzufolge rechtswidrig. Durch die rechtswidrige Aufhebungsverfügung ist die Stadt in ihrem Selbstverwaltungsrecht gemäß Art. 28 Abs. 2 GG, Art. 78 LVerf NRW verletzt.

III. Ergebnis

Die Klage der Stadt S ist damit zulässig und begründet. Sie hat Erfolg.

28 Vgl. hierzu *OVG NRW* Beschluss vom 12.7.2005 – 15 B 1099/05 –, NWVBl. 2006, 32.

5. Teil
Wirtschaftliche und nicht wirtschaftliche Betätigung

Außerhalb ihrer hoheitlichen Tätigkeit kann sich die Gemeinde im Rahmen der öffentlich-rechtlichen Beschränkungen der §§ 107 ff. GO am allgemeinen Wirtschaftsleben beteiligen. 384

Beispiele Die Gemeinde übt marktgängige Leistungen aus, in dem sie selbst eine Veranstaltungshalle oder eine Recyclinganlage betreibt. Sie kann dies auch mittelbar machen, etwa als Gesellschafterin einer rechtlich selbstständigen GmbH, die im Bereich der Energieversorgung tätig wird. ■

A. Überblick

Sofern sich die Gemeinde – wie ein Privater – am allgemeinen Wirtschaftsleben unmittelbar oder mittelbar betätigt, sind in erster Linie zwei Aspekte zu bedenken: 385

- Zum einen muss aus Sicht der Einwohner der Gemeinde und des gemeinen Wohls insgesamt Vorsorge getroffen werden gegen ein zu risikoreiches Handeln der Gemeinde und gegen ein Handeln, das nicht mehr aus Gemeinwohlmotiven erfolgt, sondern aus reinem Gewinnstreben.
- Zum anderen müssen private Konkurrenten in gewissem Umfang vor einer zu ausgedehnten gemeindlichen Tätigkeit auf Wirtschaftsmärkten geschützt werden, da die Gemeinde über Wettbewerbsvorteile verfügt (z.B. fehlende Insolvenzfähigkeit nach § 128 Abs. 2 GO). Zudem liegt ein zu starkes Verdrängen Privater am Marktgeschehen nicht im allgemeinen Interesse.

Da es auf der anderen Seite aus Gründen der wirtschaftlichen Aufgabenerledigung und der effektiven Versorgung der Einwohner – besonders in Mangelsituationen – durchaus Sinn machen kann, dass sich eine Gemeinde am Wirtschaftsleben beteiligt, hat der Gesetzgeber eine schwierige Abwägung vorzunehmen. Das Ergebnis dieser Abwägung findet sich in den **öffentlich-rechtlichen Marktzutrittsbeschränkungen** der §§ 107 ff. GO.

I. Gegenstände kommunaler Betätigung auf Wirtschaftsmärkten

Bei der Ausgestaltung der Marktzutrittsregelungen differenziert der Gesetzgeber drei Formen von marktgängigen Leistungen und knüpft an deren Zulässigkeit unterschiedlich hohe Anforderungen. Zu unterscheiden sind die wirtschaftliche (§ 107 Abs. 1 GO), die nichtwirtschaftliche (§ 107 Abs. 2 GO) und die energiewirtschaftliche (§ 107a GO) Betätigung. 386

Für die **wirtschaftliche** Betätigung sind die gesetzlichen Marktzutrittshürden am höchsten. Aufgrund der in § 107 Abs. 1 S. 1 GO normierten **Schrankentrias** darf sich die Gemeinde nur dann wirtschaftlich betätigen, wenn ein öffentlicher Zweck die Betätigung erfordert (1), die Betätigung nach Art und Umfang in einem angemessenen Verhältnis zu ihrer Leistungsfähigkeit steht (2) und der öffentliche Zweck durch andere Unternehmen nicht besser und wirtschaftlicher erfüllt werden kann (3, **Subsidiaritätsklausel**). Die Subsidiaritätsklausel gilt aber nicht für die Bereiche der Wasserversorgung, des ÖPNV und des Betriebes von Telekommunikationsleitungsnetzen (privilegierte wirtschaftliche Betätigung).

Bestimmte marktgängige Aufgabenbereiche sind besonders gesetzlich privilegiert und werden als **nichtwirtschaftliche** Betätigung eingestuft (§ 107 Abs. 2 GO). Diese Einordnung hat zur Folge, dass die Schrankentrias nicht eingreift. Auch in solchen Fällen ist aber die Verfolgung eines öffentlichen Zwecks erforderlich, weil dies für jede Art kommunaler Betätigung bereits aus dem Gemeinwohlgebot der öffentlichen Hand aus der Verfassung folgt.

Ein dritter Tatbestand mit spezifischen Rechtsfolgen betrifft die **energiewirtschaftliche** Betätigung (§ 107a GO). Damit soll den verschiedenen Besonderheiten der Energiemärkte Rechnung getragen werden, die durch unverändert oligopolistische Strukturen insbesondere im Bereich der Energieerzeugung und durch immer neue Dienstleistungen geprägt sind.

Die **Abgrenzung** zwischen den Betätigungsformen wirtschaftlich bzw. energiewirtschaftlich einerseits und der nichtwirtschaftlichen Betätigung andererseits erfolgt nicht nach kaufmännischen Gesichtspunkten, sondern **branchenbezogen**. Es kommt also darauf an, in welcher der in §§ 107, 107a GO definierten Marktkategorien die in Rede stehende kommunale Leistung einzuordnen ist (s. hierzu unter Rn. 392 ff.). Handelt es sich um eine wirtschaftliche oder energiewirtschaftliche Betätigung, dann betreibt die Gemeinde ein „**Unternehmen**" im kommunalrechtlichen Sinne (vgl. Wortlaut des § 107 Abs. 1 S. 3 GO bzw. des § 107a Abs. 4 GO). Handelt es sich dagegen um eine nichtwirtschaftliche Betätigung, dann betreibt die Gemeinde eine „**Einrichtung**" (vgl. § 107 Abs. 2 GO).

Beispiele

- Die Gemeinde G will ein Schwimmbad betreiben. Dies ist als *nichtwirtschaftliche* Betätigung nach § 107 Abs. 2 S. 1 Nr. 2, zweiter Spiegelstrich GO zulässig. Diese *Einrichtung* ist, soweit es mit ihrem öffentlichen Zweck vereinbar ist, nach wirtschaftlichen Gesichtspunkten zu verwalten.
- Die Stadt S möchte ein öffentliches Parkhaus errichten und betreiben. Diese *wirtschaftliche* Betätigungsform (§ 107 Abs. 1 S. 1 GO) ist nur zulässig, wenn ein öffentlicher Zweck die Betätigung erfordert (z.B. Parkplatzmangel), sie in einem angemessenen Umfang zur Leistungsfähigkeit der Stadt steht und der öffentliche Zweck durch dazu bereite Privatunternehmen nicht besser und wirtschaftlicher erfüllt werden kann.
- In der Stadt S wird zusätzlich überlegt, die Stromversorgung – die bislang von einem privaten Energieversorger betrieben wird – wieder selbst zu übernehmen. Diese *energiewirtschaftliche* Betätigung nach § 107a Abs. 1 GO dient in jedem Fall einem öffentlichen Zweck und muss lediglich nach Art und Umfang in einem angemessenen Verhältnis zu der Leistungsfähigkeit der Stadt stehen. Eine Subsidiarität der kommunalen Betätigung gegenüber der privaten Erledigung besteht nicht. ■

II. Allgemeine Qualifizierungskriterien

387 Aufgrund der unterschiedlichen Voraussetzungen für die Zulässigkeit der verschiedenen marktgängigen Betätigungen ist die Abgrenzung von erheblicher Bedeutung. Fehlt es aber bereits an einer marktgängigen Leistung, dann kommen die kommunalwirtschaftlichen Vorschriften erst gar nicht zur Anwendung (siehe unter Rn. 388). Für die präzise Abgrenzung ist es zudem wichtig, auf welche Tätigkeit es ankommt, wenn die Kommune mehrere marktgängige Leistungen anbietet (siehe unter Rn. 389).

JURIQ-Klausurtipp

In Prüfungen sind daher die Aspekte nach der Marktgängigkeit und Maßgeblichkeit der in Rede stehenden Leistung vorrangig zu beachten, sofern der Sachverhalt hierzu Anlass bietet. Erst wenn klar ist, dass die kommunale Betätigung nicht hoheitlicher Art ist und auf welche konkrete Leistung es ankommt, sollte die nähere Abgrenzung (wirtschaftlich, energiewirtschaftlich oder nichtwirtschaftlich) thematisiert werden.

1. Ausschluss hoheitlicher Betätigung

Ist die in Rede stehende kommunale Betätigung eine **hoheitliche** Tätigkeit, dann fehlt ihr 388
bereits der Bezug zu einem Wirtschaftsmarkt. Sie wäre dann nicht marktgängig, so dass sie weder als wirtschaftlich, nichtwirtschaftlich noch als energiewirtschaftlich eingestuft werden kann.

Hoheitlich ist eine Betätigung, die nach öffentlich-rechtlichen Vorschriften nur von einem Träger öffentlicher Gewalt wahrgenommen werden kann.

Die Kommune kann hoheitliche Tätigkeiten im Falle ihrer Zuständigkeit nach den allgemeinen öffentlich-rechtlichen Bedingungen wahrnehmen, ohne an Marktzutrittsbedingungen gebunden zu sein.

Beispiel für eine hoheitliche Tätigkeit[1] Gemäß § 7 Abs. 1 Nr. 2 Personalausweisverordnung kann das für den Ausweis erforderliche Lichtbild auch durch die Personalausweisbehörde angefertigt werden. Die Gemeinde G bietet als zuständige Personalausweisbehörde in ihrem Bürgerbüro an, die erforderlichen Passbilder durch ihre Mitarbeiter in digitaler Form kostenlos anzufertigen. Die Bilder werden ausschließlich für das jeweilige Ausweisdokument verwandt und dem Bürger nicht ausgehändigt. Die Gemeinde wird damit nicht am allgemein zugänglichen Markt tätig, sondern nur als Behörde. Das Erstellen und Verarbeiten der Fotos ist untrennbar mit der hoheitlichen Aufgabe als Personalausweisbehörde verbunden, da die angefertigten Fotos *nur* für das Ausweisdokument verwandt werden. Die gesetzlichen Marktzutrittsbeschränkungen der §§ 107 ff. GO sind infolgedessen nicht anwendbar. ■

Beispiel für eine nicht nichthoheitliche Tätigkeit[2] Die kreisfreie Stadt S ist Straßenverkehrsbehörde und vermietet Räumlichkeiten im Rathaus an private Schildpräger. In allen Fällen, in denen ein amtliches Kennzeichen zugeteilt worden ist, muss *vom Bürger* vor Anbringen der Stempelplakette das Kennzeichenschild beschafft werden. Der Verwaltungsvorgang der Zulassung wird also unterbrochen. Aufgrund dieser Sachlage ist die Vermietung der Räumlichkeit für gewerbliche private Schildpräger nicht der hoheitlichen Aufgabe der Straßenverkehrsbehörde zuzurechnen, sondern als *wirtschaftliche Tätigkeit* zu bezeichnen. Da jedoch durch die Vermietung der Zulassungsvorgang für den Bürger und die Verwaltung beschleunigt und erleichtert wird, ist die wirtschaftliche Tätigkeit durch einen öffentlichen Zweck gerechtfertigt, § 107 Abs. 1 S. 1 Nr. 1 GO. ■

---

1 *VG Münster* Beschluss vom 8.5.2015 – 1 K 94/14 –, NVwZ 2015, 1400.
2 *OVG NRW* Beschluss vom 21.9.2004 – 15 B 1709/04 –, NVwZ-RR 2005, 198.

2. Maßgeblichkeit der Haupttätigkeit und Qualifizierung von Annextätigkeiten

389 Bei mehreren marktgängigen Betätigungsfeldern der Kommune, die aus einer Haupttätigkeit und einer Annextätigkeit bestehen, ist für die nähere Einstufung als wirtschaftlich, energiewirtschaftlich oder nichtwirtschaftlich allein die **Haupttätigkeit** entscheidend.[3] Die Annextätigkeit nimmt also an der Zulässigkeit der Haupttätigkeit teil, ohne selbst deren Zulässigkeitsvoraussetzungen erfüllen zu müssen.

Eine **Annextätigkeit** ist gegenüber der Haupttätigkeit eine Nebentätigkeit oder Randnutzung. Sie liegt insbesondere vor bei einer relativ unbedeutenden untergeordneten Tätigkeit, die zur besseren Auslastung der für die Haupttätigkeit bestehenden Produktionsmittel nebenher betrieben wird. Darunter können aber auch solche Nebentätigkeiten und Randnutzungen fallen, für zwar zusätzliche Produktionsmittel eingesetzt werden müssen, die aber mittelbar die Haupttätigkeit attraktiver machen und damit deren Auslastung verbessern.

Um eine solche Annextätigkeit handelt es sich insbesondere bei einer relativ unbedeutenden untergeordneten Aktivität, die unmittelbar zur besseren Auslastung von Produktionsmitteln nebenher betrieben wird.

Beispiele Werbebeschriftungen an öffentlichen Gebäuden und Fahrzeugen, Aufnahme von Inseraten in gemeindlichen Mitteilungsblättern, Verkauf von überschüssigen Eis durch einen kommunalen Schlachthof.

Auch ein relativ geringfügiges Angebot einer Schulmensa für Nicht-Schulangehörige (Mittagessen, „Café to go") nimmt als bloße Annextätigkeit an der Privilegierung der nichtwirtschaftlichen Haupttätigkeit des Schulbetriebs teil (§ 107 Abs. 2 Nr. 2, erster Spiegelstrich GO). ■

Sofern allerdings die bloße Annextätigkeit ihren Charakter als Randnutzung oder Nebentätigkeit gegenüber der Haupttätigkeit verliert, unterliegt sie einer eigenständigen rechtlichen Beurteilung.

Beispiel In einem Schulzentrum der Stadt S sind die Umsatzzahlen für den Verkauf von Produkten für Nicht-Schulangehörige erheblich angestiegen und liegen mittlerweile über denen für Schulangehörige. In diesem Fall liegt im Betrieb der Mensa für Nicht-Schulangehörige ein eigenständige wirtschaftliche Betätigung im Sinne des § 107 Abs. 1 GO vor, die den dafür geltenden gesetzlichen Anforderungen – insbesondere der Subsidiarität gegenüber der Privatwirtschaft – entsprechen muss. ■

Die Rechtsprechung nimmt eine Annextätigkeit auch bei kommunalen Aktivitäten an, für die zwar unmittelbar zusätzliche Produktionsmittel (z.B. Räume, Personal) eingesetzt werden müssen, die aber mittelbar die Haupttätigkeit attraktiver machen und damit deren Auslastung verbessern.

Beispiel Saunaanlagen teilen als Nebeneinrichtungen eines Freizeitbades dessen Rechtscharakter als nichtwirtschaftliche Einrichtung.[4]

3 *OVG NRW* Beschluss vom 13.8.2003 – 15 B 1137/03 ––, NVwZ 2003, 1520.
4 *OVG NRW* Urteil vom 2.12.1985 – 4 A 2214/84 –, DÖV 1986, 339.

Die Vermietung von Räumlichkeiten auf einem Parkhaus zum Betrieb eines Fitness-Studios ist als Annextätigkeit zu der im Einzelfall zulässigen wirtschaftlichen Betätigung des Parkhausbetriebs beurteilt worden, weil es der Auslastung des Parkhauses in nachfrageschwachen Zeiten diene.[5] ■

Schließlich kann eine Annextätigkeit auch dann zulässig sein, wenn sie im öffentlichen Gemeinwohlinteresse liegt.

Beispiel[6] Bestattungswirtschaftliche Tätigkeiten der Gemeinde (Leichenbergung, manuelle Versorgung der Leiche und Leichentransport, Lieferung von Sterbewäsche, Ausgestaltung der Trauerfeier etc.) liegen – ungeachtet der Tatsache, dass auch private Anbieter sie anbieten – im öffentlichen Gemeinwohlinteresse und können daher von ihr neben der hoheitlichen Bestattung angeboten werden. ■

III. Unmittelbare oder mittelbare Betätigung

Die Gemeinde muss ihre Aufgaben nicht unmittelbar durch ihre Verwaltung erledigen, sondern kann hierfür eine Gesellschaft des privaten Rechts oder eine öffentlich-rechtliche Organisationsform zwischenschalten. Die Entscheidung für oder gegen die Ausgliederung einer kommunalen Aufgabe ist vom Gemeinderat vor Ort zu treffen. Zu berücksichtigten sind hierbei vor allem haushaltsrechtliche, steuerliche, steuerungspolitische und organisatorische Gesichtspunkte. 390

Beispiel Die Stadt S betreibt ein Schwimmbad als nichtwirtschaftliche Einrichtung im Sinne des § 107 Abs. 2 S. 1 Nr. 2, 2. Spiegelstrich GO). Für den Betrieb ist das städtische Sportamt zuständig. Die Aufwendungen und Einnahmen für das Schwimmbad werden unmittelbar aus dem Haushalt der Stadt abgewickelt. Im Rahmen von Umstrukturierungsmaßnahmen könnte die Stadt den Betrieb des Schwimmbades auch über eine zu gründende sogenannte eigenbetriebsähnliche Einrichtung (§ 107 Abs. 2 S. 2 GO) führen lassen. Diese ist zwar rechtlich unselbstständig, allerdings hat sie eine gewisse organisatorische und wirtschaftliche Selbstständigkeit gegenüber der Stadt, da sie von einer Betriebsleitung selbstständig geleitet wird. Die Stadt S könnte jedoch die Umstrukturierung noch weiterführen, in dem sie eine von ihr auch rechtlich selbstständige Organisationsform wie etwa eine Anstalt des öffentlichen Rechts (§ 114a GO) oder eine Gesellschaft mit beschränkter Haftung (§ 108 GO) gründet. Hierbei ist zu berücksichtigen, dass der steuerungspolitische Zugriff der Stadt auf die Organisation je nach Organisationsform erschwert werden kann, allerdings kann die rechtliche und wirtschaftliche Selbstständigkeit gegebenenfalls auch haushaltsrechtliche, wirtschaftliche bzw. organisatorische Vorteile mit sich bringen. ■

Erfolgt die Betätigung durch die Gemeinde **unmittelbar** ohne Gründung bzw. Beteiligung an einer juristischen Person des Privatrechts oder öffentlichen Rechts, so richtet sich die Frage der Zulässigkeit einer solchen Tätigkeit direkt nach § 107 GO bzw. für die energiewirtschaftliche Betätigung nach § 107a GO.

5 *OVG NRW* Beschluss vom 13.8.2003 – 15 B 1137/03 –, NVwZ 2003, 1520.
6 *BGH* Urteile vom 19.6.1986 – I ZR 53/84 u. 54/84 –, NJW 1987, 60 ff.

Erfolgt die Betätigung dagegen durch die Gemeinde mittelbar **durch Gründung bzw. Beteiligung an einer juristischen Person** des Privatrechts oder öffentlichen Rechts, so ist Ausgangspunkt für die Frage der Zulässigkeit einer solchen Tätigkeit § 108 GO für juristische Personen des Privatrechts bzw. § 114 GO für Eigenbetriebe und § 114a GO für Anstalten des öffentlichen Rechts. Diese Vorschriften verweisen aber sodann auf die grundlegenden Voraussetzungen des § 107 GO bzw. des 107a GO.

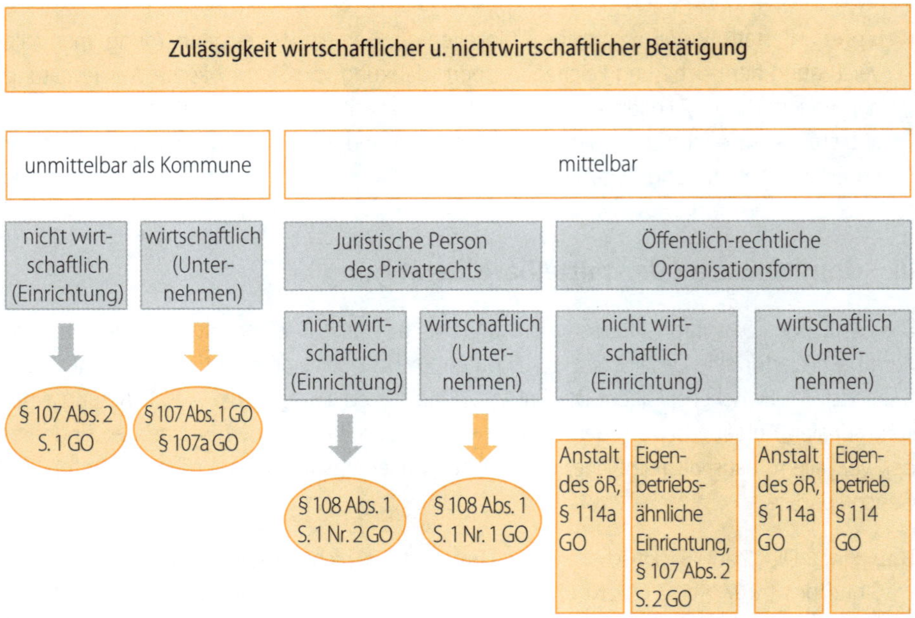

B. Zulässigkeit wirtschaftlicher und energiewirtschaftlicher Betätigung

391 Liegt nach den genannten Kriterien eine marktgängige gemeindliche Tätigkeit vor, so ist zu klären, ob diese wirtschaftlicher, energiewirtschaftlicher oder nichtwirtschaftlicher Art ist. Im Anschluss bedarf es der Klärung, ob die hierfür geltenden Zulässigkeitsvoraussetzungen erfüllt sind. Zunächst werden die Definition und die Marktzutrittshürden der wirtschaftlichen Betätigung aufgezeigt. Die wirtschaftliche Betätigung müsste zulässig sein, d.h. sich innerhalb der öffentlich-rechtlichen Marktzutrittsbeschränkungen bewegen.

I. Gesetzliche Anforderungen bei wirtschaftlicher Betätigung

392 Es ist zu prüfen, ob die zu begutachtende kommunale marktgängige Tätigkeit als **wirtschaftlich im Sinne des § 107 Abs. 1 GO** zu qualifizieren ist.

1. Definition und Kontrollmaßstab

393 Der Gesetzgeber hat in § 107 Abs. 2 GO bestimmte marktgängige Betätigungen in einen Negativkatalog zusammengefasst, die **von vornherein nicht als wirtschaftlich** gelten sollen (*„Als wirtschaftliche Betätigung … gilt nicht…“*). Es handelt sich bei § 107 Abs. 2 GO daher um eine gesetzliche Ausschlussfiktion.

Beispiele Der Betrieb der Volkhochschule oder eines kommunalen Kinos; Einrichtungen der Stadtentwässerung oder des Umweltschutzes ■

JURIQ-Klausurtipp

Aufgrund der gesetzlichen Fiktion des § 107 Abs. 2 GO sollte bei der Abgrenzung der marktgängigen gemeindlichen Betätigung vor der Prüfung des allgemeinen § 107 Abs. 1 GO **immer zuerst der Blick auf den spezielleren Abs. 2 der Norm** gelegt werden. Eine Betätigung, die unter § 107 Abs. 2 GO zu subsumieren ist, kann niemals wirtschaftlicher Art sein.

Ist die Betätigung nicht in dem Negativkatalog des § 107 Abs. 2 GO enthalten, so ist sie dann als **„wirtschaftlich"** zu klassifizieren, wenn die Voraussetzungen der **Legaldefinition** des § 107 Abs. 1 S. 3 GO erfüllt sind:

*Als **wirtschaftliche Betätigung** ist der Betrieb von Unternehmen zu verstehen, die als Hersteller, Anbieter oder Verteiler von Gütern oder Dienstleistungen am Markt tätig werden, sofern die Leistung ihrer Art nach auch von einem Privaten mit der Absicht der Gewinnerzielung erbracht werden könnte.*

Beispiele Der Betrieb eines Hotels, des Personennahverkehrs, eines Parkhauses oder eines Flughafens sind wirtschaftliche Unternehmen, da sie zum einen nicht dem Negativkatalog des § 107 Abs. 2 GO unterfallen und zum anderen entsprechende Tätigkeiten im Sinne des § 107 Abs. 1 S. 3 GO darstellen, die auch von einem (Privat-)Unternehmen mit Gewinnerzielungsabsicht erbracht werden könnten.

Weitere Beispiele: Wasserversorgung, Skiliftbetrieb in einer Wintersportgemeinde, EDV-, Multimediadienstleistungen, Telekommunikation, nichthoheitliche Leistungen im Bestattungswesen, Gebäudemanagement, Durchführung von Werkstattleistungen für Dritte, Umzugsserviceleistungen, Raumvermietung, Sparkassenwesen ■

Für die wirtschaftliche Betätigung müssen die Anforderungen der **gesetzlichen Schrankentrias nach § 107 Abs. 1 GO** erfüllt sein. Es handelt sich hierbei um eine **ständige** Kontrolle, die nicht nur bei der Errichtung, Übernahme oder Erweiterung des Unternehmens gilt.

Beispiel Ein in den 1980er Jahren gegründetes kommunales Rechenzentrum, das sich als Dienstleister für die regionale Wirtschaft versteht, könnte angesichts der rasanten Entwicklung der privatwirtschaftlichen Digitalisierungsbranche nunmehr ggfls. den Anforderungen der Subsidiaritätsklausel des § 107 Abs. 1 S. 1 Nr. 3 GO widersprechen. ■

2. Zulässigkeitsvoraussetzungen

Sofern sich die Gemeinde **wirtschaftlich** betätigt, ist dies nur in den Schranken der öffent- **394**
lich-rechtlichen Marktzutrittsregelungen für wirtschaftliche Betätigung rechtlich zulässig. Die in § 107 Abs. 1 GO geregelte **„Schrankentrias"** ist um die formalen Voraussetzungen des § 107 Abs. 5 GO zu ergänzen.

PRÜFUNGSSCHEMA

Zulässigkeit wirtschaftlicher Betätigung der Gemeinde nach § 107 Abs. 1 GO

I. Öffentlicher Zweck muss Betätigung erfordern
1. Öffentlicher Zweck
2. Erforderlichkeit der Betätigung

II. Angemessenes Verhältnis zwischen Betätigung und Leistungsfähigkeit der Gemeinde

III. Sperrwirkung der Subsidiaritätsklausel (§ 107 Abs. 1 S. 1 Nr. 3 GO)
1. Anwendbarkeit
   gilt nicht für privilegierte Bereiche: Wasserversorgung, ÖPNV, Telekommunikation Rn. 397
2. Gemeinde muss Zweck
   a) entweder mindestens ebenso gut (Qualität)
   b) oder mindestens ebenso wirtschaftlich (ökonomisch) erfüllen

IV. Marktanalyse, § 107 Abs. 5 S. 1 GO

V. Branchendialog, § 107 Abs. 5 S. 2 GO

(VI. Außerhalb des Gemeindegebietes: § 107 Abs. 3 GO)

a) Öffentlicher Zweck[7]

395 Voraussetzung für eine wirtschaftliche Betätigung ist zunächst, dass ein öffentlicher Zweck diese erfordert, § 107 Abs. 1 S. 1 Nr. 1 GO.

> Der Begriff des **öffentlichen Zweckes** umfasst jeden im Aufgabenbereich der Gemeinde liegenden Gemeinwohlbelang und schließt lediglich die Gewinnerwirtschaftung als (alleinigen) öffentlichen Zweck aus.

> Für den Begriff des **„Erforderns"** reicht es aus, dass die Betätigung für den öffentlichen Zweck objektiv erforderlich im Sinne von vernünftigerweise geboten ist.

Während das Merkmal „öffentlicher Zweck" uneingeschränkter gerichtlicher Kontrolle unterliegt, hat die Gemeinde hinsichtlich des Merkmals „der Zweckerforderlichkeit" eine gerichtlich nur eingeschränkt überprüfbare Einschätzungsprärogative.

Beispiel Da durch die Vermietung von Räumlichkeiten an private Schilderpräger der straßenverkehrsrechtliche Zulassungsvorgang für den Bürger und die Verwaltung beschleunigt und erleichtert wird, ist diese wirtschaftliche Tätigkeit durch einen öffentlichen Zweck gerechtfertigt. ■

7 Vgl. zu den nachfolgenden Definitionen und Auslegungen die grundlegende Entscheidung vom *OVG NRW* Beschluss vom 1.4.2008 – 15 B 122/08 –, NVwZ 2008, S. 1031.

b) Angemessenes Verhältnis zur Leistungsfähigkeit der Gemeinde

Zudem muss die wirtschaftliche Betätigung der Gemeinde nach Art und Umfang in einem angemessenen Verhältnis zu der Leistungsfähigkeit der Gemeinde stehen, § 107 Abs. 1 S. 1 Nr. 2 GO. **396**

Beispiel Die Errichtung und der Betrieb eines U-Bahnnetzes ist für eine kreisangehörige Gemeinde aufgrund der damit verbundenen Kosten angesichts ihrer beschränkten Leistungsfähigkeit überdimensioniert und damit nicht mehr von § 107 Abs. 1 S. 1 Nr. 2 GO umfasst.[8]

c) Sperrwirkung der Subsidiaritätsklausel, § 107 Abs. 1 S. 1 Nr. 3 GO

Gemäß § 107 Abs. 1 S. 1 Nr. 3 GO darf sich die Gemeinde schließlich außerhalb bestimmter privilegierter Bereiche nur dann wirtschaftlich betätigen, wenn der öffentliche Zweck durch andere (Privat-) Unternehmen nicht besser und wirtschaftlicher erfüllt wird. Für die Bereiche Wasserversorgung, öffentlicher Personennahverkehr sowie den Verkehr und Betrieb von Telekommunikationsleitungsnetzen (Kernbereiche der kommunalen Daseinsvorsorge) kommt die Subsidiaritätsklausel nicht zur Anwendung. **397**

Zu berücksichtigen ist, dass die Subsidiaritätsklausel aus zwei Komponenten besteht:

Die eine Komponente ist primär ökonomisch („wirtschaftlicher"), die andere primär qualitativ („besser"). In die qualitative Komponente können neben qualitativen Elementen im engeren Sinne, die unmittelbar auf die Güte der erbrachten Dienstleistung bzw. der angebotenen oder verteilten Güter bezogen sind, weitere Aspekte wie Nachhaltigkeit und ökologische Gesichtspunkte einfließen.

Die Sperrwirkung der Subsidiaritätsklausel kann überwunden werden, wenn die Gemeinde darlegen kann, dass sie in mindestens einer der beiden genannten Komponenten zumindestens ebenso gut den öffentlichen Zweck erfüllen kann wie ein Privatunternehmen.[9]

d) Marktanalyse, § 107 Abs. 5 S. 1 GO

Vor der Entscheidung über die Gründung des Unternehmens ist der Rat gemäß § 107 Abs. 5 S. 1 GO auf der Grundlage einer **Marktanalyse** über die Chancen und Risiken des beabsichtigten wirtschaftlichen Engagements und über die Auswirkungen auf das Handwerk und die mittelständische Wirtschaft zu unterrichten. **398**

e) Branchendialog, § 107 Abs. 5 S. 2 GO

Den örtlichen Selbstverwaltungsorganisationen von Handwerk, Industrie und Handel und der für die Beschäftigten der jeweiligen Branche handelnden Gewerkschaften ist des Weiteren Gelegenheit zur Stellungnahme zu der Marktanalyse zu geben (**Branchendialog**). **399**

---

8 *OVG NRW* Beschluss vom 21.9.2004 – 15 B 1709/04 –, NVwZ-RR 2005, 198.

9 *VGH Rh-Pf* Urteil vom 28.3.2000 – VGH N 12/98 –, NVwZ 2000, 801, 803; *Flüshoh* in Kleerbaum/Palmen, § 107 Erl. IV. 3.

f) Besonderheiten bei überörtlicher Betätigung, § 107 Abs. 3 GO

400 Die wirtschaftliche Betätigung **außerhalb** des Gemeindegebiets ist nur zulässig, wenn neben der Einhaltung der Schrankentrias auch die berechtigten Interessen der betroffenen kommunalen Gebietskörperschaften gewahrt sind, § 107 Abs. 3 S. 1 GO). Die Aufnahme einer wirtschaftlichen Betätigung auf ausländischen Märkten bedarf der Genehmigung durch die Aufsichtsbehörde.

Eine **überörtliche Betätigung** liegt vor, wenn die Betätigung außerhalb des Gemeindegebietes erfolgt und kein Bezug zur eigenen Einwohnerschaft mehr besteht bzw. der Schwerpunkt der Wertschöpfung außerhalb des eigenen Gebiets liegt.

Beispiel Ein städtisches Verkehrsunternehmen nimmt an einer Ausschreibung einer anderen Stadt zum Betrieb des ÖPNV teil und erhält den Zuschlag. ■

Gegenbeispiele In einer Großstadt ist der Betrieb eines eigenen Flughafens nicht als überörtliche Betätigung anzusehen, obwohl dort auch Personen von außerhalb landen bzw. abfliegen.

Auch ein Schullandheim außerhalb des Gemeindegebiets ist infolge seiner Nutzung durch die Gemeindeeinwohner nicht als überörtliche Betätigung anzusehen. ■

Die **Wahrung der berechtigten Interessen** der von der überörtlichen Betätigung betroffenen Gemeinde nach § 107 Abs. 3 S. 1 GO setzt nicht voraus, dass ein Einvernehmen mit ihr herbeigeführt wird. Wenn aber ein solches hergestellt wird, wird grundsätzlich davon ausgegangen, dass die Interessen gewahrt sind. Sofern die betroffene Gemeinde selbst keine wirtschaftliche Betätigung entfaltet, wird sie der gebietsüberschreitenden Wirtschaftstätigkeit einer anderen Gemeinde im Allgemeinen keine berechtigten Interessen entgegensetzen können.

II. Spezialregelung für die energiewirtschaftliche Betätigung, § 107a GO

401 Die wirtschaftliche Betätigung der Gemeinden in den Bereichen der **Strom-, Gas- und Wärmeversorgung** ist gesetzlich privilegiert und unterliegt deutlich geringeren Anforderungen als die übrige wirtschaftliche Betätigung.

Durch die Privilegierung sollen die kommunalen Energieversorgungsunternehmen neben den großen privatwirtschaftlichen Verbundunternehmen zu leistungsfähigen Konkurrenten heranwachsen und insbesondere auch Kraftwerke außerhalb der Grenzen des eigenen Stadtgebiets betreiben können.

Hinweis

Beachten Sie die Sonderregelung für die energiewirtschaftliche Betätigung! Sofern eine wirtschaftliche Betätigung der Gemeinden in den Bereichen der Strom-, Gas- und Wärmeversorgung vorliegt, ergeben sich die Zulässigkeitsvoraussetzungen nicht aus § 107 Abs. 1 S. 1 GO, sondern aus § 107a Abs. 1 GO.

Zulässigkeit energiewirtschaftlicher Betätigung der Gemeinde nach § 107a GO

PRÜFUNGSSCHEMA

I. Anwendbarkeit bei energiewirtschaftlicher Betätigung (Strom-, Gas- und Wärmeversorgung)

II. Voraussetzungen

1. Öffentliche Zweckdienlichkeit
   a) wird bei energiewirtschaftlicher Betätigung gesetzlich vorausgesetzt (bedarf keiner Prüfung mehr)
   b) bei unmittelbar verbundenen Dienstleistungen ist deren Förderung des Hauptzweckes zu prüfen, § 107a Abs. 2 S. 1 GO
2. Angemessenes Verhältnis zwischen Betätigung und Leistungsfähigkeit der Gemeinde
3. Unterrichtung des Rates über Chancen und Risiken, § 107a Abs. 4 S. 1 GO
4. Branchendialog, § 107a Abs. 4 S. 2 GO
5. Außerhalb des Gemeindegebietes: § 107a Abs. 3 GO

§ 107a GO müsste zunächst anwendbar sein. Dies ist ohne Weiteres der Fall, wenn die in Frage stehende gemeindliche Betätigung in den Bereichen der Strom-, Gas oder Wärmeversorgung erfolgt.

Bei der energiewirtschaftlichen Betätigung wird die öffentliche Zweckdienlichkeit gemäß § 107a Abs. 1 GO gesetzlich vorausgesetzt und braucht nicht mehr geprüft werden.

Unmittelbar mit der energiewirtschaftlichen Tätigkeit verbundene Dienstleistungen sind nur zulässig, wenn sie den Hauptzweck fördern (§ 107a Abs. 2 GO).

Beispiel Die Stadtwerke GmbH bietet neben der klassischen Stromversorgung auch Beratungsleistungen zu Förderprogrammen und zum Energiesparen sowie Messdienstleistungen (smart metering) an. ■

Besteht ein angemessenes Verhältnis zur Leistungsfähigkeit der Kommune, bedarf es keiner weiteren Voraussetzungen, d.h. die für die allgemeine wirtschaftliche Betätigung eingreifende Subsidiaritätsklausel gilt insoweit nicht.

Vor der Entscheidung über die Gründung von bzw. die unmittelbare Beteiligung an Energiewirtschaftsunternehmen ist der Rat über die Chancen und Risiken des beabsichtigten energiewirtschaftlichen Engagements zu unterrichten, § 107a Abs. 4 S. 1 GO. Zudem ist den örtlichen Selbstverwaltungsorganisationen und zuständigen Gewerkschaften Gelegenheit zur Stellungnahme zu geben, sofern die Entscheidung die Erbringung verbundener Dienstleistungen betrifft (§ 107a Abs. 4 S. 2 GO).

Auch die **überörtliche** energiewirtschaftliche Betätigung ist nach § 107a Abs. 3 GO und dem dargestellten Gesetzeszweck unter erleichterten Voraussetzungen möglich als sie für die allgemeine wirtschaftliche Betätigung gelten.

Beispiel Die nordrhein-westfälische Stadt S beteiligt sich über ihr Energieversorgungsunternehmen „Stadtwerke S" an Offshore-Windparks in der Nordsee sowie an einem umweltverträglichen Kraftwerksprojekt auf dem Gebiet einer anderen Gemeinde. ■

C. Zulässigkeit nichtwirtschaftlicher Betätigung

402 Verfolgt die Gemeinde mit ihren Einrichtungen die in § 107 Abs. 2 S. 1 GO genannten Zwecke, ist die Betätigung nicht mehr an den strengeren Zulässigkeitsvoraussetzungen des § 107 Abs. 1 GO zu messen. Für diesen Fall der **nichtwirtschaftlichen** Betätigung gelten die Voraussetzungen des § 107 Abs. 2 S. 2 GO.

JURIQ-Klausurtipp

Die gesetzliche Privilegierung der nichtwirtschaftlichen Betätigungsformen hat in der Klausurbearbeitung die Folge, dass der Abgrenzung von der wirtschaftlichen Tätigkeit eine wichtige, für die Lösung nahezu vorentscheidende Funktion zukommen kann. Sofern im Klausursachverhalt daher die in Rede stehende kommunale Leistung näher beschrieben und die Einstufung nicht eindeutig ist, sollte die Abgrenzungsfrage gebührend behandelt werden.

I. Die gesetzliche Fiktion der nichtwirtschaftlichen Betätigung

403 Kraft Gesetzes gelten bestimmte marktgängige Betätigungen nicht als wirtschaftlich, obwohl sie bei isolierter Betrachtung die Kriterien der in § 107 Abs. 1 GO genannten Definition der wirtschaftlichen Tätigkeit ggfls. erfüllen würden. Diese sind in § 107 Abs. 2 GO ausgeführt und werden als Einrichtungen bezeichnet. Der **Negativkatalog** des § 107 Abs. 2 GO enthält damit eine gesetzliche Fiktion nichtwirtschaftlicher Betätigungen.

Hinweis

Es ist zu betonen, dass die in § 107 Abs. 2 GO aufgeführten Einrichtungen aus rein kommunalrechtlichen Erwägungen als „nichtwirtschaftlich" definiert werden. Die Bezeichnung „Negativkatalog" rührt daher, dass die dort enthaltenen Tätigkeiten nach dem Willen des Gesetzgebers keine wirtschaftliche Betätigung darstellen sollen. Diese kommunalrechtliche Klassifizierung hat nichts mit der „Wirtschaftlichkeit" im kaufmännischen oder handelsrechtlichen Sinne zu tun. Beispielsweise gelten gerade die unter § 107 Abs. 2 GO fallenden Einrichtungen der Abfall- und Abwasserwirtschaft aus betriebswirtschaftlicher Sichtweise als ertragreich, sind aber dennoch nichtwirtschaftlich im hier allein maßgeblichen kommunalrechtlichen Sinne.

1. Erfüllung gesetzlicher Verpflichtungen

404 Als wirtschaftliche Betätigung gilt zunächst nicht der Betrieb von Einrichtungen, zu denen die Gemeinde **gesetzlich verpflichtet** ist, § 107 Abs. 2 S. 1 Nr. 1 GO. Es wäre widersprüchlich, diese Aktivitäten trotz der gesetzlichen Verpflichtung hierzu von den Zulässigkeitsvoraussetzungen gemeindlicher Wirtschaftstätigkeit abhängig zu machen.

Beispiel Einrichtungen des Feuerwehrwesens nach § 2 Abs. 1 des Gesetzes über den Brandschutz, die Hilfeleistung und den Katastrophenschutz (BHKG NRW). ■

2. Einrichtungen der Daseinsvorsorge

Unter § 107 Abs. 2 S. 1 Nr. 2 GO fallen Einrichtungen, die **für die soziale und kulturelle Betreuung der Einwohner erforderlich** sind. Hierzu gehören Einrichtungen auf den Gebieten der Erziehung, Bildung oder Kultur, des Sports oder der Erholung sowie des Gesundheits- oder Sozialwesens. 405

Im Einzelfall kann es hierbei zu Abgrenzungsfragen kommen, wenn die Gemeinde bei der in Frage stehenden Betätigung sich auf den Privilegierungstatbestand des § 107 Abs. 2 GO beruft, während ein privater Konkurrent diese hingegen als wirtschaftlich ansieht.

Beispiele Der entgeltliche Nachhilfeunterricht an Schüler der Sekundarstufe I durch die Volkshochschule ist keine nichtwirtschaftliche Betätigung auf dem Gebiet der Bildung oder Kultur, da sie außerhalb des *Weiterbildungs*gesetzes erfolgt. Es handelt sich damit um eine (unzulässige) wirtschaftliche Betätigung.[10]

Dient der Betrieb eines kommunalen Kinos allein wirtschaftlichen Interessen der Kommune, kommt § 107 Abs. 1 GO zur Anwendung (wirtschaftliche Betätigung). Verfolgt der Betrieb dagegen im Schwerpunkt einen kulturellen Zweck, handelt es sich um eine nichtwirtschaftliche Einrichtung.

Der Betrieb von Saunaanlagen und Bräunungsliegen ist entweder Nebengeschäft zum Betrieb eines kommunalen Schwimmbades oder selbstständige Erholungseinrichtung. In beiden Fällen liegt § 107 Abs. 2 S. 1 Nr. 2 GO vor.[11]

Zu den unter das Gesundheits- oder Sozialwesen fallenden Einrichtungen zählen vorrangig Krankenhäuser. Als solche können aber auch ambulante Pflegedienste anzusehen sein. Im Einzelfall kann ferner auch die Gründung eines Fitnessbereichs für die Nachsorge und Prävention hierzu gehören. ■

3. Einrichtungen der Straßenreinigung, Wirtschaftsförderung, Fremdenverkehrsförderung und Wohnraumversorgung

Innerhalb der Privilegierungstatbestände des § 107 Abs. 2 S. 1 Nr. 3 GO ist der Begriff 406

> der **kommunalen Wirtschaftsförderung** dahingehend zu verstehen, dass dazu die Beratung und Betreuung von (ansiedlungswilligen) Unternehmen ebenso gehört wie die Hilfe bei der Beschaffung von Gewerbegrundstücken sowie die Beratung bei Verfahrens- und Förderfragen.

Bei der Fremdenverkehrsförderung ist der Betrieb von Touristikzentralen oder Verkehrsvereine privilegiert, da „Fördern" nur eine unterstützende und keine selbstdurchführende Tätigkeit meint.

Beispiel Der *Betrieb* eines Hotels ist keine nichtwirtschaftliche, sondern eine wirtschaftliche Betätigung. ■

10 *OLG Düsseldorf* Urteil vom 10.10.1996 – 2 U 65/96 –,–, MittNWStGB 1996, 391.
11 Vgl. *OVG NRW* Urteil vom 2.12.1985 – 4 A 2214/84 –,–, DÖV 1986, 339.

4. Einrichtungen des Umweltschutzes sowie Messe- und Ausstellungswesens

407 Zu den Einrichtungen des Umweltschutzes gehören insbesondere die Abfallentsorgung und Abwasserbeseitigung. Der Begriff der Abfallentsorgung umfasst sowohl die Beseitigung als auch die Verwertung von Abfällen.

Beispiel[12] Das Recyceln von Altautos ist als nichtwirtschaftliche Betätigung anzusehen. Gemeinden dürfen deshalb Altautos verwerten und entsorgen bzw. der Wiederverwertung zuführen. ■

5. Kommunale Hilfsbetriebe

408 Auch Einrichtungen, die ausschließlich der **Deckung des Eigenbedarfs der Kommune** dienen, sind nichtwirtschaftlicher Art. Es handelt sich um Hilfstätigkeiten, die zwar keinen unmittelbaren Verwaltungsbezug haben, die Tätigkeit der Verwaltung aber erst ermöglichen oder unterstützen.[13]

Beispiele Bauhöfe, Hausdruckereien, Hauskantinen oder Hausgärtnereien ■

II. Zulässigkeitsvoraussetzungen, § 107 Abs. 2, 4 GO

409 § 107 Abs. 2 GO geht pauschalierend davon aus, dass die dort genannten Einrichtungen öffentlichen Zwecken dienen und diese regelmäßig nicht besser und wirtschaftlicher von Privatunternehmen erfüllt werden können.[14] Diese Bereiche werden deshalb von den Voraussetzungen des § 107 Abs. 1 GO freigestellt.

Gemäß § 107 Abs. 2 S. 2 GO müssen die in Abs. 2 S. 1 aufgeführten Einrichtungen (nur)

- auf einen öffentlichen Zweck ausgerichtet sein und
- nach wirtschaftlichen Gesichtspunkten verwaltet werden.

Der Begriff des **öffentlichen Zweckes** umfasst jeden im Aufgabenbereich der Gemeinde liegenden Gemeinwohlbelang und schließt lediglich die Gewinnerwirtschaftung als (alleinigen) öffentlichen Zweck aus. Die Verwaltung der nach § 107 Abs. 2 GO zulässigen Einrichtung hat nach den **Grundsätzen einer rationellen Betriebsführung** zu erfolgen.

Sofern die nichtwirtschaftliche Betätigung außerhalb des Gemeindegebietes erfolgt, greifen über den Verweis auf § 107 Abs. 1 S. 1 Nr. 1 und Nr. 2 GO strengere Zulässigkeitsvoraussetzungen ein (§ 107 Abs. 4 GO).

Im Falle der nichtwirtschaftlichen Betätigung können die Einrichtungen entsprechend den Vorschriften über die Eigenbetriebe geführt werden, § 107 Abs. 2 S. 2 GO. Man spricht in diesem Fall von **eigenbetriebsähnlichen Einrichtungen**, welche zwar Sondervermögen der Gemeinde bilden und als solche wirtschaftlich selbstständiger agieren können, aber – wie Eigenbetriebe (§ 114 GO) – ohne eigene Rechtspersönlichkeit sind.

---

12 *BGH* Urteil vom 26.9.2002 – I ZR 293/99 –,–, NJW 2003, 586.
13 *Kaster* in Heusch/Dietlein, BeckOK, GO NRW, 107 Rn. 36.
14 *Flüshoh* in Kleerbaum/Palmen, § 107 Erl. V.

Beispiel Die Stadt S führt die nichtwirtschaftliche Betätigung der Abwasserbeseitigung in einer eigenbetriebsähnlichen Einrichtung nach § 107 Abs. 2 S. 2 GO. Die Entwässerungsgebührenbescheide werden im Namen der Stadt S ausgestellt, da die eigenbetriebsähnliche Einrichtung rechtlich unselbstständig ist. ■

D. Rechtsschutz privater Konkurrenz

410 Sofern ein Privatunternehmen einen Verstoß gegen die öffentlich-rechtliche Marktzutrittsregelung des § 107 GO bzw. des § 107a GO im Klagewege rügen will, kommt für die Frage nach den Erfolgsaussichten einer solchen (Konkurrenten-) Klage folgendes Prüfungsschema[15] in Betracht.

Erfolgsaussichten einer Klage des privaten Konkurrenten gegen die Gemeinde

PRÜFUNGSSCHEMA

A. Zulässigkeit

- **I. Verwaltungsrechtsweg,** § 40 Abs. 1 S. 1 VwGO
  1. Klagebegehren: gegen das „Ob" (Zulässigkeit) der wirtschaftlichen Betätigung
  2. Streitentscheidende Norm: öffentlich-rechtliche Marktzutrittsregeln des § 107 GO bzw. des § 107a GO
     „Zwei-Stufentheorie" Rn. 411
- **II. Statthafte Klageart**
  1. Keine Anfechtungsklage
  2. Leistungsklage in Form der Unterlassungsklage
- **III. Klagebefugnis,** § 42 Abs. 2 VwGO analog
  Subjektives Recht des konkurrierenden Privatunternehmens aus § 107 Abs. 1 GO bzw. § 107a GO Rn. 411
- **IV. Vorverfahren** (§§ 68 f. VwGO) bei der Leistungsklage **nicht erforderlich**
- **V. Beteiligtenfähigkeit** von klagenden Privatunternehmen und Gemeinde folgt jeweils aus § 61 Nr. 1 VwGO

B. Begründetheit,
wenn das konkurrierende Privatunternehmen einen Unterlassungsanspruch gegen die Gemeinde hat

411 Für eine zulässige Klage des konkurrierenden Privatunternehmens gegen die marktgängige Betätigung der Gemeinde vor dem Verwaltungsgericht müsste zunächst der **Verwaltungsrechtsweg** hierfür gemäß § 40 Abs. 1 S. 1 VwGO eröffnet sein. Dann müsste es sich um eine öffentlich-rechtliche Streitigkeit handeln. Dies ist dann der Fall, wenn die streitentscheidende Norm ausschließlich Hoheitsträger berechtigt oder verpflichtet. Maßgeblich hierfür ist der Streitgegenstand. Streitgegenstand ist in diesen Fallkonstellationen die Frage, ob die Gemeinde sich am Markt wirtschaftlich betätigen darf.

15 Vgl. im Einzelnen Übungsklausur (Fall 16) von *Bätge* in Hofmann/Beckmann, Praktische Fälle aus dem Kommunalrecht.

Für die Frage nach der streitentscheidenden Norm ist nach der einschlägigen **Zwei-Stufen-Theorie** die Begründung für die geltend gemachte Unzulässigkeit der Betätigung entscheidend. Richtet sich der Angriff gegen den öffentlich-rechtlich geregelten Marktzutritt, so ist grundsätzlich der Verwaltungsrechtsweg maßgebend. Gilt der Angriff dagegen der Art und Weise der wettbewerblichen Tätigkeit, so ist der Zivilrechtsweg zu wählen. Zivilrechtliche Streitigkeiten betreffen die Frage von sittenwidrigen Verstößen der Gemeinde gegen das Gesetz gegen unlauteren Wettbewerb (UWG). Im Falle einer Streitigkeit über den Marktzutritt geht es aber um die Frage der Zulässigkeit der gemeindlichen Betätigung (dem „Ob" der Betätigung), die sich nach den öffentlich-rechtlichen Vorschriften des § 107 Abs. 1 GO bzw. des § 107a GO richtet.[16]

Hinweis

Nach der Rechtsprechung des Bundesgerichtshofs[17] führt ein Verstoß gegen die öffentlich-rechtlichen Marktzutrittsregelungen der §§ 107 ff GO nicht zugleich zu einem sittenwidrigen Verstoß gegen das Gesetz gegen unlauteren Wettbewerb (UWG). Es sei nicht Sinn des UWG, die Kommune vom Markt fernzuhalten, wenn die Gemeindeordnung den Marktzutritt aus anders gelagerten Schutzgründen verhindern wolle. Die öffentlich-rechtlichen Marktzutrittsregelungen der Gemeindeordnung seien vielmehr spezielle Regelungen, die gegenüber dem Wettbewerbsrecht Vorrang hätten. Die Rechtsprechung des BGH findet sich im UWG wieder: § 4 Nr. 11 UWG erfasst als Beispiel unlauteren Verhaltens absichtlich nur Zuwiderhandlungen gegen Vorschriften über das Markt**verhalten**, nicht aber über den Marktzugang. Ein geltend gemachter Verstoß gegen die öffentlich-rechtlichen Marktzutrittsregelungen der §§ 107 ff GO ist daher ausschließlich eine öffentlich-rechtliche Streitigkeit.

Die **statthafte Klageart** hängt vom Begehren ab. Dem klagenden Privatunternehmen geht es nicht um die Anfechtung eines Verwaltungsaktes, da die Aufnahme bzw. die Erweiterung der wirtschaftlichen Tätigkeit der Gemeinde keine Regelung mit Außenwirkung im Sinne des § 35 S. 1 VwVfG NRW darstellt, sondern eine interne Organisationsentscheidung mit faktischen Marktwirkungen ist.[18] Der private Konkurrent möchte erreichen, dass die Gemeinde es unterlässt, die wirtschaftliche Betätigung auszuführen. Für dieses Begehren ist die allgemeine Leistungsklage in Form der Unterlassungsklage statthaft.

Das Privatunternehmen müsste zur Vermeidung von Popularanträgen analog § 42 Abs. 2 VwGO geltend machen können, einen entsprechenden Unterlassungsanspruch zu haben **(Klagebefugnis)**.

Ein solcher **öffentlich-rechtlicher Unterlassungsanspruch** setzt die Verletzung subjektiver Rechte des Klägers voraus. Dies hängt davon ab, ob die maßgebliche Marktzutrittsregelung des § 107 Abs. 1 GO bzw. des § 107a Abs. 1 GO für das klagende Privatunternehmen eine **drittschützende Wirkung entfalten** oder lediglich dem allgemeinen öffentlichen Interesse zu dienen bestimmt ist. Es ist problematisch, ob sich private Konkurrenten überhaupt auf die Marktzutrittsschranken berufen können, da die §§ 107 ff. GO sich nicht unmittelbar an die privaten Unternehmen wenden, sondern an die Gemeinden adressiert sind. § 107 GO bzw. § 107a GO streben aber nicht nur den Schutz der Gemeinden vor den Gefahren der

16 Vgl. *OVG NRW* Beschluss vom 1.4.2008 – 15 B 122/08 –, NVwZ 2008, 1031.
17 Grundsatzurteil vom 25.4.2002 – I ZR 250/00 –, NJW 2002, 2645.
18 *Flüshoh* in Kleerbaum/Palmen, § 107 Erl. IV 4.

wirtschaftlichen Betätigung an. Vielmehr zeigt die Gesamtschau der aufgestellten Voraussetzungen (öffentlicher Zweck, teilweise Subsidiarität, Marktanalyse, Branchendialog etc.), dass es auch um einen Ausgleich in einem teils widerstreitenden Interessengeflecht geht, zu dem auch die Interessen der betroffenen Wirtschaftsteilnehmer zählen. Diese Erfordernisse entfalten für konkurrierende Wirtschaftsunternehmen damit drittschützende Wirkung. Daher kann ein konkurrierendes Privatunternehmen sich auf einen etwaigen Unterlassungsanspruch im Falle der Verletzung der Zulässigkeitsschranken des § 107 Abs. 1 GO bzw. des § 107a GO berufen.[19]

Die **Beteiligtenfähigkeit** des klagenden Privatunternehmens und der Gemeinde folgt jeweils aus § 61 Nr. 1 VwGO als juristische Person oder natürliche Person des privaten Rechts bzw. juristische Person des öffentlichen Rechts.

Die Klage ist dann **begründet**, wenn dem konkurrierenden Privatunternehmen ein Unterlassungsanspruch gegen die Gemeinde zusteht. Dann müsste diese bei ihrer Betätigung gegen die Zulässigkeitsvoraussetzungen des § 107 GO bzw. des § 107a GO verstoßen.

E. Führungsgrundsätze von Unternehmen und Einrichtungen

§ 109 GO legt die Grundsätze fest, nach denen sowohl Gesellschaften privaten Rechts wie **412**
auch öffentlich-rechtliche Unternehmen und Einrichtungen zu wirtschaften haben. Sie sind nach **§ 109 Abs. 1 S. 1 GO** *so zu führen, zu steuern und zu kontrollieren, dass der öffentliche Zweck nachhaltig erfüllt wird.* Im Falle der wirtschaftlichen Betätigung soll das Unternehmen mit kommunaler Beteiligung darüber hinaus einen Ertrag für den Haushalt der Kommune abwerfen, aber nur soweit dadurch die Erfüllung des öffentlichen Zwecks nicht beeinträchtigt wird (§ 109 Abs. 1 GO). Der Rat und der Bürgermeister mit seiner Beteiligungsverwaltung sowie die gemeindlichen Vertreter in den Gremien der Unternehmen und Einrichtungen werden die Wirtschaftsgrundsätze des § 109 GO als rechtlichen Maßstab und Orientierungslinie ihrer Tätigkeit zu berücksichtigen haben.

Beispiel Der neu gewählte Rat der Stadt S, hält den öffentlichen Zweck der nachhaltigen Entwicklung und Sanierung der Entwässerungsanlagen für den Entwässerungsbetrieb der Stadt für „überaltert" und verzichtet auf dringend notwendige Investitionen in den Abwasseranlagen, um den Haushalt zu sanieren. In einem solchen Fall liegt nicht nur eine betriebsstrategische Fehlentscheidung, sondern auch ein Gesetzesverstoß gegen § 109 Abs. 1 S. 1 GO vor, der die Kommunalaufsichtsbehörde zum Einschreiten nach § 123 GO berechtigt. ■

19 *OVG NRW* Beschluss vom 1.4.2008 – 15 B 122/08 –, NVwZ 2008, 1031, 1036; *OVG NRW* Beschluss vom 13.8.2003 – 15 B 1137/03 –, DVBl. 2004, 133.

F. Beteiligung an privaten Gesellschaften

413 Eine Gemeinde darf Unternehmen und Einrichtungen in einer **Rechtsform des privaten Rechts** nur unter den Voraussetzungen des § 108 GO gründen. Auch hierbei ist die entscheidende Weichenstellung für die Frage der Zulässigkeit, ob es sich bei der gemeindlichen Betätigung in privater Rechtsform um ein Unternehmen oder eine Einrichtung handelt:

- Handelt es sich um ein Unternehmen, so sind die höheren Zulässigkeitsvoraussetzungen des § 107 Abs. 1 S. 1 GO bzw. (bei energiewirtschaftlicher Betätigung) des § 107a Abs. 1 GO einzuhalten (§ 108 Abs. 1 S. 1 Nr. 1 GO);
- bei einer Einrichtung muss ein wichtiges Interesse der Gemeinde an der Gründung oder der Beteiligung vorliegen (§ 108 Abs. 1 S. 1 Nr. 2).

Beispiel[20] Die Gemeinden A, B und C gründen eine kommunale Dienstleistungsgesellschaft („KD-GmbH"), deren Gesellschaftszweck lediglich die Durchführung von Beschaffungsvorgängen und die Vergabe von Dienstleistungsaufträgen für die Gesellschafter ist. Maßstab für die Prüfung der Rechtmäßigkeit ist § 108 Abs. 1 S. 1 Nr. 2 GO, da es sich bei der KD-GmbH um eine Einrichtung im Sinne von § 107 Abs. 2 S. 1 Nr. 5 GO handelt, welche ausschließlich der Deckung des Eigenbedarfs von Gemeinden dient. ■

Im Übrigen müssen die weiteren Voraussetzungen der Nrn. 3–10 des § 108 Abs. 1 S. 1 GO sowie diejenigen der Folgeabsätze 2–7 erfüllt sein. Die Gesellschaftsformen müssen insbesondere eine Haftungsbegrenzung auf einen bestimmten, der Leistungsfähigkeit der Gemeinde angemessenen Betrag vorsehen, § 108 Abs. 1 S 1 Nr. 3 GO. Daraus ergibt sich, dass die Gemeinde weder Gesellschafter einer Offenen Handelsgesellschaft (OHG) bzw. BGB-Gesellschaft, noch Komplementärin einer Kommanditgesellschaft (KG) sein kann. Die Aktiengesellschaft (AG) ist zudem gegenüber anderen Rechtsformen mit Haftungsbeschränkung nachrangig (§ 108 Abs. 4 GO). Dies hängt damit zusammen, dass andere Gesellschaftsformen durch eine flexiblere Ausgestaltung des Gesellschaftsvertrages den erforderlichen Einfluss der Gemeinde – mittels Weisungen – eher sicherstellen als die AG.[21] Als Gesellschaftsform wird deshalb in aller Regel die GmbH, allenfalls in größeren Städten auch die Aktiengesellschaft gewählt.

Wie erwähnt muss die Gemeinde im Rahmen der gesellschaftsrechtlich zulässigen Möglichkeiten ihr **Einwirkungsrecht sichern**, § 108 Abs. 1 S. 1 Nr. 6 GO. Dies ist möglich durch die Zusicherung von Einwirkungsrechten im Gesellschaftsvertrag. Die Gemeinde hat insbesondere darauf zu achten, dass sie in der Gesellschaft einen angemessenen Einfluss, insbesondere in einem Überwachungsorgan, erhält und dieser rechtlich gesichert ist.

Gemäß § 115 GO ist die Entscheidung der Gemeinde über die Gründung, wesentliche Erweiterung, Beteiligung, Veräußerung etc. einer Gesellschaft **anzeigepflichtig**.

Für die Tätigkeit als **kommunaler Vertreter in Gesellschaftsgremien** besonders wichtig ist die Vorschrift des § 113 GO. In Abs. 1 ist normiert, dass die kommunalen Vertreter die Interessen der Kommune zu verfolgen haben und an die Beschlüsse des Rates und seiner Ausschüsse gebunden sind. Auf Beschluss des Rates haben sie ihr Amt jederzeit niederzulegen (Abberufung nach Abs. 1 S. 3). Die kommunalen Vertreter haben den Rat über alle Angelegenheiten von besonderer Bedeutung frühzeitig zu unterrichten, soweit gesetzlich nichts anderes bestimmt ist (Abs. 5). Wird ein kommunaler Vertreter aus seiner Tätigkeit in einem

20 *OVG NRW* Urteil vom 26.10.2010 – 15 A 440/08 –, DVBL 2011, 45.
21 *Kaster* in Heusch/Dietlein, GO NRW, § 108 Rn. 22.

Organ haftbar gemacht, so hat ihm die Kommune den Schaden zu ersetzen, es sei denn, dass er ihn vorsätzlich oder grob fahrlässig herbeigeführt hat (Abs. 6 S. 1). Auch in diesem Falle ist die Kommune schadenersatzpflichtig, wenn ihr Vertreter nach Weisung des Rates oder eines Ausschusses gehandelt hat. Die Bindung an Beschlüsse des Rates sowie die Unterrichtungspflicht kann für die kommunalen Vertreter zu Interessenkonflikten mit ihren gesellschaftsrechtlichen Bindungen an das Gesellschaftsinteresse und der sich daraus ergebenden Verschwiegenheitspflicht führen.[22] Eine wichtige Verschränkung erfahren gesellschafts- und kommunalrechtliche Vorgaben in dem **Gesellschaftsvertrag**. Die Kommune als Mitgesellschafter hat in aller Regel die nur für sie bestehenden kommunalrechtlichen Vorgaben als bindende Regelungen im Gesellschaftsvertrag aufgegriffen und normiert, so dass sie damit auch für etwaige private Mitgesellschafter und die Gesellschaft insgesamt gelten.

Beispiel Im Gesellschaftsvertrag einer Stadtwerke-GmbH, an der die Stadt S mit 51 % und das private Verkehrsunternehmen V mit 49 % der Geschäftsanteile beteiligt sind, sind Regelungen enthalten über einen legitimen öffentlichen gemeinwohlorientierten Zweck, der damit auch Gesellschaftszweck ist, sowie über die Errichtung und Besetzung eines Aufsichtsrates als Überwachungsorgans. Zudem sind dort konkretisierende Regelungen über die Weisungsabhängigkeit der städtischen Vertreter und ihren Berichtspflichten gegenüber dem Rat enthalten. ■

G. Errichtung öffentlich-rechtlicher Organisationsformen

Sofern die Gemeinde sich in öffentlich-rechtlichen Organisationsformen betätigt, sind die **414**
speziellen Regelungen der §§ 114 (für Eigenbetriebe) und 114a (für Anstalten des öffentlichen Rechts) GO zu beachten.

I. Eigenbetrieb und Eigenbetriebsähnliche Einrichtung

Für die gemeindlichen wirtschaftlichen Unternehmen nach § 107 Abs. 1 GO bzw. § 107a GO **415**
kommt die Errichtung eines Eigenbetriebes nach § 114 GO in Betracht.

> Es handelt sich beim **Eigenbetrieb** um eine Organisationsform des öffentlichen Rechts ohne Rechtspersönlichkeit, die nach den Vorschriften der Eigenbetriebsverordnung NRW und einer Betriebssatzung (§§ 114 Abs. 1, 7 Abs. 1 GO) geführt wird. Der Eigenbetrieb umfasst nur wirtschaftliche Betätigungsformen der Gemeinde (§ 107 Abs. 1 und § 107a GO).

Soll eine **nichtwirtschaftliche** Einrichtung in analoger Anwendung der Vorschriften über die Eigenbetriebe geführt werden spricht man von einer **eigenbetriebsähnlichen Einrichtung** nach § 107 Abs. 2 S. 2 GO.

Beispiele Die Stadt S führt den Entsorgungsbetrieb – also eine nichtwirtschaftliche Betätigung (§ 107 Abs. 2 S. 1 Nr. 4 GO) – als eigenbetriebsähnliche Einrichtung (§ 107 Abs. 2 S. 2 in Verbindung mit § 114 GO).

---

22 Vgl. hierzu im Einzelnen *Bätge* Arbeit in Aufsichts- und Verwaltungsräten in kommunalen Unternehmen und Einrichtungen, Erl. 5.4.3 und 5.4.4.

Die Wasserversorgung -- also eine wirtschaftliche Betätigung (§ 107 Abs. 1 S. 1 GO) – wird von der Gemeinde G in Form eines Eigenbetriebes nach § 114 GO geführt. ■

Sowohl der Eigenbetrieb als auch die eigenbetriebsähnliche Einrichtung sind sowohl gegenüber der Kommune wie auch im allgemeinen Rechtsverkehr **rechtlich unselbständig**.

Beispiel[23] Der Eigenbetrieb „Wasserversorgung" beantragt für die Errichtung eines Bürogebäudes eine Baugenehmigung und erhält diese auch von der zuständigen Bauaufsichtsbehörde. Da aber Eigenbetriebe keine eigene Rechtspersönlichkeit haben, sind sie im Verwaltungsverfahren nicht beteiligtenfähig und können auch nicht Adressat einer Baugenehmigung sein. Die Baugenehmigung ist daher rechtswidrig und sogar nichtig. ■

Die Vorteile des Eigenbetriebs sind im Vergleich zur Ämterorganisation vor allem in dessen weitergehender wirtschaftlicher Selbstständigkeit zu sehen. Dies hängt damit zusammen, dass der Eigenbetrieb als Sondervermögen der Gemeinde geführt wird (§ 97 Abs. 1 Nr. 3 GO) sowie einen eigenen Wirtschaftsplan mit kaufmännischer doppelter Buchführung und einen eigenen Jahresabschluss hat.

In den Eigenbetrieben ist die **Betriebsleitung** für die Geschäfte der laufenden Betriebsführung[24] und die wirtschaftliche Führung verantwortlich. Der Rat bildet für den Eigenbetrieb einen **Betriebsausschuss** (§ 5 Eigenbetriebsverordnung NRW). Der Betriebsausschuss berät die Angelegenheiten des Rates vor und entscheidet selbst in Angelegenheiten, die in der Betriebssatzung auf ihn übertragen worden sind. Der **Rat** trifft die grundsätzlichen Entscheidungen, die den Eigenbetrieb betreffen und die er nicht in der Betriebssatzung auf den Betriebsausschuss übertragen hat. Der **Bürgermeister** ist der Dienstvorgesetzte aller Dienstkräfte des Eigenbetriebes. Er besitzt Unterrichtungs- und Weisungsrechte gegenüber der Betriebsleitung. Dem Bürgermeister muss es möglich sein, im Interesse der Einheitlichkeit der Verwaltung Weisungen zu erteilen. Durch diese Weisungen dürfen aber keine festgeschriebenen Rechte der Betriebsleitung außer Kraft gesetzt werden. Einzelheiten des Eigenbetriebes werden in der **Betriebssatzung** geregelt, die der Rat beschließt.

II. Anstalt des öffentlichen Rechts, § 114a GO

416 Unternehmen und Einrichtungen können von der Gemeinde zudem nach § 114a GO in der Rechtsform der Anstalt des öffentlichen Rechts errichtet werden. Auch hierbei wird Näheres durch eine Rechtsverordnung (**Kommunalunternehmensverordnung**) und eine **Satzung** (§ 114a Abs. 2 GO) geregelt.

Im Vergleich zum Eigenbetrieb verfügt die Anstalt des öffentlichen Rechts insbesondere über eine eigene Rechtspersönlichkeit und damit auch über **Rechtsfähigkeit**. Sie ist damit als juristische Person des öffentlichen Rechts – anders als der Eigenbetrieb – selbstständig handlungsfähig. Damit verbindet die Anstalt des öffentlichen Rechts bestimmte Vorteile des Eigenbetriebs (hoheitliche Tätigkeit, erleichterte Steuerung durch den Rat) mit denen einer GmbH (selbstständige Handlungsfähigkeit).

---

23 *VG Arnsberg* Urteil vom 6.10.2015 – 4 K 1510/15 –, juris.

24 Vgl. zum Begriff *VG Münster* Urteil vom 17.8.2015 – 3 K 3629/13 –, juris.

Die Anstalt des öffentlichen Rechts hat einen eigenen Aufbau, eigene Organe und eigenes Vermögen. Eine **hoheitliche** Aufgabenerledigung ist möglich (z.B. Gebührenerhebung nach dem Kommunalabgabengesetz, Durchsetzung des Anschluss- und Benutzungszwangs usw.). Daher ist die Anstalt des öffentlichen Rechts auch dienstherrenfähig, das heißt, sie hat das Recht, Dienstherr von Beamten zu sein. Nähere Einzelheiten können insbesondere § 114a GO entnommen werden.

Grundsätzlich regelt die Kommune die Rechtsverhältnisse der Anstalt des öffentlichen Rechts durch eine **Satzung**. Diese muss bestimmte Mindestbestimmungen enthalten.

Beispiele Name, Aufgaben, Anzahl der Vorstands- und Verwaltungsratsmitglieder usw.). ■

Gesetzlich vorgegebene Organe sind der Vorstand und der Verwaltungsrat. Der Vorstand wird vom Verwaltungsrat bestellt. Er hat die Funktion der geschäftsführenden Leitung der Anstalt und vertritt diese nach außen.

Gemäß § 115 S. 1 Buchstabe h GO sind wesentliche Entscheidungen der Gemeinde über die Anstalt des öffentlichen Rechts (z.B. Errichtung, wesentliche Erweiterung) **anzeigepflichtig** bei der Aufsichtsbehörde.

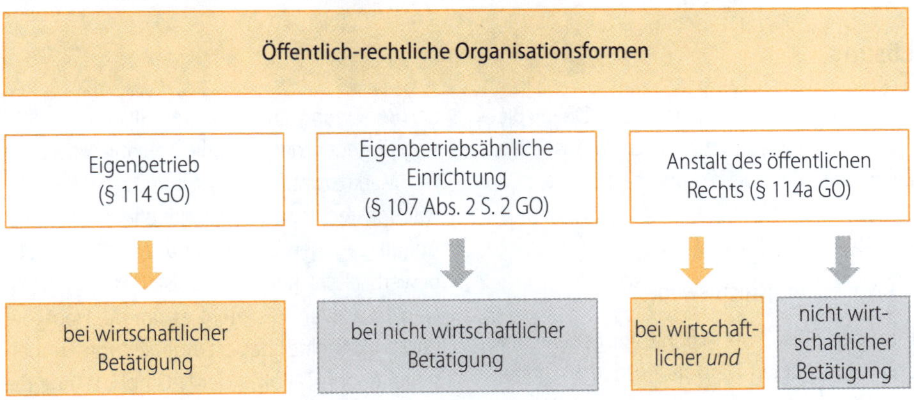

Online-Wissens-Check

Woraus kann sich eine Verletzung subjektiver Rechte eines Privatunternehmens ergeben, das mit einem gemeindlichen Unternehmen konkurriert, dessen Betrieb unter Verstoß gegen § 107 GO aufgenommen wird?

Überprüfen Sie jetzt online Ihr Wissen zu den in diesem Abschnitt erarbeiteten Themen. Unter **www.juracademy.de/skripte/login** steht Ihnen ein Online-Wissens-Check speziell zu diesem Skript zur Verfügung, den Sie kostenlos nutzen können. Den Zugangscode hierzu finden Sie auf der Codeseite.

III. Übungsfall Nr. 7

417 „Privat gegen Kommune"

Die Stadt S ist Eigentümerin eines Schwimmbades mit Restauration und Sauna. Die Anlage wurde bislang vom Sportamt der Stadtverwaltung unterhalten. Da sich die „Stadtverwaltung auf ihre Kerngeschäfte konzentrieren" solle, beschloss der Stadtrat, dass die auf dem Gebiet des Bäderbetriebes spezialisierte N-GmbH die Schwimmbadanlage künftig unterhalten soll. Die N-GmbH ist im Alleineigentum der Nachbarstadt N von S. Der Bürgermeister der Stadt S beauftragte die N-GmbH daraufhin in formal ordnungsgemäßer Weise. Diese betreibt mittlerweile die Schwimmbadanlage sehr erfolgreich. Einige Zeit später wird eine Konkurrentin der N-GmbH, die Schwimmbadbetreiberin „Deep Blue-GmbH", deren Geschäftsanteile sich im Privateigentum befinden, auf den Fall aufmerksam. Sie meint, die in Rede stehende Tätigkeit der N-GmbH sei rechtlich unzulässig und möchte diese unterbinden.

Prüfen Sie die Erfolgsaussichten einer Klage der „Deep-Blue-GmbH" gegen die Stadt N. Auf einen etwaigen vergaberechtlichen Rechtsschutz vor der Vergabekammer ist nicht einzugehen. Erstellen Sie bitte ein Gutachten dazu.

418 Lösung

Ein gerichtliches Vorgehen der Deep Blue-GmbH gegen die Stadt N hat dann Aussicht auf Erfolg, wenn es zulässig und begründet ist.

I. Zulässigkeit der Klage

1. Verwaltungsrechtsweg

Die Deep Blue-GmbH könnte ihr Begehren vor dem zuständigen Verwaltungsgericht geltend machen. Dies setzt voraus, dass der Verwaltungsrechtsweg hierfür gemäß § 40 Abs. 1 S. 1 VwGO eröffnet ist. Dann müsste es sich um eine öffentlich-rechtliche Streitigkeit handeln.

Dies ist dann der Fall, wenn die streitentscheidende Norm ausschließlich einen Hoheitsträger berechtigt oder verpflichtet. Maßgeblich hierfür ist der Streitgegenstand. Streitgegenstand ist hier die Frage, ob die im Alleineigentum der Stadt N befindliche N-GmbH die Tätigkeit des Betriebs des Schwimmbades mit Sauna und Restauration auf dem Gebiet der Stadt S übernehmen darf. Für die Frage nach der streitentscheidenden Norm ist nach der sogenannten Zwei-Stufentheorie die Begründung für die geltend gemachte Unzulässigkeit der Betätigung entscheidend. Richtet sich der Angriff gegen den öffentlich-rechtlich geregelten Marktzutritt, so ist grundsätzlich der Verwaltungsrechtsweg maßgebend. Gilt der Angriff dagegen der Art und Weise der wettbewerblichen Tätigkeit, so ist der Zivilrechtsweg zu wählen. Hier geht es um die Frage der Zulässigkeit einer das Stadtgebiet von N überschreitenden Tätigkeit der N-GmbH. Würde die Stadt N unmittelbar selbst handeln, würde sich die Zulässigkeit der Betätigung nach den öffentlich-rechtlichen Vorschriften des § 107 Abs. 1 und 4 GO richten. Die Vorschriften regeln die Betätigung einer Gemeinde außerhalb ihres Gemeindegebietes und gehören als Kommunalrecht zum öffentlichen Recht.

Hier handelt aber nicht die Stadt N unmittelbar, sondern ihre Tochtergesellschaft N-GmbH. Im Falle der Zwischenschaltung einer privatrechtlichen Tochtergesellschaft einer Gemeinde richtet sich die Beurteilung der rechtlichen Zulässigkeit einer solchen Betätigung weiterhin nach den kommunalwirtschaftlichen Vorschriften, da die Stadt sich nicht ihren öffentlich-rechtlichen Verpflichtungen durch eine Flucht in privatrechtliche Organisationsformen entziehen kann. Der Anspruch geht dann dahin, dass die Stadt ihre Einwirkungsmöglichkeiten auf die Tochtergesellschaft wahrnehme, damit diese die kommunalwirtschaftlich unzulässigen Tätigkeiten unterlasse. Das Rechtsverhältnis zwischen der Deep Blue-GmbH und N ist somit öffentlich-rechtlich geprägt, weil durch die kommunalwirtschaftliche Norm allein ein Träger hoheitlicher Gewalt (Stadt N) berechtigt und verpflichtet wird.

Dieser Rechtsstreit ist auch nicht verfassungsrechtlicher Art, da es hier nicht um verfassungsrechtliche Befugnisse und Pflichten eines Verfassungsorgans geht.

2. Statthafte Klageart

Die statthafte Klageart hängt vom Begehren der Deep Blue-GmbH ab.

Sie möchte sichergestellt wissen, dass ihr Konkurrent, die N-GmbH, nicht für die Stadt S als Betreiberin der Anlage tätig wird. Da ihr Klagegegner aber nicht die N-GmbH ist, sondern die dahinter stehende Stadt N als Alleineigentümerin, möchte sie zu ihren Gunsten ein steuerndes Einschreiten der Stadt N auf die N-GmbH erreichen.

Damit begehrt die Deep Blue-GmbH nicht die Anfechtung eines Verwaltungsaktes, sondern ein Einwirken der Stadt N auf ihre Tochtergesellschaft, die N-GmbH, es zu unterlassen, das Schwimmbad mit Restauration und Sauna auf dem Gebiet der Stadt S zu betreiben. Für dieses Begehren kommt nur die Erhebung der allgemeinen Leistungsklage in Form der Unterlassungsklage in Betracht.

3. Klagebefugnis

Die Deep Blue-GmbH müsste zur Vermeidung von Popularanträgen analog § 42 Abs. 2 VwGO geltend machen können, einen entsprechenden Unterlassungsanspruch zu haben. Ein solcher öffentlich-rechtlicher Unterlassungsanspruch setzt die Verletzung subjektiver Rechte der Deep Blue-GmbH voraus.

Es fragt sich daher, ob die Deep Blue-GmbH überhaupt in eigenen Rechten betroffen sein kann und ggf. einen entsprechenden Unterlassungsanspruch herleiten kann, falls sich N über ihre N-GmbH unzulässigerweise auf dem Stadtgebiet von S betätigen würde. Dies hängt davon ab, ob die dafür maßgeblichen kommunalwirtschaftlichen Zulassungsschranken auch für die Deep Blue-GmbH eine drittschützende Wirkung entfalten oder lediglich dem allgemeinen öffentlichen Interesse zu dienen bestimmt sind.

Maßgebliche Rechtsgrundlage könnte hierfür zunächst § 107 Abs. 4 S. 1 GO sein. Danach ist die nichtwirtschaftliche Tätigkeit außerhalb des Gemeindegebietes unter anderem nur zulässig, wenn die Voraussetzungen des § 107 Abs. 1 S. 1 Nr. 1 und Nr. 2 vorliegen. Zu klären ist zunächst, ob es sich bei der Errichtung und dem Betrieb des Schwimmbades nebst Sauna und Restauration um eine nichtwirtschaftliche Betätigung handelt. Dies richtet sich nach § 107 Abs. 2 GO. Der Betrieb von öffentlichen und für die soziale und kulturelle Betreuung der Einwohner erforderlichen Einrichtungen auf dem Gebiet Sport oder Erholung gilt als nichtwirtschaftliche Betätigung gemäß § 107 Abs. 2 S. 1 Nr. 2 Spiegelstrich 2 GO. Damit sind die Errichtung und der Betrieb eines Schwimmbades eine nichtwirtschaftliche Betätigung. Zwar werden dort Saunaanlagen nicht ausdrücklich genannt, sie können aber als zulässige Nebeneinrichtungen des Schwimmbades oder bei isolierter Betrachtung als Einrichtungen zur Erholung angesehen werden. Auch die Restauration gehört als Nebeneinrichtung zu dem Betrieb eines modernen Schwimmbades. § 107 Abs. 4 GO verlangt weiterhin, dass die nichtwirtschaftliche Betätigung auf dem Gebiet einer anderen Gemeinde erfolgt. Auch dies ist der Fall, da die Errichtung und der Betrieb der Anlage außerhalb des Stadtgebietes von N auf dem Gebiet von S erfolgen sollen. Da damit die Voraussetzungen des § 107 Abs. 4 GO vorliegen, greift hinsichtlich der Frage der Zulässigkeit § 107 Abs. 1 S. 1 Nr. 1 und Nr. 2 GO. Aufgrund des Verweises besteht für die das Gemeindegebiet von N überschreitende nichtwirtschaftliche Betätigung der N-GmbH das Erfordernis eines öffentlichen Zweckes.

Es ist problematisch, ob sich private Konkurrenten, wie hier die Deep Blue-GmbH, überhaupt auf dieses Erfordernis berufen können, da die §§ 107 ff. GO sich nicht unmittelbar an die privaten Unternehmen wenden, sondern an die Gemeinden adressiert sind. § 107 GO geht es aber nach Sinn und Zweck der Norm nicht nur um den Schutz der Gemeinden vor den Gefahren der wirtschaftlichen und der dieser teilweise gleichgestellten nichtwirtschaftlichen Betätigung. Vielmehr zeigt die Gesamtschau der aufgestellten Voraussetzungen, wie insbesondere das Erfordernis eines rechtfertigenden öffentlichen Zweckes, dass es auch um einen Ausgleich in einem teils widerstreitenden Interessengeflecht geht, zu dem auch die Interessen jedenfalls der betroffenen Wirtschaftsteilnehmer zählen. Diese Erfordernisse entfalten für konkurrierende Wirtschaftsunternehmen wie die Deep Blue-GmbH damit drittschützende Wirkung. Daher kann die Deep Blue-GmbH sich auf einen etwaigen Unterlassungsanspruch im Falle der Verletzung der Zulässigkeitsschranken des § 107 Abs. 4 i.V.m. Abs. 1 GO berufen. Da dieser auch nicht von vornherein ausgeschlossen ist, ist die Klagebefugnis gegeben.

4. Beteiligtenfähigkeit

Die Beteiligtenfähigkeit der Deep Blue-GmbH und der Stadt N folgt jeweils aus § 61 Nr. 1 VwGO als juristische Person des privaten (Deep Blue-GmbH) bzw. des öffentlichen Rechts (N).

Die Klage ist damit zulässig.

II. Begründetheit

Die Klage ist dann begründet, wenn der Deep Blue-GmbH ein materiell-rechtlicher Anspruch gegen die Stadt N auf entsprechende Einwirkung auf die N-GmbH zusteht.

Als solcher kommt hier konkret der öffentlich-rechtliche Einwirkungs- und Unterlassungsanspruch in Betracht, gerichtet auf Einwirkung der Stadt N auf ihre Tochtergesellschaft, die N-GmbH, es zu unterlassen, das Schwimmbad mit Restauration und Sauna auf dem Gebiet der Stadt S zu betreiben. Dann müsste die im Alleineigentum der Stadt N befindliche N-GmbH bei ihrer Betätigung auf dem Gebiet von S gegen die Zulässigkeitsvoraussetzungen der §§ 107 Abs. 4 i.V.m. § 107 Abs. 1 S. 1 Nr. 1 und 2 GO verstoßen.

Zunächst müsste der Anwendungsbereich des § 107 Abs. 4 GO eröffnet sein. Dies ist – wie oben bereits geprüft – der Fall, da die N-GmbH mit dem Betrieb der Schwimmbadanlage eine nichtwirtschaftliche Tätigkeit außerhalb des Stadtgebietes von N auf dem Stadtgebiet von S wahrnimmt.

Aufgrund der damit eröffneten Bezugnahme auf § 107 Abs. 1 S. 1 Nr. 1 und 2 GO sind die darin bezeichneten Voraussetzungen zu prüfen. Ein öffentlicher Zweck müsste die Betätigung der N-GmbH erfordern. Es ist zudem erforderlich, dass sie nach Art und Umfang in einem angemessenen Verhältnis zu der Leistungsfähigkeit der Gemeinde stehen.

Ein öffentlicher Zweck müsste zunächst die Errichtung und den Betrieb des Schwimmbades mit Saunaanlage und Restauration erfordern. Im Falle der gemeindeübergreifenden Tätigkeit ist dafür der maßgebliche Bezugspunkt zu klären, d.h. auf welche Gemeinde sich das Erfordernis des öffentlichen Zweckes zu beziehen hat. In Betracht kommen hierfür die „ausgreifende Gemeinde" (hier N) und/oder die „Sitzgemeinde", in deren Gebiet die Tätigkeit zu begehen ist (hier S). Bei einer Betätigung ohne oder gegen den Willen der Sitzgemeinde kommt es für die Frage, ob ein öffentlicher Zweck die Betätigung erfordert, nur auf die ausgreifende Gemeinde an, da nur diese sich aktiv gegen bzw. ohne den Willen der Sitzgemeinde „betätigt". In den Fällen, in denen – wie hier – eine Gemeinde (hier die Sitzgemeinde S) sich zur Erfüllung ihrer Aufgaben der Mitwirkung einer anderen Gemeinde (hier der ausgreifenden Gemeinde N) bedient, kommt es auf den objektiven Blickwinkel beider Kommunen an, da sich beide in diesem Sinne betätigen.

Der Begriff des öffentlichen Zweckes umfasst jeden im Aufgabenbereich der Gemeinde liegenden Gemeinwohlbelang und schließt lediglich die Gewinnerwirtschaftung als (alleinigen) öffentlichen Zweck aus. Für den Begriff des „Erforderns" reicht es aus, dass die Betätigung für den öffentlichen Zweck objektiv erforderlich im Sinne von vernünftigerweise geboten ist.

Übungsfall Nr. 7

Während das Merkmal „öffentlicher Zweck" uneingeschränkter gerichtlicher Kontrolle unterliegt, hat die Gemeinde hinsichtlich des Merkmals „erfordert" eine gerichtlich nur eingeschränkt überprüfbare Einschätzungsprärogative.

Bezogen auf die Stadt S folgt der öffentliche Zweck für die Errichtung und den Betrieb der Sport- und Erholungsanlage bereits gesetzessystematisch aus der privilegierten Einordnung als Einrichtung der Daseinsvorsorge nach § 107 Abs. 2 S. 1 Nr. 2 Spiegelstrich 2 GO. Ein Schwimmbad mit den Nebeneinrichtungen liegt im freiwilligen Selbstverwaltungsbereich der Gemeinde und entspricht als Einrichtung der Daseinsvorsorge vernünftigerweise dem Bedürfnis der Einwohner. Objektive Anzeichen für eine ausschließliche Zweckausrichtung am Gewinn liegen nicht vor.

Bezogen auf die Stadt N handelt es sich bei dem Vorhaben gleichfalls um eine privilegierte nichtwirtschaftliche Betätigung gemäß §§ 107 Abs. 2 S. 1 Nr. 2 Spiegelstrich 2 GO. Diese ist gemäß § 107 Abs. 2 S. 2 GO, soweit es mit deren öffentlichem Zweck vereinbar ist, nach wirtschaftlichen Gesichtspunkten zu führen. Zur Erreichung eines öffentlichen Zweckes ist also für die Stadt N eine wirtschaftliche Verwaltung der N-GmbH erforderlich. Hierbei sind vorhandene Kapazitäten möglichst auszulasten. Genau dies ist vorliegend bei einer Auftragserteilung an die N-GmbH der Fall.

Damit liegt sowohl bei S wie auch bei N der Tatbestand des § 107 Abs. 1 S. 1 Nr. 1 GO vor.

Anhaltspunkte dafür, dass die Betätigung nach Art und Umfang in einem nicht angemessenen Verhältnis zu der Leistungsfähigkeit einer der beteiligten Gemeinden steht, sind nicht erkennbar. Damit liegen die Voraussetzungen des § 107 Abs. 1 S. 1 Nr. 1 und 2 GO vor.

Zuletzt verlangt § 107 Abs. 4 S. 1 GO noch, dass die berechtigten Interessen der betroffenen Gemeinde gewahrt bleiben müssen. Da auch seitens S ein öffentlicher Zweck die Betätigung erfordert (s.o.) und S mit der N-GmbH den wirtschaftlichsten Bieter beauftragt hat, sind vorliegend deren berechtigte Interessen gewahrt.

Damit bewegt sich die Betätigung der N-GmbH innerhalb der Zulässigkeitsschranken des § 107 Abs. 4 i.V.m. Abs. 1 S. 1 Nr. 1 und 2 GO. Eine Verletzung subjektiver Rechte der Deep Blue-GmbH und damit ein Unterlassungsanspruch scheiden aus. Damit ist die Klage unbegründet.

III. Ergebnis

Die Klage der Deep Blue-GmbH ist zwar zulässig, aber nicht begründet. Damit hat ein gerichtliches Vorgehen der Deep Blue-GmbH gegen N keine Aussicht auf Erfolg.

Sachverzeichnis

Die Zahlen verweisen auf die Randnummern.

Aachen 17
Abberufung 333
Abstimmung
- Ergebnis 237
- geheime 237
Abwahl 332
Abwahlverfahren 323
Akteneinsicht 299
allgemeiner Vertreter 264, 333
Allgemeinheit der Wahl 115
Allzuständigkeit 318
Amtliche Wahlbeeinflussung 115
amtliche Zusatzbezeichnung 76
amtlichen Äußerungen 20
Anfechtungsklage 84
Angelegenheiten der örtlichen Gemeinschaft 20
Angemessenheit 20
Anordnungen des Bürgermeisters 377
Anscheinsvollmacht 329
Anschluss- und Benutzungszwang 182
Anschlusszwang 183
Anstalt des öffentlichen Rechts 416
Antrags- und Unterschriftsberechtigung 147
Antragsform 141
Anweisung 365
Anzeige 237
Aufgabenerfindungsrecht 20
Aufhebung von Ratsbeschlüssen 363
Aufhebungsverfügung 371
Auflösung des Rates 379
Aufsicht
- Anzeigepflicht 361
- Arten 356
- Behörden 13, 359
- Mittel 360
- Prüfung kommunaler Haushalte 38
- repressive 362
- Zweckmäßigkeits- 71
Aufwandsentschädigung 222
Ausschließungsgründe 238
Ausschüsse 197, 299, 303
- bedingte Pflichtausschüsse 304
- Bildung 306
- d'Hondt 306
- freiwillige 304
- Hare-Niemeyer 306
- Mitglieder 299
- Rechtswidrige Beschlüsse 315
- Spiegelbildlichkeit 310
- Verfahren 314
- Vorsitzender 312
- Zusammensetzung 306
Äußerungen von Kommunalorganen
- Kompetenzrahmen 28
- Neutralitätsgebot 28
- Sachlichkeitsgebot 28
- Verhältnismäßigkeitsgebot 28
Auswärtigenzuschlag 105

Beanstandung 214 f., 324, 363, 367
Befassungskompetenz 260
Befassungskompetenz bei Resolutionen 35
Behinderungs- und Benachteiligungsverbote 221
Behörde 134
Beigeordnete 199, 330
- Bestellung 333
Bekanntmachungsverordnung 85
Benutzungszwang 183
Beschlussfähigkeit 274
Bestellung eines Beauftragten 379
Beteiligtenfähigkeit 138, 349
bezirkliche Angelegenheiten 208, 318
bezirkliche Bedeutung 209
Bezirksregierung 9
Bezirksverfassung 317
Bezirksvertretung 114, 194, 316, 318
- Zuständigkeit 318
Bezirksvorsteher 318
Branchendialog 399
Bundeskommunalverfassungsbeschwerde 64
Bundesrecht 62
Bürger 111

Bürgerbegehren 127
- Feststellung der Zulässigkeit 143
- Frist 151
- kassatorisches 151
- Kostenschätzung der Verwaltung 146
- Mitteilungspflicht 145
- Organtreue 124
- Sicherungsanspruch 124
- Sperrwirkung 153
- Unterschriftenliste 143, 148
- Unterschriftenquorum 147
- Unterzeichner 135
- Vertreter 135
- Vorverfahren 136
- Wirtschaftlichkeitsgebot 152
Bürgerentscheid 127, 155
Bürgermeister 114, 193, 198, 319
- Amtsantritt 321
- Anordnungsrecht 378
- Beamtenrechtliche Rechtsstellung 321
- Beanstandung 214
- ehrenamtlicher Stellvertreter 198
- Hausrecht 279
- Leitung der Sitzungen 198
- Ordnungsmaßnahmen 213
- Sitzungsgewalt 212
- Sitzungsleitende Maßnahmen 213
- Vertreter im Amt 198
- Vertretung 325
- Vorbereitung von Ratsbeschlüssen 326
- Vorsitzender des Rates 212 f.
- Widerspruch 214
Bürgerschaft 193
Bußgeldandrohung 94

Chef der Verwaltung 198, 324, 326

Demokratieprinzip 193
Dienstsiegel 77
Dienstvorgesetzter 198
dringliche Entscheidung 99
Dringlichkeit 268

echte Rückwirkung 84
ehrenamtliche Stellvertreter 264
ehrenamtliche Tätigkeit 120
Eigenbetrieb 415
Eigenbetriebsähnliche Einrichtung 415
Eigenverantwortlichkeit 20
einfache Mehrheit 290
Einwirkungsanspruch 163
Einwohner 111, 160
Einwohnerantrag 125
Entschädigungsverordnung 222
Erforderlichkeitsprüfung 20
Ermächtigungsgrundlage 94
Ersatz des Verdienstausfalles 222
Ersatzvornahme 378

Fachaufsicht 71
fachaufsichtliche Maßnahmen 71
Festsetzung der Tagesordnung 265
Finanzhoheit 20
finanzielle Eigenverantwortung 20
Flaggen 77
Fragerecht 220
Fraktion
- Finanzierung
  - Geschäftsführungszuwendungen 299
Fraktionen 196, 295
- Bildung 297
- Fraktionsausschluss 302
- Recht auf Außendarstellung 301
- Rechte 299
Fraktionsausschluss 302
freies Mandat 220
Freiheit der Wahl 115
freiwillige Selbstverwaltungsaufgaben 65, 67
Funktionsträger 340
Für kommunales zuständiges Ministerium 9

Gebietsbetroffenheit 260
Gebietshoheit 20
Gebietskörperschaften 2
Geheimheit der Wahl 115
Gemeinde 2
- gesetzlicher Vertreter 198, 328
- Verbandskompetenz 258
- Wirkungskreis 260
Gemeindeordnung 3
Gemeindeverbände 2
Gemeindeverfassung 193
Genehmigung
- Steuersatzung 84
Genehmigungsvorbehalte 361
Generalklausel 94

Gesamtvertretung 329
Geschäfte der laufenden Verwaltung 206, 329
Geschäftsfähigkeit 75
Geschäftskreis 330
Gesetzesvorbehalt 20
Gleichheit der Wahl 115
Große kreisangehörige Stadt 12
Grundbesitzer und Gewerbetreibende 164
Grundrechtsfähigkeit 20
Gruppen 196, 295

Handlungsfähigkeit 74
Hauptsatzung 81
Haushaltssanierungsplan 75
Haushaltssicherungskonzept 75
Hausrecht 213
Hoheiten 20
Hoheitszeichen 77

Im Rahmen des geltenden Rechts 165
Inanspruchnahme nicht verantwortlicher Personen 169
individuelles Sonderinteresse 246
Inkompatibilität 119
Innenrechtsstreitigkeit 339
innerorganschaftliche Streitigkeiten 341
Insolvenzfähigkeit 75
Institutionelle Garantie 20
Interkommunale Zusammenarbeit 19
Interkommunales Gleichbehandlungsgebot 20, 29
interorganschaftlichen Streitigkeiten 341

juristische Personen 164

keine Flucht ins Privatrecht 163
Kernbereich 20
Klageart 346
Klagebefugnis 135, 347, 411
Klagegegner 137
Kommunalaufsicht 356
Kommunale Abstimmungen 123
Kommunale Spitzenverbände 19
kommunale Vertreter 413
Kommunalrecht 1
Kommunalunternehmen 416
– Studieninstitut für kommunale Verwaltung 19
Kommunalverfassungsbeschwerde 61
Kommunalverfassungsstreit 280, 301
Kommunalverfassungsstreitverfahren 339
Kommune 2
Konkretisierungsgebot 266, 269
Konnexitätsprinzip 20
Kontrollrechte 223
Kostenschätzung der Verwaltung 146
Kreis 335
kreisangehörige Gemeinden 11
Kreisausschuss 337
– Ehrenbeamte 337
kreisfreie Städte 13, 316
Kreistag 336

Ladungsfrist 270
Landeskommunalverfassungsbeschwerde 63
Landesregierung 8
Landkreistag 19
Landrat 338
– als untere staatliche Verwaltungsbehörde 9
– Doppelstellung 9
Landschaftsverband 15
Landtag 8
Letztentscheidungsrecht 318

Mandatsausübung
– Willkürverbot 220
Marktanalyse 398
Marktzutrittsbeschränkungen 391
Marktzutrittsregelung 410
Mehrheit
– einfache Mehrheit 289
– qualifizierte Mehrheit 289
Mehrheit der gesetzlichen Zahl der Mitglieder 289
Minderheitenrechte 224
Mindestinhalt 142
Ministerium für Kommunales 8
Ministerpräsident 8
mittelbare Betätigung 390
Mittlere kreisangehörige Stadt 12

Nachteil 246
Name einer Kommune 76
Normenhierarchie 82
Nutzung öffentlicher Einrichtungen 158

Offenbarungspflicht 237
öffentlich-rechtlicher Unterlassungsanspruch 411
öffentliche Bekanntmachung 84, 101

Öffentliche Einrichtung 162
– Benutzungsanspruch 160
– Widmung 162
– Zulassungsanpruch 160
ordnungsrechtlicher Notstand 165
Organisationshoheit 20
Organkompetenz 99, 203 f., 261
Organleihe 65, 73, 338
Organteile 297
Organtreue 200
Örtliche Angelegenheiten 34

Parteien 297
Parteienprivileg 170
Personalhoheit 20
Personenvereinigungen 164
Persönlichkeitsrechte 76
Pflichtaufgaben zur Erfüllung nach Weisung 65, 69, 356
Pflichtausschuss 120, 304
Pflichtige Selbstverwaltungsaufgaben 65, 68
Planungshoheit 20
politische Repräsentation 198
Popularanträge 411
Präventive Aufsicht 361
private Gesellschaften
– Einwirkungsrecht 413

qualifizierte Mehrheit 290
Quorum 224

Rat 99, 193, 201
– Beschlüsse 289
– Beschlussfähigkeit 274
– Beschlussfassung 289
– Beschlussunfähigkeit 277
– Einberufungskompetenz 263
– Einladung 270
– elektronische Ladung 270
– Fiktion der Beschlussfähigkeit 277
– Geschäftsordnung 293
– gesetzliche Mitgliederzahl 274, 276
– Hauptausschuss 304
– Informationsrecht 220
– konstituierende Sitzung 122
– Ladungsfrist 270
– Organkompetenz 258
– Rückholrecht 207
– Spezialzuständigkeit 204
– Vorsitzender 198
– Zuhörer 281
– Zusammensetzung 202
– Zuständigkeit 203, 258
Ratsbeschluss
– formelle Rechtmäßigkeit 255
– materielle Rechtmäßigkeit 256
– rechtmäßiger 100
– Stimmabgabe 290
– Stimmenthaltungen 290
Ratsbürgerentscheid 154
Ratsfraktion 297
Ratsmitglied
– fraktionslose 196, 311
– Freistellung 221
– Funktionszulagen 222
– Gemeindekritische Äußerungen 230
– Grundrechte 219
– Mandatsausübungsrecht 220
– Rechte 218
– Statusrechte 219
– Treupflicht 230
– Vertretungsverbot 231
Ratsmitglieder
– provokative Äußerungen 213
Ratsvorsitzender
– Rechtsstellung 212
Realisierungsbetroffenheit der Kommune 35
Rechnungsprüfungsausschuss 304
Rechtsanwälte 231
Rechtsetzungshoheit 20
Rechtsetzungskompetenz 20
Rechtsfähigkeit 75
Rechtsschutz privater Konkurrenz 410
Rechtsschutzbedürfnis 350
Regelkompetenz 20
Regelung mit Außenwirkung 134
Regierungspräsident 8
Regionalverband Ruhr 16
Repräsentativorgane 124

Sachlichkeitsgebot 20
Satzung 78
– Abstrakte Normenkontrolle 91
– Auswärtigenzuschlag 105
– Durchsetzung 88
– freiwillige 81

- Generalklausel 95
- Inkrafttreten 86
- inzidente Normenkontrolle 90
- Rechtmäßigkeit 93
- Rechtsschutz 89
- Rückwirkung 84
- Wirksamkeit 84

Satzungshoheit 78
Schadenersatzpflicht 237
Schrankentrias 386
Selbstverwaltungsaufgaben 66
Selbstverwaltungsgarantie 20
- Schutzbereich 26

Selbstverwaltungsrecht
- Vertrauensschutz 29
- Willkürverbot 29
- Wirkungsweise 20

Sitzberechnungsverfahren 116
Sitzungsgewalt 213
Sitzungsleitung 279
- Verhältnismäßigkeit 212

Sonderaufsicht 69, 356
Sperrklausel 115
Sperrwirkung 153
Spezialzuständigkeit des Rates 204
Staat 8
staatliche Auftragsangelegenheiten 65, 71
Staatliche Behörden 8
Stadt 12
Stadtbezirke 317
Städte- und Gemeindebund 19
Städteregion Aachen 17
Städtetag 19
Stärkungspakt Stadtfinanzen 75
Stärkungspaktgesetz 75
stellvertretender Ausschussvorsitzender 312
Steuersatzung
- Prüfungsmaßstab 38

Störungen der öffentlichen Sicherheit und Ordnung 165
Störungsbeseitigungsansprüche 220
subjektives Recht 135
Subsidiaritätsklausel 386

Transparenzgebot 266
Treupflicht 231
überbezirkliche Bedeutung 318
Übermaßverbot 20
überörtlichen Aufgaben 14
unbestimmter Rechtsbegriff 186
Unmittelbarkeit der Wahl 115
untere staatliche Verwaltungsbehörde 338
Unternehmen
- Führungsgrundsätze 412

Verbandskompetenz 20, 98, 259
Verfahren 262, 314
Verfahrensfehler 237
- Unbeachtlichkeit 237

Verfassungsgerichtshof 61
Vergnügungssteuersatzung 84
Verhältnismäßigkeitsgrundsatz 20
Verhältnismäßigkeitsprüfung 20
vernünftige Gründe des Gemeinwohls 186
Verpflichtungserklärungen 329
Verschaffungsanspruch 163
Verschwiegenheitspflicht 226
Vertretung der Gemeinde 327
- Schriftform 329

Vertretungsberechtigte Organe 74
Vertretungsverbot 231
Verwaltungsstruktur des Landes Nordrhein-Westfalen 18
Verwaltungsvorlage 326
vorläufige Haushaltsführung 75

Wahl
- Ausschuss 120
- Beamter 321, 330
- Ergebnis 120
- Prüfung 121

Wählbarkeit 118
Wählbarkeitsvoraussetzungen 323
Wahlberechtigung 113
Wahlprüfungausschuss 121
Wahlrecht 113
Wahlrechtsgrundsätze 115
Wahlsystem 114
Wahlvorstand 120
Wahlzeit 321
Wappen 77
Weisungsrechte 67
Wesensgehalt 20
Wesensgehaltsgarantie 20

Wesentlichkeitstheorie 94
Widerspruch 214, 216
Widmung 162, 166
Widmungszweck 165
Wirtschaftliche Betätigung
– überörtliche Betätigung 400
Wirtschaftlichkeitsgebot
– Prüfung von Abgabensatzungen 38
Wirtschaftsgrundsätze 412
Zulässigkeit wirtschaftlicher Betätigung 391
Zulassung einer politischen Partei 170
Zulassungsanspruch 160
Zweckveranlassung 169
Zweckverband 19
Zwei-Säulen-Modell 193, 319
Zwei-Stufen-Theorie 160